Das Recht

der

Actien-Gesellschaften.

Kritik und Reformvorschläge

von

Hermann Löwenfeld,

Königl. Preufs. Gerichts-Assessor a. D.

BERLIN.

Verlag von J. Guttentag.

(D. Collin).

1879.

VORWORT.

Das deutsche Actienrecht ist während der letzten Jahre mannigfach Gegenstand der kritischen Beurtheilung gewesen. Juristen und Laien haben sich bemüht, Vorschläge zu formuliren oder wenigstens zu skizziren, mit deren Hilfe den aus Actiengeschäften drohenden Gefahren künftig wirksam begegnet werden soll. Wie viel schätzbares und zum Theil sehr werthvolles Material in Folge dessen in Monographien, wissenschaftlichen Zeitschriften und in der Tagespresse zerstreut anzutreffen ist, so haben doch diese kritischen Leistungen eine ausreichende Grundlage für ein neu zu gestaltendes Actienrecht deshalb nicht zu geben vermocht, weil die Verfasser immer nur ausgewählte Abschnitte behandelt, nur gerade die ihnen auffälligsten Mängel des Gesetzes zum Gegenstande der Beurtheilung ausgewählt haben. Das zu einer Neugestaltung des Actienrechts erforderliche Material kann aber nur durch eine Kritik geschaffen werden, welche den mühevolleren Weg einschlägt, alle Institute dieses Rechtsgebiets einzeln und in ihrem Zusammenhange mit einander zu betrachten. Von dieser Ueberzeugung ausgehend, habe ich mir die Aufgabe gestellt, das gesammte Gebiet des Actienrechts einer systematisch geordneten Beurtheilung zu unterziehen, und aus den Mängeln selbst die Reformvorschläge zu entwickeln. Die vorliegende Schrift enthält den Versuch, dieser Aufgabe zu entsprechen. Den Anlafs und die Berechtigung, mich derselben zu unterziehen, durfte ich in den Umständen finden, die mich genöthigt haben, den praktischen Werth des geltenden Actienrechts selbst zu erproben. Im Anfange des Jahres 1872 behufs Uebernahme eines Amtes als Banksyndicus aus dem bis dahin mit Liebe gepflegten richterlichen Berufe geschieden, habe ich sechs Jahre lang die Aufgabe gehabt, mehreren grofsen Actiengesellschaften als Rechtsbeistand zu dienen und das geltende Actienrecht in den verschiedensten Beziehungen zur Anwendung zu bringen. Dieser Zeitraum umfafst die Epoche des überschwänglichsten Optimismus und des heftigsten Rückschlages, der leidenschaftlichsten Kämpfe und der schwersten Verluste auf Seiten der Geschäftswelt. Inmitten der hoch gehenden Wogen den kaufmännischen Geschäftsleitern als Jurist secundirend, hatte ich Gelegenheit zu beobachten, wie das öffentliche Urtheil sich in vielen Beziehungen über die wirklichen Ursachen der Erscheinungen täuschte, wie auch häufig die Ursachen mit den Wirkungen verwechselt wurden, und wie mangelhaft sich die Erkenntnifs zuweilen selbst da erwies, wo sie als im weitesten Umfange vorhanden vermuthet werden durfte.

Was mich aber vorzugsweise zu dem Entschlufs einer selbstständigen Kritik des deutschen Actienrechts bestimmt hat, das war die von zweifellos sachverständigen Beurtheilern wiederholt und mit Eifer vertretene Meinung, dafs man das geltende Actiengesetz mit Unrecht als mangelhaft bezeichne, dafs nur seiner mifsbräuchlichen Anwendung Zügel anzulegen seien, und dafs jedenfalls die etwaigen Lücken besser durch Selbsthilfe als durch eine gesetzgeberische Reform ausgefüllt werden könnten. Ich wünsche lebhaft, dafs es mir gelungen sein möge, diese meiner tiefsten Ueberzeugung widerstreitende Ansicht zu entkräften.

Von der Auffassung geleitet, dafs die Gesetzgebung vorzüglich aus der praktischen Erkenntnifs schöpfen müsse, bin ich überall von praktischen Gesichtspunkten ausgegangen, und habe die Motive für die vorgeschlagenen Reformen vornehmlich solchen Mängeln entnommen, welche die Praxis seit Publication der Novelle zum Vorschein gebracht hat.

Eine Reihe dogmatischer Erörterungen ist deshalb unerläfslich gewesen, weil nur nach Prüfung des nicht selten zweifelhaften Inhalts des geltenden Rechts eine Beurtheilung seines Werthes erfolgen konnte.

Ich habe nicht unterlassen, in allen dogmatischen Fragen den Standpunkt der Wissenschaft und denjenigen des höchsten Gerichtshofes in den Kreis der Erörterung zu ziehen, ohne sonst die Uebersichtlichkeit der Darstellung durch eine übermäfsige Fülle von Material zu beeinträchtigen.

Aus der gleichen Ursache habe ich den Inhalt der fremden Rechte dem geltenden deutschen Actienrecht nicht durchweg gegenübergestellt, dies vielmehr nur in solchen Fällen gethan, wo wichtiges Material für Reformvorschläge in den fremdländischen Satzungen geboten war, oder wo mit ihrer Hilfe die Mängel des geltenden deutschen Rechts lebendiger illustrirt werden konnten.

Auch die stenographischen Protocolle der preufsischen parlamentarischen Untersuchungscommission sind wiederholt in den Kreis der Betrachtung gezogen worden. Allerdings hat das Studium derselben aufs Neue mein Bedauern darüber erweckt, dafs diese seltene Gelegenheit zur Erörterung wichtiger, das Actienrecht betreffender Fragen durch die Einseitigkeit bei der Auswahl der herangezogenen Sachverständigen in ihrem Werthe beeinträchtigt worden ist. Hatte man zur Zeit einem persönlichen Austausch mit solchen Geschäftsleuten, welche an den Gründungen selbst Antheil genommen hatten, in weiterem Umfange Statt gegeben, so würde die hohe Begabung der Commissionsmitglieder bei dieser Gelegenheit die gesetzgeberischen Interessen unseres Landes in noch viel höherem Maafse, als es geschehen ist, haben fördern können.

Nur die Actiengesellschaft, nicht auch die Commanditgesellschaft auf Actien hat Gegenstand der Beurtheilung sein können. Die letztere hat bisher die Gelegenheit zu eingehenden Studien über den Werth der sie betreffenden Rechtsvorschriften nicht geboten. Sie wurde, was ihr allerdings in gewissem Sinne zum Lobe gereicht, durch die Actiengesellschaft gänzlich in den Hintergrund gedrängt; für die Solidität der Unterlage, welche zu ihrer Herstellung erforderlich ist, war bei den auf Agiotage berechneten Grundungen nur selten Raum gegeben. Indefs würden sich manche auf dem Gebiet des

Actienrechts gemachte Erfahrungen ohne Weiteres auch fur die Commanditgesellschaft verwenden lassen; von anderen ist klar, dafs sie niemals auf diese Gesellschaftsform anwendbar sein werden. Inwieweit die Commanditgesellschaft überhaupt zu reformiren sei, kann sich — von einem näher erörterten Punkte*) abgesehen — erst ergeben, wenn nach einer Neugestaltung der Actiengesellschaft beide Gesellschaftsformen neben einander erprobt sein werden.

Nicht mit dreister Zuversicht, sondern erfüllt von Zaghaftigkeit, wie sie Jedem geziemt, der an die Gesetze des Staates die bessernde Hand legen will, unterbreite ich meine Kritik und die an sie geknupften Vorschläge dem öffentlichen Urtheil. Ich werde für jede Belehrung über Irrthümer oder Fehlgriffe dankbar sein, wie ich auch lebhaft wünsche, dafs die unerläfslich gewesenen Beurtheilungen der Vorschläge Anderer überall als objective Meinungsäufserungen anerkannt werden mögen.

Sollten sich einige von den entwickelten Vorschlägen für den Ausbau der vaterländischen Gesetzgebung als verwendbar erweisen, so würden die Hoffnungen, die mich zur Veröffentlichung dieser Schrift ermuthigt haben, vollauf verwirklicht sein.

Berlin, im Juli 1879.

Der Verfasser.

---

*) Vergl. S. 33 ff.

Inhalts-Verzeichniss.

Einleitung.

Das Ende der grofsen Bewegung in der Geschäftswelt Deutschlands, welche mit dem Ausgang des französischen Krieges begann und unter dem Namen der Gründerperiode bekannt ist, fiel ziemlich genau mit dem Ende des Jahres 1872 zusammen. Seitdem hat unser Vaterland länger als sechs Jahre unter den Nachwirkungen dieser Zeit gelitten. Dem lebenden Geschlecht ist eine Bewegung nicht erinnerlich, deren Folgen auf wirthschaftlichem Gebiet von so nachhaltiger und verheerender Wirkung gewesen wären. Der Nationalwohlstand hatte in Deutschland seit dem Ende des Krimkrieges einen gewissen Aufschwung genommen, und seit dem Ausgang des Krieges von 1866 hatte er sich wesentlich gehoben. Es war, zumal im Norden und Osten des Landes, ein Maafs von allgemeiner Wohlhabenheit sichtbar geworden, das man dort früher nicht gekannt hatte. Die Gründerperiode schien im Momente ihres Beginns diese Wohlhabenheit noch wesentlich zu steigern; sie schuf auch in der That binnen Jahr und Tag eine grofse Anzahl reicher Leute. Aber es ist längst klar, dafs der später erfolgte allgemeine Zusammensturz mehr vernichtet hat, als seit dem Anfang des Jahres 1871 aufzubauen gelungen war. Der Wohlstand wurde wieder wesentlich reducirt, viele beträchtliche Vermögen wurden vernichtet, eine grofse Zahl von Sparpfennigen verschwand, an ihre Stelle trat Verschuldung, Kummer und Elend. Ein nicht geringer Theil der Bevölkerung mufste die sorgenvolle Arbeit der Gründung einer Existenz ganz von Neuem beginnen; Viele, die sich vorher in gemächlichen Vermögensverhältnissen befunden hatten, wurden gezwungen, bei inzwischen vorgerückten Jahren den mühsamen Versuch der Ansammlung von Ersparnissen zu erneuern.

Es darf nicht Wunder nehmen, dafs eine grenzenlose Erbitterung Derjenigen, welche durch die Vorgänge jener Epoche geschädigt worden waren, zu den Consequenzen derselben gehörte, dafs ihre Schwingungen sich selbst auf das politische Gebiet übertrugen und von den Parteien lebhaft empfunden wurden. Die Rolle, welche der Wahlcandidat in der Gründerperiode gespielt hatte, war eine Zeit lang von entscheidendem Einflufs bei den Wahlen, und erwies sich wiederholt als ein wirksames Mittel zur Bekämpfung von Candidaturen. Selbst bis in die Hallen der Gerichtshöfe war — wer möchte es leugnen — die Wirkung dieser leidenschaftlichen Erregung der Geister vorübergehend gedrungen.

Fällt eine Mitschuld an diesen Vorgängen der Gesetzgebung zur Last, so ist weder die Zeit, welche unter ihrem Einflusse gestanden hat, noch die nächste Nachfolgerin dieser Zeit in hervorragendem Maafse geeignet, den Inhalt der betreffenden Gesetze zu reformiren. Denn es ist in der menschlichen Natur begründet, dafs der von den nachtheiligen Folgen irgendwelcher Bewegungen Betroffene selten den Ursachen der letzteren tiefer nachspürt, sie vielmehr kritiklos und mit Vorliebe in den Wahrnehmungen sucht, welche er als unmittelbaren Anlafs der ihm speciell widerfahrenen Nachtheile constatirt hat. Würde ein neues Actiengesetz voreilig geschaffen, so könnte man leicht anstatt einer einsichtsvollen Reform des Actienrechts, den Aufbau übermäfsig starker Schutzwehren gegen einzelne, besonders verhafste Mifsbräuche erhalten. Um solche Gefahren zu vermeiden, möchte es beinahe gerathen scheinen, zunächst jeden gesetzgeberischen Schritt zu unterlassen, und sich auf Ansammlung des Materials zu beschränken, mit dem demüthigen Entschlufs, die Verwerthung desselben zu legislatorischen Zwecken späteren Tagen vorzubehalten. Solche Bedenken kämen indefs erheblich *post festum*, nachdem durch ähnliche und naher liegende Zweifel gerade während des letzten Jahrzehnts das Zustandekommen wichtiger Gesetze nicht aufgehalten worden ist. Dafs auch auf Seite der Regierungen der Gedanke einer Reform des Actienrechts bereits ernstlich in's Auge gefafst ist, beweist, was die preufsische Regierung betrifft, der von einer Denkschrift*) begleitete Antrag, welcher dem Bundesrathe unterbreitet worden ist. Aus dem Inhalt der Denkschrift geht hervor, dafs man sich im Schoofse der preufsischen Regierung bereits über bestimmte Reformgedanken klar geworden zu sein glaubt, die man anscheinend zu vertreten entschlossen ist. Auch die Geschaftswelt giebt durch ihre Organe dem Wunsch nach einer Reform auf diesem Gebiete fortgesetzt lebhaften Ausdruck. Ueberdies wurde ein neues Gesetz nicht blos gegen eine künftige Gründerperiode geschaffen werden, sondern in dem Umfange täglich zur Anwendung gelangen, in welchem sich das Actienrecht mit der Geschäftsführung, der Ausdehnung, Einschränkung und Auflösung bereits bestehender Gesellschaften zu befassen hat. Und fur das Bedürfnifs einer Reform in diesem Bereiche mehren sich die Zeichen jeden Tag.

Wenn fur eine legislatorische Reform die Rechtsgeschichte von Werth ist, so bietet diejenige des Actienrechts in Deutschland, resp. in Preufsen, ein äufserst spärliches Material. Deutschland befafs weder die ausgebreiteten Handelsbeziehungen, noch den Reichthum, welcher in Folge der Erwerbung grofser überseeischer Colonien in anderen Staaten emporgewachsen war, und dort die Entwickelung des Actienwesens schon vor Jahrhunderten angebahnt und gefördert hatte. Daher ist dieses Institut weder durch das gemeine Recht, noch durch das preufsische Landrecht ausgebildet worden. Indefs bestanden hier und da, zumeist auf Grund besonderer Privilegien einige Gesellschaften, die, wenn auch in vielen Einzelheiten ihrer Verfassung von den Satzungen des heutigen Actienrechts abweichend, doch den Namen Actiengesellschaften fuhrten und es ihrem Wesen nach waren**). In

*) Im Druck erschienen in Decker's Verlag, Berlin 1877.

**) Das preufsische Landrecht erwähnt Actien im § 12, Titel 2, Theil I. Weinhagen berichtet in der Einleitung zu seinem Recht der Actiengesellschaften (Coln 1866) ausführlich über die in Preufsen vor dem Actiengesetze von 1838 resp. 1843 bestandenen Actiengesellschaften. Dr. Engel berechnet in seiner Schrift: «Die erwerbsthätigen juristischen Personen», dafs in Preufsen bis zum Jahre 1800 fünf, von 1801—1825 sechzehn, von 1825—1850 einhundert und zwei Gesellschaften errichtet worden sind.

Folge der Entwickelung der Eisenbahnen nahmen aber die Actiengesellschaften in allen Culturstaaten einen neuen und mächtigen Aufschwung. Dem hieraus entspringenden Bedurfnifs nach gesetzlicher Regelung wurde in Preufsen durch das am 3. November 1838 publicirte Gesetz über Eisenbahngesellschaften entsprochen. Wenige Jahre später, unter dem 9. November 1843, erging alsdann ein allgemeines Gesetz über Actiengesellschaften, welches sich im Wesentlichen den leitenden Ideen des Eisenbahngesetzes anschlofs. Dasselbe galt bis zur Publication des Handelsgesetzbuches, in welchem das Actiengesellschaftsrecht dem System des kaufmännischen Gesellschaftsrechts zuerst förmlich einverleibt wurde. Eine Ergänzung erhielt der betreffende Abschnitt des Handelsgesetzbuches endlich durch die den gegenwärtigen Rechtszustand herstellende Novelle vom 11. Juni 1870, welche unmittelbar vor dem Ausbruch des französischen Krieges entstanden, nach Beendigung desselben die Möglichkeit zu jener Bewegung der Gründerperiode gewährt hat. Ein Gesetz (vom 15. Februar 1864) über Actiengesellschaften, bei welchen der Gegenstand des Unternehmens nicht in Handelsgeschäften besteht, wurde in Folge der durch die Novelle veränderten Fassung des Art. 208 des H. G. B. gegenstandlos, und verdient nur der Vollstandigkeit wegen Erwähnung.

Die wichtigste Aenderung, welche die Novelle an den früheren gesetzlichen Bestimmungen über Actienrecht vornahm, bestand in der Aufhebung der Concessionspflichtigkeit dieser Gesellschaften.. Zwar hatte schon das Handelsgesetzbuch den Concessionszwang nicht als obligatorisch hingestellt, sondern seine Beseitigung den Landesgesetzen gestattet. Von diesem Rechte hatten indefs nur Lübeck, Oldenburg, Bremen, Hamburg, Baden, Würtemberg und später (1868) Sachsen Gebrauch gemacht, wahrend die anderen, vor allen Preufsen und Baiern, an ihm festhielten. Die Aufhebung des Concessionszwangs war vom Standpunkte des Beamtenthums zweifellos eine anerkennenswerthe That. Der Staatsbeamte empfand die Wirkung dieses Zwangs wie eine Nöthigung zur Heuchelei, von der er sich gern befreite. Die Aufgabe, einen Concessionirungsantrag zu prufen, stellte den Verstand des Beamten zu demjenigen des Concessionssuchers in das Verhältnifs der prophetischen Begabung zum beschränkten Unterthanenverstande — woran doch in Wahrheit keiner von beiden Theilen glaubte. Jedes Concessionsgesuch rief eine gewisse Verlegenheit hervor. Sollte man die Gewährung von der Bedürfnifsfrage abhängig machen — wie war das Bedürfnifs zu ermessen? Richtete sich der Antrag z. B. auf Concessionirung einer Bank, so fiel in's Gewicht, dafs in jener Zeit der allgemeine Credit sehr gering und dem ehrlichen Bedürfnifs nicht entsprechend war. Wollte man eine Fabrik, die in privaten Händen längst florirte, in eine Actiengesellschaft umwandeln — was konnte es schaden, wenn ihr ein höheres Betriebscapital und damit ein sicherer Anhalt für eine weitere glückliche Entwickelung zugewendet wurde; in diesem Falle war die Bedürfnifsfrage gar nicht aufzuwerfen. Und übrigens, wer wollte sich klug genug dunken, zu entscheiden, ob im Lande oder in der Provinz die Entstehung einer neuen Maschinenbauanstalt oder Locomotivfabrik ein Bedürfnifs sei, oder nicht. Wollte man die Entscheidung von der Qualität der Unternehmer abhängig machen, so war sie sehr leicht, und mufste fast immer zu Gunsten des Projects ausfallen, da gerade die angesehensten Männer der Geschäftswelt sich mit derlei Unternehmungen gern befafsten. Dafs sich also das Beamtenthum von dieser Belastung mit einer gar nicht prätendirten Unfehlbarkeit befreien wollte, gereicht ihm sicherlich zur Ehre. Die Frage ist aber, ob dasjenige Maafs von legislatorischer Kunst, welches erforderlich war, um den Gedanken der Gründungsfreiheit dem Gesetz einzuverleiben, zur Anwendung gekommen ist, ob das Actienrecht zum Zweck seiner Neugestaltung die nöthige Durchprüfung erfahren hat, ehe die Novelle ihren Weg in die Gesetzsammlung nahm, ob man sich im Kreise der gesetzgeberischen Gewalten klar gewesen ist über die Tragweite der Neuerung — vielmehr, ob man sich Zeit genommen hat, darüber Klarheit zu gewinnen. Diese letzte Frage berührt eine der bedenklichsten Seiten unserer staatlichen Entwickelung. Ihr näher zu treten, ist hier nicht die Aufgabe; aber der Hinweis auf sie ist aus dem Grunde nicht entbehrlich, weil die Hast, mit der man neuerdings Ideen zu Gesetzen gestaltet, die Eile, mit welcher dabei, selbst auf dem schwierigen Gebiete des Privatrechts, die gesetzgeberische Technik behandelt und die Pflicht der vollständigen Verflechtung neuer Rechtsgrundsätze mit dem bestehenden System erfullt werden mufs, nirgends so in die Augen fallend und wohl nirgends sonst in ihren Wirkungen so unheilvoll geworden ist, als gerade auf dem Gebiete des Actienrechts. Es ist nicht die Absicht, das Gesetz von 1870 über Gebühr herabzusetzen, oder zu behaupten, dafs an seiner Statt ein absolut gutes hätte geschaffen werden können. Das Actienrecht ist noch in der Entwickelung begriffen, und nirgends so alt und bewährt, dafs man etwa die in anderen Staaten geltenden analogen Institutionen ohne Weiteres hätte acceptiren können. Jeder neue legislatorische Schritt ist also ein Experiment, und man hat nicht das Recht, mehr zu verlangen, als dafs von Zeit zu Zeit die neu gemachten Erfahrungen und die durch dieselben neu erkannten Grundsätze in gebührende Erwägung gezogen werden. Die Rechtsgeschichte aller Zeiten weist bei der Entwickelung neuer Rechtsinstitute mannigfache Kämpfe, Irrwege und Fehler auf; die römische Geschichte lehrt, dafs oft Jahrhunderte nöthig waren, um zur vollständigen Abklärung eines sich neu herausbildenden Instituts zu gelangen. Damit ist aber allerdings die Frage nicht abgethan, ob in unserem Staatsleben der gesetzgeberische Apparat überall mit der erforderlichen Correctheit arbeite. —

Man hatte sich zur Zeit wohl ein Bild davon machen wollen, welche Wirkungen die Freigebung des Gründerrechts zunächst hervorrufen werde, liefs sich aber an der Voraussicht genügen, dafs in der nächsten Zukunft die Geschäftswelt von ihrer jungen Freiheit vielleicht einen übermäfsigen Gebrauch machen, und zu Neugründungen über das Bedürfnifs hinaus schreiten möchte*). Diese Annahme war an sich gewifs

*) Vergl. die Motive zur Novelle vom 11. Juli 1870 Seite 650 des stenographischen Berichts. Folgende Bedenken gegen die Freigebung des Gründerrechts sind dort erwogen:

a. ob man die Schaffung einer juristischen Person ohne Staatsgenehmigung zulassen solle,

b. ob es nothig sei, den allgemeinen Wohlstand und die Landesindustrie gegen die Geldmacht der Actiengesellschaften zu sichern, richtig, sie war aber der äufserlichste unter allen Schlüssen, die man ziehen konnte, wenn immerhin zugestanden wird, dafs es viel leichter ist, nachträglich und Angesichts vorliegender Thatsachen ein Urtheil zu fallen, als sich ein solches im Voraus zu bilden.

In Wahrheit bewirkte die Aufhebung des Concessionszwangs eine vollständige Umgestaltung des ganzen Actienwesens. Es war längst klar, dafs Actiengesellschaften ihr Dasein nur ausnahmsweise irgend welchen interesselosen oder im Dienste gemeinnützigen Strebens entstandenen Eingebungen verdanken. Unternehmungen solcher Art beschränken sich auf wenige und kaum in Betracht kommende Fälle. Der uneigennützigen Erwägung, dafs irgend wo eine neue Bank ein dringendes Erfordernifs sei, der Erkenntnifs, dafs es dem Volkswohl dienen möchte, Villenterrains zum Landaufenthalte zu beschaffen, der selbstlosen Betrachtung, dafs im Interesse des Eisenbahnwesens neue Waggon- oder Locomotivfabriken in's Leben zu rufen seien, hat nur sehr selten eine Actiengesellschaft ihre Entstehung verdankt. Wollte man eine Vermehrung der Actiengesellschaften nur aus solchen Motiven hervorgehen lassen, so brauchte man sich um das Rechtsinstitut überhaupt nicht ernsthaft zu bemühen, denn die Anwendung in der Praxis würde immer eine spärliche bleiben. Jederzeit sind es mindestens bei einem der Mitwirkenden eigennützige, meist ganz materielle Interessen, welche das Unternehmen entstehen machen. Speciell bei Denjenigen, welche durch financielle Kunst eine neue Schöpfung flott machen wollen, erscheint die Thatigkeit ahnlich der eines

---

c. ob es eine Pflicht des Staates sei, das Publicum und den Gesellschaftsgläubiger gegen Schwindel und Unsolidität zu schützen.

Alle werden widerlegt, und es heifst dann: «Dafs unmittelbar nach Fortfall der Staatsgenehmigung eine Periode des Actienschwindels eintreten werde, ist eine Befürchtung, die sich ebenso wenig begründen als widerlegen läfst. Möglich ist das Eintreten einer solchen Uebergangscrisis allerdings, deren vorübergehende Nachtheile indessen zur Erreichung eines dauernden besseren Zustandes ertragen werden müssen. Sodann ist der Einflufs, den die Lage des Geldmarktes, die politischen Conjuncturen, das Prosperiren oder das Scheitern einzelner grofser Actienunternehmungen etc. auf das Gedeihen eines etwaigen Actienschwindels ausüben, entschieden bedeutender, als das Bestehen oder der Fortfall der Staatsgenehmigung».

Fabrikanten, welcher einen neuen Stoff nach selbst erfundenem Muster in grofsen Massen anfertigt, um, wenn er einschlägt, in kurzer Zeit ein grofses Stück Geld zu verdienen. Der Banquier betheiligt sich an der Gründung einer Actiengesellschaft meistens nur, um in der Actie eine Waare herzustellen, die an seinem Markte verkäuflich ist. Selten ist seine Absicht darauf gerichtet, selbst Besitzer der Actien zu bleiben: sie rasch loszuschlagen, ist sein Hauptzweck und seine Kunst. Er behandelt die Actien gerade so, wie das Staatspapier oder die Partialobligation, die er zum Weiterverkauf übernimmt.

Schon aus dieser Ursache mufste die Freigebung des Gründungsrechts eine tiefgreifende Wirkung üben. Die Möglichkeit des Verkaufs der Actien tritt erst mit dem Momente ein, wo die Gesellschaft rechtsbeständig wird. So lange der Concessionszwang galt, verging selbst bei glattester Erledigung der Sache, allein wegen der Erfüllung aller Formalien ein langer, im Voraus nie genau zu bemessender Zeitraum. Es mufste ein Concessionsgesuch eingereicht werden, auf welches die Regierung ihren Bescheid nicht sogleich ertheilte. Erging dieser, so war er noch kein definitiver, enthielt noch nicht die wirkliche Concession. Eine Correspondenz, die Beseitigung von Ausstellungen am Statut etc. waren selten ganz zu umgehen; und bis die Concessionsurkunde in die Hände des Petenten gelangte, verlief nicht nur eine lange Zeit, sondern es ereignete sich oft noch im letzten Augenblick ein Anstand, der die Erreichung des Zieles von Neuem um Monate hinausschob. Während der Zwischenzeit, wo aufserdem die politischen Ereignisse, nachtheilige Wendungen der Börsenlage etc. das Maafs des Risicos noch erheblich vermehren konnten, mufsten die Unternehmer an ihr Project gebunden bleiben. Nur selten war es möglich, so zu pactiren, dafs man bis zum letzten Momente zurücktreten konnte. Die wichtige Folge dieses Zustandes war die Nöthigung, die Qualität des Unternehmens, in das man sich einliefs, genau und ernsthaft zu prüfen. Man konnte nie ermessen, inwieweit Unglücksfälle die erhoffte rasche Veräufserung des neuen Actienbesitzes etwa vereiteln möchten. Dies bewirkte, dafs gründungslustige Kaufleute sich in der Zeit vor 1870 stets nur auf wirklich ausgezeichnete, durch Sachverständige genau untersuchte, unter allen Umständen werthvolle Unternehmungen einliefsen. Anders seit 1870. In Folge der Aufhebung des Concessionszwangs schrumpfte der viele Monate umfassende Zeitraum der Vorbereitung auf ein Minimum zusammen; er liefs sich bis auf eines einzigen Tages Länge reduciren. Die Vorbedingungen einer Gründung konnte man in einem Nachmittage erfüllen. Und da aus allerlei Umständen auf die Stimmung des nächsten Börsentages mit annähernder Sicherheit geschlossen werden konnte — zumal in Zeitläuften, wo, wie nach dem französischen Kriege, der gesicherte Friede, die Milliarden und andere Dinge einen grenzenlosen Aufschwung verhiefsen — so war es in der That möglich, sich zum Zwecke einer Gründung heute zu engagiren, und durch Verkauf der Antheilsrechte morgen oder übermorgen bereits von dem ganzen Engagement wieder befreit zu sein. Das hat sich zu Dutzenden von Malen so und ähnlich ereigenet. Es überhob also der Wegfall des Concessionszwangs den Gründer der Nothwendigkeit, sich auf eine ernsthafte Untersuchung der Qualität des Gründungsobjects einzulassen; und dies gewährte im Gegensatze zu der Zeit bis 1870 die Möglichkeit, Institute in's Leben zu rufen, an deren Bestand Niemand, am allerwenigsten die Gründer selbst, über eines Tages Länge hinaus ein Interesse hatten, und die man oft den Tag nach ihrer Erschaffung am liebsten wieder beseitigt hätte.

Eine andere, nicht weniger bedeutsame Wirkung übte die Aufhebung des Concessionszwangs mittelbar durch die Massenhaftigkeit der neu entstehenden Gesellschaften. Bis zum Erlafs der Novelle von 1870 waren in Preufsen überhaupt 410 Actiengesellschaften mit einem Grundcapital von zusammen 1026,172,455 Thalern gegründet worden. In der Zeit vom Erlafs der Novelle bis zum Ablauf des Jahres 1874 allein entstanden dagegen 857 Gesellschaften mit einem Grundcapital von zusammen 1429,925,925 Thalern*).

So lange ihre Zahl eine verhaltnifsmäfsig geringe war, dieselben im Kreise der Handelsfirmen gewifsermafsen eine Ausnahme bildeten, durfte ihre Verwaltung eine Art von Standesvorrecht in Anspruch nehmen. Diese wurde daher von

*) Vergl. Dr. Engel a. a. O. S. 10—17.

den Notabeln der Geschäftswelt gern geführt; man rechnete es sich, auch wenn grofse materielle Vortheile ausgeschlossen waren, immer zur besonderen Ehre, in den Verwaltungsräthen von Actiengesellschaften Sitz und Stimme zu haben; es galt geradezu als ein Zeichen höheren kaufmännischen Ansehens, wenn man berufen wurde, in ein solches Collegium einzutreten. Diese, so zu sagen, aristokratische Stellung der Actiengesellschaften mufste nothwendig schwinden, als ihre Zahl so zunahm, dafs sie die Kräfte der vornehmen Geschäftswelt überschritt, welche letztere sich überdies in demselben Maafse zurückzuziehen anfing, in welchem diese Aemter aufhörten, ein Vorrecht der höheren Geschäftskreise zu bilden. Dies übte eine eminente Wirkung auf die Lage der Actiengesellschaften. Wo guter Wille, Einsicht, Verständnifs und eine hochanständige Gesinnung walten, kann überall die Vorschrift des Rechts leichter entbehrt werden. Je mehr diese Factoren schwinden, desto schärfer wird der Rechtsstandpunkt herausgekehrt. Man kann daher sagen, dafs eine wirkliche Erprobung der Vorschriften über das Actienwesen, welche das Handelsgesetzbuch enthielt, erst von der Zeit begann, wo die Massenhaftigkeit der Actiengesellschaften die Verwaltung derselben zum Theil in die Hände von Personen legte, deren Anschauung, Gesinnung und Character nicht auf der Höhe dieser Aufgabe stand. Auch über diese Consequenz ist man sich im Momente der Publication der Novelle gewifs nicht klar gewesen; denn sonst hätte man wohl Veranlassung gehabt, die Bestimmungen des Gesetzes einer gründlichen Prüfung daraufhin zu unterwerfen, ob sie stark genug, vor allen Dingen umfassend und geschlossen genug seien zum Widerstand gegen den heftigen Anprall, den sie zu gewärtigen hatten. Es wird weiterhin gezeigt werden, wie wenig die durch die Novelle gebotene Vermehrung von Schutzmitteln ihrem Zwecke zu dienen geeignet war.

Die durch die zahllosen Neugründungen plötzlich in den Vordergrund geschobenen Elemente der Geschäftswelt übten nun aber auf den Organismus des Actienwesens einen Einflufs, dessen Erkenntnifs in hohem Grade bedeutsam ist. War die Regierungsform der Actiengesellschaften bis dahin in gewissem Maafse aristokratischer Natur, so verwandelte sie sich von nun an in die corrumpirte Form der Aristokratie, sie wurde eine oligarchische. Die Actiengesellschaft wird seit 1870 thatsächlich beherrscht durch Coterien, noch treffender gesagt durch Cliquen. Fast jeder Actiengesellschaft ist eine herrschende Coterie nachzuweisen; und wird diese verdrängt, so geschieht es selten durch einen legitimen Anlauf der Majorität der Actionäre, sondern fast immer nur durch eine andere Coterie, die entweder Auge in Auge oder hinterrücks einen Kampf mit der herrschenden aufnimmt.

Dafs dies möglich ist, liegt am Gesetz, liegt an der Stellung des Actionärs, die an einer übermäfsigen Entfremdung von den Interessen der Gesellschaft leidet. Als nach dem Ende der Gründerperiode ein Niedergang aller geschäftlichen Verhältnisse eintrat, viele Actiengesellschaften in Verlegenheiten geriethen, ihre Ertragsfähigkeit einbufsten, oder plötzlich vor dem Bankerott standen, wurde es in der öffentlichen Discussion als wirksames Mittel angerathen, dafs die Actionäre sich durch zahlreiches Erscheinen in Generalversammlungen, durch gründliche Prüfung ihrer Angelegenheiten, durch selbstständiges, von den Verwaltungsorganen unbeeinflufstes Auftreten Hilfe schaffen möchten. Bis zum Uebermaafs ist dieser Rath gepredigt worden, und hat doch nirgends wirkliche Früchte getragen. Es ist wohl hier und da zu stürmischen Versammlungen, zu leidenschaftlichen Auftritten gekommen, aber eine wirkliche Hilfe haben sich die Actionäre kaum in einer einzigen Gesellschaft geleistet oder auch nur leisten wollen, und die grofsen Redner der Versammlungen waren fast niemals die grofsen Actionäre. Der besonnene Urtheiler mufs geneigt sein, auf eine gewichtige Ursache dieser sonderbaren Erscheinung zu schliefsen. Denn man ist im Allgemeinen nicht berechtigt, unseren Landsleuten Lässigkeit in ihren Geschäften vorzuwerfen: wie sollten sie von derselben gerade da befallen sein, wo es sich um den Schutz ihres Actienbesitzes handelt! In der That besteht auch eine gewichtige Ursache; sie ist zu suchen in dem Zuschnitt, welchen die Stellung des Actionärs durch die gesetzliche Gestaltung der Actiengesellschaft erhalten hat. Schon die Qualität des Inhaberpapiers ist an sich geeignet, das Interesse des Actionärs abzustumpfen, zumal dann, wenn es an einem Markte, also an einer Börse eine constante Umsatzstelle hat, so dafs aus den öffentlichen Berichten der Verkaufswerth täglich auf's Neue zu entnehmen ist. Das Interesse des Actionärs zur Gesellschaft reducirt sich dann, wenigstens bei der grofsen Mehrzahl, auf das in dem Coursbericht täglich auf's Neue zum Ausdruck kommende Verwaltungsresultat. Bei dem Besitzer der notirten Actie vermindert sich die Neigung auf die Thätigkeit der Gesellschaft einen Einflufs zu üben in demselben Maafse, in dem die Umsatzfähigkeit an Leichtigkeit gewinnt. Der Börsenpreis, den er täglich liest, gewährt ihm den Ausweg, sich, sobald er will, durch Verkauf der Actien von der Sorge um das Schicksal der Gesellschaft zu befreien. Das entfremdet ihn der Gesellschaft. Es wird weiterhin davon die Rede sein, ob es überhaupt dem Wesen der Actiengesellschaft entspreche, dafs der Actionär sich durch eigenes Bemühen an der Verfolgung des Gesellschaftszwecks betheilige, oder ob er nicht vielmehr nur berufen sei, für eine gute Auswahl der Geschäftsleiter zu sorgen. Aber selbst dieser Aufgabe nimmt sich der Actionär nach dem jetzigen Zuschnitt nur widerwillig an. Er mag nicht darüber nachdenken, wie die Gesellschaft geleitet werden solle, er will nicht daran mitwirken, dafs sie prosperire, er verlangt nur, dafs dies geschehe. Bietet ihm die Gesellschaft Erträgnisse, so acceptirt er sie, wie ein Gläubiger die Zinsen; bleiben Erträgnisse aus, so trotzt er, ohne doch handelnd eingreifen zu wollen, alles dies, weil er täglich den Ausweg sieht, durch Verkauf der Actien sich seines Interesses zu entschlagen. Aus diesem Umstand erklärt es sich auch, dafs Actionäre sich oft zum Handeln ermannen, sobald jener Ausweg verschlossen ist, d. h. wenn wegen der schon offenkundigen Entwerthung der Actien der Verkauf sich nicht mehr ausführen läfst. Im Course erschöpft sich fast alles, was den Actionär an der Gesellschaft interessirt. Daraus begreift es sich, dafs Actionäre nicht selten gegen ein minimales Miethsgeld ihre Actien zu Generalversammlungen hergeben, und auf solchem Wege den Miethern die Durchführung der nachtheiligsten Beschlüsse selbst ermöglichen. Sie erblicken in dem Miethsgeld einen aufserordentlichen Gewinn neben der Dividende, und verkaufen dafür ihr Stimmrecht, dessen Ausubung sie doch jedenfalls unterlassen hätten.

Diese schon vorhandene Abstumpfung des Interesses fördert nun aber das Gesetz noch wesentlich, indem es kaum ein einziges Actionärrecht statuirt, welches nicht durch den Willen einer Majorität alterirt oder vereitelt werden könnte. Die Folge davon ist, dafs der Actionär, der für sich allein oder in Gemeinschaft mit einem kleineren Kreise nichts vermag, im Bewufstsein seiner Ohnmacht alle weiteren Bemühungen scheut, zumal, wenn er mit seinen Plänen auf Widerstand stöfst, und es in der Generalversammlung der zufällig vertretenen Actien zum Kampf der Stimmen gegen einander kommt, hundert Thaler Actien plus der Hälfte des vertretenen Capitals Alles vermögen, die Hälfte dieses Capitals minus hundert Thaler unter Umständen ganz machtlos ist.

Es gehört unstreitig zu den Aufgaben einer gesetzgeberischen Reform, diesen Zustand zu bessern. Die Besserung wird freilich nicht darin zu suchen sein, dafs man etwa die Umsatzfähigkeit der Actie einschränkt. Wohl aber wird sie sich, wie weiterhin dargelegt werden soll, erreichen lassen, wenn man durch wirksame Bestimmungen das Cliquenwesen einschränkt, und vor Allem, indem man gewisse Grundrechte des Actionärs aus der Abhängigkeit von Majoritäten befreit.

Zur Neutralisirung der gefährlichen Folgen dieser Fehler hätte es wohl ein wirksames Mittel gegeben — die Nöthigung zu einer wirklich soliden, das dauernde Wohl der Actiengesellschaft anstrebenden und fördernden Geschäftsgebahrung. Aber gerade dies ist unter allen wunden Punkten vielleicht der wundeste. Insofern neben aller Tüchtigkeit das Glück der Ausschlag gebende Factor bei geschäftlichen Unternehmungen ist, läfst sich ein dauerndes Gelingen selbst bei dem Zusammentreffen aller günstigen Voraussetzungen niemals mit Sicherheit prophezeihen. Dagegen giebt es Umstände, aus denen man mit Sicherheit auf ein Mifslingen oder wenigstens auf die Unmöglichkeit dauernden Gelingens schliefsen kann. Solche liegen vor, wenn der Kaufmann sich gewöhnt, Alles, was er verdient, zu verbrauchen. Gerade in dieser Lage befindet sich aber in Folge ihres gesetzlichen Zuschnitts die Actiengesellschaft. Läfst man die Rechtsnormen, nach denen die Ermittelung und Verwendung des Gewinns geschehen darf, gelten, so mufs die Actiengesellschaft Alles, was sie im Laufe des Jahres verdient hat, als Dividende an ihre Actionare ausliefern. Sie unterscheidet sich hierin von allen vorsichtigen Kaufleuten der Welt. Es giebt keinen Kaufmann, der bei ehrlichem und verständigem Streben diesen Grundsatz acceptiren möchte. Die Actiengesellschaft soll, wie der private Kaufmann, alljährlich eine Bilanz machen. Diesem ist sie unter Umständen nichts mehr, als ein Rechenexempel, aus dem er zwar gewisse Directiven für sein Handeln entnimmt, das ihm aber nicht einen unumstöfslichen Ausweis über die Höhe seines Vermögens liefert. Letzteres kann wohl der Fall sein, wenn die vorhandenen Werthe leicht realisirbar und nicht mit weitaussehenden Verpflichtungen belastet sind. Steckt aber der Kaufmann in grofsen, ihn auf Jahre belastenden Unternehmungen, so verträgt es sich nicht mit einem soliden Gebahren, das etwa durch Rechnung ermittelte Vermögen als thatsächlich vorhanden anzusehen, oder gar darauf hin Ausgaben und Bedurfnisse einzurichten.

Anders die Actiengesellschaft. Bei ihr ist eine alljährliche Bilancirung mit der praktischen Folge der Vertheilung eines ermittelten Gewinns, wenn die gesetzlichen Bestimmungen nicht durch Vorschrift des Statuts geandert sind, obligatorisch. Das Gesetz nöthigt die Actiengesellschaft in diesem Falle sogar zur Beurtheilung des Resultates von noch gar nicht abgewickelten Geschäften. Und von dieser Beurtheilung wird überdies Unfehlbarkeit verlangt; denn insofern ein Gewinn ermittelt ist, mufs dieser sogleich baar herausgegeben werden, er wird also, wenn man sich getäuscht hatte, für die Gesellschaft nachträglich ein Verlust. Das Handelsgesetzbuch schreibt schon in der ursprünglichen Fassung (Art. 217) vor, dafs nur der reine Ueberschufs über die volle Einlage als Gewinn vertheilt werden dürfe. Die Bestimmung hat das Ansehen, als wollte sie Vorsicht üben; das Wörtchen «nur» klingt wie eine Mahnung an leichtsinnige Verwalter. Dem ernsten Kaufmann mufs es aber gerade den entgegengesetzten Eindruck machen; die Grenze, welche durch dieses «nur» gesteckt ist, sanctionirt den Ruin, vor dem es schützen will.

Das ist unter allen Umständen ein gefährlicher Zustand, wenn man selbst noch nicht in Betracht zieht, dafs die Actionäre der Gesellschaft im Allgemeinen fremd, ja beinahe feindlich gegenüber stehen, und die Verwaltung sich deshalb unausgesetzt in der Versuchung befindet, die Verhältnisse in möglichst günstigem Lichte erscheinen zu lassen. Man denke sich dieser Situation gegenuber eine Eisenbahnbaugesellschaft, deren Zweck es ist, Jahre dauernde Eisenbahnbauten auf Grund von Voranschlägen in Entreprise zu nehmen. Endigt das Geschäftsjahr, so mufs jede Entreprise einer Schätzung unterworfen werden. Die Geschäftsleitung hat sie in der Meinung, damit einen Gewinn erzielen zu können, übernommen. Sie will sich nicht gern täuschen; sie ist gebunden durch ihr früheres Urtheil uber die Sache. Die Actionäre erwarten eine Dividende, sie fragen nicht, woher sie kommt, ihre Fragen beginnen erst, wenn Erträgnisse nicht geboten werden. Sie drohen mit Unzufriedenheit, falls die Dividende ihren Erwartungen nicht entsprechen sollte. Alles drängt zu einer optimistisch gefarbten Beurtheilung der Sachlage. Man wagt deshalb einen Schlufs auf das Resultat, das sich erst in Jahren zeigen soll, man repartirt den erhofften Gewinn aus der Entreprise auf die Zeitdauer, innerhalb deren er realisirt werden soll, man erklart den ratirlichen Theil davon als bereits gewonnen, und bringt ihn zur Vertheilung unter die Actionäre. Und nicht etwa den Eisenbahnbaugesellschaften allein sind solche Ausschreitungen eigen. Auch eine Bank kann, wenn sie sich am Ende des Geschäftsjahres im Besitz eines grofsen Quantums zum Weiterverkauf ubernommener Papiere befindet, in die Lage kommen, einen erhofften statt eines realisirten Gewinns zu vertheilen. Fast jede Industriegesellschaft geräth hin und wieder in ähnliche Situationen. Man denke sich eine Kattunfabrik, welche eine grofse Zahl von Arbeitern beschäftigt, und dieselben bei geringem Umsatz nicht sofort entlassen darf, wenn sie ihren, vielleicht in Jahrzehnten geschaffenen Arbeiterstamm nicht einbüfsen will. Sie arbeitet also «auf Lager», und besitzt in Folge dessen am Ende des Jahres eine ungewöhnlich grofse Masse von Fabrikaten. Ist sie in Händen eines soliden Privatmannes, so trägt dieser den Nachtheilen der Situation vielleicht durch Einschränkung seiner Bedürfnisse gebührende

Rechnung, und wird jedenfalls durch die Bilanz in seiner Beurtheilung der Sachlage nicht umgestimmt oder getäuscht. Ist die Fabrik aber im Besitz einer Actiengesellschaft, so macht die Nacht zwischen dem letzten Tage des alten und dem ersten des neuen Geschäftsjahres einen gewaltsamen Einschnitt in die ganze Situation. Es mufs unbedingt eine Schätzung des Werthes der Fabrikate erfolgen, — eine Schätzung, bei der, wie gesagt, Alles auf eine möglichst optimistische Färbung hindrängt. Ergiebt sich dabei ein Gewinn, so mufs dieser, und zwar in baares Geld übersetzt, vertheilt werden — mit baarem Gelde, das man sich unter Umständen noch erst mit Opfern zu beschaffen hat. Könnte wenigstens der Kattun *in natura* an die Actionäre vertheilt werden, so wäre man der Geldbeschaffung und eines eventuellen späteren Verlustes gegenüber dem Schätzungspreise überhoben. Aber das ist nicht zulässig, der Gewinn mufs in Gelde zur Vertheilung kommen, die Actiengesellschaft wird mithin in die Lage gebracht, mit ihrem eigenen Fabrikat gegenüber ihren eigenen Actionären als Speculantin aufzutreten.

Solche Zustände sind in der That wenig geeignet, das dauernde Wohl der Actiengesellschaften zu fördern. Aber der Leichtsinn im Haushalte dieser Erwerbsgesellschaften geht noch weiter. Nicht einmal die Rücklegung von Sparpfennigen ist obligatorisch, ebenso wenig die Etablirung von Erneuerungsfonds, selbst da nicht, wo es nach dem Zweck des Unternehmens nicht genügt, die vorhandenen Realitäten zu amortisiren, sondern wo es erforderlich ist, dieselben im Dienste des Gesellschaftszwecks dauernd auf einem bestimmten Niveau zu erhalten. Die Actiengesellschaft verdiente, wenn man die Beurtheilung, welche privaten Geschäftsleuten ähnlichen Schlages zu Theil wird, auf sie anwenden dürfte, als ein liederlicher Bursche bezeichnet zu werden. Jeder einsichtige Berufsgenosse mufs ihr prophezeihen, dafs sie in ihrem jetzigen Zuschnitt, wenn nicht ungewöhnliche Glücksfalle eintreten, ein dauerndes Wohlergehn nicht finden kann. —

Diesen Ausführungen möchte vielleicht der doctrinare Beurtheiler einen überzeugenden und beinahe unwiderleglichen Einwand entgegenzusetzen glauben, wenn er geltend macht, dafs ja das Gesetz keiner Actiengesellschaft verbiete, sich durch Statut die solidesten Grundsätze über Behandlung ihrer Erträgnisse anzueignen, und dafs es nur auf die Gründer ankomme, solchen Principien im Gesellschaftsvertrage Raum zu geben. In der That ist das vom Standpunkte des Doctrinärs richtig, während es der Praktiker als ganz hinfällig erkennt. Zutreffend wäre der Einwand vielleicht, wenn, wovon oben die Rede war, Actiengesellschaften der Regel nach nur aus ganz uneigennutzigen Motiven, etwa um dem öffentlichen Wohle zu dienen, zu Stande gebracht würden. Aber das ist ja eben nicht der Fall. Man denke sich nur den Kaufmann, der, nachdem er in langjährigem Streben ein gewisses Vermögen erworben, Ansehen in der Geschäftswelt errungen, einen beträchtlichen Kundenkreis um sich geschaffen hat, inmitten der hochgehenden Wogen einer nach und nach entwickelten Gründerepoche stehend, die Möglichkeit erkennt, durch die Gründung einer neuen Actiengesellschaft — über deren Qualität er sich vielleicht denselben Illusionen hingiebt, von denen Alle ergriffen sind — sein Vermögen im Zeitraum weniger Tage zu verdoppeln, sich und den Seinigen damit eine unerhofft glänzende Zukunft zu eröffnen, — man denke sich diesen Kaufmann, der auch ferner erkannt hat, dafs rasches Handeln geboten sei, und frage, ob dieser Mann gewillt sein möchte, die geplante Gründung einer sorgfältigen juristischen Construction des Statuts zu Liebe um Wochen hinauszuschieben, ob er bereit sein möchte, das ganze Unternehmen aufs Spiel zu setzen, weil er zuvor die Rathschläge einsichtsvoller Juristen über einzelne, ihn künftig gar nicht interessirende Vorschriften des Statuts einholen soll! So aber sind fast alle Neugründungen von Actiengesellschaften seit der Novelle von 1870 entstanden; und wenn es etwas giebt, was den Gründern zur principiellen Vertheidigung dienen kann, so ist es der hieraus folgende Schlufs, dafs die Geschäftswelt unseres Vaterlandes in jener Zeit durch das Zusammentreffen gewisser Umstände vornehmlich in Verbindung mit den durch das neue Gesetz gegebenen Handhaben vor eine Versuchung ohne Beispiel gestellt worden ist. Das Statut, die Verfassung der Gesellschaft wird für den, der von solchen Zwecken geleitet ist, zu einer gleichgültigen Nebensache. Ja, er kann eine übermäfsige Vorsicht im Haushalt der Gesellschaft vielleicht gar nicht wünschen; denn je vorsichtiger verfahren wird, desto weniger Aussicht für glänzende Erträgnisse ist vorhanden. Und die Aussicht auf hohe Dividenden gehörte mit zu dem Apparat, welcher die rasche Veräufserung neuer Actien durchfuhren helfen sollte. Man kann die Stellung der Gründer zu dem Inhalt der Statuten der von ihnen neu ins Leben gerufenen Actiengesellschaften, wenn ein so genrehaftes Beispiel erlaubt ist, mit dem Verhalten jenes Engländers vergleichen, der, um ein Trinkgeld angegangen, die Frage stellte, welche Summe er wohl, wenn er nicht geradezu als Lump erscheinen wolle, mindestens zahlen müsse. Der Gründer war geneigt, sich gegenüber dem Gesetze mit dem zulässigen Minimum abzufinden, und dieses fand er darin, dafs er seiner Actiengesellschaft genau die Vorschriften und Kautelen, welche das Gesetz fordert, zu eigen gab, nicht weniger, — das wäre unzulässig gewesen, — nicht mehr, — denn dazu mangelte ihm das Interesse an der Sache.

Die vorstehende Skizzirung umfafst bei weitem nicht alle die Mängel, die dem gegenwärtigen Inhalte des Actienrechts eigen sind; indefs kann sie fur den ernsthaften Beurtheiler ausreichen zu einem Ueberblick über das ganze Gebiet, welcher erkennen läfst, dafs das geltende Actienrecht an schweren organischen Fehlern leidet. Diese Erkenntnifs aber ist fur die Folgerung zu verwerthen, dafs es höchst bedenklich, ja entschieden verfehlt wäre, eine vorläufige Besserung etwa durch das Flickwerk eines Nothgesetzes eintreten zu lassen. Und die Erwähnung dieser Eventualität ist aus dem Grunde nicht überflüssig, weil die Denkschrift der preufsischen Regierung anscheinend auf den Erlafs eines Nothgesetzes abzielt. Es heifst in dem preufsischen Antrage, nachdem bemerkt ist, dafs die Krisis der Geschäftswelt ihrer letzten Entwickelung vielleicht schon bald entgegengehe, der Unternehmungsgeist sich früher oder später heben und deshalb die Möglichkeit neuer Ausschreitungen wieder eintreten könne:

«Hierzu kommt, dafs für das Zustandekommen eines deutschen Civilgesetzbuches und der damit verbundenen

Revision des Handelsgesetzbuches ein längerer, mit zehn Jahren vielleicht nicht zu weit bemessener Zeitraum in Aussicht zu nehmen ist. Daſs hierzwischen wieder Verhaltnisse eintreten werden, welche das Bedurfniſs nach einer Reform der Actiengesetzgebung nicht abweisen lassen, ist mit Bestimmtheit anzunehmen. Die gebührende Rucksicht auf die formelle Lage der weitgreifenden Verhandlungen über die Revision des Handelsgesetzbuches wird in der Weise möglich und empfehlenswerth sein, daſs sich das Zwischengesetz nur die Aufgabe stellt, einer Wiederkehr der Ausschreitungen bei der Gründung, der Verwaltung und dem geschaftlichen Betriebe von Actienunternehmungen thunlichst entgegenzuwirken. Ein solches Gesetz wird der anderweiten definitiven Regelung nicht in unerwünschter Weise vorgreifen, und die freie Bewegung des Gesetzgebers bei Gelegenheit der allgemeinen Revision nicht beeinträchtigen. Es wird keine unüberwindlichen Schwierigkeiten bieten, das Zwischengesetz in der Art anzulegen, daſs der gröſste Theil desselben prinzipiell unverandert auch in das revidirte Handelsgesetzbuch übergehen kann, und daſs, soweit dies noch nicht erreicht wäre, aus dem Wechsel der Gesetzgebung und den Abweichungen dem Verkehre keine wesentlichen Nachtheile oder Belästigungen erwachsen.» —

Diese Sätze lassen fuglich keinen Zweifel, daſs ein Nothgesetz oder, wenn der Ausdruck besser klingt, ein «Zwischengesetz» in Anregung gebracht werden soll. Im Interesse der Gesetzgebung kann ein solcher Vorschlag nicht mit Freuden begrüsst werden; und was zu seiner Begründung gesagt wird, ist wenig stichhaltig. Wenn es keine unüberwindlichen Schwierigkeiten bietet, das Zwischengesetz so anzulegen, daſs man es künftig zum gröſsten Theil dem revidirten Handelsgesetzbuch einverleiben kann, so liegt darin nicht ein Grund fur, sondern gegen ein solches Gesetz. Brauchen die im Eingange angedeuteten Rücksichten nicht zu gelten, so hindert nichts, schon heute ein wirkliches, definitives Actiengesetz zu schaffen. Gegen ein Zwischengesetz sprechen zunächst allgemeine

Gründe. Seine Herstellung bietet streng genommen viel gröſsere Schwierigkeiten, als ein völlig neues legislatorisches Werk. Denn wenn es nicht Unheil stiften soll, muſs es sich dem feinen Geflecht des privatrechtlichen Stoffes genau anschlieſsen und die Verknüpfung der neuen mit den alten Fäden ganz unmerklich machen. Daher ist es überhaupt sehr miſslich, auf dem Gebiet des Privatrechts zu einem Nothgesetz zu schreiten. Noch viel bedenklicher aber wird der Vorschlag, wenn man betrachtet, welche Abschnitte des Actienrechts die partielle Reform umfassen soll. Als Objecte der Revision werden in der Denkschrift bezeichnet: die Rechtsvorschriften über die Actien, insbesondere die Einzahlung auf die Actien und die Liberirung von der Vollzahlung, das Verhältniſs junger Actien zu den alten, die Vorschriften über die Gründung der Actiengesellschaft, über den Nachweis der Zeichnung des Grundkapitals, ihre Geschäftsführung, die civilrechtliche und strafrechtliche Haftbarkeit der Verwaltungsorgane, die Gestaltung des Verwaltungs- resp. Aufsichtsrathes, die Rechte der Generalversammlung, die Individualrechte der Actionäre etc. Mit einem Worte: die wichtigsten, in den Organismus der Rechtssphäre am tiefsten einschneidenden Fragen sollen behandelt werden. Es ist nicht abzusehen, warum, wenn dies Alles als unaufschiebbar anerkannt wird, nicht das Rechtsgebiet im Ganzen abgethan werden könnte. Und das Bewuſstsein, daſs man nur ein Provisorium schaffe, wird zuletzt der Genauigkeit und Sorgfalt in der Herstellung kaum förderlich sein. Es ist dringend zu wünschen, daſs sich dieser Vorschlag nicht verwirkliche. Wenn ein neues Gesetz hergestellt werden soll, so muſs es ein definitives sein. An Material fehlt es nicht, es ist so reichlich, ja so massenhaft vorhanden, daſs bei sorgfältiger und einsichtsvoller Sichtung und Ausnutzung eine wohlthätige, dem deutschen Volk zur Ehre gereichende Institution geschaffen werden kann, sofern nur, wie schon gesagt, Gunst und Haſs der Parteien aus dem Bereich der Mitwirkung fern gehalten wird. Es ist freilich ein in der Rechtsgeschichte unerhörter Fall, daſs wenige Jahre nach Erlaſs eines Gesetzes bereits das Material zu seiner Reform vorhanden ist. Aber das Actiengesetz von 1870 hat auch in der That ein merkwürdiges Schicksal gehabt. Binnen 8 Jahren nach seiner Publikation wurde ihm eine in ihrem Umfange ohne Beispiel dastehende Anwendung zu Theil, und zwar, was die Hauptsache ist, zuerst in optimistischer und dann in der entgegengesetzten Richtung. Kaum Jahr und Tag war die Novelle von 1870 zur Gesetzeskraft gelangt, als Verhältnisse eintraten, welche den kurzen Abschnitt des Handelsgesetzbuches über das Actienwesen vorübergehend zu dem wichtigsten Gebiete des gesammten Privatrechts machten. Die Durchwühlung aller seiner Bestimmungen, der Versuch ihrer Ausnutzung unter leidenschaftlich streitenden Parteien, die Auspressung seines Inhaltes mit einer Kraftanstrengung, wie sie nur Noth und der Kampf um's Dasein erzeugen können, und wie sie leider die Rechtsentwickelung stets am allermeisten fördert — haben eine Kasuistik aufgehäuft, die sich auf die ganze Lebensdauer der Actiengesellschaft vom ersten Tage der Gründung bis zum letzten Tage der Liquidation erstreckt, und die sonst nicht in Menschenaltern zu erreichen gewesen wäre. Also das Material ist vorhanden, und es wäre zu bedauern, wenn aus ihm nur ein lahmes Nothgesetz statt eines auf der Höhe der Erfahrungen stehenden, die ganze Rechtssphäre beherrschenden legislatorischen Werkes hervorgehen sollte.

Es dürfte aber unerläfslich sein, vor Beginn der eigentlichen Arbeit gewisse Principienfragen zur Entscheidung zu bringen, da diese einen mafsgebenden Einflufs auf die ganze Gestaltung des Reformwerkes üben mufs. Zunächst fragt es sich, in wie weit man überhaupt anerkennen will, dafs der Staat berufen sei, sich als Berather der Staatsangehörigen bei ihren Privatangelegenheiten aufzuwerfen. Es ist eine vielfach vertretene Meinung, dafs der Staat sich in die Privatangelegenheiten seiner Angehörigen nicht zu mischen habe, dafs Jeder seines Glückes Schmied sei und die Augen offen halten müsse, wenn er Geschäfte machen wolle, dafs Schutz gegen Täuschungen vom Staate überhaupt nicht zu fordern sei. Wer dieser Ansicht huldigt, der wird das gegenwärtig geltende Actienrecht in seinen Grundzügen gar nicht zu reformiren brauchen, ja er wird es fast als das Ideal eines Gesetzes betrachten dürfen. Wer dagegen eine Reform in dem Sinne wünscht, dafs Blendwerke und Täuschungsmittel, welche um so verlockender auftreten, je gröſser der Gewinn ist, den sie verheiſsen, und um so gefährlicher, je feiner sie sich gerade mit Hulfe jetzt geltender Bestimmungen konstruiren lassen, in einem künftigen Gesetze mindestens keinen Helfer, sondern eher einen ebenbürtigen Gegner finden sollen, daſs Actiengesellschaften wohl zur dauernden Verfolgung eines verständigen Zweckes berufen sind, aber als Mittel zur Ausplünderung unerfahrener Privatleute nicht verwendet werden dürfen, daſs der einzelne Actionär nicht statt einer vollkommenen, rückhaltslosen Rechenschaft über sein Vermögen mit inhaltslosen Phrasen abgefertigt werden, daſs die Generalversammlung stattfinden soll, um den wirklichen Majoritätswillen zum Ausdruck zu bringen, nicht aber um den Tummelplatz fur die Gewinnsucht fremder, an dem Wohl des Unternehmens nicht interessirter Geschäftsleute zu bieten — der muſs es aufgeben, das vorerwähnte Princip festzuhalten. Es ist dies ein bedenklicher Punkt, der die Gefahr birgt, daſs ein politisches Moment in die Sache hineingetragen und die Parteinahme fur und wider davon abhängig gemacht werde, ob man im Ganzen Gegner oder Anhänger einer freisinnigen Staatsordnung sei. In Wahrheit hat die Frage über das *in concreto* zu fordernde Maaſs von Inschutznahme privatrechtlicher Interessen mit der Freiheit oder Unfreiheit der staatlichen Ordnung nichts gemein. Es ist vielmehr im ganzen Privatrecht für die Bestimmung der Grenzlinie, jenseits welcher der Schutz der Interessen des Einzelnen beginnt, ein feststehender Grad von Urtheilsfähigkeit erkennbar, den der Staat von jedem seiner selbstständig handelnden Angehörigen fordert. Insofern einzelne Rechtsgeschäfte ihrer Natur nach in dieser Beziehung erhöhte Anforderungen stellen, und in dem Maaſse, in welchem diese sich steigern, fällt den Satzungen des Privatrechts die Pflicht zu, Cautelen gegen Uebervortheilung vorzuschreiben. Das ist der Gesichtspunkt, welcher auch bei einer gesetzgeberischen Reform des Actienrechts allein maſsgebend sein sollte. Noch nach einer anderen Richtung ist es nöthig, von vornherein Stellung zu nehmen. Die Nachtheile der Gründerperiode sind im wesentlichen nur von den Besitzenden empfunden worden. Wer dagegen von einem bestimmten, trotz aller Erschütterungen der Geschäftswelt gesicherten Einkommen lebt, und andererseits Interesse an gemeinnützigen Einrichtungen nimmt, hat wesentlich nur die Vortheile jener Bewegung wahrzunehmen Gelegenheit gehabt. Daher giebt es Leute, welche mit Genugthuung und einer Art von patriotischem Stolz die Erzeugnisse betrachten, die jene Epoche zu Wege gebracht hat, und welche nunmehr, die den Einzelnen durch ihre Herstellung bereiteten Nachtheile uberdauernd, für alle Zukunft vorhanden sind. Solcher Erzeugnisse giebt es in der That nicht wenige. Eine ganze Anzahl von Eisenbahnen würde unser Land nicht durchkreuzen, eine Reihe zum Theil grofsartiger Bauwerke wurde nicht sichtbar sein, viele Städte würden die glanzenden und wohlthatigen Erweiterungen, die sie erfahren haben, noch auf Menschenalter hinaus entbehren, der Kredit, auf den die Handelswelt unseres Landes in viel höherem Grade wie die anderer Lander angewiesen ist, wurde in so ausgedehntem Maafse gewifs nicht zu erreichen gewesen sein, wenn die Gesetzgebung nicht durch ihre Mangelhaftigkeit die Schöpfung aller jener ephemeren Rechtssubjecte ermöglicht hätte, die als Actiengesellschaften seit 1870 entstanden waren. Allerdings hat der Credit das Maafs seiner Ausdehnung längst wieder eingebüfst. Aber er hat bestanden, und hat — wenn auch freilich zum Schaden der Einzelnen — Manches zu Wege gebracht, was nun dauernd vorhanden ist. Die Bauwerke, die Vergröfserungen der Städte, die Eisenbahnen, die Hafenanlagen, die industriellen Einrichtungen mannigfacher Art sind da, und sind unvertilgbar. Wer also ein verbessertes Actiengesetz will, mufs sich damit befreunden, dafs die Wiederkehr eines derartigen Aufschwunges kunftig nicht mehr möglich ist. Was nicht in der naturgemäfsen Entwickelung begründet ist, was nicht dem nationalen Wohlstande entspricht, was gewissermafsen dem Besitz des Einzelnen widerrechtlich entfremdet und über die allgemeinen Verhältnisse hinaus plötzlich emporgewachsen ist, wird in Zukunft auf gleiche Art nicht wieder entstehen können. Das ist aber kein Schaden. Das allgemeine Wohl kann nicht bestehen sollen im Gegensatze zu dem des Einzelnen. Besser, jene glänzenden Schöpfungen entstehen nicht, oder entstehen nur nach und nach, als dafs wiederum Angehörige des Staates in die Gefahr gerathen, unter den Folgen der Verfuhrung ihr Lebelang zu schmachten.

Und noch ein Drittes ist zu sagen: Die Illusionen auch Derjenigen müssen schwinden, welche da glauben, dafs man von einem neuen Gesetze Schutz gegen jedes Mifsgeschick der Actiengesellschaften fordern könne. Es ist durch eine verständige Gesetzgebung vieles zu erreichen. Aber niemals wird man bewirken können, dafs Thorheiten, Unuberlegtheiten, Leichtsinn und Gewissenlosigkeit aus dieser Geschäftssphäre gänzlich verbannt bleiben. Die Gefahr, dafs der Director einer Bank im Vertrauen auf sein erprobtes Glück für die Gesellschaft waghalsige Spekulationen unternimmt, oder dafs der Leiter einer Fabrik planlose Einkäufe von Vorräthen macht, und dadurch die Gesellschaft in Nachtheile oder Verlegenheiten bringt, — die Irrthumer des Einen, die Illusionen oder Nichtswürdigkeiten des Andern kann man hier so wenig wie anderswo aus der Welt schaffen, — man kann uberhaupt das Schicksal nicht abschaffen, das bei Actiengesellschaften ebenso wie überall im Bereiche menschlicher Dinge waltet. Wohl aber wird es möglich sein, ein Gesetz zu verfassen, welches das allgemeine Vertrauen zu den Actiengesellschaften wiederherstellt; und dieses Vertrauen ist, nachdem die Actiengesellschaften thatsächlich ein so wesentliches Glied unter den Erwerbsgesellschaften geworden sind, für das allgemeine Wohl ein dringendes Erfordernifs.

I.

Vorbemerkung über den Werth der Actiengesellschaft als Erwerbsgesellschaft.

Die Grunderperiode charakterisirt sich durch die Tendenz, Actiengesellschaften ohne Prufung ihres innern Werthes und ohne Rucksicht auf die Frage des Bedürfnisses lediglich zu dem Zwecke ins Leben zu rufen, um an den neu creirten Actien durch einen vortheilhaften Verkauf schnell und mühelos grofse Capitalien zu verdienen. Die Verfolgung dieses Zieles während der Dauer von fast zwei Jahren war bei der lebhaften Concurrenz der Gründer untereinander nur möglich, indem man von Monat zu Monat, von Quartal zu Quartal immer neue Arten von Umsatzobjecten in die Sphäre der Bewegung hineinzog. Der Anfang war mit der Gründung von Banken gemacht worden. Dies mufste sich indefs bald erschöpfen, da die Zahl von Bankinstituten, die eine Stadt oder ein Bezirk zu beschäftigen vermag, beschränkt ist, die vielen neuen Banken sich daher sehr bald durch die Art, wie sie gegenüber der Concurrenz ihre Geschäfte fuhren mufsten, zu discreditiren begannen. Ueberdies war der hierbei zu erzielende Gewinn ein relativ mäfsiger, da er nur im Agio bestehen konnte. Man ging daher zur Gründung solcher Unternehmungen über, bei denen das ursprüngliche Gesellschaftsvermögen ganz oder zum Theil in Realitäten oder anderen nicht vertretbaren Sachen bestand. Hier öffnete sich ein weiteres Feld — zumal für Gründer zweiten Ranges —, und hier konnten auch ungleich gröfsere Gewinne erzielt werden. Es wurden nacheinander und dergestalt, dafs man gewisse Entwickelungsphasen unterscheiden kann, industrielle Unternehmungen aller Art, dann mit Vorliebe, zuletzt ausschliefslich, Bergwerksindustrien zum Gegenstande gewählt. Die Objecte weisen eine überraschende Mannigfaltigkeit auf, keine Industrie blieb verschont, ausgenommen solche, bei denen ein gröfseres Kapital absolut unverwendbar war. Nebenher blühte die Speculation in Bauten und Terrains, und wurde ebenfalls in der Form von Gründungen betrieben. Dafs aufserdem auf dem Gebiete der privilegirten Actiengesellschaften, wie Eisenbahnen, *crédits fonçiers* mit der Befugnifs zur Ausgabe von *au porteur* lautenden Pfandbriefen etc. übermäfsig viel neues geschaffen wurde, versteht sich von selbst.

Diese Thätigkeit des Gründerthums, welche ein so grofses Gebiet überströmte, hat wie jedes Uebel auch ihren Nutzen gebracht. Mufs als solcher zunächst die Zeitigung der mannigfachsten Erfahrungen auf dem Gebiete des Actienrechts gelten, so fällt ausserdem vornehmlich ins Gewicht die klare Belehrung darüber, inwieweit die Actiengesellschaft als Form der Erwerbsgesellschaft von wirklichem praktischen Werth ist, und wo die Grenzen zu suchen sind, über welche hinaus die Entwickelung von Industrie und Handel vermittelst der Actiengesellschaft nicht zu wünschen, sondern eher durch geeignete gesetzgeberische Dämme aufzuhalten ist.

Die Beantwortung dieser Frage führt freilich noch nicht zu Schlüssen, wie sie etwa in einem künftigen Actiengesetz zum concreten Ausdruck gelangen könnten; doch ist es von Wichtigkeit, ihre Prüfung nicht zu unterlassen, und sie einer Betrachtung der Satzungen des Actienrechtes voranzuschicken. Denn das Ergebnifs ist immerhin geeignet, dem Gesetzgeber im Zweifel eine gewisse Directive für seine Entscheidung zu bieten.

Es lassen sich die Unternehmungen in Handel und Industrie von einem für diese Frage wichtigen Gesichtspunkte in solche unterscheiden, deren Werth wesentlich an die Person ihres Leiters geknupft ist, so dafs sie von ihm täglich aufs Neue die fur ihre Entfaltung mafsgebenden Inspirationen empfangen, und in solche, die, wenn einmal in zweckmäfsiger Weise geschaffen, ohne des verstandigen Kopfes gänzlich entbehren zu können, doch mit Hilfe und unter dem Schutze der eigenen Schwere vorwärts rollen, so dafs ihre Leistungsfähigkeit nicht von der Befähigung der jeweiligen Leitung gänzlich abhängt. Zu letzteren gehören vornehmlich solche Unternehmungen, deren Werth wesentlich in der Massirung des Capitals beruht. An der Spitze derselben stehen die Eisenbahnen. Das Characteristische des Eisenbahn-Unternehmens, als Geschäfts-Unternehmen gedacht, liegt in dem grofsen Aufgebot von materiellen Mitteln. Schon eine mäfsig grofse Eisenbahn bedarf zu ihrer Herstellung eines Kapitals, welches in den Händen eines einzelnen Geschäftsmannes diesen zu einem Nabob an Reichthum, zumal bei uns zu Lande machen würde. Ist das Geld aber beschafft und die Bahn gebaut, so erfordert sie zu ihrem halbwegs rationellen Betriebe nicht das continuirliche Nachdenken eines besonders hervorragenden Kopfes, und mindestens nicht in dem Grade, dafs durch eine zeitweise talentlose Leitung alles ruinirt oder in Frage gestellt würde.

Einen Gegensatz hierzu bilden gewisse industrielle Unternehmungen. Man kann behaupten, dafs viele Maschinenbau-Anstalten, Locomotivfabriken, Anlagen, welche sich mit der Erzeugung von Stoffen etc. beschaftigen, mit dem überwiegenden Theile ihres Werthes lediglich von der Person desjenigen abhängen, der sie leitet. Es war dies in der Gründerperiode eine jener Tucken, welche vom Gesetz nicht erreichbar sind, dafs die Besitzer von Fabriken, die unter ihren Händen aufgeblüht waren, sie in diesem Zustande und unter Bemessung ihres Werthes nach den derzeitigen Einnahmen an Actiengesellschaften veräufserten, dabei aber die hochwichtige Thatsache verschwiegen, dafs das Object den gröfseren Theil seines Werthes mit dem Moment verliere, wo der bisherige Besitzer aufhöre, für eigene Rechnung daran zu arbeiten.

Etwa in der Mitte zwischen beiden stehen die Banken. An ihnen läfst sich die hervorgehobene Unterscheidung besonders deutlich machen, weil sie je nach dem speciellen Zwecke, den sie sich vorgesetzt haben, mehr der einen oder der anderen Gruppe zuneigen. Wird eine Bank mit der Aufgabe geschaffen, ein solides Bankgeschäft nach gewissen vorgeschriebenen Normen und Grundsatzen zu betreiben, etwa so, wie es nach dem geltenden Bankgesetz die Zettelbanken handhaben durfen, (ohne dafs die den letzteren gesteckte Grenze unbedingt gelten mufs), so gehört wohl organisatorisches Talent, Soliditat, Charakterfestigkeit auf Seiten der Leitung dazu, um das Geschäft einzuführen, und sein Ansehen zu begründen. Ist dies aber bewirkt, so arbeitet die Maschine halb von selbst, und jedenfalls kann der Ruin nicht schon durch eine vorübergehend mangelhaftere Leitung herbeigefuhrt werden. Der Werth des Instituts und seine Kraft liegt eben in der Masse des ihm zu Gebote stehenden Capitals. Ganz anders, wenn eine Bank sich nicht auf eine bestimmte Art von Geschäften beschränken soll, sondern jede der vielen Specialitäten des Bankfaches zum Gegenstande ihrer Thätigkeit machen mufs. Der Leiter eines solchen Geschäftes kann sich nicht auf den Gewinn verweisen, der ihm durch Geschäftsofferten ins Haus gebracht wird. Er mufs selbstständige Ideen haben und verfolgen, er mufs das ihm anvertraute Kapital befruchten durch den Geschaftsgeist, der in ihm wohnt. Der Werth einer solchen Bank ist daher im Wesentlichen abhängig von der Persönlichkeit desjenigen, der an ihrer Spitze steht. Eine solche Bank wird, wenn etwa ein begabter Leiter ausscheidet und ein anderer an seine Stelle tritt, nach und nach ein ganz anderes Unternehmen.

Aus diesen Thatsachen folgt, dafs die Actiengesellschaften in der Frage der Anwerbung und Erhaltung einer guten Geschäftsleitung einen ihrer schwachen Punkte zu suchen haben. Die Actiengesellschaft wird geleitet durch Dritte, nicht durch die eigenen Interessenten. Es wird weiterhin davon die Rede sein, dafs es eine totale Verkennung des Rechtes der Actiengesellschaft wäre, sie auf eine Art von self-government hinleiten zu wollen. Wenn die Capitalisten selbst arbeiten wollen, so geben sie auch ihr Capital nicht aus Händen. Das Selbstarbeiten ist gerade dasjenige, was der Kapitalist ausschliefsen will, wenn er sich bei einer Actiengesellschaft durch Einlagen betheiligt. Dafs aber Dritte das volle Mafs der Hingebung, welches sie eigenen Angelegenheiten zuwenden, auch den fremden Interessen opfern, ist nicht immer mit Sicherheit vorauszusetzen; und vornehmlich geht diese Treue und Hingebung nicht alle Zeit Hand in Hand mit Fähigkeiten und Talent. Es wäre gefährlich sich hierüber zu täuschen, oder zu glauben, dafs man etwa durch straffe gesetzliche Vorschriften den erforderlichen Druck üben könne. Bei aller Vorsicht, die in dieser Beziehung das Gesetz anwenden könnte, wird immer ein Unterschied gegenüber demjenigen Verhältnifs verbleiben, in dem der Verwalter seines eigenen Vermögens, der Leiter seines eigenen Geschäfts, der Vertreter seiner eigenen Interessen zu diesen steht. Die Gefahr aber steigert sich noch in dem Mafse, in dem das Bedürfnifs auf die Anwerbung hervorragender Persönlichkeiten hindrängt. Je bedeutender der Geschäftsmann ist, je gröfser seine Conceptionen sind, desto gröfser sind auch in der Regel seine Begriffe von eigenem Vortheil. Die allgemeine Denkweise der aus der Schule in das Geschäftsleben Eingetretenen liegt überdies ein wenig abseits derjenigen, zu welcher ein idealer Lebensberuf den Einzelnen erzieht. Es wäre eine sehr mangelhafte Pflichterfüllung auf Seiten der Gesetzgebung, wollte sie sich nur darauf beschränken, diese Thatsachen antipathisch zu beurtheilen; sie ist schuldig mit ihnen zu rechnen. Die Frage, wie diejenigen Vorzüge, welche die Massirung des Kapitals für ein bestimmtes geschäftliches Unternehmen bieten, in vollkommenster Weise durch eine dazu geeignete Leitung ausgenutzt werden können, wird immer ein wunder Punkt in der Praxis der Actiengesellschaften bleiben. Daher sind diese Gesellschaften in ihren Interessen um so gefährdeter, je wichtiger die an die Spitze berufene Persönlichkeit für den Erfolg des Unternehmens ist. Und daraus kann man die Abstraction herleiten, dafs im allgemeinen die Wahl des Actiengesellschaftsvertrages für eine projectirte Erwerbsgesellschaft in dem Maafse bedenklicher ist, in welchem die glückliche Verfolgung des Gesellschaftszweckes mehr von der Begabung des Leiters als blos von dem Vorhandensein einer grofsen Vermögensmasse abhängt. Ist indefs diese Folgerung nur im allgemeinen richtig, so dafs Ausnahmen, zumal wenn die Gesellschaft bei der Wahl ihrer Leiter vom Glücke begünstigt ist, sich oft ereignet haben und immer ereignen werden — so läfst sich aus den Vorgängen der Gründerjahre eine zweite Erfahrung entnehmen, welche noch schwerer ins Gewicht fällt.

Es giebt, was die Stellung des Actionärs betrifft, zwei Haupteigenthümlichkeiten in dem Wesen der Actiengesellschaft, die eine, dafs ihre Actionäre mit der erwerbenden Thätigkeit nicht befafst sein wollen, die andere, dafs sie auf regelmäfsige Erträgnisse hoffen.

Die erstere Eigenschaft, welche bereits angedeutet wurde, ist für die Actiengesellschaft in eminentem Maafse characteristisch, und es wäre, wie schon gesagt, ein totaler Fehlgriff, die Rechtsverhältnisse im Innern etwa auf eine Art von konstitutioneller Verfassung hinzudrängen und darin eine Abhilfe gegen bestehende Mängel suchen zu wollen. Es ist geradezu contra naturam, dafs man vom Actionär eine Theilnahme an der Erwerbsthätigkeit verlange, während die Mehrheit gegen die Minderheit über das, was unternommen werden soll, entscheiden mufs. Die Actionäre mafsen sich auch gar nicht an, Sachverständige des Geschäftszweiges zu sein, auf den sie ihr Geld wagen. Sie wollen sich jene Sachverständigen vielmehr dingen, damit unter ihren Händen das associirte Vermögen die mit seiner erhöhten Kraft erreichbaren Früchte zeitige. Daher kann man von den Actionären nur Sorgfalt in der Auswahl der Geschäftsleitung, nicht aber die Führung der letzteren selbst fordern oder erwarten. Was aber den zweiten Punkt betrifft, so ist einerseits gewifs anzuerkennen, dafs nicht jedes geschäftliche Unternehmen seiner Natur nach in gewissen regelmäfsigen Zeitabschnitten Gewinn abzuwerfen vermag. Eben so richtig ist aber, dafs die Actiengesellschaft ein stillschweigend gegebenes Versprechen unerfüllt läfst, wenn sie nicht alljährlich gewisse Erträgnisse abliefert. Es hätte sich selbst in der Gründerperiode gewifs kein Zeichner auf Actien einer Gesellschaft gefunden, von der man im Voraus bekannt haben würde, dafs sie regelmäfsige Erträgnisse nicht zu liefern im Stande sei. Allerdings hat man sich das sogar in den Kreisen der die Herrschaft führenden Coterie nicht immer offen zugestanden. Hier gilt das, was in der Einleitung schon hervorgehoben wurde: Private Geschäftsleute errichten ihre Bilanz oft Jahre hinter einander mit dem Bewufstsein, dafs sie nur einer Vorschrift der kaufmännischen Ordnung und des Gesetzes genügen. Im Kreise der Actiengesellschaft ist es zu einer solchen Selbsterkenntnifs bisher nicht gekommen. Man nimmt jede Bilanz gleichmäfsig ernsthaft, und basirt auf jede gleichmäfsig das Recht zur Vertheilung des herausgerechneten Ueberschusses. Dafs trotz eines solchen die Gesammtlage der Gesellschaft eine sehr prekäre sein kann, dafs der besonnene Kaufmann vielleicht vorziehen würde, diesen Gewinn und noch einen Verlust drein zu geben, wenn er als Aequivalent hiergegen die Gesellschaft von ihren schwebenden Unternehmungen befreien könnte, ja dafs man unter Umständen Jahre lang eine Berechnung der Vermögenslage, ohne sich zu täuschen, überhaupt nicht vornehmen kann — dies alles wird im Rahmen der Verwaltung von Actiengesellschaften selten erwogen. In ihrem Bereiche werden alle Geschäftsunternehmungen mit dem gleichen Maafse gemessen; das Gesetz erlaubt die alljährliche Gewinnvertheilung, und weil das Gesetz es erlaubt, fordert sie der Actionar. Die grofse Difformität, welche unter Umständen zwischen dem wahren Werthe einer Jahresbilanz und dem ihr durch die Ziffern angedichteten bestehen kann, gilt bisher gar nichts. Sie sollte aber Geltung erlangen; es sollte die Erkenntnifs gebührende Rücksicht finden, dafs nicht jede Actiengesellschaft, da sie ja mit dem Gegenstande ihres Zweckes den gleichen Verhältnissen wie der private Kaufmann unterworfen ist, alljährlich wirkliche Erträgnisse liefern kann. Da dies aber zweifellos vom Standpunkte des Actionärs betrachtet mit ihrem Zwecke in Widerspruch steht, so darf die Gesetzgebung die allgemeine Folgerung nicht aus dem Auge verlieren, dafs die praktische Verwendbarkeit des Actiengesellschaftsvertrages sich in demselben Maafse vermindert, in welchem bei Anwendung solider Grundsätze durch die Natur des Gesellschaftszweckes die Moglichkeit zur Vertheilung von Gewinn in regelmäfsigen Zeitabschnitten erschwert wird.

Es handelt sich darum, was hieraus weiter zu schliefsen sei, und am nächsten liegt die Frage, ob etwa unter solchen Umständen das seit der Novelle von 1870 geltende Recht der freien Errichtung von Actiengesellschaften aufzuheben und die alte Concessionspflichtigkeit wieder herzustellen wäre. Diese Frage ist unbedenklich zu verneinen. Die Ruckkehr zur Concessionspflichtigkeit würde der practischen Ausdehnung des Actiengesellschaftswesens nicht die allein wünschenswerthen natürlichen, sondern künstliche Grenzen setzen. Es würde die Praxis Eingang finden, gewissen Arten von Actiengesellschaften die Concession ausnahmslos zu verweigern, anderen sie vielleicht ausnahmslos zu gewähren. Der Conzessionsertheiler von heute würde im positiven nicht klüger sein, als der von ehemals. Nur um die negative Erkenntnifs wäre er bereichert, dafs einigen bestimmten Arten der Weg zu verlegen sei. Die Gesetzgebung mufs ein Correctiv höherer Art wählen. Das System des Actienrechts mufs so beschaffen sein, dafs ein in der Form der Actiengesellschaft wirklich kultivirbares Unternehmen durch die bestehenden Vorschriften gefordert wird, dafs dagegen ein zu Unrecht oder frivolerweise in die Form der Actiengesellschaft gezwangtes Geschäft das Unbehagen seiner Lage dauernd empfindet. Hierzu wird keineswegs eine Fülle neuer gesetzlicher Vorschriften erforderlich sein, wenngleich ein gewisses spezielleres Eingehen auf Einzelheiten vielleicht hier und da nicht zu vermeiden sein möchte. Jedenfalls aber mufs das Gesetz die absolute Farblosigkeit der gegenwartigen Vorschriften, die Schlaffheit des Rahmens, innerhalb dessen sich berechtigte und unberechtigte Actiengesellschaften mit gleicher Bequemlichkeit bewegen, aufgeben. Die Schutzmafsregeln gegen die Vertheilung künstlich ermittelter Dividenden, ingleichen diejenigen gegen eine gewaltsame Zerlegung grofser und langathmiger Geschäftsunternehmen in lediglich der Dividendenvertheilung dienende Zeitabschnitte werden sich leicht finden lassen. Aber es wird sich vielleicht auch hindern oder wenigstens erschweren lassen, dafs Unternehmungen, welche auf die Kunst eines Einzelnen gebaut sind, unter Ignorirung dieses für das Schicksal des Ganzen hochwichtigen Umstandes in die Form einer quasi *in perpetuum* schaffenden Actiengesellschaft gezwängt werden. Man wird in dieser Beziehung um so rücksichtsloser sein können, als noch eine andere Form der Handelsgesellschaft besteht, welche berufen ist, diesem mit dem Wesen der eigentlichen Actiengesellschaft nicht zu vereinbarenden Zwecke zu dienen — nämlich die Commanditgesellschaft auf Actien. Diese Gesellschaftsform ist ein der Actiengesellschaft zwar verwandtes, jedoch auch in vielen Stücken von ihr verschiedenes Rechtsinstitut. Sie erscheint, vom wirthschaftlichen Standpunkte betrachtet, speziell dazu berufen, die Tüchtigkeit ihres persönlichen Leiters prävaliren zu lassen. Sie enthält nicht, wie die Actiengesellschaft, eine Masse gleichberechtigter Interessenten, welche zu einem von ihnen vereinbarten, nur mit grofsen Mitteln ausführbaren Zwecke einen verständnifsvollen, sachkundigen und zuverlassigen Beamten suchen, sondern sie umfafst einen Schwarm von Capitalisten, der sich der Führung eines oder einiger für gewisse Zwecke besonders begabter Männer im Vertrauen auf deren Begabung und Leistungsfähigkeit anschliefst. Für sie ist dieser Führer, den das Gesetz den persönlich haftenden Gesellschafter nennt, der Leitstern, sein Talent ist der Anlafs für das ganze Unternehmen; die Commanditisten steigen mit ihm in seines Glückes Schiff. Die Actiengesellschaft entsteht unter dem Programm, dafs für einen gewissen, nur mit grofsen Mitteln verfolgbaren Zweck die Mittel gesucht werden. Die Commanditgesellschaft entsteht, wenn ein fur eine gewisse gewerbliche Unternehmung besonders qualifizirter Mann die Mittel sucht, um mit ihrer Hilfe selbst ein entsprechendes Unternehmen zu begründen und auszubeuten. Allerdings ist diese Grundidee der Commanditgesellschaft nicht in voller Reinheit durchgefuhrt. Es steht zunächst mit ihrem Wesen in einigem Widerspruch, dafs bei einer Mehrzahl von persönlich haftenden Inhabern ein Theil ausscheiden, ja dafs Alle bis auf Einen ausscheiden können, ohne dafs dadurch die rechtliche Existenz der Gesellschaft tangirt wird. Dies ist aber vielleicht noch eine unschädliche oder sogar zu billigende Abschwächung des Princips, insofern es sich denken läſst, daſs die Auswahl der Ersatzmänner im Sinne und Geiste der ursprünglichen Fuhrer, deren Zustimmung erforderlich sein muſs, erfolgt, und dadurch eine Conservirung und Fortpflanzung der ursprünglichen Idee und der leitenden Grundsätze stattfindet.

Dagegen ist es ein entschiedener Mangel an dem System, daſs der persönlich haftende Inhaber nicht nothwendiger Weise mit einer Vermögenseinlage an dem Unternehmen betheiligt zu sein braucht. Allerdings ist der Einwand zuzulassen, daſs, wenn man dies forderte, vielleicht gerade die vorzüglichsten Kräfte von solchen Unternehmungen fern gehalten würden, da Tüchtigkeit und ererbter Besitz sich nicht immer vereinigen, und von einem hervorragend begüterten Mann nicht häufig zu erwarten ist, daſs er sich in groſse und weitaussehende Unternehmungen einlasse. So zutreffend dieses Argument auch ist, so vermag es doch nicht gegen die groſsen Bedenken aufzukommen, die der Mangel jener Verpflichtung gegen den actuellen Zustand der Commanditgesellschaft auf Actien wach ruft. Und immerhin wäre durch eine Retinirung und Aufsparung des auf den Antheil des Inhabers entfallenden Gewinnes — bis dieser einem bestimmten Procentsatz des Grundvermögens gleich käme — eine wenigstens theilweise Aushülfe geboten. Gegenwärtig ist der persönlich haftende Inhaber mindestens durch das Gesetz nicht gehindert, seinen Gewinn alljährlich herauszuziehen, so daſs das Gesellschaftsvermögen ihm gegenüber nur fremdes Geld ist. Und da es ferner in der Praxis fast allgemein üblich ist, diesen persönlich haftenden Inhabern den Lebensunterhalt auch für schlechte Geschäftsjahre durch Garantirung einer Minimaleinnahme zu sichern, die sich von dem Gehalte der Actiengesellschaftsvorstände nur durch den Namen unterscheidet, so ist in der Regel die Position des Inhabers auf das Niveau des Directors einer Actiengesellschaft herabgedrückt. Nur für den einzigen Fall, daſs Concurs über die Gesellschaft ausbricht, ist ein Unterschied bemerkbar, indem eine solche Eventualität die Eröffnung des Concurses über das Vermögen des persönlich haftenden Gesellschafters nach sich zieht.

Dieser Zustand bedarf wie gesagt einer Aenderung. Nur dann entspricht die Position des persönlich haftenden Gesellschafters dem, was sie der Grundidee nach sein soll, wenn ihn jeder die Gesellschaft treffende Verlust auch persönlich berührt. Das Geschick der Gesellschaft mufs mindestens in einem gewissen Umfange sein eigenes Geschick sein. In dieser Verknüpfung der Interessen allein ware das zutreffende Aequivalent für diejenige Stellung zu finden, welche dem persönlich haftenden Inhaber bei der Commanditgesellschaft auf Actien eingeräumt wird und eingeräumt werden mufs. Keineswegs würde ein solcher Zustand gegen alles Mifsgeschick Schutz gewähren. Man hat es immer erlebt und wird es immer auf's Neue erleben, dafs Geschäftsleute neben einer eminenten Befähigung fur ihren Beruf mit Fehlern behaftet sind, welche die Früchte ihres talentvollen Ringens zu Nichte machen. Nicht immer geht die geniale Veranlagung zu einer kaufmännischen oder industriellen Berufsthätigkeit Hand in Hand mit der kühl rechnenden Vorsicht, deren sie als Helferin bedarf, wenn ihre Pläne gelingen sollen, — ja, nicht selten tritt sie im Verein mit gefährlichen Illusionen auf, die wie ein Gift auf ihre Leistungen einwirken. Dies überhebt aber den Gesetzgeber nicht der Aufgabe, Rechte und Pflichten der Inhaber und der Antheilseigner in ein richtiges Verhältnifs zu einander zu setzen. Würde die Commanditgesellschaft auf Actien, so wie angedeutet, reformirt, so würde diese wichtige Species der Erwerbsgenossenschaft zur Actiengesellschaft in das Verhältniss zweier einander ergänzender Gesellschaftsformen treten, zumal wenn die gesetzlichen Vorschriften in ihrer Gesammtheit einen indirecten Zwang dahin ausüben, dafs die Unternehmungen, welche im Kreise der Geschäftswelt geplant werden, die ihnen am meisten angemessene Form wählen. Die Commanditgesellschaft ist durch die Actiengesellschaft während der letzten Gründerperiode vollständig in Schatten gestellt worden. Viele Unternehmungen sind in die Form der Actiengesellschaft gebracht worden, während ihnen die der Commanditgesellschaft gebührt hätte. Das hatte seinen

Grund darin, dafs sich in jenen Zeiten des übermäfsigen Optimismus wohl sehr leicht Actien verkaufen, aber doch sehr schwer Männer finden liefsen, die bereit waren, ihr Schicksal mit jenen von den Gründern nur oberflächlich geprüften, oft zu grofs angelegten oder im Zuschnitt verfehlten, nicht selten ganz werthlosen Unternehmungen zu verbinden. Eine weise Gesetzgebung mufs dafür sorgen, dafs sich dies in Zukunft nicht wiederhole. Und hierfür ist eine unerläfsliche Vorarbeit die Erkenntnifs der Grenzlinie, über welche hinaus die Actiengesellschaft nicht nur nicht zweckmäfsig ist, sondern in Folge gewisser Eigenthümlichkeiten, die einen Theil ihres Wesens ausmachen, eher dazu dienen kann, associirtes Capital zu ruiniren, als es fruchtbar und ertragreich zu machen.

II.
Grundvermögen und Actien.

§. 1.

Grundvermögen.

Die Actiengesellschaft ist diejenige Form der Erwerbsgesellschaft, welche vorzugsweise durch die Kraft des Capitals wirken will. Es ist daher ihre vornehmste Eigenthümlichkeit, dafs sie ein Vermögen besitzen mufs, dafs sie ohne diesen Besitz nicht denkbar ist. Das Vorhandensein eines Vermögens ist für Errichtung einer Actiengesellschaft oberstes Essentiale, ist die unabweisbare Voraussetzung ihres Entstehens. Das Vorhandensein eines Vermogens bedingt die Möglichkeit ihres Geschäftsbetriebs, und prävalirt in jeder Beziehung so sehr, dafs diejenigen Personen, welche die Inhaber der Antheilsrechte sind, gänzlich zurücktreten. Daher sagt ein französischer Jurist treffend, wenn auch unter dem Einflufs einer heute nicht mehr geltenden Rechtsauffassung, dafs die Actiengesellschaft mehr eine Gesellschaft von Capitalien, als von Personen sei.*)

---

*) Vergl. Pardessus, Cours de droit commercial, No. 1039: Cette qualification ne résulte pas de ce que leurs opérations doivent rester sécrètes, mais de ce que ce sont plutôt des sociétés de capitaux, que des sociétés de personnes, de ce qu'à la différence des autres la garantie ne reposant sur le credit où la solvabilité personnelle d'aucun associé, la société anonyme ne peut avoir de raison sociale et n'est désignée que par l'objet de son commerce ou de son entreprise.» Derselbe Schriftsteller sagt ferner (§. 1040): «Ce qui distingue les sociétés anonymes des autres espèces de sociétés c'est, qu'il n'est pas nécessaire, qu'il y ait d'associés tenus indéfiniment de toutes les dettes sociales et que les engagements sociaux ne produisent point de solidarité entre les associés.«

Diese eminente Bedeutung des Vermogens für die Actiengesellschaft hat andererseits die Folge, dafs sie, sobald es geschwunden ist, nicht weiter zu existiren vermag, sondern von selbst und sogar gegen den Willen ihrer Interessenten zusammenstürzt. Es ist die Trägerin ihrer Existenz, und verleiht ihr die Kraft zum Leben. Der Privatmann kann ohne Vermögen existiren, auch die offene Handelsgesellschaft bedarf zu ihrer Existenz nicht eines Vermögens. Für die Actiengesellschaft ist es das erste und unentbehrlichste Erfordernifs.*) Sein Schwinden wirkt in dem Maafse organisch auflösend, dafs selbst auf einen vernünftigen Willen bei den Interessenten nicht zu rechnen ist, sobald feststeht, dafs das Vermögen nicht mehr vorhanden ist. Einer Actiengesellschaft, die kein Vermögen besitzt, begegnet es, dafs ihre eigenen Verwaltungsorgane sie im Stich lassen. Auch auf eine verfassungsmäfsige Vereinigung der Actionäre ist nicht mehr mit Sicherheit zu hoffen. Während der private Geschäftsmann, selbst wenn er sich verschuldet weifs, noch immer das Bestreben nach vernünftigem Handeln hat, besteht ein gleiches auf Seiten der Actiengesellschaft nicht mehr, sobald erst ihre Verschuldung offenkundig ist. Man hat Actionären solcher Gesellschaften oft vergeblich diejenigen Schritte zugemuthet, welche vernünftigerweise dazu führen konnten, die Glaubiger nach Möglichkeit zu befriedigen. Sobald der Actionär kein Interesse mehr

*) Troplong: le contrat de société (Paris, 1843) bezeichnet das Wesen der Actiengesellschaft treffend, indem er sagt: (No. 444) La société anonyme a quelques rapports avec la commandite, mais elle en diffère en un point essentiel: c'est que les capitaux associés et réalisés n'ont pas de représentants personnellement et indéfiniment responsables. Elle n'offre au public qu'un patrimoine pour garantie et point de personnes obligées. L'être moral est une caisse sociale, au delà de laquelle il n'y a pas d'individus débiteurs et contraignables.» — Ferner (No. 168): «Dans la société anoyme on ne connait que l'objet de l'entreprise, mais jamais ceux, sur la tête desquels elle repose.» — Und weiter: «Il suit, que la société en commandite offre des garanties personnelles, que ne présente jamais la société anonyme. Dans cette société la garantie des tiers ne repose sur la solvabilité d'aucun associé; la sécurité publique n'a d'appui que dans un ensemble de forces difficile à constater dans ses élements et par conséquent de nature à appeler les vérifications préalables de l'autorité.

für sich erkennt, will er auch nicht mehr als Interessent handeln. Gestaltet sich daher die Vermögenslage einer Actiengesellschaft so, dafs die Gläubiger die noch allein an der Masse Interessirten sind, so birgt, wie die Praxis gelehrt hat, der Besitz der werthlos gewordenen Actien nicht selten die Gefahr der Schädigung durch mit Vorsatz gefafste zweckwidrige Beschlüsse. Daraus ergiebt sich fur die Gesetzgebung die Nothwendigkeit, Vorsichtsmafsregeln zu treffen, damit eine Actiengesellschaft, wenn sie von ihren natürlichen Interessenten im Stich gelassen wird, noch immer zu einem vernunftigen Handeln qualificirt sei. Unter den gegenwärtigen Verhältnissen bietet sich nur der Concurs als Auskunftsmittel; es ist indefs nicht verständig, die Interessenten der Gesellschaft ausschliefslich hierauf zu verweisen; denn der Concurs bringt Nachtheile mit sich, welche vermieden zu sehen im höchsten Interesse der Gläubiger liegen kann. Und die Heilkraft dieses Ausweges wird in Zukunft noch mehr schwinden, wenn die Eröffnung des Concurses nicht ferner von Amtswegen geschieht.

Jede Actiengesellschaft mufs also von Anfang ihres Bestehens an ein Grundvermögen haben. Das geltende Recht sagt indefs nicht dies, sondern erfordert ein «Gesellschaftscapital« oder, wie es an anderen Stellen heifst, ein «Grundcapital». Der Ausdruck ist nicht vollkommen zutreffend, und steht zum Theil in Widerspruch mit dem, was das Gesetz selbst anderweit statuirt. Von einem Grundcapital kann nach dem sprachlichen und juristisch-technischen Sinne des Wortes nur da die Rede sein, wo das Vermögen der Gesellschaft von Anfang ausschliefslich in baarem Gelde oder geldwerthen Papieren zu bestehen hat.

Das Grundvermögen der Actiengesellschaft kann aber von dreierlei Art sein. Es kann zunächst ausschliefslich in baarem Gelde bestehen, wie dies der Fall ist bei allen Gesellschaften, deren Zweck sich auf den Betrieb von Bank- oder Handelsgeschäften richtet. Das Vermögen dieser Gesellschaften taucht vorübergehend unter in Geschäften, aus denen es behufs gleichartiger Verwendung immer wieder baar zurückfliessen soll.

Es kann ferner zwar von Anfang an in baarem Gelde bestehen, dem jedoch die Verwendung zu einem bestimmten Zwecke vorgeschrieben ist, sodafs es sich für immer in irgend ein anderes Werthobject umwandelt. Hierher gehören vorzugsweise die Eisenbahnen, aufserdem alle diejenigen industriellen Unternehmungen, deren Anlagen erst nach Errichtung der Actiengesellschaft geschaffen werden. Hier ist der Ausdruck «Grundcapital» zwar im Momente der Errichtung der Gesellschaft noch zutreffend, verliert aber seine Berechtigung für die Folge, und erlangt sie niemals zurück. Wenn eine Eisenbahngesellschaft ins Leben tritt, so ist über das ihr gewidmete Capital gleich im Anfang unabänderlich verfügt; es mufs sich in eine Eisenbahnlinie verwandeln; und dasjenige Vermögensobject, woran der Actionär künftighin sein Antheilsrecht besitzt, woraus er seine Früchte zieht, ist nicht mehr das Capital, sondern die Anlage, in welche es sich verwandelt hat.

Ganz unzutreffend endlich wird die Bezeichnung «Grundcapital» bei der dritten Art, wo von Anfang an, nämlich von der Eintragung der Gesellschaft in das Handelsregister an, das Grundvermögen ganz oder zum Theil nicht in baarem Gelde, sondern in anderen, nicht vertretbaren Sachen, Grundstücken, Gebäuden, Maschinen, industriellen Etablissements, Berg- oder Hüttenwerken etc. zu bestehen hat. Diese Art der Actiengesellschaft, zu der, wie bekannt, die bei weitem gröfste Zahl der seit 1870 entstandenen gehört, ist durch den Artikel 209b der Novelle ausdrücklich zugelassen. Es wird danach beispielsweise eine Gesellschaft mit einem Grundcapital von einer Million Thalern gegründet, jedoch so, dafs dabei vier Fünftel auf eine der Gesellschaft überlassene Fabrik gerechnet sind und nur ein Fünftel in baarem Gelde eingelegt ist. In Wahrheit besitzt diese Gesellschaft also nur 200 000 Thaler baares Capital; ihr sonstiger Besitz besteht in einer Fabrik, so dafs auf ihn der Ausdruck «Grundcapital» nach dem gewöhnlichen Sprachgebrauch nicht anwendbar ist. Dieser Fehler ist aber nicht etwa rein sprachlicher Natur, sondern die entsprechende Auffassung durchzieht wirklich das ganze Actienrecht. Die Consequenzen dieses Widerspruches zwischen dem fingirten und dem wirklich vorhandenen Gesellschaftsvermögen werden gleich im Folgenden näher zu betrachten sein.

§. 2.

Actien.

Das Gesellschaftscapital wird nach den Worten des Gesetzes «in Actien oder auch in Actienantheile» zerlegt. Danach würden Actien resp. Actienantheile die Antheile am Grundcapital sein. Diese Definition kann ebensowenig wie die im vorigen Paragraphen erwähnte als zutreffend erachtet werden. Die Actie ist nicht ein Theil des Gesellschaftskapitals, denn sonst müfste sie sich ohne eine Beziehung zum Actionär denken lassen. Sie ist aber gerade nur mittelst dieser Beziehung denkbar. Sie repräsentirt das Anrecht des Actionärs, in ihr verkörpert sich das Vermögensrecht der Zeichner resp. ihrer Rechtsnachfolger gegenüber der durch die Eintragung zu einem selbstständigen Subjecte gewordenen Gesellschaft. Und sie ist aufserdem zugleich die Legitimationsurkunde für die Ausübung aller durch Statut oder Gesetz dem Actionär eingeräumten Befugnisse. Dies ist indefs in Theorie und Praxis auch unbestritten, und die Mangelhaftigkeit der Definition daher auf den Rechtszustand ohne Einflufs.

Die Herstellung der Actien ist nicht der reinen Willkür der Constituenten anheim gegeben, sondern hinsichtlich ihres Umfanges bestimmten Vorschriften dergestalt unterworfen, dafs ihre Gröfse unter ein gewisses Minimum nicht herabgedrückt werden darf. Daher ist die Zahl der bei jeder Gesellschaft zulässigen Antheilsrechte von der Gröfse des als Grundcapital hingestellten Gesellschaftsvermögens abhängig. Denn es gilt die Vorschrift, dafs keine Actie, welche auf den Inhaber lautet, einen geringeren Antheil als 100 Thaler, keine, welche auf einen bestimmten Namen lautet, einen geringeren Antheil als 50 Thlr. des gesammten Grundkapitals umfassen darf. Diese Bestimmung ist in zweifacher Beziehung von Wichtigkeit, einmal, insofern durch sie, wie eben gesagt, die Anzahl der Actien beschränkt ist, andererseits aber, indem der Actie zugleich ein N o m i n a l w e r t h aufgeprägt wird. Die Actie repräsentirt gemäfs dieser gesetzlichen Vorschrift zugleich einen bestimmten baaren Geldwerth. Es ist dies nicht dem deutschen Rechte allein eigenthümlich, sondern besteht in gleicher Weise bei anderen Nationen, und man kann sich leicht erklären, wie es gekommen ist. Zunächst ist die Actie eine vorzugsweise der Geschäftsswelt geläufige Urkunde; die Kaufleute aber lieben Bezeichnungen, die möglichst kurz und präcis dasjenige, worauf es ankommt, ausdrücken. Sobald die Actie einen bestimmten Nominalwerth an sich trägt, der gewissermafsen das «Soll» ihres Werthes ausdrückt, läfst sich der Cours, welcher das «Haben» bezeichnet, durch einen Procentsatz zum Ausdruck bringen. Und das ist für den Handelsverkehr von Wichtigkeit. Ueberdies sind die Actiengesellschaften vergangener Zeiten wohl ausschliefslich mit baaren Einlagen hergestellt worden; und so lange dies der Fall war, ergaben sich die Nominalbeträge von selbst, enthielten auch nichts, was der Wahrheit zuwider lief. Anders verhält es sich damit, seitdem man jene drei Arten von Actiengesellschaften zu unterscheiden hat, deren im vorigen Paragraphen Erwähnung geschah. Hierbei ist indefs zu bemerken, dafs die dritte Klasse erst durch die Novelle von 1870 geschaffen worden ist, dafs also zu jener Zeit, wo für das deutsche Recht die Nominalbeträge der Actien durch das Handelsgesetzbuch vorgeschrieben wurden, nur die beiden ersten existirten. Es mögen jene drei Klassen in der weiteren Darstellung der Kurze wegen in der Weise erwähnt werden, dafs die erste als die Klasse der Banken, die zweite als diejenige der Eisenbahnen, die dritte als die der Industriegesellschaften bezeichnet wird. Ihr gegenwärtiges Verhältnifs zu den Nominalbeträgen erweist, dafs diese ursprünglich berechtigte, noch vor wenigen Jahrzehnten halbwegs unschädliche Form der Bezeichnung neuerdings zu der Wahrheit in einen schroffen Widerspruch getreten ist, und sich zu einer ebenso wichtigen wie nachtheiligen Eigenthümlichkeit des ganzen Actienwesens herausgebildet hat.

Bei der Klasse der Banken ist gegen sie selbstverständlich nichts einzuwenden; bei den Eisenbahnen ist wenigstens so viel zuzugeben, dafs sie im Momente des Entstehens der Actiengesellschaft nichts Unrichtiges besagen. Aber es ist doch zweifellos schon eine arge Abweichung von der Wahrheit, wenn auf den Actien baare Geldsummen genannt werden, während die Gesellschaft nach Fertigstellung ihrer Linie baares Geld gar nicht mehr besitzt, ja die Actionäre nicht einmal in der Lage sind, das wirklich vorhandene Vermögensobject, die Eisenbahnlinie nach ihrem Belieben in eine Geldsumme zurückzuverwandeln, weil der Staat vermöge seines Hoheitsrechtes sie hieran hindern kann. In vergangenen Zeiten war diese Unwahrheit insofern milderer Natur, als die ersten Eisenbahn-Gesellschaften die besten Linien erwarben, diese billig hergestellt wurden und meistens schon von Anfang eine Rente abwarfen, die als eine erträgliche Verzinsung des Nominalbetrages gelten konnte. Gerade dieses Verhältnifs hat sich indefs mit der zunehmenden Zahl der Eisenbahnlinien wesentlich verändert; man mufste von guten zu mittelmäfsigen, von ersten zu zweiten Linien übergehen, und konnte später überhaupt nur secundäre Linien oder Concurrenzbahnen schaffen. Die Rentabilität der Bahnen reduzirte sich dem entsprechend, und liefs die Difformität zwischen dem Nominalbetrage und dem sich herausstellenden Werthe der betreffenden Actien bei jedem neuen Unternehmen immer schärfer hervortreten. Und als nun durch die Novelle das Recht constituirt wurde, Actiengesellschaften in der Weise zu schaffen, dafs sie von Anfang an baares Geld gar nicht oder nur zum Theil zu besitzen brauchen, indem für eine der Gesellschaft *in natura* übereignete Realität dem Uebereigner *in natura* eine gewisse Anzahl von Actien überwiesen wird, so hat sich an dieser Klasse der Industriegesellschaften der Nominalbetrag der Actien zu einer ganz vollkommenen Unwahrheit gestaltet. Das Grundcapital ist als baares Capital nicht da, hat auch nach Inhalt des Statuts nie in dieser Form vorhanden sein sollen, wird nur fingirt durch Vereinbarung eines in seiner Höhe der Willkür der Gründer anheimgegebenen Schätzungswerthes; und die Actie bezeichnet ein Antheilsrecht, dessen Nominalbetrag in ganz gleichem Maafse willkürlich und ohne inneren Zusammenhang mit dem wahren Werthe des Gesellschaftsvermögens hingestellt ist.

So sind die Nominalbeträge mit jeder Entwickelungsepoche des Actienwesens zu den thatsächlichen Verhältnissen in gröfseren Widerspruch getreten, und haben sich Schritt für Schritt zu einem Institut herausgebildet, das, wenn man seine practische Bedeutung noch gar nicht in Betracht zieht, schon unter allen

Umständen deshalb gegen sich einnehmen mufs, weil es eben mit der Wahrheit nicht übereinstimmt, und, was die Klasse der Industriegesellschaften betrifft, mit ihr in einem totalen Widerspruch steht. Die practische Bedeutung aber ist dahin zu kennzeichnen, dafs die Nominalbeträge von einer eminent nachtheiligen Wirkung auf die Entwickelung des Actienwesens geworden sind; ja es ist zu behaupten, dafs die Gründerperiode mit ihren Ausschreitungen überhaupt eine Möglichkeit nicht hätte werden können, wenn die Vorschrift nicht bestände, dafs alle Actien unterschiedslos und ohne Rücksicht auf die Natur des Grundvermögens der Gesellschaft bestimmte Nominalbeträge haben müssen.

Die Ursache hiervon ist leicht einzusehen. So lebhaft sich die öffentliche Meinung immer gegen die Zumuthung einer durch den Staat auszuübenden Vormundschaft richtet, so grofs ist doch selbst in unseren Tagen der Respect des Einzelnen vor dem Urtheil der staatlichen Organe uber alle Erscheinungen des Verkehrs, zumal auch auf dem Gebiete von Handel und Wandel. Dieser Umstand und die Verantwortlichkeit, welche die Regierung in Folge dessen durch Bekundung ihrer Ansicht immer auf sich ladet, war ja, wie schon in der Einleitung erwähnt worden, das Hauptsächlichste der Motive, welche zur Aufhebung des Concessionszwanges geführt haben. «*Là, où l'état intervient, l'individu abdique*» heifst es in dem das französische Actiengesetz vom 24. Juli 1867 betreffenden Commissionsbericht des *corps législatif*. Die Richtigkeit dieses Satzes hat sich auch an dem in Rede stehenden Institute erwiesen. Da das Gesetz die Nominalbeträge anordnet, so war das Individuum dem Glauben nicht zugänglich, dafs ein Vermögensobject, welches — auf Vorschrift des Staates — die Werthangabe «hundert Thaler» an sich trägt, nicht wenigstens im Anfang den reellen Werth von hundert Thalern haben, dafs diese Werthsangabe nicht auf einer soliden und der Umsicht der Regierungsorgane entsprechenden Schätzung basiren solle. Dieser Glaube war der Standpunkt der Bevölkerung beim Beginn der Gründerperiode; er war um so allgemeiner, als man sonst nicht gewohnt ist, die Gesetze des Staates für die Täuschung des Einzelnen verwendbar zu finden. Es schien selbstverständlich, ein Vermögensobject, das sich mit allgemeiner oder besonderer Genehmigung des Staates den Werth von hundert Thalern zuschreibt, dahin zu beurtheilen, dafs es mit dem Werthe dieser Summe in einem engen Zusammenhang stehe. So lange nur die erste und zweite Klasse von Actiengesellschaften bestanden hatte, war die Sache auch noch erträglich, obwohl schon bei der Klasse der Eisenbahnen wegen der sich für die jüngeren Linien verschlechternden Gewinnaussichten der Unterschied zwischen Werth und Werthsangabe stetig zunahm.

Die Organe der Gesetzgebung selbst hatten zur Zeit von der Bedeutung der Einwirkung, welche die durch den Artikel 209[b] geschaffene dritte Klasse auf die wirthschaftliche Stellung der Actien überhaupt und insbesondere auf das Verhältnifs zu ihren Nominalbeträgen ausüben mufste, offenbar keine ausreichende Vorstellung. Dies beweist der Inhalt der Motive zur Novelle. Sie bemerken, dafs die Inferirung nicht vertretbarer Sachen in eine zu begründende Gesellschaft laut Art. 180 den Commanditgesellschaften auf Actien schon bisher freigestanden habe, während eine gleiche Institution den Actiengesellschaften nicht gegeben sei. Eine solche sei entbehrlich gewesen, weil die Concessionspflichtigkeit eine hinreichende Garantie geboten hätte. Bei dem Wegfall der Letzteren erklären die Motive die Herstellung ähnlicher Garantien auch für Actiengesellschaften als nothwendig. Man sieht also: nur in seiner Eigenschaft als Schutzmittel ist der Inferirungsparagraph Seitens der Motive in Betracht gezogen; die anderweite höchst wichtige Einwirkung, die er insbesondere dadurch auf die ganze Position der Actien übte, dafs ihnen fortan, insoweit das Grundvermögen aus inferirten Werthen besteht, nicht mehr eine ihrem Nominalbetrage gleichkommende Geldsumme, sondern ein der verschiedenartigsten Beurtheilung ausgesetzter Besitz zur Unterlage dient, ist gar nicht in Betracht gezogen. Und nicht einmal dem Umstande, dafs die Inferirung ein völlig neues, bisher dem Actienrecht fremdes Rechtsgeschäft darstellt, wird in den Motiven die gebührende Anerkennung zu Theil. Eine Actiengesellschaft konnte bis zur Publication der Novelle irgend welche Realitäten, Fabriketablissements, industrielle Anlagen, Terrains etc. etc. streng genommen nur so erwerben, dafs sie dieselben, sobald sie handlungsfähig geworden war, durch Kauf an sich brachte; ganz zu Anfang mufste das baare Geld vorhanden sein. Und das Rechtsgeschäft der «Inferirung» war für die Actiengesellschaft überhaupt nicht in Geltung. Freilich war das, so lange der Conzessionszwang bestand, nicht wesentlich, und trat vollständig zurück vor dem dominirenden Einflufs, den der Staat auch nach dieser Richtung ausübte. Die concessionirende Regierung konnte nach Allem, was ihr von Interesse erschien, fragen, sie mufste über Alles eine ausführliche, vollständige, wahrheitsgemäfse Auskunft erhalten; denn es stand immer in ihrem Ermessen, wenn die Aufklärungen nicht genügten, die Concession zu verweigern. Wenn also beispielsweise eine projectirte Gesellschaft sich in ihrem Statutenentwurf als «Actiengesellschaft für Fabrikation von Eisenbahnmaterial» bezeichnete, so konnte sie sich nicht willkürlich in Schweigen über die Frage hüllen, in welcher Weise sie das Grundcapital im Dienste des Gesellschaftszweckes verwenden wolle. Offenbar gehörte zur Ausübung desselben die Errichtung einer entsprechenden industriellen Anlage. Die Regierung konnte fragen, wie man diese in's Werk zu setzen gedenke, und gelangte so zur Einsicht in die wirklichen Zwecke der Gründer, gleichviel ob das bereits bestehende Project der Erwerbung einer Eisenbahnwagenbau-Anstalt im Statut Ausdruck gefunden hatte oder nicht. Damit war es aus, sobald die Regierung die Errichtung der Actiengesellschaft freigab. Was nunmehr vom Gesetz nicht als Erfordernifs erklart war, galt auch nicht als ein solches, konnte insbesondere von dem einzigen mit der Prüfung der Sachlage befafsten Beamten, dem Handelsrichter, nicht als solches behandelt werden. Die Tragweite dieser wichtigen Neuerung wurde, wie gesagt, von Seiten der Gesetzgebung selbst nicht erkannt. Man wähnte, nur eine civilistische Aenderung geschaffen zu haben, während man einen tiefen Eingriff in die wirthschaftliche Position der Actie gethan hatte. Es kann nicht Wunder nehmen, dafs so wie die Organe der Gesetzgebung selbst, auch die Bevölkerung dieser Neugestaltung nicht mit ausreichendem Verständnifs entgegentrat. Man hielt den Nominalbetrag fortgesetzt für den wahren Werth der Actie. Er wirkte wie eine optische Täuschung auf das Auge des Capitalisten, und nicht etwa blos des gemeinen Mannes, der sich schon durch die Ueberschrift «100 Thaler» auf den wie Staatspapiere oder Obligationen ausgefertigten Urkunden zu der Meinung verleiten liefs, dafs sie dieselbe mit ähnlichem Rechte wie jene trügen. Der Nominalbetrag war ein unablässig fungirender Werthmesser der Actien. Er verfälschte das allgemeine Urtheil über die Qualität des Unternehmens, verhinderte, dafs man von dem Werth des letzteren auf den Werth der Actie schlofs, und brachte den mehr oder weniger urtheilslosen Capitalisten in die Versuchung, umgekehrt von seinem Nennwerthe auf den Werth des Unternehmens zu schliefsen. Dafs man nach Willkür fünfzig Thaler als hundert sollte ausgeben können, mochte, zumal in jener Epoche des allgemeinen Optimismus, Niemand glauben. Man wufste wohl, wie Gründungen entstanden, und wer es nicht wufste, dem war doch wenigstens bekannt, dafs an diesen Geschäften unermefsliche Summen verdient wurden; denn die nach hunderttausenden zählenden Gewinne waren zu jener Zeit in aller Munde, und die Zahl der reichen Männer verdoppelte sich gleichsam über Nacht. Dennoch wurden die neuen Actien, an denen ihre Erzeuger schon so reich geworden waren, willig gekauft. Geschah es bei Vielen auch ohne Prüfung des Werthes, und nur in der Hoffnung, sie bald noch höher verkaufen zu können, so war doch auch die Zahl derjenigen grofs, welche sich wirklich Illusionen über diese Werthe machten, und die Nominalbeträge sorgten dafür, das allgemeine Urtheil zu verdunkeln. Sie wirkten fast wie Trugbilder, denen selbst der sachkundige Banquier unterlag. Dieser unterschied sich von dem vertrauensseligen Capitalisten nur darin, dafs die Kauflust bei ihm erst durch einen niedrigeren Cours geweckt wurde. Wenn er den Privatmann belächelte, der die neugebackene Aktie zu pari kaufte, so konnte er durch ein Angebot zu 60 % auch seinerseits in die gefährlichste Versuchung gerathen. Und gerade das ist eine sehr lehrreiche Erscheinung. Auch der Banquier hatte den Werth der Sache nicht geprüft, wufste nichts von der Ertragsfähigkeit der neu projectirten Eisenbahnlinie oder Maschinenbau-Anstalt. Auch für ihn war eben der Nominalbetrag in gewissem Grade ein Blendwerk, er wähnte 100 für 60 zu kaufen; diese Täuschung war es, der auch er erlag.

Wäre den Gründungsgeschäften dieses Hilfsmittel nicht geboten gewesen, so hätte der Einzelne hier ebenso wie anderwärts sich veranlafst gesehen, den Werth der Sache zu untersuchen, ausgenommen selbstverständlich derjenige Käufer, der, wie es bei gewissen Spielpapieren der Börse täglich geschieht, seinen Kaufpreis nicht nach der Preiswürdigkeit der Sache, sondern nach der Hoffnung auf eine Preissteigerung einrichtet. Von Käufern dieser Art ist hier nicht die Rede, ihre Thätigkeit ist nicht die eines Kaufmannes, sondern die eines Spielers. Aber die Neigung zur selbstständigen Beurtheilung wurde auch bei den soliden Capitalisten gänzlich eingeschläfert. Sie wähnten, dafs eine solide Schätzung des gemeinen Werthes der Sache durch den Nominalbetrag gegeben sei, und in dieser irrigen Auffassung bestärkte sie das allgemeine Vertrauen, welches der Angehörige unseres Landes den Staatseinrichtungen trotz aller Skepsis entgegenbringt.

Heute ist man im Allgemeinen gewitzigter; man weifs, was Actien bedeuten, und die Nominalbeträge gelten nichts. Die trüben Erfahrungen, die ein grofser Theil der Besitzenden gemacht hat, die unausgesetzte Discussion der Sache in der Presse, und die peinlichen Vorgänge, welche sich an die Gründerperiode angereiht haben, sind geeignet gewesen, diese bessere Einsicht zu fördern. Aber man täusche sich nicht. Das gegenwärtige Maafs der Einsicht bildet nicht die Regel, sondern die Ausnahme; sie wird schwinden in dem Maafse, in dem die Spuren der Gründerperiode durch Gewerbfleifs, durch Mühe und Arbeit der Handelswelt wieder verwischt werden. Schon die jungen Männer, welche heute die Schulbank verlassen, um in die Comptoire der Kaufleute einzutreten, mögen aus den Ueberlieferungen, die sie dort empfangen, ein klares Bild von den Ereignissen seit 1870 nicht mehr gewinnen. Und wenn erst eine Reihe glücklicher Geschäftsjahre neue Anschauungen lebendig gemacht hat, wenn mit einer guten Entwickelung von Handel und Gewerbe auch der Optimismus sich wieder einstellt, der unfehlbar in ihrem Gefolge ist, so werden nach Verlauf von zwanzig Jahren die zu Kaufleuten geschulten

Lehrlinge von heute ebenso empfänglich für die Illusionen und Täuschungen einer vielleicht auf anderen Grundlagen entstehenden Epoche von Neugründungen sein, wie es die Geschäftsleute und Capitalisten von 1871 gewesen sind. Dies Alles natürlich nur dann, wenn der alte Apparat erhalten wird. Daher darf man sich der Erkenntnifs nicht verschliefsen, dafs unter den Vorbedingungen für eine ernste und heilsame Reform auf dem Gebiete des Actienwesens eine allen anderen voransteht: die Beseitigung der Nominalbeträge.*) Wenn sie bestehen bleiben, so wird kein Gesetzgebungswerk den Zweck erreichen, den man anstrebt. Unter allen Täuschungsmitteln sind die Nominalwerthe das ausgiebigste und am meisten verwendbare. Sie sind streng genommen nicht einmal ein Mittel zur Täuschung, denn sie dienen von selbst, so zu sagen unaufgefordert, und gerade deshalb um so wirksamer.

Im Verlaufe dieser Darstellung soll keine Gelegenheit versäumt werden, zu zeigen, wie die Wirkung dieser Institution das ganze Actienrecht durchzieht, wie sie überall ihren irreleitenden Einflufs ausübt. Sie ist gegenwärtig mit dem Actienrecht so verwachsen, dafs man zu fragen versucht ist, ob es denn möglich sei, sie zu entbehren. Man darf sich aber schon *a priori* gestehen, dafs dies möglich sein mufs. Die Actiengesellschaft wäre ein sonderbares Rechtsinstitut, wenn sie nicht auf eine Einrichtung verzichten könnte, welche so wenig dem entspricht, was gerade von den Satzungen des Privatrechts in erster Reihe gefordert wird. Und sie ist in der That entbehrlich. Nach innen deshalb, weil es gar nicht erforderlich ist, dafs jede nicht in Geld bestehende Einlage von vorn herein einer Schätzung in baarem Gelde unterstellt werde. Dies ist nicht nur nicht nöthig, — auch die römische Societät wufste es zu entbehren — sondern es ist bei der Natur der meisten zu Einlagen verwendeten Realitäten gar nicht einmal ausführbar. Ebenso entbehrlich sind die Nominalbeträge nach aufsen, dem Gläubiger der Gesellschaft gegenüber. Der Gläu-

*) Für einen beschränkten Kreis von Actiengesellschaften ist dies bereits als möglich erklärt in der weiter unten zu besprechenden Schrift von Wiener «Zur Reform der Actiengesetzgebung». Berlin 1873. Seite 41.

biger hat keinen Anspruch darauf, dafs ihm das Vermögen der Actiengesellschaft, der er Credit gewähren soll, durch eine baare Geldsumme ausgedrückt werde. Er mag sich den Werth der vorhandenen Realitäten ebenso abschätzen, wie er es gegenüber dem Credit suchenden Privatmann thun mufs. Auch — und das ist das Wichtigste — für die Bilanz sind die Nominalbeträge entbehrlich. Es wird weiter unten*) ausfuhrlich davon gehandelt werden, dafs die Nominalbeträge den Dienst, den sie bei der Bilanzirung leisten sollen, nämlich die Uebersetzung der Posten der Bilanz in baares Geld schon jetzt nur scheinbar und äufserlich leisten. Nur bei der Klasse der Banken, wo der Nominalbetrag und die Einlage sich decken, dienen sie in der Bilanz wirklich der Aufgabe, die ihnen gestellt ist. Die Eisenbahnen und Industriegesellschaften dagegen stellen dem Nominalkapital, das sie als Passivum einzutragen haben, den gleichen Betrag als Activum gegenüber, und kennzeichnen die Werthsveränderungen lediglich durch Abschreibungen. Es liefse sich also ganz das Gleiche erreichen, wenn man jene beiden grofsen Hauptposten in die Bilanz überhaupt nicht eintrüge, und nur die abzuschreibende Summe den Activis als Passivum gegenüberstellte. Es wird sich zeigen, dafs dieses Verfahren, welches streng genommen den Vorschriften des Gesetzes zuwiderläuft, auf einem ganz richtigen Instinkt der Gesellschaften beruht, dafs also die Praxis, in der Erkenntnifs des wahren Wesens der Nominalbeträge, bestrebt ist, sich gegen die Consequenzen zu wehren, die ihre Geltung dem Inhalte der Bilanz auferlegt. Hier genügt es, zu constatiren, dafs sie jedenfalls für die Bilanz entbehrlich sind, und dafs somit kein Hindernifs besteht, sie aus dem System des Actienrechts gänzlich zu verbannen. Und so sicher dieser Schritt allein noch nicht ausreichen würde, um das Actienrecht den Erfahrungen gemäfs zu reformiren, so zweifellos würde, wenn man die Nominalbeträge bestehen liefse, jede Reform verlorene Mühe sein.

---

*) Abschnitt XII.

§ 3.

Interimsscheine, Vollactien, Liberirung der ersten Zeichner.

Bei der Wichtigkeit, welche das Vermögen der Actiengesellschaft für die Existenz derselben hat, wäre es begreiflich gewesen, wenn man angeordnet hätte, dafs in dem Augenblicke, wo die Gesellschaft in's Leben tritt, ihr das zugedachte Vermögen voll ausgeliefert werden müsse. Die Gesetzgebung hat aber in dieser Richtung dem Interesse der Zeichner bedeutende Concessionen gemacht; sie hat für den Beginn der Existenz der Gesellschaft nur das Vorhandensein des zehnten Theils des Gesellschaftsvermögens gefordert, hat für die gänzliche Erfüllung der durch die Zeichnungen versprochenen Leistungen die Vorschrift irgend welcher Endtermine unterlassen, hat endlich gestattet, durch Statut festzusetzen, dafs, wenn ein gewisser Theil, nämlich zwei Fünftel des Versprochenen, von den Verpflichteten gewährt sind, diese von dem Reste ihrer Verpflichtung durch den Aufsichtsrath der Gesellschaft befreit werden dürfen, dafs auch die Verbindlichkeit zur Gewährung des Ueberrestes auf den jedesmaligen Besitzer der Actie übertragen werden kann, welche letztere dann überdies unter dem Namen «Interimsschein» den Character eines reinen Inhaberpapiers annehmen darf.

Die Motive für diese Abschwächung des Princips sind nahe liegend. Man ging davon aus, dafs es Actiengesellschaften geben könne, welche des ihnen zugedachten Vermögens nicht gleich von Anfang in seiner ganzen Höhe bedürften, und denen, wenn sie schon mit dem ersten Tage in dessen Besitz gelangten, eher eine Last aufgebürdet, als ein Vortheil gewährt würde, während es andererseits eine zwecklose Erschwerung der Verpflichtung der ersten Zeichner sei, ihnen sofort die Erfüllung der ganzen, durch die Zeichnung versprochenen Leistung abzufordern. Und ferner hat man sich gesagt, dafs, wenn erst von der letzteren ein gewisser Theil gewährt sei, hierin allein schon eine so bedeutende Bürgschaft für die Erfüllung der Restverpflichtung liege, dafs es nicht nothwendig erscheine, die ersten Zeichner noch für die gänzliche Erfüllung haftbar zu machen; während dies, wenn es geschähe, die Gründung von Actiengesellschaften an sich vielleicht erschweren könnte. Es würde vielmehr genügen, wenn derjenige haftbar wäre, der die Actie bezahlt und erworben hätte, zumal wenn das Recht zur Präkludirung mit seinen Ansprüchen bei etwaiger Weigerung der weiteren Erfüllung, der Gesellschaft als indirectes Zwangsmittel zur Verfügung gestellt sei. Denn wer erst 40 % auf die Sache gewagt habe, würde dieselbe nicht leicht im Stich lassen, sondern zu ihrer Erhaltung sich beeilen, die fehlenden 60, sobald sie gefordert würden, zu zahlen.

Dies sind ungefähr die Gründe, welche zur Herstellung der Artikel 220, 221 und 222 des H. G. B. bestimmt haben. Indefs die gewaltige Praxis, welcher sie gedient haben, führte zu der Erkenntnifs, dafs sie in noch ganz anderer Weise, als der Gesetzgeber geglaubt hatte, verwendbar seien. Das Bestreben, die neu entstandene Actiengesellschaft vor der Masse der bei ihr zusammenströmenden Mittel zu schützen, und andererseits den Gründer der Pflicht zur sofortigen Hergabe dieser Mittel zu überheben, hat nur bei einer einzigen Art von Actiengesellschaften praktischen Werth gezeigt, bei den Eisenbahngesellschaften. Ueberall sonst ist es ohne wirkliche Bedeutung geblieben. Die Banken haben das ihnen zugedachte Capital immer schleunigst in Anspruch genommen; sie konnten gar nicht rasch genug in seinen Besitz gelangen. Ist es nichtsdestoweniger bei einer Reihe von Banken nicht zur Vollzahlung gekommen, so hat die Ursache dort keineswegs in vorsichtigen Erwägungen über die Höhe des zum Geschäftsbetriebe ausreichenden Capitals gelegen; sondern die ferneren Einzahlungen wurden entweder von der herrschenden Coterie verhindert, die sie wegen ihres eigenen grofsen Actienbesitzes nicht wünschte, oder die Verwaltung mufste bei dem plötzlich hereinbrechenden allgemeinen Mifsgeschick und gegenüber den Bedrängnissen der Einzelnen die Erbitterung der Actionäre fürchten, sodafs sie weitere Einforderungen unterliefs. Für Industriegesellschaften, Terraingesellschaften, Baugesellschaften etc. kam die ganze Mafsregel gar nicht in Frage; denn ihre Gründung geschah fast immer durch Inferirung, (die Inferirung war ja der alleinige Zweck ihrer Gründung) und da man eine Fabrik nicht in Procente eintheilen kann, so war sie von Anfang an *in toto* vorhanden, und von Anfang an wurden auch die dafür versprochenen Actien *in toto* hingegeben. Der Fall aber, wo dieses Hilfsmittel zur Anwendung hätte kommen können, dafs nämlich eine Gesellschaft etwa den Bau einer Fabrik behufs künftigen Betriebes derselben unternahm, ist fast niemals vorgekommen; denn für so langathmige, Fleifs und Mühe erheischende Gründungspläne bot jene Epoche keinen Raum.

Nichtsdestoweniger erfuhren die Bestimmungen des Gesetzes eine sehr umfassende Ausbeutung. Gegeben waren sie nur für einen provisorischen Zustand. Es war ihnen der Gedanke unterstellt, dafs bei jeder Actiengesellschaft allmählich die Vollzahlung geschehen müsse, dafs aber inzwischen schon die Umsatzfähigkeit der Actie resp. des sie vertretenden Papiers gefördert werden möge. Die Praxis fand indefs heraus, dafs sie sich auch für einen definitiven Zustand sehr gut verwenden liefsen. Mit ihrer Hilfe war es möglich, wenn man einer neu gegründeten Bank zwei Millionen Thaler Kapital zuführen wollte, dies dadurch zu thun, dafs man das Nominalkapital auf fünf Millionen fixirte, — von diesen aber vorerst nur 40 % einzog. War letzteres geschehen, so konnte man in Anwendung jener Vorschriften die ersten Zeichner von der Restverpflichtung liberiren, auf den Inhaber lautende Interimsscheine ausgeben, und die Bank konnte in der Weise in's Leben treten, dafs sie die ihr zugedachten zwei Millionen besafs, fernere drei Millionen aber noch in Reserve hatte. Ob die Einforderung des Restes später geschah, das hing von den Interessen der herrschenden Coterie ab; erschien sie nicht nothwendig, so konnte sie auch für alle Zeit unterbleiben. Die neue Gesellschaft war durch Nichts gehindert, ihre Geschäfte in diesem Zustande des formellen Provisoriums zu betreiben, sie konnte ihn Mangels einer entgegenstehenden gesetzlichen Bestimmung auch als ihr Definitivum behandeln.

Man sieht, wie die Praxis mit dem unvollkommenen Gefüge des Rechtssystems umzuspringen verstand. Für den Laien mag die Frage nahe liegen, worin denn der Anlafs zu einem solchen Verfahren bestanden habe. Kam es darauf an, eine Geldassociation im Betrage von zwei Millionen Thalern herzustellen, so müfste es doch — ist der Unkundige zu urtheilen geneigt — leichter gewesen sein, Zeichnungen auf zwei als auf fünf Millionen zu erlangen. Wer 1000 Thaler zeichnete, mufste sich ja doch, wenn er auch vorerst nur zur Zahlung von 400 verpflichtet war, auf die Nachzahlung der fehlenden 600 immer gefafst machen; und dies hätte doch auf die Bildung der neuen Gesellschaft eher nachtheilig wirken müssen. Darauf ist zu erwidern: in Zeiten eines hochgradigen Optimismus, wo die Werthe beständig steigen, ist auch der Leichtsinn bei Uebernahme hoher Zeichnungsverbindlichkeiten in der Regel ein sehr bedeutender. Aus allen Geschäften sieht man Vortheile erwachsen, und solche Wahrnehmungen machen den Leichtsinnigen noch waghalsiger, flöfsen selbst dem Zaghaften vorübergehend Muth zu Unternehmungen ein. Die Sorge um die Unterbringung eines Actiencapitals seiner Gröfse wegen war deshalb in der Gründerperiode so gut wie gar nicht vorhanden. Wohl aber bot jene Verfahrungsweise für die Gründer einen bedeutenden Vortheil. Man konnte nämlich, da man den Gewinn bei der Gründung von Banken nur im Agio suchte, auf fünf Millionen Thaler mehr Agio erhalten, als auf zwei Millionen. Für jedes neue Bankunternehmen wurden im Anfange glänzende Resultate vorausgesehen. Eine Bank, welche einen verständigen, im Finanzfach halbwegs versirten Vorstand erhielt, galt mehr, als der Geldbetrag ihres Grundvermögens ausmachte. Daher war es bei einiger Reclame immer möglich, ein nicht unbeträchtliches Agio auf neue Actien zu erlangen. Die Actien einer neu entstandenen Bank wurden nicht selten am folgenden Tage mit 110 % bezahlt. Der Laie mag hier wieder, und mit Recht, fragen, wie das Agio sich denn habe erhöhen können, wenn das eingezahlte Capital in Wahrheit das gleiche blieb. Das ist eben der kritische Punkt. Hier leisteten die Nominalbeträge einen der nichtswürdigen Dienste, deren sie fähig sind. Hundert Thaler Nominal blieben dem Capitalisten immer hundert Thaler; die Mahnung, dafs die thatsächliche Einzahlung ja nur vierzig betrage, dafs in den 100 Thalern «Nominal» nur 40 Thaler Geld enthalten seien, wurde nicht gehört. Es waren und blieben den Käufern hundert Thaler, und man erreichte auf sie dasselbe Agio, wie auf eine vollgezahlte Actie. Die ersten Zeichner hatten sich also auf den Fall, dafs die Actien einmal unverkäuflich blieben, nur zur Zahlung von zwei Millionen verpflichtet, auf den Fall aber, dafs der Verkauf gelang, geschah die Ausbeutung so, als wenn fünf Millionen Thaler Capital vorhanden wären. Wurden mithin die Actien einer neuen Bank zum Course von 105 (einem sehr mäfsigen, zur Zeit fast auf Mangel an Selbstvertrauen hinweisenden Course) zum Verkauf gestellt, so konnte dies, bei der Einkleidung in 2 000 000 Thaler Vollactien nur einen Gewinn von 100 000 Thalern abwerfen; waren dagegen 5 000 000 Thaler 40 % iger Interimsscheine geschaffen, so ergaben sie einen Gewinn von 250 000 Thalern. Und darauf allein kam es an.

Aus der Möglichkeit, so zu verfahren, und aus der Täuschung, welche hierbei die Nominalbeträge bereiteten, haben sich merkwürdige Erscheinungen entwickelt. Es ist vorgekommen, dafs eine unter günstigen Auspicien gegründete Bank, auf deren Actien 40 % eingezahlt und nach Liberirung der ersten Zeichner Interimsscheine ausgegeben waren, noch ehe die erste Bilanz veröffentlicht war, den Cours von 180 % erreichte. Man zahlte also auf 40 eingezahlte Thaler 80 Thaler Agio, d. h. man zahlte in Wahrheit einen Cours von 300 %. Eines solchen Courses kann aber eine als Bank etablirte Actiengesellschaft, selbst bei vortrefflicher Leitung und bei dem Besitze einer grofsen, durch Jahre befestigten Clientel, niemals würdig werden, — es müfste denn sein, dafs es ihr gelänge, einen dem Grundcapitel gleichkommenden Reservefonds aufzusammeln. Hiervon konnte füglich bei einer Gesellschaft, die noch niemals Dividende gezahlt hatte, die Rede nicht sein.

Schon aus dem Gesagten folgt, dafs die Bestimmungen über Liberirung der ersten Zeichner und Ausgabe von *au porteur* lautenden Interimsscheinen nach Einzahlung von vierzig Procent, so wie sie geschehen, schwere Bedenken gegen ihre Aufrechterhaltung rege machen.

Dieselben werden aber durch folgende Umstände noch vermehrt. Es soll vor allem nicht unbemerkt bleiben, dafs die Vorschrift, wonach Inhaberactien und Actienantheile nicht unter 100 Thalern lauten dürfen, durch die Anwendung der

Artikel 221—223 illusorisch gemacht wurde. Thatsächlich existirten wenigstens Actien zu 40 und 80 Thalern. Rechtlich waren es freilich nur 40 procentige Interimsscheine, aber für den Verkehr unterschieden sie sich in nichts von wirklichen Actien. Und die Liberirung hat ferner die schädliche Wirkung geübt, dafs man Andere und dafs man sich selbst über die Höhe des wirklichen Grundvermögens täuschte. Ihre Anwendung war überaus häufig. Nur die Eisenbahngesellschaften haben aus naheliegenden Gründen eine Ausnahme gemacht. In ihren Statuten findet sich das Recht der Liberirung nicht, da man es nicht wagen mochte, die auf Jahre hinaus fixirten Einzahlungsverbindlichkeiten auf Andere zu übertragen. Von ihnen aber abgesehen, wurde die Liberirung fast überall zugelassen, selbst da, wo die ernstliche Absicht bestand, den Rest einzufordern. Man meinte sich eines Vortheils zu begeben, wenn man diesen Hebel der Umsatzfähigkeit nicht anwendete. Andererseits wurde wiederum, auch wo die Vollzahlung ernstlich nicht geplant war, ihre Möglichkeit doch wie ein der Gesellschaft für ungünstige Wendungen zustehender Nothpfennig angesehen. Das aber war ein schweres Uebel. Denn der Nothpfennig war nur so lange wirklich vorhanden, als man ihn nicht brauchte, d. h. so lange die Gesellschaft Glück hatte, — er verschwand, wenn man seiner zu bedürfen anfing. Durch die Uebertragung der Haftbarkeit auf den jedesmaligen Inhaber war die Möglichkeit, auf Vollzahlung zu klagen, ausgeschlossen. Es konnte sich wohl einmal fugen, dafs man den Besitz solcher Actien bei irgendwem constatirte; und dann hätte man auch klagen können. Der Regel nach aber gab es nur das indirecte Zwangsmittel, den Actionär mit den Rechten aus der Actie zu präcludiren, und sich dadurch die Möglichkeit zu bereiten, eine neue Actie auszugeben, die man für 60% verkaufen konnte, da man 40 von dem präcludirten Vorinhaber schon erhalten hatte. Das ist in der Theorie sehr schön, in der Praxis hat es gar keinen Werth. Liefs ein Actionär seine 40 eingezahlten Thaler im Stich, so geschah es meistens nur, wenn er sie fur verloren hielt; in diesem Falle fand sich aber auch nicht leicht Jemand, der die Actien für 60% hätte erwerben mögen, denn man konnte muthmafsen, dafs noch mehr verloren sei, und dafs das Deficit aus den ferneren Zahlungen gedeckt werden solle. Es war also die Wirkung dieser Interimsscheine, dafs sie eine gefährliche Unklarheit über den Bestand des Vermögens der Actiengesellschaft hervorriefen, und das noch weiterhin zu erörternde Princip, wonach die Sicherung eines bestimmten Vermögens die oberste Voraussetzung für die Existenz einer Actiengesellschaft sein soll, wesentlich alterirten.

Recht complicirt gestaltete sich die Sachlage, wenn eine schon bestehende Gesellschaft die Vergröfserung ihres Grundcapitals in der Weise beschlofs, dafs die neue Serie von Actien zunächst und bis auf weiteres nur mit vierzig oder sechzig procentiger Einzahlung creirt werden sollte. Es entstanden dann zwischen den älteren Vollactien und den jüngeren Interimsscheinen Rechtsverhältnisse höchst verwickelter Art, die in der Judicatur bisher eine vollständige Lösung noch nicht gefunden haben.*) Besonders schwierig war es, zu sagen, wie ein erzielter Gewinn unter die Actionäre vertheilt werden solle. Gegen die Ansicht, dafs bei vorhandenen 40procentigen Interimsscheinen die Theilung im Verhältnifs von 2:5 geschehen müsse, wurde geltend gemacht, dafs alle Actien der Gesellschaft gleiche Nominalbeträge hätten, und dafs, wenn die restirenden 60% noch nicht eingefordert seien, dies doch jederzeit geschehen könne, so dafs man den Besitzern der Interimsscheine höchstens Zinsen auf die restirenden 60% in Abzug bringen resp. den Besitzern der Vollactien sie vorweg gewähren dürfe. Dafs diese Ansicht indefs nicht über allen Zweifel erhaben sei, ergab sich in dem Falle, wo die Dividende so knapp war, dafs sie die landesüblichen Zinsen auf die 60 Thaler für die Vollactien gar nicht erreichte; dann gingen die Interimsscheine ganz leer aus.

Nicht weniger bedenklich war die Frage, wie bei dem Mangel statutarischer Bestimmungen das Stimmrecht dieser Zweifünftel-Actien gegenüber den Vollactien zu bemessen und

---

*) Vergl. das nicht abgedruckte Erkenntnifs des R. O. H. G. vom 8. Sept. 1876 in Sachen Horwitz contra Berliner Bank.

ferner, wie, wenn die Gesellschaft in Liquidation trete, nachdem sie an ihrem Grundvermögen einen Verlust erlitten habe, die vorhandene Masse unter die Actien zu vertheilen sei.

Ehe man sich der Beantwortung aller dieser Fragen unterzieht, handelt es sich darum, ob nicht die gänzliche Beseitigung der *au porteur* gestellten Interimsscheine anzurathen sei, wodurch alle Fragen von selbst aus dem Wege geräumt würden.

Die preufsische Denkschrift äufsert sich hierüber, indem sie bemerkt:

> «Es komme eine Verschärfung der unbedingten Haftung der primitiven Zeichner auf eine Inhaberactie dahin in Frage, dafs dieselben für die volle Summe des eingezeichneten Nominalbetrages verhaftet sind und damit die Zulässigkeit der Ausstellung von Interimsscheinen auf den Inhaber in Wegfall zu bringen wäre».

Man kann diesem Vorschlage vorbehaltlos zustimmen. Die Praxis hat gelehrt, dafs in der ganzen Frage Seitens der Gesetzgebung mit einem übertriebenen Zartgefühl verfahren worden ist. Das Grundcapital einer Actiengesellschaft braucht nicht höher zu sein, als es für den Anfang projectirt ist. Dagegen sollte der wirklich erforderliche Betrag ohne grofsen Aufschub in den Besitz der Gesellschaft gelangen. Und damit dieses Vermögen der Gesellschaft gesichert sei, müssten die Zeichner dafür einstehen, dafs sie es erhalte. Es folgt daraus noch nicht, dafs die 100% am ersten Tage abzuliefern seien; vernünftiger Weise könnte man Fristen gewähren. Aber es wäre sehr zweckdienlich, diesen eine äufserste Grenze zu stecken, die kein Statut oder Generalversammlungsbeschlufs giltiger Weise überschreiten könnte. Nach dieser Richtung bedarf der Vorschlag der Denkschrift einer Ergänzung. Es möchte sich empfehlen, den Zeitpunkt der gänzlichen Erfüllung der durch die Zeichnungen übernommenen Verpflichtungen nicht über 6 Monate vom Tage der Eintragung der Gesellschaft in das Handelsregister hinausschieben zu lassen.' Was die Gesellschaft nicht binnen 6 Monaten nach Eintritt ihrer rechtlichen Existenz an Grundvermögen verwenden kann, wird sie in den meisten Fällen vorläufig überhaupt entbehren können.

Eine Ausnahme wäre zulässig, wenn sie noch vorbereitende Einrichtungen für Erfullung ihres Zweckes zu treffen hätte. Für solche Falle könnte man die Frist vielleicht bis auf zwei oder drei Jahre hinausschieben. Bei Gesellschaften, deren Errichtung von einer staatlichen Concession abhängig ist, wie bei Eisenbahngesellschaften, wäre es zweckmäfsig, der Concessionsurkunde die Festsetzung der Frist zu überlassen. Auch auf die eigenthümlichen Einrichtungen der Versicherungsgesellschaften könnte durch eine besondere Vorschrift billige Rücksicht genommen werden. Ueberall aber müssten die ersten Zeichner für die Vollzahlung haftbar bleiben. Ferner müfste es dem Handelsrichter obliegen, die Vorstandsmitglieder zum Bericht über das Fortschreiten der Einzahlungen anzuhalten, (wahrheitswidrige Anzeigen wären unter Strafe zu stellen) und die Thatsache der erfolgten Einzahlungen durch die amtlichen Blätter bekannt zu machen, damit jeder Interessent darüber unterrichtet werde, wie viel von dem der Gesellschaft zugedachten Vermögen bereits in ihren Besitz gelangt sei. Es ist inconsequent, dafs diese officielle Kundmachung gegenwärtig unterbleibt, dafs also, während die Höhe des der Gesellschaft zugedachten Vermögens in das Handelsregister eingetragen und hierdurch zu Jedermanns Kenntnifs gebracht ist, die Frage über sein wirkliches Vorhandensein gänzlich ignorirt wird.

Die Denkschrift schlägt aber noch ferner vor,

> «dafs die Entlassung der Zeichner etwa unter den gleichen Voraussetzungen solle erfolgen dürfen, wie die Herabsetzung und Rückzahlung des Grundcapitals».

Der Sinn dieser Worte ist nicht ganz klar. Es kann wohl schwerlich der Fall einer wirklichen Verminderung des Grundcapitals durch Verzicht auf die noch nicht eingezahlten Raten gemeint sein; das wäre nicht nur eine Entlassung der Zeichner, sondern auch der nachfolgenden Inhaber. Eine solche Reduction gilt schon jetzt als zulässig, sie hat jedoch mit der hier vorliegenden Frage gar nichts zu thun. Der Vorschlag ist also wohl dahin zu verstehen, dafs nur die ersten Zeichner, nicht auch die jeweiligen Inhaber aus der Verpflichtung entlassen werden sollen. Danach würde das festgesetzte Grundvermögen der Gesellschaft zwar bestehen bleiben, jedoch mit der Einschränkung, dafs, insoweit es nicht eingezahlt ist, seine Einziehung nur vermittelst jenes indirecten Zwangsmittels erfolgen darf. Das wäre ein Mittelding zwischen Ja und Nein, zwischen Verpflichtung und Nicht-Verpflichtung. Hat die Gesellschaft Glück, so kann sie wohl die Vollzahlung erreichen, hat sie Ungluck, so wird ihr dieselbe kaum zu Theil werden. Es ist schwer, sich mit diesem Vorschlage zu befreunden; denn er enthält einen mit dem Grundprincip der Actiengesellschaft in Widerspruch stehenden Gedanken, insofern er die Höhe des Grundvermögens in's Ungewisse stellt. Eine solche Unsicherheit mufs eher verhindert, als durch gesetzliche Vorschriften sanctionirt werden. Entweder die Gesellschaft soll nach dem Statut ein Grundvermögen haben, das 100% entspricht — dann mufs man ihr auch die Mittel gewähren, es zu erlangen; oder es ist ihr nur ein Grundvermögen in Höhe von 40% zugedacht — dann ist es am besten, dies klar zum Ausdruck zu bringen.

Erwähnung verdient noch eine Lücke des geltenden Rechts, welche darin besteht, dafs eine Erhöhung des Grundvermögens durch Vermehrung der Actien nicht von der Vollzahlung der bereits ausgegebenen abhangig ist. Es steht gegenwärtig nichts im Wege, wenn 10 000 Stück Actien mit vorläufig 40 procentiger Einzahlung emittirt sind, einen ferneren Bedarf an Capital anstatt durch Ausschreibung neuer Einzahlungen durch Emission neuer Actien zu decken. Der letztere Weg hatte in der Gründerzeit überdies den Vortheil, dafs damit ein neuer Gewinn gemacht werden konnte. Daher ist denn auch zum öffentlichen Aergernifs wiederholt so verfahren worden; und je weniger in jener Zeit ein Mafsstab für die Gröfse des erforderlichen Grundvermögens zu finden war, desto willkürlicher wurde dabei verfahren. Jene Lücke im Gesetz gab sogar, da die herrschende Coterie gewöhnlich wegen der im Statut vorbedungenen Gründerrechte ein Interesse an neuen Emissionen hatte, Veranlassung, eine thatsächlich gar nicht erforderliche Erhöhung des Grundvermögens nur zum Vortheil jener Rechte eintreten zu lassen. Wenn indefs die Befugnifs zur vorzeitigen Liberirung der ersten Zeichner aufgehoben wird, so wird die

Lust zu solchen Manipulationen von selbst schwinden, und es ist kaum nöthig, sie noch durch eine besondere Vorschrift ausdrücklich zu untersagen.

Die vorstehenden Vorschläge haben ausnahmslos die Voraussetzung, dafs die Erfüllung der Verbindlichkeit aus der Zeichnung durch Zahlung einer bestimmten Geldsumme, oder Hergabe einer bestimmten Sache geschehen kann. Es bestehen aber Actiengesellschaften, bei denen die Rechte aus den Zeichnungen so beschaffen sind, dafs die Gesellschaft Anspruch auf fortdauernde Leistungen der Actionäre hat, und darin einen Theil ihres Grundvermögens findet. So giebt es z. B. Zuckerfabriken in der Form von Actiengesellschaften, bei denen jeder Actionär neben seiner baaren Einlage durch die Zeichnung die Verpflichtung übernimmt, ein gewisses Stück Land mit Zuckerrüben zu bepflanzen, und die Ernte der Gesellschaft gegen einen durch bestimmte Organe festzusetzenden Preis alljährlich zu übereignen. In der Regel lauten bei diesen Gesellschaften die Actien auf Namen, und sind ohne Zustimmung des Vorstandes oder eines anderen Gesellschaftsorgans nicht veräufserlich. Die Einlage besteht also neben baarem Gelde in der Verpflichtung zu bestimmten Handlungen, welche immer auf's Neue zu leisten sind. Es könnte hier selbstverständlich von einer Erfüllung der Zeichnungs-Verbindlichkeit innerhalb der vorgeschlagenen sechsmonatlichen Frist nicht die Rede sein. Es fragt sich aber, ob Gesellschaften solcher Art überhaupt künftig als zulässig zu erachten seien, ob sie selbst nach geltendem Recht zulässig sind. Insofern die Actiengesellschaft ein selbständiges Rechtssubject ist, widerstreitet es jedenfalls ihrer Natur, wenn ein Theil ihres Grundvermögens in Ansprüchen besteht, deren Realisirbarkeit von dem Schicksal Anderer abhängig ist, ohne dafs sie etwas dazu thun kann, die Erfullung sicher zu stellen. Geràth der Actionär in Vermögensverfall, so wird ihm sein Landbesitz subhastirt, und damit verliert die Gesellschaft einen Theil ihres Grundvermögens, nämlich das Anrecht auf ein Quantum Zuckerrüben, deren sie zum Betriebe bedarf, und die sich aus sachlichen Gründen vielleicht nicht anderweit kaufweise beziehen lassen. Man könnte nicht einwenden, dafs jede Rübenzucker.

fabricirende Actiengesellschaft Verträge über Zuckerrübenbau schliefsen müsse, und also in gleicher Lage sei. Denn wenn das Recht nicht aus der Zeichnung hervorgeht, ist die Nicht-Erfüllung des Vertrages ein Verlust, wie ein anderer. Hier aber entsteht ein Verlust am Grundvermögen. Und nicht blos der Bankerott des Actionärs wirkt in der bezeichneten Weise; auch sein Tod ist geeignet, die Erfüllung der Zeichnungsverbindlichkeit zu gefährden. Zeichnungsverbindlichkeiten sollten überhaupt nicht in Verpflichtungen bestehen dürfen, die durch eine bestimmte einmalige Leistung nicht erfüllt werden können. Gesellschaften der in Rede stehenden Art wären besser auf die Form der offenen Handelsgesellschaft zu verweisen. Dorthin gehören sie ihrer Natur nach, und es widerstreitet auch dem Wesen der offenen Handelsgesellschaft gar nicht, wenn die Gesellschafter eine grössere Anzahl bilden, unter sich Generalversammlung und Ausschufs vereinbaren, und in dieser Form eine Controle über die Geschäftsführung üben. Für die Form der Actiengesellschaft dagegen sind solche Unternehmungen durchaus ungeeignet.*)

§. 4.
Actien auf Namen und Inhaber.

Der wirthschaftliche Werth der Actie steht heute in einem unverkennbaren Zusammenhange mit ihrer Qualität als Inhaberpapier. Das hat sich aber nicht immer so verhalten; die Entwickelung der modernen Actiengesellschaft hat mit Namensactien begonnen, die deshalb noch heute in der Gesetzgebung ein Maafs von Rücksicht erfahren, wie es ihrer practischen Anwendung nicht mehr entspricht. Das englische Recht hat bis zur Gesellschaftsacte von 1867 Inhaberactien überhaupt nicht gekannt; und ihre Zulassung in jenem Gesetze hat mehr das Aussehen einer nothgedrungenen Berücksichtigung,

*) Die mifslichen Folgen solcher Zeichnungsverbindlichkeiten sind neuerdings in zwei Erkenntnissen des R. O. H. G., Band XXIII, Seite 96 ff. und Seite 273 ff. behandelt.

als einer Befreundung mit dem neuen Institute. Im preufsischen Rechte herrschte von Anfang an Parität, d. h. das Gesetz vom 9. November 1843 gedachte des Falles, dafs die Concession nur Namensactien zuliefse, neben dem Falle, dafs auch Inhaberactien gestattet würden. Dieser Zustand ist in das Handelsgesetzbuch übergegangen; nur sind die Inhaberactien dort um die in dem vorigen Paragraphen erwähnten Interimsscheine vermehrt. Zweifellos hat aber erst die Qualität als Inhaberpapier die Actie dazu befähigt, dem Capitalisten als Anlageobject zu dienen, so dafs sie mit Recht als die Form bezeichnet wird, welche der Idee der Actiengesellschaft vorzugsweise entspricht, und in der sie ihren practischen Abschlufs findet.*) Die rechtliche Beschaffenheit der Actiengesellschaft stand dieser Entwickelung nicht entgegen. Es ist eine Eigenthümlichkeit des onerosen Vertrages, durch den der Zeichner sein Actionärrecht erwirbt, dafs seine Verpflichtungen aus demselben mit Ausnahme der im vorigen Paragraphen erwähnten Fälle in der Regel bald erfüllt sind, so dafs die Actie fur ihn nur noch Rechte repräsentirt. Hat die Gesellschaft aber keine Ansprüche mehr an den Zeichner oder seine Rechtsnachfolger, so hat sie auch kein Bedürfnifs, ihn zu kennen; dieses Bedürfnifs besteht dann nur auf Seiten des Actionärs gegenüber der Gesellschaft. Daher findet die Tendenz der Actie, sich zum Inhaberpapier auszubilden, in dem zu Grunde liegenden Rechtsverhältnisse kein Hindernifs, sondern eher eine Förderung.

Es ist aber nach geltendem Recht ein Unterschied in dem Verhältnifs der Namens- und der Inhaberactie zu ihrem Besitzer nur in der Zeit bis zur Vollzahlung erkennbar. Der Zeichner einer Namensactie kann von der Erfullung seiner Verbindlichkeiten nur mit Zustimmung der Gesellschaft befreit werden, und mufs selbst dann noch ein Jahr lang subsidiär haften. Der Inhaberactionär entschlägt sich mit der Veräufserung auch seiner Verpflichtung. Wird nun nach den im vorigen Paragraphen gemachten Vorschlägen die Haftbarkeit des Zeichners

*) Vergl. Renaud, «Recht der Actiengesellschaften», II. Aufl. Seite 108, und Kuntze «Inhaberpapiere», Seite 514.

auch bei der Inhaberactie auf den vollen Betrag der Zeichnung ausgedehnt, so fällt dieser Unterschied fort; und dann bleibt allein die ganz äufserliche Verschiedenheit bestehen, dafs die Namensactien in ein besonders geführtes Actienbuch eingetragen werden müssen, dafs nur der als Inhaber Eingetragene im Verhältnifs zur Gesellschaft als solcher gilt, und dafs diese Actien nicht von Hand zu Hand, sondern nur durch Cession oder Indossament, aber auch (da die analogen Bestimmungen der Wechselordnung gelten) durch Blancoindossament übertragbar sind. Gerade die letztere Bestimmung gestaltet auch die Namensactie zum reinen Inhaberpapier, sobald sich nur ein Inhaber die Mühe nimmt, sie in blanco zu indossiren. Es würden also fortan, soweit nicht das Verhältnifs zur Gesellschaft in Betracht kommt, beide Arten einander völlig gleich sein. Beide würden wie reine Inhaberpapiere circuliren. Nur, wenn es sich um die Theilnahme an einer Generalversammlung handelte, müfste der Besitzer der Namensactie die Förmlichkeit erfüllen, sich in das Actienbuch eintragen zu lassen. Ist aber die ganze Differenz auf diese Formalität zurückgeführt, so sollte sie besser überhaupt aufgehoben werden; denn eine solche rein äufserliche Verpflichtung kann keinen Nutzen stiften, sondern ist nur geeignet, Nachtheile zu bereiten und unlauteren Zwecken zu dienen. Die Namensactie als solche hat gegenwärtig einen practischen Werth nur für Verwaltungsorgane, welche die Theilnahme an der Generalversammlung erschweren wollen, oder für Parteien, die auf eine möglichst geringe Betheiligung seitens der Gegner hoffen. Denn die Eintragung ist immer mit gewissen Umständlichkeiten verbunden, denen sich der Actionär nicht gern unterzieht. Solchen Bestrebungen zu dienen, kann nicht der Zweck einer gesetzlichen Bestimmung sein. Die Namensactie hat nur da eine wirkliche Bedeutung, wo sie eine nähere Verbindung der Actionäre unter einander herstellt; dann ist aber das wirkliche Bindemittel nicht in der leeren Form einer Eintragung in das Actienbuch zu suchen, auch nicht etwa in der Beschränkung der Uebertragbarkeit auf die Form der Cession, welche, ohne den freien Willen des Actionars ernstlich zu beeinträchtigen, nur Umständlichkeiten bereitet — sondern allein darin, dafs eine Veräufserung der Actien nicht ohne den Willen der Gesellschaft oder eines ihrer Organe geschehen darf. Gesellschaften dieser Art giebt es noch heute, und es scheint nicht geboten, solchen Vereinigungen die Form der Actiengesellschaft fur die Zukunft zu verschliefsen. Für diese mag auch die Namensactie erhalten bleiben. Wo aber das Recht der Veräufserung in dem freien Willen des Actionärs beruht, hat bei Einführung der im vorigen Paragraphen gemachten Vorschläge eine Unterscheidung zwischen beiden Arten keinen Werth. Und im Interesse der Klarheit und Einfachheit rechtlicher Satzungen würde es sich deshalb empfehlen, fortan — mit der erwähnten Ausnahme — nur die Inhaberactien bestehen zu lassen.

§ 5.

Stammprioritäten.*)

Nach allgemeinen Grundsätzen stehen alle Actien einer Gesellschaft, insofern nicht etwas Anderes im Statut ausdrucklich bestimmt ist, einander gleichberechtigt gegenüber. Es verstöfst aber nicht gegen das Wesen der Actiengesellschaft, dafs etwas anderes im Statut bestimmt sei, dafs also ein Theil der Actien vor einem anderen Theile, was Stimmrecht, Dividende, Ansprüche auf die Liquidationsmasse etc. betrifft, gewisse Vorrechte geniefse. Statutenbestimmungen solchen Inhalts sind in Deutschland seit langer Zeit gebräuchlich, sie sind älter als die Novelle von 1870 und als das Handelsgesetzbuch. Ihr hauptsächliches Entwickelungsgebiet sind die Eisenbahngesellschaften. Wenn Eisenbahngesellschaften von ursprünglich mäfsigem Umfange ihr Netz zu erweitern unternahmen, so waren die Actionäre naturgemäfs bestrebt, sich die hieraus erhofften Vortheile möglichst vollständig zu wahren. Demgemäfs vermied man

*) Vergl. über diese Lehre Bekker in Goldschmidt's Zeitschrift Band 16, Seite 32 seq., ferner Strombeck «über die Prioritatsactien» Berlin 1876, Meili «die Lehre von den Prioritätsactien» Zürich 1874, und Wiener's Kritik dieser beiden Schriften bei Goldschmidt, Bd. 23, Seite 330 ff.

es gern, behufs Beschaffung des zum Bau erforderlichen Geldes neue Actionäre aufzunehmen; man suchte vielmehr sich die Mittel darlehnsweise zu verschaffen, indem man für die aufgenommenen Beträge eine regelmäfsige Verzinsung und Amortisation vereinbarte. Es gab indefs Grenzen für die Möglichkeit, so zu verfahren. Nicht immer waren die Aussichten für die Rentabilität der neuen Linie über alle Zweifel erhaben. Und es konnte auch die Schuldenlast bereits so angewachsen sein, dafs es mit Rücksicht auf die immer im Auge zu behaltende Eventualität schlechter Geschäftsjahre gewagt oder leichtsinnig erschien, sie noch zu vermehren. Für solche Fälle nun wählte man nach englischem Vorbild das Auskunftsmittel, eine Art von Actien zu schaffen, deren Erträgnisse man möglichst zu sichern trachtete, während man sie zugleich in der Höhe der Ertragsfähigkeit beschränkte. Man schützte sich dadurch gegen die Gefahr, auf das neue Geld eine Rente gewähren zu müssen, falls eine solche nicht verdient wäre. Indem man diese Antheilsrechte mit einem gewissen Procentsatz vor den alten zur Hebung gelangen liefs, creirte man ein Werthpapier, welches denjenigen, die mehr Gewicht auf Sicherheit als auf Höhe der Rente legten, willkommener war, als eine gewöhnliche Actie. Diese Papiere, welche demnach in ihrer wirthschaftlichen Bedeutung ein Mittelding zwischen Actien und Obligationen repräsentiren, nannte man zutreffend Prioritätsactien, da sie in Wahrheit nicht Schuldverschreibungen, sondern reine Actien sind, und nur gegenüber den Stammactien ein Vorrecht geniefsen. Mit Vorliebe wurde diese Art der Geldbeschaffung so zur Anwendung gebracht, dafs man die Prioritätsactien ausschliefslich auf die neue Linie fundirte, über welche die Gesellschaft eine separate Rechnung führte, dafs also, während die Erträgnisse der ursprünglichen Bahn den alten Actionären ungeschmälert zuflossen, aus den Erträgnissen der neuen Strecke ein gewisser Procentsatz zunächst den Prioritätsactien zufiel, und dafs die Stammactien erst auf das Surplus einen Anspruch erwarben.

Es ist nicht zu verkennen, dafs diese Praxis eine ganz vortreffliche war, und vielen Unternehmungen zum Segen gereicht hat. In neuerer Zeit ist indefs das Institut der Prioritätsactien einer gewissen Corruption verfallen. Sie ist von dem Zeitpunkte zu datiren, wo man anfing, diese Actien, welche bis dahin in der Regel erst während des Bestehens der Gesellschaft geschaffen wurden, gleich bei der Gründung zu creiren. Es hing dies eng zusammen mit der verderblichen Richtung, welche das System des Eisenbahnbaues aus gewissen Ursachen neuerdings überhaupt eingeschlagen hat. Die nach unsoliden Grundsätzen festgesetzte Masse des Nominalcapitals erregte Mifstrauen gegen den Werth der Actien, und liefs es angezeigt erscheinen, einen Theil derselben dem Publicum der Capitalisten dadurch schmackhafter zu machen, dafs man ihnen ein Vorrecht vor dem Rest einräumte. Dieses Lockmittel hat auch seinen Zweck eine Zeit lang erreicht. Der Capitalist empfand es angenehm, Actien zu besitzen, durch die er sich, was die Sicherheit der Revenuen betrifft, einer besser situirten Minderheit angereiht glaubte. Mochten die Pessimisten dann immer sagen, dafs die Linie zu theuer gebaut sei; das beruhrte sein Interesse nicht, da es für ihn ausreichend war, wenn nur der Hälfte des Grundvermögens eine Rente geboten wurde. In demselben Maafse aber, als die Stammprioritäten besser locirt waren, wurden die einfachen Stammactien benachtheiligt; und die Erwerber solcher Actien wurden über den eigentlichen Werth derselben durch die Kunst, mit der man die wahre Sachlage bei den Emissionen zu verdecken wufste, bitter getäuscht. Getäuscht wurden freilich auch die Erwerber der Stammprioritäten, insofern die leichtere Veraufserlichkeit dieser Actien die Neigung förderte, einen möglichst grofsen Theil der Actienmasse unter dieser Firma zum Verkauf zu bringen. Die Proportionen der beiden Categorien weisen ein stetig zunehmendes Mifsverhältnifs auf. Diese Wendung begann schon während der Epoche der Strousberg'schen Bahnen, und die Corruption hat nach und nach dergestalt zugenommen, dafs bei den jüngsten Bahnen der Grunderperiode das Verhältnifs der Stammprioritäten zu den Stammactien bis auf die Proportion 3:2 und stellenweise noch tiefer herabgedrückt worden ist.*) Da nun über eine gewisse Grenze

*) Die Zusammenstellung einiger seit Beginn der Strousberg'schen Epoche

hinaus die Revenuen der Eisenbahnen schwankend sind und von Zufalligkeiten aller Art abhängen, ubrigens die Sparsam-

---

entstandenen Bahnen führt zu folgendem Ergebnifs. Die Strousberg'schen Bahnen haben sich noch sämmtlich in den Grenzen gehalten, dafs das Grundcapital halb und halb in Stammactien und Stammprioritätsactien zerfällt. Dies ist der Fall: 1) bei der Rechten Oderufer-Bahn (7 500 000 und 7 500 000 Rß.), 2) bei der ostpreufsischen Südbahn (4 500 000 und 4 500 000 Rß), 3) bei der Berlin-Görlitzer Bahn (5 500 000 und 5 500 000 Rß.), 4) bei der Hannover-Altenbekener Bahn (9 250 000 und 9 250 000 Rß.), 5) bei der Halle-Sorau-Gubener Bahn (6 750 000 und 6 750 000 Rß.), 7) bei der Märkisch-Posener Bahn (7 250 000 und 7 250 000 Rß.). Ueberall ist hier auch — mit Ausnahme der Rechten Oderufer-Bahn, wo die prioritätische Rente 5 %, die dann den Stammactien zufallende ebenfalle 5 % beträgt, während der Ueberrest gleichmäfsig vertheilt wird — den Stamm-Actionären insofern ein Aequivalent für ihre Postlocirung eingeräumt, als die Stammprioritäts-Actionäre zunächst 5 %, darauf aber die Stamm-Actionäre $6\frac{2}{3}$ % erhalten, während erst der Ueberrest gleichmäfsig vertheilt wird. Bei der Märkisch-Posener Bahn wird $\frac{1}{3}$ des Ueberschusses zur Amortisation der Stammprioritäten verwendet und der Rest getheilt.

Schon ungünstiger stellt sich die Sache bei der während jener Zeit — nicht von Strousberg — erbauten Nordhausen-Erfurter Bahn, bei welcher das Stammprioritäten-Capital 1 500 000, das Stammactien-Capital nur 1 250 000 Rß. beträgt, und jenes Aequivalent fur die Stamm-Actionäre nicht besteht. Von den in der Gründerepoche geschaffenen Bahnen ist nur die Berlin-Dresdener ähnlich wie die Rechte Oderufer-Bahn zugeschnitten, indem Stammprioritäten und Stammactien einander gleich sind (je 5 250 000 Rß.), während aber ein Aequivalent für das Zinsenvorrecht den Stamm-Actionären nicht eingeräumt ist. Aufserdem zeichnet sich die zur gleichen Zeit entstandene Saalbahn durch eine verhältnifsmäfsig solide Anlage aus, indem bei gleicher Vertheilung des Grundcapitals auf Stammprioritäts- und Stammactien (2 250 000 und 2 250 000 Rß.) die Stammprioritats-Actionäre zunächst 5 % und dann die Stamm-Actionäre 6 % erhalten. Im Uebrigen wird das Mifsverhältnifs von jener Zeit an immer grofser. So verhalten sich die Stammprioritäts- zu den Stammactien bei der Erfurt-Hof-Eger-Bahn, wie 7 500 000 : 5 000 000 Rß., bei Oels-Gnesen wie 4 650 000 : 3 100 000 Rß., bei Kreuzburg-Posen wie 7 200 000 : 4 800 000 Rß., bei Kohlfurt-Falkenberg wie 3 600 000 : 2 400 000 Rß., bei der Saal-Unstrut-Bahn wie 1 640 000 : 760 000 Rß., bei Weimar-Gera wie 3 5000 000 : 3 000 000 Rß., bei Zwickau-Langefeld-Falkenstein wie 1 320 000 : 880 000 Rß., und es ist nur bei Oels-Gnesen und Kreuzburg-Posen den Stamm-Actionären das Aequivalent gewährt, dafs sie, nach 5 % für die Stammprioritäten 6 % empfangen. Es verhält sich also die Masse der Stammprioritäten zu der Masse der Stammactien bei Erfurt-Hof-Eger wie 3 : 2, bei Oels-Gnesen ähnlich, nämlich wie 465 : 310, bei Kreuzburg-Posen wie 3 : 2, bei Kohlfurt-Falkenberg wie 3 : 2, bei Saal-Unstrut ungefahr wie 2 · 1, bei Weimar-Gera wie 7 · 6, bei Zwickau-Lengefeld-Falkenstein ungefahr wie 3 : 2.

keit bei Ausführung des Baues dauernd in's Gewicht fällt, und gerade nach dieser Richtung in jüngster Zeit am meisten gefehlt worden ist, so wurden die Besitzer der Stammactien nach und nach ausschliefslich auf denjenigen Rest der Revenuen angewiesen, fur dessen Realisirung das höchste Maafs von Unwahrscheinlichkeit bestand. Hätte man bei den Emissionen dieser Actien die volle Wahrheit sagen wollen, so durfte man getrost bekennen, dafs, insofern etwa auf eine Rente gerechnet wurde, sie die Bezeichnung als Actien überhaupt nicht verdienen. Dies geschah selbstverständlich nicht; man beruhigte sich im Gegentheil mit dem Bewufstsein, dafs die Stammactien der Regel nach den sogenannten Adjacenten, also denjenigen zur Zeichnung überlassen würden, welche ein directes Interesse an der Entstehung der Eisenbahnlinie hätten, und fur den Mangel jedweder Aussicht auf Rente anderweit entschädigt würden. Das war indefs niemals Gegenstand ausdrücklicher Verabredung, und überdies war es auch nie möglich, die Zeichnungen auf Stammactien ausschliefslich im Kreise der Adjacenten zu beschaffen.

Man sieht, wie sich das Verhältnifs dieser beiden Arten von Actien zu einander durch das veränderte System allmälig umgestaltet hat. Die Prälocirung der Stammprioritäten war ehedem ein Segen, sowohl für sie selbst, als für die Stammactien; ihnen wurde eine sicherere Aussicht auf Rente gewährt, und den Stammactien die aus dem vorherigen Umfange der Eisenbahnlinie bereits gesicherte Rente conservirt. Der Vortheil des Einen diente dann dem Vortheil des Andern. Gegenwärtig ist es umgekehrt: was dem Einem zu Gute kommt, schädigt den Andern. Und die Schädigung der Stammactien wird noch gröfser durch eine Anordnung besonderer Art, deren bisher nicht Erwähnung geschehen ist. Wenn sich nämlich aus den Erträgnissen der Eisenbahnen die erhoffte Rente für die Stammprioritäten nicht ergiebt, so gilt nach den meisten Statuten die Bestimmung, dafs dieselbe aus etwaigen Erträgnissen folgender Jahre bis zur Höhe des Procentsatzes, auf den sich das Vorrecht erstreckt, nachgezahlt werden mufs, und dafs den Stammactien so lange eine Dividende nicht zufällt, als nicht alle Nachzahlungen geleistet sind. Der Zweck dieser Einrichtung ist offenbar der, die Stammpriorität der wirklichen Obligation in ihrer wirthschaftlichen Stellung noch ähnlicher zu machen. Das Dividendenrecht soll nicht gänzlich verloren sein, wenn es sich auch in einem gewissen Jahre nicht hat realisiren lassen. Der Dividendenschein soll — ähnlich den Zinscoupons der Obligationen — ein relatives Anspruchsrecht unter allen Umständen in sich bergen; dieses soll nur dann ganz erlöschen, wenn etwa die Gesellschaft, ohne jemals die zu seiner Deckung erforderlichen Erträgnisse geliefert zu haben, aufgelöst wird. In der Theorie herrscht Streit über die Frage, ob dieses Vorrecht auch Geltung habe, wenn es durch das Statut nicht ausdrücklich vereinbart ist.*) Von hervorragender practischer Bedeutung ist die Frage für die deutschen Eisenbahnen wohl nicht; indefs haben doch von den auf dem Berliner Courszettel notirten Stammprioritäten fünf das Vorrecht nicht ausdrücklich statuirt.**) Für ein neues Gesetz aber handelt es sich nicht nur um die Entscheidung dieser Frage, sondern hauptsächlich darum, ob die Etablirung eines solchen Rechtes nicht vielmehr ganz zu untersagen sei. Werden Stammprioritäten nur zur Erweiterung eines bereits vorhandenen Eisenbahnnetzes oder zur Ausdehnung einer bereits bestehenden Linie creirt, so hat die Nachzahlungspflicht keine wirthschaftlichen Bedenken; denn es ist nicht anzunehmen, dafs die alten Actionäre so unklug sein werden, selbst ihre bereits erworbenen Vortheile um der Ausdehnung der Linie Willen zu ruiniren. Wenn dagegen diese Eintheilung der Actien gleich bei der Gründung geschieht, so wirkt das Nachzahlungsrecht im höchsten Grade schadigend auf die Interessen der Stammactien.

Es ist lehrreich, zu sehen, wie sich das in der Praxis gestaltet. Als Beispiel sei die Entwickelung der Nordhausen-Erfurter Eisenbahn-Gesellschaft gewählt. Die Linie dieser Gesellschaft wurde in der zweiten Hälfte der sechziger Jahre gebaut. Ihr erstes Geschäftsjahr umfafste die letzten Monate

---

*) Vergl. hierüber die Ausführungen bei Wiener a. a. O., S. 335 ff.

**) Diese sind die Kohlfurt-Falkenberger, die rechte Oderuferbahn, die Saal-Bahn, die Rheinische und die Magdeburg-Halberstädter Bahn.

des Jahres 1869 und das Kalenderjahr 1870. Obwohl die Gründung alle Mängel des neuen Systems an sich trägt, so hat diese Gesellschaft doch ein relativ günstiges Schicksal gehabt, insofern sie es vermocht hat, selbstständig zu bleiben, und dabei noch ein kleines Prioritats-Obligationen-Capital regelmäfsig zu verzinsen. An Erträgnissen aber hat sie bis zum Ablauf des Jahres 1877 nur ein Mal 1 und ein anderes Mal $2^{2}/_{15}$% an die Stammprioritäten zu zahlen vermocht. Da nun diese den Stammactien mit 5% Dividende unter Constituirung der Nachzahlungspflicht vorangehen, so ist die Gesellschaft gegenüber ihren Stammprioritäten für die bis ultimo 1877 abgelaufene Geschäftsperiode bereits mit $36^{13}/_{15}$% des Nominalcapitals der Stammprioritäten in Rückstand; und ehe nicht diese neben der funfprozentigen Rente der Stammprioritäten abgezahlt sind, erhalten die Stammactien unter keinen Umständen eine Dividende. Diese Ziffer wird aber voraussichtlich noch wachsen; denn es ist nicht zu erwarten, dafs schon für die nächsten Jahre die volle fünfprocentige Rente an die Stammprioritäten wird gezahlt werden können. Daher ist, ehe nicht ein bis jetzt nicht abzusehender Aufschwung dieser Eisenbahnlinie stattfindet, eine Rente für die Stammprioritäten gar nicht in Aussicht zu nehmen. Das Beispiel ist gewählt worden, um die Rechtslage gerade an einer der besser situirten jüngeren Bahnen zu veranschaulichen. Bei den seit der Gründerperiode geschaffenen ist das Verhältnifs noch entsprechend schlechter. Es giebt kaum eine einzige unter ihnen, die bisher im Stande gewesen wäre, auf ihre Stammprioritäten einen Thaler Rente zu zahlen! Von Jahr zu Jahr nehmen also dort die Rückstände zu, und vermindert sich demgemäfs die Aussicht auf irgend einen Ertrag für die Stammactien. Gewifs wirken dabei einigermafsen die Uebelstände mit, die an dem System des Privateisenbahnbaues während der letzten Epoche wahrnehmbar geworden sind. Sollte der Privateisenbahnbau auf's Neue in Schwung kommen, so wird dies nur nach glücklicher Reform des ganzen Systems geschehen können; und dabei werden hoffentlich viele Mängel beseitigt werden, die bisher der Rentabilität der Privatbahnen entgegenstanden. Aber eine

Schädigung der Stammactien durch gleich von Anfang geschaffene Stammprioritäten wird niemals zu vermeiden sein. Sie braucht gar nicht so umfassend zu sein, wie gegenwärtig, um doch auf den öffentlichen Credit der Actien schädigend zu wirken. Die Beschaffenheit des Actienrechts steht insofern in einer inneren Beziehung zu den Ersparnissen der Nation, als die Actie ein wenig mit dazu berufen ist, diesen Erparnissen Unterkommen zu gewähren. Auf solche Beziehungen mufs die Gesetzgebung ihr Augenmerk richten. Und die Umgestaltung zahlreicher Werthe und Anlagen in Actien, welche der neuesten Zeit eigenthümlich ist, hat aufserdem die Nervosität des Geldmarktes erheblich gesteigert. Ein Unfall, der einer Bank widerfährt, wirkt deprimirend auf die Besitzer aller möglichen Bankactien. Das unglückliche Schicksal einer einzigen Eisenbahngesellschaft entwerthet den Marktpreis der Actien vieler anderen. Daher liegt es im wirthschaftlichen Interesse, Actien nicht entstehen zu lassen, von denen sich generell im Voraus sagen läfst, dafs sie auf eine lange Reihe von Jahren ertraglos bleiben müssen; denn das schädigt das Ansehen dieser Werthpapiere im Allgemeinen. Deshalb wäre es von wohlthätiger Wirkung auf das Actienwesen, wenn ein künftiges Gesetz die Constituirung der Nachzahlungspflicht für gleich bei der Errichtung der Gesellschaft creirte Stammprioritäten gänzlich untersagte.

Und noch eine andere Specialbestimmung erscheint nothwendig. Das Gesetz sollte die Forderung stellen, dafs Statutenbestimmungen, durch welche Stammprioritäten creirt werden, sich auch über das Rechtsverhältnifs äussern müssen, in dem die beiden Arten von Actien bei etwa eintretender Liquidation der Gesellschaft zu einander stehen sollen. Darüber disponiren gegenwärtig die meisten Statuten nicht. Eine solche Vorschrift ist aber wichtig, weil sich schlechterdings aus dem Wesen des Instituts eine Folgerung auf das gedachte Rechtsverhältnifs nicht mit Sicherheit ziehen läfst. Mehrfach wird in der Wissenschaft die Ansicht vertreten, dafs, sofern das Statut nichts Anderes besage, aus dem prioritätischen Anspruche auf Dividenden ein Anspruch auf prioritätische Befriedigung aus der Liquidationsmasse nicht zu entnehmen sei.*) Indefs wird eine solche Auffassung, sofern Gesetz oder Vertrag keine Unterlagen bieten, immer nur den Werth einer Ansicht beanspruchen können. Der Ertrag einer Eisenbahnlinie ist jedenfalls bestimmend, oder kann in hervorragendem Maafse mitbestimmend werden für die Entschliefsung über Auflösung der Gesellschaft. Erbringt eine Linie beispielsweise für den in Stammprioritäten gekleideten Theil des Grundvermögens eine fünfprocentige Rente, während sie die Stammactien ertraglos läfst, so könnte eine an die Gesellschaft gerichtete Zumuthung wegen Verkaufes der Bahn den Stammprioritäten nachtheilig, den Stammactien aus dem gleichen Grunde vortheilhaft erscheinen. Die letzteren erhielten eine Geldsumme, die, wenn vielleicht auch hinter dem Nominalbetrage zurückstehend, doch wenigstens zinstragend gemacht werden könnte; die ersteren empfingen ein Capital, das nicht hinreichte, ihnen die aus der Eisenbahnlinie dauernd zufliefsende Rente zu gewähren. Wäre bei dieser hier als Beispiel angeführten Gesellschaft die Anzahl der Stammactien gröfser, als die der Stammprioritäten, und die Entscheidung über Liquidation durch einfache Majorität möglich, so würden die Stammprioritäten im Wege der Majorisirung geradezu vergewaltigt; denn die Interessen der beiden Arten ständen einander diametral entgegen. Daraus folgt, dafs das prioritätische Vorrecht auf Erträgnisse und das Interesse an einer Realisirung des Vermögens durch Liquidation zu einander in einer Wechselbeziehung stehen. Der Anspruch auf die prioritätische Rente, deren Aufgebung die Stammprioritäten nicht gewollt haben, fiele nach der oben erwähnten Ansicht einfach aus. Hierin läge eine schwere Unbilligkeit. Andererseits wäre es aber ohne Willkür unmöglich, festzustellen, welchen Umfang das Vorrecht haben solle, zumal da, wenn eine Bahn völlig ertraglos bliebe, die Stammprioritäten nichts an Rente verlieren würden. Es kommt also auf die Umstände in jedem beson-

*) Dieser Ansicht sind Meili und von Strombeck, ebenso v. Hahn, Commentar zum H. G. B., II. Aufl., S. 672.

deren Falle an; und ein solcher Zustand wird am Besten vertragsmäfsig geregelt. Mögen die Gründer mit sich zu Rathe gehen, wie in Anbetracht der voraussichtlichen Rentabilität der Bahn das Rechtsverhältnifs fur den Fall der Liquidation zu ordnen sei. Die Capitalisten können dann auch ihrerseits erwägen, ob es angezeigt sei, den geforderten Kaufpreis für jede der beiden Arten von Actien zu bezahlen. Das Gesetz sollte jedenfalls anordnen, dafs durch Statut Klarheit darüber geschaffen werde.*)

§ 6.

Dividendenscheine, Talons etc.

Die Qualität der Actie als Inhaberpapier hat Anlafs zur Herstellung einiger änderen Inhaberpapiere gegeben, welche sämmtlich der bequemeren Ausübung der aus der Actie hervorgehenden Rechte dienen sollen. Das wichtigste derselben ist der Dividendenschein. Er ermöglicht zunächst die Einziehung der Erträgnisse ohne Präsentation der Actie, und ferner die Veräufserlichkeit des Anspruches auf die Dividende von Hand zu Hand. Fur den ersteren Zweck wäre der Character als Le-

*) Bei zwei in der Gründerperiode entstandenen Bahnen (der Halle-Guben-Sorauer und der Berlin-Dresdener Bahn) wird die Lösung dieser Rechtsfrage künftig erforderlich werden. Beide Bahnen sind in Staatsverwaltung übergegangen unter der dem Staate zugesprochenen Befugnifs, dieselben nach Ablauf einer gewissen Reihe von Jahren für einen nach den Erträgnissen zu fixirenden Preis zu erwerben. Sollte der Staat von diesem Rechte Gebrauch machen, so würden dadurch die Gesellschaften noch nicht *ipso jure* aufgelost sein, sondern nur in dem Umstande, dafs an die Stelle des Besitzes der Linie der Besitz einer Geldsumme getreten ist, einen Anlafs zur Auflösung finden. Da aber der Kaufschilling durch zinsbare Anlegung ertragsfähig gemacht werden kann, und den Inhabern der Stammprioritäten der Anspruch auf prioritätische Rente fortgesetzt zustände, so konnte möglicherweise, d. h. wenn mehr als die fünfprocentige Rente aus den Zinsen des Capitals nicht zu erreichen wäre, der oben als Beispiel angeführte Zustand eintreten. Würden dann die Stammprioritäten majorisirt, so läge, wenn die oben erwähnte Ansicht Geltung haben sollte, darin eine gewaltsame Enteignung vertragsmäfsig erworbener Rechte.

gitimationsurkunde ausreichend; der letztere macht ihn zum wirklichen Inhaberpapier. Das geltende Recht erwähnt den Dividendenschein gar nicht. Dies ist auch nicht erforderlich. Inhaberpapiere sind nach gemeinem Recht ohne Genehmigung des Staates zulässig. Von dem preufsischen Recht mufs ein Gleiches gelten; wenigstens enthält das preufsische Landrecht keine gegentheilige Verordnung, und das Gesetz vom 17. Juni 1833, wonach Papiere, welche die Zahlung einer bestimmten Geldsumme an jeden Inhaber versprechen, nur mit staatlicher Genehmigung ausgegeben werden dürfen, bestätigt indirect die sonstige Freiheit der Ausstellung. Jene Beschränkung ist getroffen, um das unkundige Publikum vor Täuschungen zu schützen.

Neben dem Dividendenschein sind aber noch zwei andere Arten von Inhaberpapieren üblich, die Bauzinscoupons und die Abschlagsdividendenscheine. Die ersteren sind entstanden in Folge des Rechtes der Actiengesellschaften, für die Dauer der Vorbereitung des eigentlichen Gesellschaftszweckes den Actionären bestimmte Zinsen zu versprechen und zu zahlen. Man hat es in der Praxis selbstverständlich gefunden, auch fur die Erhebung dieser Bauzinsen Inhaberpapiere ähnlich den eigentlichen Dividendenscheinen auszugeben. Die in gleicher Weise ausgestellten Abschlagsdividendenscheine, welche lediglich den älteren Actiengesellschaften angehören, basiren auf der früher für zulässig erachteten Vereinbarung, Erträgnisse, auf die man mit aller Bestimmtheit rechnen zu dürfen glaubte, quasi als Zinsen zu versprechen, und über sie ebenfalls *au porteur* lautende Zinscoupons auszugeben. Diese beiden Arten von Inhaberpapieren verdanken es offenbar nur dem Zufall, wenn sie noch nicht durch Richterspruch reprobirt worden sind. Denn da sie die Zahlung bestimmter Geldsummen versprechen, so widerstreiten sie in Preufsen entschieden dem oben citirten Gesetze vom 17. Juni 1833. Es wird weiterhin (XII. § 7) zu erörtern sein, ob Abschlagsdividenden und Bauzinsen überhaupt aufrecht erhalten werden sollen. Wird dies bejaht, so wäre es nöthig, dafs ein neues Gesetz diese an sich durchaus zweckmäfsige Form für die Vermittelung der Zinsenzahlung als Ausnahme von dem vorerwähnten Gesetze ausdrücklich sanctionirte.*)

Der Talon endlich ist nicht ein wirkliches Inhaberpapier. Ihm mangelt, zum Unterschiede von den anderen vorerwähnten Arten, die Aufgabe, einen von dem Actionär verschiedenen Eigenthümer zu erhalten. Er hat zwar die Bestimmung, von der Actie getrennt zu werden, aber nur, um gegenüber der Gesellschaft als Legitimation bei Ausreichung neuer Dividendenbogen zu dienen.

---

*) Bei der Gründung concessionspflichtiger Actiengesellschaften ist es immer üblich gewesen, die Schemata für die erforderlichen Inhaberpapiere, nämlich Actien, Dividendenscheine, Bauzinscoupons, Talons etc. dem Statut als Anlage beizufügen. Wurde dann die Concession unter Genehmigung des Statuts ertheilt, so lag darin zugleich für die auf einen bestimmten Geldbetrag lantenden Inhaberpapiere, z. B. die Bauzinscoupons, die nach dem Gesetz vom 17. Juni 1833 zur Emission erforderliche staatliche Genehmigung. Diese Papiere würden nicht reprobirt werden können.

III.

Gesellschaftszweck.

Die Actiengesellschaft wird beherrscht von dem Zweck, den man ihr zuweist, um dessentwillen man sie in's Leben ruft. Er ist daher neben dem Grundvermögen der Träger ihres Daseins. Ohne einen vernünftigen Zweck kann die Actiengesellschaft nicht existiren, hat sie auch keinen Anspruch auf Existenz. Die physische Person findet unbedingten Schutz auf Seiten des Staates, die moralische Person ist nur zu schützen, wenn sie einen vernünftigen Zweck ihres Daseins nachweist. Das geltende Recht äufserst sich über den Zweck nur dahin, dafs der Gesellschaftsvertrag den «Gegenstand des Unternehmens» anzugeben habe. Nähere Bestimmungen, wie dieser Gegenstand beschaffen sein müsse, sind nicht gegeben. Die Praxis hat diesen Mangel als eine Lücke erkennen lassen. Es hat sich gezeigt, dafs die Willkür, welche bei Vereinbarung des Zweckes gestattet ist, der wirthschaftlichen Stellung der Actiengesellschaft zum Nachtheil gereicht und den Werth der Actie wesentlich zu schadigen geeignet ist.

Man hat es zum Beispiel unternommen, die Angabe über den Zweck im Gesellschaftsstatut in gewissermafsen simulirter Form vorzubringen. Es kann davon freilich im strengen Sinne des Wortes nicht die Rede sein, da das Statut die alleinige Quelle fur die Zweckbestimmung ist, und dasjenige gelten mufs, was es besagt. Indefs kommt es doch einer Simulation nahe, wenn etwa als Zweck einer Gesellschaft im Statut der «Ein- und Verkauf von Immobilien» bezeichnet wird, während ein späterer

Paragraph besagt, dafs die Gesellschaft bereits durch Inferirung gewisse ihr Grundvermögen zum gröfsten Theil absorbirende Grundstücke erworben habe, auf deren nutzbare Veräufserung sich im Gegensatz zu der allgemeinen Zweckbestimmung der Geschäftsbetrieb vorläufig beschränken mufs. Wer den ersteren Paragraphen liest, hält sich zu der Annahme berechtigt, dafs die Gesellschaft in der Verfügung über ihr Vermögen noch frei sei, während die letztere Bestimmung erweist, dafs darüber bis auf Weiteres beinahe vollständig verfügt ist. Noch schärfer tritt die Absicht der Simulation hervor, wenn beispielsweise in einem Statut als Zweck der Gründung bezeichnet worden ist: «Die Gewinnung, sowie die anderweite Erwerbung und Veräufserung von Kohlen und sonstigen Bergwerksproducten, die Verhüttung und Verwerthung der selbst gewonnenen oder anderweitig erworbenen Bergwerks- und Nebenproducte, der Handel mit denselben und die Erwerbung derjenigen unbeweglichen und beweglichen Sachen und Rechte und die Errichtung derjenigen Anlagen, welche zur Erreichung der vorgedachten Zwecke dienlich erscheinen,» — während im letzten Paragraphen mitgetheilt wird, dafs das gesammte Grundvermögen mit Ausschlufs eines geringen Restes zur Erwerbung einiger Kohlenzechen bereits verwendet sei. Bei dieser Gesellschaft kann von der Verfolgung ihres vielseitigen Zweckes vorläufig gar nicht die Rede sein, da sie fast das ganze Vermögeu zunächst einer einzigen ihrer Aufgaben zugewendet hat, die den Rest noch als Betriebscapital in Anspruch nimmt. Es mufs also alles Uebrige bis auf Weiteres ruhen. Wenn die Gründer dies wissen, so ist nicht zu verstehen, warum sie nicht die Verfolgung der übrigen Aufgaben der Gesellschaft im Statut als erst für die Zukunft in Aussicht genommen bezeichnen; oder vielmehr, es ist ihr Verfahren eben dahin zu verstehen, dafs sie den oberflächlichen Leser des Statuts über den wahren Zweck täuschen wollen.

Indefs ist, insoweit solche Zweckangaben der Täuschung dienen, die Gefahr noch gering anzuschlagen, weil eben nur oberflächliche Leser wirklich zu täuschen sind. Aber gerade der aufmerksame Leser unterliegt leicht — und das ist viel bedeutsamer — in Folge mangelnder Congruenz von wirklich beabsichtigtem und als beabsichtigt bezeichnetem Zweck einer

Irreleitung anderer Art. Die als Beispiel angeführte Gesellschaft könnte nämlich im Verlaufe der Zeit auch einmal Anlafs finden, ihre Thätigkeit zu ändern, und wirklich auf eine der vielen Aufgaben zurück zu greifen, die ihr ursprünglich nur zur Verschleierung des wahren Zweckes zugewiesen worden sind. Die Verwaltung wäre z. B. befugt, die Zeche zu verkaufen und mit dem Erlöse ein Hüttenwerk anzulegen oder einen Kohlenhandel zu betreiben. Ein solches Vorgehen würde Seitens der Actionäre als Gewaltact angesehen werden. Formell wenigstens wäre die Verwaltung aber doch in ihrem Recht; denn der Hüttenbetrieb und der Handel mit Bergwerksproducten ist unter den Zweckangaben der Gesellschaft enthalten, und diejenigen, welche nur den ursprünglich in's Auge gefafsten Zweck als solchen erachtet haben, müssten die Folgen dieser Sachlage eben hinnehmen.

Als noch bedenklicher hat sich eine andere Art des Mifsbrauchs gezeigt, welche darin bestand, dafs man der Gesellschaft einen ganz allgemeinen, die mannigfachsten Aufgaben umfassenden Zweck zuwies. Es geschah dies selbstverständlich nie in der Absicht, sie sämmtlich zu erfüllen; sondern die Coterie wollte nur für die Zukunft möglichst freie Hand behalten. Es gehört aber zum Wesen einer Zweckangabe, dafs sie in gewissem Maafse speciellen Inhaltes sei. Lautet sie beispielsweise auf «Betrieb von Handel und Industrie jeder Art», so ist dies in Wahrheit gar nicht mehr eine Angabe über den Gegenstand des Unternehmens, sondern eine Anordnung, welche die Summe aller denkbaren Gesellschaftszwecke umfafst. In der Praxis ist zwar die Verkehrtheit nicht bis zu einer Zweckbestimmung solcher Art getrieben worden, indefs giebt es doch Statuten, die nicht viel weniger besagen. Es bezeichnet beispielsweise eine in Berlin domicilirende Terraingesellschaft als ihren Zweck «den Erwerb, die Parzellirung, Bebauung und Veräufserung von Grundstücken, die Uebernahme und Ausführung von Bauunternehmungen, sowie Darleihung für Bauten und den Betrieb von Bank- und Handelsgeschäften jeder Art». Die Gesellschaft, welcher dieser Statutenparagraph eigen ist, besafs zur Zeit ihrer Entstehung ein für Villenanlagen bestimmtes Terrain, welches fast ihr ganzes Grundvermögen ausmachte. Hätte sie jemals vermocht, dasselbe zu veräufsern, so würde die Verwaltung nicht nur befugt gewesen sein, Häuserbauten in Entreprise zu nehmen oder das Geld auf Hypotheken zu verleihen, sondern die Actionäre hatten die Firma ihrer Gesellschaft vielleicht auch über einem Musikalienleihinstitut, einer Militäreffectenhandlung oder einer Blumenhalle erblicken können. Wenn solche Consequenzen möglich sind, so ist der sichere Schlufs gestattet, dafs eine Remedur nothwendig sei; denn es kann weder im Interesse vernünftiger Actionäre, noch im Interesse einer vernünftig construirten Actiengesellschaft liegen, dafs derlei Wendungen eintreten. Man könnte freilich und nicht mit Unrecht einwenden, dafs solche Gesellschaften sich von selbst verbieten würden, wenn sich keine Actionäre dafür fänden. Damit ist aber die Sache nicht abgemacht. Es streitet, wie schon gesagt, gegen das Interesse der staatlichen Ordnung, juristische Personen zuzulassen, die gar keinen oder einen unnützen oder verkehrten Zweck haben. Daher liegt es im öffentlichen Interesse, den Inhalt der Zweckbestimmung zu überwachen. Er ist bei der juristischen Person geradezu von staatsrechtlicher Bedeutung. Den Staat interessirt es nicht, ob der Zweck glücklich gewählt sei, ob er Aussicht auf Erfolg, auf Rentabilität gewähre. Wohl aber mufs er fordern, dafs nicht unvernünftige Zwecke die Entstehung von Actiengesellschaften herbeiführen; und der Zweck ist desto unvernünftiger, je allgemeiner er ist. Denn eine je gröfsere Zahl specieller und nicht gleichzeitig verfolgbarer Zwecke er umfafst, desto mehr ist die Actiengesellschaft der Gefahr ausgesetzt, ihr Vermögen mifsbraucht zu sehen. Wer sein Geld in Actien anlegt, thut dies hauptsächlich mit Rücksicht auf den Zweck der Gesellschaft. Niemand hat ein Interesse, es Gesellschaften anzuvertrauen, die sich eine Art der Verwendung erst aufsuchen wollen. Das geschieht aber streng genommen uberall, wo die Auswahl unter einer Mehrzahl mit einander nicht verwandter Zwecke gestattet ist. Die Forderung eines speciellen Inhalts der Zweckbestimmung widerstreitet keineswegs der Zulässigkeit einer Mehrzahl von Zwecken. Es wäre auch nichts dagegen einzuwenden, wenn das Statut vorschriebe, dafs sie nach einander zur Ausubung kommen sollen. Nur mufs die Vorschrift nicht so beschaffen sein, dafs die Gesellschaft in die Lage kommt, sich aus der Zweckangabe erst durch eigenen Entschlufs den Gegenstand ihres Unternehmens zu construiren.

Dem Bedürfnifs nach reformirenden Anordnungen in dieser Richtung ist nicht etwa durch eine gesetzliche Definition des Zweckbegriffs Rechnung zu tragen. Der Schutz des öffentlichen Interesses kann vielmehr allein vom Handelsrichter geübt werden, dem es obliegen sollte, die Zweckangabe darauf zu prüfen, ob sie den gesetzlichen Vorschriften entspreche. Als solche sollten gelten, dafs Actiengesellschaften nur zu speciellen Zwecken gegründet werden dürfen, dafs es aber nicht unzulässig sei, eine Mehrzahl von Zwecken zur Verfolgung neben oder nach einander vorzuschreiben. Gegen die Entscheidung des Handelsrichters über diese Frage wäre ein Beschwerdeweg ebenso wie über alle Entscheidungen desselben zuläfsig (vgl. VI. § 1). Daraus würde sich eine übereinstimmende Praxis ergeben, die geeignet wäre, dem zum Vorschein gekommenen Mifsbrauch zu steuern, ohne andererseits der Entfaltung vernünftiger Unternehmungen Schwierigkeiten zu bereiten.

IV.

Die Gründung der Actien-Gesellschaft.

§. 1.

Vorfragen.

Als die Folgen sichtbar wurden, welche die Gründerperiode über den wirthschaftlichen Zustand unseres Landes hereingeführt hatte, glaubte die öffentliche Meinung in den Vorschriften über die Gründung, die Quelle alles Uebels und den hauptsächlich reformbedürftigen Theil des Gesetzes erkennen zu sollen. Diese Ansicht hat sich in dem Maafse befestigt, dafs, wenn von einer Reform des Actienrechts die Rede ist, wesentlich nur an eine Aenderung jener Satzungen gedacht wird, oder wenigstens alles Andere erst in zweiter Linie in Betracht kommt. Das ist indefs nicht zutreffend, und die gegenwärtige Darstellung erkennt es als eine ihrer Aufgaben, den Beweis zu führen, dafs die Absicht einer wirklichen Heilung nicht erreicht werden könnte, wenn man sich an einer Reform des Gründungswesens genügen lassen wollte. Damit soll nicht gesagt sein, dafs die Vorschriften über die Gründung befriedigenden Inhaltes wären. Im Gegentheil, auch sie bedürfen — nur nicht sie allein — einer tief eingreifenden Umgestaltung. Wie sie anzufassen sei, das hängt im Princip von jener bereits in der Einleitung berührten Frage ab, inwieweit man dem Einzelnen zumuthen dürfe, seine Interessen selbst zu schützen, oder inwieweit der Staat durch geeignete Anordnungen den privaten Interessen zu Hilfe zu kommen habe. Der Ansichten hierüber sind viele und die entgegengesetztesten gehört worden, so dafs es unthunlich wäre, sie einzeln auf ihren Werth zu prüfen. Es sei vielmehr nur eine von allen für die Erörterung der Frage ausgewählt, und zwar diejenige von Wiener,*) dessen Ansichten über eine Reform des Gründungswesens unter allen bisher bekannt gewordenen die weiteste Verbreitung gefunden haben. Er sagt wörtlich:

> «Ich bin der Meinung, dafs der Gesetzgeber die materielle Vertragsfreiheit auch auf dem Gebiete der Actiengesetzgebung anerkennen mufs, sowohl aus principiellen Gründen, wie aus Gründen der Nützlichkeit. Principiell liegt nach dieser Richtung im Wesen der Actienvereinigung nichts, was sie von anderen Vereinigungen unterscheidet» . . . .

Und weiter:

> «Um aber das Princip voller Vertragsfreiheit gelten zu lassen, hat der Gesetzgeber die Aufgabe, diejenigen Garantien zu schaffen, vermöge deren der eine Contrahent, das Publicum, auch wirklich frei wird; und dazu gehört, dafs er die wirklichen Bedingungen der contractlichen Einigung genau kennt. Es hat auch Niemand das Princip aufgestellt, dafs, weil ein Jeder sich um seine eigenen Angelegenheiten selbst zu be kümmern habe, deshalb der Gesetzgeber den Betrug nicht zu strafen braucht.»

Sonach tritt Wiener zwar denen bei, welche daran fest halten, dafs Jeder sein eigener Vormund ist, das Für und Wider in seinen Geschäften selbst und allein zu erwägen, sich auch die Folgen unüberlegter Handlungen selbst zuzuschreiben hat. Aber er gelangt doch nicht zu dem hieraus von Anderen gefolgerten Resultate, dafs eine Reform des Gründungswesens im Sinne der Errichtung von Schutzwehren gegen Mifsbräuche nicht stattzufinden habe, vielmehr zu dem entgegengesetzten. Der Grund hiervon ist, dafs er in Anwendung allgemeiner und überall geltender Rechtsgrundsätze nur einen solchen

*) Vergl. dessen schon oben citirte Schrift über das Actiengesellschaftswesen (Berlin 1873), welche ursprünglich von dem Verein für Socialpolitik (Leipzig 1873) veroffentlicht worden ist, und in letzterer Veroffentlichung hier für die Folge citirt werden soll. Der weiter oben bereits citirte Separatabdruck ist in einigen Punkten modificirt und erweitert.

Vertragswillen mit der vollen Verantwortung belastet sehen will, der völlig frei ist, und weil er zu dieser völligen Freiheit die genügende Aufklärung über die für die Entschliefsung erheblichen Thatsachen fordern zu dürfen glaubt.

Alle Sätze dieses Raisonnements erscheinen zutreffend, mit Ausnahme des letzten. Aber gerade dieser berührt den eigentlichen Kern der ganzen Frage. Darauf allein kommt es an, ob eine Veranlassung gegeben sei, denen, welche sich bei Actiengründungen betheiligen wollen, die für ihre Entschliefsung wichtigen Thatumstände, ohne dafs sie es fordern, unter die Augen zu rücken, oder ob sie verpflichtet seien, selbst das Nöthige zu ihrer Information zu thun. Wenn einem Capitalisten der Kauf eines Grundstücks angeboten wird, und er es kauft, ohne sich über seine Gröfse, über die Ertragsfähigkeit, den Bauzustand, über die hypothekarischen und sonstigen Belastungen etc. genügend zu informiren, so wird er sich nach Jedermanns Urtheil einen dabei erlittenen Schaden selbst zuzuschreiben haben. Es wird auch nicht behauptet werden können, dafs dieser Käufer in seiner Willensfreiheit irgendwie beschränkt gewesen sei; eine solche Beschränkung läge erst vor, wenn er bei vorgenommenen Nachforschungen von Seiten des Verkäufers durch falsche Vorspiegelungen oder wenigstens durch falsche Angaben irre geleitet worden wäre. Ebenso wenig kann der, welcher aus der Zeitung oder aus mündlichen Mittheilungen das Bevorstehen einer Emission von Actien entnimmt, sich in seiner Willensfreiheit als beeinträchtigt erklären, wenn er leichtsinniger Weise, d. h. ohne sich über den Werth der Sache zu informiren, eine Betheiligung annimmt, oder eine Zeichnung leistet. Ist er dagegen durch die auf sein Befragen empfangenen Antworten getäuscht worden, oder hat ihn der Proponent der Emission durch falsche Vorspiegelungen in einen Irrthum versetzt, so nimmt allerdings hier, aber auch erst hier, die Beschränkung der Willensfreiheit ihren Anfang. Und es bedürfte keiner neuen gesetzlichen Vorschrift, um die Folgen einer ohne hinreichende Willensfreiheit übernommenen Verbindlichkeit im Wege Rechtens zu beseitigen. Wenn nichtsdestoweniger also zu Gunsten der Errichtung von Schutzwehren gegen diese Mifsbräuche eingetreten werden mufs, so liegt die Ursache nicht in der von Wiener gemachten Unterscheidung, sondern sie kann nur in gewissen Eigenthümlichkeiten dieser Geschäfte gefunden werden. Zeichnungen auf Actien und Betheiligungen an Consortien, welche den Zweck einer Verwerthung neu geschaffener Actien haben, sind Geschäfte, die nicht mit dem gleichen Maafs von Ruhe und Leidenschaftslosigkeit unternommen werden, wie diejenigen, welche die stetige Erwerbsthätigkeit des Einzelnen ausmachen; sie sind aber auch nicht Geschäfte blos speculativen Inhalts; sie gelten vielmehr dem Einzelnen als Versuch, den langsam sich vorwärts entwickelnden Besitzstand durch einen ausnahmsweisen Glücksfall schneller zu fördern. Sie unterscheiden sich auch wesentlich von jenen, wo neu an den Markt kommende Staatspapiere oder zinstragende Schuldverschreibungen, weil unter günstigeren Bedingungen, wie alle bereits vorhandenen, offerirt, den Capitalisten zu einem Umtausch der Anlageobjecte verleiten. Papiere der letzteren Art lassen sich nicht in beliebigen Massen herstellen. Sie verlangen eine Solidität der Unterlage, wie sie nur durch wirklich vorhandene Bedürfnisse ermöglicht wird. Dagegen lehrt die Erfahrung, dafs Actien meistentheils massenweise producirt werden, und dafs gerade bei eintretender Ueberproduction Illusionen erstehen, welche sich dann in dem gleichen Tempo steigern, in dem die Erzeugung von Actien weiter zunimmt. Gewifs sind die Fälle nicht ausgeschlossen, dafs Actien auch von Capitalisten als reine Anlagewerthe begehrt werden. Aber so vielfach dies geschieht, so würde doch diese Abzugsquelle allein die Erzeugnisse, welche beispielsweise die letzte Gründerperiode zu Wege brachte, niemals zu consumiren vermögen. Die Satzungen des Rechts müssen diesen ausnahmsweisen Stimmungen, unter deren Herrschaft solche Geschäfte geschlossen werden, gebührende Rechnung tragen, wie denn eine ähnliche Rücksichtnahme sich consequent durch das System des Privatrechts hindurchzieht. In Zeiten grofser Actien-Bewegungen werden oft die ruhigsten und kaltblütigsten Naturen von der Lust, an dem grofsen Glücksspiel Theil zu nehmen, wie von einem Wahn erfafst. Und wer seine Ruhe nicht verliert, den quält bei der Wahrnehmung der von Anderen über Nacht erworbenen Reichthümer die Frage, ob er es nicht sich und den Seinigen schuldig sei, das Glück ebenfalls zu versuchen. Solche Zeiten sind ähnlich denen, die man erleben würde, wenn man das öffentliche Hazardspiel schrankenlos gestattete. Da mag es denn in der That Pflicht des Staates sein, wenn er auch nicht als Warner oder Berather zu interveniren hat, doch dafür zu sorgen, dafs dem Einzelnen die möglichen Folgen seiner Handlungen selbst ohne sein Zuthun unter die Augen gerückt und möglichst grell beleuchtet werden. Wer die Unterscheidung nicht gelten läfst, dafs, während die täglichen Geschäfte in der Regel nur dazu angethan sind, mit Mühe und saurer Arbeit etwas zu verdienen, diese Actiengeschäfte nichts Anderes als einen Griff in den Glückstopf bedeuten, — der darf den gegenwärtigen Stand der Gesetzgebung für correct ansehen — wer sie gelten lassen will, mufs eine Reform durch Festsetzung einschränkender Bestimmungen fordern. Und die letztere Auffassung scheint aus den bezeichneten Ursachen den Vorzug zu verdienen.

Bei Erörterung der Modalitäten einer solchen Reform hat man weit in das Gebiet der allgemeinsten Principienfragen zurückgegriffen. Man hat hervorgehoben*), dafs ein gewisser principieller Gegensatz bestehe zwischen der Art, wie die Romanen und wie die Germanen, insbesondere wie die Franzosen einerseits und die Engländer andererseits sich die Entstehung einer Actiengesellschaft zurecht legen. Es mag dahingestellt bleiben, ob der Unterschied, um den es sich handelt, mit der nationalen Veranlagung der betreffenden Völker in Zusammenhang steht. Nur sei nicht unerwähnt, dafs die französische Auffassung auch von den Holländern adoptirt ist, die sich den Romanen nicht zurechnen. Der Unterschied zwischen den beiden Principien ist folgender: Das englische Recht erfordert für eine Actiengesellschaft von Anfang an nur den Rahmen, der sich aus den Bestimmungen über Zweck und Grundvermögen zusammensetzt.

*) Wiener, a. a. O.

Die Gründer brauchen sich nur mit einem Minimum als Actionäre zu betheiligen; materiell wird die Gesellschaft erst nach Erlangung der rechtlichen Existenz durch Heranziehung neuer Actionäre fertig gestellt. Dem französischen Recht ist dieser Modus nicht geläufig; es verlangt, dafs, wenn die Actiengesellschaft zur rechtlichen Existenz gelangen soll, Zweck und Grundvermögen nicht blos festgestellt, sondern dafs das letztere auch vorhanden sei. Die englische Auffassung von der Entstehung der Actiengesellschaft erfreut sich aber gerade bei den geistvollen Juristen, welche bisher Vorschlage zur Reform des Actiengründungswesens in Deutschland gemacht haben, einer besonderen Sympathie.*) Und in der That möchte man *a priori* geneigt sein, den Engländern auf diesem Gebiete eine besonders sachkundige Hand zuzutrauen. Die englische Rechtsgeschichte lehrt indefs nicht, dafs die englische Gesetzgebung sich im Actienrecht bisher mit Ruhm bedeckt habe. England erlebte in für unsere Rechnung fruher Zeit, nämlich im Anfange des 18. Jahrhunderts, eine überaus berüchtigte Epoche des Actienschwindels, vornehmlich mit den Actien der im Jahre 1711 errichteten Südsee-Compagnie. Demselben wurde durch die im Jahre 1720 erlassenene sogenannte «*Bubble*» Acte ein Ziel gesteckt. Dieses Gesetz, welches den zahlreichen gesetzgebungslustigen Dilettanten unserer Zeit zur Lehre dienen kann, weil es unter einem ähnlichen Maafse von Erbitterung verfafst wurde, wie es sich bei uns seit 1873 entwickelt hat, lähmte durch seine Strenge den Fortschritt des Actienwesens in England auf die Dauer eines vollen Jahrhunderts.**) Frankreich besafs längst im *code de commerce* die gesunden Anfänge einer gesetzlichen Entwickelung des Actienrechts, als man in England die unberechtigten Fesseln jener Gelegenheitsgesetzgebung abzustreifen anfing. Seitdem arbeitete sich die englische Gesetzgebung durch eine Reihe von Uebergangsgesetzen hindurch bis zu dem Stand-

*) Vergl. Wiener, a. a. O., pag. 6 und Behrend, Gutachten über die Actiengesellschaften, Leipzig 1873.

**) Renaud, a. a. O., pag. 33, vergl. Lindley «a treatise on the law of partnership», 4. Ausgabe, vol. I., pag. 6.

punkte, den sie durch die *Companies-act*, vom 7. August 1862,*) erhalten hat. Dieses Gesetz bildet noch heute die wesentlichste Grundlage des englischen Actienrechts. Mit seiner practischen Tüchtigkeit mufs es indefs doch nicht glänzend bestellt gewesen sein. Es wäre sonst unmöglich gewesen, dafs schon 5 Jahre später, im Jahre 1867, ein Parlamentsmitglied über den unerträglichen Zustand, der auf dem Gebiete des Actienwesens eingerissen sei, Klage erheben konnte. Dieser Deputirte machte geltend, dafs zur Zeit in England 2200 Actiengesellschaften mit etwa 1000 Millionen Lstrl. Capital beständen, dafs seit 1862 3480 Gesellschaften mit 706 Mill. Lstrl. Capital gegründet, zum Theil aber schon wieder aufgelöst worden seien. Seinen interessanten Enthüllungen zufolge setzte das Parlament einen Ausschufs ein, welcher Sachverständige vernahm, und aus dessen Berathungen ein Gesetz hervorging, das als Ergänzung zu jenem von 1862 unter dem 20. August 1867 publicirt wurde.**) Obwohl aber der Ausschufs eingesetzt war, um den hervorgetretenen Uebelständen für die Zukunft vorzubeugen, so ist doch von hierauf bezuglichen Mafsregeln aus dem Gesetze selbst nichts zu entnehmen. Auf seinen Inhalt sollen die mächtigen dem Actienwesen ergebenen Strömungen inmitten des Parlaments selbst nicht ohne Einflufs gewesen sein.***) Mit dem Gesagten soll keineswegs gegen die englische Institution Stimmung gemacht werden; es liegt nur die Absicht vor, die Wahrheit festzustellen. Der Werth jener Vorschriften des englischen Rechtes über die Gründung von Actiengesellschaften ist aber bei näherer Betrachtung leicht zu ermessen. Es ist aufserordentlich einfach, in England eine Actiengesellschaft zu gründen. Sie wird dadurch hergestellt, dafs eine Mehrzahl von Personen — mindestens sieben — sich zu dem für solche Zwecke eingesetzten Staatsbeamten *(office for the registration of companies)* begeben, und ihre Gesellschaft

*) 25 und 26 Victoria, Kap. 89, «An act for the incorporation, regulation and winding up of trading companies and other associations».

**) Companies-act 1867, 30 und 31 Victoria, Cap. 131.

***) So berichtet Dr. Franz Mittermeyer im Beilageband zu Band 12 von Goldschmidt's Zeitschrift für das gesammelte Handelsrecht pag. 40 ff.

durch Unterzeichnung eines einfachen Protocolls anmelden. In diesem ist nur die Firma, das Geschäftslocal, der Gegenstand des Unternehmens, der Betrag des in Aussicht genommenen Capitals und die Erklärung zu deponiren, dafs die Actionäre beschränkt in ihrer Haftbarkeit sein wollen. (Denn es giebt auch Gesellschaften mit unbeschränkter und mit relativ beschränkter Haftbarkeit, welche indefs hier nicht interessiren). Der Nachweis der Deckung des in Aussicht genommenen Grundcapitals durch verpflichtende Unterschriften von Zeichnern ist nicht erforderlich. Jeder Gründer braucht nur eine Actie zu zeichnen. Auf Grund des Protocolls wird die Actiengesellschaft registrirt, und ist von da an eine juristische Person — freilich, so lange sie keine Mittel hat, eine völlig existenzunfähige. Für das Grundvermögen ist vorläufig nichts weiter gegeben, als die Grenze nach oben, d. h. der höchste Betrag, bis zu welchem Actien ausgegeben werden können. Und es ist nunmehr die Aufgabe, dasselbe dadurch zu beschaffen, dafs man Actionare anwirbt, welche die fertigen Actien der fertigen Gesellschaft übernehmen, und sich dagegen zur Bezahlung desjenigen Betrages verpflichten, der hierüber in der Anmeldungs-Acte vorgeschrieben ist. Nicht einmal ein Statut ist erforderlich; denn wenn die Gründer keines festzusetzen wünschen, so gilt ein Normalstatut, welches dem Gesetze als Anlage beigefugt ist.*)

Für Denjenigen, welcher im deutschen Actienrecht erzogen ist, mufs hier zweierlei bemerkt werden. Da das der Gesellschaft zugewiesene Grundvermögen im Momente der Eintragung nicht vorhanden zu sein braucht, sondern auf Seiten der Grunder zunächst nur die Bedeutung eines frommen Wunsches hat, so ist man zu fragen versucht, wie denn ein Dritter mit einer so beschaffenen Gesellschaft in Geschäftsverbindung treten könne, da ihre Mitglieder über den Betrag der Actien hinaus nicht haften, und man doch nicht wifse, wie viele Actien schon in baares Geld umgesetzt seien. Hier-

*) Vergl. über dies Alles in Goldschmidt's Zeitschrift für Handelsrecht, Band 7, den Aufsatz von F. Mittermeyer über die englische Handelsrechtsgesetzgebung im Jahre 1862, pag. 423 ff., und den in demselben Bande enthaltenen das gleiche Thema behandelnden von Keyssner.

für besteht nun allerdings ein ausreichendes Mittel. Jede Actiengesellschaft mit beschränkter Haftbarkeit ist nämlich zur vollkommenen Offenlegung dieser Rechtsverhältnisse verpflichtet; sie mufs in einem Jedermann zugänglichen Local mindestens während einiger Stunden des Tages ein Buch zur Einsicht offen halten, aus dem mit Klarheit zu entnehmen ist, wie viele Actien veräufsert sind, welche Einzahlungen auf alle Actien ausgeschrieben, welche davon geleistet worden, und wie viele sich noch im Rückstande befinden, so dafs Jeder, der mit ihr in Beziehung treten will, aus diesem Buch sich genau orientiren kann. Unrichtige Angaben in demselben sind mit Strafe bedroht. Selbstverständlich kann man nicht daraus entnehmen, wie viel von dem eingezahlten Capital etwa schon wieder durch Geschäfte verloren ist; indefs diesem Bedürfnifs wird auch von keiner anderen Gesetzgebung Genüge geleistet. Die erforderliche Aufklärung Dritter geschieht also in zufriedenstellender Weise. Anders steht es aber mit der ferneren Frage, wie sich ein solcher Gründungsmodus zu der Erfüllung des Zweckes der Actiengesellschaft verhalte. Nach dieser Richtung bleibt die englische Gesetzgebung, und bleiben ihre Freunde eine befriedigende Erklärung schuldig. Grundvermögen und Zweck stehen zu einander in enger Beziehung, sollen in allerengster Beziehung zu einander stehen. Das Grundvermögen ist nach dem Zwecke zu bemessen. Ein Zweck, der mit dem ganzen Grundvermögen wohl erreicht werden kann, bleibt häufig mit dem halben unerreichbar, und ist mindestens dann vollständig unausführbar, wenn nur ein kleiner Theil der Actienmasse in Geld umgesetzt wird. Dann aber sind Diejenigen arg benachtheiligt, welche ihr Geld in die unfertige Sache durch Uebernahme von Actien bereits hineingesteckt haben. Und die Actiengesellschaft selbst bleibt unter solchen Umständen ein zweckloses, unnützes, den Schutz des Staates nicht verdienendes Rechtssubject. Von diesem Vorwurf möchte sich die englische Institution kaum befreien können. Und wenn man in Deutschland vorgezogen hat, dem französischen Vorbilde zu folgen, welches die Actiengesellschaften nur existent werden läfst, sobald das ihrem Zweck angepafste Grundvermögen gesichert erscheint, so verdient die Aufnahme dieser Einrichtung in den Rahmen unserer Gesetze zweifellos alles Lob, und es ist nicht zu wünschen, ja es wäre auf's Aeufserste dagegen anzukämpfen, dafs ein Wechsel in den Principien durch die Gesetzgebung versucht würde. Es giebt Schriftsteller, die es dem englischen Recht besonders nachrühmen wollen, dafs dort von je die Inhaberactie verschmäht worden sei, dafs das Gesetz von 1862 sie noch gar nicht kenne, und das von 1867 sie nur nach Vollzahlung zulasse. Bei Anwendung des deutschen resp. des französischen Gründungsprincipes wäre dies auch vielleicht ein Zeichen, dafs man in England dem speculationssüchtigen Handel mit noch nicht vollgezahlten Actien nicht wohlgesinnt sei. Aber dem Inhalte des englischen Rechtes gegenüber ist jene Vorschrift lediglich eine nothwendige Eigenthümlichkeit. Denn, wenn man von Anfang an das ganze Grundvermögen durch Zeichnungen gesichert hat, so kann es allerdings als recht solid gelten, dafs die Zeichner bis nach Bezahlung des letzten Pfennigs festgehalten werden. Wenn aber von Anfang für eine Actiengesellschaft von beispielsweise einer Million Lstrl. nur Zeichnungen über vielleicht 1000 Lstrl. vorliegen, so kann man die Gesellschaft doch füglich nicht noch der Gefahr aussetzen, hieran durch vorzeitige Liberirung der Zeichner Einbufse zu erleiden.

Das Gesagte soll dazu dienen, zwei Schlüsse zu rechtfertigen, welche als wichtig für die zu lösende Frage erkannt worden sind: den einen, dafs es geboten erscheint, durch gesetzgeberische Vorschriften Bollwerke gegen die bei Gründung von Actiengesellschaften vorkommenden Mifsbräuche über die nach geltendem Recht vorhandenen hinaus aufzurichten, den andern, dafs eine Reform durch Beseitigung des bisher bestehenden und durch Aufnahme des englischen Gründungsprincips nicht angezeigt erscheine.

§ 2.

Die Gründung der reinen Geldgesellschaft.

Hält man an den Ergebnissen des letzten Abschnittes fest, und fordert man für die Gründung der Actiengesellschaft nach dem französischen Vorbilde die Sicherstellung des Grundvermögens, so zerfällt die Lehre vom Gründungsverfahren in zwei Abschnitte; der eine behandelt die Gesellschaften, bei denen die Einlagen ausschliefslich baares Geld ausmachen, der andere diejenigen, deren Grundvermögen ganz oder zum Theil in nicht vertretbaren Sachen bestehen soll. Diese Abschnitte verhalten sich so zu einander, dafs der letztere eine Ergänzung des ersteren ist, und dafs dieser also zugleich die allgemeinen Grundsätze über die Grundung umfassen mufs.

Was die Reform der Vorschriften über die Gründung der reinen Geldgesellschaft betrifft, so hat dieselbe sich nicht auf künftige Verhütung von Täuschungen des Publicums zu richten. Der Gewinn wurde bei dieser Art von Gesellschaften immer nur im Agio gesucht, wobei man sich freilich mit Hilfe der Nominalbeträge gröfsere Vortheile verschaffte, als selbst den optimistischen Auffassungen jener Zeit entsprach. Gegen solchen Mifsbrauch ist nur in der Abschaffung der Nominalbeträge ein Hilfsmittel zu finden. Aber jene Vorschriften sind in anderer Beziehung einer durchgreifenden Aenderung fähig und bedürftig. Vor Allem handelt es sich darum, den Inhalt des geltenden Rechts festzustellen. Schon dies ist nicht mit wenigen Worten gethan, weil die betreffenden Vorschriften in Theorie und Praxis Gegenstand einer lebhaften Controverse sind. Dieselbe berührt zwei Fragen: die eine, wie aus den geltenden Vorschriften der Vorgang der Gründung einer Actiengesellschaft rechtlich zu construiren sei, die andere, welche Verbindlichkeiten aus der Zeichnung abzuleiten seien, wem gegenüber dieselben gelten, und wie eine neu gegründete Actiengesellschaft zur Herrschaft über die Rechte aus den Zeichnungen gelange. Die Rechtslehre hat sich mit der Beantwortung dieser Fragen vielfach befafst. Eine ganze Reihe selbststandiger Theorien liegt vor; und schon ihre Anzahl gestattet einen Schlufs auf die

Schwierigkeit der Materie. Denn jede folgende ist immer nur entstanden, weil jede vorangegangene sich der wissenschaftlichen Kritik gegenüber als unzulänglich erwiesen hat. Es sei ihrer vorweg in Kürze gedacht.

Um den Kern der erörterten Zweifelsfragen zu erfassen, mufs man davon ausgehen, dafs sich für die Gründung einer Actiengesellschaft zwei verschiedene Wege von selbst bieten. Der einfachere ist der, dafs Alle, welche die Gesellschaft in's Leben rufen wollen, den Gesellschaftsvertrag gemeinsam feststellen, in ihrem Kreise das ganze der Gesellschaft zugedachte Grundvermögen decken, und somit ohne Heranziehung Dritter Alles leisten, was von Seiten der Interessenten bei Herstellung einer Actiengesellschaft überhaupt geschehen kann. Der andere complicirtere Weg ist der, dafs der Plan zur Gründung zunächst von Einigen ausgeht, die unter sich das erforderliche Grundvermögen nicht aufbringen wollen oder können, und deshalb Theilnehmer anwerben, welche sie durch Darlegung der Vortheile des projectirten Unternehmens zur Betheiligung bestimmen. Dieser letztere Fall ist es insbesondere, welcher Schwierigkeiten bei Beantwortung der beiden oben bezeichneten Fragen verursacht hat.

Als älteste Theorie kommt diejenige von Jolly*) in Betracht. Er fafst den Vorgang der Gründung dahin auf, dafs Alle, welche auf die Actien einer projectirten Gesellschaft zeichnen, sich durch einen Vertrag mit einander vereinigen. Geschieht die Zeichnung nicht *uno actu*, sondern successive, so tritt die Perfection dieses Vertrages erst ein, sobald die Zeichnungen Seitens aller Interessenten vollzogen sind. Der Umstand, dafs sonach ein Gesellschaftsvertrag geschaffen wird, ohne dafs jeder einzelne Gesellschafter mit jedem anderen einen Consens austauscht, ja dafs er vielleicht diesen anderen gar nicht kennt, ist nach Jolly's Ansicht kein Hindernifs; er meint, dafs die Schranken, welche gegenüber den Grundsätzen der römischen Societät zur Herstellung eines solchen Societätsvertrages zu durchbrechen wären, thatsächlich durch

*) Vergl. dessen Aufsatz «Das Recht der Actiengesellschaft» in Band XI der Zeitschrift für deutsches Recht, Seite 317ff., insbesondere Seite 352.

das heutige Recht durchbrochen seien. Es liege auf Seiten Desjenigen, der die einzelnen Zeichner für die Gesellschaft anwerbe, eine freie Vertretung des Anwerbenden zu Gunsten der Gesellschaft vor, und das heutige Recht scheine den Satz anzuerkennen, dafs Verträge auch zu Gunsten eines Dritten gültig geschlossen werden können, und diesen Dritten nach seinem Beitritt selbstständig berechtigen. Letzteres sei um so unbedenklicher, als die Proponenten regelmäfsig nicht blos Vermittler, sondern gewöhnlich selbst Theilnehmer wären. — Diese Ansicht Jolly's hat begründeten Widerspruch durch Hinweis auf den Umstand erfahren, dafs sich das Zustandekommen eines wirklichen Gesellschaftsvertrages in der von Jolly behaupteten Weise nicht denken lasse, weil eine Societät, bei welcher der eine Socius mit dem anderen nicht übereinkommt, und ihn gar nicht kennt, ein juristisches Unding sei.

In durchaus anderer Weise ist die Sache von Brinckmann*) erfafst worden. Nach seiner Ansicht wird unter den Actionären resp. unter den Zeichnern nicht ein Societätsvertrag errichtet. Vielmehr liegt, wenn eine Actiengesellschaft gegründet werden soll, das Project zu derselben zunächst als blofses Project in dem fertig gestellten Gesellschaftsvertrage vor; wer dasselbe mit der Einladung zu Zeichnungen publicire, sei in juristischem Sinne ein Rathgeber der Andern, der sich erbiete, die Gesellschaft zu Stande zu bringen, und zu diesem Zwecke seine Dienste als Mandatar offerire. Wer dann zuerst Actien zeichne, sei erst der eigentliche Proponent, der, wie Brinckmann meint, den Projectanten zu seinem Mandatar mit dem Auftrage bestellt, auf Grund des vorgelegten Planes durch die Entgegennahme der erforderlichen Actienzeichnungen die Gesellschaft zu bilden. Diejenigen, welche successive beitreten, wiederholen durch ihre Actienzeichnung den Auftrag. Und nachdem so das zu dem Unternehmen veranschlagte Capital durch die Zeichnungen gedeckt ist, müssen die Projectanten ihre Man-

*) Brinckmann, «Lehrbuch des Handelsrechts,» Heidelberg 1852, §§ 61 u. 62, Seite 239ff.

danten, die Zeichner, davon in Kenntnifs setzen; letztere haben dann die förmliche Constituirung der Gesellschaft zu beschliefsen. — Diese Theorie, deren scharfsinnigem Inhalte die Anerkennung nicht versagt worden ist, hat sich in der Rechtslehre dennoch keine Geltung verschaffen können, weil man ihr, und mit Grund, entgegengehalten hat, dafs das Verhältnifs des Projectanten zum Zeichner nicht dasjenige eines Mandatars ist. Weder will in Wahrheit der Zeichner dem Projectanten eine Vollmacht geben, noch will der Projectant von dem Zeichner eine Vollmacht empfangen. Die Auffassung ist zwar in sich consequent und scharfsinnig; sie leidet aber an dem Mangel, dafs sie den thatsächlichen Vorgängen nicht entspricht, sondern auf willkürlichen Voraussetzungen beruht.

Nächst diesen beiden wäre Auerbach*) zu erwähnen, der in dem zwischen dem Projectanten und dem Zeichner abgeschlossenen Geschäft einen Verkauf resp. Kauf von künftigen Actienrechten erblicken will, wobei der Projectant *negotiorum gestor* der künftigen Gesellschaft sei. — Diese Auffassung ist von jeher als unzutreffend erachtet worden; einerseits, weil ein *negotiorum gestor* einer Gesellschaft nicht zu denken ist, so lange die Gesellschaft nicht existirt, und aufserdem, weil sich das fragliche Abkommen in keiner Weise als wirklicher Kauf kennzeichnet. Möchte man selbst annehmen wollen, dafs sich künftige Actienrechte als Verkaufsobjecte denken lassen, so ist doch nicht abzusehen, inwiefern thatsächlich ein Kaufpreis stipulirt resp. gezahlt werde. Mit gleichem Grunde könnte man jedes andere Rechtsgeschaft als einen Kaufvertrag zu construiren versuchen.

Allen diesen Theorien tritt Renaud**) gegenüber, der die Frage gleichfalls einer umfassenden Prüfung unterzogen hat. Er construirt das Abkommen zwischen Zeichner und Projectanten als einen Vertrag, bei dem die Paciscenten mit den Parteien nicht identisch sind, indem daraus für einen Dritten, die künftige Actiengesellschaft, unmittelbar Rechte entstehen sollen, ohne dafs doch ein Stellvertretungsverhältnifs zwischen

*) Auerbach «Das Gesellschaftswesen» pag. 236ff.

**) Er publicirte seine Ansicht in der ersten Auflage seiner Monographie «das Recht der Actiengesellschaften», Leipzig 1863, und hat sie in der zweiten 1857 erschienenen Auflage (Seite 221ff.) unverändert aufrecht erhalten.

dieser und dem das Versprechen entgegennehmenden Projectanten bestände. Er räumt zwar ein, dafs ein solcher Vertrag nach gemeinem Recht ungültig wäre, hebt aber hervor, dafs das römische Recht gewisse Ausnahmefälle anerkenne, und behauptet, dafs das moderne Recht die Zahl dieser im römischen Recht statuirten Ausnahmen eben um diejenige des vorliegenden Falles vermehre. — Auch diese Ansicht hat weder in der Wissenschaft noch in der Praxis Billigung gefunden. Man hat gegen sie eingewendet, dafs die dritte Person, zu deren Gunsten der Vertrag zwischen Projectanten und Zeichner abgeschlossen werde, zur Zeit noch gar nicht vorhanden sei, vielmehr erst durch Sicherung des Grundvermögens, wozu auch gerade dieser Vertrag selbst dienen solle, geschaffen werde. Um jene Person zu schaffen, sei schon die Gültigkeit und Perfection des Vertrages selbst erforderlich; daher befänden sich die Verpflichtung der Actienzeichner einerseits und die Entstehung der Actiengesellschaft andererseits zu einander in einem Verhältnifs der Causalität, so dafs ein jedes die Voraussetzung und Ursache der Existenz des andern wäre, was logisch nicht zu begreifen sei.

Diese überzeugenden Einwendungen sind zuerst von Laband geltend gemacht worden, der zugleich, nämlich in seiner Kritik des Renaud'schen Werkes, eine andere selbstständige Theorie aufgestellt hat.*) Es sei gleich bemerkt, dafs dieselbe später von Dr. Hahn mit Modificationen von Neuem aufgestellt und noch weiter ausgeführt worden ist.**) Laband führt aus, dafs bei der Gründung der Actiengesellschaft durch successive Zeichnungen resp. Beitrittserklärungen zwischen dem Projectanten und den Zeichnern jedesmal ein zweiseitiger Vertrag nach der Formel *facio ut des* geschlossen werde. Der Proponent verpflichte sich nach Inhalt dieses Vertrages, auf Grund des von ihm bekannt gemachten Gründungsplanes die Constituirung der Actiengesellschaft in der Art zu besorgen, dafs der Zeichner nach Mafsgabe des

*) In Goldschmidts Zeitschrift für das gesammte Handelsrecht, Bd. VII Seite 620ff.

**) Dr. J. F. E. Hahn in seiner Schrift «Ueber die aus der Zeichnung von Actien hervorgehenden Rechtsverhältnisse» Strafsburg 1874

von ihm gezeichneten Betrages Mitglied derselben werde, wobei die Zulässigkeit der Reduction nicht ausgeschlossen sei. Der Zeichner dagegen verspreche dem Projectanten gegen Gewährung des Mitgliedschaftsrechts die Zahlung der gezeichneten Summe, bisweilen auch noch eine Provision. Durch Cession werde sodann die Actiengesellschaft Eigenthümerin der betreffenden Forderung, indem die Abtretung des Forderungsrechts gegen den Zeichner zur Constituirung der Gesellschaft gehöre. — Diese letztere Folgerung der Laband'schen Auffassung macht ihr die Anerkennung streitig, die sie sonst wegen ihres scharfsinnigen Inhalts verdient. Es widerspricht dem wahren Willen der Zeichner, das Rechtsverhältnifs so zu construiren, dafs eine Cession der Rechte aus der Zeichnung an die Gesellschaft nothwendig wird. Denn der Zeichner will sich keinem Andern, als der Gesellschaft selbst verpflichten. Die Rechte aus der Zeichnung müssen der Gesellschaft direct zufallen, sonst entsteht aus der Transaction etwas Anderes, als was der Zeichner gewollt hat. Die Cession setzt voraus, dafs die Rechte aus der Zeichnung zunächst vom Projectanten erworben werden, dafs der Zeichner sich diesem gegenüber zu dem, was die Zeichnung besagt, verpflichte. Der Projectant wäre danach die Durchgangsperson, ohne deren Hilfe die Actiengesellschaft gar nicht in den Besitz ihrer Rechte gelangen könnte. Eine befriedigende Construction des Rechtsverhältnisses mufs aber so beschaffen sein, dafs sie dieses künstliche Hilfsmittel nicht in Anspruch nimmt, da unzweifelhaft die Zeichnung nur so gewollt ist, dafs sie, sobald es möglich ist, gelte, und zwar unmittelbar gegenüber der neuen Actiengesellschaft.

Dr. Hahn sieht den Vertrag zwischen Projectanten und Zeichner als nach der Formel *facio ut facias* geschlossen an.*) Er führt aus, dafs das Ziel der beiden Contrahenten ein gemeinsam auf Herstellung der Actiengesellschaft gerichtetes, die Thätigkeit des einen aber von der des andern verschieden ist. Der Projectant thut die vorbereitenden Schritte zur Gründung, mufs Zeichnungen entgegennehmen, und zwar so viele, dafs die Summe der Leistungen Aller zur Gründung hinreicht, ist

*) Seite 30 a. a. O.

aber auch an die übernommenen Zeichnungen gebunden, insofern er sie berücksichtigen mufs, d. h. insofern er seine Thätigkeit dahin richten mufs, dafs jeder einzelne Zeichner wirklich Actionär werde. Der Zeichner dagegen verpflichtet sich, seinerseits an der Constituirung mitzuwirken, oder wenigstens die dabei gefafsten Beschlüsse als bindend anzuerkennen, sofern sie sich im Rahmen des Projects halten, und das in der Zeichnung gegebene Versprechen zu erfüllen. Auch Hahn wird indefs durch seine Ansicht zu der Folgerung genöthigt, dafs es einer Cession der zunächst vom Projectanten erworbenen Rechte an die Gesellschaft bedarf, um diese in den Besitz der Ansprüche gegen die Zeichner gelangen zu lassen. Daher gelten gegen seine Ansicht dieselben Einwendungen, wie gegen die von Laband entwickelte.

Eine eigenthümliche Auffassung des Rechtsverhaltnisses bekunden ferner diejenigen Schriftsteller, welche, im Widerspruch zu der Mehrzahl, die Actiengesellschaft nicht als Corporation, sondern als Gesellschaft betrachten. Hierzu gehören vor Allen Dernburg*) und Thoel.**) Sie bilden eine besondere Gruppe, da ihre Grundauffassung von dem Wesen der Actiengesellschaft bestimmend auf die juristische Construction ihrer Entstehung einwirkt. Nach Dernburg ist die Actiengesellschaft eine Societät, so lange sie in der Bildung begriffen ist, und wiederum, wenn sie in das Stadium der Liquidation tritt; während der Dauer ihrer geschäftlichen Thatigkeit hat sie corporative Eigenthümlichkeiten, die sie abstreift, sobald die Nothwendigkeit geschäftlich thätig zu sein wegfallt. Sieht man mit ihm die Actiengesellschaft als wirkliche Societat an, so sind natürlich die Schwierigkeiten für die Construction des hier in Frage stehenden Rechtsverhältnisses sehr verringert. Dernburg hat kein Bedenken, den Vorgang so aufzufassen, dafs die Projectanten das Statut feststellen, und darauf zur Zeichnung auffordern. Die Zeichnung ist die Erklärung des Beitritts zur Gesellschaft, der Verein der Zeichner ist fertig, sobald alle Zeichnungen vorliegen; diesem ist es dann überlassen,

---

*) Dernburg, preufsisches Privatrecht. Halle 1878, Bd. II Abth. 2 Seite 604.
**) Thoel, Handelsrecht, 5. Aufl. Leipzig 1875, Bd. I Seite 404.

die definitive Constituirung herbeizuführen.*) Dernburgs Ansicht verliert selbstverstandlich jede Basis, sobald angenommen werden mufs, dafs die Actiengesellschaft nicht eine Gesellschaft, sondern eine Corporation sei.

Thoel erblickt in der Actiengesellschaft zwar nicht eine reine römische Societät, aber eine «deutschrechtlich modificirte *societas*», die er «Genossenschaft» nennt.**) Der Vorgang der Gründung in dem Falle successiver Betheiligungserklärungen ist seiner Ansicht nach folgender: Das Statut der Gesellschaft mufs zu notariellem Protocoll festgestellt und vereinbart sein. Letzteres folgert er aus den Worten des Gesetzes, wonach über die Errichtung und den Inhalt des Gesellschaftsvertrages eine gerichtliche oder notarielle Urkunde aufgenommen werden mufs. Das Gesellschaftsstatut mufs danach zweierlei enthalten, einmal die Gesammtheit der Vorschriften der künftigen Gesellschaftsregeln, und andererseits gewisse Vereinbarungen der Gründer.***) Da aber eine Vereinbarung nur unter mindestens zwei Personen denkbar ist, so ist es für ihn die Voraussetzung eines richtigen Anfanges der Gründung, dafs zwei Gründer — von Thoel «Urgründer» genannt — vorhanden sind, welche das Statut verlautbart und die Vereinbarung über seine Errichtung getroffen haben. Diese Urgründer, deren Anzahl auch viel gröfser als zwei sein kann, und welche selbst die Gesammtheit der Zeichner gleich im ersten Augenblicke umfassen darf, sind, wenn sie sich Anfangs auf eine geringere Zahl als die Gesammtheit beschränken, nach Thoel die erste Gründungsgesellschaft. Tritt ein neuer Zeichner hinzu, so gestaltet sich aus der ersten Gründungsgesellschaft eine neue, welche die alte aufzehrt. Und diese Metamorphose wiederholt sich so oft, als Zeichner zutreten, bis mit dem Zutritt des letzten die definitive Gründungsgesellschaft vorhanden ist. Das ist dann diejenige Genossenschaft, welche durch die hinzukommende Eintragung in das Handelsregister den Character der Actiengesellschaft erhält. Da die erste Gründungsgesellschaft, so wie alle anderen bis auf die letzte nach seiner Auffassung wieder ver-

*) Dernburg a. a. O. Seite 607.

**) Vergl. die Anmerkung 4 auf Seite 404 a. a. O.

***) A. a. O. Seite 423 und 433 ff.

schwinden, so ist es auch nicht im Widerstreit mit der letzteren, wenn die ersten Urgründer nicht zugleich Zeichner sind; sie haben in der ersten Gründungsgesellschaft Raum, nur in der letzten scheinen sie kein Unterkommen zu finden, da diese aus der Gesammtheit aller Zeichner und zwar ausschliefslich aus dieser bestehen mufs. — Gegen die Ansicht Thoels spricht nicht nur der schon gegen Dernburg geltend gemachte Grund, sondern es ist gar nicht abzusehen, wie er den eigenthümlichen Vorgang, den er darstellt, aus dem geltenden Recht und aus den thatsächlichen Vorgängen begründen will. Kein Zeichner will in dem Momente, wo er zeichnet, einer anderen Gesellschaft angehören, als in jenem, wo das Grundvermögen durch Zeichnungen vollkommen gedeckt ist; noch viel weniger ist er der Annahme zugänglich, dafs irgend ein ihm unbekannter Dritter ihn wider seinen Willen resp. ohne sein Wissen aus einer Gesellschaft in die andere bugsire, aus der er dann von einem Vierten wieder in eine neue Gesellschaft gebracht werde. So wenig man dieser Auffassung Originalität absprechen kann so wenig scheint sich für sie im geltenden Recht oder in den thatsächlichen Vorgängen ein ausreichender Anhalt zu finden. Sie ist ebenso geistreich als willkürlich.

Ganz neuerdings ist nun die Zahl der vorhandenen Theorien um eine von Wiener aufgestellte vermehrt worden.*)

Wiener will die rechtliche Natur der Gründungsvorgänge bei successiven Betheiligungserklärungen zunächst aus dem Wortlaut des Gesetzes und der Rechtsquellen erklären. Er legt dar, dafs das Gesetz als Grundlage den abgeschlossenen Gesellschaftsvertrag ansehe, von dem er ausführt, dafs unter ihm nicht etwa die Summe von Verträgen, welche über Betheiligungs-Zusagen zwischen jedem Zeichner und dem Projectanten abgeschlossen sind, zu verstehen sei, sondern der Vertrag der durch ihre Beiträge das Grundcapital Bildenden mit einander, durch welchen sie sich zu einem Personen-

*) In dem Aufsatz «Die Errichtung der Actiengesellschaft und die Gründerverantwortlichkeit» in Band XXIV der Goldschmidt'schen Zeitschrift für das gesammte Handelsrecht Seite 1—65. Der Aufsatz ist bisher nur zur Hälfte erschienen, dieselbe umfafst aber bereits das hier in Rede stehende Rechtsverhältnifs.

verein auf der Grundlage des Capitalvermögens verbinden, sich gegen einander die erforderlichen Beiträge promittiren, und die Organisation des Vereins festsetzen. Diejenigen, welche den Vertrag abschliefsen, sind danach dieselben, welche sich mit Einlagen betheiligen. Er folgert hieraus, dafs die Actiengesellschaft alle Rechte, die ihr aus den Betheiligungen zustehen sollen, nur aus diesem Vertrage schöpfen kann; daher sind nach ihm die thatsächlichen Gründungshergänge, nämlich die Vorverhandlungen, lediglich unter dem Gesichtspunkte zu prüfen, inwiefern durch sie der Actiengesellschaftsvertrag zu Stande kommt, oder inwiefern nur irgend welche Vorverträge entstehen; insoweit nicht durch die Hergänge der Abschlufs des Actiengesellschaftsvertrages dargestellt wird, konnen aus ihnen, nach Wiener's Meinung, auch nicht Rechte auf Betheiligungssummen hervorgehen. Es ist, wie er bemerkt, etwas durchaus Natürliches und einer künstlichen oder willkürlichen Construction nicht Bedürfendes, wenn man annimmt, dafs der Abschlufs des Actiengesellschaftsvertrages die Wirkung hat, der Gesellschaft die Rechte aus eben diesen Betheiligungen zu verleihen. Und wenn die Actiengesellschaft eine juristische Person ist, so folgt ihm daraus nur, dafs in dem gegebenen Falle die Rechte aus den Einlageverpflichtungen direct in das Herrschaftsgebiet dieses Rechtssubjects, der juristischen Person, fallen, somit aber (was im Hinblick auf die Laband'sche und Hahn'sche Theorie von Wichtigkeit sein mufs) von einer Succession keine Rede sein kann.

Er entnimmt nun aus den Gesetzesworten, dafs der Gesellschaftsvertrag vor der Zeichnung fertig vorliegen mufs, und definirt die Zeichnung als den «Beitritt zum Gesellschaftsvertrage». In beidem könnte man ihm zustimmen, und was insbesondere den Begriff der Zeichnung betrifft, so ist derselbe wenigstens sprachlich nur dann richtig ausgelegt, wenn man sich den bezüglichen Vorgang im Anschlufs an einen bereits vorliegenden Gesellschaftsvertrag denkt. Der Ausdruck «Zeichnung», welcher sonst den Willenserklärungen des Civilrechts fremd ist, versinnbildlicht anscheinend einen Vorgang des Inhalts, dafs in eine aufgelegte Liste von den einzelnen Theilnehmern der Name und die Summe derjenigen Actien, die sie erwerben resp. der Einlage, die sie machen wollen, eingezeichnet wird; diese Liste ist aber nur denkbar im Anschlufs und unter Zugrundelegung eines ganz bestimmten definitiven Planes, niedergelegt in einem fertigen und nach der Vorschrift des Gesetzes zu notariellem oder gerichtlichem Protocoll verlautbarten Gesellschaftsstatut. (Inwieweit Ergänzungen des letzteren vorbehalten sein können, ohne dadurch die Rechtsbestandigkeit der Gründungsvorgänge zu beeinträchtigen, kommt hier nicht in Frage).

Die Anwerbung der Zeichnungen auf dem Wege successiver Betheiligung stellt sich Wiener so vor, dafs der Gesellschaftsvertrag von mehreren, vielleicht auch nur von einem einzigen Projectanten entworfen und festgestellt, seinem Inhalte nach notariell oder gerichtlich verlautbart vorliegt, dafs auch der Wille des einzelnen oder der Mehrzahl von Projectanten, den Vertrag, so wie er lautet, gelten zu lassen, in der gleichen Form existirt (Errichtung des Vertrages), und dafs nun durch die Bemuhungen der Projectanten die einzelnen Zeichner angeworben werden. Wer zeichnet, tritt dem Gesellschaftsvertrage bei. Es bleibt aber möglich, dafs zwischen dem Projectanten und den einzelnen Zeichnern neben der Verabredung uber den Beitritt, noch andere Abreden getroffen sind, für die dann eben der Projectant den einzelnen Zeichnern einzustehen hat.

So weit wäre die Wiener'sche Auffassung noch ohne Gefahr zu acceptiren; nur ist mit dem bisher Gesagten der Kern der Frage noch nicht berührt. Denn es ist daraus noch nicht zu entnehmen, wer gegenüber der Verpflichtung des Zeichners der Berechtigte sei; und das ist die hauptsächliche, ja die alleinige Schwierigkeit. Diese Verpflichtung soll nun nach Wiener entstehen gegenüber der Gesammtheit der übrigen Zeichner. Es soll sich unter ihnen ein Vertragsverhältnifs bilden, wobei der Umstand, dafs sie sich gegenseitig nicht kennen, nichts von einander wissen, gegenseitig mit einander nicht Consens austauschen, ein Hindernifs nicht bilden soll. Ob das möglich sei, mag dahingestellt bleiben. Von Wichtigkeit ist aber, dafs unter ihnen, nach Wiener's Meinung, ein Vertrag entsteht,

Er sagt wörtlich: «Der einzelne Zeichner pactirt mit dem Projectanten über die Einstellung in die Reihe der Contrahenten, und seine Annahmeerklärung ist es, auf welche der Zeichner entscheidendes Gewicht legt; aber das zu den Mitzeichnern begründete Vertragsverhältnifs äufsert seine actuellen Wirkungen, wenn es zu der sogenannten General-Versammlung des Art. 209a kommt etc. etc.» Welcher Art ist dieses Vertragsverhältnifs? Darüber aufsert sich Wiener nicht positiv, aber so erschöpfend negativ, dafs man daraus seine Ansicht auf ihre Haltbarkeit prüfen kann. Er erkennt nicht an, dafs unter den Zeichnern eine Societät zu Stande komme, er leugnet auch, dafs eine sogenannte erlaubte Gesellschaft im Sinne des Tit. 6, Theil II. des A. L.-R. entstehe, welche etwa erst spater durch die Eintragung sich den Character einer Actiengesellschaft und damit einer Corporation aneigne. Und dennoch behauptet er das Entstehen eines Vertragsverhaltnisses, welches seine Wirkungen in der constituirenden Generalversammlung äufsere. Gewifs ist Wiener durch seine Ausführungen genöthigt, ein solches Vertragsverhaltnifs anzunehmen, wenn er nicht nachweist, dafs auf andere Weise, etwa durch Vermittelung des Projectanten, ein anderes *vinculum juris* hergestellt werde, welches die Zeichnung zu etwas Mehrerem macht, als zu einer blofsen, jeden Augenblick widerruflichen Erklärung des Zeichners, sich an der Actiengesellschaft betheiligen zu wollen. Aber seiner Ansicht ist zu entgegnen, dafs es ein Vertragsverhältnifs des von ihm bezeichneten Inhaltes nicht giebt. Was Wiener construirt, ist ein rechtlich nicht definirbares embryonisches Gebilde, eine vertragsmäfsige Vereinigung, die weder Societät ist, noch erlaubte Gesellschaft, noch vorläufig Corporation. Es ist nicht abzusehen, inwiefern diese Gemeinschaft gegen die Zeichner Rechte solle ausuben, auf Grund welcher civilrechtlichen Satzungen sie solche in Anspruch soll nehmen können. Und doch ist das letztere erforderlich; denn der Contract, welcher zwischen dem Zeichner und dem Projectanten besteht, giebt diesem zwar die Befugnifs, den renitenten Zeichner wegen seines Interesses zu belangen, aber dadurch wird der Zeichner noch nicht zum Actionär der Gesellschaft gemacht. Auch eine Vereinigung der Zeichner zur gemeinschaftlichen Errichtung der Actiengesellschaft hat Wiener nicht im Sinne. Das wäre auch erst recht eine Societät. Daher scheint diese Wiener'sche Theorie nicht zu einer befriedigenden Lösung der Frage zu führen, wie auf dem Wege successiver Betheiligung Actiengesellschaften entstehen können. —

Dennoch ist auf diese Lösung nicht zu verzichten. Es läfst sich der fragliche Vorgang rechtlich klar stellen, ohne dafs man den Einwendungen begegnen müfste, die gegen die bisher bekannten Theorien geltend gemacht worden sind. Dabei ist von der Annahme auszugehen, dafs die Actiengesellschaft eine Corporation ist. Ein neuer Beweis für die Richtigkeit dieses Satzes soll nicht erbracht werden. Theorie und Praxis haben so viele und überzeugende Gründe dafür geltend gemacht, dafs sie durch neue kaum vervollständigt werden könnten.*) Wenn zur Begründung der gegentheiligen Ansicht**) auf die Individualrechte der Actionäre hingewiesen wird, so sind diese allerdings aus dem Actiengesellschaftsvertrage zahlreich hervorspriefsenden Rechte doch nicht geeignet, die Qualität der Actiengesellschaft als Corporation zu widerlegen. Sie sind vielmehr eine Folge der Eigenthümlichkeit, dafs diese Corporation, zum Unterschiede von anderen, für ihre Entstehung bestimmter Verträge bedarf. Eine andere Frage wäre es, ob jene Voraussetzung schon als Inhalt des geltenden Rechts zu betrachten sei, oder als eine aus der Rechtsentwickelung gezogene Folgerung, die erst *de lege ferenda* zu sanctioniren wäre. Hierauf liefse sich allerdings eine ganz präcise Antwort nicht geben. Im geltenden Gesetz ist mancherlei, was mit der Auffassung der Actiengesellschaft als Corporation nicht übereinstimmt. Wollte man auch die Bezeichnung «Actien-Gesellschaft» als von nur historischem Werthe ansehen, so ist doch der vom

*) Vergl. Hermann, «Rechtscharacter des Actienvereins», Leipzig 1858. Renaud a. a. O., S. 150ff. Auch das R. O. H. G. neigt sich dieser Auffassung zu, (Entsch. v. 17. April 1877, Band XII., S. 239ff.), wenn es auch dieselbe noch nicht so wie ein Lehrbuch definitiv ausgesprochen hat. Wiener bekennt sich ebenfalls rückhaltlos zu dieser Ansicht, a. a. O., Seite 50.

**) Vergl. Dernburg a. a. O., S. 604.

Gesetz constant angewendete Ausdruck «Gesellschaftsvertrag» zweifellos in einem gewissen Widerspruch mit dem Corporationsbegriff. Der Gesellschaftsvertrag bleibt nach dem Wortsinn immer ein Vertrag; der Corporation aber eignet als Grundlage ein Statut. Auch die Bezeichnung «Gesellschafter» (Art. 207) deutet nicht auf den Corporations-, sondern auf den Gesellschaftsbegriff als Unterlage; und wenn Wiener bemerkt, dafs die Ausdrücke «Actionär», «Gesellschafter» und «Zeichner» *promiscue* vom Gesetz gebraucht werden*), so ist das eben nur ein Beweis, dafs der Gesetzgeber die Natur des Antheilrechts nicht streng juristisch zu definiren vermocht hat. So war es in der That. Man mag die Aeufserungen in den Protocollen**) prüfen, wie man will, es wird sich immer ergeben, dafs Klarheit über den zu Grunde liegenden Hauptbegriff nicht geherrscht hat, dafs sogar der eine Theil der Conferenzmitglieder dem, was festgesetzt wurde, vielleicht eine andere Bedeutung beigemessen hat, als der andere Theil.***) Selbst die Motive zur Novelle von 1870 enthalten noch betreffs der neuen Art. 209 a, b und c die bedenkliche Bemerkung, «dafs für die constituirende Generalversammlung der Gesellschaftsvertrag bereits mafsgebend sein könne, da derselbe die Mitglieder auch vor Eintragung in das Handelsregister binde.†)

Indefs ist auch nicht zu verkennen, dafs sich dies Alles nur auf die Definition des Begriffes «Actiengesellschaft» beschränkt. Was die einzelnen Satzungen über die Verfassung, die Theilnahme der Actionäre an der Generalversammlung etc. betrifft, so sind sie, wenn nicht dazu bestimmt, so doch durchaus geeignet, der Actiengesellschaft gerade als Corporation zu dienen, und sie als solche ansehen zu lassen. Nur so beurtheilt, ist sie auch wirklich juristisch construirbar. Sobald

---

*) Wiener, a. a. O., Note 11 auf S. 28.

**) Protocolle, S. 314—323, 324—326, 1034—1038.

***) In dieser Frage mufs man Plathner, der sonst hinsichtlich der Beurtheilung dieser Rechtsverhältnisse auf einem weitaus verschiedenen Standpunkte steht (vergl. seinen Aufsatz in Gruchot's Beiträgen, Band XXI: «Ueber die Entstehung der Actiengesellschaft», S. 364 ff), entschieden beistimmen.

†) Vergl. Motive zur Novelle, S. 659 der stenograph. Berichte.

man diese Auffassung antastet, geräth man in Widerspruch mit dem Wesen des Instituts. Ist sie aber eine Corporation, so läfst sie sich auch nur wie eine solche herstellen. Man kann nicht eine Corporation schaffen wollen, und etwa den Herstellungsmodus der Societät wahlen. Wie dies bei der Actiengesellschaft nach den Vorschriften des Gesetzes geschehen mufs, soll aus Gründen, die sich weiterhin von selbst ergeben, zunächst nur im Rahmen des alten Rechtes, also des Handelsgesetzbuchs mit Ausschlufs der Novelle geprüft werden. Dabei darf das zur Zeit bestandene Erfordernifs der staatlichen Concession unberücksichtigt bleiben; denn diese war auf die Natur der juristischen Vorgänge ohne Einflufs.

Die Actiengesellschaft kann nur entstehen, wenn ein Einzelner oder eine Mehrzahl von Personen sie errichtet, d. h. alles dasjenige thut und leistet, was nach dem Gesetz erforderlich ist, um sie existent zu machen. Diejenigen, welche den Plan zu einem Unternehmen dieser Art fassen und durchführen, nennt man gemeinhin «Projectanten». Die Projectanten wollen die Actiengesellschaft herstellen, sie wollen, dafs sie entstehe, damit sie in Thatigkeit trete. Ihre Motive können der verschiedensten Art sein; in der Mehrzahl der Fälle dürfte das Streben nach Gewinn vorwiegen, zuweilen ist es auch die Sucht nach Befriedigung von Ehrgeiz, oder der Wunsch, sich ein Verdienst auf dem Gebiete gemeinnutzigen Wirkens zu erwerben etc.; jedenfalls ist der Vorsatz und Zweck der Projectanten die Herstellung der Gesellschaft. Dazu brauchen sie zweierlei: ein den gesetzlichen Anfordernissen entsprechendes Statut (im Gesetz Gesellschaftsvertrag genannt), und dasjenige Vermögen, welches nach Inhalt des Statuts der Gesellschaft zugewendet werden, das Mittel zur Verfolgung ihres Zweckes bilden soll. Es sind nun die beiden schon erwähnten Fälle möglich, zunächst der, dafs die Projectanten dieses Gesellschaftsvermögen in ihrem Kreise aufbringen, indem sie alle Zeichnungen leisten. Sie sind dann zugleich Zeichner, und können die Gesellschaft, soweit es die Interessenten überhaupt vermögen, ohne fremde Mitwirkung durch einen einzigen Rechtsact herstellen. Sie vereinbaren als Projectanten das Statut, unterwerfen sich als Zeichner seinem Inhalt, und beschliefsen, von dem Statut und den Zeichnungen zum Zwecke der Errichtung der Gesellschaft den geeigneten-Gebrauch zu machen. Der andere Fall ist der, dafs die Aufbringung des Gesellschaftsvermögens nicht ausschliefslich oder gar nicht im Kreise der Projectanten geschieht; dann müssen sie das erforderliche Vermögen anderweit von solchen Personen zu beschaffen suchen, die sich wegen der Qualitat des Unternehmens zur Betheiligung bestimmen lassen. Hieraus ergiebt sich der Unterschied zwischen den Begriffen «Projectant» und «Zeichner»; der Projectant ist nicht nothwendig Zeichner, der Zeichner nicht nothwendig Projectant. Der Projectant kann, wenn er will, auch Zeichner sein, das ändert nichts an seiner Eigenschaft als Projectant. Die Zwecke, welche sie verfolgen, sind nicht die gleichen: der Projectant will gründen, weil er darin für sich ein Interesse erblickt, — der Zeichner will nicht gründen, sein Zweck ist nicht auf das Werk der Herstellung der Gesellschaft gerichtet, sondern darauf, dafs sie existire, den Gesellschaftszweck verfolge, und ihm dadurch die Möglichkeit eines gewinnreichen Verkaufs der Actien oder die erhofften Erträgnisse gewähre.

In dem Augenblicke aber, wo der Projectant den einzelnen Zeichner anwirbt, steht die Errichtung der Actiengesellschaft noch nicht fest, sie hängt noch davon ab, ob sich die ausreichende Zahl von Zeichnern zusammenfinden werde. Nur in letzterem Falle will der Zeichner verpflichtet sein, denn er will nichts anderes werden, als Actionär. Gelingt das Unternehmen nicht, so will er von der Sache nichts wissen. So treten Projectant und Zeichner einander gegenuber. Der Projectant erblickt in den Zeichnern das Material an Capitalbesitzern, dessen er zur Durchfuhrung seines Grundungsplanes bedarf; der Zeichner sieht in dem Projectanten denjenigen, der ihm dazu verhelfen soll, auf der Basis des ihm vorgelegten Statuts Actionär der projectirten Gesellschaft zu werden. Demgemäfs construirt sich auch der Vertrag zwischen Projectant und Zeichner. Der Zeichner tritt vorerst, d. h. mit dem Momente, wo er die Zeichnung leistet, noch nicht einer Gesellschaft bei, weder einer Societät, noch einem Verein; er vollzieht nur eine Urkunde, die künftig, d. h. falls sich die erforderliche

Anzahl gleicher Urkunden neben der seinigen finden sollte, dazu verwendet werden darf, ihn zum Actionär der projectirten Gesellschaft zu machen. Diese Urkunde überliefert er dem Projectanten unter der Verabredung, dafs derselbe sie eventuell bei Herstellung der Actiengesellschaft mit einlegen, und ihn also in Höhe des in der Zeichnung ausgedrückten Betrages zum Actionär derselben machen müsse. Der Projectant ist aber nicht etwa Bevollmächtigter des Zeichners, sondern er erwirbt das vertragsmäfsige Recht, die Zeichnungsurkunde mit zur Gründung zu verwenden. Solchen Inhaltes sind Leistung und Gegenleistung in dem zwischen Beiden geschlossenen Vertrage. Der Projectant hat sich das Recht ausbedungen, den Zeichner durch sachgemäfse Verwendung der ihm überlieferten Zeichnungsurkunde event. zum Actionär machen zu dürfen; der Zeichner erwirbt den Anspruch, dafs der Projectant demgemäfs verfahre. Es liegt in der Natur der Sache, dafs jedes dieser beiden Rechte sich eventuell in eine Verpflichtung verwandeln kann. Sind so viele Zeichnungsangebote vorhanden, dafs der Projectant nicht alle brauchen kann, so ist er mit der Verpflichtung belastet, die bereits angenommen Zeichnungen, wie er versprochen hat, zu verwenden. Erweist sich dagegen das Unternehmen, noch ehe es zu Stande gekommen, als bedenklich, so wird aus dem Rechte des Zeichners die Verpflichtung, zu dulden, dafs der Projectant dennoch die ihm einmal überlieferte Zeichnungsurkunde so wie verabredet, verwende. Von einem Beitritt des Zeichners zu einer Gesellschaft ist vorerst gar nicht die Rede. Es liegt auch nicht eine *negotiorum gestio* vor. Der Projectant ist weit entfernt, Geschäfte der künftigen Gesellschaft wahrzunehmen; er nimmt lediglich seine eigenen wahr; er will wohl für die künftige Gesellschaft Actionäre anwerben, aber nicht im Interesse jener Gesellschaft, sondern in dem seinigen. Denn sein Interesse ist es, dafs genug Zeichner vorhanden seien, damit die Gesellschaft gegründet werden könne; über die Grenze der Herstellung der Gesellschaft hinaus geht sein Interesse als Projectant nicht. Es ist ebenso wenig die Rede von einer Succession. Der Projectant erwirbt keine Rechte gegenüber dem Zeichner, die er der Gesellschaft abzutreten hätte, er hat vielmehr nur das Recht erworben, behufs Gründung der Gesellschaft den Zeichner zum Actionär zu machen. Dieses Recht hat er sich aber nicht im Dienste der Gesellschaft, sondern lediglich in seinem eigenen Interesse constituiren lassen. Es versteht sich, dafs der Vertrag zwischen Zeichner und Projectanten nicht auf die soeben besprochene Stipulation beschränkt zu sein braucht; er kann noch alle möglichen anderen Verabredungen enthalten. Es können Provisionen ausbedungen sein, und zwar nicht nothwendiger Weise überall die gleichen. Der Eine gewährt dem Projectanten vielleicht zwei Prozent, bei dem Anderen mufs er sich mit weniger begnügen; in dem einen Falle überläfst es der Zeichner dem Projectanten gänzlich, die übrigen Zeichner auszuwählen, ein anderer mag sich vorbedingen, dafs gewisse Personen nicht mit herangezogen werden dürfen. Die ganze Abrede zwischen Zeichner und Projectanten kann auch als Aequivalent für eine andere geschäftliche Vereinbarung dienen, es kann, und das hat sich in der Praxis oft ereignet, die Zeichnung des Zeichners gegenüber dem Projectanten die Gegenleistung für eine andere Zeichnungsabrede sein, wobei der Zeichner Projectant und der Projectant Zeichner ist. Das Alles ist irrelevant, es kommt nur darauf an, dafs vertragsmäfsig dem Projectanten die Befugnifs constituirt wird, eine ihm überlieferte Zeichnungsurkunde zur Herstellung der Actiengesellschaft verwenden, und dadurch zugleich den Zeichner der neuen Gesellschaft gegenüber, falls diese existent wird, verpflichten zu dürfen. Dafs ein Vertrag solcher Art zulässig und rechtsverbindlich ist, kann einem Zweifel nicht unterliegen. Aehnliche Verträge werden täglich geschlossen. Wenn sich Jemand zum Beispiel an seinen Freund mit der Bitte um ein Darlehn wendet, dieser aber, weil er selbst kein Geld zur Verfügung hat, ihm sein Accept mit der Befugnifs giebt, es zur Aufnahme eines Darlehns bei einem Capitalisten zu verwenden, so dafs Letzterer der Aussteller des Wechsels werden und ein Wechselrecht gegen den Acceptanten erwerben darf, während der geldbedürftige Freund die Summe, welche der Capitalist herleiht, als Darlehn des Acceptanten verwenden soll —, so liegt ein ganz ähnlicher Fall vor. In dem Augenblicke, wo der Acceptant seinen Annahmevermerk auf das nur mit der

Wechselsumme und dem Falligkeitstermin ausgefüllte Wechselblanquett setzte, war dasselbe noch keine ihn verpflichtende Urkunde. Der Acceptant hat aber dem Freunde das Recht eingeräumt, daraus, ohne seiner nochmaligen Zustimmung zu bedürfen, eine ihn wechselmafsig verpflichtende Urkunde zu machen. Gelingt die Unterbringung des Acceptes, so wird der Acceptant, ohne dabei mitzuwirken, hinterdrein aus dieser Urkunde wechselmäfsig obligirt. Ebenso gewährt der Zeichner dem Projectanten das Recht, ihn aus einer ihm übergebenen, hierzu im Momente der Uebergabe aufserlich, aber auch nur äufserlich qualificirten Urkunde *ex post* unter gewissen Umständen verpflichtet zu machen. Es kann daher eine Zeichnung auf Actien nur in schriftlicher Form erfolgen; mündliche Zeichnungen gelten nicht. Der Vertrag zwischen Projectanten und Zeichner kann auch bestimmen, dafs die Verwendung der Zeichnungsurkunde nur zulassig sei, wenn die Verwendbarkeit innerhalb einer gewissen Frist möglich wird, während sie andernfalls zurück gegeben werden müsse. Es darf auch die Verwendung an eine Bedingung geknüpft sein. Das sind Nebenabreden, welche der Contract zwischen Projectanten und Zeichner sehr wohl verträgt; nur mufs die Zeichnungsurkunde an sich frei von allen Einschränkungen sein. Verwendet der Projectant die Urkunde, nachdem die Frist bereits abgelaufen, oder ohne dafs die Bedingung erfüllt wäre, so haftet er dem Zeichner für allen Schaden.

Haben die Projectanten nach und nach so viele Zeichner angeworben, als zur Gründung nöthig sind, so haben sie damit das Material vollständig in Händen, und müssen es zur Herstellung der Gesellschaft anwenden. Dies geschieht, indem sie das Statut, nebst den Zeichnungsurkunden, (und der Concession) dem Handelsrichter präsentiren, und die Eintragung der Gesellschaft beantragen. Erfolgt diese, so ist ihr Zweck erreicht, sie haben die Gründung vollzogen, und durch die Gesammtheit ihrer Handlungen zugleich bewirkt, dafs der Erfolg eintritt, der den Zeichnern versprochen war, nämlich, dafs diese in dem von ihnen gewünschten Umfange Actionäre der Gesellschaft werden, und der letzteren zur Einzahlung der versprochenen Erträgnisse verpflichtet, aber auch zur Empfangnahme der Actien und Ausubung der daraus hervorgehenden Rechte befugt sind.

So scheint sich der Hergang bei successiven Betheiligungserklärungen juristisch construiren zu lassen. Diese Auffassung entspricht den wirklichen Vorgängen, sie entspricht auch dem wahren Willen der Contrahenten, der Zeichner sowohl als der Projectanten; sie setzt diese beiden Gruppen von mitwirkenden Personen in das richtige Verhältnifs zu einander, weist jeder die ihr wirklich gebührende, in der Praxis wirklich in Anspruch genommene Rolle zu, und bedarf keiner Fictionen, oder künstlichen Unterstellungen. —

Dieser Rechtszustand hat indefs eine wesentliehe Veranderung durch die Zusatze erfahren, um welche die Novelle den Art. 209 des Handelsgesetzbuchs in den Artikeln 209 a, b, c erweitert hat, und von denen die Art. 209 a und c auch für die Gründung der reinen Geldgesellschaft in Betracht kommen. Die Einwirkungen des Art. 209 a auf die Gründung werden gemeinhin unterschätzt*); die Wahrheit ist, dafs sein Inhalt einen Rifs in die Einheitlichkeit der bis dahin in Geltung gewesenen Vorschriften gemacht hat, ohne doch etwas vollkommneres an die Stelle zu setzen. Die neuen Bestimmungen gelten neben den alten, aber unvermittelt mit diesen; sie ändern selbstverständlich nichts an der Art, wie die successiven Betheiligungserklärungen gewonnen werden, wohl aber an der Stellung der Zeichner zu dem Project, und, wie im Voraus bemerkt sei, wegen der Halbheit ihres Inhalts nicht zum Vortheil der Sache.

Der Art. 209a bestimmt, es habe nach der Zeichnung des Grundvermögens eine Generalversammlung der Actionäre auf Grund der ihr vorzulegenden Bescheinigungen durch Beschlufs festzustellen, dafs das Grundcapital vollständig gezeichnet ist, und dafs die vorgeschriebenen Einzahlungsraten (mindestens 20% bei Versicherungsgesellschaften, mindestens 10% bei anderen Gesellschaften) geleistet sind. Er gestattet hiervon nur eine einzige Ausnahme; wenn nämlich der Gesell-

*) Ist bereits von Wiener angedeutet worden; vergl. seine Kritik der 2. Aufl. des Renaud'schen Werkes in Goldschmidt's Zeitschrift, Band XXI, Seite 596ff.

schaftsvertrag zwischen sämmtlichen Actionären abgeschlossen, und darin die Erfüllung jener Erfordernisse bereits anerkannt ist, so braucht diese Generalversammlung nicht stattzufinden. Das ist indefs nur eine scheinbare Ausnahme; denn wenn die Actionäre den Gesellschaftsvertrag unter sich geschlossen haben, wenn Projectanten und Zeichner also identisch sind, so wird der Zweck dieser Generalversammlung durch Abschlufs des einzigen Gesellschaftsvertrages schon vollständig erfüllt. In Wahrheit findet ganz dasselbe statt, wie bei successiven Betheiligungserklärungen, nur, dafs die Grenzlinien zwischen den drei Rechtsacten: Errichtung des Gesellschaftsvertrages, Zeichnung des Grundcapitals, und Feststellung, dafs die Zeichnungen nebst den Einzahlungen vorliegen, nicht gezogen sind, sondern alles durch einen einzigen Rechtsact perfect wird.

Schon der formelle Verlauf ist also fortan ein wesentlich anderer. Die Projectanten dürfen die Gründung nicht mehr selbstständig ausführen, sie müssen die Zeichner zu einer Versammlung zusammenrufen; diese werden durch den Zusammentritt gewissermaafsen Herren der Sache, sie haben einen Beschlufs zu fassen, der über das Zustandekommen des Unternehmens entscheidet. Und nach dem ebenfalls neu hinzugekommenen Art. 210a wird die Gesellschaft auch nicht mehr von den Projectanten, sondern von dem neu gewählten Vorstande bei dem Handelsgericht angemeldet. Es wird also den Projectanten die Ausführung ihres Planes im letzten Augenblicke aus der Hand genommen; sie betreiben die Gründung nur bis zu dieser Generalversammlung, von da an treten die künftigen Interessenten selbst an ihre Stelle. Das wäre indefs an sich nicht bedenklich, und von einem gewissen Standpunkte aus sogar zu loben. Viel wichtiger ist die materielle Einwirkung, welche Seitens dieser sogenannten «Generalversammlung» auf die Gründung geübt wird*). Die Vorschrift des

*) Man hat betreffs der constituirenden Generalversammlung auch geltend gemacht, dafs trotz ihrer Wichtigkeit der Modus ihrer Berufung nicht klar gestellt sei. Das ist nicht zutreffend. Der Art. 209c bestimmt nur, dafs die Berufung (Frist, Gesellschaftsblätter) nach den Vorschriften des Statuts über die Generalversammlung geschehen solle, nicht auch, dafs der Berufende derselbe sein müsse, wie bei den späteren Generalversammlungen. Das wäre auch

Art. 209a wird häufig so ausgelegt, als solle den Zeichnern nur die Gelegenheit geboten werden, sich davon zu überzeugen, dafs diejenige Bedingung erfüllt ist, unter welche die Zeichnungserklärung gestellt war, nämlich die Deckung des Grundvermögens durch Unterschriften, und die Einzahlung des oben erwähnten Procentsatzes. Dann wäre die Bestimmung nichts, als die Ausfüllung einer Lücke in den schon in Geltung gewesenen Vorschriften; denn das alte Recht traf in dieser Beziehung gar keine Dispositionen. Man darf indefs fragen, ob, wenn nur dies die Absicht des Gesetzgebers ist, dazu eine Versammlung der Zeichner an einem bestimmten Orte zu einem bestimmten Zeitpunkte erforderlich sein möchte, ob nicht hierin sogar eine unnöthige Erschwerung des Gründungsvorganges zu finden wäre. Es hätte doch ausgereicht, wenn den Projectanten die Verpflichtung auferlegt wäre, jeden Zeichner von der Vollzeichnung des Grundvermögens und von der erfolgten Leistung der Anzahlungen zu benachrichtigen, und es dem Einzelnen zu überlassen, der Mittheilung Glauben zu schenken, ihn aber andernfalls für befugt zu erklären, binnen einer bestimmten Frist von den Zeichnungsurkunden und den Anzahlungen sich an einem bestimmten Orte zu überzeugen. Der statt dessen vorgeschriebene Modus bietet auch nicht einmal eine ausreichende Kautel. Denn es ist unmöglich, dafs jeder Zeichner in der Versammlung sich von dem Inhalte der Zeichnungen selbst überzeuge, und die Einzahlungen selbst durchzähle. Es ist also der Einzelne doch immer auf Treue und Glauben angewiesen. Soweit aber etwa neben der Wahrung der Privatinteressen eine Kautel im öffentlichen Interesse constituirt werden sollte, wäre sie einzig und allein dadurch geschaffen worden, dafs die Zeichnungsscheine dem

---

nicht möglich; denn nach den meisten Statuten wird die Generalversammlung entweder von dem Vorsitzenden des Aufsichtsraths, oder von dem Vorstand berufen, und beide existiren noch nicht. Daraus folgt aber nur, dafs das Statut über die Berufung dieser Versammlung eine besondere Bestimmung enthalten mufs, sofern sich nicht aus der Sachlage von selbst ergiebt, dafs die Projectanten die Berufung vorzunehmen haben. Ist Beides nicht der Fall, so fehlt eben dem Statut eine wesentliche Bestimmung, und die Folgen davon haben sich die Interessenten ebenso zuzuschreiben, wie die jedes anderen Vertragsmangels.

Handelsrichter im Original übergeben werden müfsten, und dieser die Aufgabe hätte, sie vor der Eintragung zu prüfen. Treten schon diese Erwägungen der Annahme, dafs es sich nur um eine Feststellung der Thatsachen handle, entgegen, so thut dies in noch höherem Grade der Wortlaut des Gesetzes, welches eine Fesstellung durch Beschlufs vorschreibt. In diesen Worten liegt ein logischer Widerspruch. Wer beschliefsen soll, darf in seinem Willen nur durch die Rücksichten, die er selbst nehmen will, gebunden sein; der Feststellende dagegen ist den ihm vorgewiesenen Thatsachen streng unterworfen. Liegen wirklich alle Zeichnungsscheine und die angezahlten zehn Procent vor, so kann der Feststellende nicht anders, als Ja sagen, der Beschliefsende darf Ja oder Nein sagen, je nachdem es ihm beliebt. Es entsteht also die Frage, ob die Feststellung durch Beschlufs nur eine Anerkennung der fraglichen Thatsachen Seitens der Actionäre erfordere, oder ob, wie diese immer beschaffen sein mögen, Jeder erklären dürfe, was ihm beliebt — ob in Wahrheit ein Beschlufs oder eine Feststellung erforderlich werde. Die vorhandenen Quellen, d. h. die Motive zur Novelle, äufsern sich über diese Frage nicht; dagegen ist wichtiges Material zur Entscheidung aus den analogen Vorschriften des französischen Rechts zu entnehmen. Die fragliche Bestimmung ist zwar den alteren deutschen Quellen nicht fremd. Der preufsische Entwurf für das Handelsgesetzbuch hatte bereits Aehnliches in Vorschlag gebracht, wenn auch nur fur Gründungen mit Apports.

Es hiefs dort wörtlich im Art. 183:

> «Wenn ein Gesellschafter eine Einlage macht, welche nicht in baarem Gelde besteht, oder wenn er sich zu seinen Gunsten besondere Vortheile ausbedingt, so mufs nach erfolgter Zeichnung des ganzen Actiencapitals eine Generalversammlung der Zeichner berufen, in derselben die Unterzeichnung und Prüfung der Zulässigkeit angeordnet und in einer späteren Generalversammlung nach Inhalt des Art. 159 die Genehmigung durch Beschlufs erfolgt sein, bevor der Gesellschaftsvertrag etc. etc. vorgelegt werden kann».

Man hat in Nürnberg diesen Artikel gestrichen, weil man

annahm, dafs in der Concessionspflichtigkeit schon eine ausreichende Kautel zu finden sei. Die Anwendung des Ausdrucks «Beschlufs» war aber dort ganz correct; es war da in der That etwas zu beschliefsen, nämlich, ob man darein willigen wollte, dafs Apports gemacht würden. Ein logischer Widerspruch ist nicht zu bemerken. Daher kann auch dieser Vorschlag des preufsischen Entwurfes nicht als directe Quelle des Art. 209b gelten, wenn man gleich im Princip auf den Gedanken zurückkam, als man sich entschlofs, die Concessionspflichtigkeit aufzugeben. Viel eher ist, wie gesagt, das französische Gesetz, welches drei Jahre vor der deutschen Novelle, am 24. Juli 1867 publicirt wurde, und den Rechtszustand der Actiengesellschaften in Frankreich ganz neu geordnet hat, als Quelle anzusehen. Mannigfache Wahrnehmungen beweisen, welchen Einflufs dieses Gesetz bei Herstellung der Novelle geübt hat. Dasselbe verordnet zunächst betreffs der Commanditgesellschaft auf Actien,

> «dafs sie nur definitiv constituirt werden dürfe, nachdem das ganze Grundcapital gezeichnet und Seitens jedes Actionärs mindestens 25% eingezahlt sind, und nachdem ferner die Zeichnung und die Einzahlung von dem *gérant* zu notariellem Protokoll constatirt ist.»

Diese Bestimmung ist aber auch für die Actiengesellschaft gültig, mit der Modification, dafs die Declaration, welche dem *gérant* auferlegt ist, bei der Actiengesellschaft durch die Gründer abgegeben werden mufs, und dafs dieselbe mit den dazu gehörigen Beweisstucken der ersten Generalversammlung vorzulegen ist, die ihre Richtigkeit zu bestätigen hat*).

*) Loi sur les sociétés art. 1: Les sociétés en commandite ne peuvent ... être définitivement constituées qu'après la souscription de la totalité du capital social et le versement, par chaque actionnaire, du quart au moins du montant des actions par lui souscrites.

Cette souscription et ces versements sont constatés par une déclaration du gérant dans un acte notarié.

Art. 24. Les dispositions des articles 1, 2, 3 et 4 de la présente loi sont applicables aux sociétés anonymes.

La déclaration imposée au gérant par l'article 1 est faite par les fondateurs de la société anonyme; elle est soumise avec les pièces à l'appui à la première assemblée générale, qui en vérifie la sincérité.

Offenbar ist hier der gleiche Rechtsgedanke wahrzunehmen, welcher der Novelle eigenthumlich ist. Daher ist es wichtig, zu ermitteln, wie man im Geltungsbereiche des französischen Rechtes diese Aufgabe der Zeichnerversammlung auffaſst. Man faſst sie eben dahin auf, daſs die Versammlung nach freiem Ermessen sich entscheiden darf, und daſs sie befugt ist, durch ihre Abstimmung aus freiem Entschluſs die Grundung zu vereiteln*). Diese Praxis besteht nicht etwa vereinzelt, sondern ist so fest, daſs die belgische Commission, welche behufs der Revision des belgischen Handelsrechts den französichen Rechtszustand untersuchte, sie in ihrem Bericht als allgemein geltende Auffassung zu bezeichnen in der Lage war**). Die Versammlung der Zeichner nimmt also nach französischem Recht eine wirkliche Abstimmung vor, wobei Jeder, ohne verantwortlich zu sein, ganz nach seinem Gutdünken stimmen darf. Gewiſs spricht es auch fur die gleiche Auffassung bei dem Gesetzgeber der Novelle, daſs diese Versammlung der Zeichner, welche vor Errichtung der Actiengesellschaft stattfindet, von ihm «Generalversammlung» genannt wird***). An diesem Ausdruck ist Anstoſs genommen worden, weil man sich eine Generalversammlung sonst erst denken mag, wenn die Gesellschaft bereits besteht. Das Wort ist die technische Bezeichnung für die Versammlungen der Actionäre einer bestehenden Actiengesellschaft oder Commanditgesellschaft auf Actien, und findet auf andere Versammlungen weder in den Gesetzen noch im Sprachgebrauch Anwendung. Die Wahl dieses Ausdruckes Seitens des Gesetzgebers dient deshalb mit als Grund fur die in der französischen Praxis ihre hauptsächliche Stütze findende Annahme, daſs auch nach deutschem Recht die Zeichner durch freien Beschluſs die ganze Gründung vereiteln dürfen. Hieraus folgt aber zunächst, daſs nach dem neuen Recht das Abkommen zwischen Projectanten und Zeichner an eine vom Gesetz auferlegte und durch Vertrag nicht zu beseitigende Bedingung geknüpft ist, insofern die Zeichnungsurkunde nur verwendbar ist,

*) Vergl. Wiener a. a. O. Seite 11.

**) Vergl. Sachs, Beilageheft zu Band XXI der Goldschmidt'schen Zeitschrift, Seite 129.

***) Art. 209a und 209c.

wenn künftighin die Majorität der Zeichnerversammlung die Gründung der Gesellschaft genehmigt. Freilich ist es eine eigene Art von Bedingung, da der Zeichner selbst dazu mitwirken darf, dafs sie unerfüllt bleibe. Es steht ihm frei, sie durch sein Votum vereiteln zu helfen, auch durch Wort und Schrift vorher und in der Versammlung selbst für die Vereitelung zu agitiren. Ja, wie es eben in der Natur eines ganz willkürlichen Beschliessungsrechts liegt, kann dasselbe auch *in fraudem* der getroffenen Verabredungen geübt werden. Der Zeichner ist nicht gezwungen, Nein zu sagen, wenn ihm selbst das Vorhandensein der Zeichnungen nicht nachgewiesen wurde, — das wird sich freilich selten ereignen — er ist aber auch nicht gezwungen, Ja zu sagen, wenn ihm der erforderliche Nachweis erbracht wird. Er kann den Beschlufs als Mittel gebrauchen, um sich von der ihm in Aussicht stehenden Actionärschaft zu befreien, auch wenn die Projectanten ihre Versprechungen vollständig erfüllt haben. Die Entscheidung selbst mufs nicht nothwendig durch Majorität erfolgen, das Statut kann für die Abstimmungen Specialvorschriften enthalten; es könnte Einstimmigkeit fordern — dann enthielte freilich die Zeichnung überhaupt noch keine Willenserklärung, indem jeder Zeichner die seinige durch das nachträgliche Votum zu widerrufen vermöchte, — es könnte auch umgekehrt bestimmen, dafs der Beschlufs schon als gefafst gelte, wenn nur eine Minorität von einem Viertel oder einem Zehntel der Abstimmenden sich dafur erkläre —, das wäre aber nicht logischer wie ein Majoritätsbeschlufs; denn hier ist wenigstens eine Minorität einer Majorität unterworfen, dort wäre das Umgekehrte der Fall. Der Majoritätsbeschlufs wäre also noch immer das relativ Vernünftigste. Welche Majorität soll aber gelten, eine nach Antheilsrechten oder nach Köpfen? Antheilsrechte bestehen noch nicht, sie sollen erst durch die Schöpfung der Actiengesellschaft zu Stande kommen; daher neigt die Theorie zu der Forderung einer Abstimmung nach Köpfen*). Gilt diese aber, so können beispielsweise sieben Zeichner, welche zusammen ein Zehntheil des Grundvermögens gezeichnet haben, die geschäftlichen Bestrebungen von sechs anderen, die

*) So Renaud a. a. O. Seite 287, Wiener a. a. O. Seite 51.

zusammen neun Zehntheile gezeichnet haben, zu Nichte machen. Das ist ein wenig befriedigender Zustand. Und ebenso unbefriedigend ist die ganze Rechtslage in der Zwischenzeit von der Beschaffung der Zeichnungen bis zur Abhaltung der Zeichnerversammlung. Die französische Praxis, und die Thatsache, dafs das belgische Recht dieselbe sogar inzwischen zum Gesetz erhoben hat*), können nicht durch sich allein die hervortretenden Bedenken widerlegen. Die Zeichner sind nicht vollig vinculirt, sie sind auch nicht völlig frei; es besteht ein halbes *vinculum juris*, das der Einzelne in der Zwischenzeit, je nach seiner Ansicht über das Unternehmen, zu befestigen oder zu lockern bemüht sein darf. Durch den Majoritätsbeschlufs wird nicht, wie man in Belgien angenommen hat, ein illegitimer Kampf der Interessen niedergehalten, sondern dieser wird gefördert. Der Zustand reizt zur Bildung von gegeneinander operirenden Cliquen an. Wenn sich insbesondere das Project als sehr günstig erweist, wird es den grofsen Geschäftsleuten leicht, sich zu associiren, und mit Hülfe jenes Beschlusses das Project in dem gegebenen Rahmen zu Nichte zu machen, um es auf den kleineren Kreis der Majorität zu beschränken. Die Praxis der letzten Gründerperiode liefert keine thatsächlichen Unterlagen zur Beurtheilung dieses Zustandes, weil die Natur der Gründungsobjecte die Gründung durch successive Betheiligungserklärungen ausschlofs; sie hat nur bei wenigen Eisenbahngesellschaften stattgefunden. Wenn aber veränderte Verhältnisse diesen Gründungsmodus einmal practisch machen sollten, so wurden Kämpfe der vorstehend angedeuteten Art sicherlich in den Vordergrund treten. Und überdies ist es auch ganz unbillig, dafs der einzelne Zeichner zum definitiven Abschlusse eines Geschäftes durch einen andern als seinen eigenen Willen gezwungen werden soll. Man kann es logisch finden, dafs das Geschäft durch den Contract zwischen dem Projectanten und dem Zeichner perfect wird, dafs also sein Wille von jenem Moment an definitiv gebunden ist. Ebenso logisch könnte es sein, dafs der Zeichner sich erst in der constituirenden Generalversammlung definitiv zu binden hätte. Dafs er aber möglicher-

*) Sachs a. a. O. Seite 125.

weise gegen seinen eigenen Willen durch denjenigen eines Andern gebunden werden solle — dafür kann ein ernsthafter Anlafs niemals vorliegen.

Hiermit soll keineswegs etwa der Vorschlag einer Rückkehr zu dem früheren System, und zur Verwerfung der sogenannten Generalversammlung des Art. 209a begründet werden. Im Gegentheil, diese Generalversammlung hat eine tiefe Berechtigung; sie mufs nur nicht auf den bisherigen Zweck beschränkt sein, es gebührt ihr eine Aufgabe viel umfassenderen Inhaltes. Zwischen dem Momente der Zeichnung und dem der Constituirung liegt oft ein Zeitraum, der, zumal in Epochen, wo Actiengesellschaften häufiger entstehen, ganz veränderte Umstände hervorrufen kann. Wenn beispielsweise das Bedürfnifs nach Gründung einer neuen Bank irgendwo erkennbar, und deshalb die Errichtung einer solchen projectirt worden ist, so müfste es doch sicherlich auf den Entschlufs der Theilnehmer bestimmend einwirken, wenn etwa in der Zwischenzeit bis zur constituirenden Versammlung sich ein halbes Dutzend neuer Banken, aus der gleichen Erkenntnifs des Bedürfnisses entsprungen, aufgethan hätten, und dadurch das Bedürfnifs gedeckt, vielleicht schon überholt wäre. Es müfste in diesem Falle dem Zeichner das Recht zustehen, wegen der veränderten Sachlage zurückzutreten. Man darf nicht einwenden, dafs das Gleiche sich auch noch nach der Gründung ereignen könnte; denn wenn auch Jeder, der einen Entschlufs ausgeführt hat, die Folgen davon tragen mufs, so folgt daraus doch nicht, dafs dem, der sich noch bei Zeiten zurückziehen kann, dies zu verwehren sei. Die constituirende Versammlung giebt aber auch dem Einzelnen erst die Gelegenheit, sich seine Genossen anzusehen. Das ist selbst da, wo es nur auf die Vermögenseinlagen ankommt, von Wichtigkeit. Bemerkt z. B. ein Zeichner, der sich mit grofsem Capital betheiligen will, in der Versammlung, dafs es von einem wesentlichen Theil der Uebrigen mit Rücksicht auf ihre Verhältnisse nicht sicher sei, ob sie die ferneren Einzahlungen leisten werden, so kann es ihm nicht verargt werden, wenn er den Geschmack an dem Unternehmen verliert, und zurücktreten will. Das Gleiche gilt, wenn er die Majorität der Zeichnungen im Besitz von Personen sieht, mit deren Ansichten über die Frage der Wahlen zum Vorstand etc. er nicht übereinstimmt, so dafs er sich, weil er in der Minorität ist, lieber zurückziehen möchte. Noch viel scharfer kehrt sich dieses Interesse heraus, wenn die Personen der Zeichner neben der Einlage eine Rolle spielen, wie z. B. bei der Gründung eines Casino's*) und ähnlichen Unternehmungen. Mit einem Wort gesagt: selbst wenn der Projectant alles von ihm Versprochene vollständig erfüllt, so können noch immer Umstände vorliegen, die den Zeichner mit Recht von seinem ursprünglichen Vorsatz zurückbringen. Er ist gar nicht in der Lage, im Momente der Zeichnung den künftigen Zustand vollständig zu übersehen. Die constituirende Versammlung ist also in der That nicht nur nothwendig, sondern sie sollte dazu berufen sein, den eigentlichen Gründungsvorgang zu bilden, die Gründung sollte durch sie und allein durch sie geschehen. Welche Vorverhandlungen stattfinden, welche Verpflichtungen im einzelnen übernommen und acceptirt werden im Dienste und zur Vorbereitung dieses Gründungsvorganges, — das sollte nicht in rechtlichen Zusammenhang mit der Gründung selbst gebracht werden. Es mögen Zeichner, d. h. theilnahmelustige Capitalisten, vorher angeworben werden, — es wird unter Umständen unabweisbar sein, sie vorher zu sammeln; aber die wirkliche Verpflichtung, Actionär der Gesellschaft zu werden, sollten die Zeichner erst in der constituirenden Versammlung zu übernehmen haben. Es mag ein Comité bestehen, welches das Unternehmen projectirt, dieses Comité mag eine vorbereitende Thätigkeit im weitesten Umfange entfalten. Wohnen die von ihm angeworbenen Zeichner auswärts, oder soll die Theilnahme derselben an der constituirenden Versammlung erleichtert werden, so wird sich in der Möglichkeit, die Projectanten oder einzelne derselben zu bevollmächtigen, ein völlig geeignetes Mittel bieten, um dieses Ziel zu erreichen. Der Projectant erschiene dann in der Versammlung mit der Zeichnung und der Vollmacht seines Machtgebers. Er könnte sich auch gegen den etwaigen Rücktritt des Letzteren in der Zwischenzeit durch

*) Vergl. diesen von Dr. Hahn a. a. O. erwähnten Fall.

Stipulirung eines Reugeldes oder anderer Vortheile sichern. Nur müfsten eben solche Abmachungen nicht in den Bereich des Gründungsverfahrens gezogen werden. Der Einwand, dafs durch solche Neuerungen die Entstehung von Actiengesellschaften erschwert würde, ist nicht nur sachlich unzutreffend, sondern auch total unberechtigt; mit gleichem Grunde könnte man etwa sagen, dafs die Bestimmungen über die Gründung von Eisenbahngesellschaften nicht reformirt werden dürfen, weil dann Privatbahnen nur seltener entstehen wurden. Niemand ist verpflichtet, um der Interessen eines Andern Willen seine eigenen auf's Spiel zu setzen.

Das in Vorstehendem vorgeschlagene Gründungsverfahren umfafst jeden der beiden in Art. 209a gedachten Falle, so dafs eine Unterscheidung derselben fernerhin nicht erforderlich wäre. Zur Einfuhrung dieses Verfahrens müfsten etwa folgende Sätze in einem künftigen Actienrecht Ausdruck finden:

1. Die Actiengesellschaft wird durch Eintragung in das Handelsregister existent, und zwar als juristische Person.

2. Die Eintragung erfolgt auf Antrag der Zeichner bei Vorlegung eines notariellen oder gerichtlichen Protocolls, über eine Verhandlung, in welcher sie übereinstimmend ein Statut festgesetzt und sich davon überzeugt haben, dafs durch die Gesammtheit ihrer Zeichnungen das darin normirte Grundvermögen gedeckt ist. (Das Statut mufs selbstverständlich einer Reihe von bestimmten Anfordernissen genügen, ähnlich denjenigen, welche in dem jetzigen Art. 209 angegeben sind.) Der Wortlaut des Statuts ist in dem Protokoll wiederzugeben, die Zeichnungsverpflichtungen, insoweit sie nicht ebenfalls in letzterem enthalten, sind *originaliter* mit notariell oder gerichtlich beglaubigter Unterschrift beizufugen, und es mufs aus ihnen zu entnehmen sein, dafs sie auf der Basis des in der Verhandlung festgesetzten Statuts geleistet werden.

3. Insoweit Zeichner in der Verhandlung durch Bevollmächtigte vertreten werden, mussen die Unterschriften unter den Vollmachten beglaubigt sein.

4. In der Verhandlung mufs allseitig anerkannt worden

sein, dafs jeder Zeichner die gesetzlich vorgeschriebene Anzahlung auf seine Zeichnung geleistet hat.

5. Die Quittung über die Hinterlegung der Gesammtsumme der baaren Anzahlungen mufs dem Handelsrichter präsentirt werden.

6. Es mufs ferner dem Handelsrichter das Protocoll über die Wahlen von Aufsichtsrath und Vorstand präsentirt werden. Dasselbe kann, wenn die Wahlen durch die Generalversammlung erfolgen, mit dem Protocoll über die Grundung verbunden werden; es mufs aber ersichtlich sein, dafs die Gründung (ad 1—5) vor den Wahlen stattgefunden hat; die Wahlen erfolgen bereits nach den im Statut festgesetzten Normen.

7. Durch Unterzeichnung des Protocolls sind die Zeichner gegenseitig vinculirt. Finden Wahlen *uno actu* mit der Grundung statt, so mufs nach Vollziehung der Gründung die Unterzeichnung des hierüber lautenden Abschnittes des Protocolls stattfinden, unbeschadet einer nochmaligen Unterzeichnung am Schlufs.

8. Erst mit der Eintragung der Gesellschaft in das Handelsregister tritt der Vorstand als solcher in Thätigkeit. Der Handelsrichter hat gleichzeitig mit der Eintragung die Auslieferung der Anzahlungen an den Vorstand zu verfügen. —

Was die Anzahlungen auf die Actien betrifft, so sei noch Folgendes bemerkt:

Sie sind im Princip zweifellos aufrecht zu erhalten. Da die Actiengesellschaft nur durch ihr Vermögen besteht, so kann man sie nicht in der Weise in's Leben treten lassen, dafs man ihr statt des wirklichen Vermögens nur Ansprüche auf dasselbe überweist. Streng genommen müfste das ihr zugedachte Vermögen vollständig vorhanden sein, und dem Vorstande in dem Momente ausgeliefert werden, wo dieser in Function tritt. Wird hierin eine übermäfsige Erschwerung der Position des Zeichners gefunden, so mufs wenigstens, wie schon weiter oben bemerkt wurde, die Anzahlung so grofs sein, dafs sie durch sich selbst die Vollzahlung garantirt. Dies kann aber nur geschehen, wenn der Gesellschaft zunächst die bisher schon geltende Befugnifs erhalten bleibt, Actionäre, welche die Weiter- resp. Vollzahlung weigern, mit ihren Anspruchen zu excludiren, und neue Actien an Stelle jener auszugeben. (Art. 221.) Letzteres setzt selbstverstandlich nicht eine neue Zeichnung voraus, sondern bedeutet nur die Befugnifs, eine neue Actie an Stelle der erloschenen auszufertigen, und so zu behandeln, wie wenn sie Eigenthum der Gesellschaft wäre; dann ist diese in der Lage, sich durch einen verhältnifsmäfsig niedrigen daher für einen Käufer verlockenden Kaufpreis denjenigen Restbetrag zu verschaffen, welchen der Zeichner versprochen und nicht gezahlt hat. Denn die Gesellschaft kann, ohne sich zu schadigen, bei dem Kaufpreis den Betrag der bereits empfangenen Anzahlung in Anrechnung bringen. Hat sich also nicht etwa das Unglück ereignet, dafs schon gleich in der allerersten Zeit ein sehr erheblicher Theil des Grundvermögens verloren ist, so wird hierin immer eine Garantie fur die Vollzahlung zu finden sein, sofern die erste Anzahlung nicht eine zu minimale ist. Nach geltendem Recht ist die mindeste Anzahlung auf den zehnten Theil, bei Versicherungsgesellschaften auf den funften Theil der geschuldeten Summe fixirt. Das vorsichtigere französische Recht verlangt die Einzahlung des vierten Theils. Es würde sich empfehlen, diesem Beispiel zu folgen, und wenigstens fur alle Gesellschaften den funften Theil zu verlangen.

Die geltende Vorschrift bedarf aber einer Verbesserung nach zwei Richtungen.

Zunächst tritt das Gesetz zweifellos in Widerspruch mit sich selbst, wenn es durchweg eine Zahlung (Anzahlung) verlangt. Denn uberall, wo mit einem Actionär auf seine Zeichnung im Sinne des Art. 209b eine Einlage verabredet ist, die nicht in baarem Gelde zu bestehen hat, kann von einer Einzahlung nicht die Rede sein. Der inferirende Actionär ist nicht verpflichtet, baares Geld zu zahlen, und vermag seine Einlage ihrer Natur nach überhaupt nur so zu überliefern, dafs er seine Zeichnungsverbindlichkeit auf ein Mal vollständig erfüllt. Das erscheint ganz selbstverständlich; aber die Bestimmung des Art. 249, wonach falsche Angaben über die Einzahlung mit Gefangnifsstrafe bedroht sind, hat den Wortlaut jener Vorschrift zu einer gefürchteten Klippe gemacht. Ganz vorsichtige Sachwalter sind so weit gegangen, überall, auch wo Apports vereinbart waren, eine vorübergehende Einzahlung anzurathen, um ihre Clienten jener Strafbestimmung unter keinen Umständen verfallen zu lassen.

In gleichem Maafse Zweifel erregend wie die zweite und dritte hat sich auch die erste Silbe des Wortes «einzahlen» erwiesen. Wenn die Gesellschaft im Momente der Einzahlung bestände, und zu ihrer Vertretung, nämlich zum Geldempfang, berechtigte Organe besäfse, so wäre über die Person desjenigen, an den gezahlt werden mufs, kein Zweifel. Das ist aber nicht der Fall, und es ist schlechterdings nicht zu sagen, wer eigentlich der berechtigte Empfänger sei. Die Projectanten, welche gemäfs den obigen Ausführungen die allein berufenen Empfänger sein könnten, sind im Gesetz gar nicht erwähnt; andere Empfangsberechtigte sind aus den gesetzlichen Vorschriften nicht zu erkennen; dafs insbesondere etwa einer der Zeichner für die Gesammtheit der legitimirte Empfänger sein sollte, wäre eine ganz willkürliche Annahme. Wenn das Gesetz nun die nicht correcte Erfüllung der fraglichen Bestimmung mit Strafe bedroht, so begeht es einen argen Verstofs, da es andererseits die Empfangsberechtigten nicht mit ausreichender Klarheit bezeichnet. Endlich ist es auch unzureichend, dafs zum Beweise der Erfüllung dieser Kautel nur eine Bescheinigung beigebracht werden soll; die Sache ist wichtig genug, um einen stricten Beweis durch Quittung zu verlangen. Es ist auch zu fordern, dafs das Geld (insoweit es sich nämlich um Geld handelt) bei einer sicheren Stelle hinterlegt, und, dafs dies geschehen, dem Handelsrichter durch Producirung der Quittung bewiesen werde. Als geeignete Hinterlegungsstellen wären vielleicht die gerichtlichen Depositorien, insoweit solche erhalten bleiben, und jede Reichsbankstelle zu bezeichnen. Uebrigens dürfte es dem Handelsrichter gestattet sein, auch andere Hinterlegungsstellen nach seinem Ermessen zuzulassen, damit, wenn irgendwo ein solides Geschäftshaus besteht, bei dem die Hinterlegung als sicher gelten kann, den Interessenten die Unbequemlichkeit einer etwaigen Versendung des Geldes nach auswärts erspart bleibe. Der Handelsrichter würde, wie schon gesagt, gleichzeitig mit der Eintragung die Auslieferung der Einzahlung an den Vorstand anzuordnen haben, so daſs der Letztere in dem Momente, wo er in Function tritt, in den Besitz der Einlagen gelangte. Eine besondere Bestimmung wäre endlich über die Apports zu verlangen. Diese können nicht hinterlegt werden, sie können auch nicht definitiv übergeben werden, zumal die Uebergabe von Immobilien, wenigstens nach preuſsischem Recht, durch Auflassung erfolgen müſste, und an die Gesellschaft, ehe sie eingetragen ist, eine Auflassung nicht erfolgen kann. Das wäre indeſs auch gar nicht erforderlich; denn der Handelsrichter kann sich aus den ihm producirten Verträgen überzeugen, ob der Inferent genügend vinculirt sei, und in diesem Falle wäre eine weitere Sorge überflüssig.

---

§. 3.
Die qualificirte Gründung.

Mit dem sich neuerdings einbürgernden Ausdruck «qualificirte Gründung» bezeichnet man die Herstellung derjenigen Actiengesellschaft, deren Grundvermögen von Anfang an nicht ausschlieſslich in baarem Gelde, sondern zum Theil in nicht vertretbaren Sachen (industriellen Anlagen, Grundstücken, Bergwerken etc.) bestehen soll. Es wurde im Eingange des vorigen Paragraphen gesagt, daſs die über sie geltenden besonderen Bestimmungen der Novelle als Zusätze zu den allgemeinen Vorschriften über die Gründung zu betrachten seien. Ihr Zweck richtet sich darauf, Schutzwehren herzustellen zu Gunsten der Zeichner gegen die Gefahr der Uebervortheilung, welche der Gesellschaft bei der Einlage nicht leicht schätzbarer Objecte als Valuta für baares Geld widerfahren kann. Die Bestimmungen der Novelle beziehen sich aber nur auf die Fälle, wo das Eigenthum an jenen Objecten Seitens der Gesellschaft im Momente ihrer Entstehung bereits erworben sein soll, so daſs die betreffenden Stipulationen mit der Eintragung in das Handelsregister zugleich perfect werden. Der hiervon handelnde Art. 209b der Novelle, hat sonach eine neue Art des Eigenthumerwerbs geschaffen. Sie wird gemeinhin «Inferirung» genannt, und ist in zweifacher Weise möglich, entweder so, daſs ein Zeichner zur Tilgung der ihm aus der Zeichnung zufallenden Verpflichtung eine Einlage von Sachen verabredet, oder so, dafs ein Nicht-Zeichner gewisse Sachen der in der Gründung begriffenen Gesellschaft gegen einen bestimmten Kaufpreis zu überlassen sich verpflichtet, indem dann die getroffene Abmachung mit der Eintragung zugleich als vollzogen gilt. Der erstere Fall ist die wirkliche Inferirung, der zweite stellt scheinbar nur einen Kauf dar, doch einen solchen, wo der Käufer, nämlich die Actiengesellschaft, zur Zeit der Vereinbarung noch nicht existent ist, und die Gründer für die künftige Gesellschaft contrahiren. Da aber eine *negotiorum gestio* für eine noch nicht bestehende Person sich nicht wohl denken läfst, so ist hierin ebenfalls ein neues und eigenthümliches Rechtsgeschäft zu erblicken.

Die Gesellschaft kann freilich zur Erwerbung der für ihren Geschäftsbetrieb nöthigen Realitäten noch auf einem anderen Wege gelangen, dadurch nämlich, dafs sie mit baarem Gelde gegründet wird, und dafs ihre Verwaltung als erste Amtshandlung die Erwerbung durch Kauf vornimmt. Hiervon ist im Art. 209b nicht die Rede; es wird weiterhin untersucht werden müssen, ob etwa auch Transactionen solcher Art besonderen Vorschriften zu unterstellen seien.

Der Inhalt des Art. 209b verordnet allgemein, dafs, wenn ein Actionär eine auf das Grundcapital anzurechnende, nicht in baarem Gelde bestehende Einlage macht, oder wenn Anlagen oder sonstige Vermögensstücke von der zu errichtenden Gesellschaft übernommen werden sollen, der Werth der Einlage oder des Vermögensstückes in dem Gesellschaftsvertrage festzusetzen und die Zahl der Actien oder der für dieselben gewährte Preis darin zu bestimmen ist. (Ein Gleiches mufs erfolgen, wenn zu Gunsten eines Actionärs irgend ein besonderer Vortheil bedungen wird). Hierbei hat es, wenn die Zeichnung ausschliefslich im Kreise der Projectanten erfolgt ist, sein Bewenden. Ist aber — so heifst es im Gesetz — der Gesellschaftsvertrag nicht zwischen den sämmtlichen Actionären abgeschlossen, so mufs die Genehmigung des Vertrages in einer Generalversammlung der Actionäre durch Beschlufs erfolgen. Diese Generalversammlung mufs, nach weiterer Vorschrift, um einen gültigen Beschlufs fassen zu können, von mindestens einem Viertheil der sämmtlichen Actionäre besucht sein, deren Antheile auch mindestens ein Viertheil des gesammten Grundcapitals umfassen müssen; denn die den Vertrag genehmigende Mehrheit mufs diese Minimalziffern von Actionären und Antheilen repräsentiren, wobei diejenigen, welche die Einlage machen, kein Stimmrecht haben.

Man vermifst an diesen Vorschriften die Uebereinstimmung mit dem im vorigen Paragraphen ermittelten Inhalte der Satzungen über die Gründung. Dort war constatirt worden, dafs der Gesellschaftsvertrag die Grundlage für die Zeichnungen sein mufs, dafs jede Zeichnung, gleichviel, ob solches in der Urkunde ausdrücklich erwähnt ist oder nicht, auf der Basis des Gesellschaftsvertrages geleistet wird. Es war zu selbstverständlich, um noch besonders hervorgehoben zu werden, dafs, wenn der Zeichner den Gesellschaftsvertrag gar nicht kennt, seine Zeichnung rechtliche Wirkung nicht haben kann. Ob bei dennoch erfolgender Verwendung einer solchen Zeichnungsurkunde zur Herstellung der Gesellschaft die Giltigkeit dieser angefochten, oder der Zeichner nur auf Schadenersatz belangt werden kann, ist eine hier nicht zu erörternde Frage. Jenen im vorigen Paragraphen festgestellten Entwickelungsgang der Grundung erkennt der Art. 209b nicht an, tritt vielmehr mit ihm in einen unlösbaren Widerspruch. Er verlangt, dafs die Vereinbarungen über Inferirung in dem Gesellschaftsvertrage festgestellt werden. Wenn dies wirklich geschieht, so ist nicht zu begreifen, wozu es dann noch seiner nachtraglichen Bestätigung bedarf; denn dann kennt ja jeder Zeichner das Project der Inferirung, und erklärt sich mit ihm durch die Zeichnung einverstanden. Der Art. 209b bezeichnet aber den Fall als möglich, dafs bei successiven Betheiligungserklarungen die Zeichner das Project nicht kennen, obwohl es im Gesellschaftsvertrage stehen mufs. Dies ist nur möglich, wenn die Zeichnungen geleistet werden können, ohne dafs der Zeichner von dem Gesellschaftsvertrage Kenntnifs erhält, oder wenn in dem ursprünglichen Gesellschaftsvertrage von dem Project der Inferirung nichts gesagt, dasselbe erst nach Vollzeichnung des Grundcapitals vor oder in der Zeichnerversammlung kund gegeben, und etwa in einem Nachtrage zum Gesellschaftsvertrage niedergelegt wird. Beides ist unvereinbar mit den allgemeinen Vorschriften; entweder ist die als Inhalt des Gesetzes im vorigen Paragraphen ermittelte Art des Grundungsvorgangs dem Willen des Gesetzgebers nicht entsprechend, oder der Inhalt des Art. 209b ist nicht in vollständiger Uebereinstimmung mit demselben. Die letztere Ansicht aber hat schon deshalb mehr innere Wahrscheinlichkeit, weil nicht anzunehmen ist, dafs der Gesetzgeber sich eine Zeichnung ohne Kenntnifs des projectirten Gesellschaftsvertrages habe denken wollen. So, wie der Art. 209b gefafst ist, läfst er die Möglichkeit zu, dafs ein Theil der Zeichner unter Kenntnifs des Gesellschaftsvertrages, ein anderer ohne diese Kenntnifs, die Zeichnungen geleistet hat.

Was nun die materielle Bedeutung der Vorschrift des Art. 209b angeht, so liegt sie darin, dafs die Inferirung von einer Versammlung der Zeichner genehmigt werden mufs. Die Inferenten selbst durfen nicht mitstimmen. Da ein Viertheil des Capitals zustimmen mufs, so ist eine mehr als drei Viertheile des Grundcapitals umfassende Inferirung nicht ausfuhrbar; und die Gröfse der erforderlichen Majorität im Kreise der nicht inferirenden Zeichner nimmt in dem Maafse zu, in welchem sich das zu inferirende Object dem Umfange von drei Viertheilen des Grundcapitals nahert. Erreicht es diese Höhe, so kann nur Einstimmigkeit der nicht interressirten Zeichner die Inferirung genehmigen. Dies gilt indefs nur von successiven Betheiligungserklarungen. Sind die Projectanten zugleich die Zeichner, so kann das zu inferirende Object selbst die Gesammtheit des Grundcapitals umfassen. Andererseits ist aber bei successiven Betheiligungserklarungen die Majorisirung eines Theiles der Zeichner möglich. Umfafst beispielsweise bei einem Grundcapital von 1 000 000 Thalern das zu inferirende Ohject 600 000 Thaler, so sind die übrigen 400 000 in der Generalversammlung die ausschliefslich Stimmberechtigten; wenn daher 250 000 für die Inferirung stimmen, so können diese den Rest von 150 000 majorisiren. Die letzteren werden also, während sie einer reinen Geldgesellschaft beizutreten gedachten, nach geltendem Recht gezwungen, für den grösseren Theil des ganzen Grundcapitals eine Realität anzunehmen, die vielleicht ihrer Ueberzeugung nach weit weniger werth ist, und den Werth der eigenen Einlage gleich von Anfang an in demselben Verhältniss vermindert. Hier ist der zu fassende «Beschluss» ein solcher im wirklichen Sinne des Wortes. Die Zeichner jener 250 000 Thaler sind in ihrem Willen durch nichts gebunden. Das kann freilich den majorisirten 150 000 zu um so grösserem Nachtheil gereichen. Denn die Majorität kann auch durch geheime Zusicherungen von Vortheilen Seitens des Inferenten zu ihrem bejahenden Votum bestimmt worden sein. Der Inferent braucht immer nur die Majorität der nicht interessirten Zeichner für sich zu gewinnen; er kann dann die Minorität um so empfindlicher schädigen.

Man sieht, diese Bestimmung ist keineswegs geeignet, die Zeichner wirklich zu schützen. Und eine Transaction solcher Art, welche drei Viertheile des ganzen Grundcapitals umfassen kann, ist doch zweifellos die wichtigste Bestimmung im ganzen Statut. Was wollen alle Vorschriften über die Art der Verwaltung, alle vorsichtigen Anordnungen über Vertheilung des Reingewinns, über Rücklagen zum Erneuerungs- und Reservefonds, über die Generalversammlung und die Zusammenkünfte des Aufsichtsraths — was wollen sie alle bedeuten gegenüber einer Abmachung, die, wenn zum Schaden der Gesellschaft ersonnen, durch spätere Beschlüsse, Rathschläge und Anstrengungen niemals wieder ausgeglichen werden kann! Es ist nicht abzusehen, weshalb die Zeichner gerade über diese Bestimmung nicht einig zu sein brauchen, weshalb der Eine von dem Andern durch Majoritätsbeschluss zur Einwilligung soll gezwungen werden können. Glucklicherweise ist diese Vorschrift, soweit sie sich auf successive Beitrittserklärungen bezieht, in der Gründerperiode wohl nicht ein einziges Mal zur Anwendung gelangt. Die Eile, mit welcher Gründungen betrieben werden mussten, litt nur, dass ein ganz kleiner, von gemeinsamen Zwecken geleiteter Kreis erster Zeichner die Gesellschaft herstellte, und den Gewinn durch Verkauf der Actien zu erreichen trachtete. Die Frage, wie

wie das geltende Recht in dieser Beziehung zu ändern wäre, unterliegt kaum einer Discussion; sie beantwortet sich ganz von selbst. Es wäre, gemäfs dem auch von der preufsischen Denkschrift reproducirten Vorschlage, statt des erforderten Beschlusses der Generalversammlung zur Gültigkeit der Actienzeichnungen ausdrücklich zu verlangen, dafs die Zeichenscheine eine Bezugnahme auf den vorher festzustellenden Gesellschaftsvertrag und aufserdem wörtlich den Inhalt desselben bezüglich der hier fraglichen Verabredung enthalten mufsten; ferner müfste die Aufnahme der bezüglichen Verabredung in das Handelsregister und in den bekannt zu machenden Auszug des Vertrages erfolgen.*) Es läge hierin streng genommen gegenüber den allgemeinen Vorschriften über die Gründung, wie sie im vorigen Paragraphen ermittelt sind, gar nicht einmal eine Neuerung; wohl aber wäre es eine solche gegenüber dem geltenden Texte des Art. 209b. Werden indefs für die Gründung die am Ende des vorigen Paragraphen gemachten Vorschläge adoptirt, so würden Specialvorschriften für die qualificirte Gründung, was das Interesse der Zeichner betrifft, entbehrlich sein; der Projectant hätte das Interesse, jeden Zeichner rechtzeitig von der Absicht der Inferirung zu verständigen, damit dieser nicht, wenn ihm die Sache nicht genehm, noch in der Zeichnerversammlung zurücktrete.

Indefs der Schutz der Zeichner ist auch das geringste an der Sache. Die Erbitterung, welche die Gründerperiode hervorgerufen hat, ist nicht bei den Zeichnern, sondern bei den Käufern neu hergestellter Actien rege gemacht worden. Der Actienkäufer, den die Geschäftssprache in den Fallen, wo der Verkauf in Form der Subscription bewerkstelligt wurde, fälschlich ebenfalls »Zeichner« genannt hat, findet in dem geltenden Recht gar keinen Schutz. Gerade er aber war, wenn es sich um Actien aus qualificirten Gründungen handelte, einem Uebermaafs von Täuschungen ausgesetzt. Die Festsetzung der Anzahl von Actien, welche für inferirte Objecte in Anrechnung kommen dürfen, ist nach dem geltenden Recht keiner Beschränkung unterworfen. Es war in dieser Beziehung den Grün-

*) Vergl. S. 15—19 der Denkschrift.

dern die volkommenste Willkür gestattet, die in dem Maafse rücksichtsloser geübt wurde, in welchem das planlose Kaufen von Actien in der Hoffnung auf durch die Verkäufer selbst zu bewirkende Courssteigerungen, und die Spielwuth überhaupt zunahm. Das gleiche Object konnte nach dem Belieben der Inferenten auf dreitausend oder fünftausend oder achttausend Stück Actien angenommen, das Nominalcapital demgemäfs auf 6- oder 10- oder 1 600 000 Thlr. fixirt werden. Lag hierin für die Gewinnsucht eine ungewöhnliche Verlockung, sich auf Kosten leichtsinniger Capitalisten zu bereichern, so wurden entsprechende Manipulationen in einer geradezu beispiellosen Weise durch die Hilfe, welche die Nominalbeträge leisteten, noch unterstützt. Der Nominalbetrag wurde für den wirklichen Werth genommen, während die Feststellung seiner Höhe in der Willkür der Grunder lag, diese also Millionen von Thalern gewissermaafsen aus der Erde stampfen konnten. Bei einem solchen Zusammenwirken gesetzlicher Vorschriften ist es nicht zu verwundern, dafs die Schäden entstanden, welche nachträglich so tief beklagt worden sind*).

---

*) An dem Art. 209b ist auch gerügt worden, dafs er für die Nichtbefolgung seiner Vorschriften kein Präjudiz enthalte, so dafs er nur eine instructionelle Bedeutung habe, und das Anmeldungsgericht nicht einmal eine Handhabe besitze, um die Nachholung der rechtswidrig unterlassenen Erfordernisse zu erzwingen. (Endemann: «Das Bundesgesetz, betreffend die Commanditgesellschaften auf Actien und Actiengesellschaften», aus den Materialien erläutert, Berlin 1870. S. 35). Dieser Vorwurf erscheint nicht berechtigt, und es ist insbesondere auch der Hinweis auf die im Art. 180 enthaltene analoge Vorschrift bei der Commanditgesellschaft, nicht als Argument anzuerkennen. Wird die Bestimmung des Art. 209b nicht beobachtet, d. h. geschieht eine Inferirung ohne die verlangte Feststellung im Gesellschaftsvertrage, so ist sie ungültig, und jeder Actionär kann sie anfechten; denn jeder hat ein als Sonderrecht auszuübendes Interesse daran, dafs die Zeichnungsverbindlichkeiten durch baare Zahlung erfüllt, und dafs nicht etwa von einem Theil der Zeichner Sachen in Zahlung gegeben werden. Ist die Inferirung dagegen im Statut ausgesprochen, so lehnt der Handelsrichter die Eintragung ab, so lange ihm nicht, je nachdem die Zeichnungen im Kreise der Gründer, oder durch successive Betheiligungserklärungen erfolgt sind, die vom Gesetz erforderten Nachweise erbracht werden. Abgesehen hiervon würde ein Vorstand, welcher auf Zeichnungen statt Geld nicht vertretbare Sachen annähme, sich, sofern dies zum Nachtheil der Gesellschaft geschieht, einer strafbaren Untreue schuldig machen. Dies schliefst

Durch die Reform der Vorschriften über die qualificirte Gründung erstrebt man daher vornehmlich die Errichtung von Schutzwehren zu Gunsten der Actienkäufer. Das Verdienst, die Discussion hierüber in Flufs gebracht zu haben, gebührt dem Verein für Socialpolitik, welcher im Jahre 1873 drei Rechtsgutachten über eine angemessene Reform des Actienrechts von Goldschmidt, Wiener und Behrend extrahirte*). Während sich das Goldschmidt'sche Gutachten im Wesentlichen auf eine Kritik der geltenden Vorschriften beschränkt und Reformideen nur in geringem Maafse entwickelt, enthalten die Aufsätze von Wiener und Behrend eine Reihe positiver Vorschläge, unter denen diejenigen über die Gründung und vornehmlich über die qualificirte Gründung besonders ausfuhrlich erörtert werden. Ein Referat über dieselben wurde bei der im October 1873 stattgehabten Versammlung des Vereins von Wagner erstattet, der sich, was den juristischen Theil betrifft, den Wiener-Behrend'schen Ideen anschlofs. Das Correferat hatte Wiener selbst übernommen, und damit ein weiterhin zu erwähnendes wichtiges Supplement zu seinem wenige Monate früher publicirten Gutachten geliefert. Auch der deutsche Juristentag hat in dem gleichen Jahre die Frage der Reform des Actienwesens zum Gegenstande seiner Erörterungen gemacht. Ihre Grundlage bildete ein Referat

---

freilich nicht aus, dafs eine mit baarem Gelde gegründete Gesellschaft Realitäten, deren sie bedarf, nach der Eintragung im Wege des Kaufes erwirbt; das ist aber ein anderes, unter anderen Voraussetzungen zu Stande kommendes Rechtsgeschäft, als dieses eigenthümliche Geschäft der Inferirung. Bei jenem gelten die Regeln vom Kauf, und die Erwerbung geschieht durch den Vorstand, welcher sich wiederum der Verfolgung wegen Untreue ausgesetzt sähe, wenn er im Dienste eines Theils der Actionäre zum Schaden der Gesellschaft handeln wollte. Bei der Commanditgesellschaft ist die Sachlage eine andere; dort erhält der Handelsrichter von der im Art. 180 zugelassenen Vereinbarung über Einlagen keine Kenntnifs, und die dort vorgeschriebenen Generalversammlungen finden statt, wenn die Gesellschaft schon besteht; daher war es nöthig, Rechtswidrigkeiten durch das Präjudiz der Nichtigkeit des Vertrages entgegenzutreten. (Vergl. hierzu von Hahn, Commentar zum H. G. B., Seite 550).

*) Abgedruckt unter I der Schriften des Vereins für Socialpolitik. Leipzig, bei Duncker & Humblot. 1873.

von Wolfsohn, welches die Sache mit Geist und Gewandheit, zugleich mehr vom kaufmännischen Standpunkte behandelt, aber doch, was die Reformen selbst betrifft, ebenfalls den Wiener-Behrend'schen Vorschlagen sehr nahe kommt, und nur wenige Modificationen anregt. Eine etwas abweichende Auffassung findet sich in den Meinungsäufserungen von Dr. Albrecht, deren insoweit besondere Erwähnung geschehen mufs. Neben diesen Vorschlägen ist noch einer Reihe von Gutachten, vornehmlich der Handelskammern, zu gedenken, welche auf Anregung der preufsischen Regierung über die Frage der Reform des Actienrechts im Ganzen, und uber den hier in Rede stehenden Theil insbesondere erstattet worden sind. Sie zerfallen in zwei Gruppen, deren eine viel, die andere möglichst wenig an der bisher bestehenden Gründungsfreiheit kürzen will. Die Einen verlangen unter schonungsloser Verurtheilung der Gründergeschäfte widerstandsfähige Schutzwehren gegen jene Mifsbräuche, wobei dann meistens die Wiener-Behrend'schen Vorschläge direct oder indirect in den Vordergrund gestellt werden; die Andern wollen daran festhalten, dafs Jeder sein eigener Vormund ist, dafs die Spielwuth durch Gesetze weder einzudammen sei, noch eingedämmt werden könne, dafs sich Mittel zur Bethörung leichtgläubiger Capitalisten immer finden werden, und dafs man übrigens das fur die Entwickelung grofser Unternehmungen wichtige Actienwesen nicht allzu sehr einschränken dürfe. Auch die preufsische Denkschrift erörtert diese Frage, ohne jedoch selbststandig irgend welche Heilmittel zu bezeichnen; sie referirt nur über die zur allgemeinen Kenntnifs gekommenen Vorschläge, und unterscheidet eben jene beiden Gruppen, deren eine die Wiener-Behrend'schen Ideen gut heifst, wahrend die andere jede Reform auf eine verständigere Gestaltung des Art. 209b in dem bereits oben erwähnten Sinne beschränkt sehen will*).

*) Die sonst noch erwähnenswerthen Schriften über die Reform des Actienwesens bieten hinsichtlich der hier in Rede stehenden Fragen wenig Neues. Von Strombeck («Ein Votum zur Reform der deutschen Actiengesetzgebung» Berlin 1874) schliefst sich im Ganzen den Wiener'schen Vorschlägen an, Oechelhäuser («Die Nachtheile des Actienwesens und die Reform der Actien-

Die Wiener-Behrend'schen Vorschläge enthalten also beinahe die einzigen selbstständigen, bisher zur allgemeinen Kenntnifs gelangten Ideen über die Reform der qualificirten Gründung. Ein sie principiell unterscheidendes Moment besteht darin, dafs Behrend fur den Gedanken einer Einfuhrung des englischen Gründungsmodus plaidirt. Sein Gutachten enthält in dieser Richtung folgende Vorschläge:

a. Zur Errichtung des Gesellschaftsvertrages gehört eine Vereinigung von mindestens sieben Personen.

b. Ueber die Errichtung mufs eine gerichtliche oder notarielle Urkunde aufgenommen werden.

c. Von den Personen, die den Gesellschaftsvertrag errichten, mufs sich Jeder mit mindestens einer Actie an dem Grundcapital betheiligen. (Dabei ist zugelassen, dafs die Ausgabe der Actien unter ihrem Nennwerth oder gegen Gewährung besonderer Vortheile erfolgen darf.)

d. Die Unterzeichner des Gesellschaftsvertrages bilden, wenn in diesem letzteren nichts Anderes bestimmt ist, den Vorstand der Gesellschaft bis zur Wahl eines anderen Vorstandes durch die Generalversammlung.

e. Innerhalb 3 Monaten nach der Eintragung des Gesellschaftsvertrages in das Handelsregister ist eine Generalversammlung zu berufen, welcher über die Geschäftslage der Gesellschaft Bericht zu erstatten ist. — Dieselbe kann zugleich die Absetzung des bisherigen Vorstandes beschliefsen, und die Neuwahl eines anderen an seiner Statt vornehmen.

Das ist eine getreue Copie der englischen Gründung. Ihre Eigenart ist bereits in § 1 dieses Abschnittes erörtert worden, mit dem Resultate, dafs die Einfuhrung nicht nur

gesetzgebung. Berlin 1878) beschränkt sich auf eine Reihe treffender Bemerkungen, ohne über die vorliegende Frage bestimmte Vorschläge zu machen; Dr. Geiger (Busch's Archiv, Band 36 S. 1—46) und Dr. Ladenburg (ebendaselbst Band 38 S. 187—226) kritisiren die preufsische Denkschrift und die Wiener-Behrend'schen Vorschläge, der Erstere mit dem Resultate, dafs vorläufig von jeder Reform abzusehen sei, der Letztere, indem er die besprochenen Vorschläge fast durchweg für ungeeignet oder bedenklich erachtet, und nur den von Behrend in Vorschlag gebrachten Strafbestimmungen eine vortheilhafte Wirkung zuerkennt.

nicht zu empfehlen, sondern energisch zu bekämpfen sei. Anscheinend ist es auch nicht die Eigenthumlichkeit des englischen Princips selbst, welche Behrend dazu bestimmt hat, es zu empfehlen, sondern vielmehr die vermeintlich dadurch gebotene Möglichkeit, den Kreis der Gründer aus der Gesammtheit der ersten Zeichner herauszuheben, und als das verantwortliche Subject gegenüber allen anderen Zeichnern hinzustellen. In diesem Wunsche sympathisirt er mit Wiener, in dessen Gutachten ausgesprochen ist, dafs der englische Constructionsweg der Actiengesellschaften der den natürlichen Verhältnissen am meisten angepafste, dafs er indefs nicht anzurathen sei, nachdem einmal das französische Princip seit lange eingeführt ist. In seinem Correferat vor der Eisenacher Versammlung sagt sich Wiener indefs hiervon wieder los, weil ihm inzwischen ein wichtiges Bedenken gerade gegen die Erreichbarkeit des Zieles aufgestiegen ist, welches Behrend verfolgen will. Wenn nämlich das Contractsverhältnifs in der Weise klargestellt werden soll, dafs die Gründer sich als ein geschlossenes, durch Einsehung der Gründungsacte ohne weiteres feststellbares, den Actionären verantwortliches Corpus herausheben, so ist doch auch der Fall möglich, dafs die Gründer nur einen kleinen Theil der Actien als Gründer, und den Rest später nach Eintragung der Gesellschaft zeichnen, um nur sich selbst verantwortlich zu sein. Da die Regrefsnahme sich auf die Rechtsnachfolger der Zeichner nicht erstrecken kann, so wäre den Gründern hiermit die Möglichkeit gegeben, unerlaubte Zwecke viel bequemer verfolgen zu können, als selbst nach gegenwärtigem deutschen Recht denkbar ist. Wiener folgert also, und man mufs ihm sicherlich beistimmen, dafs jenes von Behrend angestrebte Ziel mit Hilfe des englischen Musters gar nicht erreichbar ist, und weil er mit ihm in dem Wunsche nach Heraushebung eines verantwortlichen Corpus der Gründer übereinstimmt, entscheidet er sich ausdrücklich für Verwerfung des englichen Gründungsmodus.

Die gemeinsamen Gedanken der Wiener-Behrend'schen Vorschläge sind folgende:

Es sollen zur vollständigen Aufklärung Derjenigen, welche Actien einer von Anfang an nicht ausschliefslich mit baarem

Gelde, sondern ganz oder zum Theil mit Einlagen ausgestatteten Gesellschaft kaufen, gewisse Maafsregeln statuirt werden, die sich gegenüber den bei der Gründung einer reinen Geldgesellschaft vorzuschreibenden Maafsnahmen als Einschränkungen kennzeichnen, und zwar nach zwei verschiedenen Richtungen. Zunächst werden enthüllende Aufklärungen über den Werth der Apports gefordert. In dieser Beziehung räth Wiener wörtlich Folgendes:

«Es soll im Gesellschaftsvertrage der Werth der Einlage oder des Vermögensstückes und die Personen derjenigen, welche die Einlage machen oder die Anlage nur als Vermögensstücke überlassen, sowie die Zahl der Actien oder der Preis bestimmt werden, welchen man für sie gewährt. Auch jeder zu Gunsten eines Actionärs oder eines Dritten bedungene besondere Vortheil soll im Gesellschaftsvertrage festgesetzt werden. Aufserdem aber sollen die Gründer in den im Gesellschaftsvertrage bestimmten öffentlichen Blättern zwei Mal, und zwar in Zwischenräumen von mindestens acht Tagen, unter ihrer Unterschrift einen Bericht über das Actienunternehmen veröffentlichen, welcher den Werth, zu dem die Einlagen oder Vermögensstücke angenommen sind, den Preis oder die Zahl der Actien, welche dafür gewährt wurden, die Personen, welche die Einlage machen oder das Vermögensstück überlassen, die Zeit, während welcher die Einlage oder das Vermögensstück sich im Eigenthum oder der Verfügungsbefugnifs des Ueberlassenden befunden hat, und jeden durch das Erwerbungsgeschäft oder neben demselben zu Gunsten eines Actionärs oder einer anderen Person bedungenen Vortheil besonders enthalten mufs. Erst nach erfolgter Nachweisung dieser Veröffentlichungen soll die Eintragung in das Handelsregister erfolgen.»

Das gleiche, und vielleicht noch etwas mehr, verlangt Behrend, wenn er sagt: «In Bezug auf die Offenlegung der Gründervortheile erscheint das Verlangen gerechtfertigt, dafs die Personen, die den Gesellschaftsvertrag errichten, vollständige Rechenschaft über alle Verträge und Abmachungen geben, die sie selbst vor der Eintragung des Statuts behufs Zustandekommens der Gesellschaft abgeschlossen haben.» Zur

Erfüllung dieser Forderung wurde Alles gehören, was auch Wiener wünscht. Es würde sich einestheils aus den geforderten Darlegungen die Zahl der gegen das eingebrachte Object übernommenen Actien ersehen lassen, ferner die Zeitdauer, während welcher der Inferent dasselbe besessen hat; und aus dem Vertrage, durch den er selbst die Sachen erworben hat, in Vergleichung mit dem Inferirungsvertrage wären alle Vortheile zu entnehmen, die er bei dem Gründungsgeschäft sucht. Nur will Behrend nicht, wie Wiener, jene zwei- oder dreimalige unter der Unterschrift der Gründer erfolgende öffentliche Bekanntmachung, welche die preufsische Denkschrift mit dem Ausdruck «obligatorischer Prospect» bezeichnet, sondern er will diese Aufklärungen nebst der Versicherung, «dafs die Erklärenden von anderen Vorschlägen oder Abmachungen, welche von Einem oder Mehreren von ihnen in Betreff der Actiengesellschaft geschlossen worden sind, keine Kenntnifs haben» zugleich mit dem Gesellschaftsvertrage dem Registerrichter übergeben sehen, welchem übrigens die Befugnifs zustehen soll, wenn er Zweifel hat, die Eintragung zu beanstanden, und Beweisaufnahme anzuordnen. Die Differenz ist indefs unwesentlich, denn der Dritte, dem gegenüber jene Erklärungen Namens der Gründer als abgegeben gelten, würde sich immer auf sie berufen können, gleichviel ob sie in den Gesellschaftsblättern publicirt würden, oder in den Acten des Handelsrichters einzusehen waren.

Dies ist der eine Theil, welcher die sachlichen Enthüllungen umfafst. Als Repräsentanten derselben verlangen nun beide Gutachter die Herstellung eines besonderen Corpus der Gründer. Nach Behrends Vorschlag ist es gewissermaafsen von selbst gegeben. Es sind jene Personen — mindestens sieben an der Zahl — welche als Gründer den Gesellschaftsvertrag abschliefsen, und seine Eintragung veranlassen. Wiener will als Gründer der Gesellschaft erklärt sehen «diejenigen, welche den Gesellschaftsvertrag errichten und diejenigen, welche das Actiencapital gezeichnet haben». Er verlangt, dafs die Gesammtheit derselben den obligatorischen Prospect in der vorgeschriebenen Zahl von Malen unter ihrer Unterschrift bekannt machen, dafs sie persönlich und solidarisch der Actiengesellschaft fur jeden derselben durch die Erwerbung von Anlagen oder sonstigen Vermögensstücken entstandenen Schaden, wenn sie in Betreff der verlangten Erklärungen wahrheitswidrige Angaben gemacht haben, verantwortlich seien. Insbesondere soll die Verantwortung eintreten, wenn sie in dem Prospect das Erwerbungsgeschäft so eingekleidet haben, dafs durch dasselbe die Gewährung von besonderen Vortheilen auf Kosten der Gesellschaft an sie selbst oder an dritte Personen verdeckt worden ist. In diesem Falle soll die Gesellschaft selbst ohne den Nachweis eines besonderen Schadens von den Gründern Ersatz in Höhe dieses verdeckt gewährten Vortheils erfordern durfen, und es sollen fur diesen Anspruch mit den Gründern solidarisch diejenigen haften, welche diese Vortheile nach Veröffentlichung des gedachten Berichtes angenommen haben, sowie derjenige, der die Anlage oder Vermögensstücke der Gesellschaft überläfst, und in dem die Ueberlassung bewirkenden Uebereignungsvertrage ebenfalls das Geschäft so eingekleidet hat, dafs dadurch die Gewährung der besonderen Vortheile verborgen ist. Der Richter soll bei Aburtheilung solcher Fragen nach freier Ueberzeugung und ohne an Beweisregeln gebunden zu sein, judiciren. Die Gründer aber und mit ihnen die in der gedachten Weise verantwortlichen Personen sollen erst mit Ablauf von fünf Jahren nach der Eintragung der Gesellschaft in das Handelsregister von dieser Verantwortlichkeit entlastet werden können.

Neben diesen civilrechtlichen Vorschriften sollen Strafbestimmungen herlaufen, dahin, «dafs die Strafe des Betruges denjenigen treffe, der, um sich oder anderen bei der Gründung von Actiengesellschaften Gewinn zu verschaffen, derlei falsche Thatsachen, wie sie oben als wesentlich bezeichnet worden sind, bekannt macht».

Gleiches verlangt Behrend, indem er vorschlägt, dafs, «wer im Interesse einer Actiengesellschaft wissentlich öffentliche Ankündigungen erläfst oder verbreitet, oder für die Oeffentlichkeit bestimmte Erklärungen abgiebt, welche durch Vorspiegelung falscher oder Unterdrückung und Entstellung wahrer Thatsachen einen Irrthum über die Grundlagen, den Vermögensstand oder die Gewinnaussichten einer Actiengesellschaft zu erregen oder zu unterhalten geeignet sind, der Bestrafung wegen Betruges unterliegen solle.» Seiner Ansicht nach ist übrigens, wenn die Gründer bei den von ihm geforderten Eröffnungen resp. Enthüllungen dem Handelsrichter gegenuber unwahre Angaben machen, auch die Strafe des Art. 271 des Strafgesetzbuches anwendbar. Und hinsichtlich der civilrechtlichen Haftung bezeichnet er als die erforderliche Folge der Nichtbeachtung der von ihm vorgeschlagenen Vorschriften, «dafs die mit den Zeichnern geschlossenen Abreden der Gesellschaft gegenüber nichtig sein, und dafs die Zeichner für den Nominalbetrag der gezeichneten Actien haften sollen.»

Man sieht, dafs die Vorschlage der beiden Gutachten im Wesentlichen übereinstimmen. Denkt man sich bei Behrend das englische Muster hinweg, so erhält man ziemlich genau die Wiener'schen Ideen.

Es ist nun die Frage zu beantworten, ob diese Reformvorschläge zu adoptiren seien, ob sie den angestrebten Zweck wirklich erreichen lassen.

Die Antwort wird verneinend lauten müssen. In wie hohem Grade immer sie von Schärfe des Urtheils und von Verständnifs für die Schwächen des geltenden Rechts Zeugnifs ablegen, so ist doch nicht zu verkennen, dafs sie über das angestrebte Ziel weit hinausschiefsen, vielleicht aus dem Grunde, weil sie bei allem Streben nach Objectivität unter dem Einflufs der Erbitterung entstanden sind, welche zur Zeit, im Jahre 1873, die Geister beherrschte. Sie gehen weiter, als im Interesse einer guten Gesetzgebung zu wünschen ist, sie verlangen mehr, als schlechterdings geleistet werden kann, sie würden, wenn zum Gesetz erhoben, nicht die Folge haben, dafs die künftige Gründung von Actiengesellschaften auf eine solidere Basis gestellt würde, sondern nur bewirken, dafs Actiengesellschaften mit Apports, unter der Herrschaft des deutschen Rechtes überhaupt nicht mehr, oder ganz ausnahmsweise und im Zusammenhange mit solchen Umständen errichtet würden, denen gegenüber jene Maafsregeln entbehrlich oder wirkungslos wären.

Es seien zunächst die Vorschläge, welche den Umfang der den Actionären zu gewährenden Aufklärungen behandeln, etwas näher betrachtet.

Wiener selbst hat in der Einleitung zu seinem Gutachten ausgesprochen, dafs er Willensfreiheit hergestellt zu sehen wünsche. Es liefse sich selbst aus diesem Gesichtspunkte ein richtiges Maafs für die den Käufern zu gebenden Aufklärungen herleiten, sofern man unter Willensfreiheit verstehen kann, dafs der von den Illusionen der Zeit mächtig fortgerissene, der Spielwuth verfallene Capitalist durch Belehrung über den wahren Werth der ihm angebotenen Actien von der Verblendung, der er unterliegen will, geheilt werden, und mit der besseren Einsicht auch die wirkliche Freiheit der Entschliefsung wieder erlangen soll.

Man betrachte aber den Anspruch, welchen Wiener zu diesem Zweck erhebt. Seiner Forderung gemäfs soll nicht blos declarirt werden, welche Sache inferirt sei, welche Vermögensstücke übernommen werden, und für welchen Preis resp. für welches Quantum von Actien, sondern es soll auch mitgetheilt werden, für welchen Preis die Inferenten ihrerseits ehemals die inferirten Stücke erworben haben. Dies folgt aus dem bereits citirten Vorschlage, dafs jeder durch das Erwerbungsgeschäft oder neben demselben zu Gunsten eines Actionärs, oder einer anderen Person bedungene besondere Vortheil in dem obligatorischen Prospect angegeben sein müsse. Könnte man noch einen Zweifel hegen, dafs dies wirklich der Vorschlag Wiener's sei, so interpretirt er*) den Sinn selbst, indem er sagt, das Seitens der Gründer alle diejenigen Vortheile angegeben werden müssen, welche bei dem Geschäft für sie selbst, oder die mit ihnen zur Gründung Verbundenen erwachsen sind. Dadurch zwingt er zwar nicht direct zur Angabe des ehemaligen Erwerbspreises, wohl aber zur Mittheilung des aus Ein- und Verkaufspreis sich ergebenden Gewinnes, sodafs Jeder den ehemaligen Einkaufspreis berechnen kann. Die Behrend'sche Forderung aber, welche schlechthin die «Vor-

*) Seite 11 und 12 a. a. O.

lage aller das Gründungsgeschäft umfassenden Verträge» verlangt, schliefst offenbar das gleiche Verlangen ein.

Jene Vorschläge gehen indefs noch viel weiter, sie ver langen selbst ein Bekenntnifs darüber, wie lange Zeit sich die Sache im Besitz der Inferenten befunden habe, als sie in den der Gesellschaft überging. Es steht im Widerspruch mit dem gemeinen Recht, ja mit allen uber Handel und Wandel von jeher geltenden Satzungen, ein solches Maafs von Einsicht in die privatrechtliche Sphäre eines Andern zu fordern. Kaum jemals ist durch die Gesetze irgend eines Volkes ein Zwang dahin ausgeübt worden, dafs der Verkäufer dem Käufer seinen Einkaufspreis bekennen, noch viel weniger, dafs er ihm gestehen müsse, wie lange Zeit er die zum Verkauf gestellte Sache schon besessen habe. Möchte es immerhin, worauf offenbar diese Vorschläge abzielen, dem Erwerber der neuen Actien dienlich sein, aus der Kenntnifs des ehemaligen Einkaufspreises, des Verkaufspreises und des zwischen der Aufwendung beider liegenden Zeitraumes einen Schlufs auf die Preiswürdigkeit des zum Kauf angebotenen Objects ziehen zu können, der Actienerwerber hat keinen Anspruch, sich sein Urtheil mit solchen Hilfsmitteln zu construiren. Die Bestimmung wäre eine Ausnahme so exorbitanter Art, dafs man fragen dürfte, ob nicht Rechtsgeschäfte, gegen deren mifsbräuchlichen Abschlufs Schutzmittel so ungewöhnlichen Inhalts geboten erscheinen, lieber ganz zu untersagen seien. Noch in den letzten Jahren hat man in Preufsen durch Einführung der neuen Grundbuchordnung die früher vorgeschrieben gewesene Declarirung des Einkaufspreises der Grundstücke beseitigt, indem bei der Auflassung die Angabe des Uebergangspreises und seine Eintragung in das Grundbuch nicht mehr erfordert wird. Es kann dahingestellt bleiben, ob die alte preufsische Hypothekenordnung diese Angabe zum Zwecke der Belehrung des neuen Erwerbers oder aus anderen Rücksichten eingeführt hatte; jedenfalls würde die neue Grundbuchordnung sie nicht abgeschafft haben, wenn man hatte glauben können, eine solche Art der Aufklärung dem jedesmaligen neuen Erwerber schuldig zu sein. Würde eine solche Vorschrift für Käufe neu geschaffener Actien eingeführt, so ist nur die eine Wirkung von ihr mit Sicherheit zu prophezeien, dafs Kaufgeschäfte dieser Art gar nicht mehr, oder nur ganz ausnahmsweise zum Abschlufs gelangen würden. Der Geschäftsmann, welcher im täglichen harten Kampf um Mein und Dein steht, eignet sich durch seinen Beruf einen gewissen zähen Widerstand gegen das Aufgeben und Gewähren von Vortheilen an. Daher besteht bei ihm ein Widerwille gegen den Abschlufs von Geschäften, durch welche er als Käufer dem Verkäufer wissentlich einen erheblichen Gewinn realisiren hilft. Das innere Motiv davon ist weder Neid noch Mifsgunst, sondern ein sofort erwachendes Mifstrauen gegen den Werth der Sache; denn der Geschäftsmann ist dem onerosen Vertrage unterthan, und dieser gestattet nur ein mühsames Erringen mäfsiger Vortheile. Uebrigens ist nicht blos der Geschäftswelt, sondern der Mehrzahl aller Menschen eine gleiche Denkweise eigen. Man kann diese Wahrnehmung im täglichen Verkehr unausgesetzt machen. Wer in einem Kleidergeschäft einen Rock kaufen will, darf überzeugt sein, dafs der Verkäufer einen Gewinn anstrebt, dafs er also einen höheren Preis fordert, als seinen Einkaufs- resp. Selbstkostenpreis. Dennoch würde es in der Mehrzahl der Fälle den Handel erschweren, wenn der Verkäufer aus freien Stücken bekennen wollte, dafs er an dem Verkaufpreise dreifsig Mark verdiene, und noch mehr, wenn er hinzufügte, dafs er den Rock erst vor wenig Tagen selbst eingekauft habe. Mit der Gröfse der Objecte nimmt der Widerwillen zu, und kehrt sich nothwendig noch schärfer heraus, wenn es sich um die ernste Aufgabe handelt, grofse Capitalien durch den Ankauf von Werthpapieren nutzbringend zu machen, so dafs der Ertrag in dem Maafse geringer wird, in welchem der Kaufpreis zu hoch bemessen ist. Wenn der kauflustige Capitalist, dem für eine neu geschaffene Actie der Preis von 320 Mark abgefordert wird, aus den Mittheilungen des Verkäufers entnehmen kann, dafs ihn dieselbe nur auf 300 Mark zu stehen komme, dafs er also am Stück 20 Mark verdienen wolle, oder dafs er gar einen entsprechenden Vortheil an mehreren Tausend Stück solcher Actien anstrebe, die er überdies durch ein vor wenig Tagen erworbenes in die

Actiengesellschaft inferirtes Immobile zu gewinnen trachte, so wird er kaum geneigt sein, das Geschäft abzuschliefsen. Nicht, weil die Actien unter allen Umständen mit 320 Mark zu theuer sein müfsten, oder weil er ohne diese Kenntnifs der Sachlage glauben würde, sie zum Selbstkostenpreise des Verkaufers zu erwerben; aber es ist zwischen der Vermuthung des Gewinnes und der Kenntnifs desselben ein nicht abzuleugnender Unterschied. Wie man diese Probe täglich machen kann, so hat man auch häufig die Gelegenheit zu einer überzeugenden Gegenprobe. Alle sogenannten «Ausverkäufe» und «Gelegenheitsverkäufe», welche zumal in grofsen Städten häufig angekündigt werden, speculiren auf die gleiche Eigenthümlichkeit der menschlichen Natur. Die grofse Menge sieht sich stets angelockt, sobald Grund für die Annahme besteht, dafs der Verkäufer einer Sache wegen besonders nachtheiliger Umstände gezwungen sei, sie unter demjenigem Preise fortzugeben, welcher einstmals bei sachkundiger Würdigung im Einkauf gezahlt wurde. Es giebt eine Species von Geschäftsleuten, die deshalb gewerbsmäfsig solche Verkäufe veranstalten; und in der Sphäre des Detailhandels kann selbst bei Feilbietung der schlechtesten Waare immer auf einen gewissen Zudrang gehofft werden, wenn es nur gelingt, die Menge in den Glauben zu versetzen, dafs die Verkäufe unter dem Einkaufspreise stattfinden.

Die Wiener-Behrend'schen Vorschläge verhalten sich ganz indifferent gegen alle diese alten Erfahrungen. Der Kaufer hat nimmermehr einen Anspruch darauf, dafs ihm sein Verkäufer die Mittel für die Werthbemessung der zu kaufenden Sache an die Hand gebe. Wer Geschäfte machen will, ist schuldig, Augen und Ohren offen zu halten, und es ist dringend davon abzurathen, dafs man bei einer Reform des Actienrechtes diese alte Wahrheit antaste. In gar keinem Zusammenhange damit steht es, dafs falsche Angaben über den Einkaufspreis zur Rescission eines Geschäftes führen können. Eine falsche Angabe ist eine Täuschung, ist der Versuch, den Gedankengang des Käufers von dem richtigen Wege abzuleiten, und auf einen Irrweg zu führen; daraus folgt aber nicht, und wird niemals folgen, dafs dem Kaufer ein Anspruch auf die Mittheilung des Selbskostenpreises zustehe.

Die Vorgänge der Gründerperiode sind allerdings geeignet gewesen, das Rechtsbewufstsein in dieser Beziehung einigermaafsen zu trüben. Man hat rückwärts schliefsend gefolgert, wenn die Verschweigung des eigenen Erwerbspreises so grofse Schädigungen auf Seiten der Actienkäufer bewirken könne, so müsse es wohl geboten sein, dafs der Erwerbspreis gesagt werde; und gegenüber dem Hinweis auf die entgegengesetzten Verhältnisse des Kleinhandels hat man, gereizt durch die schweren Schädigungen, welche die Einzelnen erlitten haben, erwidert, dafs es beim Grofshandel anders bestellt sein sollte. Solche vorubergehende Trübungen des öffentlichen Bewufstseins müssen überdauert werden; die Gesetzgebung mufs sich hüten, aus ihnen falsche Schlüsse zu ziehen. Es steht jedem Verkäufer frei, seine Waare so hoch wie möglich an den Mann zu bringen, und jedem Käufer, sie so billig als möglich zu erstehen. Das ist im civilen Recht niemals anders gewesen, es ist in dem deutschen Rechtssprichwort «Augen auf, Kauf ist Kauf» zum Ausdruck gebracht, es gilt im römischen Recht nach dem auf practischer Lebensweisheit beruhenden Satze, «dafs in Handel und Wandel es schon nach den Grundsätzen des Naturrechts erlaubt sei, eine billige Sache theuer zu verkaufen, eine theure billig einzukaufen, und sich so gegenseitig die höchsten Vortheile abzugewinnen.*)

Noch viel bedenklicher wie diese sachlichen Forderungen, erscheinen die Vorschläge über die Herstellung eines verantwortlichen Gründerorgans, und über das Maafs der den Mitgliedern desselben zugedachten Verantwortlichkeit. Die bezüglichen Vorschläge sind, wenn man von ihrer juristischen Berechtigung noch ganz absieht, so draconisch, dafs sie nur eine einzige Wirkung haben könnten, nämlich die absolute Verhinderung neuer Gründungen solcher Actiengesellschaften. Wer noch irgend ein Mittel hat, sich eine Existenz zu bereiten, und wer auf seinen ehrlichen Namen nur ein Minimum

*) l. 22 § 3 D. 19. 2: Quemadmodum in emendo et vendendo naturaliter concessum est, quod pluris sit, minoris emere, quod minoris sit, pluris vendere, et ita invicem se circumscribere, ita etc. etc.

von Werth legt, der wäre ein vollkommener Thor, wenn er sich den Folgen aussetzen wollte, welche in diesen Vorschlägen angedroht sind. Die Gründer sollen die Vortheile anzeigen, welche Jeder Einzelne unter ihnen bei der Sache findet. Verschweigt also ein einziger einen der von ihm begehrten Vortheile, so sind Alle haftbar; und die Verantwortlichkeit für die gemachten Angaben, deren nur theilweise Unterlassung grenzenlose Schadenersatzansprüche nach sich ziehen kann, soll fünf Jahre lang dauern. Man mufs wiederholt fragen, ob, wenn wirklich Gründungen ohne solche Vorkehrungen nicht möglich sein sollten, wenn dem Interesse einer geordneten Gesetzgebung nicht anders als mit diesen Normen genügt werden könnte, nicht Alle, denen die Ordnung des Staatswesens am Herzen liegt, wünschen, ja auf das Eifrigste bestrebt sein müfsten, die Gründung von Actiengesellschaften dieser Art gänzlich zu verhindern. Das, was die Gründer hierbei leisten, hinnehmen, und verantworten sollen, bedeutet so viel, wie sich freiwillig an den Pranger stellen, und sich dort den Angriffen der Actionäre fünf Jahre lang widerstandslos Preis geben; das thäte nur, wer gar nichts mehr zu verlieren hätte, wer von Anfang an entschlossen wäre, dieser gesetzlichen Vorschriften auf die einzig mögliche Art, nämlich durch heimliche Entfernung, Herr zu werden. Es könnte dann das derbe alte Rechtssprüchwort: «Schäfer und Schinder sind Geschwisterkinder» durch Ausdehnung auf die Gründer zu neuen Ehren gelangen. Kaum liefse sich noch ein Geschäft denken, welches unsauberen Händen so ausnahmslos verfallen wäre, von dem sich ehrliche Leute so streng fern halten würden, wie das Geschäft der Errichtung einer neuen Actiengesellschaft mit Apports. Wie schwer ist es schon, sich der Vortheile, die man bei der Unternehmung eines so grofsen Geschäfts finden kann, nur selbst im Voraus bewufst zu werden. Wenn aber eine Angabe unterlassen ist, so sollen die Gründer verantwortlich sein «für jeden der Gesellschaft durch die Erwerbung von Anlagen oder sonstigen Vermögensstücken entstandenen Schaden.» Ein Causalnexus zwischen jener Verschweigung und diesem Schaden ist also nicht erforderlich. Hat man irgend etwas verschwiegen, so ist man für den ganzen Schaden verhaftet, der vielleicht in durchaus anderen Ursachen beruht. Und dies fünf Jahre lang! Man erinnere sich nur, welche Umwandlung binnen fünf Jahren der geschäftliche und wirthschaftliche Zustand eines Landes erfahren kann (Deutschland liefert hierfür gegenwärtig ein ebenso trauriges wie überzeugendes Beispiel), und wie der Einzelne immer geneigt ist, wenn ihn ein Nachtheil trifft, einen Andern dafür verantwortlich zu machen, — wie schwer es dagegen ist, bei einer Wendung der wirthschaftlichen Verhältnisse zum Schlechten die wahren Ursachen des Uebels zu erkennen. Man stelle sich vor, dafs bei einer solchen Wendung der Dinge eine Anzahl begüterter Leute den über den Coursrückgang erbitterten Actionairen durch das Gesetz als diejenigen präsentirt würden, welche sie nach allen Regeln der Kunst verantwortlich machen dürfen — wer würde wohl da nicht zugreifen! Wie im alten Rom die Erbschaften von der Last privater Opferpflichten unzertrennlich waren, so würde selbst das ehrlichste Gründungsgeschäft fortan nicht mehr zu denken sein, ohne eine Fluth von Processen, — sofern sich nur Thoren gefunden haben, es auszuführen. Und wenn erst gar die durch die Inferirung erstrebten Vortheile in irgend einem Punkte so eingekleidet werden, dafs sie nicht Jeder die Verträge Lesende klar und deutlich entnehmen kann, so soll, wenn auch die Gesellschaft einen Schaden gar nicht erlitten hat, dennoch Ersatz in Höhe des verdeckten Vortheils, also deutlicher gesagt, Herausgabe des Vortheils verlangt werden können. Vortheile bei der Gründung von Actiengesellschaften sollen also nur als ehrlich gelten, insoweit sie den Actionären freiwillig offen dargelegt werden; schon durch die Unterlassung dieser offenen Darlegung wird der angestrebte Vortheil, so berechtigt er an sich sein mag, unerlaubt, und mufs herausgezahlt werden. Es giebt in der That kaum etwas, das dem Wesen von Handel und Wandel mehr zuwider wäre.

Bisher ist aber nur die rein practische Seite der Vorschläge berührt worden. Noch viel ungünstiger erscheint ihr juristischer Inhalt, zumal gegenüber den Satzungen des gemeinen Rechts. Da fällt zunächst in die Augen, dafs sie über alle Maafsen unbillig sind. Man verlangt einen geschlossenen Kreis der Gründer, eine Mehrzahl von Personen, an die sich die Actionäre sollen halten können. Der Anlafs zu dieser Forderung soll sein, dafs gegenüber dem Zustande, den man nach der Gründerperiode vorfand, diese verantwortlichen Gründer überall gefehlt hatten. Wiener behauptet, sie seien zum Theil in der Gesammtheit der ersten Zeichner untergegangen, zum Theil seien die Actien von ganz anderen Leuten, als denen, welche das eigentliche Gründungswerk verübt hatten, unter das Publikum gebracht, zum Theil auch durch Prospecte ohne Unterschrift angepriesen worden. Dem solle abgeholfen werden.

Es wäre zunächst noch die Frage, ob nicht eine Verfolgbarkeit der Gründer trotz jener Umstände überall, wo es etwas zu verfolgen gab, zulässig und möglich gewesen ist. Mag dies indefs dahin gestellt bleiben. Jedenfalls war aber, und das ist ein wichtiges Moment, nicht überall, wo ein grofser Schaden zugefügt war, auch ein Verfolgungsgrund vorhanden, und selbst dann nicht, wenn die Gründer ganz offen verfahren waren, d. h. wenn sie die Inferirung selbst vollzogen, die Actien gezeichnet, den Prospect publicirt, und die Emission selbst durchgeführt hatten. Insbesondere übten die Prospecte bei Weitem nicht die Wirkung, die man ihnen hinterdrein hat beimessen wollen. Die Anpreisungen in den Prospecten waren nicht das wirkliche Lockmittel. Hätte man Gewicht auf ihren Inhalt gelegt, so hätte die prahlerische Sprache, die absichtliche Unklarheit und Dehnbarkeit des Ausdrucks gerade in den entscheidenden Satzen, jeden verständigen Mann eher abschrecken als anziehen müssen. Prospecte können überhaupt nur in ruhigen Zeiten Werth haben, und Eindruck machen, sie müssen, um aufmerksam gelesen zu werden, vereinzelt vorkommen, nicht täglich zu Dutzenden. In der Gründerperiode war die Anlockung, die ein Prospect gewähren konnte, weit überholt von der Spielwuth und der allgemeinen tollen Jagd nach dem Glucke. Prospecte wurden eben gemacht, weil es so allgemeiner Brauch war, und weil der einzelne Emittent nicht durch die Unterlassung auffallen wollte, Es läfst sich eine Gründerperiode auch ohne Prospecte denken, und man kann sicher sein, dafs, wenn die Erinnerungen der letzten Jahre im Kreise der Geschäftswelt so lange lebendig bleiben, die Wiederkehr einer Periode der Gründungen ohne dieses Hilfsmittel ermöglicht werden wird. Wer Actien kaufte, setzte seine Hoffnung auf die Finanzkunst, welche die öffentliche Meinung dem emittirenden Bankhause zuschrieb. Und der Name dieses Bankhauses war aus der betreffenden Publication fast immer zu entnehmen, gleichviel ob er unter dem Prospect als Unterschrift, oder im Text unter den Namen der Zeichnungsstellen aufgeführt war. Solche Fälle, wo die Emittenten, d. h. die ersten Zeichner der Actien, welche diese im Wege der öffentlichen Subscription zum Verkauf bringen wollten, in dem Prospect gar nicht genannt waren, kamen nur sehr selten vor; und dann war, wenn ein Regreſs stattfinden sollte, derjenige, welcher Zeichnungen angenommen hatte, immer bereit, den Namen seines Machtgebers zu nennen, um dessen directe Verfolgung zu ermöglichen. Die Finanzkunst des emittirenden Bankhauses war das Lockmittel, und die Nominalbeträge waren das den Emittenten von selbst dienende Täuschungsmittel. Wiener verlangt aber ein Corpus der Gründer, welche gemeinschaftlich civil- und criminalrechtlich haftbar sein sollen, unb nennt Gründer diejenigen, «welche den Gesellschaftsvertrag abschlieſsen sammt denjenigen, welche das Grundcapital zeichnen». Und er geht noch weiter. Er verlangt, daſs die Gründer in der bezeichneten Weise solidarisch verantwortlich sein sollen. Ob sie diese Verantwortlichkeit in ihrer Eigenschaft als Gründer wirklich verschuldet haben, wird nicht in Betracht gezogen. Die Haftpflicht kann sich daher in offenem Widerspruch mit den Thatsachen befinden. Es steht keineswegs fest, daſs die unrichtigen Angaben, welche in einem obligatorischen Prospect enthalten sein können, Allen, welche gemäſs der obigen Definition als Gründer zu betrachten wären, gleichmäſsig und vollständig bekannt sein müſsen; ja die Praxis der Gründerperiode lehrt, daſs dies fast nie der Fall war. Man denke sich einen Kreis von zehn Personen, welche Alle sich bewuſst sind, daſs ihnen ein für eine Million Mark in eine Actiengesellschaft inferirtes Fabriketablissement thatsächlich nur auf einen geringeren Preis zu stehen kommt. Fünf davon glauben zu wissen, dafs der Verkäufer neunhunderttausend Mark bezahlt erhalten habe; man hat ihnen nicht gesagt, dafs den fünf Anderen unter irgend einem Titel vom Verkäufer noch eine Provision von hunderttausend Mark gezahlt worden ist; und unter diesen sind zwei, die sich noch ganz im Geheimen fernere fünfzigtausend Mark ausbedungen haben. In dieser Gründergesellschaft bestände also ein weiterer, ein engerer und ein engster Kreis. Nach dem Vorschlage Wieners sollte nun der weitere Kreis für die Separatabmachungen des engeren, und der engere und weitere für diejenigen des engsten Kreises mit verantwortlich sein. Solche Maafsregeln dürften doch füglich nicht angeordnet werden, wenn man nicht zugleich die Mittel und Wege bezeichnet, um einen unfehlbaren Einblick in die Gesammtheit aller getroffenen geheimen und geheimsten Verabredungen zu gewinnen. Man setze den Fall, dafs gerade jene Mitglieder des engsten Kreises im Verlaufe der Jahre verarmten, die anderen aber zahlungsfähig blieben, dann könnten jene letzteren mit Erfolg für Umstände verantwortlich gemacht werden, die niemals zu ihrer Kenntnifs gelangt waren. Und dabei brauchte nicht immer von einer Nachlässigkeit der letzteren die Rede zu sein, wenn es den Anderen gelungen wäre, die Entdeckung ihrer geheimsten Abmachungen trotz aller Bemühungen der Genossen zu verbergen. Das ist civilrechtlich unmöglich. Es wäre gleichbedeutend mit einer Negation der Satzungen des gemeinen Rechts.

Man sieht, dafs diese Ideen sich als unausführbar erweisen; sie wären, selbst wenn man auf den Grundgedanken eingehen wollte, nur mit der Einschränkung zulässig, dafs Jeder für das einzustehen hätte, was er wirklich gewufst hat. Der Kreis der Gründer würde dann in den meisten Fällen in eine Mehrzahl von Gruppen zerfallen, von denen jede nur für ihren Standpunkt die Verantwortung zu tragen hätte; und damit wäre wiederum der Zweck, den Actionären einen von vorn herein feststehenden Gründerkreis auf die Dauer von fünf Jahren zu präsentiren, illusorisch gemacht.

Die in Rede stehenden Vorschläge haben, wie schon angedeutet wurde, noch eine nachträgliche weitere Begründung durch das Correferat erhalten, welches Wiener im October 1873 vor der Eisenacher Versammlung erstattete. Er äufserte sich daselbst wörtlich wie folgt:

«Ich meine, dafs als Grundsatz aufzustellen ist: alle diejenigen Personen, welche die zur Errichtung der Actiengesellschaft und ihrer Eintragung erforderlichen Handlungen vornehmen, sind Grunder oder Projectanten in rechtlichem Sinne. Zu diesen Handlungen gehört die Zeichnung des gesammten Grundcapitals derart, dafs dieselben durch diese Zeichnung nicht etwa Subscribenten im Gegensatz zu den Projectanten werden, sondern derart, dafs sie diese Zeichnung als erste Cautionsbedingung für die Erlangung des Rechts der juristischen Persönlichkeit zu leisten haben. Indem sie die Actien dem Publicum ablassen, sind sie also da nicht die primitiven Zeichner, die ihm Actien verkaufen, so dafs die Käufer sich nur an sie persönlich als ihre Verkäufer zu halten hätten, der Actienverein aber, so lange er existirt, mit den Vitien behaftet bliebe, die bei seiner Zeugung begangen resp. die aus dem scheinbaren Vertragsverhältnisse der colludirenden Gründungsgenossen herstammen; vielmehr vollzieht sich nach dieser Auffassung erst durch die Ueberlassung der Actien an das Publicum das für den Actienverein entscheidende Vertragsverhältnifs. Jeder die Rechte aus den Zeichnungen übertragende resp. Actien überlassende Gründer handelt *nomine* des Gründervereins. Die Gesammtheit der Erwerber acceptirt Namens des Actienvereins. Da sich nicht fixiren läfst, mit welchem Zeitpuncte der Besitzwechsel vollzogen ist, und die Actien aus dem Besitz der Gründer in den der Actionäre gelangt sind, mufs man einen präsumtiv hierzu erforderlichen Zeitraum fixiren, mit dessen Ablauf erst der Actienverein seinen Gründern Decharge wegen ihres Rechtsverhältnisses ertheilen kann. Darüber kann man ja zweifelhaft sein, welcher Zeitpunkt hierfur am besten anzunehmen wäre. In meinem Gutachten ist dafür ein Zeitraum von fünf Jahren vorgeschlagen».

Aus diesen Worten gewinnt man einen noch vollkommeneren Einblick in die Motive des Wiener'schen Vorschlages. Er meint, die Gründer müfsten absolut denjenigen haftbar sein, welche die künftigen Actionäre ausmachen. Dieses Erfordernifs soll nicht beeinträchtigt werden dürfen durch die einzelnen Rechtsgeschäfte, welche den Uebergang der Actien aus der Hand der Gründer in die Hand der künftigen Erwerber vermitteln. Hindernisse dieser Art seien aus dem Wege zu räumen. Daher seien die Grundsätze des Kaufes, wenn sich gleich ein Uebergang von Actien im einzelnen Falle als Kaufvertrag darstelle, für Verkäufe von Actien, die Seitens der Grunder innerhalb der ersten fünf Jahre stattfanden, gewissermafsen zu suspendiren. Was ein Gründer verkauft hat, soll, wenn er sich selbst von allen Genossen abgesondert hätte, als von Allen verkauft gelten; und was ein Rechtsnachfolger gekauft hat, soll gleich, als wenn es die Gesammtheit der Actionäre gekauft hätte, behandelt werden. Und jene fünf Jahre sollen der Zeitraum sein, nach dessen Ablauf der Besitzübergang erst als wirklich vollzogen gelten dürfe.

Das sind Vorschläge, deren Härte wahrhaft überrascht, und die immer auf's neue zu der Frage provociren, ob, wenn sie wirklich erforderlich sind, es nicht viel besser wäre, jene Geschäfte durch ein strictes Verbot mit einem Schlage abzuthun. Die soeben reproducirten Motive erklären nun zwar die gestellten Forderungen, aber sie begründen sie nicht. Sie beseitigen kein einziges jener Hilfsmittel, welche die groben Mifsbräuche bei Gründungen mit Apports unterstutzt haben; sie bewirken nur, dafs die Gründung solcher Actiengesellschaften aus dem Bereich der ehrlichen Geschäfte ausgeschlossen wird. Ein oberflächlicher Beurtheiler könnte glauben, die Zahl der Käufer von Actien möchte sich solchen Vorschriften gegenüber wesentlich vermehren. Denn was gäbe es Gefahrloseres, als Actien aus der Hand des ersten Zeichners zu kaufen. Steigt der Cours, so wird der Gewinn eingestrichen; fällt er, dann wehe den Gründern. Mögen die Ursachen des Rückgangs sein, welche sie wollen, irgend ein Grund wird sich schon finden, um eine Anschuldigung daraus zu schmieden, selbst wenn alle Zeichner ehrliche Leute sind — geschweige, wenn erst Persönlichkeiten sich der Sache bemächtigen, die aus derartigen Verhältnissen Capital schlagen. Das wäre indefs ein Resultat ganz oberflächlicher Beurtheilung. Jeder verständige Capitalist, jeder anständige Mann wird es vielmehr für seine Pflicht erachten, sich von so unsauberen Geschäften fern zu halten, — unsauber, weil nur ein Betrüger oder ein ganz verzweifelter Mensch es auf sich nehmen könnte, jenen Vorschriften gegenüber die Emission von Actien durchzuführen.

Die Wiener-Behrend'schen Vorschläge sind also nicht geeignet, die Zahl der Fälle des Mifsbrauchs zu vermindern, den Umfang möglicher Benachtheiligungen zu reduciren. Sie sind nur im Stande, das Rüstzeug zu vermehren, welches zum Angriff gegen die Gründer auf civil- und criminalrechtlichem Wege dienen kann. Das ist aber wohl nicht die Aufgabe einer heilsamen Reform. Will man ein Rechtsinstitut für die Praxis conserviren, so darf man ihm nicht einen Zuschnitt derart geben, dafs seine Anwendung der öffentlichen Verachtung anheimfallen mufs. Vermittelst der vorgeschlagenen Vorschriften würde es zwar leicht sein, Klagen gegen die Gründer zu construiren, und Denunciationen gegen sie mit Aussicht auf Erfolg anzubringen. Aber man darf auch sicher sein, dafs sich bei dieser Fülle von Verfolgungsmaterial der Kreis Derjenigen, auf die es zur Anwendung käme, entsprechend gestalten würde. Eine lange dauernde Verantwortlichkeit ist überdies der Geschäftswelt unter allen Lasten die unerträglichste. Auf fünfjährige Regrefspflicht läfst sich ein solider Kaufmann nicht leicht ein, selbst wenn man ihm grofsen Gewinn in Aussicht stellt, — ganz gewifs aber nicht, wenn die Verantwortlichkeit so, wie vorgeschlagen, beschaffen ist. Daher würde die Gründung solcher Gesellschaften bei Annahme der Wiener-Behrend'schen Vorschläge ausschliefslich derjenigen Sphäre von Geschäftsleuten verfallen, welche selbst den schneidigsten civilrechtlichen Ansprüchen furchtlos entgegen sehen können, — weil sie nichts besitzen, um ihnen gerecht zu werden.

Es wurde bereits oben bemerkt, dafs die auf dem Juristentage von 1873 vernommenen Meinungsäufserungen des Dr. Albrecht von den Wiener-Behrend'schen Vorschlägen in gewissen Punkten abweichen. Der Unterschied zwischen diesen und den Albrecht'schen Vorschlägen besteht zunächst darin, dafs Letzterer die Gründer nur insofern sie Wissenschaft von den Thatsachen gehabt haben, verantwortlich machen will. Diese Einschränkung wäre, wenn auf jene Vorschläge eingegangen werden sollte, gewifs von Wichtigkeit; sie würde wenigstens eine von den vielen Härten beseitigen. Albrecht sagt, er wolle die Gründer für verantwortlich erklären, «insofern sie in öffentlichen Bekanntmachungen oder sonstwie dem Publicum unwahre Angaben gemacht oder wesentliche Umstände verschwiegen haben». Er will also den civilrechtlichen Betrug ausdrücklich als Titel für Regrefsansprüche bezeichnet sehen, und anscheinend dem Verkäufer ein erhöhtes Maafs von *bona fides* aufnöthigen. Das sind Ideen, über die sich eher reden lassen möchte. Aufserdem verwirft er den obligatorischen Prospect, den er als eine zur Einführung in das Civilrecht ungeeignete polizeiliche Maafsregel erachtet. Gewifs ist das richtig. In der Verpflichtung, ungefragt eine ganze Reihe zusammenhängender, gewissermaafsen einen Aufsatz bildender Erklärungen abgeben zu müssen, und zwar mit dem Bewufstsein, für jedes darin enthaltene Wort verantwortlich zu sein, und den ganzen Inhalt seinen Gegnern als Handhabe zu eventuellen Verfolgungen auszuliefern, liegt, wenn man selbst von allem Andern absehen will, ein ungebührlicher, das Billigkeitsgefühl tief verletzender Zwang. Daher ist es nicht zu verwundern, wenn ein vom Standpunkte des gemeinen Rechts urtheilender Jurist, an diesem durch besondere Schroffheit sich auszeichnenden Vorschlage den meisten Anstofs nimmt. Der obligatorische Prospect könnte selbst Denjenigen noch verletzen, der sonst mit dem Umfange der Verantwortlichkeit, wie sie Wiener und Behrend fordern, ganz einverstanden wäre.

Es darf übrigens nicht unbemerkt bleiben, dafs Wiener selbst die Härte seiner Vorschläge bemerkt hat. «Er verhehle sich nicht», sagt er ausdrücklich*), «dafs der von ihm vorgeschlagene Apparat den Gründern unangenehme Hindernisse bereiten werde, dafs sie es unangenehm empfinden werden, mit der Manifestation besonderer Vortheile vor das Publicum zu treten, deren sie bei dem besonderen Risico nicht entbehren zu können glauben.»

Je schwerer die Bedenken sind, welche die Wiener-Behrend'schen Vorschläge nach allem Gesagten gegen sich rege machen, um so wichtiger ist es, zu erfahren, welche Hoffnungen die Urheber selbst an die Verwirklichung ihrer Ideen knüpfen. Deshalb mag eine hierauf bezügliche Bemerkung Wiener's noch der Betrachtung unterzogen werden. Er sagt im unmittelbaren Anschlufs an die eben erwähnte Bemerkung: «Ich hoffe, dafs dies (nämlich die den Gründern bereiteten Hindernisse) den Erfolg haben wird, dafs sie sich des eigentlichen Gründergewinns entschlagen, und ihren Vortheil in der Unterbringung der Actien über pari finden werden. Bei gesunden Unternehmungen würde dies sehr möglich sein.» Wiener scheint also herauszufuhlen, dafs, wenn seine Vorschläge Gesetz würden, die Erstrebung eines Gründergewinns in der bisherigen Weise nicht ferner anganglich sein möchte; er hält aber für möglich, dafs die Gründer in Zukunft ihren Vortheil am Course über pari suchen und finden. (Den Gegensatz hierzu bildet ein Gewinn, welcher schon im Paricourse oder in einem noch niedrigeren Course enthalten ist.)

Um den Werth dieses Vorschlages zu prufen, mufs man sich vor Allem über den Begriff des Paricourses klar sein. Er bezeichnet eine gewisse Höhe des Marktpreises der Actien. Der Preis läfst sich auf zweierlei Art angeben: entweder so, dafs man einfach die Geldsumme nennt, welche für die Actien am Markte erreichbar ist, oder so, dafs man ihn in ein Verhältnifs zu dem Werth der Einlage setzt, und durch einen Procentsatz dieses Werthes ausdrückt. Wäre die Annahme zutreffend, dafs der Nominalbetrag des Grundvermögens bei Entstehung der Actiengesellschaft mit dem wahren Werthe der Einlage identisch sei, so müfste für die Actien jeder neuen

*) Seite 17 a. a. O.

Gesellschaft am ersten Tage ihres Entstehens derjenige Marktpreis zu erreichen sein, welcher so hoch ist, wie das Nominalcapital *pro rata* des Antheilsrechtes. Im Verlauf der geschäftlichen Thätigkeit kann der Marktpreis von dem Werthe der Einlage abweichen, je nachdem eine Vermehrung oder Verringerung des ursprünglichen Vermögens als Resultat der Geschäfte zu entnehmen ist So lange er nicht abweicht, besteht der Paricours; derselbe bedeutet also die Identität des Werthes des Grundvermögens und der Höhe der ursprünglichen Einlagen. Nun ist aber die Höhe der letzteren nur dann mit voller Sicherheit anzugeben, wenn sie ausschliefslich in baarem Gelde bestanden haben, da nur für Geld ein jeden Zweifel ausschliefsender Werthmesser vorhanden ist. Wo dagegen der Besitz der Gesellschaft ganz oder zum Theil in nicht vertretbaren Sachen besteht, ist eine unanzweifelbare Bestimmung des Werthes nicht möglich, zumal des gemeinen Werthes, der einen ohne Rücksicht auf besondere Verhältnisse im gewöhnlichen Verlauf des Geschäftsverkehrs erreichbaren Preis bezeichnen soll. Ueberhaupt wird die Werthbestimmung in dem Maafse schwieriger, in welchem die Zahl der Reflectanten sich vermindert. Mithin ist die Feststellung des Werthes gröfserer Fabrikanlagen, wie sie gerade in den meisten Fällen den Inhalt von Apports ausmachen, streng genommen gar nicht ausführbar. Daher ist denn der wirkliche Paricours bei Actien, welche aus qualificirten Gründungen herrühren, nie mit Sicherheit anzugeben, und wird selbst bei den besten Unternehmungen je nach dem Standpunkte der verschiedenen Beurtheiler in von einander wesentlich abweichenden Ziffern ausgedrückt.

Unter der Herrschaft des geltenden Rechts wird nun aber für den Paricours der gemeine Werth gar nicht zur Basis genommen, sondern an seiner Statt der ganz willkürlich festgestellte Betrag, der sich ergiebt, wenn man das etwaige Baarvermögen einer neu errichteten Gesellschaft dem Schätzungswerthe der inferirten Objecte hinzurechnet, und auf die Zahl der Antheilsrechte vertheilt. Der Paricours bestimmt sich also nicht nach objectiv berechtigten, sondern nach den gemäfs den Interessen der Gründer vorgenommenen Werthschätzungen, und es bestand bisher in Betreff seiner wegen der grofsen Gewinne, auf welche jedes Geschäft dieser Art berechnet war, immer nur die Ueberzeugung, dafs er unter keinen Umständen geringer sei, als der gemeine Werth. Daher haben sich auch Gründer nicht gern mit demjenigen Gewinn begnügen mögen, der ihnen als Agio, d. h. aus einem ihren Paricours übersteigenden Kaufpreise in Aussicht stehen konnte. Das war von ihrem Standpunkte nicht unberechtigt. Da jeder Paricours die Präsumtion gegen sich hatte, dafs der gemeine Werth der inferirten Sache reichlich in ihm enthalten sei, so war die Neigung, für eine Actie noch mehr zu bezahlen, sehr gering, und keine grofse Hoffnung auf sie zu setzen. Wiener sieht nun anscheinend die Möglichkeit, dafs eine künftige Gründerperiode in dieser Beziehung einem maafsvolleren Verfahren auf Seiten der Gründer begegnen, das Publicum deshalb von dem Paricourse eine günstigere Meinung gewinnen und geneigt sein könnte, auf Actien aus qualificirten Gründungen Agio zu bezahlen, sofern das bezügliche Unternehmen berechtigte Aussichten auf solide Erfolge böte. Wenn Wiener diesen Weg in der Ueberzeugung empfiehlt, dafs er unter allen denkbaren Mitteln für den gewinnbringenden Verkauf solcher Actien das beste und solideste sei, so hat er übersehen, dass es seinen Vorschlägen gegenüber vielmehr das einzige ist, welches zur Verfolgung jenes Zieles noch übrig bleibt. Mufs der obligatorische Prospect so eingerichtet sein, dafs der Selbstkostenpreis der Gründer daraus entnommen werden kann, so ist damit von selbst die Offenlegung des Paricourses gegeben; denn die Fälle, wo etwa die Gründer die inferirten Sachen der Gesellschaft unter dem wirklichen Werthe überlassen sollten, werden wohl auch für alle Zukunft ausgeschlossen bleiben. Als Regel wird im besten Fall die Annahme gelten, dafs die inferirte Sache so viel werth sei, wie sie der Gesellschaft zu stehen kommt. Der Paricours ist also aus dem obligatorischen Prospect immer zu entnehmen, mag er, wie bisher unter der Herrschaft der Nominalbeträge, durch einen Procentsatz oder, nach Beseitigung der letzteren, durch eine Geldsumme zum Ausdruck kommen. Wenn beispielsweise der Selbstkostenpreis einer inferirten Sache unter Hinzurechnung des baar eingelegten Betriebscapitals eine Million Mark ausmacht, so wird der Paricours bei Creirung von 5000 Stück Actien 200 Mark betragen, werden nur 3000 creirt, so beträgt er $333^1/_3$ Mark, creirt man 8000, so beläuft er sich nur auf 125 Mark. Das kann Jeder mit leichter Mühe ausrechnen. Hieraus würde sich aber ein Zustand entwickeln, der die in Rede stehenden Vorschläge noch nach einer anderen Seite neben allen bisher besprochenen als durchaus unpraktisch erscheinen liefse. Der Handel in neu geschaffenen Actien aus qualificirten Gründungen unterschiede sich fortan von dem Handel in allen anderen denkbaren Objecten principiell dadurch, dafs die Position der Verkäufer eine total durchsichtige wäre. Nicht blos stände es sobald die Gründer einen Gewinn in Anspruch nehmen fest, dafs der Kaufpreis den sogenannten Paricours überschreite, sondern es könnte auch noch bei Heller und Pfennig berechnet werden, auf wie viel sich die Ueberschreitung belaufe. Das verträgt aber der Geschäftsverkehr nicht. Kaufgeschäfte, bei denen der Käufer den Gewinn des Verkäufers berechnen kann, kommen, wie schon oben ausgeführt worden, sehr selten zu Stande, zumal wenn der Verkäufer seinen Gewinn in verhältnifsmäfsig kurzer Zeit realisiren will. Der von Wiener bezeichnete Ausweg ist also nur die sich ganz von selbst ergebende Consequenz seiner Vorschläge, und zwar eine solche, die höchstens noch einen Grund mehr gegen dieselben erbringt.

So wenig nach dem Gesagten diese Vorschläge zu empfehlen sind, so dankbar ist es doch im Interesse der Rechtsentwickelung anzuerkennen, dafs sie vorliegen. Die scharfsinnige Kritik, aus der sie hervorgegangen sind, bildet den ersten Angriff gegen den bezüglichen Inhalt des geltenden Rechts. Haben sich seither mit Hilfe der fortschreitenden Erkenntnifs des ganzen Rechtsgebietes — übrigens unter rühmenswerther Theilnahme der Verfasser jener Gutachten — neue Anschauungen entwickelt, so darf doch nie vergessen werden, dafs sie ausnahmelos in jenen ersten Untersuchungen ihre Grundlage finden.

§ 4.

Fortsetzung. Neue Vorschläge.

Die Wirkung, welche aus der Annahme der Wiener-Behrend'schen Vorschläge resultiren würde, lafst erkennen, wie grofse Schwierigkeiten die Herstellung geeigneter Vorschriften fur die qualificirte Gründung unter allen Umständen bietet. Daher kann die Frage entstehen, ob es nicht das einfachste wäre, diese Art der Grundung zu untersagen, und anzuordnen, dafs Actiengesellschaften von Anfang an immer nur baares Geld als Grundvermögen erhalten dürfen.*)

Diese Frage ist aus folgenden Gründen zu verneinen.

Zunächst würden die vorwaltenden Schwierigkeiten durch die Beseitigung der Apports nicht gehoben werden. Collusionen, wie sie bei Actiengesellschaften mit Einlagen stattfinden können, sind keineswegs ausgeschlossen, wenn von Anfang an baares Geld erfordert wird. Es ist im Gegentheil zu behaupten, dafs die Interessen der Actionäre, wenn die nothwendigen Erwerbungen von Anlagen etc. nach Errichtung der Gesellschaft stattfinden, in noch viel bedenklicherer Weise als durch Vereinbarung von Apports gefährdet werden können. Hiervon wird im Folgenden weiter die Rede sein. Fast noch wichtiger ist, dafs es unzweckmäfsig, ja beinahe widersinnig erscheint, eine Actiengesellschaft, die ihrer Bestimmung nach ohne den Besitz gewisser Anlagen nicht zu denken ist, in's Leben treten zu lassen, ohne dafs sie diesen Besitz zu eigen hat. Ausgenommen könnte nur der Fall sein, wo es dem Statut entspricht, die Anlage nach einem eigenen Plane selbst herzustellen. Sonst geschähe erst bei der nachträglichen Erwerbung die eigentliche Gründung der Gesellschaft, also erst nachdem sie schon zu rechtlicher Existenz gelangt ist, und nachdem ihre Actionäre schon als solche definitiv gebunden sind. Und die Eigenart der zu erwerbenden Anlage, ob sie vortheilhaft oder fehlerhaft, grofs oder klein, praktisch oder unpraktisch erbaut, vor allem die Frage der Kosten wäre für das ganze Schicksal der Actiengesell-

*) Die Frage ist wiederholt angeregt worden, z. B. von Strey (Das deutsche Handelsgesellschaftsrecht, Berlin 1873, Seite 349).

schaft erst das eigentlich entscheidende Moment. Die Zweckbestimmung ist erst nach Vollzug dieser Erwerbung praktisch zu würdigen, das ganze Bild der projectirten Actiengesellschaft gewinnt eine lebendige Farbe erst, wenn der Apparat vorhanden ist, durch welchen der Gesellschaftszweck verfolgt werden soll. Und es kann unter Umständen, wenn die Erwerbung nach Errichtung der Actiengesellschaft vorgenommen wird, die Erreichbarkeit des Zweckes geradezu in Frage gestellt sein, zumal in den Fallen, wo die Auswahl unter den zweckentsprechenden Objecten keine grofse ist. Insbesondere was den Preis betrifft, kann die Verwaltung einer Actiengesellschaft, welche unbedingt eine Wagenbauanstalt, oder eine Locomotivenfabrik, oder ein Hüttenwerk kaufen mufs, in eine Zwangslage gebracht werden. Läfst sich eine geeignete Anlage nicht auffinden, so bleibt nur übrig, die Gesellschaft wieder aufzulösen, was naturgemäfs den Interessen der Verwaltung nicht entspricht. Der Besitzer eines geeigneten Objects ist daher im Stande, einen schweren Druck auf die Entschlüsse der Verwaltungsorgane, zumal in Betreff des Kaufpreises zu üben, während er sich im gleichen Vortheil nicht befindet, wenn von seinem Ja und Nein noch die Errichtung der Gesellschaft abhängig ist. Daher ist es vernünftig und dem Bedürfnifs entsprechend, dafs Erwerbungen dieser Art einen Theil des Gründungsactes selbst ausmachen, und somit ist das Institut der Inferirung ein solches, das man nicht beseitigen darf, dem man vielmehr durch geeignete Reformen zu Hilfe kommen mufs.

Um nun wahrhaft sachgemäfse Reformvorschläge zu wählen, muss man sich das angestrebte Ziel vor Augen halten. Es wurde bereits gesagt, dafs der Grund, den man fur die Aufrichtung von Schutzwehren gegen Mifsbräuche wirklich gelten lassen könne, in der selbst dem vorsichtigen Manne drohenden Versuchung bestehe, in Zeiten grofser Bewegung auf diesem Gebiete sich von den Illusionen der Andern mit fortreifsen zu lassen, und im Gegensatz zu allen sonst vertretenen soliden Grundsätzen leichtsinnige Kaufgeschäfte abzuschliefsen, wobei der Wunsch, die überall wahrnehmbaren Vortheile sich und den Seinigen ebenfalls zu erringen, sowie ein sich regendes Pflichtgefuhl zur gebührenden Ausnutzung ungewöhnlicher Geschäftsepochen in der gefährlichsten Weise mitwirken. Es wurde gesagt, dafs es wünschenswerth sei, dem solchen Verirrungen anheimfallenden Manne durch Aufklärung über den Werth der neu an den Markt kommenden Actienmassen einen Einblick in die Folgen solcher Geschäfte zu gewähren, oder selbst aufzunöthigen. Aus diesem Gesichtspunkte ist auch die Grenzlinie zu bestimmen zwischen wirklich erforderlichen und übertriebenen Maafsregeln. Sie mufs die Position des gewerbsmäfsigen Spielers von der des leichtgläubigen, der allgemeinen Jagd nach dem Glücke sich unbesonnen anschliefsenden Capitalisten trennen; der Letztere kann Warnungen Gehör schenken, welche für den Ersteren gleichgiltig bleiben. Für den gewerbsmäfsigen Spieler soll das Gesetz nicht Sorge tragen. Wen es nicht berührt, ob die Sache mehr oder weniger werth, ob sie ein ernsthaftes oder auf Täuschung berechnetes Unternehmen ist, wer zu allen Zeiten Actien kauft, sobald er Grund zu der Annahme hat, dafs ein Bankhaus oder eine Finanzgruppe sie ohne Rucksicht auf den wahren Werth unter Anwendung gewisser Hilfsmittel in die Höhe treiben werde, oder um bestimmter Zwecke willen in die Höhe treiben müsse, wer darauf ausgeht, an solchen Operationen Gewinn zu erzielen, ohne Rücksicht darauf, dafs wenn seine Annahmen trügen, er eben soviel verlieren kann, als er zu gewinnen hoffte, der kann nicht erwarten, dafs das Gesetz seine Interessen in Schutz nehme. Hiervon ausgehend könnte man ungefähr sagen, welche Hilfe dem zeichnungslustigen Capitalisten zu leisten sei. Sie mufs bestehen in der Gewährung desjenigen Maafses von Einsicht in die Sache, welches er sich selbst verschaffen würde, wenn er mit gebuhrender Vorsicht handelte. Thäte er das, so würde er Einblick in den Umfang und die Gröfse der inferirten Realitäten zu gewinnen trachten; er würde sich klar machen, welches ungefähr im Ganzen und Einzelnen der gemeine Werth der Anlage sei, inwiefern dieser sich durch die Rentabilität erhöhe, welche Aussicht auf Dauer die letztere habe, ob dem industriellen Unternehmen Lasten anhaften, die seinen Werth beeinträchtigen können, oder ob es im Gegentheil in dazu gehörigen Patenten, Marken etc. wichtige Vorzüge besitze, welches baare Capital zu einem rationellen Betriebe erforderlich sei, auf welchen Betrag die hypothekarische Schuldenlast sich belaufe, und in welchen Fristen sie zurückgezahlt werden müsse, ob also etwa aus dieser Verbindlichkeit Opfer oder Gefahren für das Unternehmen in Aussicht stehen. Er würde ferner durch Befragen von Sachverständigen zu ermitteln suchen, ob die Fabrik, falls es sich um eine solche handelte, rationell angelegt sei, ob die Anlagen im Einzelnen in einander greifen und mit verhältnifsmäfsig viel oder wenig Aufwand von Arbeitskräften betrieben werden können, ob in dieser Beziehung Fehler erkennbar sind, welche die Rentabilität vermindern könnten, wie es mit dem Absatz der erzeugten Producte bestellt, welche Kundschaft vorhanden sei, oder ob eine solche erst erworben werden müsse, endlich ob das Ganze in Ansehen oder in einem nicht vortheilhaften Rufe stehe. Er würde nicht berechtigt sein, von dem Verkäufer dessen Selbstkostenpreis zu erfahren, um so weniger, als Fabrikanlagen den Umfang, den sie in ihrer Vollendung einnehmen, nicht selten nur nach und nach gewinnen, und oftmals im Laufe der Jahre durch versuchsweise errichtete Bauten und Verbesserungen mancherlei Aufwendungen verursachen, die sich nachträglich gar nicht mehr genau feststellen lassen. — Demgemäfs würde ein vorsichtiger Mann verfahren; und das Maafs von Einsicht, das auf diesem Wege zu erlangen wäre, müfste mit Hilfe geeigneter gesetzlicher Vorschriften Denjenigen, welche Actien aus qualificirten Gründungen kaufen wollen, zugänglich gemacht werden. Wenn dieses Hilfsmittel aber seinem Zweck wirklich dienen soll, müssen jene Vorschriften so beschaffen sein, dafs die eventuell durch Verheimlichung wichtiger Thatsachen oder durch Schönfärbung möglichen Beeinträchtigungen der Willensfreiheit direct verhindert werden, nicht so, dafs man die Actionäre jenen Irrthümern verfallen läfst, und ihnen, nachdem sie bereits geschädigt sind, scharfe Waffen behufs Verfolgung der Beschädiger zur Verfugung stellt. Letzteres ist im vorigen Paragraphen den Wiener-Behrend'schen Vorschlägen zum Vorwurf gemacht worden. Während jeder Mensch einer gewissen Verblendung unterliegt, sobald er die

Erwerbung grofser Vortheile verfolgt, verlangen jene Vorschlage sogar, dafs der Verkäufer der neu geschaffenen Actien sich wie ein an dem Werthe des Grundvermögens gar nicht interessirter, der kuhlsten Beurtheilung fähiger Sachverstandiger äufsern solle. Das ist *contra naturam.* Will man die Wahrheit wissen, so mufs man sich an Diejenigen wenden, welche nicht der Gefahr ausgesetzt sind, bei Beurtheilung des Werthes ihren eigenen Illusionen zu unterliegen. Nur der unparteiische Sachverstandige ist eines wirklichen Urtheils fähig. Man leistet also gegen die möglichen Mifsbräuche keine wirksame Hilfe, wenn man nicht die Processe wegen Schädigung des Käufers schon im Keime zu ersticken sucht, indem man gegen die Möglichkeit der Schadigung ankämpft, d. h. wenn man es nicht darauf anlegt, dafs dem kauflustigen Capitalisten von vornherein ein moglichst wahrheitsgetreues Bild entrollt werde.

Diesem Ziele würde man sich nähern, wenn man an die Stelle des Art. 209b Vorschriften etwa folgenden Inhalts setzte:

1) Wenn ein Actionär durch seine Zeichnung nicht baares Geld, sondern die Einlegung einer Sache versprechen soll, oder wenn Anlagen oder sonstige Vermögensstücke eines Dritten gegen Zahlung eines bestimmten Preises in das Vermögen der zu errichtenden Actiengesellschaft ubergehen sollen, so ist in dem Statut unter Namhaftmachung des Inferenten anzugeben, welche Anzahl von Actien gegen die Einlage des Actionärs hergegeben wird, oder zu welchem Preise die von Dritten zu ubernehmenden Anlagen oder Vermögensstucke erworben werden sollen. Der Uebereigner der letzteren ist ebenfalls namhaft zu machen.

   Auch jeder sonst zu Gunsten eines Actionars oder einer anderen Person bedungene besondere Vortheil ist im Statut auszusprechen.

2) Gehören zu den Einlagen oder den zu ubernehmenden Anlagen Immobilien oder Bergwerke, so ist im Statut zu bemerken, bei welchem Grundbuchamt und auf welchem Blatte des Grundbuches sie eingetragen

sind. Es ist ferner darin anzugeben, ob und welche Lasten nach Inhalt der zweiten Rubrik auf ihnen ruhen, welche Hypotheken oder Grundschulden nach Inhalt der dritten Rubrik auf ihnen haften, und wann resp. nach Verlauf welcher Kündigungsfrist die Rückzahlung der letzteren vertragsmäfsig zu erfolgen habe.

3) Die Eintragung der Gesellschaft in das Handelsregister hat ohne Weiteres zu geschehen; gleichzeitig mit der sie anordnenden Verfügung hat aber der Handelsrichter eine Mehrzahl von Sachverständigen zu beauftragen, unter Einnahme des Augenscheins eine Prüfung der Einlagen oder Anlagen etc. vorzunehmen. Dieselbe hat sich auf eine Ermittelung der Lage und des räumlichen Umfanges zugehöriger Grundstücke, der Bauart und Gröfse darauf errichteter Gebäulichkeiten, dazu gehöriger Maschinen und Utensilien, der ungefahren Quantitat und Qualität fertiger und halbfertiger Fabrikate und Rohmaterialien zu beziehen. Sie mufs sich ferner auf eine Untersuchung darüber erstrecken, welcher Fabrikations- oder Geschäftszweig in den vorhandenen Realitaten oder vermittelst derselben, und in welchem Umfange er betrieben werde, wozu diese Anlagen etwa sonst noch dienen, welche Leistungsfahigkeit sie fur darin betriebene oder zu betreibende Fabrikationszweige haben, und was sich über die thatsächliche Production der vorangegangenen Jahre habe ermitteln lassen; endlich, ob besondere Gerechtigkeiten, Privilegien, Patente oder Marken vorhanden, und welche besonderen Vortheile durch dieselben gewährt seien.

Die Sachverständigen sind, ehe sie zur Erfüllung ihrer Aufgabe schreiten, als solche zu vereiden. Sie haben über ihren Befund dem Handelsrichter einen Bericht unter ihrer Unterschrift zu erstatten, und denselben auf den von ihnen geleisteten Sachverständigen-Eid als richtig zu versichern; der Handelsrichter hat den zweimaligen Abdruck dieses Berichtes mit einem

Intervall von mindestens drei Tagen in den Gesellschaftsblättern anzuordnen.

Die Zeichner müssen gleichzeitig mit ihrem Antrage auf Eintragung in das Handelsregister einen angemessenen Vorschufs für die Kosten der Sachverständigen-Prüfung und der Publication derselben in den Gesellschaftsblättern erlegen.

Die Bestellung und Vereidigung der Sachverständigen, sowie die Vornahme der Prüfung und die Erstattung und Publication des Berichtes hat mit thunlichster Schleunigkeit zu erfolgen. —

Diese Vorschriften könnten den Zweck, dem sie dienen sollen, erreichen lassen. Wenn, was ferner noch zu bestimmen wäre, der ad 1 und 2 erwähnte Inhalt des Statuts in dem die Eintragung der Gesellschaft publicirenden Auszuge vollständig wiedergegeben wird, so ist der kauflustige Capitalist im Stande, sich aus ihm in Verbindung mit dem Bericht der Sachverständigen diejenige Einsicht zu verschaffen, die er sich bei spontaner Anwendung der gehörigen Sorgfalt verschaffen müfste, ehe er sich zu einer Betheiligung entschlösse. Es ist immerhin möglich, dafs die ihm gebotene Einsicht noch nach mancherlei Richtungen einer Ergänzung fähig wäre, aber sie wird jedenfalls ausreichen zur Erlangung eines Ueberblickes, und eines Urtheils darüber, ob gegen den erforderten Kaufpreis wesentliche Bedenken vorliegen. Es wird nicht mehr möglich sein, von einer Waggonfabrik, welche jährlich dreihundert Waggons erbauen kann, mitzutheilen, dafs sie deren jährlich zweitausend fabriciren könne, von einem zum Kleinbetriebe dienenden Eisenhammer eine Schilderung zu machen. als ob es sich um eine aus zwanzig Schornsteinen rauchende Fabrik handele, von einem Terrain, das drei Kilometer von der Hauptstadt entfernt liegt, zu berichten, dafs es unmittelbar am Thore seinen Anfang nehme, von einem Fabrikationszweige, der, um rentabel zu bleiben, nur in kleinerem Maafsstabe betrieben werden darf, auf den Fall einer Dotirung mit gröfserem Capital goldene Berge auch aus dem Grofsbetriebe zu versprechen — kurz, es wird ein annähernd klares und anschauliches Bild von der Sache erlangt werden. Der Bericht ist nicht dazu bestimmt, eine Prüfung der Sachlage zu ersetzen, wie sie früher dem Staate als Concessionsertheiler oblag; sein Werth besteht darin, dafs Männer von gutem Ruf und tüchtiger Sachkenntnifs den Gegenstand der Einlage untersucht, und ein eidlich erhärtetes Gutachten darüber abgegeben haben. Die Vereidigung durfte vorweg zu geschehen haben, damit die Sachverständigen sich ihrer ernsten Pflicht gleich von Anfang vollständig bewufst sind.

Zweifellos wird der Inhalt dieses Berichtes von maafsgebendem Einflufs auf die Beurtheilung des Werthes der neu creirten Actien werden. Daher könnte man fragen, ob es nicht gewagt sei, ein oft grofse Capitalien umfassendes Interesse dem Urtheil weniger Personen so völlig anheimzugeben, zumal die Möglichkeit doch nicht ausgeschlossen ist, dafs Böswilligkeit, Neid oder ein anderes unlauteres Interesse mit unterlaufe. Hiergegen wäre zwar einzuwenden, dafs die Prüfung der Sachverständigen sich fast ausschliefslich auf die Ermittelung von Thatsachen zu beschränken hat, und dafs ein ehrenwerther Mann eine unrichtige Thatsache nicht leicht auf seinen Eid als richtig erklärt. Indefs könnte man immerhin den Zeichnern gestatten, die Mittheilung einer Abschrift des Sachverständigen-Berichts vor seiner Publication zu fordern, und binnen einer kurzen Frist eine Superrevision zu beantragen, sofern sie behaupten wollen, dafs in dem Bericht unrichtige Thatsachen angegeben seien, oder dafs die Angabe von für die Beurtheilung des Unternehmens erheblichen Thatsachen unterblieben sei. Bestimmungen darüber, ob und unter welchen Umständen die superrevidirenden Sachverständigen den anderen gegenüberzustellen seien, und wie event. Meinungsverschiedenheiten in dem Bericht zum Ausdruck zu bringen wären, durften sich ohne Schwierigkeit treffen lassen. Ueberhaupt würde es sich vielleicht empfehlen, das ganze Verfahren bei Vornahme der Prüfung und der Feststellung des Berichts durch eine dem Gesetz beizulegende Instruction zu regeln, die um so mehr am Platze wäre, als sich die Gesichtspunkte, welche in den verschiedenen Fällen in's Auge zu fassen sind, nicht mit wenigen Worten angeben lassen. Es würde insbesondere hervorzuheben sein, dafs die Pflicht der Sachverständigen nicht etwa nur dahin gehe, die wahrgenommenen Mängel mitzutheilen, sondern dafs sie in gleichem Maafse schuldig seien, die Vorzüge des inferirten Gegenstandes in das gehörige Licht zu setzen. Selbstverständlich müfste es auch dem Richter gestattet sein, sofern er einen Mangel an dem erstatteten Bericht wahrnimmt, die Sachverständigen ohne Weiteres zur Ergänzung anzuhalten*).

Das bisher Vorgeschlagene betrifft nur den materiellen Inhalt der empfohlenen Maafsregeln. Um sie anwendbar zu machen, und ihre Umgehung auszuschliefsen, bedarf es noch einer nahe liegenden, aber wichtigen Ergänzung. Da nämlich die Eintragung der Gesellschaft auf Antrag der Zeichner ohne Weiteres erfolgen soll, und nicht erst von dem Eingange des Sachverständigen-Gutachtens abhängig gemacht wird, so wäre den ersten Zeichnern die Möglichkeit geboten, die neuen Actien vor dem Erscheinen jenes Berichts zu veräufsern, und den Inhalt des letzteren dadurch für sie wirkungslos zu machen. Das schneidigste Mittel, dies zu verhindern, bestände darin, dafs man Actien aus qualificirten Gründungen die Veräufserlichkeit vor dem Erscheinen jenes Berichtes entzöge, indem man onerosen Verträgen, durch welche dieselbe erfolgte, die rechtliche Wirkung abspräche. Darin läge indefs eine ganz aufsergewöhnliche Härte. Man würde durch eine solche Bestimmung jene Actien für einen gewissen Zeitraum zu *res extra commercium* erklären. Eine solche Anordnung liefse sich nur durch Rücksichten ganz besonderer Art rechtfertigen, und es ist nicht anzuerkennen, dafs solche vorliegen, oder dafs sich nicht wenigstens mit einem geringeren Aufwand von Strenge ein befriedigender Zustand herstellen lasse. Und zwar scheinen die Satzungen des gemeinen Rechts in den Vorschriften über die sogenannten aleatorischen Verträge ein genügendes Hilfsmittel zu bieten. Das preufsische Landrecht bestimmt hinsichtlich dieser sogenannten «gewagten Geschäfte» wörtlich folgendes:

*) Um Namhaftmachung geeigneter Sachverständigen würden am besten die Handelskammern anzugehen sein.

«Bei allen gewagten Verträgen sind beide Theile schuldig, einander alle zur Zeit des Vertrages ihnen bekannten Umstande, wovon der Erfolg der Begebenheit, oder die Beschaffenheit des davon zu erwartenden Vortheils ganz oder zum Theil abhangen kann, treulich anzuzeigen.

Kann ein Theil überfuhrt werden, dafs er dem anderen Umstände verschwiegen habe, die nach vernünftigem Ermessen der Sachverständigen auf den Entschlufs desselben, in den Vertrag bedungenermaafsen sich einzulassen, hätten Einflufs haben können, so ist der Andere befugt, von dem Vertrage wieder abzugehen und das Gegebene zurückzufordern.

Wer dergleichen Umstände dem Andern mit Vorbedacht verschweigt, ist demselben zur vollständigen Schadloshaltung verpflichtet» *).

Bei gewagten Geschäften ist also jeder Theil zu besonderer Offenheit und Treue verpflichtet. Jeder mufs dem Andern alle diejenigen Umstände getreulich mittheilen, die nach vernünftigem Ermessen auf des Letzteren Entschlufs von Einflufs sein können. Hierin liegt genau dasjenige, dessen die Gesetzgebung bedarf, und das ausreichen kann, um den Käufer von Actien aus qualificirten Gründungen in der erwähnten Zwischenzeit vor Uebervortheilung zu schützen. Nicht, dafs jene Actienkaufe für gewagte Geschäfte erklärt werden sollen; sie haben nur die Aehnlichkeit mit ihnen, dafs sie — aus anderen Ursachen als jene — ein gleiches Maafs von Treue und Offenheit unter den Contrahenten, oder vielmehr allein auf Seiten des Verkäufers gegenüber dem Käufer erforderlich machen. Danach hätte also der erste Zeichner die Wahl: will er mit dem Verkauf warten, bis der Bericht der Sachverständigen publicirt ist, so erspart er sich alle Mittheilungen über die Eigenart der Sache; will er nicht warten, so mufs er jener Vorschrift gemäfs verfahren. Indefs erheischt eine solche Bestimmung auch noch eine allgemeine Vorschrift darüber, wie sich der

*) Vergl. §§ 539ff., Tit. 11, Th. I. A. L. R.

Verkäufer, der Alles getreulich bekennen will, dagegen sichern könne, daſs der Käufer nicht hinterdrein Unkenntniſs seiner (des Verkäufers) Publicationen vorschütze. Zu dem Ende wäre etwa zu bestimmen, daſs Niemand sich mit der Unkenntniſs solcher Mittheilungen entschuldigen könne, welche von den Zeichnern mit ihrer Unterschrift und unter genauer Angabe der Firma der Actiengesellschaft in den Gesellschaftsblättern publicirt worden sind. —

Würden nun diese Vorschläge rechtliche Geltung erlangen, so wäre dadurch den Actiengesellschaften mit Apports fortan eine ganz besondere Publicität aufgenöthigt. Jede Gesellschaft, deren Grundvermögen nach dem Statut nicht ausschlieſslich in baarem Gelde bestände, würde auf besondere Anweisung des Handelsrichters eine Untersuchung ihres Besitzes gestatten müssen, über die ein ausführlicher Bericht zur öffentlichen Kenntniſs gelangte. Diese Anordnung könnte unter Umständen auch als ein zweckloses Hinderniſs empfunden werden. Es wäre z. B. der Fall möglich, und seine häufige Wiederkehr sogar wünschenswerth, daſs die Gründung einer Actiengesellschaft mit Apports im Kreise weniger Personen stattfände, nicht zu dem Zwecke, um durch rasche Veräuſserung der Actien Geld zu verdienen, sondern weil die Gründer wirklich aus dem Unternehmen selbst, bei dem sie dauernd betheiligt bleiben wollen, Vortheile zu ziehen hoffen. Die Ausführung eines solchen Projectes könnte, wenn jene Bestimmungen ausnahmelos Geltung hätten, nicht nur erschwert, sondern unter Umständen gradezu vereitelt werden. Denn es convenirt nicht Jedem, und vielleicht dem ernsten, das bloſse Spiel mit Actien miſsachtenden Geschäftsmanne am allerwenigsten, daſs die Unternehmungen, in die er sich einläſst, der Oeffentlichkeit in so eminentem Maaſse preisgegeben werden. Um dies also zu verhindern, könnte man ferner anordnen, daſs die Gesammtheit der ersten Zeichner auf jene vorgeschlagene Prüfung der Sachverständigen gültig verzichten dürfe, wenn einstimmig eine hierauf bezügliche Erklärung in dem Gründungsprotocoll abgegeben werde, daſs die ersten Zeichner aber dann für einen bestimmten Zeitraum bei dennoch erfolgendem Verkauf der Actien jenen, den Bestimmungen über gewagte Geschäfte nachgebildeten Vorschriften, unterworfen bleiben. Als angemessener Zeitraum würde sich das erste Geschäftsjahr, oder noch genauer, die Zeit von der Eintragung der Actiengesellschaft in das Handelsregister, bis nach der Rechenschaftslegung über das erste Geschäftsjahr empfehlen. Die Dauer eines Jahres ist lang genug, um, zumal in geschäftlich bewegten Zeiten, wo eine Woche nicht selten schon die gröfsten Veränderungen hervorruft, zu verhindern, dafs die Gründer etwa diese Zeit abwarteten, nach deren Verlauf sie, aller Fesseln ledig, die Actien an den Markt bringen könnten. Schwerlich wird, wenn schon die Absicht dazu irgendwo bestände, Jemand sein Vermögen auf solche Aussichten wagen. Die Art der Rechenschaftslegung aber, welche weiterhin in Vorschlag gebracht wird, ist geeignet, durch die Gesammtheit ihrer Darlegungen ein so anschauliches Bild von der Geschäftslage zu geben, dafs der kauflustige Capitalist, sofern er sich ausreichend orientirt, einer Täuschung nicht unterliegen kann. Und damit nicht behufs Umgehung des gesetzgeberischen Willens das erste Geschäftsjahr durch Vorschrift des Statuts etwa verkürzt werde, liefse sich zugleich bestimmen, dafs dasselbe niemals eine kürzere Dauer als die eines Kalenderjahres haben dürfe. Würde jener Verzicht von den ersten Zeichnern erklärt, so müfste dies in die Bekanntmachung des Handelsrichters über die Eintragung mit aufgenommen werden.

Um den Ring vollständig zu schliefsen, bedarf es endlich noch einer Vorschrift, welche verhindert, dafs die Zeichner etwa mittelst simulirter Verträge ihre Actien Anderen überlassen, und dafs diese dann in der Ersteren Auftrage die Emission, ohne an die gesetzlichen Beschränkungen gebunden zu sein, vornehmen. Denn als Grundsatz mufs immer gelten, dafs die ersten Zeichner nur ihren directen Nachfolgern gegenüber zur Erfüllung aller jener vorgeschlagenen Verpflichtungen schuldig sind. Mit wem sie nicht contrahirt haben, der kann auch nicht berechtigt sein, sie in Anspruch zu nehmen. Ist aber ihr erster Rechtsnachfolger nur scheinbar ein solcher, während er in Wahrheit als Commissionär oder Bevollmächtigter oder unter sonst irgend einem Titel für ihre Rechnung und in ihrem Auftrage die Actien veräufsert, so sollte eben erst der folgende gelten, oder es wäre überhaupt der erste wirkliche Rechtsnachfolger derjenige, dem sie die Verantwortung schuldeten. —

Diese Vorschläge möchten für eine sachgemäfse Reform der Vorschriften uber die qualificirte Gründung ausreichend sein. Damit ist indefs die Reihe der nothwendigen Neuerungen noch nicht zu Ende. Es wurde schon wiederholt bemerkt, dafs die Erwerbung von Anlagen, deren eine neu gegründete Gesellschaft für ihre Zwecke bedarf, auch erst nach Eintragung in das Handelsregister durch die Verwaltungsorgane erfolgen kann, und dafs hierbei arge Collusionen denkbar sind. Liefse man diese ganz unberucksichtigt, so würde bei den Schwierigkeiten, die fortan fur die Inferirung von Apports zweifellos entstehen werden, jener andere Weg zur gewinnreichen Uebereignung von Anlagen an eine Actiengesellschaft künftig vielleicht naher in's Auge gefafst werden, zumal die Gründer im Anfange die Bestellung des Vorstandes in ihrer Macht haben*) und also ihr Ziel auf

*) Da die Gründer zu Anfang die Bestellung des Vorstandes ganz in ihrer Gewalt haben, so dafs sie demselben ihren Willen aufnothigen können, oder nur ihnen ergebene Vorstandsmitglieder einzusetzen brauchen, so ist von einigen Seiten der Vorschlag gemacht worden, lieber die Gründer selbst als den ersten Vorstand zu erklären, der zurückzutreten habe, sobald eine künftige Generalversammlung es ihm befehle. Während dies beispielsweise in England geltendes Recht ist, so ist die Aufnahme einer ähnlichen Vorschrift in das deutsche Actienrecht keineswegs anzurathen. Sie wäre wirklich nur angebracht, wenn man jede neu gegründete Actiengesellschaft lediglich aus dem Gesichtspunkte der Seitens der Gründer zu gewärtigenden Täuschungen zu betrachten hätte. Die Actiengesellschaft ist doch aber vor Allem zur Verfolgung eines vorgeschriebenen Zweckes geschaffen, und die Gründer bieten als solche mindestens keine Gewähr dafür, dafs ihnen die zur Geschäftsführung erforderliche Sachkenntnifs beiwohne. Soll eine Actiengesellschaft von Anfang an ihren Zweck ernstlich verfolgen, so mufs bei Bestellung des Vorstandes vor allem die Rücksicht hierauf zur Geltung gelangen können und alles Andere kann erst in zweiter Linie in Betracht kommen. In England, wo die Gesellschaft für's Erste zum Betriebe des Gesellschaftszweckes kein Geld hat, fällt dieser Grund fort. Daselbst beschränkt sich die Thätigkeit des Vorstandes zu

diesem Wege ohne Muhe erreichen könnten. Sie durften dann, nachdem sie der Gesellschaft die betreffenden Anlagen ubereignet hätten, ihre Actien ohne Störung verkaufen, während die wahre Sachlage vielleicht erst bei der nächsten Bilanz enthüllt würde. Es soll keineswegs gesagt sein, daſs man sich Seitens des Handelsstandes solcher Manipulationen leicht versehen könne; im Gegentheil, das Bewusstsein, daſs in dem angedeuteten Verfahren eine Verleitung der Vorstandsmitglieder zur strafbaren Untreue liegen könnte, würde anständige Geschäftsleute von solchen Combinationen unbedingt zurückhalten. Indeſs, wenn einmal Vorsichtsmaſsregeln getroffen werden sollen, so müssen sie vollständig sein, und gegenuber der in's Auge gefaſsten Gefahr eine geschlossene Reihe bilden. Daher sind auch die selteneren Fälle mit in Betracht zu ziehen.

Die Erkenntniſs, daſs nach dieser Richtung ebenfalls Schutzmaaſsregeln erforderlich seien, ist schon in dem Wiener'schen Gutachten zum Ausdruck gebracht. Wiener will (was oben bei der Darstellung seiner Vorschläge mit Absicht übergangen wurde, weil es besser hier anzuknüpfen ist), gegen diese Eventualität durch eine, seinem Art. 209b in letzter Linie angefügte Anordnung helfen. Er proponirt unter Bezugnahme auf den von ihm vorgeschlagenen Prospect folgende Bestimmung:

> «Will die Gesellschaft innerhalb des ersten Jahres nach ihrer Errichtung Anlagen oder sonstige Vermögensstücke übernehmen, so wird die gedachte Uebernahme erst dann rechtsverbindlich, wenn Seitens des derzeitigen Aufsichtsraths und Vorstandes der Gesellschaft ein gleicher Bericht unter Angabe derselben Thatsachen in der angegebenen Weise in den Gesellschaftsblättern veröffentlicht worden ist».

Und was die Haftbarkeit betrifft, so schlägt er vor:

> «In gleicher Weise, wie die Gründer, haften diejenigen Mitglieder des Aufsichtsraths und Vorstandes,

Anfang auf den Actienverkauf, den die Gründer als Vorstandsmitglieder zu bewirken suchen. Gelingt er, und kann die Gesellschaft also ihren Zweck verfolgen, so treten auch in England die Gründer zurück, und ein sachverständiger Vorstand tritt an ihre Stelle.

welche in dem Fall des Art. 209b Schlufsalinea einen wahrheitswidrigen Bericht veröffentlicht haben».

Aufserdem will er entsprechend der den Gründern angedrohten Betrugsstrafe die Mitglieder des Vorstandes und des Aufsichtsraths eventuell von der Strafe der Untreue betroffen sehen.

Dieser Vorschlag ist nicht so durchdacht, als es dem sonstigen Inhalte der Wiener'schen Reformideen nachgerühmt werden kann; er erscheint wie ein Nachtrag, der hinzugefügt worden ist, ohne in das Ganze recht hineinzupassen. So wie die Gründer bei Publication des obligatorischen Prospects für unrichtige Angaben verantwortlich sind, so sollen es in dem erwähnten Falle die Mitglieder der Verwaltung sein. Das ist der leitende Gedanke. Die Gründer selbst träfe also nur, insoweit sie für Theilnehmer erachtet werden könnten, eine Verantwortung, und nur die strafrechtliche; eine civilrechtliche Haftpflicht liefse sich nicht leicht denken. Es träte dann der sonderbare Zustand ein, dafs die Mitglieder der Verwaltung den getäuschten Actienkäufern den Schaden zu ersetzen hätten, während die Gründer selbst, in deren Interesse Alles geschehen wäre, frei ausgingen, — vielleicht auch in strafrechtlicher Beziehung. Denn Handlungen, welche die Theilnehmerschaft ausmachten, würden sich selten präcis nachweisen lassen, und oft wirklich nicht existiren. In der Geschäftswelt, wo das persönliche Verhalten sich mehr als in anderen Kreisen der Gesellschaft nach dem Interesse regelt, zeigt sich überdies nicht selten eine Art verständnifsvoller Willfährigkeit, die in einem auf anderweite Beziehungen zurückzuführenden Abhängigkeitsverhältnisse beruht, und sich darin äufsert, dafs der Kleinere, welcher des Gröfseren Wünsche kennt, dieselben ohne nur eines Winkes zu bedürfen, ausführt. Auch hat jener Vorschlag eine Lücke, durch welche hindurchzuschlüpfen nicht schwer wäre. Es käme nur darauf an, dienstbereite Subjecte zu finden, die sich als Vorstandsmitglieder der Gesellschaft einsetzen liefsen, da sie wegen naheliegender Ursachen keine Veranlassung hätten, einer Regrefspflicht aus dem Wege zu gehen. In grofsen Städten finden sich solche Persönlichkeiten nicht selten, wie ja das Beispiel lehrt, dafs es neuerdings immer Leute giebt, die im Dienste von Grundstückbesitzern, um den Ausfall von Hypotheken bei der Subhastation und die Inanspruchnahme Jener aus der persönlichen Verbindlichkeit zu verhindern oder hinauszuziehen, die betreffenden Immobilien für hohe Preise erwerben, und sodann die Resubhastation gleichgiltig über sich ergehen lassen. Fänden sich solche Menschen, so wäre, da die Vorstandsmitglieder einer Controlle hinsichtlich ihrer Qualification nicht unterstellt sind, für den Gründer das Mittel gegeben, allen Mifslichkeiten aus dem Wege zu gehen, und sein Ziel dennoch zu erreichen. Und hiervon abgesehen scheint der Vorschlag die gleiche Hilfe, wie der obligatorische Prospect, gar nicht zu gewähren, denn jener soll vor der Eintragung der Actiengesellschaft, also ehe Actien geschaffen und veräufsert werden können, publicirt werden; hier aber ist die Veräufserlichkeit inzwischen schon vorhanden gewesen, und kann füglich nicht suspendirt werden. Wenn aber Wiener will, dafs jene Erwerbungen erst nach der Publication des von den Verwaltungsorganen zu erlassenden obligatorischen Prospects rechtsverbindlich sein sollen, so ist das nicht eine Bedingung, sondern nur eine Zeitbestimmung, da die Abmachungen ja, sobald der Prospect veröffentlicht ist, ohne Weiteres rechtsverbindlich werden. Daher hätte diese Maafsregel in der Praxis nur die Wirkung, dafs die Actionäre möglichst rasch Nachricht von der ihnen bereiteten Schädigung empfingen, ohne aber gegen dieselbe noch irgend etwas Wirksames unternehmen zu können.

Auf solchem Wege ist also dem Uebel nicht zu begegnen. Jedoch auch die Prüfung durch Sachverständige wäre hier schon deshalb nicht am Platze, weil der Eintritt jenes Zeitraumes, während dessen den Verkäufern die Pflicht zur erhöhten *bona fides* gleich den Contrahenten gewagter Geschäfte obläge, sich im Voraus nicht bestimmen liefse, und also eine absolute Rechtsunsicherheit entstehen könnte. Ueberdies mufs das Hilfsmittel auf alle Actiengesellschaften ausnahmelos anwendbar sein. Es mufs überall wirken können, wo die noch im Besitze der Actien, und daher auch noch im Besitze der Macht sich befindenden Gründer die Absicht haben, sich auf Kosten der neuen Actiengesellschaft durch Abschlufs von Verträgen mit derselben zu bereichern. Andererseits aber soll zugleich das freie Recht der Gesellschaft, Verträge zu ihrem Nutz und Frommen zu schliefsen, gewahrt bleiben. Auch solche Abmachungen dürfen nicht tangirt werden, welche die Verwaltung mit Dritten abgeschlossen hat, wenn sie selbst zum entschiedensten Nachtheil der Gesellschaft ausschlagen, — sofern nur keine Collusionen mit den Gründern dabei stattgefunden haben.

Die hiernach zu bekämpfenden Abmachungen umfassen ein viel gröfseres Gebiet als jene, welche nur die Apports betreffen. Es könnten beispielsweise Gesellschaften, deren Zweck der Betrieb von Waarengeschäften ist, durch die Erwerbung eines grofsen Waarenlagers aus der Hand der Gründer in empfindlicher Weise benachtheiligt werden; und gerade an solchen Operationen würde vielleicht in Zukunft einmal mit Vorliebe Gewinn gesucht. Wie die Gründerperiode der Jahre 1871—1872 eine immense Conjunctur in Fabrikanlagen und Grundstücken hervorrief, so könnte einmal ein gleicher Aufschwung zu Gunsten grofser und für den Grofshandel geeigneter Waarenlager entstehen. Denn wenn das Gründen von Actiengesellschaften nur um seiner selbst willen geschieht, so ist es dem Gründer gleichgiltig, aus welcher Art von Geschäften er seinen Reichthum herholt; er wählt den Weg, welcher am bequemsten zum Ziele führt. Im Dienste solcher Zwecke könnte auch einmal eine neu gegründete Baugesellschaft durch einen sofort nach ihrer Eintragung in das Handelsregister abgeschlossenen Entreprise-Vertrag unheilbar ruinirt werden. Aehnliche Fälle haben sich wirklich ereignet; ja, es liefsen sich Baugesellschaften bezeichnen, die nur zu dem Zweck in's Leben gerufen worden sind, um in ihnen einen zahlungsfähigen Contrahenten für einen recht nachtheiligen Entreprise-Vertrag zu schaffen, für den sich ein privater Bauunternehmer durchaus nicht hatte finden wollen. Selbst die Banken sind nicht frei von der Gefahr, durch grofse Consortialbetheiligungen, die ihnen von den an der Gründung Betheiligten aufgenöthigt werden, gleich von Anfang schwere Verluste zu erleiden. Man sieht, das hier erforderliche Hilfsmittel mufs so beschaffen sein, dafs es gegen die verschiedenartigsten Benachtheiligungen generell wirken kann, und andererseits doch den ernsthaften Geschaftsbetrieb gar nicht tangirt. Zur Erreichung dieses Zieles bietet sich kein besseres Hilfsmittel, als wiederum die Anwendung jener Vorschriften über gewagte Geschäfte. Das höhere Maafs von Offenheit und Treue, zu welchem nach dem bereits entwickelten Vorschlage der erste Zeichner von Actien beim Verkauf derselben verpflichtet sein soll, müfste für die Actien aller Gesellschaften ausnahmelos während der Zeit von der Eintragung bis nach der ersten Rechenschaftslegung gelten. Durch eine solche Vorschrift würde eine Barre zwischen dem ersten Zeichner und der Gesellschaft errichtet; es würde die Botmäfsigkeit der letzteren gegenüber den ersten Actionären beseitigt, die, zumal in dem Falle, wo diese ersten Actionäre einen kleinen Kreis bilden, nicht minder schädlich zu wirken vermocht hat, als der Inhalt des Art. 209b. Mit Unrecht würde man diesem Vorschlage etwa entgegenhalten, dafs er in anderer Form ein ähnliches Maafs von Pression auf die Grunder einer Actiengesellschaft ausübe, wie es oben den Wiener-Behrend'schen Vorschlägen zum Vorwurf gemacht wurde. Die hier gestellte Anforderung sucht ihr Gewicht keineswegs in der positiven Nöthigung der Gründer, dasjenige zu bekennen, was sie bereits gethan haben, sondern vielmehr darin, dafs sie die Gründer hindern soll, der Gesellschaft einen Schaden zuzufügen, sofern sie sich nicht bei Verkauf der Actien der Nothwendigkeit aussetzen wollen, das Geschehene offen darzulegen. Darin liegt keine Härte, und dieses Ziel mufs unbedingt erreicht werden, wenn die Reform des Gründungsverfahrens zu einem befriedigenden Abschlufs gelangen soll. Es ist ebenso wichtig, ja vielleicht noch wichtiger, als die Beseitigung des aus dem Art. 209b hervorgehenden Rechtszustandes. Liefse man diese Seite der Sache aufser Augen, so würde die Zukunft lehren, dafs die Gesetzgebung nicht die Ausschreitungen bei Gründungen uberhaupt, sondern nur diejenige Species zu bekämpfen verstanden hat, welche gerade in der letzten Gründerepoche in besonderer Bluthe war. Und eine vielleicht nach Jahrzehnten sich entwickelnde neue Gründungsepoche wurde dann zeigen, wie erfinderisch die Gewinnsucht in Ausnutzung derjenigen Auswege ist, welche das neue Gesetz zu verschliefsen unterlassen hätte.

---

§ 5.

Fortsetzung; Kritik der gewonnenen Resultate.

Eine wesentliche Schwierigkeit bei Construirung der soeben entwickelten Reformvorschläge hat darin bestanden, alle übermäfsigen Belastungen von Handel und Verkehr nach Möglichkeit zu vermeiden. Nirgends sind Theorie und Praxis so leicht der Gefahr eines Conflictes mit einander ausgesetzt, wie auf dem Gebiete des Handelsrechts. Unbeschränktheit von Handel und Wandel, die der Geschäftsmann fordert, und Schutz gegen Täuschung und Uebervortheilung, die man Namens des Staates beansprucht, werden leicht als Gegensätze erklärt; und es ist nicht zu leugnen, dafs keine gesetzgeberische Aufgabe im Allgemeinen leichter zu erfüllen ist, als diejenige, Hindernisse aufzubauen, keine schwerer, als die gesetzlichen Bedurfnisse der Verkehrsfreiheit anzupassen. Sollten die im vorigen Paragraphen entwickelten Reformvorschläge gesetzliche Geltung erlangen, so würden dadurch die Voraussetzungen, unter denen Gründungen von Actiengesellschaften in Zukunft möglich sind, total verändert. Zunächst wäre das rasche Tempo, durch welches sich die Gründungen der letzten Epoche ausgezeichnet haben, zur Unmöglichkeit gemacht. Selbst die Geldgesellschaften hätten auf eine so prompte Eintragung wie bisher nicht mehr zu rechnen, und gewifs nicht, wenn, wie weiterhin in Vorschlag gebracht wird, die Prüfung des Statuts jeder neu gegründeten Actiengesellschaft collegialischer Berathung unterstellt würde. Noch viel weniger wäre das Gleiche bei Actiengesellschaften mit Apports der Fall. Möchte auch immerhin die sachverständige Prüfung mit aller thunlichen Eile geschehen, so würden vom Tage der Eintragung bis zur Publication des Sachverständigen-Berichtes immer einige Wochen vergehen; und diese Frist würde sich bei Vornahme einer Superrevision noch entsprechend verlängern. Solche Zeitverluste sind gegenüber den Verhältnissen des Geldmarktes sehr störend. Man würde im Voraus nicht mehr ermessen können, ob in dem Momente, wo die neuen Actien emissionsfähig werden, der Markt noch die erforderliche Aufnahmefähigkeit besitzen werde; und darin allein läge schon der Verlust eines Hilfsmittels, ohne welches die Herstellung jener aus der letztcn Gründerperiode bekannten Gebilde definitiv unmöglich würde. Die Neugründungen von Actiengesellschaften würden also viel weniger zahlreich sein, und selbst in einer sehr günstigen Epoche niemals massenweise geschehen können. Das Entstehen einer neuen Actiengesellschaft würde wieder werden, was es vorher war, nämlich ein Ausnahmefall; und das wäre gerade das Richtige. Actiengesellschaften müssen im Bereiche der Geschäftswelt Ausnahmen sein, wenn sie Aussicht auf allgemeines Vertrauen haben, und wenn ihnen für die Theilnahme an der Verwaltung solche Kräfte zur Verfügung stehen sollen, wie sie deren behufs gedeihlicher Entwickelung bedürfen.

Der Referent des Juristentages von 1873 hat nach dieser Richtung eine abweichende Ansicht kund gegeben, indem er wörtlich sagte:

> «Die Actiengesellschaften haben den Vorzug, die Capitalien überall aufzunehmen, wo sie disponibel sind, sie überall zu verwerthen und damit zugleich der grofsen Masse, die nur einen geringen Ueberschufs an disponiblem Capital hat, Gelegenheit zu geben, an dem Erwerbe grofsartiger Unternehmungen zu participiren».

Damit ist freilich eine Möglichkeit bezeichnet, nur nicht eine solche, deren Verwirklichung wünschenswerth ist. Es wird dadurch der Actiengesellschaft eine Stellung vindicirt, die sie thatsächlich nicht hat, die man ihr jedenfalls nicht einräumen sollte. Denn, wenn es ganz richtig ist, dafs sie auch beschränkten Mitteln die Gelegenheit zur Theilnahme an grofsartigen Unternehmungen gewährt, so bleiben doch diese Unternehmungen, wie grofsartig sie sein mögen, ja vielleicht je grofsartiger sie sind, in desto höherem Maafse Speculationen;

und es ist durchaus nicht wünschenswerth, dafs das Volk dazu erzogen werde, seine Ersparnisse vorzugsweise in Werthen anzulegen, die selbst bei solider Gestaltung des ganzen Actienwesens die Möglichkeit erheblicher Verluste niemals ausschliefsen. Die Stellung, welche hier den Actien vindicirt ist, gebührt in erster Reihe denjenigen Papieren, welche durch Staatsanleihen, durch Anlehen grofser und bereits befestigter Actiengesellschaften, insbesondere in der Form von Prioritäts-Obligationen der Eisenbahnen, als Anlagemittel für Ersparnisse geboten werden. Es ist sehr wünschenswerth, dafs der Sinn des kleinen Capitalisten darauf hingelenkt werde, seine Ersparnisse, wenn nicht ganz, so doch zum gröfsten Theil in soliden zinstragenden Papieren unterzubringen. Das französische Volk bietet in dieser Beziehung ein lobenswerthes Beispiel; und übrigens huldigen die Einsichtsvollen aller Orten dem Grundsatze, höchstens einen mafsigen Theil ihres Vermögens in Papieren anzulegen, die wohl eine gröfsere Rente, als zinstragende Schuldverschreibungen erbringen können, dafür aber auch die Gefahr eines Capitalverlustes in sich bergen. Ganz gewifs würde dieser Zustand die andere Wirkung üben, dafs grofse Unternehmungen seltener entständen, als es in letzter Zeit der Fall war, und dafs dem Staate darin eine geringere Concurrenz als bisher gemacht würde. Es kann aber, wie schon in der Einleitung gesagt worden, kein Freund des Vaterlandes wünschen, dafs grofsartige Anlagen geschaffen werden, wenn sie nur um den Preis herstellbar sind, dafs der Wohlstand, oder die mühsamen Ersparnisse vieler Familien des Landes unter ihnen begraben werden. Wäre, um ein Beispiel anzuführen, der Kranz von Villen und Landhäusern, mit denen man im Jahre 1872 die Hauptstadt des Reiches zu umgeben gedachte, selbst in viel gröfserem Umfange, als es geschehen ist, zu einer Wirklichkeit geworden, so hätte das dadurch Erreichte in den Augen des achten Patrioten doch niemals die Verluste aufgewogen, welche die leichtgläubigen Capitalisten an den Actien der zur Ausbeutung jener Unternehmungen gegründeten Terraingesellschaften erlitten haben. Und so viel steht fest, die Entscheidung hierüber führt an einen Scheideweg. Wer das Eine will, kann das Andere nicht erreichen. Ein häufiger Zuwachs an grofsartigen Privatunternehmungen — wobei von Eisenbahnen abgesehen werden kann — ist nur denkbar, wenn man zuläfst, dafs der Private von Zeit zu Zeit ein Mal zu gewagten Speculationen verleitet werde. Denn solche Unternehmungen entstehen nur sehr selten um ihrer selbst willen, sie sind fast immer das Mittel zum Zwecke eines grofsen Geldgewinnes. Wer die Bewahrung der Ersparnisse des Einzelnen als das bessere Mittel zur Steigerung des nationalen Wohlstandes erkennt, der darf solche Aderlässe nicht wünschen, und mufs deshalb eine plötzliche und massenweise Entfaltung neuer Actienunternehmungen einzudämmen bestrebt sein. Dabei ist übrigens zu bemerken, dafs diejenige Species der Actiengesellschaften, welche der Entwickelung des Verkehrs immer am meisten zu dienen vermag, und welche zweifellos nächst den Eisenbahnen trotz aller Mifserfolge der vergangenen Jahre die beste ist, nämlich die grofsen Banken — von den vorgeschlagenen Maafsregeln am wenigsten betroffen werden. Allzu ängstliche Gemüther können sich also mit dem Bewufstsein trösten, dafs der befruchtenden Wirkung, welche Banken durch eine erweiterte Gewährung von Credit hervorrufen können, ein wesentliches Hindernifs nicht in den Weg gelegt wird. Nur in einer einzigen Beziehung würden die ersten Zeichner von Bankactien, wie fortan ausnahmelos die Zeichner von Actien, im ersten Jahre der Existenz der Actiengesellschaft einer Beschränkung unterworfen sein, — nämlich in dem Abschlufs von Geschäften mit der neuen Gesellschaft. In diesem Punkt gehen die diesseitigen Vorschläge weiter, als diejenigen von Wiener und Behrend, welche sich auf die Bekämpfung der Mifsbräuche bei Apports beschränkt haben. Aber sie treffen nur den Schuldigen, während sie den Unschuldigen nicht belästigen, nicht einmal tangiren. Es ist Niemandem verwehrt, Geschäfte mit der neuen Gesellschaft zu machen; sind sie solcher Art, dafs der Actienbesitzer die Willensfreiheit des Gesellschaftsvorstandes nicht zum Nachtheil der Gesellschaft beeinträchtigt hat, dafs sie also auf den Entschlufs des Actienkäufers ohne Einflufs sein würden, so ist der Zeichner nicht verpflichtet, bei dem Verkauf der Actien etwas davon zu erwähnen. Aber hüten mag er sich, die Machtfülle, die in dem Actienbesitze liegt, zur Schädigung der Gesellschaft zu mifsbrauchen. Und wenn er es gethan hat, so soll er es wenigstens nicht verschweigen, nicht die Actien mit unbefangener Miene dem nichts Arges ahnenden Capitalisten verkaufen dürfen. Diese Fürsorge ist nicht weniger wichtig, als jene gegen den Inhalt des Art. 209b gerichteten Reformvorschläge. Und würde ein neues Gesetz demgemäfs eingerichtet, so wäre dadurch den Actiengesellschaften für die erste Zeit ihrer Entwickelung die wohlthätigste Unterstützung gesichert.

Es könnte die Frage entstehen, ob, wenn wirklich eine Inschutznahme der Gesellschaft gegen die Zudringlichkeiten der grofsen Actionäre geboten ist, es nicht eine halbe Maafsregel sei, dieselbe auf die Dauer eines Jahres zu beschränken. Gewifs ist die Möglichkeit nie ganz ausgeschlossen, dafs Actionäre, welche gegen ihren Willen die zu gewinnbringendem Verkauf geschaffenen Actien Jahre lang behalten müssen, auch ein Mal einen rechtswidrigen Gebrauch von dem Einflufs machen, den der grofse Actienbesitz unter allen Umständen gewährt. Indefs, hieraus würde sich noch nicht rechtfertigen, dafs man der vorgeschlagenen Maafsregel eine weitere Ausdehnung gäbe. Dies würde dahin führen, dafs auch gegen Gewaltacte späterer Actionäre Vorkehrungen getroffen werden müfsten, und daraus würde zuletzt eine vollständige Umgestaltung der Rechtsverhältnisse im Innern der Gesellschaft entstehen. Für den hier in's Auge gefafsten Zweck reicht das erste Jahr aus; denn es sollen hier nicht alle an sich möglichen Einflüsse grofser Actionäre bekämpft werden, sondern nur diejenigen unlauteren Bestrebungen, welche den Anlafs zur Gründung gegeben haben. Und dabei wird von der gewifs nicht unrichtigen Annahme ausgegangen, dafs, wenn der Eine die Herstellung der Gesellschaft behufs einer vortheilhaften Inferirung von industriellen Anlagen unternimmt, ein Anderer sie auch unternehmen könnte, um in ihr die zahlungsfähige Käuferin solcher Realitäten, oder vielleicht eines Waarenlagers zu schaffen, ein Dritter, um einen Entreprise-Vertrag mit ihr abzuschliefsen, ein Vierter, um sich mit Hilfe der jungen Gesellschaft von irgend einem lästigen Besitz vielleicht unverkauflicher Waaren oder Werthpapiere, oder von einem für ihn nachtheiligen Consortialvertrage zu befreien.

Was nun die Gründungen mit Apports betrifft, so sind sie selbstverständlich bei Einführung der vorgeschlagenen Reformen weder in dem bisherigen Umfange, noch zu den bisherigen Zwecken ferner möglich. Es ist nicht anzunehmen, dafs sich viele Consortien von ersten Zeichnern der Kritik des in Vorschlag gebrachten Sachverstandigen-Berichtes aussetzen werden, oder etwa der Verpflichtung, alles dasjenige zu leisten, was die Bestimmungen über aleatorische Verträge dem Verkaufer an Treue und Offenheit abfordern. Actiengesellschaften mit Apports werden meist nur entstehen, wenn auf Seiten der Zeichner die Absicht vorliegt, die Actien zu behalten, und zunächst aus dem Unternehmen selbst Früchte zu ziehen. Der Fall der Gründung behufs gewinnbringender Veräufserung der Actien wird nur bei Inferirung von wirklich vorzüglichen Objecten vorkommen, die eine sachgemäfse Kritik nicht zu fürchten, sondern eher zu wunschen haben. Andererseits würde vielleicht, was die letzte Gründerperiode fast gar nicht gekannt hat, die Herstellung solcher Actiengesellschaften, die sich ihre Anlagen nach einem eigenen Plane selbst errichten, wieder öfter erfolgen. Dies Alles aber würde gerade beweisen, dafs die Gesetzgebung sich auf dem richtigen Wege befinde.

Und noch eine andere Wendung wird vielleicht eintreten: Man wird Erwerbsgesellschaften mit Apports hin und wieder ein Mal in der Form von Commanditgesellschaften auf Actien in's Leben rufen. Auch dies könnte den Gesetzgeber nur mit Befriedigung erfüllen. Denn die letzte Gründerperiode hat, wie schon erwähnt worden, gelehrt, dafs sich selbst in Zeiten der tollsten Illusionen die persönlich haftenden Inhaber fur schlechte Unternehmungen doch nicht leicht haben finden lassen. Hier wäre es auch nicht möglich, das unsaubere Hilfsmittel der Einsetzung von dem Willen der Zeichner ergebenen Persönlichkeiten als Inhaber, zu wählen. Denn sobald es sich um Actien einer Commanditgesellschaft handelt, richten sich alle Blicke auf die Person des Inhabers. Ist dieser eine unbekannte Gröfse, so lauft das Unternehmen immer Gefahr, Fiasco zu machen. Geniefst er aber Ansehen unter seinen Berufsgenossen, hat er an Ehre und Vermögen etwas einzusetzen, so liegt hierin wenigstens die Garantie fur seine persönliche Ueberzeugung von dem Werthe der Sache. Und darin könnte der solide Capitalist einen begrundeten Anlafs zur eigenen Betheiligung finden.

---

§. 6.

Die Gründung der Eisenbahngesellschaft.

In dem Abschnitt über die qualificirte Gründung ist von der Grundung der Eisenbahngesellschaft nicht die Rede gewesen, weil von der Ansicht ausgegangen wurde, dafs diese Unterart ein Anrecht auf abgesonderte Behandlung habe.

Der Ursachen hierfur sind mehrere. Eisenbahnen erfordern ausnehmend grofse Capitalien, können immer nur im Verlaufe von Jahren nach Errichtung der Actiengesellschaft, der sie gehören, erbaut werden, und bieten besondere Schwierigkeiten bei der Feststellung der Kosten; aufserdem sind die Actionäre wegen des in Betracht kommenden Staatsinteresses so wesentlich in der freien Entschliefsung uber ihre Angelegenheiten gehemmt, wie dies bei keiner anderen Art der Actiengesellschaft der Fall ist. Die besonderen Vorschriften uber die Gründung der Eisenbahngesellschaften müssen deshalb gewisse Einschränkungen der allgemeinen Gründungsvorschriften enthalten, nur in anderer Richtung als jene uber die qualificirte Gründung. Die ganze Frage verdient eine um so sorgfältigere Untersuchung, als die Art, wie sie gelöst wird, nicht ohne Einflufs auf die Entwickelung der wirthschaftlichen Zustande des Landes bleiben kann. Gegenwärtig freilich prävalirt die Hinneigung zu der ausschliefslichen Staatseisenbahn in solchem Maafse, dafs, wer sich nur auf den Standpunkt des Bedürfnisses stellen wollte, überhaupt keine Veranlassung hätte, die Sache ernsthaft zu behandeln. Indefs ist doch die Möglichkeit nicht ausgeschlossen, dafs auch einmal ein Wechsel in den Anschauungen Platz greife, der dem Privateisenbahnbau die Sympathien zurückbrachte, welche er früher besessen hat. Vielleicht verhalt es sich auch so, dafs man sich nur deshalb mit Eifer der Idee der Staatseisenbahn zuwendet, weil der Privateisenbahnbau unter Beobachtung der jetzt darüber geltenden Vorschriften schlechterdings nicht ferner ausfuhrbar ist. Fänden sich aber Mittel und Wege ihn wieder zu beleben, ihm vor allem das Vertrauen der Besitzenden wieder zugänglich zu machen, das er gegenwärtig absolut verloren hat, so würde vielleicht schon dadurch eine veränderte Strömung hervorgerufen.

Zunächst ist im Auge zu behalten, dafs der Privateisenbahnbau insofern in eine neue Phase seiner Entwickelung tritt oder getreten ist, als die grofsen Heerstrafsen fertig sind, und es sich nur noch um Concurrenzlinien zu denselben oder um Vicinalwege handelt. Und da die letzteren immer mehr die Sorge der unteren Verbände, d. h. der Provinzial- und Kreisverbände sind, während allein jene das unmittelbare Interesse des Staates fur sich in Anspruch nehmen, so müssen fruchtbare Reformvorschläge die Möglichkeit einer lebhaften Betheiligung der unteren Verbände vorzugsweise ins Auge fassen.

Die geltenden Vorschriften über das Eisenbahngründungswesen bilden ein höchst unerquickliches Conglomerat gesetzlicher Vorschriften und administrativer Anordnungen. Erinnerte man sich nicht, dafs sie nur nach und nach, unter wechselnden Verhältnissen und Bedurfnissen entstanden sind, und also ein Flickwerk im strengsten Sinne des Worts darstellen, so wäre nicht zu begreifen, wie sie den intelligenten Verwaltungsbeamten unseres Vaterlandes erträglich erscheinen können. Kein einziger der mitwirkenden Factoren, weder der Staat noch die Gründer, noch die Verwaltung der Gesellschaft, noch die Actionäre haben den richtigen Standpunkt zur Sache.

Der Staat tritt gegenüber der entstehenden Eisenbahngesellschaft in zweifacher Beziehung in Thätigkeit; zunächst mufs er die Linie concessioniren, er mufs zustimmen, dafs sie in's Leben gerufen werde; und ferner mufs er, nachdem er die von der Zweckmäfsigkeit der Linie, dem Vorhandensein des erforderlichen Baucapitals, und vielen andern Rücksichten abhängige allgemeine Einwilligung ertheilt hat, den Bau im Einzelnen controlliren, und dabei die im öffentlichen Interesse erforderlichen Anordnungen selbstständig treffen. Die letztere Befugnifs bringt es mit sich, dafs der Staat die Eisenbahngesellschaft zur Unterlassung gewisser Bauprojecte, und zur Durchführung anderer, trotz ihres gegentheiligen Willens veranlassen kann. Dieses Recht des Staates ist ein nothwendiges Uebel; denn häufig sind jene Anforderungen mit grofsen Kosten verknüpft, so dafs sie zu einer Ueberschreitung des Baucapitals führen. Ja zuweilen sind sie so umfassend, dafs sie die Frage der künftigen Rentabilität der Bahn berühren, oder doch auf die Erträgnisse der ersten Jahre einen Einflufs üben. Diese Befugnifs des Staates, der Actiengesellschaft im öffentlichen Interesse unvorhergesehene Kosten zu bereiten, ist streng genommen mit der ganzen Idee der auf ein bestimmtes Vermögen basirten Actiengesellschaft unvereinbar, wenigstens, sobald man das Capital, und nicht die projectirte Linie als das Grundvermögen der Gesellschaft ansieht. Und da der Staat die Befolgung seiner Gesetze nicht erschweren, sondern unterstützen soll, so ist es gegenüber diesem mifslichen Zustande zum Mindesten seine Pflicht, darauf hinzuwirken, dafs jene unwillkommenen Ueberraschungen, welche der Eisenbahngesellschaft durch Zumuthung neuer Bauwerke etc. widerfahren können, auf das denkbare Minimum reducirt werden. Gewifs ist nicht jede im öffentlichen Interesse erforderlich werdende Bauleistung vorauszusehen; aber nach den jetzt geltenden Grundsätzen findet eine Bemühung um die rechtzeitige Feststellung der staatlichen Ansprüche Seitens der Regierungsorgane überhaupt nicht statt. Der Staat concessionirt die Bahn nach einem Anschlage, auf den er das von ihm zugelassene Baucapital basirt, und erscheint dann unter Ignorirung seines eigenen Gebotes, als wäre er eine von dem Concessionsertheiler verschiedene Person mit neuen in jenem Anschlage nicht vorgesehenen Anforderungen. Diesem Uebelstande sollte abgeholfen werden. Die staatlichen Organe sollten ihr eifrigstes Bemühen daran setzen müssen, die Ansprüche, welche der Staat zu erheben genöthigt sein möchte, so weit möglich, im Voraus klar zu stellen, damit das, was noch hinzukommt, auf ein unumgängliches Minimum beschränkt sei.

Nicht weniger wünschenswerth sind veränderte Vorschriften über die Mitwirkung des Staates an der Gründung selbst. Bisher galt der Grundsatz, dafs das Baucapital im Voraus, also ehe noch der erste Spatenstich geschehen war, zu normiren sei. Es hat sich aber fast bei jedem neuen Eisenbahnunternehmen gezeigt, dafs die Kosten eines Eisenbahnbaues sich im Voraus nicht bestimmen lassen, mindestens nicht mit der Sicherheit, die zu einer im Voraus geschehenden definitiven Feststellung die Berechtigung gäbe. Das fehlerhafte Bestreben, durchaus etwas thun zu wollen, wovon man nach allen Erfahrungen wissen kann, dafs es über menschliche Kräfte geht, sollte mindestens in der Gestalt einer stricten Anforderung nicht ferner bestehen. Und es verdient um so energischer bekämpft zu werden, als jene im Voraus geschehenden Feststellungen auf die Verhältnisse der Eisenbahngesellschaften oft die schädlichsten Folgen geübt haben. Wenn nämlich in Folge falscher Voranschläge zuletzt das Geld zur Fertigstellung der Eisenbahn fehlt, so bleibt immer nur der Ausweg übrig, es leihweise zu beschaffen. Es wird dann im günstigsten Falle eine Priorität aufgenommen, welche einen aliquoten Theil der auf den Bau bereits verwendeten Geldsumme ausmacht. Diese Priorität ist aber eine Schuld, welche sich ohne regelmafsige Verzinsung nicht contrahiren lafst. Das neue Unternehmen wird also gleich von vornherein mit einer Zinsenlast beschwert, während die Actionäre im Vertrauen auf die Einsicht und Sachkenntnifs der Regierungsorgane erwartet hatten und erwarten durften, dafs das Baucapital zureichen, und die Linie ihnen schuldenfrei werde hergestellt werden. Die Schuld aber wirkt nicht selten wirthschaftlich vernichtend auf das Ganze. Die neue Bahn hat wie jedes neue Unternehmen gewisse Kämpfe zu bestehen. Man kann nicht verlangen, dafs eine Eisenbahnlinie gleich von Anfang selbst nur die Früchte trage, die bei ganz vorsichtiger Beurtheilung für sie in Aussicht gestellt worden sind. Während also die Actionäre sich für die erste Zeit mit Hoffnungen trösten müssen, ist dieser Trost gegenüber den Besitzern der Prioritäts-Obligationen nicht zu verwerthen. Diese verlangen vom ersten Tage an ihre Zinsen, und geschieht die Verzinsung nicht, unterbleibt sie nur ein einziges Mal, so ist die Bahnlinie der Execution verfallen. Wenn also beispielsweise acht Millionen Grundcapital der Actiengesellschaft und drei Millionen geliehenes Capital zum Bau verwendet sind, so kann sich bei ausbleibender Zinszahlung in Folge vorübergehend schmaler Erträgnisse der Fall ereignen, dafs jene acht Millionen von diesen drei Millionen im Wege executivischer Maafsnahmen aufgezehrt werden. Diese wirthschaftliche Verschleuderung grofser Vermögensrechte findet ihre Hauptursache in dem bisher immer ohne Discussion für unabweisbar erklärten Erfordernifs, das Baucapital einer Eisenbahngesellschaft noch vor Beginn des Baues definitiv zu normiren. Treten dann Ereignisse der bezeichneten Art ein, so wird in der Regel der Einwand erhoben, dafs bei dem Verkauf der Actien ein zu bedeutendes Disagio beansprucht und gewährt worden, dafs, wenn ein mit dem Actiencapital identisches Baucapital zum Bau verwendet worden wäre, das Geld ausgereicht hätte, und dafs also nur die Habsucht der Gründer die Schuld des Uebels trage. Auf dem Gebiete des Eisenbahngründungswesens werden indefs die Vorwürfe wegen des Mifsgeschicks der Actiengesellschaften in vieler Beziehung zu Unrecht an die Adresse der Gründer gerichtet. Was den soeben erwähnten Vorwurf betrifft, so läfst sich an den einzelnen Fällen der Beweis führen, dafs auch, wo das Disagio sehr gering war, die Baugelder doch fast nie ausgereicht haben, und dafs selbst, wenn gar kein Disagio beansprucht worden wäre, sie nicht ausgereicht haben würden.*) Dieser Einwand kann aber überhaupt nur gemacht werden, so lange ein ausreichendes Verständnifs für die Allgewalt des Geldmarktes nicht vorhanden ist. Man kann durch Gesetz wohl befehlen, dafs die Verpflichtung des Zeichners stets auf Zahlung einer dem

*) Auch die Voranschläge für Staatsbahnen haben sich fast nie als wirklich zutreffend erwiesen.

Nominalbetrage der Actien gleichkommenden Summe lauten müsse, dafs also die sogenannten Emissionen «unter pari» nicht geduldet werden. So weit reicht die Macht des Gesetzes; aber sie reicht doch nicht weit genug, um dem Capitalisten Actien für einen zu hohen Kaufpreis gegen seinen Willen aufzunöthigen, oder um ihm mehr, als er zahlen will, dafür zu entlocken. Schätzt der Geldmarkt die Actien nur 80 % werth, so ist es ein durchaus nutzloses Verlangen, dafs der Gründer, der sie nur des Gewinnes wegen zeichnet, 100 % zahlen soll. Selbstverständlich gilt dies Alles überhaupt nur, so lange die Nominalbeträge, die auf diesem Gebiete immer eine ganz besonders perfide Rolle gespielt haben, bestehen bleiben. Die Täuschung, auf welche die Frage der Emission zu pari oder unter pari, der Zeichnung zu pari oder unter pari zurückzuführen ist, und welche dieses leere Spiel mit Worten als ein ernsthaftes und schwieriges Problem erscheinen läfst, schwindet selbstverständlich und mit einem Schlage, sobald man die Nominalbeträge beseitigt.*) Die Belastung einer Eisenbahnlinie mit einer Behufs Fertigstellung des Baues zu contrahirenden Schuld mufs also unmöglich gemacht werden; sie ist eine wirthschaftliche Sünde, sie gefährdet, und nicht selten ohne Mitschuld der Actionäre, das ganze Unternehmen, sie versetzt überdies den Käufer der Actien in einen Irrthum, und zwar über das wesentlichste Moment des ganzen Kaufvertrages, nämlich über die Herstellungskosten, von deren Höhe der Werth oder Unwerth der Actie abhängt.

Eine fernere Aufgabe ist es, zu verhindern, dafs der Bau von Eisenbahnlinien zum Tummelplatz für die Habsucht von Bauunternehmern gemacht werde, welche sich zwischen die Actionäre und das Unternehmen drängen, und es schon ausgeplündert haben, ehe noch der erste Eisenbahnzug vom Stapel läuft. Dies wird aber so lange immer geschehen, als die Zeichner der Actien nicht selbst den Bau in der Hand haben. Dazu genügt keineswegs, dafs der Vorstand einer neuen Eisenbahngesellschaft etwa den Bau ausführe. Will

*) Vergl. hierzu Wiener a. a. O. Seite 41.

man den Weg wählen, der sicher dazu führen mufs, eine Eisenbahnlinie billig und für die Gesellschaft vortheilhaft herzustellen, so müssen Diejenigen selbst dafur interessirt sein, welche jeden Nachtheil in der eigenen Tasche spüren. Das heifst: die Gründer müssen die Bahn herstellen, oder sie wenigstens der neuen Actiengesellschaft fertig überliefern. Die grofsen Unternehmer sind allerdings nicht aus blofsem Unverstand der Interessenten zur Ausfuhrung der Eisenbahnbauten zugelassen worden; sondern hieran trugen wieder die Nominalbeträge die Schuld. Da es effectiv unmöglich war, Zeichnungen zum Paricourse zu beschaffen, resp. für die Actien zum Paricourse Käufer zu finden, so half man sich mit Transactionen, durch die das Gesetz umgangen wurde. Man veranlafste zum Beispiel, dafs die Gesellschaft den ganzen Bau in Entreprise gab, und liefs sich von dem Unternehmer fur die Nachweisung dieses grofsen Geschäfts eine Vermittlerprovision zusichern, die einen Theil der aus der Zeichnung hervorgehenden Zahlungsverpflichtung deckte, sodafs die Actien billiger zu stehen kamen. Dazu musste man aber grofse Bauunternehmer zur Verfügung haben, welche durch ihr Vermögen eine Gewähr dafür boten, dafs die im Dienste jener Transactionen übernommenen Verpflichtungen auch erfüllt würden. Also um den Preis, Actien zu haben, die den Zeichner erheblich unter pari zu stehen kämen, lieferte man jenen Bauunternehmern gewissermaafsen das Baurecht aus, oder gestattete ihnen wenigstens als Lohn für ihre Dienste übertriebene Vortheile am Bau, welche die Anlagekosten wesentlich erhöhten, und das Unternehmen dauernd belasteten.

Endlich scheint es geboten, Eisenbahngesellschaften nicht, wie bisher, so in die Welt zu setzen, dafs sie am ersten Tage ihres Betriebes keinen Heller baares Geld haben, und ihr Geschäft mit Contrahirung von Schulden anfangen müssen. Jede neue Eisenbahngesellschaft müfste ein gewisses baares Betriebscapital erhalten, und es sollte nicht gelitten werden, dafs sie ohne ein solches ihren Betrieb beginne.

Dagegen ist es eine ganze legitime Forderung, dafs den Zeichnern der Actien in Betreff der Veräufserung derselben die freieste Verfügung zustehe. Es kann nicht davon die Rede sein, etwa den Nutzen Derjenigen begrenzen zu wollen, welche in der angedeuteten Weise eine Eisenbahn geschaffen haben. Mögen sie sich ihre Actien durch umsichtige Ausführung des Baues so billig wie möglich stellen. Die Vorsorge, dafs die Bahn nicht in unsolider Weise, oder mit unzureichenden Hilfsmitteln ausgerustet werde, fallt neben dem Vorstande dem beaufsichtigenden Staate zu, der dieses Recht auch bisher stets in umfassender Weise geübt hat. Einen je höheren Kaufpreis die Zeichner dann, sei es noch während des Baues, sei es nach der Vollendung, fur ihre Actien erzielen, um so besser fur sie. Sie haben, wie jeder Geschäftsmann, ein Anrecht auf den gröfstmöglichen Gewinn an ihrer Waare.

Das sind die Aufgaben, welche die Reform sich stellen müfste. Wurden sie erfullt, so wäre der Vortheil für das öffentliche Interesse ganz eminent. Die wirthschaftliche Verschleuderung von Eisenbahnlinien durch Belastung mit zu hohen Herstellungskosten wäre vermieden. Vermieden wäre ferner die Umgehung des Gesetzes, wie sie sich als Hilfe gegen die geltenden Institutionen in unternehmungslustigen Epochen herausgebildet hat. Dagegen würde das Vertrauen der Capitalisten zu solchen Unternehmungen mit Recht auf's Neue rege gemacht. Sie wurden nicht mehr zu fürchten brauchen, dafs die Eisenbahngesellschaft wegen eines durch ein Anlehen gedeckten Baukostenrestes zu Grunde gehe. Jede neue Bahn würde Zeit haben, sich zu entwickeln; wäre also das Unternehmen nicht ein ganz vollkommener Mifsgriff, sodafs es nicht einmal seine Betriebsbedürfnisse zu decken vermöchte, so wäre die Möglichkeit des Bankerotts einer auf solche Art gegründeten Gesellschaft ausgeschlossen. Die Frage ist nur, durch welche Vorschriften sich dieser Zustand herstellen lasse. Am Meisten mufs man sich hüten, solche Bestimmungen zu wählen, die etwa das bisherige fehlerhafte Verfahren beseitigen, aber gleichzeitig wegen mangelnder praktischer Brauchbarkeit den privaten Eisenbahnbau gänzlich lahm legen. —

Ein Weg zu dem vorgesteckten Ziele möchte sich öffnen, wenn man zuliefse, dafs die Verbindlichkeit des Zeichners, welche die Gegenleistung für die ihm zu gewahrenden Actien ausmacht, in dem Versprechen von Handlungen*), insbesondere auch in der Verpflichtung zur Ausführung eines ganzen Bauwerkes bestehen dürfe.

Nach dem geltenden Recht kann die Leistung nur in baarem Gelde bestehen. Freilich ist dies seit der Novelle für die unter Art. 209b fallenden Gründungen nominell; denn dem, welcher Anlagen oder Vermögensstücke inferiren darf, wird die ursprüngliche Geldverbindlichkeit schon, ehe noch die Actiengesellschaft in das Handelsregister eingetragen ist, in die Pflicht zur Gewährung einer Sache umgewandelt. Durch die diesseitigen Vorschläge ist deshalb anheimgegeben, die Zusage einer Geldsumme ganz zu eliminiren, und den Inferenten von vornherein die Hingabe der bestimmten Anlagen oder Vermögensstücke gegen Empfang einer bestimmten Anzahl von Actien versprechen zu lassen. (Selbstverständlich bezieht sich dies nur auf die Fälle, wo der Inferent Zeichner ist. Sollen Sachen von einem Dritten übernommen werden, so müssen alle Actionäre Geldzahlungen versprechen.) Wie man sich nun statt baaren Geldes die Hergabe von Sachen als Leistung des Zeichners denken kann, so lassen sich auch Handlungen denken, welche zur Herstellung des vom Statut für Ausübung des Gesellschaftszweckes erforderten Besitzes führen können. Mit anderen Worten gesagt: die Zeichner der Actien einer Eisenbahngesellschaft sollten nicht ausschliefslich baares Geld versprechen müssen, sondern sich durch die Zeichnung zur Herstellung und Ueberlieferung der Eisenbahnlinie sammt allem vorschriftsmäfsigen Fahrmaterial, allen erforderlichen Gebäuden etc., verpflichten dürfen. Dieser Gedanke ist an sich gewifs geeignet, dem angedeuteten Ziele näher zu führen. Die Gründer liefern die Bahn, sie sind schuldig, sie herzustellen; es besteht also, ausgenommen den Fall, dafs sie bankerott werden, kein Zweifel, dafs die Bahn unbelastet in den Besitz der neuen Gesellschaft kommt. Sie erhalten dagegen die Actien, welche selbstverständlich nicht auf Nominalbeträge lauten, sondern von denen jede eine im Text auszusprechende Quote des

*) Einmalige, nicht fortdauernd zu leistende Handlungen; vergl. über die letzteren S. 61 ff.

Gesammtvermögens der Gesellschaft repräsentirt. Von Zeichnungen über und unter pari, von Emissionen über und unter pari ist gar nicht die Rede; der Selbstkostenpreis der Actien richtet sich nach den Selbstkosten des Baues, und die vortheilhafte Veräufserung ist Sache Derer, die sie besitzen. Beseitigt wäre damit die optische Täuschung, dafs die Käufer sie deshalb billig erwerben, weil es zu einem Course unter pari geschahe; die Verleitung zu dem Irrthum, dafs der Paricours den Werth der Eisenbahnlinie ausmache, wäre aus dem Wege geräumt. Nicht der Paricours, sondern allein die Bedeutung der Eisenbahn als Verkehrsmittel gäbe fortan die Richtschnur für den Werth der Actie. Insofern also die Unterbringung der Actien und damit die Ermöglichung des ganzen Eisenbahnbaues etwa nur auf dem Wege jener Täuschung der Actienkäufer erreichbar wäre, wird dieser Weg freilich abgeschnitten. Das ist aber eines der Hauptziele der angestrebten Reform. Das Urtheil des Actien kaufenden Capitalisten soll gegen jene gefährlichen Irrthümer geschützt sein, und nur in dem Werth der Linie den Maafsstab suchen.

So weit wäre die Sache einfach. Aber der in Rede stehende Gedanke birgt die Gefahr, dafs die, welche sich mit der Negociirung von Eisenbahnen befassen wollten, selbst gegenüber den besten Unternehmungen durch die Furcht vor einem zu grofsen Risico abgeschreckt würden, zumal dann, wenn die Eisenbahn von erheblichem Umfang wäre. Abschreckend würde vor Allem die Solidarität wirken, welche den Zeichnern der Actien für die Verpflichtung zur Herstellung der ganzen Linie und alles dessen, was dazu gehört, aufzuerlegen wäre. Diesem Umstande gegenüber fördert es die Verwendbarkeit des ausgesprochenen Gedankens, dafs er einer wichtigen Modificirung insofern fähig ist, als man die Bauverpflichtung und demgemäfs die Haftpflicht in eine Mehrzahl von Theilen zerlegen kann. Eine Eisenbahnlinie ist ihrer Natur nach zur Zerlegung in Abschnitte vorzugsweise geeignet. Es liefse sich daher als zulässig erklären, dafs unter mehreren Zeichnern Jeder einen bestimmten Abschnitt zu bauen übernehmen, und eine bestimmte Quote der

Gesammt-Actienmasse dafur erhalten solle. Wenn eine Eisenbahn von der Stadt A über die Orte B, C, D, E, F gehend in G einmündete, so liefse sich vereinbaren, dafs der Eine das Stück A-B, der Zweite das Stück B-C, der Dritte das Stück C-D zu bauen, ein Vierter gegen eine bestimmte Actienquote das Fahrmaterial zu liefern, ein Fünfter das Betriebscapital gegen die ihm zu gewährende Quote baar herzugeben habe. Damit wäre die Haftpflicht jedes Einzelnen beschränkt, und gegenüber der Gesellschaft wesentlich reducirt. Diese Einrichtung würde auch dann ihre Wirkung uben, wenn mit Rücksicht auf die vielleicht verschiedenartige Natur der einzelnen Terrain-Abschnitte es allzu schwierig wäre zu bestimmen, welche Quote von Actien auf jeden der einzelnen Abschnitte zur Anrechnung kommen solle. Denn es könnten die Mitglieder der Zeichnergesellschaft — wie solche Gesellschaften oder Comités ja auch schon bisher bei Eisenbahnunternehmungen fast immer vorhanden waren — unter sich die Gemeinsamkeit des Geschäfts vereinbaren, und doch gegenüber der Actiengesellschaft getrennt zeichnen, so dafs Jeder nur für ein einzelnes Stück hafthar wäre. Jeder Zeichner stände dann in einem zweifachen Vertragsverhältnifs; er wäre Socius der Zeichnergesellschaft, und hätte bei dieser einen bestimmten Antheil; andererseits wäre er der Actiengesellschaft gegenüber nur für ein Stück der Eisenbahnlinie verantwortlich. Dieses Gründungsverfahren gestattete auch aufserhalb des die Actiengesellschaft interessirenden Bereiches vielerlei specielle Vereinbarungen, durch welche sich die Verhältnisse im Einzelnen noch praktischer gestalten liefsen. Es könnten sich die Gründer die Veräufserung der Actien durch anderweite Abmachungen mit Financiers sichern, sie könnten auch die Herstellung des Baues durch Verträge mit potenten Bauunternehmern im Voraus sicher stellen. Es könnten auch Bauunternehmer selbst als Zeichner den Bau ganz oder theilweise ausführen, und sich ihrerseits wieder durch Financiers die Veräufserung der Actien sichern. Gewifs aber wären in Zukunft die Gefahren vermieden, welche bisher über neuen Eisenbahnunternehmungen schwebten: die Belastung mit einer Schuld für einen Baukostenrest, die Gefahr einer wirthschaftlichen

Verschleuderung durch zu hohe Anlagekosten, und das trügerische Lockmittel des Erwerbspreises unter pari.

Für eine bestimmte Art von Bahnen wäre dieser Modus einer vorzugsweise wohlthätigen Wirkung fähig: er böte das Mittel, um reine Localbahnen durch Betheiligung der hauptsächlich interessirten Kreis- oder Provinzial-Verbände entstehen zu lassen. Die Erbauung dieser Linien, zumal in jener Qualität, welche man «Secundärbahnen» oder «Bahnen minderer Ordnung» nennt, wäre wesentlich erleichtert, wenn jeder einzelne Kreis, den die projectirte Linie in der Länge von einigen Meilen passiren soll, es übernehmen könnte, seine Strecke selbst zu bauen, um dagegen die ratirliche Quote von Actien zu erhalten. Behielten die Kreise ihre Actien dann im Besitz, so würden dieselben im wirthschaftlichen Sinne für sie den Character von Schuldverschreibungen annehmen. Die Dividenden böten Ersatz für die Zinsen, und insoweit sie dem sonst erreichbaren Zinsfufse nicht gleich kämen, bildete die Differenz den Zuschufs, den der Kreis zur Besserung der Verkehrsmittel in seinem Bereiche aufwendete, während er, wenn die Bahn allmälig besser rentirte, in die Lage käme, die Actien zu verkaufen, und somit die Verbesserung der Verkehrswege in dem ihn interessirenden Bereiche zuletzt kostenlos oder selbst mit Gewinn ermöglicht zu haben.

Unentbehrlich wäre diesem ganzen System ein Mittel, um die Zeichner so schnell als thunlich in den Besitz von Vollactien zu setzen. Sie würden von Anfang an nicht ausgegeben werden können, da es bedenklich wäre, sie dem Zeichner früher auszuliefern, als gegen Herstellung der von ihm versprochenen Bauleistung. Indefs bietet sich wohl ein Ausweg, um auch dieser Schwierigkeit zu begegnen. Es liefsen sich die Leistungen aus jeder Zeichnung in eine Anzahl ideeller Abschnitte getheilt denken, sage man vier oder fünf, und es könnten den Zeichnern zu Anfang auf Namen lautende Quittungsbogen ausgehandigt werden, auf denen die Abschnitte je nach dem Fortschreiten des Baues abzuquittiren wären. Die Prüfung des Fortschritts der Bauleistungen stände dem Vorstande der Actiengesellschaft zu. Es liefse sich ferner denken, dafs gleich im Statut eine Caution fixirt würde, welche der Zeichner zu hinterlegen hätte, wenn er, während einer oder mehrere Abschnitte noch ausständen, die Vollactien von der Gesellschaft ausgeliefert erhalten wollte. Wurde also beispielsweise bestimmt, dafs der Bau in fünf ideelle Abschnitte zerfallen, und dafs die Caution für jeden Abschnitt achtzig Mark pro Actie ausmachen solle, so hätte der Zeichner, wenn er bei noch ausstehenden drei Abschnitten die Auslieferung verlangte, zweihundertvierzig Mark pro Actie an Caution zu hinterlegen, und dürfte gegen Offerirung derselben jederzeit die Vollactie fordern. Selbstverständlich wäre dabei zu bestimmen, dafs die Auslieferung ihn von seiner Bauverpflichtung nicht befreie, und dafs die Caution nur als Sicherstellung diene; andererseits müfste sie ihm aber auch ratenweise zurückgezahlt werden, in gleichem Verhaltnifs, wie die Abquittirung fernerer Abschnitte hätte gefordert werden können. Dadurch wäre dem Zeichner die wichtige Möglichkeit geboten, die Vollactien noch während des Baues zu veräufsern; und dabei wäre er in der günstigen Lage, die Abhebung der Actien gegen Caution immer nur vornehmen zu dürfen, wenn und insoweit er wirkliche Verkäufe geschlossen hätte.

Fänden es die Gründer der Bahn in ihrem Interesse, Bauzinsen zu versprechen, so liefse sich auch dies in den Rahmen des vorstehenden Projectes aufnehmen, sofern vereinbart würde, dafs diese Bauzinsen Seitens der Gründer der neuen Gesellschaft baar zu überweisen, und dafs diese nur mit der Auszahlung befafst sein solle.

Von der Gründung einer Eisenbahngesellschaft nach den hier in Vorschlag gebrachten Normen wäre also folgendes Bild zu entwerfen:

Diejenigen, welche die Bahn projectiren, wenden sich wie bisher zunächst an die Regierung, um die Erlaubnifs zur Aufnahme von Vorarbeiten zu erhalten. Diese sind, wenn sie auch dem bisherigen Hauptzweck, der Feststellung des Baucapitals, nicht mehr zu dienen haben, doch auch für die Zukunft nicht entbehrlich. Denn es wird nach ihnen vor Allem die Höhe der Caution zu bemessen sein, deren Hinterlegung die Regierung als Garantie für die Ausführung des

Baues im staatlichen Interesse fordern mufs. Nur wäre das Rechtsverhältnifs der Gesellschaft und des Staates zu dieser Caution genauer, als bisher geschehen ist, zu regeln. Die Entscheidung über die Rückgabe derselben nach Vollendung des Baues sollte nicht dem freien Ermessen der Regierungsorgane anheimstehen, sondern der Rechtsweg darüber zulässig sein. Auch müfste im Verhältnifs der fortschreitenden Ausführung des Baues die ratenweise Herausgabe der Caution erfolgen; es ist unbillig, dafs, wie bisher, die ganze Caution noch für den letzten Baurest einbehalten wird. Die Staatscaution gehört überhaupt beim Eisenbahnbau zu den nothwendigen Uebeln; sie sperrt grofse Capitalien auf Jahre hinaus ab; ihre Hinterlegung ist daher fur die Interessenten des Baues immer ein schweres Opfer. Es sollte Pflicht der staatlichen Organe sein, dieses Opfer nicht länger und nicht in weiterem Umfange, als wirklich erforderlich ist, in Anspruch zu nehmen. Es wäre durchaus nicht unbillig, wenn bei gehörig fortschreitendem Bau wenigstens alljährlich eine entsprechende Quote der Caution herausgegeben werden müsste. Auch die Confiscation dieser Caution wegen Nichterfullung der Concessionsbedingungen sollte nicht im ausschliefslichen Ermessen der Regierungsorgane stehen, sondern auch hierüber der Rechtsweg zuläfsig sein.

Die Vorarbeiten müfsten ferner dazu dienen, um auch für Festsetzung derjenigen Cautionsraten eine Unterlage zu finden, die bei etwaiger vorzeitiger Auslieferung von Vollactien zu hinterlegen wären. Und endlich müfsten sie den Regierungsorganen für Prüfung der staatlichen Interessen am Bau, insbesondere für die Bezeichnung der im Staatsinteresse erforderlichen Bauleistungen, einen Anhalt gewähren. Vielleicht wurden in Folge hiervon die Vorarbeiten künftig mit gröfserer Sorgfalt und viel specieller als bisher auszuführen sein. Das wäre aber gewifs nicht zu beklagen. Je genauer die Vorarbeiten sind, desto weniger Täuschungen ist man hinterdrein ausgesetzt, desto eher kann man sich auf sie bei der wirklichen Ausführung des Baues verlassen.

Neben den Vorarbeiten würden auch Statut und Zeichnungsscheine der Regierung zu unterbreiten sein. Ersteres, weil die Regierung in der Lage sein mufs, von seinem Inhalte die Ertheilung der Concession abhängig zu machen. Die Zeichnungsscheine aber müfsten, abweichend von den allgemeinen Grundsatzen, der Regierung vorgelegt werden, weil sie nicht nothwendigerweise nur Verpflichtungen zu Baarzahlungen ausdrücken, sondern gemafs den entwickelten Vorschlägen solche zu gewissen Bauleistungen enthalten können, der Handelsrichter allein aber nicht im Stande wäre zu prüfen, ob die Gesammtheit der durch die Zeichenscheine übernommenen Verpflichtungen die Gesammtheit alles desjenigen decke, was zum Bau erforderlich ist. Dies vermögen nur die sachverständigen Organe der Regierung; und die letztere würde deshalb dem Handelsrichter jene Thatsache bestätigen müssen, ehe dieser befugt sein dürfte, die Eintragung zu vollziehen.

Eine Anzahlung auf die Actien, wie sie sonst erfordert wird, könnte bei Zeichnung bestimmter Bauleistungen entbehrt werden, zumal schon durch Hinterlegung der Staatscaution eine Sicherheit gewährt ist.

Die Aufgabe des Vorstandes bestände während der Dauer des Baues hauptsächlich in der Führung einer Controlle über Erfüllung der von den Zeichnern übernommenen Verpflichtungen Seitens derselben, und zwar mit der Aufgabe, eventuell die erforderlichen Maafsnahmen gegen sie einzuleiten. Auch die Auszahlung der Bauzinsen fiele ihm zu, ebenso die Auslieferung von Vollactien nach vollendetem Bau, oder schon vorher, gegen Empfang der festgesetzten Cautionen. Unentbehrlich wären im Statut Vorschriften darüber, wie diese Cautionen zu behandeln seien, falls die Zeichner nach Empfang der Vollactien die vollständige Erfullung ihrer Bauverpflichtung weigerten, oder durch Bankerott dazu unfähig würden. Das Recht, die Quittungsbogen uber die Actien eventuell für verfallen zu erklären, müfste, wie schon bisher, auch fernerhin der Gesellschaft als Zwangsmittel zur Verfügung stehen. Die Unterhaltung des Vorstandes während der Dauer des Baues würde mit zu den allgemeinen Kosten desselben gehören. Uebrigens würde es nöthig sein, die Position des Vorstandes durch geeignete Vorschriften sicher zu stellen, damit nicht etwa die Zeichner, die er während der Dauer des Baues zu uberwachen hat, ein ihnen unbequemes Vorstandsmitglied beseitigen, oder von Anfang an vorzugsweise bequeme und gefugige Mitglieder einsetzen. Am besten wäre, wie schon bisher, die Genehmigung der Regierung zur Einsetzung und Absetzung von Vorstandsmitgliedern auch während der Dauer des Baues einzuholen.

Die im Vorstehenden unterbreiteten Vorschläge beschränken sich im Ganzen auf die juristische Seite des projectirten Gründungsverfahrens, und enthalten sich jedes Eingehens auf Specialitäten. Sie sind gewifs vieler Modificationen fähig, und hatten die Ausfullung von Lücken und die Beseitigung von Mangeln erst durch die Praxis zu erwarten. Anerkennung der Vollkommenheit im Einzelnen wird nicht für sie in Anpruch genommen, wohl aber, dafs der sie leitende Gedanke geeignet sei, den privaten Eisenbahnbau in bessere Wege zu lenken, und insbesondere neuen Unternehmungen von Localbahnen die rechtliche Basis zu gewähren.

---

§ 7.

Gründerrechte.

Da Actiengesellschaften meist des Gewinnes wegen gegründet werden, so haben die Gründer keinen Anspruch auf Dank, wenn das Unternehmen sich glücklich entwickelt und seinen Actionären Vortheile bringt. Denn das Interesse der Gründer war ein anderes als die Erreichung dieses Zieles. Dennoch ist es üblich, dafs die Gründer sich in den Statuten Vorrechte ausbedingen, die als Aequivalent fur ihre den Actionären geleisteten Dienste gelten sollen. Erregt dieser Brauch keine besonderen Sympathieen, so verdient er doch auch nicht besonderen Tadel; denn im Geschäftsleben ist Jeder berechtigt den möglichst gröfsten Nutzen fur sich zu erstreben. Und am Wenigsten ist dann etwas einzuwenden, wenn die ausbedungenen Vortheile so beschaffen sind, dafs ihre Verwirklichung von glücklichen Erfolgen der Gesellschaft abhängt. In früheren Jahrzehnten war es wohl hier und da üblich, sich als Gründerrecht bestimmte Revenuen auszubedingen, die einen Procentsatz von dem Reingewinn der Gesellschaft ausmachten. Bei Eisenbahnen sichern sich die Grunder zuweilen ein lebenslängliches Recht der freien Fahrt. Gegen solche Vorbehalte ist wenig zu sagen. Die Periode der Gründungen seit 1870 hat aber auch hierin zu Ausschreitungen geführt. Dieselbe kennt nur ein einziges Gründervorrecht, welches aber fast ausnahmelos bei den Actiengesellschaften aus jener Epoche gilt, nämlich ein Bezugsrecht auf Actien neuer Emissionen zu einem bestimmten Course. Müfste bei neuen Emissionen immer die Annahme gelten, dafs das ursprüngliche Capital wegen der thatsachlichen Ausdehnung des Geschäfts nicht mehr zureiche, so läge darin freilich zugleich der Beweis für eine günstige Entwickelung des Unternehmens. Die Praxis hat aber ein Anderes gelehrt! Die Gründer der Gesellschaft bildeten überall die erste herrschende Coterie; sie hatten die Stellen des Aufsichtsraths inne, und standen in intimem Zusammenhange mit dem Vorstande, der von ihnen eingesetzt war. Aus diesem Machtbesitz suchten sie alle möglichen Vortheile zu ziehen, und mit besonderer Vorliebe dadurch, dafs sie sich bemuhten, die Gründerrechte zu verwirklichen. Es wurden also, wo es irgend anging, neue Emissionen beschlossen, selbst wenn man des Capitals gar nicht bedurfte; und nicht selten wurde dadurch der Ruin der Gesellschaft herbeigefuhrt. Oft war das zu grofs angewachsene Capital gar nicht recht verwendbar, und wurde deshalb zu verkehrten Zwecken benutzt, zur Ausführung kostspieliger Bauten, zum Ankauf übermäfsiger Waarenlager — oder es wurden mit Eifer neue Unternehmungen begonnen, welche hinterdrein, als die Verhältnisse sich zum Schlechten wendeten, eine erdrückende Last waren. Man hat deshalb mit Recht die Frage erörtert, ob nicht diese Art von Gründerrechten ganz zu beseitigen wäre. Auch die preufsische Denkschrift berührt diesen Punkt*), hebt aber hervor, dafs gegen ein Verbot solcher Gründerrechte geltend gemacht worden sei, wie es nicht ungerechtfertigt wäre, Denjenigen, welche durch ihr Geschick, ihre

---

*) Seite 12.

Bemuhungen und Aufwendungen ein Unternehmen in's Leben rufen, besondere Vortheile neben den nach Verhältnifs ihrer Actienbetheiligung ihnen zustehenden zu gewähren, und dafs es angemessen erscheine, die Gewährung dieser Vortheile von einer günstigen Entwickelung des Unternehmens abhängig zu machen, angemessener, als sie im Voraus zu fixiren. — Gewifs ist das richtig, nur ist es eine durchaus irrthümliche Annahme, dafs aus einer beschlossenen Capitalsvergröfserung immer mit Sicherheit eine günstige Entwickelung des Unternehmens zu folgern sei. Selbst wo eigennutzige Zwecke gar nicht vorwalten, kann die Vergröfserung eines mit kleinerem Capital gut rentirenden Unternehmens schädliche Folgen haben. Die soeben erwähnten Umstande bewirken aber in der Praxis sehr häufig, dafs der Gesellschaft, wo es angeht — das heifst, wo der Cours der Actien am Markte wesentlich höher ist, als der in dem Bezugsrecht ausbedungene — neues Capital aufgenöthigt wird, ohne dafs sie dessen bedarf. Und in allen Fällen ist jenes Gründerrecht, sobald es sich im Besitz einer herrschenden Coterie befindet, mindestens dazu geeignet, die Objectivität des Urtheils zu beeinträchtigen. Besteht die Majorität des Aufsichtsraths, der uberdies nach vielen Statuten zur Beschlufsfassung über neue Emissionen innerhalb gewisser Grenzen autorisirt ist, aus solchen Personen, die bei der Vergröfserung des Grundvermögens Vortheile finden können, so ist immer die Gefahr vorhanden, dafs früher als nöthig zu solchen Vergröfserungen geschritten wird, dafs sie wenigstens aus irgend welchen mehr oder weniger undurchsichtigen Grunden den Generalversammlungen empfohlen werden. Man verweise die Gründer lieber auf solche Vorrechte, deren Verwirklichung bei gewissen positiven Erträgnissen des Unternehmens eintritt, und ordne an, dafs jene hier in Rede stehende Art von Grunderrechten gar nicht ausbedungen werden dürfe. Selbstverständlich müfste das Verbot allgemein sein, und sich nicht auf die Personen der Gründer beschränken; denn in diesem Falle wäre die Vorschrift durch Vorschiebung Dritter ohne Schwierigkeiten zu umgehen.

V.

Die Zeitdauer der Actiengesellschaft.

Das geltende Recht erfordert keine Statutenbestimmung uber die Dauer, auf welche eine Actiengesellschaft errichtet wird; in seiner ursprünglichen und durch die Novelle nicht geänderten Fassung beschrankte sich das Handelsgesetzbuch bereits auf die Vorschrift, es müsse der Gesellschaftsvertrag die Zeitdauer des Unternehmens bestimmen, «im Falle dasselbe auf eine bestimmte Zeit beschränkt sein soll» *). Diese Vorschrift ist indefs zur Zeit nicht ohne Widerspruch beschlossen worden. Der preufsische Entwurf hatte**) die Festsetzung einer bestimmten Zeitdauer im Gesellschaftsvertrage verlangt, und dabei — nach Ausweis der Motive***) — auf die entsprechenden Normen des holländischen Handelsgesetzbuches und des Würtembergischen Entwurfes Bezug genommen. Es ist also nicht ein neuer Gedanke, dafs man Actiengesellschaften auf eine bestimmte Dauer beschränken solle; und in jüngster Zeit hat das belgische Handelsrecht ihn wieder zu Ansehen gebracht, indem es anordnet, «dafs concessionirte Actiengesellschaften fur die Dauer ihrer Concession, andere nur auf die Dauer von längstens dreifsig Jahren geschaffen werden dürfen, dafs aber

*) Art. 209 No. 3.

**) Vergl. Art. 182 des preufsischen Entwurfes.

***) Vergl S. 92 der Motive. Die Begründung lautet:

«Durch Errichtung von Gesellschaften mit einer aufserordentlichen Geldmacht auf unbegrenzte Zeit können Gefahren entstehen, welche der Staat nicht in allen Fällen angemessen zu beseitigen vermochte, da ihm ein Recht des willkürlichen Widerrufs der Genehmigung nicht zusteht, und der Widerruf aus überwiegenden Gründen des Gemeinwohls nur gegen vollständige Entschädigung erfolgen darf».

rechtzeitig eine Prolongation immer wieder auf die Dauer von längstens dreifsig Jahren ausgesprochen werden könne.*)

Die Frage, welchem Princip man sich anschliefsen solle, ob für eine Actiengesellschaft eine bestimmte Zeitdauer im Gesellschaftsvertrage vorzuschreiben sei oder nicht, hat einen zweifachen Inhalt, von welchem bei Feststellung des geltenden deutschen Rechts, soweit erkennbar, nur der eine Theil berücksichtigt worden ist, nämlich: ob Actiengesellschaften für eine unbegrenzt lange Dauer sollen geschaffen werden dürfen. Aber die andere Seite der Frage, ob Actiengesellschaften, weil nicht für eine bestimmte Dauer geschaffen, jeden Augenblick auflösbar sein sollen, verdient eine nicht minder eingehende Prüfung. Das deutsche Handelsgesetzbuch gestattet, dafs eine Bestimmung über die Zeitdauer der Actiengesellschaft unterbleibe; dadurch gestattet es zugleich, dafs die Kürze der Dauer im Voraus nicht eingeschränkt werde. Und dieser Effect ist es, der zu einer Untersuchung nöthigt, inwieweit die Bestimmung, aus der er hervorgeht, der Reform bedürfe. Falle, wo die vertragsmäfsig zu kurze Dauer einer Actiengesellschaft ihren Actionären zum Schaden gereicht hätte, sind, soweit ersichtlich, niemals vorgekommen. Es hat sich auch wohl nie ereignet, dafs eine auf bestimmte Zeit geschaffene Actiengesellschaft gegen den Wunsch ihrer Actionäre nur wegen Ablaufs der Vertragsdauer hätte in Liquidation treten müssen. Uebrigens könnte dies nur bei Gesellschaften eintreten, welche vor der Novelle von 1870 entstanden sind; denn jene während der Jahre 1871 und 1872 gegründeten sind fast ausnahmelos in ihrer Dauer unbeschränkt. Es entsprach nicht der Flüchtigkeit und Eile jener Gründungsgeschäfte, sich bei der Frage über die Zeitdauer der Gesellschaft aufzuhalten. Eine ernsthafte Lösung derselben hätte ein Eingehen auf die wahren Interessen des Unternehmens erfordert, wie es zur Zeit Niemandem auflag. Man gewährte auch hier, wie in der Einleitung bemerkt worden, das zulässige Minimum, nämlich dasjenige, was das Gesetz forderte. Andererseits aber steht fest, dafs viele

*) Art. 71 des rev. belg. Handelsrechts. Vergl. Sachs a. a. O. S. 171.

Actiengesellschaften nur deshalb aufgelöst worden sind, weil jene Bestimmung der jederzeitigen Auflösbarkeit sich auch zu Zwecken verwerthen liefs, welche mit den Interessen der Gesellschaft nichts gemein hatten. Man hat nicht mit Unrecht davon gesprochen, dafs der Epoche der Gründungen eine solche der Entgründungen gefolgt sei. Der Zeit, wo ein übertriebenes Vertrauen maafslose Course fur neue Actien bezahlen liefs, folgte eine Periode, wo man viele Actien weit unter ihrem wirklichen Liquidationswerthe hingab. Die Auflösung der betreffenden Gesellschaften ermöglichte daher die Realisirung grosser Gewinne; und wo dieselbe in jedem Augenblicke möglich war, wurde sie wie ein gewöhnliches Geschaft behandelt. Viele Actiengesellschaften, zumal die leicht auflösbaren Banken, sahen wahre Feldzuge gegen sich eröffnen. In der Stille bildeten sich Consortien, welche die Actien geeigneter Entgründungsobjecte aufkauften, und sich dann plötzlich, wie aus dem Dickicht, auf das erwählte Opfer stürzten. Ein blofses Streben nach Gewinn war aber unter den verschiedenartigen Motiven der Angreifer noch das minder schlimme. Die jederzeitige Auflösbarkeit bot auch Denjenigen ein fruchtbares Actionsfeld, welche die eigenthümlichen Schwächen der Actiengesellschaften durch Erpressungen auszubeuten trachteten. Und wenn es zu allen Zeiten solcher Existenzen nicht wenige gegeben hat, so wuchsen sie wie Pilze aus der Erde in jener Epoche des Niederganges, wo das in den Actiengesellschaften herrschende Coterienwesen, die übermäfsige Entfremdung der Actionäre, ihre Ohnmacht gegenüber selbst berechtigten Forderungen, und die Erbitterung über die fast durchweg schlechten Resultate einen weitgehenden Pessimismus erzeugt und die Ansicht fast zur allgemeinen Geltung gebracht hatte, dafs sich im innersten Inneren jeder Actiengesellschaft ein dunkler Punkt finde, der von der herrschenden Clique sorgfaltig verborgen gehalten werde, der aber, wenn an das Tageslicht gezogen, erweisen würde, dafs die Verwaltung mit sträflicher Untreue verfahre, und dafs das ganze Unternehmen ein von Grund aus angefaultes Ding sei. Die geborenen Gegner solcher Leute waren die Vorstands- und Verwaltungsrathsmitglieder, die

Letzteren, weil sie eben die herrschende Coterie bildeten, welche in der Actiengesellschaft beinahe ihren eigenen Besitz erblickte, und sich denselben nicht durch Auflösung entreifsen lassen wollte, die Vorstandsmitglieder, weil sie die Leitung der Gesellschaft zu ihrem Lebensberuf erwählt hatten, und ihn nicht gern verlieren mochten. Durch anonyme Zuschriften, durch Zeitungsinserate, durch raisonnirende Artikel, welche man in gewisse Blätter einzuschmuggeln verstand, nicht weniger durch persönlich ausgeubte Drohungen wurde bald mit gröfseren, bald mit geringeren Kräften, bald geschickt, bald ungeschickt, ein Kampf gegen die Mitglieder der Verwaltung geführt, dem stets die Drohung als Waffe diente, dafs man die Auflösung herbeifuhren, durch öffentliche Aufrufe ein helles Feuer anzünden, und die allgemeine Abneigung gegen Actiengesellschaften nach Möglichkeit ausbeuten werde, wenn nicht gewisse als Aequivalent für die Unterlassung bezeichnete Vortheile zugestanden würden. Geschäfte höchst unsauberer Art wurden angeboten, Forderungen des elendesten Inhalts wurden gestellt, immer unter Hinweis auf die Möglichkeit, bei ablehnendem Verhalten der Verwaltung die Liquidation zu einer Thatsache zu machen. Mancher Schuldner, dem die begehrte Nachsicht nicht gewährt, oder der geforderte Erlafs nicht concedirt wurde, mancher Geschäftsmann, dessen Verhältnisse sich verschlechtert hatten, und der sich durch irgend einen grofsen, mit Hilfe einer Actiengesellschaft auszufuhrenden Coup aus allen Verlegenheiten reifsen wollte, verliefs, wenn ihm die Ablehnung seiner Vorschläge eröffnet wurde, das Bureau des Vorstandes unter der Drohung, dafs er nunmehr die Auflösung der Gesellschaft betreiben werde. Mit einem Worte: Actiengesellschaften, die jederzeit auflösbar sind, bieten, zumal unter schwierigen Verhältnissen, in der betreffenden Bestimmung ihres Statuts den Leidenschaften der Geschäftswelt eine Schwäche dar, mit der sie sich selbst auf das Empfindlichste schädigen.

Andererseits wäre es eine arge Anmafsung, schon bei der Gründung einer Actiengesellschaft voraussagen zu wollen, wie lange sie zu existiren berechtigt sein werde, und etwa auf der Basis dieser Prophezeiung die Zeitdauer ihrer Existenz zu fixiren. Insbesondere findet dies auf Industriegesellschaften Anwendung. Viele Industrien erleben eine gewisse Zeit grofser Blüthe, jede ist aber bei veränderter Constellation von Handel und Verkehr, gegenüber neuen Erfindungen, gegenüber Fortschritten der Wissenschaft etc., der Gefahr des Niederganges ausgesetzt. Daher wäre es frivol, bestimmen zu wollen, dafs eine Industriegesellschaft unbedingt während einer im Voraus bestimmten Dauer existiren müsse. Der Einwand, dafs bei vermindertem Werthe des Gesellschaftszweckes die Actionäre sich zur Auflösung von selbst vereinigen würden, kann nicht mit Grund erhoben werden, da im Bereiche von Actiengesellschaften sich immer Personen finden, die selbst die zweckmäfsigsten Projecte hintertreiben, um für sich private Vortheile zu erringen. Ein anderer berechtigter Anlafs zur Auflösung wäre immer darin zu finden, wenn durch schlechte Geschäfte das Vermögen der Gesellschaft eine wesentliche Minderung erlitten hätte. Für diesen Fall sind im französischen und neuerdings im belgischen Recht ziemlich specielle Vorschriften getroffen. Das deutsche Recht verlangt in seiner gegenwärtigen Fassung nur eine Zusammenberufung der Actionäre, um ihnen, wenn bereits die Hälfte des Grundvermögens verloren ist, von dieser Thatsache Kenntnifs zu geben.

Eine feste Vorausbestimmung der Zeitdauer der Actiengesellschaft hat eben so wenig inneren Grund, wie das Fehlen jeder Vorschrift über dieselbe. Gegen Letzteres sind aber noch andere als die schon angeführten Gründe geltend zu machen. Fast jede Actiengesellschaft bedarf, um die erhofften Früchte zu zeitigen, einer gewissen Entwickelungsperiode. Insbesondere gilt dies von Gesellschaften, welche nicht bestehende Geschäfte oder Fabrikanlagen übernommen haben, sondern ganz neue Unternehmungen in's Leben rufen. Eine grofse Bank besitzt zwar in ihrem Capital einen wichtigen Factor für eine bedeutende Geschäftsentwickelung; aber er ist für sich allein noch nicht ausreichend. Und ein grofser Kundenkreis, ein guter Name in der Geschäftswelt, insbesondere an entfernter liegenden Handelsplätzen, ein allgemeines auf die Geschäftsgebahrung basirtes Vertrauen, lassen sich trotz der gröfsten Geldmittel und bei aller Tüchtigkeit nicht an einem Tage erwerben. Aehnliches gilt da, wo Fabrikanlagen neu gegründet werden; und selbst bei denen, welche von einer Gesellschaft übernommen und für den Grofsbetrieb eingerichtet werden, bedarf es einer gewissen Zeit, um die von der Vergröfserung erhofften Vortheile sichtbar zu machen.

Wenn sich dies Alles so verhalt, so folgt schon allein hieraus, dafs die jederzeitige Auflösbarkeit der Actiengesellschaft eine unlogische Einrichtung ist. Denn es ist nicht anzunehmen, dafs der Actionär, welcher sein Geld zur Gründung einer Actiengesellschaft hergiebt, sich der Eventualität unterwerfen wolle, das in der Entwickelung begriffene Unternehmen durch eigennützige Bestrebungen der Majorität oder durch die Habsucht fremder, sich gewaltsam eindrängender Geschäftsleute plötzlich vernichtet zu sehen. Eine Bestimmung der Zeitdauer ist vielmehr die logische Ergänzung der Bestimmung über den Gesellschaftszweck.

Unter den Actiengesellschaften aus der letzten Gründungsperiode haben freilich manche ein Schicksal gehabt, welches die im Vorstehenden gegen den geltenden Rechtszustand erhobenen Bedenken als überflüssig erscheinen lassen könnte. Sie genossen ein einziges ertragreiches Jahr, um dann den Folgen ihrer fehlerhaften Veranlagung sowie denjenigen eines leichtsinnigen Haushaltes widerstandslos zu erliegen, sodafs viele Auflösungen sich von selbst ergaben, und andere nur als eine Erlösung von unheilbarer Krankheit erschienen. Man darf sich aber den Blick durch solche vereinzelte Vorgänge nicht trüben lassen. Gerade, wenn die Ursachen derselben durch eine zweckmäfsige Reform beseitigt sein würden, dürfte die jederzeitige Auflösbarkeit der Actiengesellschaft als ein um so gröfserer Mangel des Gesetzes fühlbar werden.

Aus allem Gesagten scheint zu folgen, dafs die principale Vorschrift in der Forderung einer bestimmten Dauer für jede Actiengesellschaft bestehen sollte. Dieselbe müfste aber so beschaffen sein, dafs sie nicht der Gedankenlosigkeit nach einer andern Richtung Vorschub leistete, wie dies zum Beispiel durch Festsetzung einer übermäfsig langen Zeitdauer geschehen würde.

Daher möchte es sich empfehlen, analog dem belgischen Recht anzuordnen, dafs keine Zeitdauer über dreifsig Jahre vereinbart werden durfe. Und dieser Vorschrift ware hinzuzufugen, es dürfe im Gesellschaftsvertrage bestimmt werden, dafs eine Verlangerung der Dauer durch Beschlufs der Generalversammlung immer auf's Neue, aber nur immer wieder auf dreifsig Jahre, erfolgen, dafs auch andererseits — jedoch nur aus bestimmten im Gesellschaftsvertrage anzugebenden Gründen — die Auflösung vor Ablauf des festgesetzten Zeitraums ausgesprochen werden könne.

Eine Verlängerung der Zeitdauer würde selbstverständlich beschlossen sein müssen, so lange die Gesellschaft nach der ursprunglichen Vorschrift noch besteht. Denn später sind die einzelnen Actionäre nicht mehr durch das Statut gebunden.

Was die Zulassigkeit einer vorzeitigen Auflösung betrifft, so müssten die betreffenden Fälle im Statut klar bezeichnet sein; sonst wäre die vorgeschlagene Bestimmung mit dem bereits geltenden Zustande identisch; der Unterschied bestände nur in einem gröfseren Aufwand an Worten. Es ist dies auch ein ohne Schwierigkeit erfüllbares Verlangen. Die Auflösbarkeit würde im Interesse der Gesellschaft immer nur für den Fall wünschenswerth sein, wenn ein so erheblicher Theil des Grundvermögens verloren wäre, dafs zur Einholung der Verluste eine Reihe von Geschäftsjahren ertraglos bleiben müfste, oder, wenn das Unternehmen seine frühere Ertragsfähigkeit definitiv eingebüfst hätte. Dies aber würde sich am Klarsten aus der Verminderung der Dividenden resp. aus dem gänzlichen Mangel derselben erweisen. Jene Statutenbestimmungen würden also in der Mehrzahl aller Fälle dahin lauten können, dafs die mehrmalige Nichtzahlung von Dividenden oder das wiederholte Zurückbleiben der letzteren hinter einem gewissen Betrage die Auflösbarkeit nach sich ziehe. Im Interesse der Rechtssicherheit wäre ferner zu bestimmen, dafs die Ausübung des bezüglichen Rechtes bei dem Mangel entgegenstehender Statutenbestimmungen verwirkt sei, wenn es nicht innerhalb bestimmter Fristen durch entsprechende Anträge von Actionären geltend gemacht werde.

Endlich möchte, nach dem Vorgange des französischen und belgischen Gesetzes, unter gewissen Umständen den Actionären das Recht, die vorzeitige Auflösung zu verlangen, gesetzlich zu wahren sein, insbesondere für den Fall, wenn die Hälfte des Grundvermögens verloren ist. Während nach geltendem Recht in diesem Falle, wie schon gesagt, nur die Berufung einer Generalversammlung behufs Mittheilung dieser Thatsache geboten ist, würde die Verwaltung mindestens als verpflichtet erklärt werden müssen, die Frage der Auflösung zur Discussion und Beschlufsfassung zu stellen. Die noch weiter gehenden Vorschriften des belgischen und französischen Rechts über Maafsregeln, wenn der Verlust drei Viertheile des Grundvermögens erreicht, scheinen, wenn auch nicht nachtheilig, so doch entbehrlich.

Es ist endlich die Frage zu erörtern, ob die soeben gemachten Vorschläge, um ihrem Zwecke zu dienen, nicht noch eine fernere Aenderung des geltenden Rechtes erheischen, ob sie nicht wirkungslos sein würden, wenn diese Aenderung unterbliebe. Dieselbe bezieht sich auf den Art. 242 des Handelsgesetzbuchs, oder vielmehr auf die Auslegung, welche seinem Inhalte zu Theil wird. Der Artikel besagt unter Anderem, die Actiengesellschaft werde aufgelöst durch einen notariellen oder gerichtlich beurkundeten Beschlufs der Actionäre; und in Theorie und Praxis gilt die Ansicht, dafs diese Vorschrift zwingenden Inhaltes sei, mithin durch eine entgegenstehende Statutenbestimmung nicht beseitigt werden könne.*) Das Reichsoberhandelsgericht, welches der gleichen Meinung ist, bemerkt sogar, es sei der statutarischen Festsetzung der Dauer der Gesellschaft nur die Wirkung beizumessen, dafs mit Ablauf des betreffenden Zeitraums die Auflösung der Gesellschaft von selbst eintrete.**) Wäre dies wirklich der Fall, so würden die obigen Vorschläge nothwendiger Weise dahin zu ergänzen sein, «dafs die Bestimmung des Art. 242 ad 2 entsprechend

*) Vergl. Hahn a. a. O. Seite 618; Anschütz und Volderndorff, Commentar, II Seite 492; Puchelt, Commentar, 2. Aufl. Band I Seite 462; Endemann, Handelsrecht, 3. Aufl. § 65.

**) Entscheidungen Band XIV Seite 366.

geändert werden möge.» Indefs erregt jene Ansicht wesentliche Bedenken. Denn der Art. 242 besagt gar nicht, dafs jede Actiengesellschaft jederzeit durch einen Beschlufs der Actionäre auflösbar sein müsse. Er will nur diejenigen Umstände und Rechtshandlungen aufzählen, welche nach deutschem Recht (also von particularrechtlichen Vorschriften abgesehen) an sich geeignet sind, die Auflösung einer bestehenden Actiengesellschaft herbeizuführen, ohne aber die Prüfung der Legalität des concreten Falles auszuschliefsen. Wenn die Richtigkeit dieser Auffassung in Zweifel gezogen werden kann, so ist der letztere am besten zu beseitigen durch Hinweis auf den eminenten Mangel an Logik, welcher dem Gesetzgeber mittelst der entgegengesetzten Auffassung unterstellt wird. Hierzu genügt schon eine Bezugnahme auf die im Vorstehenden entwickelten Gesichtspunkte. Es wurde hervorgehoben, dafs viele Unternehmungen in Handel und Industrie zu ihrer gehörigen Entfaltung eines längeren Zeitraumes absolut bedürfen, ja dafs sie, wenn ihnen dieser nicht gegönnt wird, von Seiten verständiger Geschäftsleute eine Betheiligung nicht zu erwarten haben. Und das ist nicht etwas Neues, sondern ebenso alt, wie Handel und Industrie überhaupt. Wenn nun die Zeichner in richtiger Erkenntnifs ihrer Interessen eine bestimmte Zeitdauer für die Actiengesellschaft verabredet hätten, um vielleicht nach Verlauf einer Reihe magerer Jahre allmälig die reicheren Erträgnisse zu geniefsen, welche der Gesellschaftszweck in Aussicht gestellt hatte, so sollte es nach jener Ansicht nichtsdestoweniger einem Theil der Actionäre frei stehen, die Uebrigen aus ihrem Rechte zu expropriiren, und dem Unternehmen vielleicht aus irgend welchen selbstsüchtigen Motiven willkürlich ein Ende zu bereiten. Das ist schon in den Fällen ein schweres Uebel, wo verständige Anordnungen im Statute fehlen. Dafs sie aber, wenn sie gegeben sind, durch einen Majoritätsbeschlufs aufser Kraft sollen gesetzt werden können, ist in der That eine überraschende Folgerung. Es wäre nicht abzusehen, welcher vernünftige Gedanke den Gesetzgeber bei einer solchen Vorschrift geleitet haben könnte. Er wurde mit Recht den Vorwurf auf sich laden, eine gute Entwickelung von Actiengesellschaften nicht nur nicht unterstützt, sondern geradezu verhindert zu haben. Nach der Auffassung des Reichsoberhandelsgerichts wäre es ganz gleichgültig, ob ein Statut bestimmte: «die Dauer der Gesellschaft wird auf 30 Jahre festgesetzt», oder ob es besagte: «die Dauer der Gesellschaft soll längstens 30 Jahre betragen»; denn auch wenn das erstere gesagt wäre, hätte es nur die Bedeutung der letzteren Fassung. Es wäre aber ein ganz singulärer Fall, dafs der Gesetzgeber eine Statutenbestimmung ausdrücklich zuliefse, und zugleich verordnete, dafs sie, wenn sie getroffen sei, keine Geltung haben solle. Litte das Gesetz keine für jeden Actionär bindende Bestimmung der Zeitdauer, sondern nur eine äufserste Begrenzung der Dauer für den Fall einer nicht früher geschehenden Auflösung, so würde der Anfang des Art. 242 nicht lauten dürfen: «die Actiengesellschaft wird aufgelöst durch Ablauf der im Gesellschaftsvertrage bestimmten Zeit», sondern «durch Ablauf der im Gesellschaftsvertrage zugelassenen Zeit». Es ist übrigens in Abrede zu stellen, dafs aus der Gesammtheit der gesetzlichen Vorschriften, insbesondere aus einer Zusammenfassung der Art. 214, 224, 240 und 242 jene Folgerung zu begründen sei*). Aus ihnen geht nur so viel hervor, dafs die Auflösung jederzeit beschlossen werden darf, wenn nicht ein Anderes im Statut angeordnet ist. Dafür aber, dafs der Art. 242 ad 2 zwingenden Inhalts wäre, ist in Wahrheit ein Beweis bisher nicht erbracht; auch die Protocolle gewähren für diese Ansicht keinen Anhalt**), und man mufs sie

*) Vergl. von Hahn und Puchelt a. a. O.

**) In der Conferenz war bei Berathung des Art. 200 des preufsischen Entwurfs, welcher den Art. 242 des Gesetzbuchs bildet, vorgeschlagen worden, vor dem Worte «Beschlufs» das Wort «statutenmäfsigen» einzuschalten. Es drang aber die Meinung durch, dafs dies nicht erforderlich sei, weil es sich von selbst verstehe, und man daher hinter der Einschaltung einen besonderen Sinn suchen, vielleicht glauben würde, dafs nur ein im Statut ausdrücklich vorgesehener Auflösungsbeschlufs gestattet sei. «Dies sei aber», so wird in den Protocollen bemerkt, «nicht die Absicht, es solle vielmehr jeder Beschlufs der Actionäre über die Auflösung gelten, auch wenn desselben in den Statuten gar keine Erwähnung geschehen sei». — Möglicherweise, jedoch ohne Grund, wird in diesen Worten ein Anhalt zu der oben erwähnten Auffassung

um so eher verwerfen, als eine gesetzliche Vorschrift von so ausnehmender Verkehrtheit nur bei vorliegenden zwingenden Gründen als geltend anzuerkennen wäre.

---

gefunden. Ohne Grund, denn es ist in der Conferenz nicht ausgesprochen worden, dafs ein Auflösungsbeschlufs auch eine entgegenstehende Statutenbestimmung hinfällig mache; nur die Frage ist erörtert, ob die Auflösung durch Generalversammlungsbeschlufs im Statut besonders gestattet sein müsse, oder nicht; und diese ist verneinend beantwortet (vergl. Protocolle S. 362).

VI.

Die Stellung des Handelsrichters zur Actiengesellschaft.

§ 1.

Der Handelsrichter als Registerrichter.

Das Handelsgesetzbuch hat sich aller in das Gebiet der Gerichtsverfassung ubergreifenden Dispositionen enthalten, wozu in den politischen Verhältnissen der Zeit seiner Publication eine ausreichende Veranlassung lag. Als zuständige Gerichte sind im Gesetz zwar vielfach die «Handelsgerichte» bezeichnet, jedoch mit dem Bemerken, dafs darunter in Ermangelung wirklicher Handelsgerichte die gewöhnlichen Gerichte des Landes verstanden seien. Die Einfügung des Ganzen in das Civilrecht der Einzelstaaten war den Landesgesetzen überlassen, welche also auch anzuordnen hatten, wie das durch das Gesetzbuch obligatorisch eingefuhrte Handelsregister eingerichtet werden solle. Die entsprechenden Bestimmungen sind in den Einführungsgesetzen der einzelnen Staaten enthalten. Das preufsische Gesetz*) überliefs die Herstellung des Handelsregisters einer Ministerialinstruction, welche unter dem 12. December 1861 erging, und die Registerführung einem unter Assistenz eines Secretairs fungirenden Einzelrichter übertrug. Die Institutionen der übrigen deutschen Staaten weisen hiergegen bemerkenswerthe Abweichungen nicht auf. Einem Einzelrichter liegt es

*) Art. 4 alinea 4 des preufsischen Einführungsgesetzes vom 24. Juni 1861.

also ob, die Eintragungen über offene Handelsgesellschaften und Commanditgesellschaften ebenso wie diejenigen über Commanditgesellschaften auf Actien und Actiengesellschaften vorzunehmen.

Daſs diese Einrichtung eine glückliche sei, haben die Erfahrungen der letzten Jahre nicht bestätigt, wenigstens insofern nicht, als ein einzelner richterlicher Beamter alle im Bereiche der Führung des Handelsregisters erforderlichen Entscheidungen zu treffen hat. Die Ursache, weshalb hierbei auf die Erfahrungen der letzten Jahre, d. h. der Jahre seit 1870 besonderes Gewicht zu legen ist, besteht darin, daſs die Aufgabe der Handelsrichter zu der Zeit, wo sie zuerst festgesetzt wurde, weit weniger bedeutend war, als sie in der Folge geworden ist. In Betreff der offenen Handelsgesellschaften und der Commanditgesellschaften liegt kein Grund zu Aenderungen vor, zumal für die Fragen, welche in diesem Bereiche streitig werden können, nämlich über die Berechtigung zur Führung einer Firma etc., in dem preuſsischen Einfuhrungsgesetz, wie auch in anderen Einführungsgesetzen, ein prozeſsähnliches Verfahren etablirt ist, welches eine sachgemäſse Auslegung des Gesetzes gewährleistet. Was aber die Actiengesellschaften angeht, so kommt in Betracht, daſs dieselben in den meisten deutschen Staaten, insbesondere auch in Preuſsen, bis 1870 dem Concessionszwange unterworfen waren. Wenn der Handelsrichter also ehedem ein Gesellschaftsstatut zur Eintragung erhielt, so war dasselbe nach allen Seiten — die juristische nicht ausgeschlossen — bereits durch die concessionirende Staatsbehörde geprüft, und es bestand mindestens eine starke Vermuthung für die Legalität seines Inhalts. Nur vielleicht in Betreff der Commanditgesellschaften auf Actien, welche in mehreren deutschen Staaten, wie auch in Preuſsen, von dem Concessionszwange befreit waren, gestaltete sich die Aufgabe des Handelsrichters schwieriger.

Dieselbe wurde aber in jeder Beziehung gröſser und verwickelter mit dem Augenblicke, wo die Novelle von 1870 die Gründung der Actiengesellschaften frei gab; nicht, weil vorübergehend für eine ungewöhnlich groſse Anzahl von Gesellschaften die Eintragung verlangt wurde, sondern weil nunmehr in der That der Handelsrichter der erste und letzte Beamte war, welcher die ihm unterbreiteten, oft recht complicirten Statutenbestimmungen einer Prüfung auf ihre Legalität zu unterwerfen hatte. Gewifs war dies auch früher seine Pflicht gewesen, und gewifs ist es nicht Sache der Richter unseres Landes, sich der Erfüllung ihrer Pflichten leichtfertig zu entziehen; aber kein Praktiker wird bestreiten, dafs es doch etwas durchaus Anderes ist, wenn man gegenüber dem Inhalte eines grofsen Gesellschaftsstatuts das Bewufstsein der bereits stattgehabten sachverständigen Vorprüfung haben kann, als wenn eine solche noch nicht erfolgt ist. Und hierzu kam noch, dafs die Novelle selbst gewichtige Aenderungen am Actienrecht vornahm, deren correcte Berücksichtigung in den Gesellschaftsstatuten zu prüfen, zuweilen eine schwierige, die ernsteste Vertiefung in die Materie erheischende Aufgabe war*). Allerdings ist der Registerrichter nach der Ministerialinstruction nicht ein selbstständiger Commissarius**), sondern rücksichtlich der Nothwendigkeit eines Vortrages im Collegium dem allgemeinen Geschäftsregulativ gleich jedem anderen Mitgliede unterworfen***). Indefs das Regulativ nöthigt doch nicht zum Vortrag jeder Sache, sondern überläfst in Wahrheit die Auswahl dem Decernenten; und in der Praxis pflegen nur wirkliche Zweifelsfragen zum Gegenstande von Vorträgen gemacht zu werden. Gerade darum aber handelt es sich hier, dafs wichtige principielle Zweifel in mehreren Fällen gar nicht als solche erkannt worden sind. Daher hat auch das Geschäftsregulativ hier keine Hilfe gewähren können. Andererseits besteht für die Interessen der Partei als Rechtsmittel der Weg der Beschwerde; dieser aber wird selbstverständlich nur dann eingeschlagen, wenn sich die Partei in ihrem Interesse verletzt sieht, nicht, wenn etwa durch die richterlichen Verfügungen die Interessen des Gesetzes verletzt sind, und die Partei gerade hieraus Vortheile ziehen kann.

Die Sachlage veränderte sich also dahin, dafs die Aufgabe

---

*) Vergl. hierzu Keyfsner «Actiengesellschaften», § 7, S. 159ff.

**) § 4 d. J. vom 12. Dec. 1861.

***) § 10 d. Preufs. Geschäfts-Regulativs für die Gerichte, I. Inst. (Preufs. Justiz-Minist.-Bl. pro 1850, S. 235).

der Registerrichter durch die Novelle zu einer ungleich schwierigeren gemacht, dafs aber diese Aenderung nicht überall sofort und vollständig erkannt wurde. Daraus ist gegen den Richterstand nicht entfernt ein Vorwurf herzuleiten; vielmehr verdient Dasjenige, was unter jenen Verhältnissen noch immer geleistet worden ist, rückhaltlose Anerkennung. Ein Vorwurf ist allerdings am Platze, er trifft aber allein die Instruction. Bis zur Novelle erforderte die Eintragung eines concessionirten Gesellschaftsstatuts etwa dasselbe Maafs von Arbeitskraft und Urtheil, wie die bei Einzelfirmen und offenen Handelsgesellschaften stattfindenden Eintragungen, oder überstieg jedenfalls bei der schon stattgehabten ministeriellen Vorprüfung die Kräfte eines Einzelrichters nicht. In ihrer neuen Gestalt umfafste dagegen diese Aufgabe, wenn sie ernsthaft erfüllt werden sollte, allein an zu verarbeitendem Rechtsstoff reichlich so viel, wie ein verwickeltes Civilerkenntnifs. Und dafs dieselbe, so aufgefafst, einem Einzelrichter übertragen sein solle, während ein Rechtsstreit über sechzig Thaler schon in erster Instanz einem Collegium von drei Richtern zur Entscheidung unterstellt ist, — das mag nicht überall sogleich eingeleuchtet haben. Man behandelte die Sache vielmehr nicht selten nach der Tradition aus der Zeit vor der Novelle, und gelangte daher auch nicht überall rechtzeitig zur Erkenntnifs der vielen und gewichtigen Bedenken, welche die Fassung der Gesellschaftsstatuten in Wahrheit gegen sich rege machte. Zuweilen erwarb man eine bessere Erkenntnifs erst *urgentibus fatis*, als die wichtigsten Eintragungen überall längst vollzogen waren, und sich über die Behandlung gewisser Institute des Actienrechts ein Usus herausgebildet hatte, den man nun, schon weil er bestand, nicht gern wieder beseitigen mochte.

Es scheint am Platze, einige Beispiele hierfür anzuführen. Man hat es nach der Gründerperiode lebhaft beklagt, dafs der obligatorische Aufsichtsrath durch fast alle Statuten zum Verwaltungsrath umgewandelt worden ist. Es haben in der That die meisten Statuten dem Aufsichtsrathe Amtshandlungen überwiesen, durch die er seiner gesetzlichen Aufgabe völlig entrückt, und zu einem Gesellschaftsvorstand zweiter Instanz gemacht wurde. Und zweifellos sind hierdurch der

Entwickelung des Actienrechts schwere Nachtheile zugefügt worden; das ganze fehlerhafte Verhältnifs der Verwaltungsorgane zu einander leitet hieraus seinen Ursprung her. Dasselbe wäre aber vielleicht vermieden worden, wenn zu rechter Zeit die Frage gründlich erörtert worden wäre, ob mit der Stellung, welche der Art. 225a dem Aufsichtsrathe anweist, die Uebernahme von Verwaltungsrathsfunctionen überhaupt vereinbar, oder nicht vielmehr gänzlich unvereinbar sei. Nur in wenigen Fällen ist die Begründetheit dieses Zweifels herausgefühlt, und in den Gesellschaftsstatuten zum Ausdruck gebracht worden*).

Es ist eine andere Folge jener unzureichenden Statutenprüfung, dafs die meisten Actiengesellschaften im Gegensatz zu der Vorschrift des Art. 209 ad 7 besonderer Bestimmungen über die Grundsätze, nach denen die Bilanz aufzunehmen und der Gewinn zu berechnen ist, sowie über die Art und Weise, wie die Prüfung der Bilanz zu erfolgen hat, entbehren. In Erfüllung dieser Vorschrift durfte Seitens der Statuten schwerlich nur auf die gesetzlichen Vorschriften oder, wie der Ausdruck zuweilen heifst, auf die «kaufmännischen Grundsätze» Bezug genommen werden. Denn der letzteren giebt es so viele und verschiedenartige, dafs sie sich nicht klar feststellen lassen; specielle gesetzliche Vorschriften über Bilanzirung und Gewinnberechnung sind aber mit Ausnahme derjenigen im Art. 31 und 329a gar nicht vorhanden. Und in keinem Falle konnte dem Willen des Gesetzgebers, wenn er statutarische Vorschriften verlangte, durch blofse Bezugnahme auf die im Gesetz enthaltenen genügt sein**). Auch betreffs der Beschlüsse über Abänderung des Gesellschaftsstatuts, insbesondere über Erhöhung und Verringerung des Grundvermögens, weist das Verfahren mancher Registerrichter mehr eine Ignorirung, als eine Prüfung der hervorgerufenen Zweifelsfragen auf. Dies alles

*) Z. B. im Statut der Deutschen Transatlantischen Dampfschifffahrtsgesellschaft zu Hamburg.

**) Dies wird auch von Renaud hervorgehoben; (Vergl. a. a. O. S. 558). Gleicher Ansicht ist Keyfsner, («Actiengesellschaften», S. 239) der aber den Registerrichter durch Hinweis auf die demselben mangelnde kaufmännische Sachverständigkeit entschuldigt.

rührt daher, daſs man einem einzelnen richterlichen Beamten Aufgaben gestellt hat, für deren sachgemäſse Entscheidung die Erörterung in einem Collegium unerläſslich gewesen wäre. Sollte nun das Actienrecht eine heilsame Reform erfahren, so würde der Umfang dieser Aufgaben in Zukunft nicht geringer werden, sondern eher noch wachsen. Es ist eine ganz erhebliche Reihe von wichtigen Fragen schon jetzt, und es wird eine vielleicht noch gröſsere in Zukunft an jedem Gesellschaftsstatut zu prüfen sein, ehe festgestellt werden kann, daſs dasselbe sich in Uebereinstimmung mit dem geltenden Recht befinde.

Die am 1. October 1879 in Kraft tretende deutsche Gerichtsverfassung befaſst sich nun aber allein mit der streitigen Gerichtsbarkeit, und beschränkt sich hinsichtlich der unstreitigen darauf, die von ihr creirten Amts-, Land- und Oberlandesgerichte den Einzelstaaten für die Ausübung derselben zur Verfügung zu stellen; sie ändert also nichts zu Gunsten des soeben besprochenen Verhältnisses. Und was die entsprechenden Dispositionen der Einzelstaaten betrifft, so hat zunächst Preuſsen in dem Gesetz vom 24. April 1878 die Verordnung getroffen, daſs die Handelsregister durch die Amtsrichter zu führen seien, wobei nur vorbehalten ist, daſs der preuſsische Justizminister die Führung des Registers für die Bezirke mehrerer Amtsgerichte einem der zuständigen Amtsrichter übertragen darf.*) Gewiſs bietet es für den Gesetzgeber Schwierigkeiten, über einzelne Theile der nicht streitigen Gerichtsbarkeit reichsrechtliche Vorschriften zu erlassen. Aber im Interesse einer Reform des Actiengesetzes ist jedenfalls zu wünschen, daſs der geltende Rechtszustand künftig einem zweckmäſsigeren Platz mache. Freilich sind auch bei Actiengesellschaften und Commanditgesellschaften auf Actien viele Eintragungen einfacher Natur, und können ohne Bedenken von Einzelrichtern besorgt werden. Andere dagegen, wie die Verfügung über Eintragung einer neu gegründeten Gesellschaft, über Verminderung und Vergröſserung des Grundvermögens, über Fusionirung der Gesellschaft mit einer an-

*) §§ 25 und 30 d. Preuſs. Ges. vom 24. April 1878.

deren, über Liquidation und endliche Löschung der Gesellschaft, sollten unbedingt der Entscheidung durch ein Collegium unterstellt werden. Es wäre nicht erforderlich, dieserhalb die Registerführung über Actiengesellschaften ganz dem Amtsrichter zu entziehen; aber es würde sich empfehlen, die Entscheidung über gewisse Anträge, insbesondere über die soeben erwähnten, einer Civilkammer des Landgerichts zu unterstellen, welche den das Register führenden Amtsrichter mit Anweisung über die Eintragung, vielleicht unter wörtlicher Vorschrift der letzteren, zu versehen hätte. Und ein Beschwerdeweg gegen diese Verfügungen sollte direct zum Reichsgericht führen; denn zwei Beschwerdeinstanzen sind nicht erforderlich, die Herstellung einheitlicher Normen für ganz Deutschland aber muſs dringend gewünscht werden. Bei Beschwerden über die dem Amtsrichter zu belassenden Eintragungen könnte selbstverständlich der bereits vorgeschriebene Weg Geltung behalten.

Nicht ohne Bedenken läſst hierbei die Frage, ob, wenn der Registerrichter eine Eintragung verfügt hat, und die Frist für die Beschwerde abgelaufen ist, dadurch jedes Rechtsmittel gegen den Inhalt der bezüglichen Eintragung abgeschnitten sein solle. Das Reichsoberhandelsgericht hat zutreffend ausgesprochen, daſs die Eintragung des Handelsrichters nicht geeignet sei, das materielle Recht zu ändern.*) Es könnte der Fall eintreten, daſs Eintragungen innerhalb der Beschwerdefrist nicht beanstandet würden, daſs aber späterhin begründete Zweifel gegen ihre Rechtmäſsigkeit auftauchten, welche die Interessenten durch prozessualische Anfechtung erledigen wollten. So viel ist klar, daſs es einem geordneten Rechtszustand nicht entsprechen würde, wenn der Handelsrichter aus eigenem Entschluſs eine von ihm als unzutreffend erkannte Eintragung wieder ändern dürfte. Ist dies unzulässig, so bietet sich nur der Weg der richterlichen Entscheidung im Prozeſs; indeſs dieser Weg erregt wesentliche Bedenken. Die Befugniſs der Interessenten, jede Eintragung des Handelsrichters noch nach Jahren beliebig anzufechten, würde geeignet sein,

*) Entsch. Bd. XX S. 210.

die Rechtssicherheit zu erschüttern, zumal bei Actiengesellschaften, wo die Gröfse der in Frage kommenden Interessen oft manche Bedenklichkeiten bei Auswahl der Mittel zurückdrängt, sobald diese nur geeignet sind, den vorgesetzten Zweck erreichen zu lassen. Es ist weniger gefährlich, selbst eine dem Recht nicht entsprechende Eintragung ein Mal gelten zu lassen, als ihre Anfechtung zu einem beliebigen Zeitpunkte zu statuiren. Ist gegen jede Eintragung binnen einer bestimmten Frist der Weg der Beschwerde gegeben, so müssen die Interessenten rechtzeitig die Frage der Legalität prüfen; haben sie die Frist verstreichen lassen, so mögen sie es sich selbst zuschreiben, wenn durch den Zeitablauf die Fehlerhaftigkeit oder Nichtigkeit der Eintragung als geheilt und diese fortan als unanfechtbar gilt.

---

§ 2.

Das Verfahren bei Anmeldungen zum Handelsregister.

Die Bestimmungen uber das Verfahren bei Anmeldungen von Eintragungen, welche auf Actiengesellschaften Bezug haben, sind, wie soeben gesagt wurde, den Landesgesetzen vorbehalten, und speciell in Preufsen durch die erwahnte Ministerialinstruction vom 12. Dezember 1861 geregelt. Das in jener Verfügung zum Ausdruck gekommene Princip lafst sich dahin formuliren, «dafs Alles was in Betreff einer Actiengesellschaft eingetragen werden soll, durch den Vorstand bei dem Handelsrichter angemeldet werden mufs.» Anscheinend liegt der Gedanke zu Grunde, dafs, weil der Vorstand der Kopf der Actiengesellschaft ist, auch alle von ihr ausgehenden Willenserklärungen durch ihn kund gegeben werden mussen. Wenn dies der leitende Grundsatz ist, so erscheint er in Betreff des Verhältnisses zum Handelsrichter schon im Princip nicht haltbar. Denn der Vorstand ist nur nach aufsen der Kopf der Gesellschaft, insofern diese als juristische Person Rechtshandlungen vornehmen soll. Es besteht kein innerer Grund dafür, dafs ihm eine gleiche Stellung auch gegenüber dem Richter angewiesen wird, welcher durch die Aufgabe der Registerführung zugleich berufen ist, die Legalität der inneren Organisation zu controlliren. Gegenüber dem Registerrichter bedarf es keiner Vertretung der Gesellschaft in dem Sinne, wie gegen Privatpersonen; er sollte befugt sein, über den Vorstand hinweg, selbstprüfend in das Innere der Gesellschaft zu schauen.

Aber selbst aus diesem Grundgedanken ist es nicht zu rechtfertigen, wenn die Instruction ferner bestimmt hat, daſs auch die Anmeldung einer neu gegründeten Actiengesellschaft zur Eintragung in das Handelsregister durch den Vorstand erfolgen müsse. (§ 72 d. J.) Denn in dem Momente der Anmeldung besteht die Gesellschaft noch gar nicht, sie erlangt nach einer unter allen Umständen aufrecht zu erhaltenden rechtlichen Fiction ihre Existenz erst mit der vollzogenen Eintragung. Eine nicht existirende Gesellschaft kann aber noch keinen Vorstand besitzen, geschweige denn kann derselbe schon zu handeln berufen sein. (Durch die Novelle ist diese Bestimmung der Instruction allerdings gesetzlich sanctionirt worden. Art. 210a.) Aber auch für die eingetragene Gesellschaft hat sich die ganze Einrichtung nicht als vortheilhaft erwiesen; und, ohne daſs es einer Erörterung der analogen Vorschriften anderer deutscher Staaten bedarf, läſst sich der Modus feststellen, welcher nach den gemachten Erfahrungen anstatt des geltenden zu empfehlen wäre.

Unter den bei einer Actiengesellschaft sich vollziehenden Rechtshandlungen, welche zu Eintragungen in das Handelsregister Veranlassung geben, ist fast keine, die allein auf den Willen des Vorstandes hin geschähe. Höchstens die Einsetzung von Procuristen könnte, wenn das Statut es so anordnet, durch ihn erfolgen. Zu allen sonstigen Eintragungen muſs eine Willensäuſserung des Aufsichtsrathes oder der Generalversammlung vorliegen, des ersteren, wenn es sich um Aenderungen in der Zusammensetzung des Vorstandes, oder — wie dies in einzelnen Statuten dem Aufsichtsrath anheimgegeben — um Erhöhung des Grundvermögens handelt, sonst, insbesondere bei Aenderungen des Statuts, Erhöhung und Reduction des Grundvermögens, Liquidation der Gesellschaft, überall ein Beschluſs der Generalversammlung. Müssen nun diese Beschlüsse der höheren Organe dem Handelsrichter durch den Vorstand präsentirt werden, so ist dies höchst zweckwidrig aus dem Grunde, weil ihr Inhalt mit den Interessen und Wünschen des Vorstandes nicht immer zusammenfällt. Es mufs die Interessen der Gesellschaft geradezu gefährden, wenn der Vollzug wichtiger Maafsregeln in die Hände solcher Verwaltungsorgane gelegt ist, die vielleicht ein wichtiges Interesse an der Verhinderung oder Verschleppung derselben haben. Beschlüsse uber Auflösung, über Verminderung oder Erhöhung des Grundvermögens oder über eine Aenderung der Statuten, ebenso über Bestellung neuer Vorstandsmitglieder neben den alten können diesen so unerwunscht sein, dafs der Vorstand sich unter Umständen sogar ein Mal weigern könnte, die ohne seine Mitwirkung nicht ausfuhrbare Eintragung herbeizufuhren. Das einzige Heilmittel hiergegen ware dann die Absetzung des Vorstandes; aber überraschender Weise mufs auch eine solche vom Vorstand angemeldet sein — wenigstens steht nichts Anderes in der Instruction. Ganz zweifellos gilt Letzteres, wenn es sich um Ein- oder Austritt von einzelnen Mitgliedern in den Vorstand und um die bezuglichen Anmeldungen handelt.

Da es auch zulässig sein mufs, dafs der Vorstand durch ein einziges Mitglied gebildet wird, so ist, wenn dieses stirbt, und ein neues eingesetzt werden soll, die Befolgung der Instruction ganz unmöglich, — vielmehr mufs dann der neugewählte Vorstand sich selbst anmelden. Geschieht dies auch unter Präsentation des Wahlprotocolls, so ist es doch äufsert bedenklich, dafs derjenige, den der Besitz des Amtes am meisten interessirt, seine Installirung bewerkstelligen darf; und mindestens ist damit wieder der principielle Gesichtspunkt, dafs der Vorstand als handelndes Organ der Gesellschaft alle Rechtshandlungen vornehmen soll, ganz aus dem Auge verloren; denn hier soll die Handlungsfähigkeit durch die Eintragung erst erworben werden.

Der Handelsrichter hat übrigens, soweit die Bestimmungen der Instruction reichen, gar keine officielle Kenntnifs von den Personen der Verwaltung, ausgenommen von denjenigen, welche den Vorstand bilden. Die Ermittelung der Mitglieder des Aufsichtsrathes kann seinerseits nur durch Einsicht in die Wahlprotocolle geschehen, ist aber auf diesem Wege, zumal die Vorenthaltung der Protocolle Seitens widerspenstiger Vorstandsmitglieder gar nicht ausgeschlossen wäre, nicht immer erreichbar. Und für dieses ganze gekünstelte Verfahren fehlt es, wie gesagt, an jedem inneren Grunde. Es wäre doch in der That ein viel richtigeres, ja das einzig natürliche und richtige Princip, die Eintragung immer durch dasjenige Organ bewirken zu lassen, welches den bezüglichen Beschlufs gefafst hat, und ihn zu fassen berufen war. Beschlüsse, welche die Generalversammlung gefafst hat, müfste sie selbst auch zur Eintragung bringen; für solche, die vom Aufsichtsrath gefafst sind, fiele diesem die gleiche Aufgabe zu. Dazu gehörte freilich, dafs die Mitglieder des Aufsichtsrathes oder eines an seine Stelle tretenden Verwaltungsrathes, und speciell auch die Vorsitzenden dieser Collegien, dem Handelsrichter officiell bekannt wurden. Am zweckmäfsigsten wäre es, bei dem Register über Actiengesellschaften eine besondere Colonne zur Eintragung der zeitigen Aufsichtsraths- oder Verwaltungsrathsmitglieder und ihrer Vorsitzenden anzulegen. Die Actiengesellschaft schwebt jetzt halb und halb in der Luft, und es ist bezeichnend für die Rechtslage, dafs manche Handelsrichter sich neuerdings durch mühevoll selbst gefertigte Zusammenstellungen Kenntnifs von den zeitigen Mitgliedern der Aufsichtsräthe und von den im Personale derselben geschehenden Veränderungen zu verschaffen suchen.

Beschlüsse der Generalversammlung würden, wie gesagt, durch diese selbst anzumelden sein; der Anmeldung wären beizufügen: das Versammlungsprotocoll, die Beläge, welche die Legalität ihrer Berufung erweisen, und der Antrag auf Eintragung, gezeichnet von Demjenigen, der den Vorsitz geführt hat, oder in seiner Verhinderung von dem, welchem die Vertretung im Vorsitz gebührt hätte. Falls etwa der Vorsitz während einer Generalversammlung selbst wechselte, wäre Derjenige, welcher ihn bei Schlufs der Versammlung führte, zur Zeichnung der Anmeldung zu berufen. Beschlüsse des Aufsichtsraths sollten von diesem präsentirt werden, und zwar ebenfalls unter Vorlegung der den Beschlufs verlautbarenden

Urkunde nebst dem Antrage Desjenigen, der dem Aufsichtsrathe präsidirt, oder nach dem Statut fur den Aufsichtsrath zu zeichnen berufen ist. — Das wäre ein zweckmäfsiger Geschäftsgang, welcher dafür bürgen kann, dafs, was die einzelnen Organe beschlossen haben, auch ohne Aufenthalt zum Vollzug gebracht wird.

Freilich wäre hiermit die Gefahr noch nicht ganz ausgeschlossen, dafs die Präsentirung von Beschlüssen bei dem Handelsrichter solchen Personen zufiele, die ein entgegengesetztes Interesse zur Sache hätten. Es läfst sich der Fall denken, ·dafs der Vorsitzende der Generalversammlung oder des Aufsichtsrathes bei der bezüglichen Abstimmung in der Minorität bleibt, und die Eintragung hintertreiben will. Jedenfalls wäre aber insofern Abhilfe gewährt, als bei einem etwaigen Conflict der Generalversammlung oder des Aufsichtsrathes mit dem Vorstande jene Organe nicht allein auf die Pflichttreue des Letzteren wegen des Vollzuges der wichtigsten Beschlüsse angewiesen wären. Und vor Allem wäre der Aufsichtsrath bei Löschung und Eintragung von Vorstandsmitgliedern nicht ferner auf die Mitwirkung der Collegen derselben angewiesen, wie es jetzt sonderbarer Weise Rechtens ist.

Um nun aber diese fur die Verwaltung von Actiengesellschaften so überaus wichtigen Befugnisse ganz sicher zu stellen, kann man bestimmen, dafs jeder Interessent, also Aufsichtsrathsmitglied und Actionär, berufen sei, dem Registerrichter Anzeige zu machen, sobald ein der Präsentation bei demselben bedürftiger Beschlufs nicht rechtzeitig präsentirt worden ist, und dafs der Registerrichter auf solche Anzeigen nach vorgängiger Prüfung der Sachlage gegen den, welchem gesetzlich die Präsentation oblag, mit Geldstrafen einzuschreiten, nach Befinden auch sich durch den Notar, der das Protocoll geführt hat, in den Besitz einer Ausfertigung zu setzen und die Eintragung vorzunehmen hätte. Ersteres wäre übrigens nur eine sachgemäfse Ergänzung der Bestimmungen des Art. 26 des Handelsgesetzbuchs. (Vergl. Preufs. Einführungsgesetz, Art. 5—7.)

§ 3.

Erweiterung der Befugnisse des Handelsrichters.

Die besonderen Beziehungen des Handelsrichters zur Actiengesellschaft sind im Ganzen auf seine Thatigkeit als Registerrichter beschränkt*). In allem Uebrigen, insbesondere bei Entscheidung von Streitigkeiten, ist die Actiengesellschaft lediglich auf den gemeinen Procefs verwiesen. Hierin hat die Praxis eine bedenkliche Lücke erkennen lassen. Die Actiengesellschaft functionirt durch einen aus drei Gewalten zusammengesetzten Apparat; alle drei, Vorstand, Aufsichtsrath und Generalversammlung sind seit der Novelle obligatorisch. Die Möglichkeit ist selbstverständlich nicht ausgeschlossen, dafs bei dem Zusammenwirken dieser drei Organe gewisse Conflicte entstehen, auch solche, die nur durch richterliche Entscheidung zu lösen sind. Und die entstehenden Zweifel sind nicht selten so beschaffen, dafs ihre Lösung eine Entscheidung über die Legalität der wichtigsten Rechtshandlungen in sich schliefst, ja dafs durch dieselben die ganze Verwaltung gewissermaafsen in Frage gestellt wird. Ist solches in der Natur der Actiengesellschaft und durch das Gesetz selbst begründet, so läfst dieses die Actiengesellschaft arg im Stich, wenn es sie wegen der Extrahirung endgiltiger Richtersprüche auf den gemeinen Prozefs verweist. Denn der gemeine Prozefs vermag wichtige, alle Instanzen durchlaufende Rechtsfragen nicht anders, als im Verlaufe von Jahren, zum Austrag zu bringen. Während der Zwischenzeit bleibt dann die Legalität der angefochtenen Verwaltungsacte zweifelhaft, ja

*) Hiervon bestehen nur ganz unbedeutende Ausnahmen. Die eine ist der Fall, wenn die Actionäre gegen den Vorstand durch Bevollmächtigte klagen wollen. Wird die Bestellung dieser Bevollmächtigten in der Generalversammlung vereitelt, so ist auf Antrag der Handelsrichter zur Ernennung derselben befugt. (Art. Art. 226, 195 d. H. G. B.). Auf das Vorhandensein einer zweiten Ausnahme konnte aus Art. 244 alinea 2 in Verbindung mit Art. 134 geschlossen werden, dahin, dafs die Abberufung von Liquidatoren der Actiengesellschaften auf den Antrag einzelner Actionäre aus wichtigen Gründen durch den Handelsrichter erfolgen dürfe. Diese Ansicht ist indefs zutreffend reprobirt durch die Entsch. d. R. O. H. G., Bd. XVII., S. 44.

es kann zuletzt festgestellt werden, dafs Alles, was inzwischen, also seit Jahren, von Seiten der Verwaltung geschehen ist, bei der mangelnden Legitimation der letzteren hätte unterbleiben müssen. Wie sehr ein solcher Zustand die Interessen der Gesellschaft zu schadigen vermag, bedarf keiner näheren Ausfuhrung. Der Organismus, welchen das Gesetz der Actiengesellschaft giebt, berechtigt sie zu dem Anspruche, dafs ein schleunig urtheilender Schiedsrichter zur steten Verfugung sei. Hierin liegt durchaus nicht die Forderung eines Vorrechtes für Actiengesellschaften; sondern dieser Anspruch ist eine aus dem Actienrecht selbst hervorgehende Nothwendigkeit, und dem materiellen Inhalt desselben ebenso zugehörig, wie beispielsweise der schleunige und schneidige Charakter des Wechselprozesses ein nothwendiges Zubehör des Wechselrechts ist.

Und noch aus anderen Rücksichten besteht fur die Actiengesellschaft das Bedürfnifs einer beschleunigten richterlichen Hilfe. Schon in Abschnitt II. ist bemerkt worden, wie es im Wesen der Actiengesellschaft begründet sei, dafs bei Verlust des ganzen Vermögens zuweilen ihre Organe zu functioniren aufhören. Dies kann selbst geschehen, ohne dafs eine Rechtsverletzung begangen wird. Vorstandsmitglieder können die Verlängerung abgelaufener Verträge ablehnen, wenn sie aus der Vermögenslage entnehmen, dafs die Gesellschaft zu Gehaltszahlungen unfähig ist; Mitglieder eines Aufsichts- oder Verwaltungsraths können ihr Amt niederlegen, oder sich die Wiederwahl verbitten, wenn sie eine fernere Thätigkeit als aussichtslos erkennen. Die Actionäre endlich sind zu einer Mitwirkung gar nicht verpflichtet; sie unterscheiden sich von den Mitgliedern der anderen Verwaltungsorgane dadurch, dafs die Theilnahme ihrerseits nur die Ausübung eines Rechtes, nicht die Erfullung einer Pflicht ausmacht. Daher gebietet ein geordneter Rechtszustand, dafs für jene Eventualität der inneren Auflösung der Gesellschaft im Interesse der Gläubiger richterliche Hilfe schnell geboten werde, damit Commissarien eingesetzt werden können, welche an Stelle der Verwaltungsorgane einer solchermaafsen in Stich gelassenen Actiengesellschaft functioniren. Es ist ferner der Fall möglich, dafs durch aufserordentliche Umstände, Krieg, verheerende Krankheiten etc., die Zahl der Mitglieder des Vorstandes und des Verwaltungs- oder Aufsichtsraths plötzlich wesentlich vermindert wird, und die Möglichkeit schwindet, Namens der Gesellschaft verbindliche Rechtshandlungen vorzunehmen. Auch hier müfste Hilfe durch rasches Einschreiten des Richters geboten werden. Es wäre überflüssig, alle die Ursachen und Umstände, um die es sich bei Inanspruchnahme dieser richterlichen Hilfe handeln kann, besonders aufzuzählen; vielmehr sollen sie bei Erörterung der betreffenden Institute im Einzelnen hervorgehoben werden, wie dies bisher geschehen ist. Im Princip wird ein schleuniges Einschreiten des Handelsrichters zu gestatten sein, wenn über die Legalität von Rechtshandlungen der verschiedenen Gesellschaftsorgane unter diesen selbst Streit entsteht, oder wenn in Folge äufserer unabwendbarer Ereignisse die Handlungsfähigkeit der Gesellschaft in Frage gestellt ist. Das Einschreiten müfste auf Antrag von Interessenten und die Entscheidung nach vorangegangener Prüfung der Sachlage erfolgen; der letzteren hätte eventuell die schleunige Abhörung von Sachverständigen und Zeugen etc. voranzugehen. Als zuständiger Richter wäre zweckmäfsiger Weise eine Civilkammer des zuständigen Landgerichts zu bezeichnen, welche eventuell den Amtsrichter um schleunige commissarische Prüfung der Sachlage zu requiriren hätte. Die Entscheidung selbst sollte nach mündlicher Verhandlung mit den Interessenten erfolgen. Ein Rechtsmittel müfste auch hier direct beim Reichsgericht einzulegen sein, da die Zwischeninstanz des Oberlandesgerichts entbehrlich, dagegen auf die Einheitlichkeit der Rechtsprechung nicht wohl zu verzichten wäre. Anzuordnen wäre ausdrücklich, dafs überall, wo der Streit Eintragungen in das Handelsregister zum Gegenstande hat, diese im Tenor der Entscheidung selbst festzusetzen seien.

VII.
Der Vorstand.

§ 1.

Vorbemerkungen über das Verhältnifs der Gesellschaftsorgane zu einander.

Die in den nächsten Abschnitten folgende Erörterung der Vorschriften über die einzelnen Verwaltungsorgane bedarf einiger einleitenden Bemerkungen, welche nicht den Vorstand allein, sondern das Verhältnifs der drei Organe der Actiengesellschaft zu einander betreffen.

Unter allen ist das mit den Interessen der Gesellschaft am innigsten verbundene zweifellos die Generalversammlung. Finden sich in ihr alle Actionäre zusammen, so repräsentirt sie sogar die Gesammtheit der Interessenten. In der Praxis ist freilich hierauf nie zu rechnen; und deshalb begnügt sich das Gesetz, und begnügen sich die Statuten mit der Theilnahme derjenigen Actionäre, welche ihre Rechte als solche ausüben wollen, und identificiren diese mit der Gesammtheit Aller. Die durch einen Theil der Actionäre gebildete Generalversammlung ist aber in Wahrheit nur ein Gesellschafts*organ*, sie ist nur die *Vertreterin* des Willens der Gesammtheit.

Das wichtigere der beiden anderen Gesellschaftsorgane ist der Vorstand; ohne ihn ist eine Actiengesellschaft nicht zu denken. Er ist der Kopf der Gesellschaft, erwählt zur Verfolgung des Zweckes, auch zur Verwahrung und Verwaltung des Vermögens. Er repräsentirt das Rechtssubject. Neben ihm besteht seit der Novelle der obligatorische Aufsichtsrath, als ein Ausschufs von Actionären eingesetzt durch die Generalversammlung zum permanenten Vertreter ihrer Rechte, soweit solche die Ueberwachung des Vorstandes betreffen. Aufsichtsrath und Vorstand sind also Bevollmächtigte der Generalversammlung. Ihre Vollmachten weisen zwar gewisse Abweichungen von dem civilrechtlichen Vollmachtsvertrage auf; jedenfalls besteht aber gegenüber dem Vorstande das jenem Vertrage eigenthümliche Widerrufsrecht nach ausdrücklicher Vorschrift des Gesetzes. Ueber die Widerruflichkeit des dem Aufsichtsrath ertheilten Mandates herrscht Streit. Kann dieselbe aus den Satzungen des geltenden Rechts nicht mit Sicherheit gefolgert werden, so sollte sie, sofern der Aufsichtsrath überhaupt erhalten bleibt, in einem neuen Gesetz ausdrücklich ausgesprochen sein; denn die Vertrauensnatur ist diesem Auftrage in nicht geringerem Grade eigenthümlich, als demjenigen, den der Vorstand empfangt.

Indefs ist das in Rede stehende Widerrufsrecht gegenüber beiden Organen insofern besonderer Art, als Vorstand und Aufsichtsrath der Gesellschaft niemals fehlen dürfen. Die Generalversammlung kann also den Widerruf nur vornehmen, wenn sie zugleich Ersatzmänner bestellt. Thäte sie das Erste ohne das Zweite, so würde ihrem Beschlusse vom Handelsrichter nicht Folge gegeben werden dürfen..

Wichtiger, als die formelle Seite des Verhältnisses der Gesellschaftsorgane zu einander, ist der materielle Inhalt desselben. Insbesondere ist die Frage, wie sich Generalversammlung und Vorstand zu einander verhalten, für die ganze Fortentwickelung des Actienrechts von ausnehmender Bedeutung; und die darüber seither zum Ausdruck gelangten Ansichten scheinen einer Revision in wesentlichen Stücken bedürftig. Vornehmlich ist es die Ansicht Renaud's*), welche in dieser Beziehung zum Widerspruch reizt. Renaud erblickt in der Generalversammlung das einfachste und natürlichste Organ der Gesellschaft, und ihre Beschlüsse gelten ihm als der unmittelbarste Ausdruck des Corporationswillens. Zur Einsetzung des Vorstandes sieht er anscheinend eine Veranlassung nur in dem Umstande, dafs die Generalversammlung, weil ihr die Continuitat mangelt, und weil auch die Personen der Actionäre

*) Vergl. Renaud a. a. O., S 458 und 459.

beständig wechseln, ein unvollkommenes Organ ist, wobei er freilich anerkennt, dafs möglicherweise auch der Mangel an Geschäftskenntnifs bei der Mehrzahl der Actionare, und jedenfalls die aus der grofsen Zahl von Mitgliedern sich ergebende Unbehilflichkeit eine sachgemäfse Erledigung der Vereinsgeschäfte erschweren könne. Nichts desto weniger erscheint nach seiner Auffassung der Vorstand nur als eine Art Lückenbüfser, an dessen Stelle, wenn es anginge, die Generalversammlung der Actionäre ihre Interessen lieber selbst wahrnehmen, die Geschäfte selbst leiten sollte.

Dieser Auffassung mufs entgegengetreten werden. Der Vorstand ist keineswegs ein Lückenbüfser; er ist vielmehr dasjenige Organ, ohne welches sich, wie schon gesagt wurde, die Actiengesellschaft selbst naturrechtlich nicht denken läfst. Es gehört zum eigentlichsten Wesen der Actiengesellschaft, dafs sie einen Vorstand habe. Der Actionär will die Verfolgung des Gesellschaftszweckes gar nicht durch die Thätigkeit der Actionäre erreichen, er will dies nicht, selbst wenn es anginge; ebenso wenig will er sich auf ihre Kunst- und Sachkenntnifs verlassen, selbst dann nicht, wenn sie ihnen beiwohnte. Er will überhaupt weder selbst thätig sein, noch verlangt oder erwartet er eine Thätigkeit Seitens der Andern. Die Ausübung des Gesellschaftszweckes, die gewinnbringende Ausnutzung des associirten Vermögens soll vielmehr durch hierzu speciell eingesetzte Beamte, das heifst durch den Vorstand, erfolgen; der Vorstand ist also ein unentbehrliches Organ, die Actiengesellschaft ist ohne ihn nicht existenzfähig.

Diese Erkenntnifs ist von grofsem Werthe, sie bietet die Grundlage für die Entscheidung einer wichtigen, im geltenden Recht sehr knapp und nicht klar beantworteten*) Frage, nämlich ob die Generalversammlung befugt sein soll, jede ihr gut scheinende Anordnung zu treffen, ob auch Aufsichtsrath und Vorstand, und insbesondere ob der Vorstand ihr in allen Stücken Gehorsam schulde — man könnte sie die Frage von der Omnipotenz

*) Art. 231: Kann danach die G. V. nur Geschäfte untersagen, oder solche auch selbstständig anbefehlen?

der Generalversammlung nennen. Ihre Beantwortung folgt unmittelbar aus dem bisher Gesagten: der Generalversammlung ist Omnipotenz nicht zuzuerkennen,*) denn indem die Zeichner ihre Einlagen zu einem bestimmten Zwecke der von ihnen errichteten Actiengesellschaft uberlassen, übertragen sie die Ausbeutung derselben einem von ihnen einzusetzenden Vorstande, und entäufsern sich des Rechts der technischen Mitwirkung an der dem Gesellschaftszwecke dienenden Thätigkeit. Sie behalten das Recht, den Vorstand ein- und abzusetzen, sie können auch, was die blofse Verwaltung betrifft, ihm ihre Vorschriften machen. Aber einen Einflufs auf den technischen Theil seiner Thätigkeit, auf denjenigen, bei welchem die Kunst- und Sachkenntnifs in Frage kommt, haben sie nicht.

Und zu einem gleichen, d. h. die Omnipotenz der Generalversammlung negirenden Resultate führt noch ein zweiter selbstständiger Grund, der aus einer Kritik des Werthes der Generalversammlung als Gesellschaftsorgan folgt. Die Generalversammlung ist, wie bereits erwähnt, wenn nicht alle Actionäre an ihr Theil nehmen, nur eine Vertreterin der letzteren. Freilich sind die Personen, aus denen sie sich zusammensetzt, zugleich Interessenten; aber dieser Begriff ist sehr relativ. Nicht jeder Interessent in diesem Sinne ist aus inneren Gründen zur absoluten Treue gegen die Gesellschaft veranlafst. Es kann Jemand Actionär und dadurch Interessent sein, zugleich aber neben seinem Actienbesitz gröfsere Interessen entgegengesetzter Art haben. Und nicht oft genug ist hervorzuheben, dafs sich die Actionäre insofern von den Mitgliedern der anderen Verwaltungsorgane unterscheiden, als sie der Gesellschaft nicht zur Treue verpflichtet sind. Sie brauchen sich nicht an der Generalversammlung zu betheiligen, sie brauchen auch, wenn sie es thun, die Interessen der Gesellschaft nicht zur Richtschnur ihres Handelns zu nehmen; sie können, ohne einer Verantwortung ausgesetzt zu sein, selbst gegen die Interessen der Gesellschaft wirken. Daraus folgt, dafs der Wille der Generalversammlung keineswegs immer

*) In dem neuen belgischen Handelsrecht wird der Generalversammlung Omnipotenz zuerkannt. Vergl. Sachs a. a. O. S. 151, Art. 59 alin. 1.

das wahre Gesellschaftsinteresse zum Ausdruck bringen mufs. Die Praxis hat sogar gelehrt, dafs Generalversammlungen, zumal aus jenen schon in der Einleitung erwähnten Gründen, höchst leichtsinniger Beschlüsse fähig sind; und wenn in der Zeit nach den Gründerjahren es den Anschein gewonnen hat, als ob im Gegentheil die Generalversammlung eine durch die Machinationen der herrschenden Coterie zwar unterdrückte, aber stets redliche und vorsichtige Wächterin des Gesellschaftsinteresses sei, so hat diese durchaus irrige Meinung nur so lange Aussicht auf Bestand, als die Verwaltungsorgane der Actiengesellschaften wirklich von Coterien beherrscht werden. Nur in dem einzigen Falle, wenn alle Actionäre an der Generalversammlung Theil nehmen, und Alle einstimmig sind, sollte man ihr Omnipotenz zuerkennen; denn etwas Höheres kann der Vorstand nicht anstreben, als dem einstimmigen Willen aller Actionäre zu dienen.*) Sind die Actionäre zwar alle vereinigt, aber nicht einstimmig, oder nehmen sie nicht alle Theil an der Generalversammlung, so ist auch sie nicht über die Möglichkeit erhaben, durch ihre Beschlusse das Gesellschaftsinteresse zu Gunsten privater Interessen zu schädigen. Dies um so öfter, als fur die Willensäufserungen der Generalversammlung Einstimmigkeit schwer erreichbar ist, vielmehr die Entscheidung fast immer durch Majorität geschieht. Es könnte — um das Gesagte durch ein Beispiel zu illustriren — ein Actionär, welcher über die zur Beherrschung einer Generalversammlung ausreichende Actienmasse verfugt, den Beschlufs herbeifuhren, dafs ein der Gesellschaft gehöriges Terrain ihm selbst oder einem von ihm vorgeschobenen Dritten zu einem der Gesellschaft höchst nachtheiligen, fur ihn entsprechend vortheilhaften Preise verkauft werde. Als Actionär empfände er den der Gesellschaft zugefügten Schaden nur pro rata seines Actienbesitzes, dagegen hätte er als Käufer den ganzen Vortheil von dem Geschäft. Aus solchen Möglichkeiten folgt, dafs wenn die Gesellschaft gegen Gewaltacte der eigenen Actionäre

*) Ausgenommen in den Fällen, wo dem Vorstand von dem Gesetz ein specieller, selbst gegen den Willen der Gesellschaft durchzuführender Auftrag ertheilt ist. (Vergl. hierüber § 3 dieses Abschnitts.)

geschützt werden soll, sie eines Correctivs gegen diejenigen Ausschreitungen bedarf, zu denen der in der Generalversammlung regierende Majoritätswille verwendbar und deren er fähig ist. Und ein entsprechendes Correctiv kann wiederum nur in der Ausschliefsung der Omnipotenz gefunden werden.

So begegnen sich hier zwei selbstständige Ursachen für ein und dasselbe Bedürfnifs. Um die angedeuteten Gefahren fern zu halten, müfste das Gesetz zwischen der Machtsphäre der Generalversammlung und derjenigen des Vorstandes eine Grenzlinie ziehen, wie sie der naturrechtlichen Stellung dieser beiden Organe entspricht. Dabei mufs man immer eingedenk sein, dafs, wie aus den vorstehenden Ausführungen auch auf's Neue folgt, die Actiengesellschaft ein für self-government durchaus ungeeignetes Institut ist. Die Generalversammlung hat dafür zu sorgen, dafs die Gesellschaft möglichst gute Beamte erhalte, mag sie dieselben alle direct wählen, oder sich auf Wahl des Aufsichts- resp. Verwaltungsraths beschränken, und diesem die Bestellung des Vorstandes übertragen. Sie mufs ferner das unveräufserliche Recht haben, alljährlich Rechenschaft zu fordern und zu erhalten. Ihr gebührt nicht minder die Entscheidung darüber, ob der Umfang, welcher dem Unternehmen bei der Gründung gegeben worden ist, aufrecht erhalten oder modificirt werden solle, mithin die Beschlufsnahme über Vergröfserung und Reducirung des Grundvermögens, oder Fusionirung der Gesellschaft mit einer anderen. Ihr steht endlich die Entscheidung über die Auflösung zu. In Allem aber, was die Ausübung und Verfolgung des Gesellschaftszweckes betrifft, sollte sie keine Macht haben.

Diese gesetzliche Scheidung der Gewalten brauchte jedoch nicht zwingenden Inhalts zu sein; es könnte gestattet werden, dafs das Statut etwas Anderes bestimme, dafs es die Befugnisse der Generalversammlung weiter ausdehne. Mag sich dann Jeder, ehe er Actien kauft, orientiren, ob etwa die betreffende Gesellschaft der Gefahr einer Vergewaltigung durch den Majoritätswillen ausgesetzt ist. Nur die in Ermangelung statutarischer Vorschriften geltenden Bestimmungen des Gesetzes sollten jenen Verhältnissen gebührende Rechnung tragen.

Dem soeben entwickelten Vorschlage wird vielleicht

eingewendet werden, dafs er etwas Unerreichbares anstrebe, weil gerade bei den der Generalversammlung vorbehaltenen Beschlüssen über Erhöhung, Verringerung des Grundvermögens, Fusionirung und Liquidation die schlimmsten Schädigungen des Gesellschaftsinteresses durch den Majoritätswillen möglich seien, während zugleich durch das jederzeit auszuübende Recht der Absetzung des Vorstandes auch auf die wirkliche Geschaftsfuhrung ein maafsgebender Einflufs geübt werden könne.

Das Erste ist zweifellos richtig, und gegen solche Gefahren giebt es auch kein Mittel; nur lehrt die Erfahrung, dafs die Schädigungen, welche durch jene, den Umfang oder die Dauer der Gesellschaft betreffenden Beschlüsse dem Gesellschaftsinteresse zugefügt werden können, in der Regel nicht von Actionären, wenigstens nicht von diesen allein verübt werden, sondern meistens von grofsen Geschäftsleuten, welche sich durch Leihen oder Miethen von Actien einen vorübergehenden Einflufs auf die Generalversammlung verschaffen. Daher wird jene Gefahr wenn nicht ganz abgewendet, so doch wesentlich verringert werden durch weiterhin vorzuschlagende Mittel, welche die Entfernung der fremden Elemente aus den Generalversammlungen bezwecken. (Vergl. Abschn. IX. § 2).

Dagegen ist die aus dem Absetzungsrecht drohende Gefahr nicht übermäfsig grofs, zumal, wenn der Vorstand nicht direct von der Generalversammlung, sondern in deren Auftrage vom Verwaltungs- oder Aufsichtsrath gewählt wird. Es würde wenigstens ein selten anzutreffendes Maafs von Zähigkeit und Frechheit dazu gehören, in der offenen Absicht, die Gesellschaft auszuplündern, alle sich in den Weg stellenden Hindernisse zu überwinden, vornehmlich diejenige Anzahl von Generalversammlungen zu erzwingen, welche nöthig wären, um zuerst einen gefügigen Aufsichtsrath, und durch diesen einen gefügigen Vorstand einzusetzen. Ueberdies würde, da der Vorstand als Organ der Gesellschaft sich der strafbaren Untreue schuldig machte, sofern er im Dienste einzelner Actionäre die Gesellschaft schädigen wollte, hierin ein weiteres, nicht leicht zu überwindendes Hindernifs liegen.

Es sei erwähnt, dafs auch die preufsiche Denkschrift

jene aus der Omnipotenz der Generalversammlung drohenden Gefahren erkannt hat, und durch gesetzliche Vorschriften beseitigen will. Sie erblickt ein wirksames Mittel in dem Erlafs einer Vorschrift dahin, dafs kein Actionär zu Statutänderungen, welche ihm einen besonderen Vortheil gewähren, oder zu dem Abschlusse eines Vertrages mitwirken darf, bei welchem er selbst als Contrahent, oder durch Theilnahme an den Vortheilen eines Mitcontrahenten interessirt ist. Zuwiderhandlungen sollen den gefafsten Beschlufs anfechtbar, den Actionär fur allen Schaden verantwortlich und eventuell auch strafbar machen*).

Dieser Ausweg möchte dem hier vorgeschlagenen nicht vorzuziehen sein. Denn wer auf Kosten der Gesellschaft Vortheile durch Beschlüsse der Generalversammlung anstrebt, erscheint in der Regel nicht selbst, sondern läfst Andere fur sich auftreten. Die Ermittelung der wahren Actionäre ist dann oft sehr schwierig. Um so gefährlicher wäre es, die Anfechtbarkeit der gefafsten Beschlüsse zuzulassen. Dies würde zur Folge haben, dafs noch nach Jahren prozessualische Angriffe gegen längst erfüllte Generalversammlungsbeschlüsse unternommen würden; und daraus könnte eine Rechtsunsicherheit entstehen, welche unter allen Uebeln bei Weitem das schlimmste wäre.

§. 2.

Stellung und Pflichten des Vorstandes; Collision der Interessen; Procuristen.

Der Vorstand, dessen Bedeutung für die Actiengesellschaft soeben gekennzeichnet wurde, kann aus einem oder mehreren Mitgliedern bestehen, deren Ernennung in den meisten Statuten dem Aufsichtsrath, selten der Generalversammlung übertragen ist. Das Handelsgesetzbuch liefs in seiner ursprünglichen Fassung, wo neben Vorstand und Generalversammlung ein drittes obligatorisches Verwaltungsorgan nicht bestand,

*) Preufs. Denkschr. S. 30, No. 18.

die Frage des Besetzungsrechts unbeantwortet, und die Novelle hat hieran nichts geändert. Freilich wird die directe Vorstandswahl durch die Generalversammlung aus praktischen Gründen immer bedenklich sein, da dieselbe wegen des Mangels der Continuität etwa vereinbarte Kündigungs- oder Rücktrittsrechte schwer wahrnehmen kann. Dies bietet indefs keinen Anlafs zur Einmischung der Gesetzgebung. Wohl aber wäre es angezeigt, allgemeine Normen für die Dauer des Engagements von Vorstandsmitgliedern festzusetzen, die als subsidiäres Recht zu gelten hätten. Vorschriften solcher Art, wie sie z. B. für Handlungsgehilfen in den Art. 57 ff. des Handelsgesetzbuches bestehen, existiren für Vorstandsmitglieder von Actiengesellschaften gar nicht, und dieser Mangel ist als ein solcher oft empfunden worden. Ueberhaupt entbehrt das Institut des Vorstandes von Actiengesellschaften bisher noch aller gesetzlichen Regelung. Jene für Handlungsgehilfen geltenden Bestimmungen sind auf das viel bedeutendere, verantwortlichere, eine bevorzugte Begabung heischende Amt gewifs nicht analog anzuwenden. Was aber aus den Grundsätzen über Vollmachtsaufträge zu entnehmen ist, kann wohl zur Klärung des Rechtsverhältnisses zwischen Vorstand und Gesellschaft dienen, ergiebt jedoch nichts über die persönlichen Rechte des ersteren. Wo also nicht ein besonderer Engagementsvertrag abgeschlossen ist, kann der Auftraggeber das Vorstandsmitglied jeden Tag entlassen, und letzteres sein Amt täglich niederlegen. Auch für die Frage, ob der Engagementsvertrag ein Handelsgeschäft sei, fehlt es an einem sicheren Anhalt. In der Rechtsprechung gilt die Annahme, dafs das Vorstandsmitglied als solches nicht nothwendig Kaufmann ist. Ob aber das Abkommen auf Seiten der Actiengesellschaft, wegen ihrer Qualitat als Handelsgesellschaft, ein Handelsgeschäft sei, ist nur allenfalls aus der analogen Natur des Engagementsvertrages zwischen Principal und Handlungsgehilfen zu folgern. Als subsidiäres Recht sollte gelten, dafs die Mitglieder des Vorstandes immer auf die Dauer eines Jahres, die bei Gründung der Gesellschaft erwählten auf die Dauer des ersten Geschäftsjahres engagirt seien, unter Annahme der stillschweigenden Verlängerung auf ein ferneres Jahr, wenn nicht Seitens eines der beiden contrahirenden Theile die Aufkündigung des Vertrages spätestens sechs Monate vor seinem Ablauf geschehen ist. Fehlte eine Vereinbarung über Gehalt, so würde ein angemessenes zu gewähren sein.

Selbstverständlich sind die Mitglieder des Vorstandes, insofern nicht etwas Gegentheiliges ausgemacht ist, berufen, der Actiengesellschaft, die sie leiten, ihre ganze Kraft zu widmen. Freilich lassen sich auch Engagementsverhältnisse denken, wo die ganze Kraft weder angeboten noch gefordert wird. Grundsatz sollte aber sein, dafs bei dem Mangel entgegenstehender Abmachungen das Vorstandsmitglied der von ihm geleiteten Actiengesellschaft ausschliefslich zu dienen habe. Die Frage ist praktisch wichtig und doch nicht ganz unbedenklich, insofern der Fall in Betracht kommt, dafs, wenn ein Vorsteher eigenes Vermögen hat, er dasselbe mufs verwalten und nutzbar machen dürfen, während es andererseits nicht erlaubt sein kann, dafs diese Nutzbarmachung bis auf den Betrieb eines eigenen Geschäfts neben demjenigen der Actiengesellschaft ausgedehnt wurde. Es bestände sonst die Gefahr, dafs der Vorsteher ein dem Geschäfte der Actiengesellschaft ähnliches einrichtete, und die letztere durch Confundirung der Interessen schädigte. Das kann nicht zulässig sein, wie auch ein Gleiches durch das geltende Recht den Handlungsbevollmächtigten und Handlungsgehilfen mit der Rechtsfolge untersagt ist, dafs sie Schadenersatz leisten und dem Principal die gewonnenen Vortheile ausliefern müssen. Es möchte sich freilich nicht empfehlen, hier mit zu speciellen Bestimmungen einzuschreiten; doch wäre eine Anordnung dahin am Platze, dafs, während ein Vorstandsmitglied Mangels einer entgegenstehenden Vereinbarung bei Gefahr der oben erwähnten Nachtheile, weder für eigene, noch dritte Rechnung Geschäfte betreiben darf, die blofse Verwaltung und verzinsliche Anlegung des eigenen Vermögens durch dieses Verbot nicht betroffen sei. Hierin würde eine Nöthigung zu speciellen Abmachungen liegen, und dies möchte ausreichen. Denn der Werth eines Kaufmanns als Vorstandsmitglied einer Actiengesellschaft ist so sehr von den Verhältnissen und von seiner Befähigung abhängig, dafs es unter Umständen im Interesse der Gesellschaft liegen kann, einem Candidaten in allen diesen Beziehungen schrankenlose Freiheit zu gewähren, wenn er sich nur überhaupt für die Gesellschaft gewinnen läfst. Andererseits aber mufs es möglich sein, einer treulosen Ausnutzung der durch die Mitgliedschaft im Vorstande gebotenen Position wirksam zu begegnen.

Noch anderweit wäre ein genaueres Eingehen von Wichtigkeit. Da dem Vorstande die Interessen der Gesellschaft anvertraut sind, so darf er nicht für sie handeln, wenn sein eigenes Interesse collidirt. Das geltende Recht äufsert sich über solche Collisionen nur, insoweit sie etwa von der Gesellschaft gegen den Vorstand anzustellende Prozesse betreffen, und läfst für diesen Fall die Wahl von Bevollmächtigten Seitens der Generalversammlung zur Vertretung der Gesellschaft zu. Das ist aber nur ein Fall unter vielen. Es mufs auch als möglich gelten, dafs das Vorstandsmitglied die Gesellschaft verklagen will. Wegen Behändigung dieser Klage an die Gesellschaft würden die Bestimmungen der Reichs - Civilprozefsordnung ausreichen*). Aber das ist nicht genug; denn man kann dem klägerischen Vorstande doch nicht die Sorge um die Führung des Prozesses für die verklagte Gesellschaft anvertrauen. Noch häufiger sind die Fälle, wo unstreitige Rechtsangelegenheiten zwischen einem Vorstandsmitgliede und der Gesellschaft erledigt werden müssen. Nicht selten haben, um ein bekanntes Beispiel anzuführen, in der Gründerperiode die Vorbesitzer der an die Gesellschaft veräufserten Anlagen für einen Kaufgelderrest Hypothek angenommen, und sind aufserdem in den Vorstand der neuen Gesellschaft getreten. Wenn sie diesen allein repräsentiren, oder wenn neben ihnen, wie häufig der Fall ist, Procuristen fungiren, welche nur in

*) Civilprozefsordnung für d. d. R., Art. 169. Es läge, wenn nur ein einziges Vorstandsmitglied vorhanden ist, der Fall vor, dafs dasselbe verhindert wäre, die Zustellung anzunehmen.

Gemeinschaft mit Vorstandsmitgliedern zeichnen dürfen, so ist die ganze Actiengesellschaft ohne Vertretung, sobald mit dem Vorstandsmitgliede als Hypothekengläubiger eine Verhandlung vorgenommen werden soll. Ein Hilfsmittel hiergegen scheint der Art. 234 bieten zu wollen, der den Betrieb von Geschäften der Gesellschaft, sowie die Vertretung derselben in Bezug auf die Geschäftsführung Bevollmachtigten oder Beamten zuzuweisen gestattet. Sein Inhalt ist aber nicht ausreichend, da er sich nicht klar darüber äufsert, von wem die Einsetzung der Bevollmächtigten auszugehen habe. Gerade dieser nicht vorhandene Theil der Bestimmung wäre das Wichtigste an ihr. Nach dem Wortsinn ist die Frage durchaus zweifelhaft, und in der Theorie besteht Streit darüber, ob neben anderen durch Statut zur Einsetzung eventuell berufenen Verwaltungsorganen der Vorstand hierzu principaliter ermächtigt sei*). Wäre dies bei dem Mangel einer entgegenstehenden Statutenbestimmung anzunehmen, so wäre die Bestimmung für die vorbezeichneten Zwecke unbrauchbar. Denn man kann füglich nicht gestatten, dafs ein gegen eine Gesellschaft klagend auftretendes Vorstandsmitglied durch Bestellung eines Bevollmächtigten die Sorge für die Prozefsführung der anderen Seite übernehme, oder gar, dafs ein solches Mitglied mit dem Bevollmächtigten, den es selbst ausgewählt hätte, Verträge zum Abschlufs brächte. Für solche Fälle kennt die Praxis nur das künstliche Auskunftsmittel, neue Vorstandsmitglieder *ad hoc* einzusetzen, und nach gethaner Arbeit wieder zur Löschung zu bringen.

Es wäre also unter entsprechender Aenderung des Art. 234 zu bestimmen, dafs immer dasjenige Verwaltungsorgan, welches statutenmäfsig zur Einsetzung des Vorstandes berufen ist, auch Bevollmächtigte einsetzen dürfe, welche eventuell im Umfang ihrer Vollmacht die Gesellschaft neben oder gegenüber den Vorstandsmitgliedern zu vertreten hätten.

Noch eines eigenartigen Collisionsfalles mufs gedacht

---

*) Vergl. die Note zu Art 234 in Keyssner's Commentar zum H. G B. und v. Hahn a. a. O., S. 649.

werden, der auf dem Gebiete der Eisenbahngesellschaften vorkommt. Wiederholt haben Eisenbahngesellschaften aus gewissen Ursachen die Hilfe des Staates in Anspruch genommen, die ihnen in mehreren Fällen nur gegen das Aequivalent gewährt worden ist, dafs sie laut besonderer und meistens *in perpetuum* geschlossener Verträge ihre Linien in staatliche Verwaltung geben mufsten. So befinden sich gegenwärtig die Bergisch-Märkische Bahn, die Rhein-Nahe Bahn, die Oberschlesische Bahn, die Halle-Sorauer und die Berlin-Dresdener Bahn neben einigen kleineren Linien, in dauernder Staatsverwaltung. Das auf diese Unternehmungen verwendete, dem Staate zur Verwaltung überlassene Capital umfafst, woraus die Wichtigkeit der Sache entnommen werden mag, an Actien und Prioritätsobligationen einen Nominalbetrag von mehr als tausend Millionen Mark. In den Verträgen, die bezüglich dieser «Betriebsüberlassungen», wie man sie nennt, geschlossen worden sind, ist dem Staate, soweit ersichtlich, nirgends ein besonderes Recht dahin eingeräumt, dafs er die Verwaltung ganz nach seinem Ermessen führen dürfe. Es haben sich vielmehr die betreffenden Eisenbahngesellschaften nur des freien Ernennungsrechtes ihrer Vorstandsmitglieder begeben, und dieses auf den Staat übertragen. Die vom Staate eingesetzten Directoren sind also Vertreter der Interessen der Eisenbahngesellschaften, und mithin den über Vollmachtsaufträge geltenden Bestimmungen unterworfen. Indessen sind jene Beamten nicht aus dem Staatsdienste beurlaubt, um etwa als Directoren von Privateisenbahngesellschaften zu dienen; sondern sie sind Staatsbeamte geblieben und führen als solche die Verwaltung.

Dieser Zustand, welcher fast überall unter dem Druck der gerade auf jenen Eisenbahngesellschaften lastenden Verlegenheiten geschaffen wurde, ist, vom Standpunkte des Privatrechtes betrachtet, höchst anomaler Natur. Der Staat hat bei Verwaltung seiner eigenen Eisenbahnen andere Grundsätze zur Anwendung zu bringen, als die Privatbahnen. Er mag sich zum Beispiel nicht für berechtigt halten, überall das Aeufserste von Vortheilen im Wege der Concurrenz anzustreben. Ob er aber befugt sei, seine Verwaltungsgrundsätze auch bei jenen von ihm in Verwaltung genommenen Privateisenbahnen zur Geltung zu bringen, das ist mindestens eine bedenkliche Frage. Sie fallt nicht mit ihrem ganzen Umfange in das Gebiet des Actienrechts; aber eine Seite an ihr würde bei einer Reform desselben mit zur Lösung zu bringen sein. Es ist dies folgende: Die verwaltenden Staatsbeamten, welche unmittelbare Staatsbeamte bleiben, sind den Anweisungen der höchsten Verwaltungsbehörden unbedingt unterworfen, und es ist kein Zweifel, dafs, wenn die Anweisungen mit den wirklichen Interessen der betreffenden Privateisenbahngesellschaft in Collision kommen, jene Beamten den Befehl ihrer Vorgesetzten über die Gesellschaftsinteressen stellen müssen. Daraus folgt aber, dafs diese Eisenbahngesellschaften nicht einen ihren Angelegenheiten ausnahmelos und bis zum Aeufsersten ergebenen Vorstand besitzen, dafs ihnen vielmehr für gewisse Fälle jener Vertreter fehlen kann, den das geltende Recht und das Naturrecht als für die Existenz einer Actiengesellschaft unentbehrlich erachten. Es wäre zum Beispiel der Fall möglich, dafs zwischen dem Aufsichtsrathe einer der genannten Gesellschaften und der Regierung ein Streit wegen Auslegung des über die Staatsverwaltung vereinbarten Vertrages entstände. Würde derselbe nicht beigelegt, sondern die Anrufung des Richters erforderlich, so ist gar nicht zu sagen, wie ein Prozefs in Gang gebracht werden könnte, falls die königliche Direction, einer etwaigen Anweisung der Staatsverwaltung gemäfs, den Auftrag des Aufsichtsrathes oder der Generalversammlung zur Anstellung der Klage ablehnte. Es wäre gewifs eine nicht zutreffende Lösung, etwa von den Beamten des Staates Ungehorsam gegen ihre Vorgesetzten zu fordern. An diesem Punkte ist die Sache nicht anzufassen. Man kann von Staatsbeamten nicht erwarten, dafs sie im Interesse einer Gesellschaft, welcher sie allein im Auftrage ihrer Vorgesetzten dienen, sich in Widerspruch zu letzteren setzen sollen. Abhilfe wäre nur dadurch zu gewähren, dafs die gesetzlichen Bestimmungen über Einsetzung von Bevollmächtigten in Collisionsfällen auch da als anwendbar erklärt würden, wo die Actiengesellschaft sich kraft besonderer Verträge des Rechtes, ihren Vorstand selbst zu wählen, begeben hätte. Hiergegen ist nicht mit Erfolg einzuwenden, dafs in dem Umfange, in welchem jene Bevollmächtigten statt des Vorstandes für die Gesellschaft agirten, die bezüglichen Verträge, insbesondere jene Betriebsüberlassungsverträge, beeinträchtigt wurden. Gewifs geschähe das, aber es geschähe im Dienste des höheren Principes, dafs die Actiengesellschaft, welche vermöge ihrer Verfassung auf die Vertretung durch Dritte absolut angewiesen ist, einer durchaus ergebenen Vertretung ihrer Interessen unter allen Umständen sicher sein soll. Der Staat dürfte nicht einmal zulassen, geschweige selbst verlangen, dafs eine Actiengesellschaft des Schutzes ihrer eigenen Angelegenheiten in irgend einem Falle entbehre.

Aus dem Art. 234 hat man für die Actiengesellschaften auch das allgemeine Recht zur Einsetzung von Procuristen hergeleitet, und dasselbe, wo entgegenstehende Statutenbestimmungen nicht vorhanden sind, dem Vorstande vindicirt. Ein praktisches Bedürfnifs fur die Einsetzung von Procuristen hat sich zweifellos herausgestellt; nur bedeuten sie bei der Actiengesellschaft nicht genau dasselbe, wie bei dem einzelnen Kaufmann, oder der offenen Handelsgesellschaft. Der Procurist ist Vertreter des Kaufmanns mit einer der Dispositionsbefugnifs des Principals beinahe gleichkommenden Machtfülle. In der Actiengesellschaft ist streng genommen das Vorstandsmitglied selbst ein Procurist, und bei den Einschränkungen seiner Befugnisse, wie sie den meisten modernen Statuten eigen sind, ist die Machtfülle des Vorstandes oft geringer, als diejenige des Procuristen gegenüber dem privaten Kaufmann. Würde man das Rechtsverhältnifs des Procuristen zur Actiengesellschaft ganz analog seiner Stellung gegenüber dem Einzelkaufmann oder der offenen Handelsgesellschaft auffassen, so würde bei vielen Actiengesellschaften der Procurist aus seiner Procura mehr Rechte herleiten können, als dem bei gröfseren Geschäften der Zustimmung des Aufsichtsrathes unterworfenen Vorstande thatsächlich zustehen. Und auch der innere Grund für die Einsetzung von Procuristen ist bei Actiengesellschaften ein anderer. Der Kaufmann will sich durch seinen Procuristen entlasten, und im

Falle seiner Abwesenheit vollgiltig vertreten sein. Der Vorstand hat aber kein Recht, sich zu entlasten; die Bereitwilligkeit, des Amtes mit allen seinen Mühen unausgesetzt zu walten, ist vielmehr die Voraussetzung seiner Wahl. Ueberdies steht es in Widerspruch zu den Grundsätzen von der Vollmacht, dafs der Bevollmächtigte sich ohne Genehmigung seines Machtgebers einen Andern substituire. Die Procuristen der Actiengesellschaften sind daher nicht eigentlich solche, sondern eine Art von Subdirectoren, das heifst Beamte, denen man gröfseres Vertrauen schenkt, ein höheres Interesse für das Institut zuschreibt, eine besondere Intelligenz und Sachverständigkeit nachsagt, und die man deshalb als Assistenten des Vorstandes, oder bei Abwesenheit seiner Mitglieder vertretungsweise fur diese walten lassen will. So aufgefafst, ist die Einrichtung verständig und kann vortheilhaft wirken. Um so mehr giebt aber die Thatsache, dafs man über ihre Zulässigkeit streiten kann, Anlafs, die letztere in einem neuen Gesetz ausdrücklich auszusprechen, jedoch mit der Maafsgabe, dafs Procuristen nicht vom Vorstande, sondern nur von demjenigen Verwaltungsorgan eingesetzt werden dürfen, dem die Wahl des Vorstandes selbst nach Gesetz oder Statut obliegt.

§ 3.

Die Verantwortlichkeit der Mitglieder des Vorstandes.

Eine Verantwortlichkeit der Mitglieder des Vorstandes ist denkbar nach drei Richtungen, nämlich gegenüber der Actiengesellschaft, den einzelnen Actionären und den Gläubigern.

Das geltende Recht enthält in vier Artikeln des Handelsgesetzbuchs hierauf bezügliche Bestimmungen. Die wichtigste ist folgende:

«Die Mitglieder des Vorstandes sind aus den von ihnen im Namen der Gesellschaft vorgenommenen Rechtshandlungen Dritten gegenüber fur die Verbindlichkeiten der Gesellschaft persönlich nicht verpflichtet.

Mitglieder des Vorstandes, welche aufser den Grenzen

ihres Auftrages, oder den Vorschriften dieses Titels*) oder des Gesellschaftsvertrages entgegen handeln, haften persönlich und solidarisch für den dadurch entstandenen Schaden. Dies gilt insbesondere, wenn sie der Bestimmung des Art. 217 entgegen an die Actionäre Dividenden oder Zinsen zahlen, oder wenn sie zu einer Zeit noch Zahlungen leisten, in welcher ihnen die Zahlungsunfähigkeit der Gesellschaft hätte bekannt sein müssen».

So lautet der Text des Art. 241. Er ist die Hauptquelle fur das ganze Rechtsgebiet; die drei weiterhin zu erwähnenden Gesetzesstellen enthalten nur Specialvorschriften. Die Interpretation dieses Artikels bietet nicht unerhebliche Schwierigkeiten; vornehmlich herrscht in der Theorie Streit über die Frage, ob die Verantwortlichkeit nur der Gesellschaft gegenüber gelte, oder ob den Gläubigern ein directes Regreſsrecht zustehe**).

Es mag aus der Zahl der Meinungen, welche sich gegen letztere Annahme und für das ausschlieſsliche Recht der Gesellschaft erklären, die Begründung von Hahn, unter den widerstreitenden diejenige von Puchelt behufs Erörterung der Frage näher betrachtet werden. Hahn geht davon aus, daſs die beiden Abschnitte, in welche der angeführte Artikel zerfallt, zu einander in einem Gegensatze stehen. Der erste bestimme, nach welcher Richtung der Vorstand für seine Amtshandlungen nicht hafte; der zweite setze fest, wo eine Haftbarkeit eintrete. Als Bevollmächtigten der Gesellschaft könne an den Vorstand ein Regreſsanspruch von auſsen nicht herantreten; denn seine Vollmacht sei so unbeschränkt und unbeschränkbar, daſs alle Amtshandlungen, wie immer geartet, durch sie gedeckt würden. Nach innen aber sei der Vorstand schuldig, in Uebereinstimmung mit

*) Buch II, Titel 3 des H. G. B.: «Von der Actiengesellschaft».

**) Vergl. gegen die letztere Annahme v. Hahn, a. a. O., S. 662; Endemann Handelsrecht, 3. Aufl., S. 284; Keyssner, Commentar zu Art. 241; für jene Annahme Anschütz und Völderndorff, Commentar II, S. 533; Puchelt, Commentar I, S. 490; Koch, Commentar, Anmerkung 129 zu Art. 241; Renaud a. a. O., § 64; weiter als alle Letztgenannten geht Bekker in der Goldschmidtschen Zeitschrift, Band XVII, S. 441 ff.

dem Gesetz, dem Gesellschaftsvertrage und dem ihm speciell ertheilten Auftrage zu verfahren, und gegen Verstöſse in dieser Beziehung sei er der Gesellschaft gegenüber verantwortlich. Nach Hahn's Auslegung ordnet also der erste Abschnitt des Art. 241 die Haftbarkeit nach auſsen, der zweite diejenige nach innen. Puchelt macht hiergegen geltend, daſs die Unbeschränktheit und Unbeschränkbarkeit der Vollmacht, von welcher Hahn rede, nur dem Gesammtvorstande, nicht allen einzelnen Mitgliedern zu Gute komme, während der Art. 241 im Gegensatze zu anderen Bestimmungen des Gesetzbuchs überall nur von den «Mitgliedern» handle. Er beruft sich darauf, daſs Hahn selbst jene Unbeschränktheit und Unbeschränkbarkeit als derjenigen des Procuristen analog erklärt habe, und doch zugeben müsse, daſs sie bei der Collectivprocura dem einzelnen Procuristen nicht zustehe. Puchelt folgert hieraus, daſs auch dem einzelnen Vorstandsmitgliede, sobald es die Gesellschaft nicht vinculire, dieser gesetzliche Schutz nicht zur Seite stehe, und hebt hervor, daſs zu der Annahme einer ausschlieſslichen Responsabilität gegenüber der Gesellschaft eine Veranlassung deswegen nicht vorhanden sei, weil in anderen (weiterhin zu besprechenden) Vorschriften über die Haftbarkeit, z. B. in Art. 245 ad 4 und 248, den Gläubigern ein ausdrückliches Regreſsrecht gegen den Vorstand gegeben sei.

Richtig ist nun wohl, daſs das einzelne Vorstandsmitglied, wenn es seiner Vollmacht zuwider die Gesellschaft allein zu vertreten versucht, ebenso wenig durch die Gesellschaft gedeckt wird wie der allein handelnde Collectivprocurist durch seinen Principal. Dieser Fall gehört aber gar nicht in den Bereich des Art. 241. Ein Vorstandsmitglied, das sich dem Inhalt der Vollmacht zuwider als zur Vertretung der Gesellschaft legitimirt ausgegeben hat, haftet dem Gläubiger gerade deshalb persönlich, weil es nicht Vertreter der Gesellschaft war; ein Anspruch dieser Art würde sich also auſserhalb des Rechtes über Actiengesellschaften bewegen. Wollte aber Puchelt die Ansicht vertreten, daſs nur der Gesammtvorstand im Besitz jener uneingeschränkten und uneinschränkbaren Vollmacht sei, so kann das nicht zugestanden werden. Besteht der Vorstand beispielsweise aus fünf Mitgliedern, und sind je zwei davon zur Zeichnung und Obligirung der Gesellschaft befugt, so ist jene uneingeschränkte und uneinschränkbare Vollmacht schon im Besitz von je zweien derselben. Was endlich die Allegate des Art. 245 ad 4 und 248 betrifft, so ist in Art. 245 eine directe Haftbarkeit gegenüber dem Gläubiger nicht ausgesprochen, und in Art. 248, wo sie wirklich ausgesprochen ist, hat sie, wie weiter unten hervorgehoben werden soll, einen speciellen, die allgemeine Haftpflicht nicht berührenden Rechtsgrund. Wenn also Puchelt folgert, dafs der zweite Abschnitt des Art. 241 die Haftpflicht des Vorstandsmitgliedes nicht blos nach innen, wie Hahn meint, sondern auch nach aufsen regele, indem das Vorstandsmitglied, wenn es zur Vertretung befugt war, nur nach innen niemals nach aufsen, wenn es dagegen nicht zur Vertretung befugt war, nur nach aufsen aber nicht nach innen hafte, so ist dagegen eben einzuwenden, dafs die Haftbarkeit eines Vorstandsmitgliedes gegenüber dem Dritten da, wo es die Gesellschaft durch seine Rechtshandlungen nicht zu obligiren im Stande war, überhaupt nicht auf dem Art. 241 beruht.

Ein begründeteres Bedenken gegen die Hahn'sche Interpretation folgt aber aus den beiden Fällen, welche am Schlufs des Art. 241 speciell erwähnt sind. Es ist dort den Vorstandsmitgliedern eine Haftpflicht auferlegt, falls sie nicht verdiente Dividenden oder Zinsen an Actionare zahlen, oder zu einer Zeit noch Zahlungen leisten, wo ihnen die Zahlungsunfähigkeit der Gesellschaft schon bekannt sein mufste. Die Frage ist, ob sich annehmen lasse, dafs auch in diesen beiden Fällen die Haftpflicht nur zu Gunsten der Gesellschaft constituirt sei. Was den ersteren betrifft, so ist diese Annahme nicht schwierig. Die Gesellschaft soll in ihrem Vermögen nicht durch rechtswidrige Dividendenzahlungen verkürzt werden. Die eigenthümliche Natur des Verhältnisses, in welchem der Actionär zur Gesellschaft steht, führt dazu, dafs er zu Unrecht empfangene Dividenden behalten darf, sofern er sie in gutem Glauben empfangen hat. Er kann also die Herausgabe einer thatsächlich unverdienten Dividende ablehnen, und als

Theilnehmer der Generalversammlung gleichwohl die Geltendmachung eines Regreſsanspruches dieserhalb gegen den Vorstand beschlieſsen. Und da das Interesse des Actionärs an der Integrität des Gesellschaftsvermögens ebenso groſs ist wie das des Gläubigers, so steht der Folgerung nichts im Wege, daſs auch diese Bestimmung des Art. 241 nur der Gesellschaft zu Gute komme.

Bedenklicher verhält es sich mit der anderen Bestimmung. Insofern dabei, was unzweifelhaft scheint, die Zahlungsunfähigkeit nicht als Insolvenz, sondern als Insufficienz zu verstehen ist, wird dort der Fall gesetzt, daſs das Vermögen der Gesellschaft verloren sei. Ist dies aber geschehen, so kann der Actionär, zumal er nur mit seiner Einlage haftet, in der Mehrzahl der Fälle kein Interesse an der Gesellschaft mehr haben, deshalb auch keines an einer Regreſsklage gegen den Vorstand. Dann aber wäre es doch recht gewagt, anzunehmen, daſs der Gläubiger auf den guten Willen der Actionäre, den Vorstand regreſspflichtig zu machen, angewiesen sein solle. Dieser Zweifel löst sich indeſs, wenn man folgende wesentliche Umstande in Betracht zieht: zunächst, daſs in der groſsen Mehrzahl aller Fälle, eine solche Eventualität wegen der Qualität der Gesellschaft als Handelsgesellschaft gleichbedeutend mit der Concurseröffnung ist. Sobald aber der Concurs eröffnet wird, verliert die Frage ihre Bedeutung, da die Gesellschaft mit Eintritt des Concurses aufgelöst, ihr Vermögen Eigenthum der Gläubigerschaft wird, und diese dann in der Lage ist, die Ansprüche direct geltend zu machen. Das ist freilich noch nicht principiell durchgreifend, da sich auch denken läſst, daſs der zahlungsunfähigen Gesellschaft von den Gläubigern ein Indult gewährt würde, vielleicht um eine Verschleuderung der Activa zu vermeiden; dann wäre jener Ausweg nicht gegeben. Aber von principieller Bedeutung ist das zweite, was auch Hahn andeutet, wenn er bemerkt, «daſs das Regreſsrecht der Gesellschaft indirect Anderen zu Gute komme.» Das heiſst, die Gläubiger und der Vorstand treten nicht neben einander und ohne Interesse für einander als Klageberechtigte auf, vielmehr so, daſs alle der Gesellschaft zustehenden Regreſsansprüche den Gläubigern mit zum Vortheil gereichen. Die

Gläubiger halten sich an die Gesellschaft, die Gesellschaft hält sich an den Vorstand, alle Klagen der Gesellschaft erwerben den Gläubigern Befriedigungsmittel; und wenn diese die Gesellschaft belangen, so bereiten sie sich auch die Möglichkeit, im Wege der Execution künftig an die Vorstandsmitglieder heranzukommen. Diese Erwägung vermindert die Schwierigkeit der Auslegung des Art. 241 wesentlich, und streitet zweifellos für die Hahn'sche Interpretation.

Zu einem ähnlichen Resultat führt auch die Vergleichung des Art. 241 mit der zweiten in Betracht kommenden Vorschrift, nämlich dem Art. 245 ad 4. Derselbe bestimmt, «dafs Mitglieder des Vorstandes und Liquidatoren, welche den Vorschriften über die Auszahlung der Masse bei erfolgter Liquidation der Actiengesellschaft entgegen handeln, persönlich und solidarisch zur Erstattung der geleisteten Zahlungen verpflichtet sind.» Und jene Vorschriften lauten dahin, dafs das Vermögen nach Tilgung der Schulden vertheilt werden, die Vertheilung indefs fruhestens ein Jahr nach der dritten öffentlichen Aufforderung der Gläubiger zur Meldung vollzogen werden dürfe, bekannte Gläubiger direct auf zufordern, für schwebende Verbindlichkeiten aber und streitige Forderungen, wenn die Ausschüttung vor ihrer Regulirung geschieht, der Betrag gerichtlich niederzulegen sei. Auch hier fehlt zwar, wie in Art. 241 die Bezeichnung Desjenigen, dem das Regrefsrecht zusteht. Aber das ist hier ganz gewifs nur die Gesellschaft, wie schon aus der Wahl des Ausdruckes «Erstattung» zu entnehmen ist. Die Gesellschaft mufs bei vorzeitig geschehender Auszahlung, wenn demnächst noch Gläubiger auftreten, die ausgezahlten Beträge von den Vorstandsmitgliedern im Regrefswege einziehen und vertheilen. Die Annahme, dafs etwa die Actionäre den vorzeitig erhaltenen Betrag ganz oder zum Theil nochmals erhalten sollen, ist selbstverständlich ausgeschlossen. Sähe man freilich nur auf den Zweck, so wäre hier vielleicht noch eher, als bei Art. 241 Veranlassung zu der Folgerung, dafs den Gläubigern ein directes Klagerecht zustehe. Denn hier sind sie ganz allein die

Interessirten; die Actionäre, welche ihre Einlagen schon zurückerhalten haben, sind ohne Interesse zur Sache.

Wenn es also schon allgemeinen Grundsätzen zuwiderläuft, den Gläubigern ein Regreſsrecht gegen die Vorstandsmitglieder zu gewähren, mit denen sie nicht contrahirt haben, und die zu ihnen uberhaupt in kein Rechtsverhältniſs getreten sind, so liegt eine innere Nothwendigkeit für Zulassung dieser Anomalie um so weniger vor, als dasjenige, was in Folge der Regreſsnahme der Gesellschaft zuflieſst, dadurch auch den Gläubigern zugefuhrt wird. Danach möchte in der That die Auslegung Derjenigen zu billigen sein, welche mit Hahn in dem Art. 241 die Constituirung eines ausschlieſslichen Rechtes für die Gesellschaft erblicken. Indeſs ist dieses Resultat nur auf dem Wege einer weit ausholenden Interpretation zu gewinnen, und jedenfalls sind die gegnerischen Gründe nicht ohne Gewicht.

Ganz unhaltbar erscheint dagegen eine Auffassung, welche aus dem Art. 241 für einige dort berührte Fälle ein Anspruchsrecht der Gläubiger herleitet, für andere es bestreitet. Der Vertreter dieser Ansicht ist Renaud*). Er bemerkt, es könnten die Mitglieder des Vorstandes unter Umständen dritten Personen, insbesondere den Gesellschaftsgläubigern schadenersatzpflichtig sein. Welche Umstände hierbei gemeint sind, erklärt er, indem er sagt: «Es haften die Vorsteher der Actiengesellschaft den Gläubigern nicht für die Unterlassung solcher Handlungen, die eine gehörige Verwaltung der Gesellschaftsangelegenheiten ihnen zur Pflicht macht, ebenso wenig auch wegen eines Mangels an Sorgfalt bei Geschäften, die sie innerhalb ihrer Competenz abgeschlossen haben, sollte hierdurch selbst das Vermögen der Gesellschaft vermindert worden, oder dieser ein voraussichtlicher Gewinn entgangen sein. Wohl aber stehen die Vorsteher für den Schaden ein, welcher aus der Ueberschreitung ihrer Machtbefugnisse oder aus Handlungen, die sie den Vorschriften der Statuten oder dem Gesetz zuwider vor-

---

*) Renaud a. a. O., §. 64; auch Anschütz und Völderndorff a. a O. Anmerk. zu Art. 241.

genommen haben, den Gesellschaftsgläubigern erwachsen ist». Renaud zerlegt sonach die im Art. 241 gedachten Versehen in zwei Gruppen; der Text des Art. 241 bietet aber nirgends einen Anhalt für diese Unterscheidung, welche überdies an dem Mangel leidet, dafs die Summe der einander gegenübergestellten Fälle nicht die Gesammtheit aller denkbaren umfafst. Renaud sagt z. B., dafs die Unterlassung von Handlungen, welche eine gehörige Verwaltung den Vorstehern zur Pflicht macht, den Gläubigern kein Regrefsrecht gebe. Man denke sich nun aber den Fall, dafs der Vorstand einer grofsen Bank leichtsinnig genug wäre, ihr Vermögen in hölzernen Spinden aufzubewahren, und dafs dieselben von Dieben erbrochen oder vom Feuer verzehrt würden. Entstände daraus eine Insufficienz der Gesellschaft, so wäre doch, wenn man überhaupt eine directe Haftbarkeit des Vorstandes gegenüber den Gläubigern statuiren will, dieser Fall gewifs nicht auszuschliefsen. Dennoch wäre er nach Renaud ausgeschlossen, da er nur eine Unterlassung der zur ordnungsmafsigen Verwaltung erforderlichen Handlungen, nämlich der Anschaffung geeigneter Aufbewahrungsräume für Werthsachen, darstellt. Will man den Art. 241 zu Gunsten eines directen Klagerechts der Gläubiger auslegen, so kann eine Grenze dieses Rechtes nur zu finden sein, wo sie sich von selbst ergiebt, nämlich da, wo das Interesse fehlt. Der Gläubiger müfste dann immer klagen können, sobald das Versehen des Vorstandes so intensiv wäre, dafs es bis in die Interessensphäre der Gläubigerschaft eine Wirkung übte; es stände ihm aber der Einwand des mangelnden Interesses entgegen, so lange die Gläubiger trotz der Schädigung der Gesellschaft aus dem noch vorhandenen Vermögen befriedigt werden könnten.

Was den sachlichen Umfang der Haftpflicht betrifft, so ist von einigen Seiten hervorgehoben worden, dafs der Art. 241 nicht alle Pflichten umfasse, welche dem Vorstande oder seinen Mitgliedern obliegen*). Insbesondere bemerkt Renaud, es sei durch Alinea 2 die Verantwortlichkeit

*) Vergl. Makower, Commentar zum H. G. B. Art. 241, Anm. 20, und Renaud a. a. O., S. 603.

der Vorsteher gegenüber einer Actiengesellschaft nur nach der Seite der Ueberschreitung ihres Auftrages geregelt; die Verantwortung sei aber eine dreifache, denn es trete das Einstehen für die mit aller Sorgfalt vorzunehmende Erfüllung der Obliegenheiten, und für den Schaden aus der Unterlassung von pflichtmafsigen Handlungen hinzu. An sich ist das richtig. Ein Mandat kann positiv vorschreiben, was geschehen soll, es kann positiv verbieten, was unterbleiben soll, und es kann Sorgfalt in der Behandlung aller nicht von einer speciellen Instruction berührten Fälle erfordern. Nur ist nicht zuzugestehen, dafs die fragliche Vorschrift sich principiell auf einen dieser drei Fälle beschränke; es kommt vielmehr darauf an, wie das Statut und der das Mandat des Vorstandsmitgliedes näher definirende Engagementsvertrag lautet. Enthält dieser Vertrag zum Beispiel, wie es sehr häufig vorkommt, eine besondere Instruction uber die Geschäftsfuhrung oder die Bezugnahme auf eine solche, so könnte die allgemeine Verpflichtung, alle Obliegenheiten mit Sorgfalt zu erfüllen und keine davon zu unterlassen ebenso wie die besondere Verpflichtung, bestimmte Dinge zu thun oder zu unterlassen, im Einzelnen sehr häufig mit dem Verbot einer Ueberschreitung des Statuts oder des Auftrages zusammenfallen; die Zahl der gar nicht von dem Art. 241 berührten Fälle der Regrefspflicht dürfte aber in der Praxis überhaupt nicht grofs sein.

Andererseits besteht über die Grenzen der Haftpflicht kein Zweifel; es kommen die Vorschriften des Mandats zur Anwendung und, sofern ein Vorstandsmitglied Kaufmann ist, die Bestimmungen des Art. 282, wonach derselbe die Sorgfalt eines ordentlichen Kaufmanns anwenden, ingleichen diejenigen des Art. 283, wonach der wirkliche Schaden und der entgangene Gewinn ersetzt werden mufs.

Die dritte der vier in Betracht kommenden Vorschriften betrifft das Verhalten der Vorstandsmitglieder bei der Reduction des Grundcapitals, und läuft parallel der bereits erwähnten zweiten Bestimmung über das Verhalten des Vorstandes resp. der Liquidatoren bei der Liquidation der

Gesellschaft. Es soll danach die Reduction nur unter Beobachtung derselben Bestimmungen erfolgen, die für die Vertheilung des Gesellschaftsvermögens im Falle der Auflösung maafsgebend sind; aber «die Mitglieder des Vorstandes, welche dieser Vorschrift entgegen handeln, sind den Glaubigern der Gesellschaft persönlich und solidarisch verhaftet». (Art. 248) Diese direct den Gläubigern gegenüber constituirte Haftbarkeit der Vorstandsmitglieder weicht von der parallelen Bestimmung des Art. 245 ab, und ist deshalb fur den ersten Anblick auffallend. Bei näherer Betrachtung erweist sie sich indefs als eine wohl durchdachte Vorschrift.

Zwischen den beiden sonst parallelen Fällen besteht nämlich der wichtige Unterschied, dafs die in Liquidation stehende Gesellschaft keine neuen Geschäfte mehr macht, während die ihr Vermögen reducirende in voller geschäftlicher Thätigkeit verbleibt. Da aber die in dem Zeitraum zwischen der vorzeitigen Auszahlung des zurückzuzahlenden Capitals und der späteren Erstattung durch die Vorstandsmitglieder gemachten Geschäfte der Gesellschaft möglicherweise Verluste bereiten, selbst ihre Insufficienz herbeiführen können, so würde die Erstattung der vorzeitig geleisteten Zahlungen den Gläubigern unter Umständen noch nicht zu ihrem Rechte verhelfen. Denn nähme diese Summe ihren Weg durch die Casse der Gesellschaft, so würde sie der Gesammtheit der Gläubiger — auch den inzwischen hinzugekommenen — haftbar. Offenbar aus diesem Grunde ist es erforderlich erschienen, zum Schutze der durch die vorzeitige Zahlung benachtheiligten Gläubiger hier ein directes Verhältnifs zwischen ihnen und den Vorstandsmitgliedern herzustellen. Keineswegs will etwa der Text besagen, dafs den Gläubigern in allen Fällen ihre ganze Forderung von den Vorstandsmitgliedern bezahlt werden müsse. Reducirte beispielsweise eine Gesellschaft, deren Grundvermögen eine Million ausmacht, dasselbe um die Hälfte, und träten, nachdem die Vorstandsmitglieder in der Meinung es ohne Gefahr thun zu dürfen, vor Ablauf der gesetzlichen Frist diese Hälfte ausgezahlt hätten, neue

Gläubiger mit Forderungen von zwei Millionen auf, so würde sich die Verantwortlichkeit der Vorstandsmitglieder gegenüber den alten Gläubigern immer nur auf die zu früh und deshalb zu Unrecht ausgezahlte Summe beschränken*).

Endlich besteht viertens eine der letzteren ganz analoge Bestimmung für den Fall, dafs eine Actiengesellschaft durch Fusionirung mit einer anderen aufgelöst wird. Die hauptsächliche Sorge des Gesetzes richtet sich bei diesem Vorgange darauf, den Gläubigern der in Auflösung tretenden Gesellschaft ihre Ansprüche su sichern. Es soll deshalb das Vermögen dieser Gesellschaft bis zur Befriedigung oder Sicherstellung ihrer Gläubiger getrennt verwaltet werden, die Verwaltung aber durch die aufnehmende Gesellschaft geschehen. Und um die Gläubiger sicher zu stellen, ist dem Vorstand der aufnehmenden Gesellschaft angedroht, «dafs er den Gläubigern der in Auflösung tretenden Gesellschaft für die Ausfuhrung der getrennten Verwaltung persönlich und solidarisch verantwortlich sei». (Art. 247). Bei dieser Bestimmung ist der Grund der Haftpflicht der vorhergehenden vollständig analog.

Soweit das geltende Recht.

Was nun das etwaige Bedürfnifs zur Reform desselben betrifft, so hat diese Frage denselben dreitheiligen Inhalt, welcher im Eingang hervorgehoben wurde. Dem einzelnen Actionär steht nach geltendem Recht ein Regrefsanspruch

---

*) Keyssner bemerkt zur Erklarung des Unterschiedes der Rechtsfolgen zwischen Art. 248 und 245, es solle bei der Liquidation nur das Vertheilte zur Masse zurückgeschafft werden, insoweit diese nicht zur vollständigen Befriedigung der Gläubiger ausreiche; bei theilweiser Zuruckzahlung des Grundcapitals stehe aber dem Vorstandsmitgliede, welches nach Art. 248 Zahlung zu leisten hätte, die fortbestehende Actiengesellschaft als Schuldnerin mit der Verpflichtung, vollen Ersatz zu leisten, gegenüber. (Goldschmidt'sche Zeitschrift Bd. XX., S. 473). Die ihr Grundvermögen reducirende Gesellschaft hat jedoch in Wahrheit keine hohere und keine geringere Verpflichtung zur vollen Zahlung, als die liquidirende; beide müssen, soweit ihre Mittel reichen, den Gläubigern Befriedigung gewähren. Ein stichhaltiger Grund für jenen Unterschied ist nur darin zu finden, dafs in der Erstattung der vorzeitig ausgezahlten Beträge zur Casse der Gesellschaft bei der Reduction für die alten Gläubiger eine Gefahr liegt, welche bei der Liquidation nicht entstehen kann.

gegen den Vorstand nicht zu*); weder das Handelsgesetzbuch in seiner ursprünglichen Form, noch die Novelle haben in dieser Beziehung die Auffassungen adoptirt, welche dem französischen und englischen Recht eigenthümlich sind**). Das französische Gesetz vom 24. Juli 1867 constituirt ein Regreſsrecht der einzelnen Actionäre in bündigster Form***). Ein Gleiches thut das revidirte belgische Handelsrecht†). Und was das englische Recht betrifft, so ist die Jurisprudenz in England der Meinung, daſs den einzelnen Actionären ein Anspruch auf ordnungsmäſsige Geschäftsfuhrung zustehe, daſs deshalb jeder Actionär die Vorstandsmitglieder verklagen könne wegen Miſsbrauches ihrer Befugnisse, und bei vorliegendem Treubuch gegen die Gesellschaft††). Dennoch ist eine Aenderung des deutschen Rechtszustandes nicht zu wünschen. Die deutsche Rechtsanschauung weicht hier zweifellos von derjenigen der bezeichneten Culturvölker ab. Vielleicht liegt der Grund darin, daſs sich die Auffassung der Actiengesellschaft als Corporation im deutschen Rechtsbewuſstsein bereits schärfer ausgebildet hat, als dies anderwärts bisher der Fall ist.

Nicht so verhält es sich gegenüber den Gläubigern. Was diese betrifft, so ist jedenfalls eine gröſsere Klarheit des Inhaltes in den geltenden Anordnungen, gewiſs aber auch eine materielle Aenderung derselben zu wunschen. Principiell haben die Gläubiger allerdings keinen Regreſsanspruch gegen den Vorstand einer Actiengesellschaft, mit welcher sie sich in Verträge eingelassen haben. Sollte im Gegensatz zu der oben versuchten Interpretation des Art. 241

*) Entsch. des R. O. H. G. XIX., S. 183.

**) Vergl. Renaud a. a. O., §. 63. Die entgegenstehenden Ausfuhrungen von Bekker (a. a. O.) sind nicht überzeugend. Molle spricht sich zwar in seiner «Lehre von den Actiengesellschaften» (S. 73) für eine Verantwortlichkeit gegenüber den einzelnen Actionären aus, ohne jedoch, wie ihm auch Wiener (Goldschmidt'sche Zeitschrift, Band XXI., S. 608) bemerkt, seine Ansicht zu begründen.

***) Loi sur les sociétés, vom 24. Juli 1867, Art. Art. 39 und 17.

†) Sachs a. a. O., S. 200ff. und 160ff.

††) Wegen «improper use of their powers» und wegen «breaches of trust»; vergl. Behrend a. a. O., Seite 87 und die in der Anmerkung angeführten Schriftsteller.

letzterer den Gläubigern wirklich ein Regrefsrecht gegen die Vorstandsmitglieder constituiren, so wäre nicht zu wünschen, dafs bei einer Reform des Actienrechts diese Befugnifs bestehen bliebe. Der Gläubiger contrahirt nicht mit dem Vorstande, sondern mit der Gesellschaft. Wie jeder vorsichtige Mann immer prüfen mufs, wessen er sich von seinem Schuldner mit Rücksicht auf dessen Vermögen und Charakter zu versehen habe, so gilt dies auch gegenüber der Actiengesellschaft, bei welcher der Vorstand in dem eben angedeuteten Sinne die Person des Schuldners repräsentirt. Ueberdies deckt die Vollmacht alle Amtshandlungen der Vorstandsmitglieder dergestalt, dafs gegenüber dritten Personen immer nur die Gesellschaft als Contrahentin gelten kann.

Hiervon möchte aber in einer Beziehung eine Ausnahme wünschenswerth, ja erforderlich sein. Genau genommen ist freilich das, um was es sich handelt, nicht eine Ausnahme, sondern ein den Gläubigern aus ganz speciellen Ursachen gegenüber dem Vorstand zu constituirendes specielles Recht. Da nämlich die Actiengesellschaft nur durch ihr Vermögen existirt, so besteht die berechtigte Anforderung auf Seiten des mit ihr contrahirenden Dritten, dafs sie dieses Vermögen nicht aus eigener Willkür veringere oder verschwinden mache. Allerdings gestattet das Gesetz die Liquidation und auch die Reduction des Gesellschaftsvermögens; damit aber solche Operationen nicht zum Nachtheil der Gläubiger ausschlagen, ist ihre Vollziehung an gewisse Vorbedingungen geknüpft, die sich als Schutzmaafsregeln zu Gunsten der Gläubiger darstellen. Und die Letzteren dürfen fordern, dafs eine Verflüchtigung des Gesellschaftsvermögens nicht anders, als unter Beobachtung jener Maafsregeln vor sich gehe. Da nun neben dem Aufsichtsrathe, und zwar in erster Linie, der Vorstand zum Wächter des Gesellschaftsvermögens berufen ist, dieser sich auch im Besitz desselben befindet, und keine von den die Liquidation und Reduction zum Vollzug bringenden Handlungen anders als unter seiner Mitwirkung geschehen kann, so erscheint es berechtigt, ja zum Schutze der Gläubiger geradezu nothwendig, dafs der Vorstand*)

*) Wahrend der Liquidation der Liquidationsvorstand, vgl. XIV § 4.

in so weit *ex lege speciali* zum Wächter und Beschützer der Interessen der Gläubiger erklärt, und mit einer directen Haftpflicht fur den Fall der Vernachlässigung dieses Amtes bedroht werde. Fast könnte man glauben, dafs schon dem geltenden Recht ein ähnlicher Gedanke inne wohne; wenigstens weist die Fassung des Art. 245, woselbst neben dem Vorstande die Liquidatoren für regrefspflichtig erklärt sind, wenn sie den angedeuteten Vorschriften zuwider die Ausschüttung vornehmen, darauf hin. Und ein Gleiches ergiebt sich aus Art. 247, welcher im Falle der Fusionirung den Vorstand der aufnehmenden Gesellschaft gegenüber den Gläubigern der in Auflösung getretenen für haftbar erklärt. Die Fassung des Art. 241 macht jedoch die Berechtigung dieser Annahme wieder ganz zweifelhaft.

Ein Anlafs zur speciellen Inschutznahme der Gläubigerrechte kann nun aber vorliegen: erstens bei der Liquidation, zur Verhinderung vorzeitiger Ausschüttung; zweitens bei der Reduction zur Verhütung vorzeitiger Rückzahlung. Er ist drittens zu denken zur Verhinderung der Auszahlung nicht verdienter Dividenden, da hierdurch das Grundvermögen ebenfalls zum Nachtheil der Gläubiger geschmälert wird; und endlich viertens zur Verhütung von Zahlungen bei vorliegender Insufficienz, damit die noch vorhandenen Activa nicht ungleichmäfsig unter die Gläubiger vertheilt werden. Es wäre wünschenswerth, dafs durch eine klare Bestimmung des Gesetzes dieser dem Vorstande im Interesse der Gläubiger zu ertheilende Specialauftrag zum Ausdruck käme, und dafs den Gläubigern bei Verletzung dieser Pflichten ein directes Klagerecht gegen den Vorstand unter solidarischer Haftpflicht seiner Mitglieder eingeräumt würde. Zwar ist oben ausgeführt worden, wie alle Ansprüche der Gesellschaft gegen den Vorstand auch den Gläubigern indirect zu Gute kommen; indefs läfst sich doch nicht bestreiten, dafs der Mangel eines directen Klagerechts den Weg zur Befriedigung erschwert. Besteht ein solches, so kann man sich eventuell im Wege des Arrestes auch Sicherstellung verschaffen, während die Sicherstellungsobjecte, wenn es erst eines langen

Zwischenprozesses gegen die Gesellschaft bedarf, verloren gehen können. Ueberhaupt ist es nicht gleichgültig, ob der Gläubiger durch zwei Prozesse, oder schon durch einen zum Ziele gelangt. Auf die erwähnten vier Fälle dürften aber die directen Regreſsansprüche der Gläubiger gegen den Vorstand zu beschränken sein; von ihnen abgesehen, muſs der Grundsatz gelten, daſs der Gläubiger, weil er nur mit der Gesellschaft contrahirt hat, sich nur an diese halten kann.

Es bleibt endlich zu untersuchen, wie die hauptsächliche Verantwortlichkeit des Vorstandes, nämlich diejenige gegen die Gesellschaft selbst, beschaffen sei. Diese Frage gehört zu denjenigen, welche in der Zeit nach der Gründerperiode am lebhaftesten discutirt wurden. Man wollte bemerken, daſs das Gesetz in dieser Beziehung nicht ausreichende, insbesondere nicht ausreichend strenge Vorschriften enthalte*). Kaum über irgend ein Thema sind, von den Bestimmungen über die Gründung abgesehen, zur Reformirung des Actiengesetzes so viele, so excentrische und so dilettantische Ansichten geäuſsert worden, wie über die Verantwortlichkeit des Vorstandes.

Im Gegensatze zu ihnen ist zu behaupten, daſs diese Verantwortlichkeit, wenn sie sich auf solidarische Schadenersatzpflicht für *omnis culpa* erstreckt, streng genug ist. Wohl aber darf man ihr vorwerfen, daſs sie in einem wichtigen Punkte nicht ausreichend erwogen sei, insofern sie eine Unterscheidung unterläſst, welche die Stellung des Vorstandes gerade in ihrem innersten Wesen erfaſst.

Die Thätigkeit, welche die Vorstandsmitglieder an dem Vermögen der Gesellschaft ausüben, ist, wie schon im § 1

*) Die preuſsische Denkschrift regt die Frage an, nach welcher Richtung etwa die geltende Haftpflicht auszudehnen sei, und empfiehlt eine Bestimmung dahin, daſs der Richter nach freiem Ermessen über etwaige Schadenersatzansprüche zu entscheiden habe. (S. 23, No. 8). Es soll sich dieser anscheinend aus dem Goldschmidt'schen Gutachten (Goldschmidt a. a. O., S. 35) entnommene Vorschlag wohl nur auf Festsetzung der Hohe der Entschädigung beziehen. Aber es ist nicht anzuerkennen, daſs gerade hier dem Richter vereinzelt eine gröſsere Freiheit des Ermessens zugestanden werden müsse, als sonst Rechtens ist.

dieses Abschnittes angedeutet wurde, eine zweifache. Der Vorstand ist einerseits Verwahrer und Verwalter des Gesellschaftsvermögens; seiner Obhut sind sämmtliche Vermögensstücke anvertraut. In dieser Eigenschaft mufs er zweifellos für jedes Versehen haften, umsomehr, als die wirklichen Interessenten niemals in der Lage sind, den Gesellschaftsbesitz selbst in ihren Schutz zu nehmen. Der Vorstand mufs das höchste Maafs von Sicherheit bei Aufbewahrung des Gesellschaftsvermögens gewähren. Würde er z. B. versäumen, die Feuerversicherung einer zum Gesellschaftsvermögen gehörigen Fabrik rechtzeitig zu vereinbaren, oder würde der Vorstand einer Bank nicht für sichere Aufbewahrungsstätten der ihm anvertrauten Werthstucke sorgen, hinsichtlich der Bewachung der letzteren nicht das Mögliche an Vorsicht leisten, oder es unterlassen, ordnungsmäfsige Handlungsbücher und Controllen zu fuhren, welche eine vollständige Durchsichtigkeit der Verhältnisse herstellen, so wären seine Mitglieder zweifellos für jeden dadurch entstehenden Schaden haftbar.

Das ist aber die unbedeutendere Seite seines Berufs, um derentwillen der Vorstand nicht eingesetzt wird. Bei weitem wichtiger ist die Ausübung und Verfolgung des Gesellschaftszweckes, welche ihm als Kunst- resp. Sachverständigem übertragen ist. Er soll im Dienste der Actiengesellschaft denken und schaffen, soll mit Hilfe der zur Verfügung gestellten Mittel Erträgnisse erwerben, er soll sein Talent, seine Befahigung in dem Specialfach, dem die Gesellschaft gewidmet ist, zu ihren Gunsten ausbeuten. In dieser Beziehung erweist sich die gesetzliche Vorschrift, dafs der Vorstand für *omnis culpa* zu haften hat, als ungeeignet und höchst unbillig. Eine Haftpflicht für *omnis culpa* kann nur angebracht sein, wenn es sich um bestimmte, immerhin zahlreiche, aber für jeden vorsichtigen Mann fafsliche Verpflichtungen handelt. Wo dagegen eine ganze, je nach der besonderen Begabung mehr oder weniger glucklich zu lösende Aufgabe in Frage ist, wo also der ganze Mensch mit allen seinen Fehlern und Vorzügen in Betracht kommt, da giebt es nur eine einzige zutreffende Schuldabmessung, nämlich danach, ob und inwieweit der Betreffende es an der Sorgfalt fehlen läfst, die er in seinen eigenen Angelegenheiten anwendet, die *diligentia quam in suis rebus.* Dieser Maafsstab gilt im Gesetz bereits bei Regrefsansprüchen unter den Socien einer offenen Handelsgesellschaft. Das Handelsgesetzbuch bestimmt im Art. 94: «Jeder Gesellschafter ist verpflichtet, in den Angelegenheiten der Gesellschaft den Fleifs und die Sorgfalt anzuwenden, welche er in seinen eigenen Angelegenheiten anzuwenden pflegt.» Nach Inhalt der Quellen hat zu dieser Bestimmung die Erwägung geführt, «dafs es gegen die bisherige Uebung und gegen die Natur des Societätsverhältnisses verstofse, von dem Gesellschafter nach dem Vorgange des Entwurfs*) die Prästation des Fleifses und der Sorgfalt eines ordentlichen Kaufmannes zu verlangen, während die Gesellschaftsverträge häufig gerade deshalb, namentlich von älteren Leuten mit jüngeren Männern, eingegangen würden, weil sie nicht mehr im Stande seien, überall den Pflichten eines ordentlichen Kaufmannes nachzukommen, und die Innigkeit des Verbandes der Gesellschaft es mit sich bringe, dafs sie nicht jedes bei den meist lebenslänglichen Geschäftsverbindungen unterlaufende Versehen sich gegenseitig anrechnen»**). Diese Gesichtspunkte kommen den bei der Abwägung der in Rede stehenden Haftpflicht in Betracht zu ziehenden sehr nahe. Die Socien einer offenen Handelsgesellschaft erwerben einander als Genossen, mit ihrem ganzen Wissen und Können und Nichtwissen und Nichtkönnen. Gegen die Fehler müssen die Vorzuge in die Wagschale fallen, und es mufs sich ein Ueberschufs an Vorzügen ergeben. Wer als Contrahent eines Gesellschaftsvertrages diese Rechnung nicht gemacht oder ein günstiges Facit nicht erhalten hat, mag sich selbst die Folgen zuschreiben***). Ganz ähnlich ist das Bündnifs beschaffen, welches die Actiengesellschaft mit dem Vorstande eingeht. Wenn ein Beispiel dies anschaulich machen kann, so stelle man sich vor, dafs der Aufsichtsrath einer Bank eine Concurrenz um Besetzung der ersten Vor-

*) d. h. des preufsischen Entwurfs.

**) Protokolle, Seite 180.

***) l. 72. § 1. D. pro socio 17. 2· quia, qui parum diligentem sibi socium acquirit, de se queri debet.

standsstelle ausgeschrieben hätte, und daſs unter den Bewerbungen zwei in Betracht kämen, über welche die Auskünfte gerade entgegengesetzt lauteten. Von dem einen Candidaten wäre verbürgt, daſs er ein höchst zuverlässiger, sorgfältiger, in der Erfüllung seiner Pflichten peinlicher Mann sei, dem aber die Befahigung zu groſsen geschäftlichen Unternehmungen nicht beiwohne. Ueber den andern hätte man erfahren, daſs er hochbegabt, ein fur schwierige Finanzoperationen wohl befähigter Kopf sei, der sich jedoch um Nebensachen nicht kümmere, Mittel und Wege zur Erstrebung kleinerer Vortheile miſsachte, auch in Bemessung von Unkosten etc. nicht vorsichtig und sparsam zu Werke gehe. Würde nun in Anbetracht aller Umstände, vielleicht weil zu den Arbeiten zweiten Ranges genügende Kräfte vorhanden wären, und um für die Oberleitung der Bank einen bedeutenden Kopf zu gewinnen, der letztere Candidat erwählt, so wäre es zweifellos höchst unbillig, von diesem in der Folge eine Art der Geschäftsführung zu verlangen, welche eingestandenermaaſsen seinem Naturell nicht entspräche. Was die bloſse Verwaltung des Gesellschaftsvermögens betrifft, so müſste sich selbstverständlich auch dieser Vorstandsbeamte der Pflichterfüllung unterziehen, welche Sorgfalt und Vorsicht erfordern. Aber jene höhere Aufgabe der geschäftlichen Action könnte er, wenn er selbst wollte, niemals anders, als die Eigenthümlichkeit seines Wesens es ihm vorschreibt, erfullen.

In dieser Beziehung bedarf, wie gesagt, das geltende Recht einer ergänzenden Berichtigung. Die Verantwortlichkeit des Vorstandes sollte durch ausdrückliches Gesetzeswort unterschieden werden in diejenige für die bloſse Verwaltung, und in die, welche die eigentliche Geschäftsführung betrifft. Bei der letzteren müſste der Gradmesser in der Anwendung der *diligentia quam in suis* bestehen, bei der ersteren sollte Haftpflicht für *omnis culpa* gelten.

VIII.
Der Aufsichtsrath.

§ 1.

Entstehung und Berufskreis des Aufsichtsraths.

Dem Vorstande und der Generalversammlung steht nach geltendem Recht eine aus mindestens drei Actionären der Gesellschaft gebildete Körperschaft, der Aufsichtsrath, zur Seite. Obligatorisch ist derselbe erst seit der Novelle; bis dahin war er facultativ, jedoch mit dem Anrecht auf gewisse Befugnisse,*) falls er eingesetzt wurde. Seine Umwandlung in ein Essentiale des Statuts hing mit der Beseitigung des Concessionszwanges zusammen. Man war der Meinung, dafs bei dem Wegfall der Staatsaufsicht eine Aufsichtsbehörde anderer Art gegenüber dem Vorstande unentbehrlich sei, und dafs dieselbe aus dem Kreise der Actionäre hervorgehen müsse. Es bestand sogar die Hoffnung, dafs die neue Aufsichtsinstanz wirksamer und glücklicher agiren würde, als dies nach den gemachten Erfahrungen Seitens des auf eine «Warner-Funktion» beschränkten Staatscommissarius hatte geschehen können.**) Der obligatorische Aufsichtsrath ist also entstanden durch die Umwandlung des Staatscommissarius in eine Form, welche der fortan geltenden Unabhängigkeit der Actiengesellschaften entsprach.

*) Vgl. Art. 225a in seiner ursprünglichen Fassung, welche den Art. 225 des Gesetzbuches bildete.

**) Vgl. Motive zur Novelle, S. S. 651 u. 655 des stenogr. Berichtes.

Ein zwischen Vorstand und Generalversammlung waltendes Organ ist indeſs der Actiengesellschaft schon lange vor der Novelle bekannt gewesen. Das Bedürfniſs zu seiner Einsetzung entstand in der Regel aus zwei eng zusammenhängenden Ursachen.

Einerseits erschien es bei gröſseren Actiengesellschaften bedenklich, den Vorstand ganz allein herrschen zu lassen, und das ihm vorgesetzte Organ, die Generalversammlung, nur ein einziges Mal im Jahre versammelt zu sehen. Der Mangel der Continuität auf Seiten der Generalversammlung, welche überdies durch den Vorstand selbst zu berufen war, lieſs dieselbe von den ersten Anfängen an als ein neben dem letzteren allein nicht zureichendes Gesellschaftsorgan erkennen. Daher wählte man das naheliegende, fast selbstverständliche Auskunftsmittel, einen Ausschuſs von Actionären zu bilden, welcher schneller als die Generalversammlung zusammenberufen sein konnte, wenn es galt, die Geschäftslage zu prüfen, Beschlüsse im Gesellschaftsinteresse zu fassen, und der auch sonst berathend, abmahnend, nöthigenfalls energisch corrigirend einzugreifen vermochte. Insbesondere aber schien es nicht gut und vorsichtig, die verhältniſsmäſsig kleine Körperschaft des Vorstandes ganz selbstständig über die oft groſsen Capitalien verfügen zu lassen. Eine besonnene und sorgfältige Leitung der Geschäfte erforderte, daſs die Erledigung der wichtigeren und allerwichtigsten Angelegenheiten einem gröſseren Collegium vorbehalten wurde, welches aus erfahrenen und gewiegten, an dem Wohlergehen der Gesellschaft interessirten Geschäftsleuten zusammengesetzt, dem Vorstande berathend und selbst entscheidend zur Seite stehen konnte. Daraus ergab es sich dann fast von selbst, daſs dieses Collegium den Vorstand im Allgemeinen überwachte und einen heilsamen Druck auf seine Thätigkeit ausübte.

Keineswegs stand dieses Verhältniſs etwa in einem Gegensatze zu dem Princip, welches dem Vorstande, als Kunst- und Sachverständigem, die technische Leitung des Unternehmens vorbehält. Das beaufsichtigende Collegium konnte bei technischen Fragen die Auskunft des Vorstandes zur Grundlage nehmen, und hiervon ausgehend die Interessen der

Gesellschaft erfolgreich abwägen. Und wo selbst eine Entscheidung im Gegensatz zu der Ansicht des Vorstandes nicht erfolgte, war die Erörterung wichtiger Fragen durch eine Mehrzahl tüchtiger Geschäftsleute nicht selten geeignet, Gesichtspunkte herauszukehren, Zweifel zu lösen und anzuregen, die auch für den sachverständigeren Vorstand von Werth waren.

Daher finden sich, ohne dafs die Landesgesetze, z. B. das preufsische Eisenbahngesetz oder das Actiengesetz von 1843, Anordnungen zwingenden Inhaltes treffen, bei fast allen älteren Actiengesellschaften gewisse, zwischen Vorstand und Generalversammlung stehende, als «Ausschufs», «Verwaltungsrath», «Curatorium», «Deputation» oder mit ähnlichen Namen bezeichnete Körperschaften, welche man generell «Verwaltungsrath» nennt, und denen die soeben erwähnten Aufgaben in den verschiedensten Variationen statutengemäfs zufallen. In mehreren Statuten gilt auch die dem französischen Recht eigenthümliche Einrichtung, dafs der Verwaltungsrath den Vorstand bildet und die eigentliche Herrschaft führt, während die Geschäftsdirection nur unter seiner Leitung als Bevollmächtigte thätig ist. Die Frage über die Gestaltung dieser Körperschaften ist in Nürnberg zur Zeit eingehend erwogen worden, im Gegensatze zu dem Standpunkte des preufsischen Entwurfes, welcher entsprechende Bestimmungen nicht enthielt. Es wurde dort hervorgehoben, dafs Körperschaften dieser Art fast allgemein beständen, und dafs es wichtig sei, für ihren Berufskreis und andere sie persönlich angehende Dinge Normen in das Handelsgesetzbuch aufzunehmen*). Die Redactionscommission projectirte demgemäfs in ihrem aus der ersten Lesung hervorgegangenen Entwurf eine Vorschrift**), welche gesetzliche Geltung erlangt hat, und den ursprünglichen Art. 225 des Handelsgesetzbuchs bildete. Sie war in zweiter Lesung ohne Discussion angenommen worden. Dieser Artikel gab bestimmte Anweisungen für den Fall, dafs durch das Gesellschaftsstatut ein «Aufsichtsrath» eingesetzt

*) Protocolle, Seite 390 und Seite 1047.

**) Art. 204 des Entwurfes aus erster Lesung.

wäre. Die Bezeichnung «Aufsichtsrath» war von Anfang an insofern befremdend, als die bis dahin von den Statuten der Gesellschaften eingesetzten Körperschaften jener Art gerade diesen Namen am seltensten oder vielleicht niemals führten. Für das Verständnifs des geltenden Rechts ist es von Erheblichkeit, festzustellen, was mit dieser Behörde gemeint sei, d. h. ob man habe bestimmen wollen, dafs jede zwischen Generalversammlung und Vorstand waltende Körperschaft, gleichviel welchen Namen und welche Funktionen sie habe, unter diese Vorschrift des Art. 225 fallen, oder ob letztere nur für solche Körperschaften gelten solle, deren Funktionen gerade dem Wortsinn eines «Aufsichtsraths» entsprächen. Ersteres scheint Anschütz anzunehmen, wenn er in seiner Kritik über den aus der ersten Lesung hervorgegangenen Entwurf die Wahl des Ausdruckes «Aufsichtsrath» mit dem Bemerken tadelt, dafs man lieber den Namen «Verwaltungsrath» hätte wählen sollen, welches der für das fragliche Collegium gebräuchliche Name sei*). Aus den Protokollen selbst ist direct nichts zu folgern, da wie gesagt eine Discussion über den Vorschlag der Redactionscommission nicht stattgefunden hat. Jene Bemerkungen in der ersten Lesung, welche Anlafs zu dem Entwurfe der Redactionscommission gegeben hatten, und die allerdings generelle Normen für Verwaltungsraths-Körperschaften als wünschenswerth bezeichneten, können für sich allein zur Auslegung der fraglichen Gesetzesstelle gewifs nicht ausreichen. Indirect liefse sich aber das Eine schliefsen, dafs man eine Analogie zu dem gleichzeitig für Commanditgesellschaften auf Actien obligatorisch eingesetzten Aufsichtsrathe habe schaffen wollen. Darauf weist mindestens die wörtliche Uebereinstimmung der beiden Gesetzesstellen hin. Da aber den Commanditisten bei der Commanditgesellschaft auf Actien ein Recht zur Theilnahme an der Verwaltung gesetzlich nicht zusteht, auch mit dem Wesen dieses Instituts im Widerspruch wäre, so ist der Aufsichtsrath bei der Commanditgesellschaft jedenfalls ein wirklicher Aufsichtsrath im Sinne dieses Wortes. Sonderbarer Weise war gerade

*) Band I. Seite 183 der kritischen Vierteljahrsschrift.

diese Aufsichtsbehörde im preufsischen Entwurfe (Art. 158) «Verwaltungsrath» genannt; der Ausdruck ist jedoch schon durch den für die zweite Lesung vorbereiteten Entwurf (Art. 162) in den hierher besser passenden »Aufsichtsrath» umgeändert worden. Er stellt eine Commission der Commanditisten dar, welche die Interessen der Gesammtheit gegenüber der Geschäftsführung der persönlich haftenden Gesellschafter bewachen soll. Das ist für die angestrebte Interpretation von Erheblichkeit, nicht weil man daraus Klarheit über den Aufsichtsrath der Actiengesellschaft gewinnt, sondern weil aus der Stellung des Aufsichtsraths der Commanditgesellschaft folgt, dafs trotz jener Uebereinstimmung der Gesetzesstellen (Art. 225 und 226 wie 193, 194 und 195) auf eine Analogie nicht zu schliefsen ist. Denn der Aufsichtsrath der Commanditgesellschaft empfängt seine Aufgabe gerade aus denjenigen Eigenthümlichkeiten der Commanditgesellschaft, in welchen diese sich von der Actiengesellschaft unterscheidet.

Es bleibt also nur übrig, den Begriff des Aufsichtsraths bei der Actiengesellschaft aus dem Wortsinn zu interpretiren, und die Befugnisse, die ihm für den Fall seiner Einsetzung obligatorisch überwiesen sind, dabei in Betracht zu ziehen. Aus den letzteren scheint aber zu folgen, dafs nicht jeder Verwaltungsrath zugleich einen Aufsichtsrath darstellen kann, im Gegentheil, dafs die Functionen eines Aufsichtsraths mit denen eines reinen Verwaltungsraths geradezu unvereinbar sind. Ein Collegium, dessen vornehmste Aufgabe die Pflicht der Aufsichtsführung ist, kann nicht zugleich Verwaltungsorgan sein. Denn in dem Maafse, in welchem dasselbe an der Verwaltung Theil nimmt, engagirt es sich zu Gunsten einer Thätigkeit, über die es als Wächter und Richter eingesetzt ist. Bildet der Verwaltungsrath eine höhere Instanz für die wichtigeren Geschäfte, so bleiben gerade diese unbeaufsichtigt. Fordert aber das Gesetz eine Beaufsichtigung der ganzen Geschäftsführung, so hätte der thatsächlich geltende Zustand nur dann einen Sinn, wenn die geschäftlichen Dispositionen des Aufsichtsraths in jeder Beziehung als über allen Zweifel erhaben gelten dürften. Und zu einer solchen Annahme besteht doch in der That kein ernsthafter Grund. Hat das Collegium des Aufsichtsraths vor dem Vorstande die gröfsere Mitgliederzahl und in der Regel eine gröfsere Objectivität des Urtheils voraus, so wohnt dagegen dem Vorstande, wie schon gesagt wurde, meistens die gröfsere Sachkenntnifs bei, und überdies — als nicht zu unterschätzendes Moment — das höhere Interesse an dem Unternehmen, mit dem er sein Schicksal dauernd verknüpft hat. Die Voraussetzung einer höheren Tüchtigkeit bildet überhaupt nicht den Werth der Zweitheilung in der Verwaltung. Dieser liegt vielmehr in der besseren Klärung des Urtheils, welche erreichbar ist, wenn eine in einem bestimmten Kreise erörterte Frage zur nochmaligen endgiltigen Erwägung einem andern in seinem Urtheile noch freien und eine gröfsere Mitgliederzahl umfassenden Kreise unterbreitet wird.

Ein Collegium also, welches die Aufsicht führen soll, kann nicht dazu berufen sein, an der Verwaltung directen Antheil zu nehmen. Es mufs aufserhalb der Verantwortung für das, was geschehen ist, stehen. Die Novelle hat nun weder in der Bezeichnung der fraglichen Behörde etwas geändert, noch in der Natur der Aufgabe, welche ihr zugedacht ist. Sie hat die bezüglichen Vorschriften zu obligatorischen gemacht, und sie nur in einzelnen Beziehungen, jedoch überall im Sinne einer Aufsichtsführung, erweitert. Daraus ist zu folgern, dafs auch im Sinne der Novelle der Aufsichtsrath die Aufgabe hat, eine aufserhalb der Verwaltungsthätigkeit stehende, als stabiler Wächter gegenüber dem Vorstand fungirende Behörde zu bilden*). Einen klaren Beweis hierfür liefern auch die über die Verantwortlichkeit des Aufsichtsraths durch die Novelle neu gegebenen Bestimmungen des Art. 225 b.

*) In diesem Sinne äufsert sich auch die preufsische Denkschrift (S. 22 u. 24). Es kann aber nicht zugestanden werden, dafs man sich, wie dort gesagt wird, bei der Berathung des Gesetzes von 1870 in den Anschauungen über die Bedeutung des Aufsichtsraths nicht völlig klar gewesen sei. Die Motive lassen vielmehr (pag. 655 des stenogr. Berichts) klar erkennen, dafs man einen Ersatz für die Staatsaufsicht angestrebt, und aus diesem Grunde den obligatorischen Aufsichtsrath eingesetzt hat.

Inhalts derselben sollen die Mitglieder des Aufsichtsraths persönlich und solidarisch zum Schadenersatz verpflichtet sein, wenn mit ihrem Wissen und ohne ihr Einschreiten Einlagen an die Actionäre zurückgezahlt, eigene Actien erworben oder amortisirt worden sind, Zinsen oder Dividenden gegen die Vorschriften des Gesetzes bezahlt worden sind, oder im Falle der Liquidation resp. Reduction die Vertheilung oder Rückzahlung widerrechtlich erfolgt ist. Alle diese Fälle der Verantwortlichkeit beziehen sich auf eine beaufsichtigende Thätigkeit. Die Mitglieder des Aufsichtsraths sollen die Aufsicht mit aller Sorgfalt führen; gehen sie in der Vernachlässigung dieser Pflicht so weit, dafs sie Rechtsverletzungen von dem Grade der im Art. 225 b bezeichneten zulassen, so sind sie persönlich und solidarisch haftbar. Hätte der Gesetzgeber angenommen, dafs sich mit der Thätigkeit dieser Aufsichtsbehörde eine Theilnahme an der Verwaltung verbinden lasse, so wäre nicht zu begreifen, warum nicht gegen den Aufsichtsrath Regrefsverbindlichkeiten, ähnlich den gegen den Vorstand im Art. 241 gegebenen, festgesetzt wären. Sind solche dem Vorstande gegenüber nicht als überflüssig erschienen, so waren sie auch gegenüber einem zweiten Verwaltungsorgan nicht entbehrlich, schon um nicht durch eine Difformität Zweifel und Unklarheiten entstehen zu lassen. Dagegen reichen diese Vorschriften vollkommen aus, wenn man annimmt, dafs der Aufsichtsrath mit der Verwaltung nach der Absicht des Gesetzgebers nicht habe befafst sein sollen. Es kann übrigens ein directer Beweis für die vertheidigte Ansicht auch noch in der Fassung des Art. 231 gefunden werden, welcher unter den möglichen Organen der Gesellschaft einen Verwaltungsrath ausdrücklich neben dem Aufsichtsrathe aufführt, und damit die Ansicht des Gesetzgebers dahin verräth, dafs diese beiden Organe von ihm nicht als identisch erachtet worden sind.

Das Schicksal des Aufsichtsraths ist nun, seitdem derselbe ein obligatorisches Gesellschaftsorgan geworden, sehr sonderbarer Art gewesen. Ein Bedürfnifs bestand immer nur für Einsetzung eines Verwaltungsraths. Hierauf richtete sich auch die Neigung der Gründer, die in ihrem Bestreben, Macht in der Verwaltung zu gewinnen, den entsprechenden Einfluſs auf die Fassung der Gesellschaftsstatuten übten. Dagegen fehlte jedes Interesse an dem Aufsichtsrathe, der wiederum vom Gesetz gefordert wurde. Die Folge davon war, daſs man, getreu jenem in der Einleitung gekennzeichneten Bestreben, sich vor dem Gesetz mit dem zulässigen Minimum abzufinden, überall einen Verwaltungsrath einsetzte, diesem aber den Namen «Aufsichtsrath» gab. Es war damit keineswegs die Absicht verbunden, jene vom Gesetz geforderte Aufsichtsfuhrung zu verdrängen; man war vielmehr in der Geschäftswelt wirklich der Meinung, daſs sich die gesetzliche Aufgabe des Aufsichtsraths und diejenige des bisher gebräuchlichen Verwaltungsraths vereinigen lieſsen. Hier wäre, wie schon gesagt, eine Intervention des Handelsrichters am Platze gewesen*). Indeſs passirten die Statuten, welche diese Verschmelzung herstellten, sämmtlich ohne Anstand die Instanz des Handelsrichters; und so traten Gesellschaften ins Leben, bei denen die oligarchische Herrschaft der Gründer nicht, wie der Gesetzgeber es gewollt hatte, eingedämmt, sondern in ihrer Schrankenlosigkeit geradezu sanctionirt wurde.

Bemerkenswerth ist zugleich, wie die Schutzmittel, welche der Gesetzgeber gegen die Octroyirung eines mit der Verwaltung colludirenden Aufsichtsraths vorgeschrieben hatte, sich als wirkungslos erwiesen haben**). Es war in dieser Beziehung verboten, den ersten Aufsichtsrath auf länger als ein Jahr zu wählen, oder ihm durch Statut eine Vergütung für die Ausübung seines Berufes im Voraus zu bewilligen. Die eventuelle Ertraglosigkeit des Amtes sollte die Neigung zur Uebernahme abschwächen, und die beschränkte erste Amtsdauer bewirken, daſs baldigst, nachdem die Actien ihren Weg in das Publikum genommen, unabhängige Mitglieder in diese Körperschaft gewählt würden. Was das Letztere betrifft, so wurde sehr bald herausgefunden, daſs die Amtsdauer des ersten Aufsichtsraths nur in ihrer Länge begrenzt sei, und daſs sich der Ausweg biete, ihn auf eine möglichst kurze

*) Vergl. oben VI § 1.

**) Vergl. Art. 225 mit Art. 191 und 192.

Zeit zu wählen, um in vollem Einklang mit dem Gesetz zur zweiten, auf eine fünfjährige Amtsdauer zulässigen Wahl schreiten zu können, ehe noch die Gründer die Herrschaft über die Actien verloren hatten. Eine zeitweise Ertraglosigkeit des Amtes hätte schon an sich, wenn wichtige Interessen im Spiele waren, die Neigung zum Eintritt in den Aufsichtsrath nicht verringern können. Ueberdies erfand man eine Statutenvorschrift, wonach ein Beschlufs über eine dem ersten Aufsichtsrath nachträglich zuzuwendende Vergütung unter allen Umstanden auf die Tagesordnung der ersten ordentlichen Generalversammlung gehörte, und so erzwang man eine Entscheidung, die bei der Theilnahmlosigkeit der Actionäre fast regelmäfsig zu Gunsten des Aufsichtsraths ausfiel. —

Die Aufrechterhaltung des geltenden Rechtszustandes wäre nun von der Beantwortung der Frage abhängig zu machen, ob der Aufsichtsrath, wenn man ihn durch geeignete Vorschriften gegen die ihm bisher widerfahrene Corruption schützte, geeignet sein möchte, die ihm zugedachte Aufgabe wirklich zu erfüllen, und also den Actionären gegenüber einer nachlässigen und unregelmäfsigen Verwaltung diejenige Hilfe zu gewähren, welche die Gesetzgebung sich davon versprochen hat. Es kann dahin gestellt bleiben, ob ihm hierzu nicht mindestens gewisse Befugnisse eingeräumt werden müfsten, welche ein erfolgreiches Einschreiten bei der Wahrnehmung drohender Gefahren möglich machten. Bisher sind ihm solche Rechte nicht eigen. Das Einzige, was ihm frei steht, ist das zeitraubende Mittel der Berufung einer Generalversammlung, und die Stellung geeigneter Anträge bei derselben, wozu hauptsächlich der Antrag auf Entsetzung des Vorstandes gehören kann — falls dieses Recht ihm nicht selbst durch Statut übertragen ist. Im Uebrigen fällt dem Aufsichtsrath gegenwärtig die Rolle zu, das Unheil zuweilen voraussehen, aber nur selten abwenden zu können. Das gesetzliche Recht, jederzeit die Bücher und Schriftstücke zu prüfen, und ein selbstständiges Urtheil über Bilanz und Geschäftslage abzugeben, auch den Bestand der Gesellschaftscasse zu untersuchen, ist, wenn man daraufhin keine positiven

Maafsregeln ergreifen kann, eben nur vor der Generalversammlung zu verwerthen.

Man mufs sich aber gestehen, dafs, wenn dem Aufsichtsrath auch geeignete Mittel zum Einschreiten an die Hand gegeben würden, er unter allen Umständen nach seinem gesetzlichen Zuschnitte eine fur seine Aufgabe wenig qualificirte Behörde wäre, ja dafs diese Aufgabe selbst — und hieraus entspringt die soeben gezogene Folgerung — einen durchaus unpraktischen uud gar nicht realisirbaren Grundgedanken hat.

Es läfst sich an dem Amte des Aufsichtsraths eine niedere und eine höhere Aufgabe unterscheiden. Die niedere besteht in der Funktion als Revisionscollegium. Der Aufsichtsrath soll sich von Zeit zu Zeit davon überzeugen, dafs bei der Gesellschaft Ordnung herrsche, dafs ordnungsmäfsige Bücher geführt werden, dafs Bücher und Schriften der Gesellschaft eine angemessene Verwahrung finden, dafs die Kasse mit Genauigkeit geführt werde, dafs eigene und fremde Werthobjecte, wie sie nach den Büchern vorhanden sein sollen, wirklich vorhanden sind. Und wenn er dieses Revisionsgeschäft thatsächlich nur einige Male im Jahre vornimmt, so soll die jederzeitige Möglichkeit der Vornahme den geeigneten Druck auf die Vorstandsmitglieder im Interesse einer ordentlichen Wirthschaftsführung ausüben. Das ist ganz verständig und gut; nur bedürfte man hierzu nicht einer besonderen Aufsichtsbehörde. Diese Thätigkeit könnte auch von einem wirklichen Verwaltungsrathe zweckentsprechend ausgeübt werden, zumal schon durch die Thatsache, dafs vielen Augen Einblick in den inneren Zustand gestattet wird, eine gewisse Controlle hergestellt ist, welche, sofern eine verständige Geschäftsordnung gilt, Unregelmäfsigkeiten oder die Verübung von Veruntreuungen wesentlich erschweren kann.

Die wichtigere Aufgabe des Aufsichtsraths besteht in einer Beaufsichtigung der eigentlichen Geschäftsführung. Sie ist selbstverständlich durch regelmäfsige Revisionen der Bücher und Schriften der Gesellschaft allein nicht zu erfüllen; denn aus diesen kann man nur entnehmen, was bereits geschehen ist. Geschehenes aber läfst sich nicht andern, und in Betreff seiner ist also auch ein Einflufs auf den Vorstand nicht mehr auszuüben. Ein Aufsichtsrath, der diesem Theil seiner Aufgabe ernsthaft nachkommen, der also verhindern wollte, dafs unüberlegte, leichtsinnige, gewagte oder nachtheilige Geschäfte abgeschlossen werden, müfste eine Thätigkeit entwickeln, welche die Arbeitskraft sammtlicher Mitglieder des Collegiums vollständig absorbiren würde. Er müfste sich unausgesetzt an der Arbeitsstätte des Vorstandes aufhalten, den Berathungen desselben beiwohnen, die ein- und abgehenden Briefe und Urkunden lesen und prüfen, kurzum sich so in die Geschäftsführung einmischen, wie es jedenfalls nicht einem Amte entspricht, das von seinen Trägern als ein neben ihrem Lebensberufe bequem erfüllbares Ehrenamt behandelt wird. Denn ein einziger Federstrich, die Unterzeichnung eines unbesonnenen Briefes, eines unglücklich vereinbarten Vertrages, eine einzige verkehrte Disposition an der Börse oder im sonstigen Geschäftsverkehr kann die schlimmsten Folgen nach sich ziehen, die sich später durch Lesung und Prüfung aller möglichen Briefe, Bücher, Verträge und Prozefsschriften nicht wieder beseitigen lassen. Es braucht kaum gesagt zu werden, dafs an eine solche Thätigkeit nicht zu denken, dafs sie schlechterdings unausführbar ist. Gesetzt den Fall indefs, sie würde ausgeführt, und der Aufsichtsrath verstände es wirklich, überall die richtigen Rathschläge zu geben, die zweckmäfsigen Directiven zu ertheilen, an der richtigen Stelle seine Billigung und Mifsbilligung kund zu geben, so wäre es ja doch unendlich zweckmäfsiger, wenn ein mit solchen Fähigkeiten ausgestatteter Aufsichtsrath selbst die Leitung der Geschäfte als Vorstand übernähme. Die Actionäre, welche sich auf ihre Interessen verständen, dürften kein Gehalt, keine Tantième, Vortheile keiner Art scheuen, um diesen Aufsichtsrath als ihren Vorstand zu gewinnen. Es liefert aber den besten Beweis fur die Verkehrtheit der ganzen Einrichtung, dafs mit dem Momente, wo diese höchst wünschenswerthe Vereinbarung sich vollzöge, der neue Vorstand das Vertrauen, um dessentwillen er erwählt wäre, nach Vorschrift des Gesetzes einbüfsen würde, da sogleich ein anderer Aufsichtsrath in die Funktionen des vorigen einzutreten hätte. Der einem Amte vom Gesetz aufgeprägte Charakter kann für sich allein die Bedeutung des Amtes noch nicht herstellen; es müssen auch die Mittel geboten sein, um den Willen des Gesetzes durchführen zu können. Es ist höchst unpraktisch, die Verwaltungsorgane einer Actiengesellchaft zu einander in das Verhältnifs von Vorstand und Aufsichtsrath zu setzen. Denn man vindicirt dem Aufsichtsrath eine Leistungsfähigkeit, für welche um so weniger Wahrscheinlichkeit besteht, als er nothwendiger Weise aus dem beschränkten Kreise der Actionäre erwählt werden mufs. Von diesen ist schon festgestellt worden, dafs sie am Gesellschaftszwecke weder mitarbeiten wollen, noch dafs die Befähigung hierzu bei ihnen vorausgesetzt wird. Die Position des Aufsichtsraths nach geltendem Recht hat eine entgegengesetzte Voraussetzung: die zu ihm gehörigen Actionäre sollen nicht nur für die Gesellschaft arbeiten, sondern sie sollen in ihrer Leistungsfähigkeit unfehlbar sein. Man wäre zu fragen berechtigt, warum, wenn einzelne Actionäre in der Eigenschaft als Aufsichtsrathsmitglieder zu einer so selbstquälerischen Mitwirkung an der Erfüllung des Gesellschaftszweckes herangezogen werden dürfen, wie sie dem gesetzlichen Berufe des Aufsichtsraths entspricht — warum dann die Associirung von Capital zu Actiengesellschaften überhaupt stattfinde. Denn diese setzt die Ausbeutung des Capitals durch bezahlte Beamte voraus, während der Actionär selbst sich der Mitwirkung enthalten will.

Den wichtigsten Theil seiner Aufgabe kann der Aufsichtsrath also niemals wirklich erfüllen. Er kann im günstigsten Falle früher als Andere erfahren, was sich zugetragen hat; er kann die Actionäre zusammenberufen, wenn ein Unglück geschehen ist. Aber eine eigentliche «Ueberwachung der Geschäftsführung der Gesellschaft in allen Zweigen der Verwaltung», wie sie das Gesetz ausdrücklich fordert, ist dem Vorstande gegenüber vielleicht ausnahmsweise ein Mal durch Anwerbung von eminent befähigten Sachverständigen zu Mitgliedern des Aufsichtsraths, gewifs aber nicht der Regel nach und durch eine Auswahl im Kreise der Actionäre zu erreichen.

§ 2.

Reformvorschläge.

Das soeben gewonnene Resultat führt unmittelbar auf die Reform, welche für das Institut anzuempfehlen ist. Es ist in Wahrheit nicht eine Reformirung des Aufsichtsraths, welche geboten erscheint; als Consequenz der Ermittelungen des vorigen Paragraphen ergiebt sich vielmehr die Nothwendigkeit, diese Körperschaft gänzlich zu beseitigen. Von der preufsischen Denkschrift wird freilich die Meinung vertreten, «dafs der Aufsichtsrath bereits als ein nicht auszuschliefsendes Grundrecht der Actionäre gebildet sei*)»; aber es fehlt an einem zureichenden Grunde für diese Ansicht. Der Aufsichtsrath ist, wie gezeigt worden, unter diesem Titel und mit der Aufgabe, die sein Name ausdrückt, bis zur Novelle ziemlich unpraktisch, seit der Novelle aber ein Institut gewesen, welches die ihm vom Gesetz gestellte Aufgabe niemals zu erfullen vermochte. Ueberdies ist sein Name verknüpft mit einer Epoche des Actienwesens, mit welcher Gesetzgebung und Praxis möglichst vollständig zu brechen haben dürften. Und endlich möchte sich wohl ein Institut, dessen Grundidee bisher noch nie verwirklicht werden konnte, mit dem Rechtsbewufstsein noch nicht so eng verbunden haben, dafs es als ein Grundrecht der Actionäre zu bezeichnen wäre. Dagegen ist als ein solches durch praktisches Bedürfnifs und ununterbrochene Uebung befestigtes Grundrecht diejenige Thätigkeit des Aufsichtsraths zu betrachten, die er seit der Novelle *per nefas* geübt hat, während sie die wirkliche Aufgabe der analogen Verwaltungsorgane vor der Novelle war, nämlich die Thätigkeit als Verwaltungsrath. Die Zweigliedrigkeit in der Verwaltung dergestalt, dafs die ordentliche Geschäftsführung in der Hand des Vorstandes ruht, während eine mehrköpfige, aus tüchtigen Geschäftsleuten zusammengesetzte Instanz zur Controllirung des Ganzen und zur Theilnahme an der Entscheidung wichtiger Fragen besteht, — diese Einrichtung des Verwaltungsorganismus ist im Hinblick auf die grofsen Capitalien, welche meistens das Vermögen der Actiengesellschaften bilden,

*) preufs. Denkschrift S. 22.

ebenso vernünftig wie praktisch. Jeder der beiden Verwaltungskörper hat gewisse Vorzüge, und jeder kann die ihm eigenthümlichen neben dem andern zur Geltung bringen. Dem Vorstande ist, wie schon im vorigen Paragraphen bemerkt wurde, die Sachkenntnifs eigen; seine Mitglieder haben sich auch in der Regel durch Annahme ihres Amtes eng und für längere Zeit mit dem Unternehmen verbunden. Dem Vorstande fällt die Sorge um die Erträgnisse zu; in seinem Kreise entwickeln sich daher die geschäftlichen Ideen; er ist aber deshalb auch praeoccupirt in seinem Urtheil über den Werth der Unternehmungen, die er ersonnen hat. Der Verwaltungsrath besteht dagegen aus einer gröfseren Zahl von Mitgliedern, und wenn möglich aus besonders hoch angesehenen und erfahrenen Geschäftsleuten. Letzteres ist nur seit der Gründerperiode seltener der Fall gewesen, weil der übermäfsige Bedarf eine Beschränkung auf die notablen Geschäftskreise nicht zuliefs. Aber die gewaltige Verminderung der Zahl der Actiengesellschaften, welche seitdem eingetreten ist, kann auf die Qualität der verfugbaren Persönlichkeiten günstig wirken, und wird es gewifs thun, sobald erst ein neues Gesetz dieser Gesellschaftsform das allgemeine Vertrauen wiedergewonnen hat. Diese vielköpfige Körperschaft des Verwaltungsraths besteht überdies aus Personen, deren Lebensberuf nicht mit dem Institute verbunden ist. Daher stehen sie dem Vorstande und den sich in ihm entwickelnden Ideen kühler und besonnener gegenüber. Nebenher kann auch die Ordnung im Innern von dem Verwaltungsrathe zweckentsprechend überwacht werden. Die jederzeitige Möglichkeit der Vornahme von Revisionen der Bücher, Schriftstücke, der Depositen, der eigenen Vermögensstücke und des Kassenbestandes übt, gleichviel, ob sie durch einen Aufsichts- oder durch einen Verwaltungsrath zu geschehen hat, einen beständigen Druck auf die Geschäftsleiter aus, der im Grunde wichtiger ist, als die zeitweise Vornahme der Revision selbst es sein kann.

Man beseitige also den Aufsichtsrath gänzlich, und setze an seiner Statt einen Verwaltungsrath ein. Derselbe wird sich überall als ein zweckmäfsiges, bei gröfseren Gesellschaften als ein unentbehrliches Institut erweisen; nur bei ganz kleinen Associationen, wo vielleicht wenige Actionäre dem Vorstande gegenüberstehen, und mit diesem einen constanten Verkehr haben, so dafs sie quasi aus freiem Willen selbst einen Verwaltungsrath bilden, könnte die Einsetzung desselben entbehrlich sein. Als Actiengesellschaften letzterer Art sind etwa solche zu betrachten, deren Grundvermögen eine halbe Million Mark nicht übersteigt. Freilich würde, wenn die Nominalbeträge wegfallen, eine Bemessung der Höhe des Grundvermögens künftig in anderer Weise erfolgen müssen. Darin läge aber keine Schwierigkeit; denn jene Bemessung kann auch aus der Zahl der Antheilsrechte geschehen. Die letzteren stehen immer in einem gewissen Verhältnifs zu den verfügbaren Capitalien im Lande, und somit zum Nationalwohlstande überhaupt; sie werden sich daher bei dem Wegfall der Nominalbeträge nicht ändern. Bisher war es in Deutschland gebräuchlich, Antheilsrechte so zu bemessen, dafs die fur sie zu prästirende Einlage 100 oder 200 Thaler ausmachte. Man wird sie künftighin so normiren, dafs sie den ersten Erwerber auf 250 oder 500 Mark zu stehen kommen. Die erwähnten kleineren Actiengesellschaften würden daher solche sein, die nicht mehr als tausend Antheilsrechte ausgegeben hätten. Deshalb liefse sich bestimmen, dafs alle Actiengesellschaften einen mindestens aus drei Personen bestehenden Verwaltungsrath einsetzen müssen, sofern sie mehr als tausend Antheilsrechte ausgegeben haben, oder wenn (wodurch jeder andere Maafsstab entbehrlich würde) das baar eingelegte Grundvermögen den Betrag von einer halben Million Mark übersteigt. —

Es entsteht nun zunächst die Frage, mit welchen gesetzlichen Befugnissen der Verwaltungsrath zu versehen sei. Zwar ist im Ganzen die Gefahr nicht grofs, dafs er etwa in der Praxis durch entsprechende Statutenbestimmungen rechtlos gemacht werde; im Gegentheil, das Interesse der Gründer wird sich auch in Zukunft immer darauf richten, den Verwaltungsrath mit möglichst grofsen Befugnissen auszustatten. Indefs mufs das Gesetz doch auch gegen Mifsbräuche Vorsorge treffen.

Der Verwaltungsrath sollte unter allen Umständen eine Revisionscommission bilden, also zu einer Controlle der inneren Ordnung berechtigt und verpflichtet sein. Und aufserdem sollte ihm die Theilnahme an der Entscheidung wichtiger Gesellschaftsangelegenheiten mindestens mit berathender Stimme nicht entzogen werden durfen.

Das sind die beiden Aufgaben, welche ihm ganz von selbst zufallen, welche aber auch in ihrer Verbindung die ihm zugedachte Position vollständig decken. Um sie ausfuhren zu können, bedarf er jedenfalls der nämlichen Vollmachten, wie sie nach geltendem Recht dem Aufsichtsrathe in dem Art. 225a eingeräumt sind; sie bilden die Hilfsmittel, durch welche er sich die nöthige Information zu verschaffen im Stande ist. Was aber seine Betheiligung an den Beschlüssen über die Angelegenheiten der Gesellschaft betrifft, so ist eine Definition des Begriffes «wichtige Angelegenheiten» selbstverständlich nicht zu geben, um so weniger, als eine und dieselbe Angelegenheit unter Umständen unerheblich, unter anderen Umständen recht wichtig sein kann. Und will man es vermeiden, den Vorstand etwa in ein Abhängigkeitsverhältnifs zum Verwaltungsrathe der Art zu bringen, dafs dieser der eigentliche Geschäftsleiter und der Vorstand nur sein ausübendes Organ wäre — was dem Berufe des Vorstandes durchaus nicht entspräche — so mufs die Beurtheilung der Wichtigkeit in jedem concreten Falle schon aus diesem Grunde immer dem Vorstande anheim gegeben sein. Das ist um so nothwendiger, als das Mandat des Vorstandes zur Vertretung der Gesellschaft nach aufsen unbedingt aufrecht zu erhalten ist, die unterlassene Befragung des Verwaltungsraths daher die Rechtsgiltigkeit der Amtshandlungen des Vorstandes niemals tangiren darf.

Ein Recht zur Absetzung oder Suspendirung des Vorstandes würde dem Verwaltungsrathe nicht gesetzlich zuzusprechen, sondern ebenso wie die Bestimmung über das Recht der Vorstandswahlen — ob diese der Generalversammlung oder dem Verwaltungsrathe zustehen, durch Statut zu ordnen sein. Nur müfste, wenn der Verwaltungsrath den Vorstand zu wählen und also mit den Mitgliedern Verträge zu schliefsen hätte, sobald er überhaupt auf Grund statutarischer Vorschriften zum Abschlufs von Verträgen veranlafst sein kann, im Statut zu bestimmen sein, wer die bezügliche Urkunde Namens des Verwaltungsraths mit verbindlicher Wirkung zu zeichnen habe.

Im Ganzen bedarf es, wie gesagt, nur einer Festsetzung der minimalen Rechte des Verwaltungsraths; eine statutarische Ausdehnung derselben über das gesetzliche Maafs hinaus würde keine Bedenken gegen sich haben, und die vom Gesetz klar vorgezeichnete Machtsphäre des Vorstandes würde unter allen Umständen eine natürliche Grenze bilden.

Die gesetzlichen Befugnisse des Verwaltungsraths könnten somit durch folgende Sätze fixirt werden:

1. Der Verwaltungsrath darf sich in seiner Gesammtheit oder auch durch einzelne Mitglieder jederzeit von dem Gange der Angelegenheiten der Gesellschaft unterrichten, die Bücher und Schriften einsehen und den Bestand der Gesellschaftscasse untersuchen.

2. Er ist verpflichtet, über die innere Ordnung der Gesellschaft aufmerksam zu wachen.

3. Er hat die Jahresrechnungen, die Bilanzen und die Vorschläge zur Gewinnvertheilung zu prüfen und über dieselben alljährlich in der ordentlichen Generalversammlung den Actionären einen Bericht zu erstatten.

4. Er ist berechtigt, eine Generalversammlung zu berufen, wenn er dies im Interesse der Gesellschaft für erforderlich erachtet.

5. Es ist Pflicht des Vorstandes, wichtige Geschäfts- oder Gesellschaftsangelegenheiten nicht ohne vorherige Anhörung des Verwaltungsraths zum Vollzuge zu bringen.

6. Insofern die Gesellschaftsstatuten dem Verwaltungsrathe weitergehende Befugnisse einräumen, hat es dabei sein Bewenden.

Der Vorschlag ad 5 scheint noch eines erläuternden Wortes zu bedürfen.

Wer das Getriebe im Innern einer Actiengesellschaft nicht kennt, möchte fragen, ob dem Verwaltungsrathe durch das blos berathende Votum nicht eine zu unbedeutende Machtsphäre eingeräumt sei, da der Vorstand in der Lage wäre, den

Aufsichtsrath anzuhören und dann jedes Mal nach seinem eigenen Ermessen zu handeln. Es soll nicht geleugnet werden, dafs die Unmöglichkeit, den Begriff der «wichtigen Angelegenheiten» generell zu definiren, den Anlafs zu diesem Vorschlage giebt. Wäre indefs jene Definition möglich, könnte man also, ohne die Competenzstreitigkeiten im Innern zu verewigen, die Vorschrift geben, dass der Verwaltungsrath in allen wichtigen Angelegenheiten das entscheidende Votum habe, so würde doch damit praktisch nicht viel mehr erreicht, als was schon durch das consultative Votum erreichbar ist. Denn im Geschäftsleben entscheidet der Erfolg. Besteht zwischen Vorstand und Verwaltungsrath eine sachliche Meinungsverschiedenheit, wobei jeder von beiden Theilen im besten Interesse der Gesellschaft zu handeln glaubt, so wird der Vorstand, wenn seine Vorschläge die gewagteren, die weitergehenden sind, sich wohl besinnen, ehe er sie im Widerspruch mit dem Verwaltungsrathe ausfuhrt. Denn er hätte einen nachtheiligen Ausgang gegenuber der Generalversammlung ganz allein zu vertreten, das abrathende Votum des Verwaltungsraths würde vor der Generalversammlung den Charakter einer Anschuldigung annehmen; darin liegt sein hauptsächliches Gewicht, sein Werth für die Interessen der Gesellschaft. Bestände aber auf Seiten des Vorstandes eine böse Absicht, so dürfte der Verwaltungsrath bei zweckmäfsiger Reform des Gesetzes auch über die geeigneten Mittel verfugen, um der Gefahr rechtzeitig vorzubeugen. Ueberdies können die Zeichner den Begriff der wichtigen Angelegenheiten im Statut definiren. Bei der einzelnen Gesellschaft ist das schon weniger schwierig. Es kann auch die Definition resp. eine Aenderung derselben den alljährlichen ordentlichen Generalversammlungen vorbehalten werden; es lassen sich überhaupt im concreten Falle die mannigfachsten Auswege denken, um die allgemeine gesetzliche Norm dem Gesellschaftsinteresse genauer anzupassen. Und endlich werden, wie schon gesagt, Statuten, welche den Umfang der Befugnisse des Verwaltungsraths auf das gesetzliche Maafs fixiren, kaum jemals geschaffen werden, so dass die ganze Sache wenig Aussicht hat, eine praktische Bedeutung zu erlangen. —

Es fragt sich ferner, was über das Recht der Mitgliedschaft im Verwaltungsrathe festzusetzen sei. Der Aufsichtsrath des geltenden Rechts wird aus der Zahl der Actionäre gewählt. Freilich ist dies bei der Einsetzung des ersten Aufsichtsraths eine unerfüllbare Bestimmung, da in dem Augenblicke der Wahl wohl erste Zeichner, aber noch keine Actionäre existiren. Doch auch hiervon abgesehen; hat sich die bezügliche Vorschrift immer als unpraktisch erwiesen, und vor Allem den angestrebten Zweck, dafs der Ausschufs aus Interessenten bestehen solle, als höchst unwichtig erkennen lassen. Die Hauptsache war immer, dafs man tüchtige Männer fand, die sich wählen liefsen, und wenn sie gewählt waren, durch Ankauf von Actien der Gesellschaft Actionäre derselben wurden. Die jetzt geltende Bestimmung hat schon deshalb nur geringen Werth, weil selbst der Besitz einer einzigen Actie die erforderliche Actionärschaft herzustellen vermag. Das Gesetz sollte im Interesse der Actiengesellschaften von jener Vorschrift gänzlich absehen, und es den Statuten überlassen zu bestimmen, ob der Verwaltungsrath nur aus dem Kreise der Actionäre gewählt werden solle, oder ob die Erwählten, was in jedem Falle vernünftiger wäre, erst nach vollzogener Wahl durch Erwerb von Actien sich an dem Unternehmen betheiligen müssen, oder ob auf diese Eigenschaft gänzlich verzichtet werde. —

Ferner bedarf das passive Wahlrecht zum Verwaltungsrathe ebenso wie das Mitgliedschaftsrecht einer näheren Präcisirung. Diese fehlt bisher noch gänzlich, so dafs nicht einmal der in Concurs gerathene Kaufmann aus dieser Ursache von der Mitgliedschaft ausgeschlossen werden kann. Es sollte bestimmt werden, dafs zur Mitgliedschaft im Verwaltungsrathe einer Actiengesellschaft unfähig sei, wer das Recht zur Ausübung der bürgerlichen Ehrenrechte verloren hat, oder wem die Befugnifs zur Wahrnehmung seiner eigenen Angelegenheiten durch Richterspruch entzogen ist, ferner, über wessen Vermögen der Concurs eröffnet ist, und zwar so lange als auch nach Beendigung des Concursprozesses die auf die kaufmännische Stellung einwirkenden gesetzlichen Folgen desselben fortdauern. Zweckmäfsig wäre es, durch den Eintritt eines dieser Fälle das Recht zur Mitgliedschaft als von selbst erloschen zu erklaren, so dafs der Handelsrichter den Betreffenden eventuell von Amtswegen aus der Reihe der Verwaltungsrathsmitglieder zu streichen hätte. —

Nicht ganz unwichtig ist auch die Frage des Wohnsitzes der Verwaltungsrathsmitglieder. In dieser Beziehung weisen die Vorgänge während der Gründerperiode überraschende Ausschreitungen auf. Die Aufsichtsräthe von in der Reichshauptstadt etablirten Actiengesellschaften, zumal von Banken, bestanden nicht selten aus Mitgliedern, die in den europäischen Hauptstädten zerstreut wohnten, so dafs die Abhaltung einer einzigen Sitzung oft viele Hunderte von Thalern kostete, und dabei die Beschlufsfähigkeit beständig in Frage war. Geben solche vorübergehenden Ausschreitungen auch noch keinen Anlafs zu gesetzlichen Maafsregeln, so sollte doch die Bestimmung nicht fehlen, dafs Derjenige, welcher im Verwaltungsrathe den Vorsitz zu führen hat, seinen Wohnort am Domicil der Gesellschaft haben müsse. Der Verwaltungsrath kann eines Vorsitzenden gar nicht entbehren; er wäre sonst in vielen Stücken, auch in Betreff seiner Berufung, auf den Vorstand angewiesen, und jeder Selbstständigkeit baar. Dafs aber ein Vorsitzender eventuell Hunderte von Meilen vom Domicil der Gesellschaft entfernt wohnen könne, das sollte gesetzlich unzulässig sein. Denn dadurch wird die Thätigkeit des Verwaltungsraths, zumal jene, welche die Controlle über die innere Ordnung betrifft, auf's Aeufserste beeinträchtigt. —

Eine wichtige Frage bildet ferner das Austrittsrecht der Mitglieder des Verwaltungsraths.

Bei dem Mangel positiver Vorschriften steht es gegenwärtig dem einzelnen Mitgliede frei, jeden Augenblick seinen Austritt aus dem Collegium zu erklären. Nur wenige Statuten enthalten hieruber einschränkende Bestimmungen, die meistens auch ganz unzureichend sind. Dieses Recht gewährt aber die Möglichkeit, ein Amt als Mitglied eines Aufsichtsraths leichtfertig anzunehmen und eben so leichtfertig zu behandeln. Stellen in diesen Collegien sind lebhaft begehrt, so lange die Gesellschaft gut steht und Erträgnisse liefert. Treten aber ungünstige Zeitverhältnisse ein, hören die Erträgnisse auf, oder ereignen sich

Unglücksfälle, welche eine nachtheilige Kritik in der Presse oder in der öffentlichen Meinung hervorrufen, so verschwinden in der Regel die warmen Freunde und Rathgeber der guten Zeiten, indem sie durch plötzlichen Austritt ihr Verhältnifs zur Gesellschaft auflösen. Wenn man bedenkt, dafs der Aufsichtsrath seit der Novelle von 1870 fast überall das einflufsreichste Gesellschaftsorgan war, so erweist es sich als ein unerhörter Zustand, dafs seine Mitglieder das Recht haben, täglich ganz nach ihrem Belieben die ihnen anvertrauten grofsen Vermögensinteressen im Stich zu lassen, und sich mit einem Federstrich allen übernommenen Pflichten zu entziehen. Es ist das mindeste Aequivalent, welches die Actionäre einer Gesellschaft für das durch die Wahl in den Verwaltungsrath bekundete Vertrauen fordern müssen, dafs dieses Amt nicht beliebig kündbar sei. Es sollte eine durch Statut nicht abzuändernde Vorschrift dahin gelten, dafs der freiwillige Rücktritt von der Mitgliedschaft nicht anders als zum Schlufs des Geschäftsjahres zulässig sei, und dafs anderweite, also zur Unzeit erfolgende Rücktrittserklärungen als nicht abgegeben gelten. Dadurch würde erreicht, dafs eine Actiengesellschaft bei ungünstigen Wendungen ihrer Verhältnisse nicht sofort diejenigen Berather, welche die Vertretung ihrer Interessen einmal übernommen haben, verlöre; und es würde zugleich erzwungen werden, dafs Jeder, der ein solches Amt annehmen wollte, vorher ernstlich mit sich zu Rathe gehen müfste, ob er die damit verbundenen Pflichten auch unter ungünstigen Verhältnissen zu erfüllen bereit sei. Gewifs würde es um so mehr erforderlich sein, den mitarbeitenden Verwaltungsrathsmitgliedern für ihre Thätigkeit eine Vergütung zu gewähren, die keineswegs, wie es bisher üblich ist, immer auf eine Tantième am Reingewinn beschränkt sein müfste. Hierüber bedarf es aber keiner gesetzlichen Vorschriften. —

Die im vorigen Paragraphen erwähnten Beschränkungen der Wahlperiode des ersten Aufsichtsraths und das Verbot einer ihm durch Statut im Voraus zuzusichernden Vergütung würden trotz der geringen Bedeutung, die sie sich bisher in der Praxis verschafft haben, aufrecht zu erhalten sein. Denn sie könnten durch geeignete Modificationen wirksam gemacht werden, z. B. wenn ausdrücklich bestimmt würde, dafs der erste Verwaltungsrath auf die Dauer des ersten Geschäftsjahres zu wählen sei. Dürfte letzteres gemäfs dem diesseitigen Vorschlage*) eine kürzere Dauer als die eines Kalenderjahres nicht mehr haben, so wäre die Umgehung des gesetzgeberischen Willens fortan unmöglich. Die Gründer könnten sich nicht mehr gleich von Anfang an auf lange Jahre zu Mitgliedern des Verwaltungsraths einsetzen, und sich auch nicht für das erste Jahr übermäfsige Aequivalente ihrer Verwaltungsthätigkeit sichern. Wird überdies durch eine Reform der Generalversammlung die Indifferenz der Actionäre künftig vermindert, so schwindet auch die Aussicht, noch nachträglich übermäfsige Vergütungen bewilligt zu erhalten. —

Unentbehrlich sind ferner ausdrückliche Bestimmungen für den Fall, dafs der Vorstand, welcher sich im Besitz aller Vermögensobjecte der Gesellschaft, ihrer Bücher und Schriften und auch ihres Geschäftslokals befindet, dem Verwaltungsrathe den Einblick in den inneren Zustand thatsächlich verwehren sollte. Es ist dies eine der Möglichkeiten, wo die im Abschn. VI. § 3 als nothwendig bezeichnete schleunige Hilfe des Handelsrichters in Anspruch zu nehmen wäre. Das geltende Recht besagt hierüber gar nichts. Geräth der Aufsichtsrath in Conflict mit dem Vorstande, und verwehrt dieser ihm die Ausübung seines Aufsichtsrechtes, so ist der Aufsichtsrath lediglich auf den gemeinen Prozefs angewiesen. Da aber dieses Hilfsmittel praktisch hier nicht den geringsten Werth hat, so gestaltet sich der gegenwärtige Zustand dahin, dafs der Aufsichtsrath seine Aufsicht nur so lange führen kann, als der Vorstand es ihm gestattet. Der Verwaltungsrath müfste also befugt sein, von dem Handelsrichter eventuell executivische Hilfsmittel zu verlangen, welche dieser nach schleuniger Prüfung der Sachlage zu gewähren hätte.

Nimmt der Verwaltungsrath bei Ausübung seines Revisionsrechtes Verstöfse gegen die Ordnung oder sonstige Mängel wahr, so mufs er berechtigt sein, von dem Vorstand die Abstellung derselben zu fordern. Es wäre also wieder

*) Vergl. IV. § 4.

die Frage, was zu thun sei, wenn der Vorstand berechtigte Ansprüche dieser Art zu erfüllen weigerte. Ist der Verwaltungsrath durch Statut zur Absetzung des Vorstandes befugt, so bliebe dieser Ausweg allerdings zu seiner Verfügung; indefs ist dies doch nur ein äufserstes Hilfsmittel, und nicht gegenüber jedem Verstofse angebracht. Dagegen erscheint es bedenklich, auch hier das Recht zur Anrufung des Handelsrichters zu statuiren — sofern es sich nämlich nur um einen Mangel der inneren Ordnung oder etwas dem Aehnliches handelt; denn man kann leicht nach dieser Richtung zu viel thun, und es wäre zuletzt dem Gesellschaftsinteresse nicht förderlich, den Vorstand allerhand Chicanen von Seiten des Verwaltungsraths auszusetzen, und die Anrufung des Handelsrichters aus geringfügigen Ursachen zu gestatten. Daher sollte, wenn der Vorstand Anforderungen dieser Art zu erfullen weigert, die Schlichtung des Streites lieber der Generalversammlung vorbehalten sein. Nimmt dagegen der Verwaltungsrath Umstände wahr, welche auf eine böse Absicht des Vorstandes schliefsen lassen, etwa auf Veruntreuungen oder auf frivole Verschleuderung des Gesellschaftsvermögens, so mufste ihm, falls er statutenmäfsig ein Recht zur Absetzung des Vorstandes nicht hat, zweifellos ein strenges und schnell wirkendes Hilfsmittel zur Verfügung gestellt sein. Dieses wird weiterhin*) erörtert werden. —

Es erübrigt noch die Frage von der Verantwortlichkeit des Verwaltungsraths. Sie ist gleich derjenigen des Vorstandes in Betracht zu ziehen vom Standpunkte der Gesellschaft und der Gläubiger. Was die letzteren betrifft, so ist seine Position ziemlich conform derjenigen des Vorstandes. Jene vier Fälle**), in denen dem Vorstande im Interesse der Gläubiger ein specielles Mandat ertheilt ist, müfsten zur mehreren Sicherheit derselben auch auf den Verwaltungsrath Anwendung finden. Auch er sollte den Gläubigern solidarisch dafur einstehen, dafs Dividenden,

*) Abschn. XI. § 2.

**) Vgl. VII. § 3.

welche nicht thatsächlich verdient sind, nicht ausgezahlt werden, dafs bei der Liquidation oder Reduction eine Ausschüttung vor Erledigung der Glaubigerrechte nicht stattfinde, und dafs die Gesellschaft keine Zahlungen weiter leisten dürfe, sobald ihr Vermögen die Schulden nicht mehr deckt — alles freilich mit der Einschränkung, sofern den Mitgliedern diese Umstände bekannt, und sie nicht in sachgemäfser Weise gegen die beabsichtigten Zahlungen eingeschritten sind. Denn während der Vorstand die jederzeitige Vermögenslage zu kennen verpflichtet ist, darf von dem Verwaltungsrathe ein Gleiches nicht unbedingt verlangt werden. Selbst die Pflicht der Controlle kann nicht so weit gehen, dafs die Mitglieder von dem täglichen Stande der Dinge unterrichtet sein müssen; sonst wäre das Amt als Verwaltungsrath ein praktisch nicht ausführbares, und es würde jeder ehrliche Mann vor seiner Uebernahme zurückschrecken.

Eine Verantwortlichkeit gegenüber der Gesellschaft wegen der Theilnahme an der Verwaltung ist gegen den Aufsichtsrath im geltenden Recht nicht ausdrücklich statuirt, weil, wie schon gesagt, der Gesetzgeber dem Aufsichtsrath Verwaltungsbefugnisse gar nicht zugemuthet hat. Ein künftiger Verwaltungsrath würde anders zu behandeln sein. Ihm werden positive Verwaltungspflichten übertragen, welche er durch Annahme der Wahl zu erfullen verspricht, und die er nicht blos nach eigenem Gutdunken behandeln darf. Es entsteht also die Frage, welcher Gradmesser für seine Haftpflicht in Zukunft gelten möchte. Gewifs wäre es zu streng, ihn für jedes Versehen haftbar zu machen. Dies kann gerecht sein gegenüber dem Vorstande, welcher unausgesetzt im Interesse der Gesellschaft thätig ist; wer dagegen, wie die Mitglieder des Verwaltungsraths, nur hin und wieder, zuweilen in grofsen Zeitintervallen zur Pflege der Gesellschaftsinteressen herangezogen wird, dessen Thätigkeit mufs im Ganzen etwas milder beurtheilt werden. Daher würde der Verwaltungsrath wohl höchstens für mäfsiges Versehen haftbar sein können. Dieser Maafsstab sollte aber durchweg, auch betreffs seiner Theilnahme an den Geschäften, gelten. Mit Unrecht würde man etwa verlangen, dafs gegen den Verwaltungsrath hier ebenso wie gegen den Vorstand die *diligentia quam in suis* als Gradmesser der Haftpflicht vorzuschreiben sei. Vorstand und Verwaltungsrath befinden sich keineswegs in der gleichen Lage; denn die Aufgabe des letztern ist wesentlich nur kritischen Inhaltes. Von dem Mitgliede des Verwaltungsraths wird nicht jenes Eintreten mit seiner ganzen Leistungsfähigkeit erfordert; seine Thätigkeit hat immer nur den Werth von einzelnen Handlungen, mögen dieselben auch zuweilen in einer reifen und sorgfältigen Erörterung von Geschäftsprojecten zu bestehen haben. Daher darf die Gesellschaft von ihm ein gleichmäfsig vorsichtiges und besonnenes Verhalten erwarten, und deshalb mufs der Gradmesser seines Verschuldens immer und überall der nämliche sein. —

Eine Vergleichung des durch das geltende Recht eingesetzten Aufsichtsraths mit einem nach den vorstehenden Vorschlägen construirten Verwaltungsrathe könnte die Frage anregen, was denn durch diese Neuerung für das Gesellschaftsinteresse gewonnen sei. In der That würde sich, wenn man aufser Acht läfst, dafs der gröfsere Theil der Thätigkeit der gegenwärtigen Aufsichtsräthe ihnen gegen den Willen des Gesetzes übertragen ist, an dem, was sie zu leisten haben, nicht viel ändern; sie werden nach wie vor den Geschäftsbetrieb zu controlliren und sich an wichtigeren Fragen durch ihr Votum zu betheiligen haben. Nichts desto weniger würde durch Einsetzung eines Verwaltungsraths eine grofse Veränderung, und zwar im Princip, hervorgerufen. Das fehlerhafte Verhältnifs, in welchem Vorstand und Aufsichtsrath zu einander stehen, würde beseitigt werden. Der Verwaltungsrath wäre nicht, was der Aufsichtsrath so häufig ist, eine Körperschaft mit zwei Gesichtern — ein Ausschufs der Actionäre, welcher im Interesse der letztern eine streng objective und ernste Controlle führen soll, zugleich aber ein mit dem Vorstande intim verbundenes Verwaltungsorgan, welches nur den Vorstand zweiter Instanz bildet. Der Januskopf, welchen nach der Meinung des Publikums alle Aufsichtsräthe tragen, verleiht ihrer Stellung einen gehässigen Character. Und hierunter leiden gerade am meisten Diejenigen, welche im Dienste ihrer Gesellschaft eine redliche, tüchtige Wirksamkeit entwickeln, und die organischen Fehler des Instituts durch eine um so bessere Praxis auszugleichen bestrebt sind. Nicht das allgemeine Vertrauen, sondern eher das allgemeine Mifstrauen der Auftraggeber ist es, welches sich auf diese zum Schutz der Actionare eingesetzte Körperschaft aus den angeführten Ursachen concentrirt. In eine solche Lage wird ein Verwaltungsrath nicht gerathen können; denn er bildet ebenso, wie der Vorstand ein schlichtes Verwaltungsorgan. Er braucht den Anspruch, dafs in ihm das Gesellschaftsinteresse gewissermaafsen verkörpert sei, wie ihn der Aufsichtsrath Angesichts des Gesetzes geltend machen mufs, niemals zu erheben. Treten die Actionäre zur ordentlichen Generalversammlung künftig zusammen, so darf ein Verwaltungsrath nicht mehr beanspruchen, was der Aufsichtsrath schon um seiner eigenen Ehre Willen prätendiren mufs, dafs eine Rechenschaftslegung, eine Prüfung der inneren Verhältnisse Seitens der Actionäre unterbleibe, weil er, der Aufsichtsrath, das vom Gesetz ausdrücklich dazu berufene Organ, alles Erforderliche schon gethan haben müsse, und gethan habe. Man wird sich künftig auf den Standpunkt stellen dürfen, dafs Vorstand und Verwaltungsrath jeder nur ein Amt in der Verwaltung bekleiden; und dieses Bewufstsein wird gegenüber dem jetzt geltenden Zustande geradezu versöhnend wirken. Andererseits wird die Zweigliedrigkeit der Verwaltung einen wohlthätigen Einflufs üben; denn die Mischung der Kräfte beider Organe hat zumal fur die grofsen Capitalien, welche in Frage kommen, einen nicht zu unterschätzenden Werth. Beide wirken an der Verwaltung mit: der Vorstand mehr dominirend in Bezug auf die geschäftliche Action, erfüllt von Projecten, die er selbst ersonnen hat, um den Gegenstand des Unternehmens gewinnbringend zu machen, daher weniger qualificirt zu einer kaltblütigen Beurtheilung der Gesammtlage; der Verwaltungsrath dagegen weniger activ, deshalb aber gegenüber dem Geschäftsbetriebe und den Unternehmungen des Vorstandes mehr disponirt zu einer heilsamen, kühl rechnenden Kritik, vorzugsweise dasjenige gewährend, was dem Vorstande am meisten fehlt. Nebenher bietet die grofse Zahl der an der Verwaltung Theil nehmenden Personen eine erhöhte Garantie fur die Redlichkeit im Geschäftsbetriebe. Den Actionären aber bleibt die Aufgabe, welche ihrer Stellung genau entspricht: die Sorge um eine möglichst kluge Auswahl der Personen für beide Verwaltungskörper, und ein Mal des Jahres eine gründliche Prufung der Geschäftslage.

IX.

Die Generalversammlung.

§ 1.

Allgemeines; Recht und Pflicht der Berufung.

Das Institut der Generalversammlung erfordert eine eingehende Erörterung in vielen einzelnen Beziehungen; denn dasselbe ermangelt noch mehr als die anderen Gesellschaftsorgane des Ausbaus im Innern. Das geltende Recht hat gerade dieses natürlichste Organ der Actiengesellschaft am meisten vernachlässigt, und es ist fast zu verwundern, dafs in den leidenschaftlichen Kämpfen der seit dem Ende der Gründerperiode verlaufenen Jahre von den vielfachen Mängeln und Lücken des rechtlichen Gefuges nicht ein noch weit ausgiebigerer Gebrauch gemacht worden, als wirklich zu verzeichnen ist. Um so ernster und sorgfaltiger wird eine Reform des Actienrechts dieses wichtige Institut zu behandeln haben.

Die Generalversammlung bildet eine private Zusammenkunft von Interessenten zur Berathung ihrer Angelegenheiten. Sie ist also nicht eine öffentliche Versammlung; jeder einzelne Actionär hat den Anspruch, dafs die Oeffentlichkeit, soweit sie nicht etwa durch das Statut vorgeschrieben ist, ausgeschlossen werde. Diese Zusammenkunft ist die einzige Gelegenheit, welche dem Actionär geboten wird, um sich als Interessent zu äufsern, seinen Willen kund zu thun und einen Einflufs auf die Verhältnisse der Gesellschaft zu üben. Das kann aber mit Erfolg nur geschehen, wenn sie ordnungsmäfsig berufen ist; und sie hat die Eigenthümlichkeit, dafs sie nicht anders als bei Wahrung einer Reihe durch Gesetz und Verfassung vorzuschreibender Formalien giltig berufen werden kann. Um so wichtiger ist der Inhalt jener Vorschriften, welche die Zusammenberufung der Actionäre zu sichern haben. Fehlen dieselben oder sind sie mangelhaften Inhaltes, so entsteht die Gefahr, dafs die Verwaltung sich zu einer völligen Oligarchie gestalte, zumal der Auftrag zur Berufung der Regel nach in den Händen solcher Personen liegt, welche in der Versammlung selbst Rede zu stehen haben. Es ist daher zu prüfen, ob und inwieweit die Vorschriften über die Zusammenberufung und die Garantien für die pünktliche Erfüllung derselben etwa einer Ergänzung bedürfen. Ein Gleiches erfordert die Frage des Theilnahmerechts, und der Mittel, um den bei seiner Ausübung zum Vorschein gekommenen Mifsbräuchen ein Ziel zu setzen. Es bedarf auch im Rahmen dieses Abschnittes einer Untersuchung darüber, inwieweit die Garantien fur die Durchführung der Aufgaben der Generalversammlung, also der vollständigen Erledigung ihrer Tagesordnung, ausreichen oder erst geschaffen werden müssen.

Ein übereinstimmender Brauch der geltenden Statuten theilt die Generalversammlungen in ordentliche und aufserordentliche. Das Gesetz kennt diese Unterscheidung nicht dem Ausdrucke, aber doch dem Zwecke nach, da es in Art. 225a vorschreibt, «dafs der Aufsichtsrath die Jahresrechnungen, die Bilanzen und die Vorschläge zur Gewinnvertheilung zu prüfen und darüber alljährlich der Generalversammlung der Actionäre Bericht zu erstatten habe»; unter dieser alljährlichen Versammlung ist offenbar diejenige verstanden, welche die Statuten als «ordentliche Genralversammlung» bezeichnen. Die wichtigste Aufgabe derselben ist die Abnahme der ihr alljährlich von der Verwaltung zu erstattenden Rechenschaft; und da eine Erörterung dieser letzteren sich wegen ihrer Weitlaufigkeit und wegen der besonderen Verfassung der Actiengesellschaft nicht von der Erörterung der bezüglichen formellen Vorschriften trennen läfst, so mufs auch das hochwichtige Geschäft der Rechenschaftslegung in dem gegenwärtigen Abschnitte mit zur Betrachtung gelangen.

Zunächst aber handelt es sich darum, wie die Berufung einer Generalversammlung zu geschehen habe. Das Handelsgesetzbuch kennt in der ursprünglichen Fassung als obligatorisches Organ neben der Generalversammlung nur den Vorstand; daher ist es sein Amt, die Generalversammlung zu berufen. Aber diese Vorschrift statuirt nicht ein ausschliefsliches Recht, es dürfen auch andere Personen neben dem Vorstande durch Statut dazu ermächtigt sein. Aufserdem war dem Aufsichtsrathe, falls ein solcher eingesetzt wurde, ein besonderes Berufungsrecht eingeräumt. Nachdem nun der Aufsichtsrath durch die Novelle zu einem obligatorischen Gesellschaftsorgan gemacht worden ist, hat sich der Zustand dahin verändert, dafs Vorstand und Aufsichtsrath jeder für sich, ein durch Statut nicht entziehbares Recht zur Berufung der Generalversammlung besitzen. Daher braucht sich denn auch das Statut über das Berufungsrecht nicht noch ausdrücklich zu äufsern; die im Art. 209 unter No. 9 verlangte Festsetzung der Form, in welcher die Zusammenberufung der Actionäre geschieht, betrifft nicht das Recht der Berufung selbst, sondern nur die Art der Bekanntmachung, die Frist fur die Einberufung, und die Bezeichnung der Blätter, durch welche sie zu geschehen hat. Vorstand und Aufsichtsrath durfen also — jeder für sich — falls ihnen ein Anlafs dazu vorzuliegen scheint, die Actionäre zu einer Versammlung einladen. Aufserdem steht aber auch den Actionären selbst das Recht zu, die Berufung von einem der gesetzlich oder statutarisch dazu ermachtigten Organe zu fordern, und zwar gemäfs Art. 237 «wenn ein Actionär oder eine Anzahl von Actionären, deren Actien zusammen den zehnten Theil des Grundcapitals darstellen, das bezügliche Verlangen in einer von ihnen unterzeichneten Eingabe unter Angabe des Zweckes und der Gründe stellen». Was die gesetzlich erforderliche Quote des Grundcapitals betrifft, so gilt sie nur bei dem Mangel anderer statutarischer Vorschriften; denn die letzteren dürfen jenes Recht auch an eine höhere oder geringere Quote knüpfen. Fraglich könnte sein, an wen sich die Actionäre bei dem Mangel einer statutarischen Anordnung mit diesem Verlangen zu richten haben, ob an den Aufsichtsrath oder an den Vorstand; es möchte Letzteres anzunehmen sein, da der

Art. 237 sich äufserlich und innerlich unmittelbar an denjenigen Artikel (236) anschliefst, welcher das principale Berufungsrecht dem Vorstande überträgt.

Dies ist das geltende Recht. Sein Inhalt ist unbedingt aufrecht zu erhalten; denn es ist wichtig, das Berufungsrecht nicht einzuschränken, sondern so weit als möglich auszudehnen. Jedes Verwaltungsorgan mufs auch künftig das Recht haben, selbstständig, ohne dafs es der Zustimmung des anderen bedarf, an die Generalversammlung zu appelliren, wenn ihm die Verhältnisse der Gesellschaft dazu Anlafs geben. Nur sollte subsidiar vorgeschrieben werden, wem der Auftrag zur Berufung der ordentlichen Generalversammlung und derjenigen Versammlungen, welche von Actionären verlangt werden, zufalle. Hierzu wäre aber der Verwaltungsrath geeigneter, da er nicht so tief wie der Vorstand in die Angelegenheiten der Gesellschaft verwickelt, seine Position daher die objectivere ist.

Hinsichtlich des erwähnten Rechts der Actionäre würde nun der idealste Zustand der sein, dafs jeder Einzelne die entsprechende Befugnifs hätte. Denn Jeder kann unter Umstanden Dinge anzuregen haben, welche wichtig genug sind, um ohne Aufenthalt in einer Generalversammlung zur Erörterung zu gelangen. Man mufs aber auf die Herstellung eines solchen Zustandes verzichten; denn dieses Actionärrecht öffnet auch der Streitsucht und der Bosheit Thür und Thor, und das Gebiet der Actiengesellschaften ist ohnehin solchen Leidenschaften in hervorragendem Maafse preisgegeben. Ueberdies ist anzunehmen, dafs, wenn ein Actionär wirklich wichtige Dinge vorzubringen hat, auch andere zu finden sein werden, welche sich ihm anschliefsen. Dagegen erscheint es nicht angemessen, die an sich durchaus zutreffende Begrenzung, welche das geltende Recht in der Festsetzung des zehnten Theiles der Actien trifft, einer beliebigen Aenderung durch Statut anheimzugeben — wenigstens nicht einer Ausdehnung nach oben. Es sollte erlaubt sein, das Berufungsrecht an eine geringere Quote zu knüpfen, nicht aber an eine höhere; denn je mehr man dieses Recht einschränkt, desto mehr befestigt man den oligarchischen Charakter der Verwaltung.

Der Inhalt der meisten Statuten, zumal der seit 1870 errichteten, zeigt, wie man von der Erlaubnifs zur Aenderung gerade behufs Erschwerung jenes Rechts allenthalben Gebrauch gemacht hat. Verlangen nun beispielsweise die Statuten einer Actiengesellschaft, welche 50 000 Antheilsrechte ausgegeben hat, fur das Berufungsrecht die Präsentation des vierten Theiles der Actien, so wird damit eine so schwere Bedingung gestellt, dafs jeder einzelne Actionär nothwendig vor ihr zurückschreckt, den Dingen lieber ihren Lauf läfst, oder, was ebenso schädlich ist, den Weg einer illegitimen Pression auf 'die Verwaltungsorgane wählt. Es sollte daher lieber vorgeschrieben werden, dafs das Recht der Actionäre, die Berufung einer Generalversammlung zu fordern, an eine höhere als den zehnten Theil der Actienmasse umfassende Quote gar nicht geknüpft werden dürfe.

Die Berufung der Generalversammlung ist aber nicht blos ein Recht sondern auch eine Pflicht, und zwar eine so hochwichtige, dafs ein geordneter Rechtszustand die Mittel bieten mufs, um eventuell ihre schleunige Erfullung zu erzwingen. Das geltende Recht gewährt hierzu nicht die geringste Hilfe. Wenn Actionäre eine Generalversammlung fordern, und ihrem Anspruche keine Folge gegeben wird, oder wenn die Verwaltungsorgane die durch Statut ihnen aufgetragene Berufung der ordentlichen Generalversammlung nicht vornehmen, so steht den Actionären nur die Möglichkeit offen, dieserhalb den Weg des gemeinen Prozesses zu beschreiten — im günstigsten Falle nämlich; denn selbst dies kann noch zweifelhaft sein. Ein Klagerecht ist aber hier, wenn möglich, noch werthloser als in den ähnlichen bereits erwähnten Fällen. Wird also den Actionären mit der ordentlichen Generalversammlung die Vorlage einer Bilanz, die Rechenschaftslegung, die Mittheilung des Reingewinns und die Zahlung des letzteren verweigert, wird ihnen damit die Möglichkeit entzogen, pflichtvergessene Vorstandsmitglieder ihres Amtes zu entsetzen, so sind sie vollkommen recht- und machtlos, ganz zu schweigen von der eminenten Entwerthung der Actien, welche ein solches Ereignifs in seinem Gefolge haben mufs. Hier kann wiederum nur ein schleuniges Einschreiten des Handelsrichters Hilfe gewähren. Die Actionäre müssen ein Mittel besitzen, um die Zusammenberufung ihrer Versammlung sofort und unfehlbar zu erzwingen. Es bieten sich dafür zwei Auswege; der eine ist, dafs dem Handelsrichter die Befugnifs ertheilt wird, Diejenigen, welche zur Berufung verpflichtet sind, hierzu durch Geldstrafen anzuhalten. Dieses Mittel empfiehlt sich aber nicht; denn es könnten unter Umständen so bedeutende Interessen im Spiele sein, dafs es sich den Verwaltungsorganen um ihretwillen verlohnte, selbst grofse Summen als Strafen zu zahlen, wenn dadurch die Verschleppung der Berufung um Wochen oder Monate zu erreichen ist. Weit wirksamer wäre der andere Weg, dafs nämlich der Handelsrichter auf begründeten Antrag, nach vorgenommener Prüfung der Sachlage befugt sein sollte, irgend einen Actionär mit der Berufung der Versammlung zu beauftragen, und dafs die richterliche Ermächtigung diejenige Vollmacht ersetzte, welche dem durch Statut zur Berufung Verpflichteten verliehen ist. Der betreffende Actionär könnte dann die Generalversammlung unter Bekanntmachung der ihm gegebenen richterlichen Ermächtigung einladen, eröffnen und den Vorsitz Demjenigen, welchem er gebührt, einräumen.

Diese oder eine ähnliche Bestimmung ist für die Sicherung der Rechte der Actionäre unerläfslich; ohne sie schweben die Befugnisse, welche der Generalversammlung verliehen sind, gleichsam in der Luft. Ein Vorstand oder ein Aufsichtsrath, welcher die Angriffe der öffentlichen Meinung nicht scheut, hat es nach geltendem Recht in der Hand, sein Amt auf Jahre widerrechtlich auszudehnen, bis ein Mal ein vollstreckbares Erkenntnifs erstritten ist. Während das Gesetz den Actionären anscheinend als Universalschutzmittel die Befugnifs zur jederzeitigen Absetzung des Vorstandes gewährt (Art. 227 al. III), bietet es nicht die geringste Sicherheit dafür, dafs diese Absetzung in legaler Weise vorgenommen werden könne. Ein solcher Rechtszustand verdient wohl kaum noch als ein geordneter bezeichnet zu werden.

---

§ 2.

Theilnahmerecht und Strohmänner; Stimmrecht.

Nach allgemeinen Grundsätzen müfste jeder Actionär berechtigt sein, in der Generalversammlung zu erscheinen und zu stimmen; der Umfang des Stimmrechts ergäbe sich aus der Gröfse des Actienbesitzes. In der Praxis indefs findet dieser Grundsatz selten Anwendung. Das Stimmrecht, über dessen Bedingungen das Statut Vorschriften enthalten mufs (Art. 209 No. 10), ist bei den wenigsten Gesellschaften in der Weise geordnet, dafs jede Actie eine Stimme repräsentirt; fast überall ist das Recht auf eine einzige Stimme von dem Besitz einer Mehrzahl von Actien abhängig; und wer uber dieses Minimum nicht verfügt, kann das Gewicht seines Actienbesitzes überhaupt nicht zu Gunsten einer Entscheidung geltend machen. Solche Statutenvorschriften sind scheinbar dazu angethan, die Rechte der kleinen Actionäre zu kränken, sie bieten aber fur die Praxis überwiegende Vortheile, und geben mindestens keinen Anlafs zum Einschreiten durch gesetzliche Vorschriften.

Nicht so unbedenklich ist die Frage, ob es auch zulässig sein solle, diejenigen Actionäre, welche kein Stimmrecht haben, durch Statut von der Theilnahme an einer Generalversammlung auszuschliefsen; denn diese Ausschliefsung kommt, insofern sie die Theilnahme an der ordentlichen Generalversammlung untersagt, wegen der in derselben zu erstattenden Rechenschaft, einem Gewaltacte gleich. Der Anspruch eines Vollmachtgebers auf Rechenschaftslegung ist so essentiell, dafs ihm selbst durch Vertrag nicht giltig sollte entsagt werden können. Es würde darum die Vorschrift am Platze sein, dafs wohl das Stimmrecht, nicht aber das Recht der Theilnahme an der Generalversammlung von dem Besitz einer Mehrzahl von Actien durch Statut abhängig gemacht werden durfe.

Noch viel wichtiger ist die Frage, ob und inwieweit Personen, welche uberhaupt nicht Actionäre sind, in Generalversammlungen sollen erscheinen und die Rechte der wirklichen Actionäre ausüben durfen. Dieses vielfach und neuerdings mit besonderem Eifer erörterte Problem greift tief in das ganze Wesen der Actiengesellschaft ein; es trifft die Fälle des eminentesten

Mifsbrauches, welcher mit der Macht der Generalversammlung getrieben werden kann und oftmals geübt worden ist, und es berührt eine derjenigen kranken Stellen, denen man mit Recht die Schuld an dem neuerlichen Mifsgeschick der Actiengesellschaften beimifst.

In der Sprache der Geschäftswelt werden die Personen, welche in Generalversammlungen auftreten, um, ohne wirklich Actien zu besitzen, die Rechte von Actionären auszuüben, «Strohmänner» genannt. Nach dem Wortsinne kann man damit nur solche Inhaber von Actien bezeichnen, welche, wiewohl sie als selbstständig denkende und sich entschliefsende Personen erscheinen, doch in Wahrheit willenlos den Instructionen und Anweisungen Anderer folgen. Der Ausdruck bezeichnet daher nur eine einzige Unterart, während man nicht diese allein, sondern die ganze Gattung, d. h. alle in den Generalversammlungen auftretenden Nicht-Actionäre so zu nennen pflegt. Um jede der in Betracht kommenden Unterarten in ihrer Besonderheit zu erkennen, mufs man die Natur der Verträge prüfen, durch welche das Theilnahmerecht an der Generalversammlung zu Gunsten von Nicht-Actionären vereinbart wird. Wenn der Actionär seine Rechte nicht selbst wahrnehmen will, so kann — dies ist der einfachste Fall — statt seiner ein Bevollmächtigter auftreten, und zwar zunächst ein solcher, welcher diese Eigenschaft ausdrücklich bekennt. Die Vollmacht kann eine gesetzliche sein, wenn z. B. der Ehegatte für die Ehefrau, der Vater für das Kind, der Vormund für das Mündel etc. die Actionärrechte wahrnimmt; sie ist vertragsmäfsig, wenn sie nur aus freier Uebereinkunft entspringt. Es ändert auch an dem reinen Vollmachtsverhältnifs nichts, wenn der Bevollmachtigte sich nicht als solcher bekennt, sondern gewissermafsen commissionsweise, in eigenem Namen wenn auch in fremdem Auftrage, Actien vertritt. Ist die Vertretung aber nicht dadurch veranlafst, dafs der wirkliche Actionär vertreten sein will und sich seinerseits einen Bevollvollmächtigten wählt, sondern — wie es häufig der Fall ist — dadurch, dafs ein Nicht-Actionär auftreten will, und sich zu diesem Zwecke die Actien eines sein Recht nicht ausubenden Actionärs borgt, so ist der Vertrag nicht ein Vollmachts- sondern ein Leihvertrag. Und drittens geschieht es häufig, dafs Actien leihweise nicht in ausreichender Zahl zu erlangen sind, und der Nicht-Actionär sich entschliessen mufs, dem Actionär eine Vergütung zu zahlen, um denselben zur Hergabe zu bestimmen. Dann gestaltet sich das zu Grunde liegende Rechtsverhältnifs zu einem Miethsvertrage. Bevollmächtigte mit offener oder verdeckter Vollmacht, Borger und Miether von Actien sind diejenigen, welche neben wirklichen Actionären in den Generalversammlungen der Actiengesellschaften zu erscheinen pflegen, und in der Geschäftssprache «Strohmänner» genannt werden.

Es ist die Frage, wie ein künftiges Actienrecht sich gegenüber den Strohmännern verhalten solle. Um zur Einsicht hierüber zu gelangen, ist vorerst das geltende Recht zu prüfen, und auch bemerkenswerther Abweichungen fremder Rechte zu gedenken.

Das deutsche Recht behandelt die Strohmänner ganz besonders nachsichtig; es legt ihnen gar keine Hindernisse in den Weg. Allerdings liefse sich die Frage aufwerfen, ob nicht schon die Anwendung des Wortes «Actionär» im Gesetze jede Theilnahme von Nicht-Actionären an Generalversammlungen (mit Ausnahme der wirklichen Bevollmächtigten) ausschliefse. Bei dem Mangel besonderer Vorschriften hat sich aber in der Praxis die Auffassung Geltung verschafft, dafs Derjenige, welcher *qua* Eigenthümer über Actien verfügt, Actionär sei. Und diese Ansicht wird unterstützt durch die Entscheidung des Reichsoberhandelsgerichts, welches wörtlich ausgesprochen hat:

> «Bei Inhaberpapieren mufs der Besitz zur Geltendmachung aller Rechte, deren Träger sie sind, wegen dieser ihrer Eigenschaft für ausreichend erachtet werden, wenn keine besonderen Umstände entgegenstehen. Hiermit in Uebereinstimmung knüpft das Handelsgesetzbuch bei Inhaberactien . . . . . . die Ausübung der Rechte des Actionärs lediglich an den Besitz von Actien, verlangt also keinen weiteren Nachweis.» *)

*) Entsch. des R. O. H. G. Bd. XIV Seite 359.

Danach sind Miether, Borger, Bevollmächtigte, alle zusammen nach geltendem Recht ebenso wie der wirkliche Actionär, zum Erscheinen in den Generalversammlungen und zur Ausübung der den Actionären gebührenden Rechte befugt. Inwieweit dieser Ansicht des höchsten Gerichtshofes principielle Bedenken entgegenzustellen seien, kann für den hier verfolgten Zweck unerörtert bleiben. Nur die eine Bemerkung scheint geboten, daſs die Qualität des Inhaberpapiers keineswegs dazu berechtigt, die Frage nach dem wahren Eigenthumsrecht als gleichgiltig anzusehen. Die Eigenthümlichkeit des Inhaberpapiers gegenüber anderen verbrieften Rechten liegt in der Uebertragbarkeit von Hand zu Hand; die Gestaltung der Entschlüsse des Eigenthümers aber steht mit der leichten Uebertragbarkeit in keinem Zusammenhange, sondern entwickelt sich aus dem angeborenen Streben des Individuums, sein Eigenthum zu schützen. Die Frage, ob das Gesetz habe zulassen wollen, daſs die Interessen einer Gesellschaft von Nicht-Interessenten wahrgenommen werden, steht mit der Thatsache, daſs bei dem Inhaberpapier der Nicht-Eigenthümer sich leichter als bei anderen Vermögensstücken als Eigenthümer geriren kann, in keinem inneren Connex.

Nur formell strenger als das deutsche geht das französische Recht zu Werke*). Das französische Actiengesetz bestimmt: «Mit Geldstrafe von 500 bis 10000 frcs. werden Diejenigen bestraft, welche sich der Wahrheit zuwider als Eigenthümer von Actien oder Actienantheilen ausgeben, und betrügerischerweise eine künstliche Majorität in einer Generalversammlung zu Wege bringen; diese Strafe gilt unbeschadet der Verpflichtung zum Schadenersatz an die Gesellschaft und an Dritte; ebenso werden Diejenigen bestraft, die ihre Actien Anderen zu einer derartigen betrüglichen Verwendung überlassen haben». Es sei hinzubemerkt, daſs auch in beiden Fällen auf Gefängniſs von vierzehn Tagen bis zu sechs Monaten erkannt werden darf. Das Leihen oder Miethen, oder Verleihen und Vermiethen von Actien ist also an sich nach französischem Recht noch nicht straf-

*) Loi sur les sociétés, Art. 13 und 45.

fällig; die Strafandrohung gilt erst, wo betrügerischerweise eine künstliche Majorität in der Generalversammlung geschaffen ist. Offenbar ist aber die Majorität noch nicht eine künstliche, wenn die Vertretung mit dem Willen des Eigenthümers der Actien, sei es auf Grund eines Vollmachts- oder Leih- oder selbst eines Miethsvertrages, geschieht. Erst dann kann sie künstlich genannt werden, wenn der Besitzer der Actien selbst gar nicht in der Lage gewesen wäre, diese zu vertreten. Das gilt aber nur in den Fällen, wo, wie in französischen Statuten allerdings häufig geschieht, eine Grenze für die höchste durch einen und denselben Actionar vertretbare Stimmenzahl vorgeschrieben ist. Wenn beispielsweise ein Statut bestimmt, dafs zwanzig Actien eine Stimme geben, dafs aber Niemand mehr als zehn Stimmen vertreten könne, und nun ein Actionär, der nicht nur diese höchstens vertretbaren zweihundert Stück Actien, sondern deren fünfhundert besitzt, seinen Freunden die übrigen dreihundert mit dem Auftrage übergiebt, sie für ihn zu vertreten, weil er sich dadurch den Einflufs der sämmtlichen fünfhundert Actien sichern will, so wäre eine durch die überschüssigen dreihundert Actien geschaffene Majorität eine künstliche zu nennen. Sonst haben Actionäre und Bevollmächtigte das freie Recht der Theilnahme an der Versammlung. Ebenso dürfen auch Borger und Miether von Actien die Actionärrechte wahrnehmen; denn über ihre Legitimation haben sie sich immer nur insoweit zu verantworten, als sie etwa an der Herstellung einer künstlichen Majoritat Theil genommen haben.

Das deutsche Recht enthält keine diesen Fall treffende ausdrückliche Bestimmung; indefs möchte es einer solchen auch gar nicht bedürfen, um einen so zu Stande gekommenen Beschlufs mit Erfolg anzufechten. Er wäre zweifellos *in fraudem contractus* geschlofsen*).

Erheblich strenger als das französische Recht ist aber in dieser Beziehung das belgische**). Es bestimmt der Art. 61 des revidirten belgischen Handelsrechts, «dafs alle Actionäre, inso-

---

*) Aehnlich äufsert sich die preufsische Denkschr. S. 27 No. 13.

**) Sachs, a. a. O. S. 153.

weit nicht besondere Statutenbestimmungen entgegenstehen, das Recht haben, selbst oder durch Bevollmächtigte in der Generalversammlung zu stimmen». Weiter ist aber in Art. 131 vorgeschrieben: «Mit Geldstrafe von 50 bis 10000 frcs. werden Diejenigen bestraft, welche, indem sie sich der Wahrheit zuwider als Eigenthümer von Actien ausgeben, in einer Generalversammlung von Actionären an der Abstimmung Theil nehmen. Die gleiche Strafe trifft die, welche ihre Actien zu einem Gebrauche der bezeichneten Art Anderen überlassen*)». Nach belgischem Recht ist also Jeder strafbar, der, ohne wirklich Eigenthümer von Actien oder offener Bevollmächtigter eines Actionärs zu sein, in einer Generalversammlung Stimmen abgiebt. Die Strafbarkeit Derjenigen, welche verdeckt als Bevollmächtigte auftreten, folgt aus dem Wortlaut der citirten Vorschrift, da auch diese sich «der Wahrheit zuwider als Actionäre ausgeben». Das bloſse Zuhören in der Generalversammlung, anscheinend auch die Betheiligung an der Debatte, ist straflos. —

Wie nun ein künftiges deutsches Actienrecht sich hier verhalten solle, das ist nicht eine blos aus Zweckmäſsigkeitsgründen zu entscheidende Frage, es ist vielmehr in eminentem Sinne eine Frage des Princips. Mannigfach und mit Eifer wird, auch von berufener Seite, für die Aufrechterhaltung des gegenwärtigen Zustandes plaidirt, unter Vertretung der Ansicht, daſs es geradezu gewaltthätig sei, in die freie Dispositionsbefugniſs der Actionäre über ihre Actien eingreifen zu wollen. Wer als Actionär eine Generalversammlung nicht selbst besuchen wolle oder könne, für den sei es wunschenswerth, einen Bevollmächtigten zu finden, welcher, gleichviel ob mit offener oder verdeckter Vollmacht, die Wünsche des Besitzers zu vertreten bereit sei. Verhalte sich aber der Actionär einer ausgeschriebenen Generalversammlung gegenüber ganz indifferent, so schade es mindestens nichts, wenn ein Anderer an seiner Statt das der Actie zugehörige Stimmrecht ausübe, zumal es der Besitzer immer in seiner Hand habe, Denjenigen, welcher Actien von ihm borgt oder miethet, zuvor über seine

*) Sachs S. 203.

Meinung zu befragen, und, wenn ihm diese nicht zusage, die Hergabe zu verweigern. Das Miethen selbst aber sei ein Geschäft wie ein anderes, das übrigens auf Seiten des Miethers keineswegs immer in böser Absicht, sondern nicht selten gerade aus dem Grunde vorgenommen werde, weil der Miether besser als der Vermiether die wahren Interessen der Gesellschaft kenne und durchschaue.

Solche Argumente klingen gar nicht übel, und sie könnten sogar halbwegs zutreffend erscheinen, wenn man zuvor zu einem entsprechenden Schlufs über die Hauptfrage gelangt wäre, die sie gänzlich aufser Acht lassen, — richtiger gesagt gänzlich mifsachten. Das Actiengesellschaftsrecht erklärt die Generalversammlung für das erste und vornehmste Organ der Gesellschaft. Der Generalversammlung gebühren jetzt und auch in Zukunft die wichtigsten Entscheidungen. Sie hat alljahrlich von den beiden anderen Verwaltungsorganen Rechenschaft zu fordern, diese zu beurtheilen, und die Entscheidung über fernere Beibehaltung oder Entlassung der Mitglieder jener anderen Organe von der gewonnenen Einsicht in die Verwaltung abhangig zu machen. Der Generalversammlung stehen alle grofsen und für die Entwickelung der Gesellschaft die Richtschnur gebenden Entschlüsse zu: die Vermehrung und Verminderung des Grundvermögens, bei Industriegesellschaften die Erwerbung von neuen Anlagen, bei Eisenbahngesellschaften die Erbauung von neuen Zweiglinien oder die Fusionirung mit bestehenden Gesellschaften, — ihr gebührt der Beschlufs über die Auflösung der Gesellschaft. Es ist wohl die Frage nicht zu umgehen, ob sich mit der Wichtigkeit dieser Aufgaben der Generalversammlung ein Zustand dergestalt vereinigen lasse, dafs die Erfüllung an Stelle der wirklichen, von der Sorge um ihren Besitz geleiteten Actionäre dem Belieben oder der Willkür von Nicht-Interessenten anheimgegeben wird, welche aus Gewinnsucht oder ähnlichen Ursachen das Recht zur Entscheidung an sich reifsen. Es läfst sich etwas Widersinnigeres, auch etwas die Würde des Rechts tiefer Verletzendes nicht leicht denken, als dafs das wichtigste Verwaltungsorgan der Actiengesellschaft von Fall zu Fall dem Eigennutz fremder, an dem Unternehmen nicht betheiligter

Personen als Tummelplatz freigegeben ist. Das geltende Recht bringt der Generalversammlung ein hohes Interesse an der Wichtigkeit ihrer Aufgaben entgegen; es bekundet aber zugleich die vollkommenste Gleichgiltigkeit gegen ihre Lösung. Vom Standpunkt der Logik ist es gar nicht zu begreifen, weshalb man die Pflichten und Rechte des Vorstandes, den Grad seiner Haftpflicht und derjenigen des Verwaltungsraths ängstlich und vorsichtig abwägt, während die Entscheidung der Generalversammlung, welche darüber zu Gericht sitzen soll, in das Belieben eines Jeden gestellt ist, der sich ihrer bemeistern will, — so dafs ein Vorstand, welcher sich schuldig weifs, nur eine Summe Geldes aufzuwenden braucht, um sich oder seinen Freunden diejenige Anzahl von Actien miethweise zu sichern, welche ihn von aller Schuld losspricht. Jede Species der Pseudo-Actionäre hat erfahrungsmäfsig in den Generalversammlungen einen bestimmten Typus, und jede schadet auf ihre eigene Weise den Interessen der Gesellschaft. Schon die blofse Bevollmächtigung dient einer gewissen Klasse von Leuten häufig als Mittel, um sich der Verwaltung gegenüber eine Position zu schaffen, welche dann zu anderen, oft recht unsauberen Zwecken ausgebeutet werden kann. Es giebt Persönlichkeiten, welche aus der gewohnheitsmäfsigen Verwendung ihrer Zungenfertigkeit in den Generalversammlungen geradezu eine Erwerbsquelle machen. Aehnlich wird mit geliehenen Actien verfahren, die freilich immer nur in beschränktem Maafse zu haben sind. Wer gröfserer Massen bedarf, mufs sich auf das Miethen verlegen. Die Miethung aber ist das bekannte Mittel der grofsen Geschäftsleute, die Generalversammlungen von Actiengesellschaften zu unklugen, ihren Interessen nachtheiligen Beschlüssen zu nöthigen, und entsprechend grofse Vortheile fur sich zu erschleichen. Und da erfahrungsmäfsig schon einige Procente an Miethslohn ausreichen, um sonst nie zur Verwendung in den Generalversammlungen gelangende Actien aus den Schränken der Capitalisten hervorzulocken, so stehen in der Regel die erwachsenden Unkosten in gar keinem Verhältnifs zur Höhe der erlangten Vortheile. Es haben dann freilich nicht die Actionäre selbst über das Schicksal der Gesellschaft entschieden, sondern fremde, an dem Vermögen derselben nicht interessirte Personen. Aber das ist eben allen Grundsätzen des Rechts zum Trotz bei Generalversammlungen möglich. Derjenige, welcher eine Summe Geldes mit Geschick daran zu wenden bereit ist, kann jederzeit der wirkliche Beherrscher der Generalversammlung werden, und ihre Gewalt seinen Interessen dienstbar machen. Der wirkliche Actionär ist solchen Dingen gegenüber machtlos; sein achtes Stimmrecht gilt weniger als jenes gemiethete, wenn das letztere über mehr Actien verfügt. Und selbstverstandlich können sich durch Miethung mehr Actien in einer Hand vereinigen lassen als durch wirklichen Kauf. Ueberdies mufs der private Actionär gegenüber einem gewandten Financier oder einer Finanzgruppe, welche ihren Operationsplan für die Generalversammlung langer Hand vorbereitet, Actien rechtzeitig beschafft und vorsichtig unter ihre Freunde vertheilt hat, und welche dann auf Grund eines wohldurchdachten Angriffsplanes handelt, immer im Nachtheil sein. Was aber die grofsen Geschäftsleute durch Miethen von Actien im Grofsen sündigen, das thun die Borger und Bevollmachtigten im Kleinen. Da erschleichen sich Persönlichkeiten, denen die Interessen der Gesellschaft ganz gleichgiltig sind, das Recht zur Vertretung einiger Actien, um von ihnen einen Gebrauch zu machen, wie er sich eben nur aus der Interesselosigkeit erklären läfst. In absichtlich schroffer Weise suchen sie die Fehler der Verwaltung herauszukehren; unaufgeklärten Vorgängen wird von ihnen mit Vorliebe schon *a priori* ein verdächtigender Beigeschmack gegeben, Interpellationen werden in die Gestalt von Entlarvungen gekleidet, Meinungsäufserungen in der Form von Enthüllungen vorgebracht, — kurzum das Ansehen der Verwaltung wird möglichst geschädigt, und nicht selten weit über Gebühr herabgesetzt. Ob dadurch die Gesellschaft selbst in Mifscredit gebracht, ihr Ansehen vermindert, der Marktpreis ihrer Actien gedrückt, ihr Kundenkreis reducirt wird, das Alles berührt Den nicht, welcher an dem Werthe der Actien kein Interesse hat, sondern sie nach Erreichung seines Zweckes dem wahren Eigenthümer wieder ausliefert. Und solche Persönlichkeiten sind erfahrungsmäfsig die aufdringlichsten Redner der Generalversammlungen, ihren Zwecken gemäfs auch immer die heftigsten Gegner der Verwaltung, gegen die sie bei dem feindseligen Verhältnifs, welches durch die fehlerhafte Verfassung der Actiengesellschaft zwischen den Actionären und den Verwaltungsorganen hervorgerufen wird, nicht selten wohlfeil errungene Erfolge davontragen.

Die Generalversammlungen sind denn auch, zumal seit der Gründerperiode, viel öfter von Pseudo-Actionären, als von den wirklichen Besitzern der Actien dominirt worden. Gewifs hat dabei die in ihren Ursachen schon gekennzeichnete allgemeine Indifferenz der Actionäre mitgewirkt; eine dieser Ursachen besteht aber eben in dem Bewufstsein der Machtlosigkeit, welches wiederum aus der leichten Uebertragbarkeit des Stimmrechts mit hervorgeht. Liegt etwas Wichtiges vor, so gilt allgemein die Annahme, dafs irgend ein mächtiger Geschäftsmann oder ein mächtiger Kreis von Geschäftsleuten, gleichviel, ob sie wirklich Actionäre sind oder nicht, die Führung übernommen haben, und dafs diese schon dafür sorgen werden, ihren Willen durchzusetzen. Daher erblickt der einzelne Actionär in dem ihm offerirten Miethsgelde in der Regel einen Vortheil viel greifbarerer Art, als in der zuletzt zwecklosen Betheiligung an den Generalversammlungen. Dafs die letzteren private Zusammenkünfte von Interessenten sind, ist eine durch die mifsbräuchliche Handhabung des Stimmrechts total verdrängte Auffassung. An einer Generalversammlung Theil zu nehmen, in derselben seine Meinung zu äufsern und mitzustimmen — das ist ein Recht, welches nach der allmälig zur allgemeinen Geltung gelangten Ansicht Jedem frei steht; es kostet nur die geringe Mühe, sich Actien leihweise, oder schlimmsten Falls miethweise zu verschaffen*).

*) Die Frage ist auch Gegenstand der Erörterung der preufsischen parlamentarischen Untersuchungscommission gewesen; vgl. darüber den Meinungsaustausch zwischen den beiden Commissionsmitgliedern Dr. Lasker und Dr. Achenbach einerseits, und einem Sachverständigen andererseits. (Seite 58ff. des stenogr. Berichts.) Bemerkenswerth ist insbesondere der Gegensatz zwischen den zum Ausdruck gekommenen Ansichten. Dr. Lasker zeigte sich vorzugsweise von Bedenken darüber erfullt, ob die Generalversammlung mit den wichtigsten Vollmachten zu versehen, zugleich aber hinsichtlich der Extrahirung ihrer

Hier ist eine Reform, und zwar eine gründliche, dringend erforderlich; sie sollte von folgenden Gesichtspunkten aus unternommen werden.

An und für sich wäre nicht viel dagegen einzuwenden, dafs ein Actionär sich durch einen an dem Unternehmen nicht interessirten Bevollmachtigten vertreten liefse. Aber es kommt daneben der Umstand in Betracht, dafs auch ein Borger von Actien gegenuber der Generalversammlung sehr leicht die Rolle eines wirklichen Bevollmächtigten spielen kann, dafs diese beiden an sich ganz verschiedenen Rechtsverhältnisse auch durch eine geschickte Art der Vereinbarung einander zum Verwechseln ähnlich gemacht werden können, dafs also durch die Zulassung solcher Bevollmächtigungen dem Eindringen fremder Interessen in die Generalversammlung die

Beschlüsse als vogelfrei erklärt werden könne. Er gelangte zu der Ansicht, dafs geeignete Strafparagraphen gegen den Mifsbrauch des Stimmrechts erforderlich seien, während Dr. Achenbach eine Abhilfe in der Festsetzung langer Fristen fur die Hinterlegung der zur Theilnahme an der Generalversammlung berechtigenden Actien erblickte. Gewifs würde Letzteres zur Ausschliefsung, oder doch zur wesentlichen Einschränkung jeden Mifsbrauchs führen, aber nur auf Kosten und zum Nachtheil der wirklichen Actionäre, welche ihr Theilnahmerecht, insbesondere das wichtige Recht der Rechenschaftsabnahme, entweder nicht ausuben konnten, oder während des grofsten Theils des Jahres an der freien Verfügung über die Actien gehindert wären. Ueberdies würden die langen Fristen bei aufserordentlichen Generalversammlungen den Zweck der letzteren beeinträchtigen konnen.

Der vernommene kaufmannische Sachverständige trat der Einfuhrung irgend welcher Beschränkungen aus dem Gesichtspunkte der freien Dispositionsbefugnifs eifrig entgegen, bemerkte auch nebenher, dafs dieselben immer umgangen werden konnten. Er illustrirte seine Ansicht durch das Beispiel, wie ein tüchtiges Mitglied des Verwaltungsraths Gefahr laufen konnte, von Actionären zu Gunsten eines weniger qualificirten verdrängt zu werden, und die Freunde des Ersteren durch Miethung von Actien den trefflichen Mitarbeiter dem Dienste der Gesellschaft zu erhalten vermochten. Das mag an sich nicht übel erdacht sein, beweist aber nicht das Geringste zu Gunsten der Strohmänner. Noch weit uncorrectere Mittel als das Actienmiethen konnen sich unter Umständen guten Zwecken dienstbar erweisen. Es liefsen sich auch ebenso leicht Beispiele für gegentheilige Wirkungen erdenken. Wichtig ist es nur, aus den Meinungsaufserungen eines hoch angesehenen kaufmannischen Sachverstandigen zu constatiren, wie der Geschaftswelt die Empfindung fur das Bedürfnifs, dafs in der Generalversammlung nur wirkliche Interessenten auftreten und stimmen sollten, gänzlich abhanden gekommen ist.

Wege gebahnt würden. Und dieser letztere Umstand erfordert die überwiegende Rücksicht; deshalb ist von der Zulassung aller nicht persönlich an dem Unternehmen interessirten Bevollmächtigten dringend abzurathen. Andererseits ist gewifs nichts dagegen zu erinnern, dafs wirkliche Actionäre durch andere Actionäre zur Vertretung ermächtigt werden. In dieser einzigen Beziehung folgt auch die Praxis bereits einer richtigen Eingebung; denn die meisten Statuten schliefsen die Vertretung von Actionären durch Nicht-Actionäre aus, und schreiben ausdrücklich vor, dafs Vollmachten nur an Actionäre ertheilt werden dürfen. Es mufs aber diese Befugnifs eine Einschränkung erhalten, damit ihr eigentlicher Zweck nicht dennoch verloren gehe. Actionär ist schon, wer eine einzige Actie besitzt. Es würde also künftig nur die vorübergehende Aufwendung einer ganz kleinen Summe dazu gehören, das gewünschte Theilnahmerecht im weitesten Umfange zu erlangen, wenn man nicht bestimmt, entweder, dafs Jeder nur eine gleiche Anzahl Actien, wie die, welche er als Eigenthümer besitzt, auch noch als Bevollmächtigter vertreten dürfe, oder, dafs das Recht der Vertretung fremder Actien von dem Eigenthum einer bestimmten nicht zu minimalen Quote der gesammten Actienmasse abhängen solle — etwa von dem hundertsten Theil der Seitens der Gesellschaft emittirten Actien. Letzteres Mittel wäre vielleicht vorzuziehen, weil nicht Jeder, der einen ganz geringfügigen Actienbesitz hat, so ernsthaften Antheil an dem Schicksal der Gesellschaft nehmen kann, dafs ihm die Vertretung anderer Actien billiger Weise anzuvertrauen wäre.

Soll es nun aber möglich sein, klar zu übersehen inwieweit der Einzelne als Eigenthümer von Actien oder als Bevollmächtigter auftrete, so ist die fernere Vorschrift unentbehrlich, dafs jede commissionsweise Art der Vertretung unzulässig, und nur die offene Vollmacht erlaubt sei. (Die Befugnifs zur Vertretung im eigenen Namen müfste sich jedoch auf gesetzliche Vollmachtsverhältnisse, wie Vater, Ehegatte, Vormund, Pfleger erstrecken; auch Procuristen sollten das Recht haben, an Stelle des Principals im eigenen Namen aufzutreten). Dies würde bewirken, dafs in der Anmeldung von Actien zu einer Generalversammlung auf eigenen Namen unter allen Umständen die Behauptung des Eigenthumsrechts läge, und dafs Niemand später vorschützen könnte, er habe einen Theil der Actien nur als Bevollmächtigter vertreten wollen.

Gegen das blofse Leihen von Actien würde sich ein besonderes Verbot nicht verlohnen, da dieses Geschäft immer in die Form der Bevollmächtigung gebracht werden kann. Dagegen wäre ein absolutes Verbot gegen die Vertretung gemietheter Actien auszusprechen. Nur fragt es sich, und das ist von allen Fragen hier die wichtigste, was geschehen solle, um dieses Verbot praktisch wirksam zu machen. Wollte man vorschreiben, dafs ein wider dasselbe ausgeübtes Stimmrecht die betreffende Abstimmung eventuell ungiltig mache, so würde man den wirklichen Actionaren die Bufse fur die Sünden der Nicht-Actionäre auferlegen. Denn jene Art der Vertretung würde nichtsdestoweniger immer versucht werden, und wenn sie mit Erfolg angefochten würde, so ergäbe sich die Nothwendigkeit einer zweiten Generalversammlung, die Verzögerung vielleicht dringender Rechtshandlungen, dadurch aber eine höchst schädliche Rechtsunsicherheit in der Gesellschaft. Daher ist das einzig richtige Mittel, dafs die Abstimmung zwar in Kraft bleibt, dafs aber Der, welcher Actien widerrechtlich vertreten hat, gleich Dem, welcher sie zu solchem Zwecke überlassen hat, bestraft wird. Die Strafe mufs jedoch, wenn sie eine Geldstrafe sein soll, so fixirt sein, dafs sie wirklich helfen kann. Eine Maximalsumme, wie sie dem französischen und belgischen Recht eigenthümlich ist (bis zur Höhe von 10 000 Frcs.), wäre ganz wirkungslos. Denn wer ein grofses gewinnbringendes Project durchfuhren will, der würde diese Summe nur als einen ihm event. zur Last fallenden Unkostenbetrag mit in den Kreis seiner Berechnungen ziehen; und es giebt viele Geschäfte, denen gegenuber jenes höchste Strafmafs von 10 000 Frcs. gar nicht sehr in's Gewicht fiele. Will man also die Geldstrafe wirksam machen, so mufs man sie nach der Zahl der rechtswidrig vertretenen Actien bemessen; dann kann das Strafgeld eine Höhe erreichen, vor der selbst das gröfste und lucrativste Unternehmen nicht Stand hält. Nur wenn mit dieser Wirkung verbunden, hat die an sich nicht ehrverletzende Geldstrafe einen Werth. Es mufsten also folgende Gedanken in einem neuen Gesetz zum Ausdruck gelangen:

1. Wer die Befugnifs, Actien, an denen ihm das Eigenthums- oder Miteigenthumsrecht nicht zusteht, in der Generalversammlung der Actionäre zu vertreten, mittelst Gegenleistung erworben hat, wird, wenn er die Vertretung selbst oder durch Andere ausübt, mit Geldbufse von fünf bis dreifsig Mark für jede so vertretene Actie bestraft. Ebenso wird Derjenige bestraft, welcher diese Befugnifs für eine Gegenleistung einräumt, sofern sie demnächst zur Ausübung kommt.
2. Die Strafe ad 1 trifft auch denjenigen Actionär, welcher die Actien eines andern Actionärs im eigenen Namen vertritt, und zwar für jede solchergestalt vertretene Actie.
3. Der Vorsitzende einer Generalversammlung, welcher zuläfst, dafs ein Actionär, der nicht wenigstens den hundertsten Theil der ausgegebenen Actien der Gesellschaft im eigenen Namen vertritt, Actien eines Andern auf Grund einer Vollmacht vertrete, wird mit Geldbufse von fünf bis dreifsig Mark für jede solchergestalt in Vollmacht vertretene Actie bestraft.
4. Die Vorschrift ad 2 findet keine Anwendung, wenn der Ehemann die Actien seiner Ehefrau, der Vater diejenigen seines Kindes, der Vormund oder Pfleger diejenigen seines Mündels, der Procurist diejenigen seines Principals im eigenen Namen vertritt. —

Mit Unrecht wird von den Gegnern solcher Beschränkungen geltend gemacht, dafs sie leicht zu umgehen seien und sich deshalb in der Praxis als unwirksam erweisen würden. Gewifs werden nicht alle Gesetzesüberschreitungen durch sie ausgeschlossen sein, zumal nicht solche im kleinen Rahmen; indefs auch hier würde die Zahl der Contraventionen wesentlich verringert werden. Hauptsächlich aber würde die Maafsregel ihre Wirkung gegen rechtswidrige Operationen grofser Consortien üben. Wenn bei Generalversammlungen zur Sicherung der Majorität Hunderttausende oder Millionen Thaler Actien erforderlich sind, so kann die Beschaffung des Materials, insoweit es nicht wirklich gekauft wird, nur durch Miethung geschehen. Diese Miethung ist nur an der Börse durchführbar, und niemals geheim zu betreiben. Es wird aber nicht leicht ein Banquier oder gar ein auf den Dienst eines zahlreichen Personals angewiesenes grofses Institut sich der Gefahr aussetzen, von einem seiner Officianten, oder demjenigen eines mit der Sache befafsten Kaufmanns denuncirt, und zu einer grofsen Geldstrafe verurtheilt zu werden, am allerwenigsten möchten das Gesellschaftsvorstände thun, welche dafür von ihren Actionären verantwortlich gemacht werden könnten*).

*) Bei Erörterung dieser Frage vor der parlamentarischen Untersuchungscommission wurde Seitens eines Sachverständigen bemerkt, dafs es Demjenigen, welcher in der Generalversammlung einen entscheidenden Einflufs üben wolle, nicht verwehrt werden könne, Actien zu kaufen und sofort auf Lieferung wieder zu verkaufen, wodurch er dann von jedem Risico frei und nur zu einer vorübergehenden Geldauslage genöthigt wäre. Aber die Erwiderung Lasker's (a. a. O. Seite 66), dafs es zumal mit den Mitteln, welche deutschen Capitalsmächten zu Gebote stehen, nicht leicht sei, Actien für Millionen auf Monate voraus anzukaufen, war gewifs sehr zutreffend. So reich sind deutsche Actiengesellschaften nicht (übrigens auch wenige Gesellschaften anderer Staaten), um mit Leichtigkeit Millionen für den Ankauf von Actien einer bestimmten Gesellschaft zur Verwendung in einer Generalversammlung auf Monate festlegen zu können. Und wenn auch die Mittel durch Vereinigung mehrerer beschafft werden könnten, so würde der zweifellos nicht verdeckt zu vollziehende Ankauf solcher Actienmassen den Cours wesentlich in die Höhe treiben, und das Risico, zumal wenn gerade ein Vortheil gegen die betreffende Gesellschaft erstrebt wird, in bedenklicher Weise erhöhen. Wenig aussichtsvoll ist überdies die Idee eines gleichzeitigen Verkaufs auf Lieferung. Nicht jedes Börsenpapier läfst sich auf Lieferung verkaufen, und sehr wenige nur in gröfseren Quantitäten. Der Plan, Actien einer Eisenbahngesellschaft oder einer Bank behufs Durchführung eines entscheidenden Beschlusses in Massen einzukaufen, und sie zugleich auf Lieferung zu verkaufen, würde sich in der grofsen Mehrzahl der Fälle als ganz unrealisirbar erweisen. Solche Auswege lassen sich in der Theorie wohl erdenken, in der Praxis bestehen sie nicht. Ebenso unausführbar wäre das Project, sich durch Reportirung der betreffenden Actien zeitweise in den Besitz derselben zu setzen, schon weil, wie ein anderer Sachverständiger vor der Untersuchungscommission (Seite 319 des stenogr. Berichts) richtig hervorgehoben hat, das Reportgeschäft sich von Monat zu Monat vollzieht. Bei vielen Actiengesellschsften, besonders älteren Eisenbahn-

Die Einfuhrung der vorgeschlagenen Maafsregel wird andererseits von der wohlthätigsten Wirkung auf die Actionäre selbst sein. Das Bewufstsein der Machtlosigkeit wird schwinden, der Einzelne wird sich der Möglichkeit, auf die Beschlüsse der Versammlung einen Einflufs zu üben, allmälig bewufst werden, und die Herrschaft über die Actiengesellschaft wird, was seit lange nicht mehr der Fall war, Denen anheim gegeben sein, die das wahre Interesse an ihr haben. —

Das wichtigste aus der Theilnahme an der Generalversammlung entspringende Recht ist das Stimmrecht. Es wurde seiner schon mit Beziehung auf den Umstand gedacht, dafs bei manchen Gesellschaften ein Theilnahmerecht der Actionäre an den Generalversammlungen nur insoweit gestattet ist, als denselben auch ein Stimmrecht zusteht, und dafs diese unbillige Beschränkung untersagt werden möge. Es liegt in der Natur der Actiengesellschaft, dafs der Umfang des Stimmrechts von der Gröfse des Actienbesitzes abhängt und mit letzterem sich steigern mufs. Indefs giebt es auch Vorschriften, in Statuten wie Gesetzen, welche diese Steigerung nicht bis in's Ungemessene zulassen, sondern nach oben begrenzen. Das französische Recht überläfst, einen einzigen Fall ausgenommen, die Begrenzung des Stimmrechts dem Statut. Das revidirte belgische Handelsrecht aber bestimmt: «Alle Actionäre sind, sofern der Gesellschaftsvertrag nichts Anderes besagt, befugt, selbst oder durch Bevollmächtigte ihre Stimmen abzugeben; keiner darf jedoch an einer Abstimmung mit Actien Theil nehmen, welche mehr als ein Fünftheil der gesammten emittirten oder mehr als zwei Fünftheile der in der Generalversammlung vertretenen Actienmasse ausmachen*). Das englische Recht enthält nicht zwingende, doch subsidiäre Vor-

gesellschaften, sind die Berufungsfristen der Generalversammlung länger als ein Monat; wenn also zwischen Berufung und Versammlungstag das Ende des Kalendermonats liegt, so kann das Reportgeschäft in der Zwischenzeit zur Lösung kommen. Uebrigens ist der Anlafs für den Report immer das Geldbedürfnifs; der Actionär also, welcher des Geldes nicht bedarf, würde gar kein Motiv haben, einem grofsen Consortium zu Liebe seine Actien in Report zu geben. Dieser Ausweg bietet schlechterdings nicht die geringste Aussicht auf praktische Anwendung.

*) Vergl. Art. 61 des rev. belgischen Handelsrechts, Sachs, a. a. O. S. 153.

schriften mit gleicher Tendenz. Hat die Gesellschaft kein eigenes Statut, so bestimmt das in diesem Falle geltende Normalstatut, dafs jede Actie bis zu zehn eine Stimme, dann je fünf folgende bis zu hundert je eine Stimme, und darüber hinaus nur immer zehn Actien eine Stimme geben*). Ist ein Statut errichtet und in demselben nichts über das Stimmrecht gesagt, so hat jedes Mitglied eine Stimme**). Beide Gesetzgebungen, die englische wie die belgische***), haben das Bestreben, einer plutokratischen Vergewaltigung der Generalversammlung entgegen zu wirken†). Inwieweit letzteres geboten sei, hängt von der Machtfülle ab, die man der Generalversammlung zuerkennt. Das belgische Recht, welches ihr Omnipotenz beilegt, hatte allerdings zu seinen Dispositionen alle Veranlassung. Man sieht hieran, wie wichtig die Frage von der Omnipotenz ist. Die Generalversammlung mufs durch einen Mehrheitswillen regiert werden; das wird sich niemals ändern lassen. Ferner ist es auch, wie bereits angedeutet, im Wesen des Actienrechts tief begründet, dafs der Actionär im Verhältnisse seines Actienbesitzes Einflufs auf die Gesellschaft üben darf. Und doch schreckt das Billigkeitsgefühl vor der äufsersten Consequenz dieser Grundsätze zurück. Es erregt Bedenken gegen die Richtigkeit der Prämissen, wenn man die Möglichkeit sieht, dafs ein Einzelner mit Hilfe derselben seinen Willen gegen denjenigen einer grofsen Zahl von gleichfalls interessirten Personen durchsetzen kann. Das belgische Recht wählt als Abschwächungsmittel bei Anerkennung der Omnipotenz für die Generalversammlung die Begrenzung der Macht des Einzelwillens; hier ist (VII § 1) aus

---

*) Schedula 1, Art. 44.

**) Englische Gesellschaftsacte von 1862, Art. 52.

***) Vergl. Sachs a. a. O.

†) In den Verhandlungen der parlamentarischen Untersuchungscommission des preufsischen Abgeordnetenhauses ist diese Frage ebenfalls zur Sprache gekommen, anscheinend aber davon ausgegangen worden, dafs der Generalversammlung Omnipotenz gebühre; wenigstens läfst es sich nur von diesem Standpunkte erklären, dafs Dr. Lasker hervorhob, es sei, wenn ein Actionär von dreizehn vorhandenen Stimmen sieben vertrete und die sechs übrigen Stimmen in anderen Händen wären, jener erste der eigentliche Geschäftsführer, die anderen seien, wenn sie auch Scherzes halber mitstimmten, in Wahrheit nur stille Gesellschafter. (Vergl. stenogr. Ber. S. 59).

inneren Gründen der andere mögliche Ausweg, namlich Ausschliefsung der Omnipotenz der Generalversammlung, bereits in Vorschlag gebracht. Wird dieser gewahlt, so ist eine fernere Einschränkung durch Begrenzung der Macht des Einzelwillens nicht erforderlich; und deshalb erscheinen Vorschläge nach dieser Richtung nicht geboten.

---

§ 3.

Die Tagesordnung und ihre Erledigung.

Es wurde im Eingange dieses Abschnittes als erforderlich bezeichnet, Garantien fur die rechtzeitige und vollständige Abhaltung der Generalversammlungen zu schaffen. Diesem Bedürfnifs ist noch nicht genügt, wenn nur die Einberufung gesichert wird. Denn es läfst sich eine Vereitelung der Generalversammlung auch noch nach ihrem Zusammentritt denken, und die Praxis hat eclatante Falle gerade dieser Art zum Vorschein gebracht. Zur Erörterung des Gegenstandes ist es nöthig, auf die fur den Verlauf einer Generalversammlung wesentlichen Umstände näher einzugehen.

Die Berathungsgegenstände einer jeden Generalversammlung müssen nach geltendem Recht im Voraus festgesetzt und mit der Berufung zugleich bekannt gemacht sein; sonst können Beschlüsse über dieselben nicht gefafst werden. (Art. 238) Daran ist im Princip nichts zu ändern. Der Mangel eines stetigen Zusammenhanges zwischen den Actionären und der Verwaltung macht die Publication einer vollstandigen Tagesordnung unumgänglich. Von dem Inhalte derselben mufs der einzelne Actionär abhängig machen können, ob ihm die Theilnahme erforderlich erscheine. Wird also über einen vorher nicht bekannt gemachten Antrag Beschlufs gefafst, so ist niemals die Möglichkeit zu bestreiten, dafs die ausgebliebenen Actionäre, wenn sie von dem Antrage Kenntnifs gehabt hätten, erschienen wären, und auf die Abstimmung durch ihren Actienbesitz vielleicht einen entscheidenden Einflufs geubt hätten. Andererseits läfst sich nicht verkennen, dafs dieses Princip ein nothwendiges Uebel ist, welches die ohnehin schwerfällige Generalversammlung in ihrer Action noch schwerfälliger macht. Auch ist die Anwendung des Princips auf die einzelnen Fälle oft schwierig, und regt zuweilen wichtige Zweifel an. Wenn z. B. die Actionsfähigkeit der Generalversammlung nicht total gehemmt werden soll, so mufs die Möglichkeit gegeben sein, Anträge, welche auf der Tagesordnung stehen, zu amendiren; die Grenze zwischen einem wirklichen Amendement und einem ganz neuen Antrage ist indefs durch eine allgemeine Definition nicht zu ziehen. Diesem Uebelstande ist daher auch nicht durch die Gesetzgebung vorzubeugen, sondern nur durch eine geschickte und weite Formulirung der mit der Einladung publicirten Berathungsgegenstände. Aber es liefse sich doch mindestens zu Gunsten der ordentlichen Generalversammlung eine wesentliche Verbesserung einführen, wenn man dem wichtigsten Gegenstande ihrer Tagesordnung eine extensive Interpretation durch Gesetzesvorschrift gäbe. Dieser Gegenstand ist die Rechenschaftslegung und Rechenschaftsabnahme. Es kann diese wichtige Verhandlung zu mancherlei Entschlüssen der Generalversammlung Anlafs geben, welche sich nicht im Voraus übersehen lassen, und deren Verzögerung unter Umständen der Gesellschaft zum Schaden gereichen mufs, zum Beispiel, wenn es sich um Einsetzung einer besonderen Commission zur Prüfung gewisser Fragen, um Absetzung des Verwaltungsraths, oder des Vorstandes, oder einzelner Mitglieder desselben, um einen Beschlufs über Regrefsansprüche, die Einsetzung von Bevollmächtigten zur Verfolgung der letzteren oder ähnliche Dinge handelt. Nach geltendem Recht mufs zu allen Beschlufsnahmen dieser Art eine neue Generalversammlung berufen werden; daraus entsteht mindestens eine ganz unnütze Verschleppung der Geschäfte. Man setze den Fall, dafs ein Vorstand sich beikommen liefse, der ordentlichen Generalversammlung die Vorlegung einer Bilanz und die Rechenschaftslegung einfach zu verweigern; es wäre wahrscheinlich nöthig, diesen Vorstand sogleich abzusetzen. Ist aber die Befugnifs hierzu nicht dem Aufsichtsrath durch Statut übertragen, so könnte die Generalversammlung diesen Beschlufs gar nicht giltiger Weise fassen, sondern mufste den pflichtvergessenen Vorstand noch Wochen lang in Funktion lassen, bis eine neue Generalversammlung unter Innehaltung der statutarischen Fristen zusammenberufen wäre. Man dürfte hierin wohl der ordentlichen Generalversammlung ausgedehntere Vollmachten geben, und es wäre keine übertriebene Zumuthung an den einzelnen Actionär, dafs er die Befugnisse derselben kennen musse, es sich daher selbst zuzuschreiben habe, wenn bei seinem Ausbleiben irgend welche Maafsnahmen seinen Intentionen entgegen beschlossen werden. Als allgemeine Vorschrift könnte immerhin gelten, dafs die Berathungsgegenstände publicirt sein müssen, wenn ein Beschlufs darüber gefafst werden soll. Daneben aber wäre zu bestimmen, dafs auf die Tagesordnung der ordentlichen Generalversammlung ein für alle Mal die Rechenschaftslegung über das abgelaufene Geschäftsjahr gehöre, und dafs die ordentliche Generalversammlung zu Allem ermächtigt sei, was sie aus Anlafs der gelegten Rechenschaft in Bezug auf Gewährung oder Verweigerung der Decharge, Bemängelung der Rechenschaft in einzelnen Punkten, Absetzung des Verwaltungsraths, des Vorstandes oder einzelner Mitglieder desselben, Beschlufsnahme über Regrefsansprüche und alle hierzu geeigneten Maafsregeln als erforderlich erachten sollte. —

Zur Erledigung ihrer Aufgaben bedarf die Generalversammlung eines Vorsitzenden. Das geltende Recht bestimmt nichts darüber, wer den Vorsitz zu führen habe; es fordert nicht einmal, dafs im Statut etwas darüber gesagt sei*). Die Praxis hat fast ausnahmelos den Vorsitzenden des Aufsichtsraths zu diesem Amte berufen. Hieran ist gewifs nichts auszusetzen, und auch das Princip ist zu billigen, welches den Vorsitzenden ein für alle Mal im Voraus ernennt, damit die Ordnung der Versammlung gleich bei ihrem Beginn von selbst hergestellt sei. Dagegen herrscht in der Praxis eine fehlerhafte Beurtheilung des Einflusses, welchen die Führung des Vorsitzes auf die Legalität der Beschlüsse üben kann. Es ist eine weit verbreitete Meinung, dafs, wenn Derjenige, welchem das Statut den Vorsitz in der Generalversammlung

*) Vergl. Art. 209.

überträgt, denselben nicht führen kann oder will, die Abhaltung der Generalversammlung überhaupt nicht möglich sei. Ausgenommen den Fall, dafs das Statut selbst die Giltigkeit der Beschlüsse davon abhängig macht, liegt kein Grund für diese Annahme vor, welche auch aus dem Gesetze nicht zu rechtfertigen ist. Die Führung des Vorsitzes ist nach dem Gesetz unwesentlich; dies folgt aus dem schon erwähnten Umstande, dafs nicht ein Mal im Statut eine Bestimmung über die Leitung der Generalversammlung enthalten zu sein braucht. Um indefs für die Zukunft allen Zweifeln vorzubeugen, wäre es vielleicht angezeigt die betreffenden Vorschriften des englischen Rechts zum Vorbild zu wählen. Das englische Recht, welches in rein praktischen Fragen immer geschickte Auswege weifs, macht mit dem Vorsitz nicht viel Aufhebens. Im Normalstatut ist angeordnet*), dafs der Vorsitzende der Direction, wenn ein solcher vorhanden ist, den Vorsitz in der Generalversammlung zu führen hat, wenn keiner vorhanden ist, die Generalversammlung sich den Vorsitzenden selbst wählt. Zu dieser Wahl ist die Versammlung auch dann berechtigt, wenn der Vorsitzende der Direction nicht binnen fünfzehn Minuten nach dem für den Beginn der Generalversammlung festgesetzten Termine den Vorsitz thatsächlich ubernommen hat. Aehnliche Vorschriften könnten für die deutsche Gesetzgebung ganz am Platze sein. Ist ein vom Statut berufener Vorsitzender vorhanden, so mag er die Leitung übernehmen; ist keiner vorhanden, so mufs jede Generalversammlung berechtigt sein, sich ihren Vorsitzenden selbst zu wählen; mindestens dürfte die Frage, wer die Versammlung geleitet habe, da wo ein zur Leitung Berechtigter diese nicht übernehmen oder fortsetzen konnte oder wollte, die Rechtsgiltigkeit der Beschlüsse niemals tangiren.

Viel wichtiger als die Rechte sind aber im Interesse einer ordnungsmäfsigen Erledigung der Tagesordnung die Pflichten des Vorsitzenden, und hauptsächlich mit Bezug auf die Frage, ob es allein in seiner Macht liege, die Vereinigung der Actionäre zur Generalversammlung aufrecht zu erhalten und

*) Schedula I a. a. O. Art. 38.

zu lösen, sowie, ob er bejahenden Falls befugt sei, die Versammlung vorzeitig, nämlich vor Erledigung der ihr aufgetragenen, resp. durch die Tagesordnung bekannt gemachten Geschäfte wieder aufzuheben. Müfste man einräumen, dafs ihm diese Befugnifs zustehe und auch künftig zustehen solle, so müfsten *de lege ferenda* die strengsten Anordnungen getroffen werden, damit er dieselbe nicht widerrechtlich ausübe; denn eine solche Befugnifs schliefst die Möglichkeit in sich, jene oligarchische Herrschaft, zu deren Bekämpfung im § 1 die Zulassung einer Berufung auf Grund richterlicher Ermächtigung empfohlen wurde, auf einem andern Wege hereinzuführen. Der Vorsitzende könnte die Generalversammlung einberufen, eröffnen, und, ehe unliebsame Beschlüsse gefafst wären, wieder aufheben; und dieses Verfahren könnte er, solange es in seinem oder seiner Verbündeten Interesse läge, fortsetzen. Gewifs lassen sich auch Fälle denken, wo der Vorsitzende sich aus Rücksichten der Legalität geradezu als berufen erachten möchte eine Versammlung vorzeitig aufzulösen, z. B. wenn über das Stimmrecht oder über die rechtmäfsige Publicirung von Berathungsgegenständen begründete Zweifel obwalteten. Kann und soll es aber — so mufs man fragen — dem Vorsitzenden oder selbst der Generalversammlung überlassen sein, über solche Fragen eine Entscheidung zu treffen, und von dem Ausfall derselben die Erledigung der Tagesordnung oder die vorzeitige Aufhebung der Zusammenkunft abhängig zu machen? Diese Frage ist in jeder Beziehung zu verneinen.

Was den Vorsitzenden betrifft, so könnte die Zuerkennung eines derartigen Rechtes nur aus einer unrichtigen Vorstellung von der Bedeutung seines Amtes hergeleitet werden. Der Vorsitzende hat die Verhandlungen der versammelten Actionärschaft zu leiten; will er aus irgend einem Grunde diese Funktion nicht mehr ausüben, so kann er den Vorsitz niederlegen, dies selbst inmitten der Verhandlung. Aber es fehlt an jedem inneren Grunde, einem lediglich im Interesse der Ordnung bestehenden Amte das Recht zum Eingriff in die materiellen Gesellschaftsinteressen zu vindiciren, wie ein solcher in der vorzeitigen Aufhebung einer tagenden Generalversammlung unter Umständen gefunden werden mufs.

Ebenso unberechtigt ist hierzu, nur aus anderen Gründen, die Generalversammlung selbst. Es wäre zunächst ganz unzweckmäfsig, die Entscheidung über reine Rechtsfragen einer Versammlung von leidenschaftlich streitenden und des Rechtes nicht immer kundigen Interessenten anheimzugeben. Ferner ist, ohne dafs damit ein Vorwurf gemacht werden soll, zu behaupten, dafs die Entscheidung durch die Generalversammlung regelmäfsig nach Lage der Interessen ausfallen würde. Ist es der Majorität vortheilhaft, die Verhandlungen nicht fortzusetzen, so werden auch die Gründe nicht fehlen, um die Legalität anzuzweifeln; ist die Erledigung der Tagesordnung wünschenswerth, so wird man auch verstehen, über die rechtlichen Bedenken hinwegzukommen. Es ist aber dabei nicht blos das Recht der Majorität, sondern auch das der Minorität, ja das Recht sämmtlicher Actionäre im Spiel. Hinsichtlich des Inhaltes der Beschlüsse mufs sich jeder Actionär dem Willen der Majorität der an der Generalversammlung Theilnehmenden unterwerfen; aber daran, dafs gewisse Beschlüsse rechtzeitig gefafst werden, hat jeder Einzelne ein Interesse. Dies gilt insbesondere von den Aufgaben der ordentlichen Generalversammlung, deren alljährliche Erledigung für die innere Ordnung unentbehrlich ist. Auch an der Abhaltung einer aufserordentlichen Generalversammlung können alle Actionäre, selbst die nicht erschienenen, ein Interesse haben; ihr Anlafs kann zum mindesten Theilnehmer und Anhänger auch unter denjenigen Actionären gefunden haben, die aus irgend einem Grunde am Erscheinen verhindert sind; und jedenfalls würde das Recht und das Interesse Derjenigen geschädigt, von denen die Berufung ausgegangen war. Daher sollte der Rechtssatz gelten, dafs eine von den gesetz- oder statutenmäfsigen Organen berufene und thatsächlich zusammengetretene Generalversammlung vor Erledigung ihrer Tagesordnung nicht anders, als unter Zustimmung aller erschienenen Actionäre wieder aufgehoben werden darf. Dies würde selbstverständlich nicht ausschliefsen, dafs, wenn die Actionäre zur Beschlufsfassung über einen bestimmten Antrag berufen sind, und dieser von den Antragstellern selbst zurückgezogen wurde, mit dem Berathungsgegenstande auch die Versammlung selbst fortfiele. Aber weder der Vorsitzende noch ein Theil der Actionare sollte befugt sein, eine Versammlung vorzeitig aufzuheben. Nur den Fall, dafs Alle zustimmten, mufste man als Ausnahme zulassen; denn abgesehen davon, dafs in diesem Falle wahrscheinlich schwer wiegende Bedenken vorliegen möchten, wäre es widersinnig die Versammlung als solche zur Berathung und Beschlufsfassung fest halten zu wollen, während sich doch jeder Einzelne immer entfernen könnte. Ist Streit uber die Legalität, so mag er durch Anrufung des Handelsrichters im schleunigen Verfahren entschieden werden, damit binnen wenigen Wochen festgestellt sei, ob die gefafsten Beschlusse Geltung haben. Dies ist wiederum einer der oben (VI., § 3) erwähnten Fälle. Soll aber jene Vorschrift eine Wirkung uben, so mufs auf ihre Verletzung eine Strafe gesetzt werden, und zwar nicht blos gegen den Vorsitzenden, der es unternimmt, eine tagende Generalversammlung vor Erledigung ihrer Tagesordnung aufzuheben, sondern auch gegen alle Andern (Actionäre oder Fremde), die das Gleiche unternehmen oder dabei mitwirken. Der Regel nach könnte eine Geldstrafe ausreichen; indefs wäre es wichtig, facultativ und für schwerere Fälle auch Freiheitsstrafe anzudrohen, da nur die letztere fur Jeden ein wirkliches Zwangsmittel ist, während Geldstrafen gerade im Bereiche der Actiengesellschaften wegen der grofsen in Betracht kommenden Interessen immer einen zweifelhaften Werth haben.

---

§ 4.

Verificirung der Beschlüsse.

Es ist eine zwar nicht aus innerem Bedürfnifs hervorgegangene, aber durch die Zweckmäfsigkeit gebotene Eigenthümlichkeit der Generalversammlung, dafs sie von einer Majorität regiert wird. Die Ermittelung des Majoritätswillens macht immer gewisse Vorkehrungen nöthig, wenn die

Theilnehmer an einer Versammlung zahlreich sind. Die entsprechende Aufgabe ist aber bei einer Generalversammlung von Actionären noch complicirter, da die Abstimmung hier nicht nach Köpfen, sondern nach Actien geschieht, so dafs eine Constatirung des Majoritätswillens durch den Gesichtssinn in der Regel nicht möglich ist. Der einzige sich von selbst, das heifst ohne künstliche Hilfsmittel darbietende Weg für die Abstimmung ist der, dafs jeder Actionär seine Actien mit zur Stelle bringt, sie dem Vorsitzenden vorweist, und dafs dieser, indem er Alle der Reihe nach über ihr Votum befragt, den Inhalt des Majoritätswillens feststellt. Selbstverständlich würde dieser Modus der Abstimmung bei Anwesenheit vieler Actionäre, und wenn grofse Massen von Actien vertreten sind, die Abhaltung von Generalversammlungen in unerträglicher Weise erschweren. Es ist deshalb Brauch, die Abstimmungen so vorzubereiten, dafs die Legitimation betreffs der Personen und des Stimmrechts schon vorher geprüft und Legitimationsurkunden für die Abstimmungen ausgefertigt werden, mit deren Hilfe die Stimmenzählung rasch vollzogen werden kann.

Das geltende Recht schreibt hierüber nichts vor, und von einer gesetzlichen Regelung des Abstimmungsmodus ist um so eher abzusehen, als bei der Wahl desselben die Zahl der Theilnehmer und andere Rücksichten in Betracht kommen. Dagegen sollte die Vorschrift gelten, dafs der Modus der Abstimmung durch Statut festzusetzen sei. Solche Statutenvorschriften sind zur Sicherung eines geordneten Verlaufes der Generalversammlung beinahe unentbehrlich. Denn jeder Abstimmungsmodus ist mit der Möglichkeit des Mifsbrauchs verknüpft. Wenn, um die gebräuchlichste Manier als Beispiel heranzuziehen, dem sich meldenden Actionär gegen Hinterlegung seiner Actien eine Einlafskarte ausgehändigt wird, bei deren Präsentation im Versammlungslokal er die erforderlichen Stimmzettel erhalten soll, so hat er es in seiner Macht, diese Karte einem Andern zu übergeben, welcher, vielleicht von den Beamten der Gesellschaft nicht gekannt, das Recht des wirklichen Actionärs ausüben kann. Es ist auch möglich, und ereignet sich gar nicht selten, dafs Theilnehmer aus Mangel an Zeit das Versammlungslokal vor der Abstimmung verlassen, und ihre Stimmzettel Anderen mit dem Auftrage, für sie zu stimmen, übergeben. Und ein Verfahren, welches mit der erforderlichen Leichtigkeit der Abstimmung die Unmöglichkeit des Mifsbrauches verbände, ist gar nicht zu erdenken. Bestimmt nun das Statut über den Abstimmungsmodus gar nichts, so ist jeder Actionär zu verlangen berechtigt, dafs alle den Mifsbrauch nicht völlig ausschliefsenden Arten der Stimmzählung unterbleiben. Selbst die häufig anzutreffende Statutenvorschrift, dafs der Vorsitzende den Abstimmungsmodus feststellen dürfe, kann hiergegen nicht helfen; denn Niemand braucht eine Art der Abstimmung gelten zu lassen, die ihrer Natur nach die Möglichkeit von Irrthümern einschliefst. Daher könnte zuletzt jeder Actionär die im Eingang erwähnte natürliche Abstimmung erzwingen, und auf solchem Umwege vielleicht die offen nicht durchzuführende Absicht einer Vereitelung der Versammlung mit Erfolg in's Werk setzen.

Eine statutarische Regelung erscheint aber um so mehr erforderlich, als die Eigenthümlichkeit des deutschen Volkscharakters jeder imperatorischen Gewalt des Vorsitzenden aufserordentlich abgeneigt ist. Die Rechtsanschauungen gehen in dieser Beziehung weit auseinander. Das englische Normalstatut z. B. räumt dem Vorsitzenden eine bedeutende Gewalt ein, insofern dort jeder Beschlufs als gefafst gilt, wenn der Vorsitzende erklärt, dafs er gefafst sei, und darauf die Eintragung desselben in das Protokollbuch stattgefunden hat. Es kann zwar eine namentliche Abstimmung verlangt werden; hierzu ist aber ein Antrag von mindestens fünf Mitgliedern erforderlich. Andernfalls, d. h. wenn dieser Antrag nicht gestellt ist, und die beiden gedachten Voraussetzungen vorliegen, bedarf es nicht einmal einer Angabe der Stimmenzahl oder des Stimmenverhältnisses, welches für oder gegen einen Antrag ermittelt worden ist*). Das Gleiche würde von

*) Schedula I. a. a. O., art. 42: «At any general meeting unless a poll is demanded by at least five members, a declaration by the chairman that a resolution has been carried, and an entry to that effect in the book of proceedings of the company, shall be sufficient evidence of the fact, without

den Actionären deutscher Generalversammlungen, wenn es auch nach gesetzlicher Vorschrift geschähe, als Gewaltact empfunden werden. Darum sollten die Zeichner genöthigt sein, durch Statut einen Abstimmungsmodus selbst vorzuschreiben. —

Die Beschlüsse der Generalversammlung müssen für alle Zukunft urkundlich festgestellt, und deshalb zu Protokoll gebracht werden. Das ist ein selbstverstandliches Gebot der Ordnung, welches nur insoweit Anlafs zu gesetzlichen Bestimmungen gegeben hat, als für gewisse Beschlüsse eine besondere Form des Protokolls nothwendig erschienen ist. Es gilt dies von Beschlüssen über Fortsetzung der Gesellschaft (nach Ablauf der vertragsmäfsigen Zeitdauer), über Abänderung des Statuts, und über die Auflösung. Dieselben bedürfen zu ihrer Giltigkeit einer notariellen oder gerichtlichen Beurkundung*). Bei den Berathungen in Nurnberg wurde eine höhere schriftliche Form von mehreren Seiten als überflussig bezeichnet, die Vertreter dieser Meinung blieben aber in der Minoritat. Die Praxis geht jetzt über das, was die Majoritat damals forderte, noch hinaus; denn die meisten Statuten schreiben für alle Protokolle der Generalversammlungen notarielle oder gerichtliche Beurkundung vor. Um so wichtiger ist die hierbei bestandig erörterte Zweifelsfrage, ob sich das Erfordernifs der «notariellen oder gerichtlichen Beurkundung» mit den landesrechtlichen Vorschriften uber Notariatsacte, zumal mit dem preufsischen Notariatsgesetz vom 11. Juli 1845 in Uebereinstimmung bringen lasse. Bedenken hierüber sind schon bei den Berathungen über das Handelsgesetzbuch zum Ausdruck gekommen. Der preufsische Entwurf hatte für die betreffenden Protokolle eine notarielle Abfassung verlangt**). Gleich bei der ersten Lesung war hiergegen der Einwand gemacht worden, dafs sich die notarielle Abfassung sehr übel mit einzelnen landesgesetzlichen Bestimmungen vertragen würde. Die Majorität erkannte aber die Berechtigung dieses Bedenkens nicht an, und verwies zur

proof of the number or proportion of the votes recorded in favour of or against such resolution».

*) Art. Art. 214 und 242 ad 2, H. G. B.

**) Preufsischer Entwurf, Art. 184.

Beseitigung des Zweifels, ob die erforderlichen Unterschriften geleistet werden würden, auf den Ausweg, die anwesenden Actionäre unterschreiben zu lassen, oder im Gesellschaftsvertrage festzusetzen, dafs die Urkunde nur von einer gewissen Anzahl von Actionären unterzeichnet zu werden brauche*). In der aus der ersten Lesung hervorgegangenen Redaction blieb deshalb die Fassung des preufsischen Entwurfes bestehen. In der zweiten Lesung**) sprach sich derselbe Gegensatz von Neuem aus, jedoch mit dem gleichen Resultat; nur wurde beschlossen, dafs es im Text anstatt «Abfassung» heifsen solle «notarielle oder gerichtliche Beurkundung». Ob diese Aenderung auf eine Berücksichtigung des Standpunktes der Minorität zu deuten sei, ist bei dem Mangel einer aus den Protokollen selbst sich ergebenden Handhabe um so weniger zu sagen, als die Begriffe «notarielle Beurkundung» und «notarielle Abfassung», insoweit es sich um die Herstellung eines Protokolls über äufserlich wahrnehmbare Vorgänge handelt, keinen Unterschied erkennen lassen.

Die notarielle Abfassung ist die Herstellung eines Protokolls in der Form eines Notariatsinstrumentes; die notarielle Beurkundung bedeutet diejenige Herstellung eines Protokolls, welche dasselbe zugleich mit notarieller Glaubwürdigkeit ausstattet. Die eine Procedur mufs — mindestens nach preufsischem Recht — genau so ausfallen wie die andere; und beide müssen auch das gleiche Resultat zu Wege bringen. Die Notariatsgesetze der deutschen Staaten kennen, und insbesondere kennt das preufsische Gesetz nur eine einzige Art von notariellen Acten. Die zu ihrer Herstellung erforderlichen Mafsnahmen haben den Character von Sicherheitsmafsregeln, durch welche den Urkunden eine höhere Glaubwürdigkeit verschafft werden soll. Dieselben bestehen nach preufsischem Recht in der Instrumentirung durch einen nicht interessirten Staatsbeamten (den Notar), in der lauten Vorlesung des Actes durch denselben, und in der Genehmigung und Unterzeichnung Seitens der verlautbarenden Personen in Gegen-

*) Protokolle, S. 331.

**) Protokolle, S. 1040 (zu Art. 191).

wart eines zweiten Beamten oder zweier einwandsfreien Zeugen. Durch Anwendung dieser formellen Vorschriften entsteht eine notarielle Abfassung, und ohne dieselben giebt es auch keine notarielle Beurkundung. Die bezüglichen Bestimmungen sind aber, weil im öffentlichen Interesse gegeben, zwingenden Inhalts, können also durch Verträge nicht abgeändert werden. Das Handelsgesetzbuch könnte freilich, da es Reichsrecht ist, abandernd einwirken, wenn aus den betreffenden Vorschriften die Absicht zu entnehmen wäre, den deutschen Notaren eine neue, speciell zu dieser Amtirung verwendbare Befugnifs zu verleihen. Darauf könnte man schliefsen, wenn z. B. anstatt der «notariellen Beurkundung» die «Beurkundung durch einen Notar» vorgeschrieben wäre. Man dürfte dann folgern, dafs die Glaubwürdigkeit, welche der Notar als Staatsbeamter hat, die Unparteilichkeit, welche er aufzunehmenden Verhandlungen entgegenbringt, und das durch seine juristische Vorbildung geschärfte Verständnifs für die wahrgenommenen Vorgänge dem vom Gesetz angestrebten Zwecke genügen sollen. Diese Annahme ist indefs ausgeschlossen; denn der Begriff «notariell», welcher aus dem preufsischen Entwurf herstammt, ist im preufsischen Recht ein technischer Ausdruck zur Bezeichnung von solchen Verhandlungen, welche wirkliche Notariatsacte sind. Diese Bedeutung hat er insbesondere dann, wenn ihm wie hier der Begriff «gerichtlich» coordinirt wird. Die sonstigen Befugnisse preufsischer Notare sind im Gesetz*) einzeln aufgeführt, aber der Beruf zur amtlichen Führung von Protokollen, welchen nicht der Charakter als Notariatsinstrumente, wohl aber vermittelst der Qualität des Protokollführers eine erhöhte Glaubwürdigkeit aufgeprägt werden soll, gehört nicht zu jenen Amtsgeschäften, die sich auch gewifs nicht anders als durch gesetzliche Bestimmungen vermehren lassen**).

Die durch die Nürnberger Protokolle angeregte Unterscheidung zwischen «Abfassung» und «Beurkundung» kann aber zu einer etwa beabsichtigten allgemeinen Erleichterung

*) A. G.-O. Th. III Tit. 7.

**) Eine Betrachtung des entsprechenden Verhältnisses in den anderen deutschen Gesetzgebungen erübrigt aus dem Grunde, weil Abweichungen, welche hier in Betracht kamen, aus ihnen nicht zu constatiren sind.

bei Herstellung von Generalversammlungsprotokollen um so weniger dienen, als die Thätigkeit dieser Protokollführung, verglichen mit derjenigen bei Aufnahme eines Notariatsactes, nicht ein Minus sondern ein Plus bedeutet. Am Notariatsact ist das Wesentliche die Form. Eine oder mehrere Personen erscheinen vor dem Notar und geben Erklärungen ab, welche derselbe ihrem Verlangen gemäfs zu instrumentiren hat. Die Hilfe, welche er dabei als Jurist durch Zergliederung und Klarstellung der beabsichtigten Rechtshandlungen leistet, steht gewissermafsen in zweiter Linie; in erster Linie steht die Instrumentirung unter Beobachtung der vorgeschriebenen Formalitäten. Eine Protokollführung erfordert dagegen die Wiedergabe aller mit den Sinnen wahrgenommenen Vorgänge in der Reihenfolge, in der sie sich zugetragen haben. Dabei handelt es sich also nicht blos um die Beurkundung von Willenserklärungen, sondern noch um viele andere Dinge, z. B. das aus Stimmzetteln durch Rechnung zu eruirende Resultat einer Abstimmung, das Erscheinen und Fortgehen von Personen, um die rasche Auffassung wesentlicher im Verlaufe einer Rede gethaner Aeufserungen zum Zwecke der Aufzeichnung von Willenserklärungen, z. B. der Erklärung von Protesten, ferner um die Beurkundung wichtiger Rechtshandlungen, z. B. amtlicher Mittheilungen der Vorstandsmitglieder über die Vermögenslage der Gesellschaft*) oder der Eröffnung, dafs die Hälfte des Grundvermögens verloren sei u. s. w.

Es ist kein Zweifel, dafs die Führung eines derartigen Protokolls sich nicht in den Rahmen eines notariellen Actes bringen läfst**), während andererseits für die

---

*) Vgl. Art. 249 ad 3.

**) Keyssner hat die hier behandelte Frage zum Gegenstande eines Aufsatzes gemacht (Busch's Archiv, Bd. XXVII., S. 37ff, «die Generalversammlungsprotokolle der Actiengesellschaften»), in welchem eine Rechtfertigung dafür versucht ist, dafs Seitens der preufsischen Handelsrichter die notariellen Protokolle über Generalversammlungen trotz der mangelhaften Erfüllung der Vorschriften des preufsischen Notariatsgesetzes nicht bemängelt werden. Er erachtet die Protokollführung, verglichen mit der Aufnahme eines Notariatsinstrumentes, für ein Minus, und erblickt in den bezüglichen Anforderungen des

Generalversammlungen (übrigens auch für viele Versammlungen von Verwaltungs- oder Aufsichtsräthen) das dringende Bedürfniſs besteht, ihre Verhandlungen in Protokollen mit öffentlichem Glauben constatiren zu können*). Eine künftige Reichs-Notariatsordnung würde diese Angelegenheit zu erledigen haben. Inzwischen möchte es ausreichen, wenn ein neues Actiengesetz bestimmte, daſs richterliche Commissarien und Notare zur Protokollirung von Beschlüssen der Generalversammlungen und anderer Verwaltungsorgane von Actiengesellschaften herangezogen werden dürfen, und daſs die unter ihrer Unterschrift und ihrem Siegel (resp. unter dem gerichtlichen Siegel) ausgefertigten Protokolle öffentlichen Glauben haben, hauptsächlich auch gegenüber dem Handelsrichter in allen Fällen ausreichend seien.

H. G. B. (Art. Art. 214 und 242 ad 2) nur die Vorschrift, daſs die Protokolle durch Notare, nicht aber als Notariatsinstrumente hergestellt werden sollen.

Ueber den Wortsinn von «notariell oder gerichtlich» und über die Befugnisse des Notars, soweit sie nicht die Aufnahme von Notariatsinstrumenten betreffen, ist die hier vertretene Ansicht schon oben ausgesprochen worden. Wenn Keyssner zur Begründung seiner Meinung ferner noch auf die Herstellungsform der Wechselproteste hinweist, so darf dagegen bemerkt werden, daſs die letztere auf Specialvorschriften beruht. Als solche sind gewiſs auch die von ihm weiter angezogenen Bestimmungen des § 127, Tit. 10, Th. I. d. A. G. O. und des Anhangsparagraphen 79 zu betrachten. Die Absicht, das amtliche Verfahren, welches für Notare, zumal für preuſsische vorgeschrieben ist, mit den handelsrechtlichen Vorschriften und dem Bedürfniſs der Generalversammlungen in Einklang zu bringen, hat aus den oben erörterten Ursachen erfolglos bleiben müssen. Und sicherlich wäre es auch nicht ausreichend zur Beschaffung beglaubigter Protokolle, wenn die Statuten, wie Keyssner anregt, diejenigen Personen bestimmten, mit denen der Notar die Verhandlung über die Vorgänge in der Generalversammlung aufzunehmen habe. Denn dann würden diese Personen die Erklärenden sein, der Notar würde nur beurkunden, was *sie* ihm erklärt haben, nicht aber, was *er selbst* und zwar *in* der Versammlung wahrgenommen und demgemäſs zu verzeichnen hat.

*) In Sachsen hat dieses Bedürfniſs zum Erlaſs eines Specialgesetzes geführt. (Vgl. sächsisches Gesetz vom 9. April 1872).

§ 5.

Beschlufsfähigkeit.

Auf die Theilnahme aller Actionäre an der Generalversammlung ist, wie schon erwähnt wurde, selten zu rechnen; deshalb haben nach geltendem Recht diejenigen Actionäre, welche erscheinen, die Gesammtheit aller zu vertreten. Dieser Grundsatz ist indefs in solcher Uneingeschränktheit nur dem deutschen Recht eigenthümlich; letzteres unterscheidet sich hierin von den französischen, englischen und belgischen Gesetzen. Das französische Gesetz verlangt, dafs mindestens der vierte Theil des Actiencapitals vertreten sei; für eine Reihe wichtiger Beschlüsse ist sogar die Hälfte erforderlich*). Das revidirte belgische Gesetz geht zwar nicht so weit, überläfst vielmehr für gewöhnliche Fälle die bezüglichen Bestimmungen den Statuten, fordert indefs, sobald es sich um eine Statutenänderung handelt, die Theilnahme von wenigstens der Hälfte des Actiencapitals**). Das englische Normalstatut endlich untersagt die Abhaltung jeder Generalversammlung, ausgenommen zum Zwecke der Mittheilung der Dividende, wenn nicht eine bestimmte Quote der Actionäre, deren Höhe sich nach der Gesammtzahl der Actien richtet, und über welche specielle Vorschriften gegeben sind, anwesend ist***).

Die an diese Bestimmungen geknüpften Rechtsfolgen sind aber nicht überall die nämlichen. Nach dem französischen Gesetz kann, wenn eine erste Generalversammlung wegen mangelnder Betheiligung resultatlos bleibt, eine zweite berufen werden, und diese ohne Rücksicht auf die in ihr vertretene Stimmenzahl Beschlüsse fassen†).

Die gleiche Anordnung trifft für den bezeichneten Fall

---

*) Loi sur les sociétés art. 29 ff.

**) Rev. belg. Ges. art. 59, vergl. Sachs a. a. O. Seite 151.

***) Schedula I a. a. O. Art. 37.

†) Vergl. Art. 29 a. a. O. Für die Generalversammlungen, welche die Einbringung von Apports zu genehmigen haben, sind in Art. 30 besondere Vorschriften strengeren Inhalts gegeben.

das belgische Recht*). Strenger ist das englische. Dort gehen beschlufsunfähige Generalversammlungen, wenn sie auf Antrag von Actionären berufen waren, einfach wieder auseinander. Ist die Berufung aber nicht auf Antrag von Actionären erfolgt, so wird die Versammlung, welche wegen unzureichender Betheiligung nicht verhandeln kann, zum Zusammentritt am gleichen Orte, dem gleichen Tage, und zur gleichen Stunde der folgenden Woche vertagt; ist sie dann wieder beschlufsunfähig, so geschieht eine fernere Vertagung auf unbestimmte Zeit. Während also das französische und belgische Recht durch die einmalige Vertagung den Actionären nur eine Mahnung zukommen lassen, und dann ohne Berücksichtigung ihrer Wirkung diejenigen, welche erschienen sind, als beschlufsfähig erachten, trifft nach englischem Recht die Gesammtheit der Actionäre der Nachtheil aus der Nachlässigkeit derjenigen, welche nicht erschienen sind. Die Tendenz dieser Satzungen der fremden Rechte erweist sich, obwohl sie auf den ersten Anblick den Eindruck besonderer Solidität macht, bei näherer Betrachtung nicht als nachahmenswerth. Wirklich consequent ist nur das englische Recht; seine Consequenz schlägt jedoch, wie soeben bemerkt wurde, zum Nachtheil Derjenigen aus, welche nichts verschuldet haben, ja sogar zum Nachtheil der ganzen Gesellschaft. Es mufs dem Gesellschaftsinteresse schädlich sein, wenn die Erledigung des Rechenschaftsberichts, der Beschlufs über Decharge und Alles, was damit zusammenhängen kann, auf unbestimmte Zeit vertagt wird. Ueberdies ist es ganz unbillig, Diejenigen darunter leiden zu lassen, welche ihre Pflicht gewissenhaft erfullt haben. Eine Anordnung im Sinne des französischen und belgischen Rechts kann aber schwerlich grofsen Werth haben. Wer Interesse an der Gesellschaft nimmt, folgt schon der ersten Einladung; und wenn dies die vorgeschriebene Zahl von Actionären nicht thut, so ist der moralische Werth der wiederholten Mahnung nicht hoch zu veranschlagen. Zu einer

---

*) Vergl. Sachs a. a. O. S. 151; bei der Abstimmung ist Dreiviertel-Majorität nöthig.

Reform des deutschen Rechts ist hier um so weniger Veranlassung gegeben, als die Praxis bei Herstellung der Statuten in diesem Punkte nicht den sonst wahrzunehmenden Leichtsinn zeigt. Die meisten Statuten der deutschen Actiengesellschaften, auch diejenigen seit 1870, erfordern für besonders wichtige Beschlüsse der Generalversammlung höhere Majoritäten, oft auch noch eine umfassende Betheiligung der Actionäre. Das ist ein den fremdländischen Vorschriften ähnliches Princip, aber es ist rationeller als jene. Die Erledigung der ordentlichen Generalversammlung ist nicht in Frage gestellt; dagegen wird für aufserordentliche Maafsnahmen, je umfassender die durch sie beabsichtigte Umgestaltung ist, eine desto stärkere Willensäufserung aus dem Kreise der Actionäre erfordert.

Gerade diese Art von Statutenvorschriften bedarf nun aber eines gesetzlichen Schutzes, und zwar aus folgendem Grunde:

Es besteht der Brauch, die Erfordernisse für Statutenänderungen im Allgemeinen nicht so streng einzurichten, wie diejenigen für einzelne, besonders bedeutsame Beschlüsse dieser Art. Meistens gilt der allgemeine Grundsatz, dafs für Statutenänderungen Zweidrittel-Majorität erforderlich sei; zu Beschlüssen über Erhöhung oder Verringerung des Grundvermögens wird dann oft eine noch höhere Majorität, oder statt der letzteren eine umfassende Betheiligung der Actionäre erfordert; am strengsten aber sind immer die Anforderungen für einen Auflösungsbeschlufs. Das ist eine sehr verständige Praxis, deren Erhaltung man wünschen mufs. Um so frivoler erscheinen daher solche Maafsnahmen, welche eine dolose Umgehung derselben bezwecken. Und hierin hat die Praxis seit dem Ende der Gründerperiode wieder das Aeufserste geleistet.

Wenn, wie es häufig geschah, die Auflösung einer Actiengesellschaft als Geschäft projectirt war, so fanden die Unternehmer zuweilen in dem Auflösungsparagraphen ein schwer überwindliches Hindernifs. Es lauteten z. B. die bestehenden Statutenbestimmungen dahin:

„Für Statutenänderungen ist Zweidrittel-Majorität der an

der betreffenden Generalversammlung Theil nehmenden Actionäre erforderlich». Und ferner:

«Die Auflösung kann nur beschlossen werden auf Antrag des Aufsichtsraths oder von Actionären, welche zusammen ein Drittheil des gesammten Actiencapitals besitzen, und für den Beschlufs selbst ist Zweidrittel-Majorität der an der Generalversammlung Theil nehmenden Actionäre erforderlich, dieselbe uberdies nur beschlufsfahig, wenn mindestens die Hälfte des gesammten Actiencapitals in ihr vertreten ist».

Hatten nun die Unternehmer das demgemäfs erforderliche Material an Actien nicht zur Verfugung, so suchten sie ihr Ziel dadurch zu erreichen, dafs sie zunächst eine Generalversammlung behufs Aenderung jenes über die Liquidation verfügenden Statutenparagraphen provocirten, diese Aenderung mit Hilfe der leichteren allgemeinen Bestimmungen über Statutenänderungen durchführten, und dann, nachdem die Bedingungen für die Liquidation bequemer gemacht waren, diese selbst zu Stande brachten. Dafs dies nicht die Absicht der Contrahenten des Statuts gewesen war, bedarf keiner Ausführung. Jene Bestimmungen waren zweifellos nicht blos zu dem Zwecke gegeben, um eventuell nicht zu gelten; und einem Nicht-Gelten kam es gleich, wenn zu ihrer Beseitigung zuvor nur die Formalität einer unter leichteren Conditionen operirenden Generalversammlung zu überstehen war. Man könnte freilich einwenden, dafs die Verfasser des Statuts sich die Folgen selbst zuschreiben durften, wenn sie es unterlassen hatten, für die Aenderung von Statutenbestimmungen solcher Art gleichfalls schwierigere Conditionen vorzuschreiben; und es mag zweifelhaft sein, ob jenes Verfahren als *in fraudem contractus* im Prozefs anfechtbar gewesen wäre. Aber wenn dies auch nicht möglich war, so wurde doch jedenfalls der wahre Wille der ersten Zeichner in doloser Weise umgangen; und dies allein kann schon eine gesetzliche Vorschrift zum Schutze jener lobenswerthen Praxis rechtfertigen. Dieselbe würde in einer Bestimmung des Inhalts bestehen müssen, dafs, wenn in dem ursprünglichen Statut für gewisse Aenderungen desselben oder für den Auflösungsbeschlufs eine höhere Majorität der Generalversammlung oder eine Minimalbetheiligung der Actionäre vorgeschrieben ist, die Aenderung dieser Bestimmungen selbst nur unter den gleichen Conditionen erfolgen darf.

---

§ 6.

Besondere Aufgaben der ordentlichen Generalversammlung.

a) Die Rechenschaftsabnahme.

Es folgt aus dem Zweck der Actiengesellschaft als Erwerbsgesellschaft, dafs gewisse gleichmäfsige Zeitabschnitte als wirthschaftliche Einheiten festgesetzt sein müssen, nach deren Ablauf jedesmal eine Ermittelung des Vermögensstandes der Gesellschaft und des erzielten Gewinnes behufs Vertheilung des letztern zu geschehen hat. Als solche Einheit gilt überall in der Geschäftswelt, und nach ausdrücklicher Gesetzesvorschrift auch für die Actiengesellschaft, die Dauer eines Jahres. Der Zweckmäfsigkeit entspricht es, dafs an diese alljährliche Inventarisirung des Vermögens die Auseinandersetzung zwischen Gesellschaft und Verwaltung angeknüpft wird, welche die Rechenschaftslegung und die Rechenschaftsabnahme umfafst. Der Anspruch auf diese Auseinandersetzung macht das wichtigste und vornehmste Verwaltungsrecht des Actionärs aus, ein Recht, das jedem einzelnen, wie klein oder wie grofs sein Actienbesitz sei, gleichmäfsig zustehen mufs, und das ihm weder durch die Weigerung der Gesellschaftsorgane, noch durch Majoritätsbeschlüsse sollte beeinträchtigt oder verkümmert werden dürfen; seine Erledigung bildet die hauptsächliche Aufgabe der alljährlich abzuhaltenden Generalversammlung.

Die Frage, wie dieses Recht auszuüben, und wie die correspondirende Pflicht der Gesellschaftsorgane zu erfüllen sei, hat eine formelle und eine materielle Seite; es handelt sich dabei um die formellen Maafsregeln, welche zu seiner Vorbereitung dienen, und um den Umfang, in welchem es unter dem Schutze formeller Vorschriften ausgeübt werden darf. Auf den materiellen Theil mufs zuerst eingegangen werden; ist der sachliche Umfang des Rechtes festgestellt, so läfst sich leicht ermitteln, welche formellen Hilfen seine Ausübung am besten unterstützen möchten.

Das geltende deutsche Recht bestimmt in dieser Beziehung, dafs der Vorstand den Actionären spätestens in den ersten sechs Monaten jedes Geschäftsjahrs eine Bilanz des verflossenen Geschäftsjahres vorzulegen habe.*) Die Feststellung der Grundsatze, nach welchen diese Bilanz aufzunehmen und der Gewinn zu berechnen und auszuzahlen ist, sowie die Art und Weise, wie die Prüfung der Bilanz erfolgen soll, überlafst das Gesetz dem Statut, und verlangt nur, dafs dieses hieruber ausreichende Bestimmungen treffe.**) Aufserdem ist der Aufsichtsrath verpflichtet, die Jahresrechnungen, die Bilanzen und die Vorschläge zur Gewinnvertheilung zu prufen, und darüber der Generalversammlung Bericht zu erstatten.***) Ueber die Aufstellung der Bilanz bestehen neben den fur alle Kaufleute gemeinsam geltenden noch einige vereinzelte Vorschriften, welche die maximale Einschätzung courshabender Papiere, die Einstellung der Kosten der Organisation und Verwaltung, sowie des Grundcapitals, des Reserve und Erneuerungsfonds betreffen. Hierzu gesellt sich eine Strafvorschrift gegen Aufsichtsraths- oder Vorstandsmitglieder, welche in ihren Darstellungen oder Uebersichten über den Vermögensstand der Gesellschaft, oder in den der Generalversammlung gehaltenen Vorträgen wissentlich den Stand der Verhältnisse unwahr darstellen oder verschleiern.

Das Gesetz verlangt also in der Hauptsache als Rechenschaftslegung die Aufmachung einer Bilanz. Ist die Bilanz richtig, das heifst der Wahrheit gemäfs aufgestellt, so ist dem Gesetz genügt; auch die Pflicht des Aufsichtsraths beschrankt sich auf Prüfung der Bilanz sammt der mit ihr eng verbundenen Jahresrechnung, und auf Erstattung eines Berichts über das Resultat dieser Prüfung. Die erwähnte Strafbestimmung aber ist nur ein Mittel zum Schutz gegen unwahre, nicht auch

*) Art. 239 d. H. G. B.

**) Art. 209 ad 7.

***) Art. 225 a.

gegen unvollständige Aeufserungen; daher ist ein Vorstand, welcher seiner Bilanz gar keine Erklärungen hinzufugt, oder vielleicht unter dem Schutz der Majorität einige ausgewählte Mittheilungen als Jahresbericht publicirt, gegen die Gefahr, mit jener strafrechtlichen Vorschrift in Conflict zu gerathen, immer gesichert.

Um so mehr hängt der Werth dieser Art von Rechenschaft davon ab, in wie weit die Bilanz dazu qualificirt sei, als Mittel für die Rechenschaftslegung zu dienen. Es mufs, um dies zu übersehen, das Wesen einer kaufmännischen Bilanz näher betrachtet werden. Sie wird in der Praxis nicht blos zu dem erwähnten Zwecke, sondern aufserdem noch als Mittel zur Gewinnberechnung verwendet. Beiden Zwecken zusammen ist aber in Wahrheit nicht immer durch eine und dieselbe Bilanz zu genügen. Eine Bilanz über das gleiche Geschäftsjahr kann verschieden lauten müssen, je nachdem sie nur zu einer Prüfung der Vermögenslage, oder zur Feststellung des Reingewinns dienen soll. Beispielsweise könnte ein courshabendes Papier, welches am letzten Tage des Geschäftsjahres mit dem Course von 80 notirt ist, in eine die Vermögenslage kennzeichnende Bilanz zu einem weit höheren Course eingestellt werden, wenn der Vorstand weifs, dafs eine Werthsteigung in sicherer Aussicht ist. Dagegen wäre es soliden Grundsätzen und der ausdrücklichen Vorschrift des Gesetzes zuwider, den thatsächlich noch nicht realisirbaren Vortheil bereits als Gewinn zu vermerken.

Im Folgenden wird die Bilanz nur als das Mittel für die Darlegung des Vermögensstandes betrachtet, während sie, insoweit sie der Feststellung des Reingewinns dient, weiterhin nochmals zu beurtheilen ist*).

Will man ihren Werth für die Rechenschaftslegung prüfen, so mufs man sich den Rechnungsmodus klar machen, durch welchen der Kaufmann eine Uebersicht über seine Vermögenslage gewinnt, nach geltendem Recht auch zu gewinnen verpflichtet ist. Um diese zu erreichen, legt er fur jeden seiner kaufmännischen Contrahenten in seinen Büchern eine zweiseitige

*) Vergl. Abschnitt XII.

Rechnung (Conto) an, und vermerkt auf der einen Seite derselben alle Beträge, welche sein Contrahent ihm schuldig wird, auf der anderen diejenigen, welche er diesem schuldig geworden ist. Immer nach Ablauf eines bestimmten Zeitraums ermittelt er durch Addirung, Anrechnung der Zinsen und Feststellung der zu seinen eigenen oder des Andern Gunsten sich ergebenden Differenz (Saldo) das Resultat, um sofort für einen gleich grofsen Zeitraum diese Rechnung auf's Neue zu beginnen. Und in ein Rechnungsverhältnifs solcher Art tritt der Kaufmann nicht nur zu den Personen, welche in Geschäftsverbindung mit ihm stehen; er fingirt ein gleiches auch gegenüber allen ihm gehörenden Sachen, seinem Inventar, seinen Grundstücken, seiner eigenen Casse, seinem eigenen Einlagecapital; er mufs sich seinem ganzen Geschäft als Contrahent gegenüberstellen, und mit diesem in laufende Rechnung treten. Thäte er das nicht, so würde seine Buchführung nicht die Gesammtheit seines Vermögens umfassen, und ihm selbst nicht eine vollständige Controlle seiner Verhältnisse ermöglichen, zu deren Uebung er sich selbst und dem Gesetz verpflichtet ist. Alljährlich ermittelt er dann bei allen Conten die Salden, zieht diese zur gröfseren Uebersichtlichkeit unter Hauptrubriken mehr zusammen, stellt die einzelnen Ziffern, je nachdem sie ein Plus oder ein Minus für ihn ergeben, einander gegenüber, und findet in der Differenz den Werth seines Eigenthums. Diese Gegenüberstellung behufs Ermittelung eines Hauptsaldos ist die Bilanz. Aus der Art wie sie entsteht, rechtfertigt sich ohne Weiteres der Schlufs, dafs sie unter keinen Umständen ein anschauliches Bild der Geschäftslage liefern kann; denn zum Bilde fehlt ihr die Perspective. Um eine Bilanz herzustellen, bedarf es zwar bei jedem Conto einer Reihe von Erwägungen; diese bleiben aber ganz im Verborgenen, und nur das letzte Resultat tritt durch einzelne Ziffern in die Erscheinung. Besitzt der Kaufmann beispielsweise ein Grundstück, so hat er demselben ein Conto eröffnet, auf diesem den Einkaufspreis vermerkt, die im Laufe des Jahres entstandenen Kosten für Reparaturen und Neubauten hinzugefügt, und am Ende eine Schätzung vorgenommen, um sich darüber klar zu werden, ob die Neubauten den Werth des Grundstücks erhöht haben oder nicht, und ob demgemäfs, sowie unter Berücksichtigung sonstiger Werthsveränderungen eine Abschreibung geboten sei. Zuletzt zieht er die Differenz zwischen Debet und Credit, und trägt den Saldo in die Bilanz ein. Wie die Differenz aber enstanden, ob die einzelnen in Betracht gekommenen Umstände gewissenhaft oder gewissenlos, oder vielleicht eines Theils gewissenhaft, im Uebrigen aber desto gewissenloser im Anschlag gebracht worden sind — darüber läfst der in der Bilanz erscheinende Saldo des Grundstückcontos nichts erkennen.

Noch viel lebendiger tritt dieser Mangel an einem Conto hervor, welches, zumal bei Bank- oder Handelsgeschäften, das bedeutendste zu sein pflegt, da es alle Aufsenstände mit Ausnahme der besonders verbrieften umfafst, dem Contocurrentconto. Der Saldo desselben umfafst Gläubiger wie Schuldner, unter den letzteren sichere und unsichere, Credite mit und ohne Sicherheiten, fällige oder kündbare Forderungen und solche, die nach den Verabredungen nur successive oder erst nach langer Zeit kündbar werden; sie alle erscheinen unter einer einzigen Ziffer oder höchstens, wenn Debitoren und Creditoren getrennt aufgeführt werden, unter zwei Ziffern, aus denen nicht die geringste Einsicht über den wahren Werth, über die Einziehbarkeit, über die Sicherheit oder Unsicherheit der einzelnen Posten zu erlangen ist. Und kein einziges Conto ist so beschaffen, dafs es nicht in vielfacher Beziehung einer Erläuterung bedürfte, wenn die Richtigkeit des Saldos beurtheilt werden soll. Selbst der Saldo des relativ durchsichtigeren Contos über die Wechsel schliefst, ganz abgesehen von der verschiedenen Qualität der Verpflichteten, allerlei Möglichkeiten ein, die bei einer Werthbemessung in Betracht kommen. Denn auch unter den als realisirbar erachteten Wechseln befinden sich in grofsen Geschaften regelmäfsig solche, für die eine mehrmalige Prolongation versprochen ist, andere, von denen man weifs, dafs sie nur einziehbar sind, wenn bei ihrer Fälligkeit eine wenigstens theilweise Prolongation, vielleicht zu wiederholten Malen, gewährt wird.

Unter den für den Vermögensstand in Betracht kommenden Objecten giebt es aber auch solche, die sich in einer Bilanz überhaupt nicht zum Ausdruck bringen lassen. Zu ihnen gehören vor allen die Pfänder. Ein Pfand kann in die Bilanz nicht direct eingestellt werden, da es weder ein Activum noch ein Passivum ist, sondern das Eigenthum eines Dritten, welcher nur eventuell eine Dispositionsbefugnifs darüber eingeräumt hat. Das Pfand erscheint also in der Bilanz nur insofern, als es einen Einflufs auf die Schätzung des betreffenden Guthabens geübt hat, deren Richtigkeit sich aber jeder Beurtheilung entzieht. Auch Engagements bei noch unabgewickelten Geschäften, von denen man vorerst nicht weifs, ob sie Gewinn oder Verlust bringen werden, und ob künftig auf Grund ihrer etwas zu zahlen sein werde, finden in einer Bilanz kein Unterkommen.

Allerdings wird in der Regel der Bilanz eine Jahresrechnung, das sogenannte «Gewinn- und Verlust-Conto», beigefugt; dasselbe legt dar, auf welchen Conten, oder wenigstens auf welchen Hauptrubriken Gewinne oder Verluste entstanden sind, und wie hoch sich in summa die Geschäftsunkosten belaufen. Die Gegenüberstellung der gewonnenen und der eingebüfsten Beträge ergiebt daher bei richtiger Rechnung denselben Saldo, welcher in der Bilanz selbst als Gewinn oder Verlust figurirt. Hierdurch wird indefs nichts zu Gunsten der soeben gekennzeichneten Sachlage gebessert; denn durch das Gewinn- und Verlust-Conto erfahrt man zwar, bei welchen Activis die Gesellschaft Nachtheile oder Vortheile zu verzeichnen hat; aber daraus läfst sich in keiner Weise ein Schlufs auf den gegenwärtigen Werth jener Activa oder auf die Eventualität fernerer Verluste ziehen.

Man sieht, die Bilanz ist fur sich allein kein ausreichendes Mittel zur Rechenschaftslegung. Selbst bei dem vorhandenen besten Willen lafst sich vermittelst einer Bilanz nicht alles Erforderliche sagen. Dagegen läfst sich bei vorhandenem bösen Willen trotz einer Bilanz Wichtiges verschweigen. Und unter allen Umständen, nämlich, wenn alles so getreu wie möglich unter gewissenhafter Berücksichtigung aller Verhältnisse angegeben ist, kennzeichnet die Bilanz immer nur einen einzigen Moment in der Geschäftslage, sie belehrt weder über das Gestern noch über das Morgen, geschweige über einen gröfseren Zeitraum, während doch gerade eine vergleichende Gegenüberstellung verschiedener Momente, eine Belebung der Zahlen durch Mittheilungen über ihre Entstehung, und die dadurch gebotene Möglichkeit, die Vergangenheit zu beurtheilen, oder auf die Zukunft Schlüsse zu ziehen, erst das wahre Wesen der Rechenschaftslegung ausmacht.

Manche Statuten erfordern allerdings neben der Bilanz noch einen Rechenschaftsbericht; über seinen Inhalt aber sind kaum bei irgend einer Gesellschaft Vorschriften gegeben. Es geschieht daher bei diesen Gesellschaften nichts Besseres als bei den meisten anderen, — das heifst, man erstattet neben der Bilanz einen Bericht, der sich über die von der Verwaltung eigens hierzu ausgewahlten Fragen und Verhältnisse verbreitet. Nur im Nothfalle werden peinliche Vorgänge zum Gegenstand dieser Eröffnungen gemacht; in der Regel wird mitgetheilt, was sich etwa Rühmenswerthes sagen läfst, und was sonst durchaus nicht übergangen werden kann. Keineswegs ist etwa hieraus auf die Absicht einer Täuschung Seitens der Verwaltungsorgane zu schliefsen; sie machen nur, da ihnen die Auswahl überlassen ist, oder sie wenigstens zur Vollständigkeit nicht gezwungen werden können, von dieser Freiheit Gebrauch, um sich beschämende Mittheilungen nach Möglichkeit zu ersparen, folgen also einer Neigung, welche mehr oder weniger jedem Menschen eigenthümlich ist. Freilich ist vom Gesetzgeber zur Ergänzung dieses Berichtes der Aufsichtsrath berufen; es versteht sich aber nach den über diese Körperschaft gemachten Ausfuhrungen von selbst, dafs durch sie eine wesentliche Hilfe hier nicht gewährt wird. Das fehlerhafte Verhältnifs, in welchem Vorstand und Aufsichtsrath zu einander stehen, entrollt sich bei dieser Gelegenheit in seiner ganzen Breite. Nachdem der Aufsichtsrath das Jahr hindurch an der geschäftlichen Action des Vorstandes Theil genommen, und wichtige Beschlüsse in Gemeinschaft mit ihm gefafst hat, ist er nach Ablauf des Geschäftsjahres genöthigt, dem Vorstande einmal mit seinem andern Gesicht entgegen zu treten. Er soll die Geschäftsführung streng und objectiv, wie wenn er an ihr gar nicht mitgewirkt hätte, untersuchen. Es leuchtet ein, dafs das Resultat dieser Kritik zur Erlangung weiterer Einsicht in die Geschäftslage in der Regel nur wenig beitragen kann.

Bezeichnend fur den Werth dieser ganzen Rechenschaftslegung ist der Eindruck, den sie auf den Actionär macht. Sieht man von den materiellen Resultaten ab, welche, wenn sie günstig sind, ihre Wirkung selbstverständlich nicht verfehlen, so erregt die Rechenschaftslegung nur bei wenigen Gesellschaften auf Seiten der Actionare ein anderes Gefuhl, als das der höchsten Unzufriedenheit. Der Actionar empfindet, dafs er in seinem natürlichen Rechte auf Gewährung eines vollständigen Einblicks in die Sachlage gekränkt wird, und doch die Macht nicht besitzt, diese Rechtsverletzung von sich abzuwenden. Das aufsert sich bei dem Beschlufs über die Decharge. Die Frage der Dechargirung ist in den Generalversammlungen fast regelmäfsig eine reine Machtfrage; und in Erkenntnifs dieses Zustandes besteht auf Seiten der Verwaltung wieder das natürliche Bestreben, sich durch Beschaffung von Actien gegen alle Gefahren zu decken. Der unabhängige Actionär stimmt zuweilen nur deshalb gegen die Decharge, weil er das Bedürfnifs hat, wenigstens in einem einzigen Punkte seinen selbststandigen Willen zum Ausdruck zu bringen. Es ist keine Frage, dafs dieser Zustand von Grund aus reformirt werden mufs.

Zur Ermittelung derjenigen Anordnungen, durch welche ein befriedigendes Verhältnifs hergestellt werden könnte, bieten die bisher bekannt gewordenen Ansichten nur spärliches Material. Eine wenigstens negativ nicht unwichtige Folgerung gestatten indefs die Verhandlungen des Juristentages von 1873. Es war von Wiener in seinem Gutachten geltend gemacht worden, dafs die Actionäre unbedingt ein Organ haben müfsten, welches die Controlle über die Geschäftsführung ausübe und die Bilanz prüfe, ehe auf Grund derselben die Feststellung der Dividende und die Entlastung der geschäftsfuhrenden Organe eintreten könnte. Wiener ging offenbar von der Ansicht aus, dafs der Aufsichtsrath, welcher in Wahrheit ein Verwaltungsrath ist, das, was er selbst mit geleistet hat, von einem objectiven Standpunkte nicht zu kritisiren vermöge. Ein geeignetes Mittel glaubte Wiener, wie er in seiner Schrift erklärte, in dem bei vielen Gesellschaften bereits bestehenden Institute der Revisoren zu finden. Gemäfs der Bestimmung vieler Statuten wird nämlich von der Generalversammlung alljährlich eine Mehrzahl von Revisoren gewählt, welche die Pflicht haben, nach Ablauf des Geschäftsjahres die Bücher der Gesellschaft zu prüfen, und die Uebereinstimmung ihres Inhalts mit der Bilanz zu constatiren. Es fällt ihnen nicht die Aufgabe einer materiellen Prüfung zu, sie nehmen keine Kritik der Geschäfte vor, sie beurtheilen nur die Buchführung und vergleichen den Inhalt der Bücher mit der Bilanz. Die Erweiterung der Aufgabe dieser Revisoren zu einer materiellen Prüfung der vorgenommenen Geschäfte und der ganzen Verwaltung — selbstverständlich unter Uebertragung des Amtes an geeignete Persönlichkeiten — ist das von Wiener vorgeschlagene Mittel für eine Reform.*) Als Gegner dieser Idee trat auf dem Juristentage Dr. Albrecht auf**), welcher ausführte, dafs man diesen Revisoren eine Aufgabe zumuthen würde, welche wegen ihres Umfanges gar nicht lösbar wäre. Um ernsthaft und getreulich erfüllt zu werden, würde dieselbe gegenüber dem von einer grofsen Actiengesellschaft dargebotenen Material ein ganzes Jahr erfordern. Kein anständiger und vertrauenswürdiger Geschäftsmann würde sich zur Uebernahme einer solchen Arbeit bereit finden lassen; das Amt würde vielmehr nur solchen Persönlichkeiten anheimfallen, welche im Voraus entschlossen wären, ihre Pflicht gar nicht, oder nur gemäfs den Wünschen der Verwaltung zu erfüllen. — Diese Bemerkungen sind theilweise wohl zutreffend, sie widerlegen aber die Berechtigung des Wiener'schen Vorschlages nicht. Gewifs liefert eine grofse Bank für solche Revisoren ein gewaltiges Material, und es wäre auch nicht dem Gesellschaftsinteresse entsprechend, wenn seine Durchprüfung ein ganzes Jahr erforderte. Daraus würde aber nur folgen, dafs, je gröfser die Gesellschaft ist, desto gröfser auch die Anzahl der Revisoren sein müsse. Schwerlich kann doch eine

*) Vgl. Wiener a. a. O., S. 30ff.

**) Verhandlungen d. XI. deutschen Juristentages, S. 94 und 95.

Prüfung der von den Verwaltungsorganen grofser Actiengesellschaften entwickelten Thätigkeit wegen des zu grofsen Umfangs der Arbeit gänzlich unterbleiben müssen; wäre dies berechtigt, so müfste jeder Capitalist Bedenken tragen, grofsen Actiengesellschaften sein Geld anzuvertrauen. In der Hauptsache ist daher den Einwendungen Albrecht's nicht beizupflichten; aber auch der vom theoretischen Standpunkte ganz correcte Vorschlag Wiener's ist für die Praxis von sehr zweifelhaftem Werthe. Er ignorirt die wichtige Thatsache, dafs Actiengesellschaften, zumal wenn sie sehr grofs sind, an dem Orte ihrer geschäftlichen Action eine höchst bedeutende Macht repräsentiren, und dadurch einen gewaltigen Einflufs auf Capitalisten und Geschäftsleute ausüben. Da, wo über Millionen verfügt wird, entwickelt sich ganz von selbst eine eminente Attractionskraft auf weite Kreise der Geschäftswelt; und wer sich dieser Sphäre nähert, wird leicht von ihr angezogen. Wählt die Generalversammlung Revisoren mit der Aufgabe, die Träger einer grofsen Geldmacht zu controlliren und zu kritisiren, so müssen die Erwählten schon Männer von nicht häufig anzutreffender Charakterfestigkeit und Unabhängkeit sein, wenn sich nicht allmälig in ihnen eine gewisse wohlwollende Gesinnung für die Gesellschaftsvorstände entwickeln soll. Die Neigung hierzu ist, wer wollte es leugnen, in der Natur vieler Menschen, zumal der Geschäftsleute begründet. Gesetzliche Vorschriften, welche nichts destoweniger ein streng gewissenhaftes und unparteiisches Urtheil erforderten, würden in der Mehrzahl der Fälle einfach nicht erfüllt werden.

Eine positive Belehrung über die vorliegende Frage bietet nun aber die Umschau bei den entsprechenden Satzungen der fremden Rechte. Lehrreich vor allen ist der Inhalt des französischen Rechts; er liefert nämlich den Beweis dafür, dafs der Gesetzgeber sich auf diesem Gebiete über die Wirkung seiner Ideen in der frappantesten Weise täuschen kann. Die Organisation der Verwaltung der französischen Actiengesellschaft ist von der deutschen insofern verschieden, als an ihrer Spitze eine Mehrzahl von «*administrateurs*» steht, welche ein Collegium bilden, und ihrerseits geschäftsführende Directoren zur Vertretung der Gesellschaft nach aufsen und zur Leitung des laufenden Geschäfts einsetzen. In Frankreich ist also der Verwaltungsrath der eigentliche Vorstand, während der deutschrechtliche Vorstand dort den Charakter von Beamten des Verwaltungsraths hat. Die Rechenschaftsabnahme wird nun nach französischem Recht in der Weise ins Werk gesetzt, dafs die ordentliche Generalversammlung alljährlich einen oder eine Mehrzahl von «*commissaires*» erwählt, welche die Aufgabe haben, gemeinschaftlich, oder auch jeder für sich, die Geschäftslage der Gesellschaft, ihre Bilanz und Rechnungen, soweit sie das abgelaufene Geschäftsjahr betreffen, zu prüfen, und darüber der nächsten Generalversammlung einen Bericht zu erstatten.*) Die Thätigkeit dieser Commissäre beginnt mit dem Anfang der letzten drei der Generalversammlung vorangehenden Monate. Mit diesem Zeitpunkt erlangen sie die Befugnifs, in die Bücher der Gesellschaft nach ihrem Ermessen Einsicht zu nehmen, und die stattgehabten Operationen in jeder Beziehung zu prüfen.**) (In dringlichen Fällen dürfen sie auch Generalversammlungen berufen.) Ist die Zeit dann bis zum vierzigsten Tage vor der ordentlichen Generalversammlung vorgeschritten, so mufs ihnen, und zwar spätestens an diesem Tage, das Inventar, die Bilanz und die Gewinn- und Verlustrechnung Seitens der Verwaltung vorgelegt werden. Während der letzten vierzehn Tage vor der Generalversammlung hat endlich auch jeder einzelne Actionär das Recht, am Sitz der Gesellschaft Einsicht in die Inventur zu nehmen, und die Abschrift einer die letztere umfassenden Bilanz, sowie des von den Commissären erstatteten Berichts zu fordern. Es ist also geraume Zeit gewährt, um eine sorgfältige Prüfung für alle Theile stattfinden zu lassen. Drei volle Monate sind den Commissären gegeben, um sich mit der Geschäftslage bekannt zu machen, beinahe sechs Wochen, um die Bilanz sammt Allem, was dazu gehört, zu studiren. Und nachdem die Ermittelungen derselben zu einem Bericht verarbeitet sind, ist auch den Actionären eine Frist von vierzehn Tagen gewährt, um sich an der

*) Loi sur les sociétés, art. 32.

**) Art. 33 a. a. O.

Hand jenes Berichts zu informiren, so dafs jeder Interessent wohl vorbereitet in der Gcneralversammlung erscheinen kann. Theoretisch läfst sich ein vernünftigeres Verfahren gar nicht denken; überraschender Weise lehrt aber die Praxis, dafs dasselbe zu einer wirklichen Durchdringung der Verhältnisse den Actionären die Mittel nicht gewährt. Von den beiden Gründen, welche dem hauptsächlich hindernd entgegenstehen, ist der eine jener vorhin geltend gemachte: die Commissäre, welche im Dienste der Gesellschaft stehen, denen auch durch Statut noch andere als die gesetzlichen Befugnisse übertragen werden können und nicht selten übertragen werden, (so dafs sie in der Regel einen wirklichen Aufsichtsrath bilden*), gerathen nur allzu leicht in jene Sphäre, wo die Verwaltung ihre unwiderstehliche Anziehungskraft ausübt. Sie hören nach kurzer Zeit auf, unabhängige Männer zu sein, und finden es bequemer, Freunde der Verwaltung zu werden. Ihre allmälig sich entwickelnde Connivenz gegen die Verwaltung wird aber unterstützt durch den Umstand, dafs sie einen zwar sehr umfassenden, doch eben so allgemeinen, in keiner Beziehung klar definirten Auftrag haben. Dies giebt ihnen die Möglichkeit, ihre Berichte auf das zu beschränken, was mitzutheilen bequem ist, dagegen Manches zu ignoriren oder zu verschweigen, dessen Darlegung der Verwaltung peinlich wäre. Ihre Thätigkeit übt daher eine schlimmere Wirkung, als der gänzliche Mangel solcher Revisoren jemals üben könnte. Denn der Actionär, zumal derjenige, welcher mit diesen Verhältnissen nicht vertraut ist, unterliegt der Versuchung, ihre Mittheilungen als die Gesammtheit alles Mittheilenswerthen hinzunehmen.

Ganz ähnlich dem französischen Recht ist das belgische, welches auch in seiner neusten Gestaltung auf diesem Gebiete einen Fortschritt nicht zu verzeichnen hat. Seine Abweichungen von dem französischen Recht sind geringfügig; die Fristen sind etwas kürzer, und aus Rücksicht auf die Wahrung der Geschäftsinteressen wird die Inventur zwar den

*) Mathieu et Bourguignat, commentaire de la loi sur les sociétés. S. 212. No. 249.

Commissären, aber nicht den Actionären vorgelegt, welche nur aus dem Bericht der ersteren das darin Mitgetheilte erfahren. Andererseits mufs in Belgien den Commissären eine vom französischen Recht nicht verlangte Aufstellung der schwebenden Verbindlichkeiten unterbreitet werden. Die Ueberreichung der Bilanz nebst allem Zubehör erfolgt spätestens einen Monat vor der Generalversammlung an die Commissäre, welchen während des ganzen Jahres, nicht blos während der letzten drei Monate, das Recht des Einblicks in die Bücher, Schriften und sonstigen Urkunden der Gesellschaft zusteht. Aufserdem enthält das belgische Recht die nicht als Verbesserung anzuerkennende Abweichung von den französischen Bestimmungen, dafs die Commissäre bis auf die Dauer von sechs Jahren gewählt werden dürfen; das französische Gesetz schreibt für sie eine alljährliche Neuwahl vor*). Die Commissäre werden dadurch in Belgien zu dauernden Beamten der Gesellschaft, und fühlen sich demgemäfs noch enger mit der Verwaltung verbunden. Der Erfolg dieser Art von Controlle ist nach den in Belgien gemachten Erfahrungen dem der französischen ziemlich ähnlich.

Ganz anders und mit viel mehr praktischem Sinn verfährt auf diesem Gebiete das englische Recht. Der englische Gesetzgeber ist von der Erkenntnifs geleitet gewesen, es könne das, worauf es ankommt — und es komme nicht blos auf eine Reihe nackter Zahlen, sondern auf ihre Illustrirung durch eine vorurtheilsfreie und gründliche Kritik an — bei der grofsen Masse des zu beurtheilenden Materials nicht von Dritten ermittelt, sondern es müsse das Material hierzu von Denjenigen selbst, welche die Geschäfte geleitet haben, geboten werden. In England läfst man sich daher nicht auf den precären Ausweg verweisen, den massenhaften Stoff aus einer einjährigen geschäftlichen Thätigkeit der Prüfung durch Revisoren zu unterwerfen, und ebenso wenig läfst man sich an einer wie ein grofses Räthsel hingestellten Bilanz genügen; man fordert vielmehr eine

*) Vgl. Sachs a. a. O., S. 149 und 154 ff.

ziffermäfsige Zergliederung der Activa und Passiva, welche alle erheblichen Angaben über die Qualität der einzelnen Positionen liefert, und somit unaufgefordert Alles besagt, dessen der Actionär bedarf, um Klarheit über den Werth seines Besitzes zu erlangen. Dem englischen Normalstatut ist ein Schema beigefügt, nach dessen Anleitung die nöthigen Mitheilungen gemacht werden müssen*). Dieses Schema enthält zwei einander gegenüberstehende Colonnen, deren eine das Grundcapital und die Verbindlichkeiten, die andere die Vermögensobjecte der Gesellschaft aufzunehmen hat. In der Colonne «Grundcapital und Verbindlichkeiten» mufs die Anzahl der Actien, und der auf sie eingezahlte Betrag unter Angabe etwaiger Rückstände und der Namen der im Rückstand gebliebenen Actionäre, auch ein Verzeichnifs der etwa verfallenen Actien mitgetheilt werden. Es mufs darin ferner der Betrag derjenigen Schulden der Gesellschaft vermerkt sein, welche gegen Pfand oder Schuldscheine contrahirt sind; desgleichen, und zwar gesondert von letzteren, die Summe der Schulden, gegen welche Accepte gegeben sind; ferner, und wiederum getrennt, die Schulden an Kaufleute für Waaren oder andere Dinge, die Prozefskosten, die Zinsen für Darlehen oder Credite, sowie der Betrag der nicht abgehobenen Dividenden und sonstiger, unter den bisherigen Rubriken etwa nicht angegebener Schuldbeträge. Weiter gehören unter diese Rubrik der Reservefond, Ansprüche gegen die Gesellschaft, welche nicht anerkannt werden, desgleichen alle ihr nur eventuell zur Last fallenden Verbindlichkeiten, endlich der als Dividende ermittelte Betrag. In der gegenüberstehenden Colonne ist aufzuführen: das Immobiliareigenthum, und zwar unterschieden in Besitz an Grundstücken und an Gebäuden; das bewegliche Vermögen, unterschieden in Waarenlager, Betriebsinventar etc. nach vorgenommenen Abschreibungen; die ausstehenden Forderungen zerlegt in als sicher erachtete, für welche die Gesellschaft Wechsel oder andere Sicher-Sheiten besitzt, und solche, die ohne vorhandene Sicherheiten doch für gut gehalten werden, endlich solche,

*) Schedula I. a. a. O., Art. 81 und Anlage 1.

die als zweifelhaft oder uneinbringlich anzusehen sind. In einer besonderen Rubrik sind dabei etwaige Forderungen gegen Directionsmitglieder oder Beamte der Gesellschaft aufzuführen. Endlich ist anzugeben, in welcher Weise die flüssigen Gelder angelegt sind, welche Zinsen dieselben erbringen, welcher Cassenbestand vorhanden, wo er untergebracht ist, und ob und welche Zinsen er trägt. Dieses Tableau (*balance-sheet*) mufs alljährlich aufgestellt und der Generalversammlung vorgelegt werden, genau oder möglichst genau in der Form, welche die oben erwähnte Anlage des Normalstatuts dafür vorschreibt*); ein Exemplar erhält jedes Mitglied sieben Tage vor der Generalversammlung.

Man sieht, dafs dieses Tableau des englischen Rechts nicht eine Bilanz im kaufmännischen Sinne bildet; denn die letztere liefert immer nur die Resultate der stattgehabten Erwägungen. In eine Bilanz mufs beispielsweise eine unsichere Forderung zu demjenigen Minderwerthe eingestellt werden, der nach gewissenhaftem Ermessen einbringlich erscheint; ist auf nichts zu hoffen, so mufs die Forderung auf Null reducirt sein; die thatsächlich eingestellte Ziffer aber findet in der Bilanz ohne Zusatz Aufnahme. Das ist es eben, was sie für Gewinnung eines klaren Einblicks unverwendbar macht. In das englische Tableau werden auch diejenigen Forderungen, welche unsicher oder ganz werthlos erscheinen, zu dem vollen Nominalbetrage eingestellt, der Leser des Tableaus kann also entnehmen, wie viel von der Gesammtsumme der Aufsenstände absolut sicher, wie viel zweifelhaft oder uneinbringlich ist. Die Gesammtsumme der einer Bilanz zu Grunde liegenden Forderungen kann sich eventuell aus lauter zweifelhaften und auf Minderwerthe reducirten Anspruchen zusammensetzen, ohne dafs dies dem Leser der Bilanz ersichtlich wird. Dem englischen Actionär kann bei Lesung seines Tableaus ein solcher Umstand nicht entgehen. Aehnlich verhält es sich mit den anderen Rubriken. Man könnte zweifeln, ob die Zerlegung, welche das englische Tableau vornimmt,

*) A. a. O., Art. 81.

ausreichend sei, ob nicht vielleicht wesentliche Unterscheidungen darin fehlen; aber das Eine scheint sicher: das englische Recht hat zur Erlangung einer wirklichen Rechenschaft den richtigen Weg gewählt.

§ 7.

Rechenschaftsabnahme; Fortsetzung.

Bisher ist ermittelt worden, dafs zu einer wirklichen Rechenschaft Erläuterungen aller wesentlichen Positionen erforderlich sind, und dafs davon so lange nicht die Rede sein kann, als es in dem freien Willen der Verwaltung liegt, diejenigen Themata selbst auszuwählen, über welche sie sich äufsern will.

Wenn aber die Erkenntnifs jenes Princips praktisch wirksam gemacht werden soll, so bedarf dasselbe noch einer Erweiterung: die Erfullung der Rechenschaftspflicht darf auch nicht der Beurtheilung einer Majorität unterstellt sein. Mufs jeder Actionär als Erfüllung der gesetzlichen Pflicht zur Rechenschaftslegung dasjenige gelten lassen, was die Majorität als solche anerkennt, so kann der jetzige Zustand nur in der Theorie eine Besserung erfahren. Es ist also die Frage, wer anders als die Majorität zu dieser Beurtheilung berufen sein solle. In der Zeit der Kampfe, welche der Grunderperiode folgten, schwärmte man fur Rechte der Minoritäten und wollte den letzteren gerade bei dem hier erörterten Gegenstande besonders weitgehende Befugnisse zugeschrieben sehen. Würde dieser Idee Gesetzeskraft gegeben, so dürfte man sich bald genug überzeugen, dafs damit sehr wenig gebessert wäre. Gewifs könnte es sich nur um Minoritäten von einer gewissen Gröfse handeln. Aber selbst dies vorausgesetzt, ist die Frage am Platze, welche Bürgschaft dafür bestehe, dafs dann alles, was recht und gut ist, erkannt und zum Ausdruck gebracht werden würde. Auch die Minoritäten sind nicht unfehlbar, und ihre Neigung, als Unterdrückte gegenüber der Majorität ihr Recht zu vertheidigen, würde sich, wenn das Gesetz sie schützte, eher vermindern als vermehren. Aus den Minoritäten würden

Factoren erwachsen, mit denen sich die herrschende Gruppe zu verständigen hätte; und dabei könnte das Recht der Neutralen leicht noch ärgeren Schaden leiden als bisher. Die Etablirung von Minoritätsrechten ist gewifs in mancher Beziehung vortheilhaft, und wird im Folgenden noch wiederholt anempfohlen; aber gerade bei der Rechenschaftslegung würde ein derartiges System nur die Spaltung in Factionen begünstigen, die illegitime Kampflust steigern, die Gier nach Erringung von Vortheilen durch Agitationen lebhaft anfachen, und das Recht des Einzelnen eher schädigen als fördern.

Die Pflicht der Rechenschaftslegung mufs vielmehr so beschaffen sein, dafs über ihre Erfullung gar nicht zu streiten ist, und der Anspruch auf Erfüllung mufs jedem einzelnen an der Generalversammlung Theil nehmenden Actionär zustehen. Um das in's Werk zu setzen, ist es nöthig, die Eröffnungen, welche die Verwaltung machen mufs, ein für alle Mal durch Gesetz festzustellen. Dies erscheint auf den ersten Blick vielleicht schwieriger, als es in der That ist. Schon das englische Tableau beweist, dafs sich ein systematisches Eindringen in die Masse der während des Geschäftsjahres vorgenommenen Rechtshandlungen sehr wohl ermöglichen läfst. Die Rubriken, in welche das Vermögen der Geschäftsleute und ihre Verbindlichkeiten eingetheilt werden müssen, wenn eine klare Einsicht gewährt werden soll, sind gar nicht übermäfsig zahlreich. Die Activa zerfallen in baares Geld,' bebaute und unbebaute Grundstücke oder Gerechtigkeiten, von denen die ersteren entweder nur als Wohnräume oder zum Betrieb von Handel und Gewerbe, insbesondere von Industrieen dienen. Sie bestehen ferner in Antheilsrechten, in Rechten aus gemeinschaftlichen Geschäften, in Hypotheken, Grundschuldbriefen, Wechseln und unverbrieften Forderungen; die letzteren sind weiter zu unterscheiden, je nachdem sie durch Pfand oder Bürgschaft gedeckt sind oder solcher Sicherheiten entbehren. Demnächst können die Activa noch zu finden sein in Vorräthen zum Handel, zu welchen auch der Besitz an Actien, zinstragenden Inhaber- und Loospapieren zu rechnen wäre, fertigen und halbfertigen Fabrikaten und Rohmaterialien, und in dem zur Geschäftsführung vorhandenen Inventar. Die Verpflichtungen können bestehen in unbedeckten Schulden und solchen, für welche Sicherheit durch Pfand gegeben ist, in Schulden Dritter, für welche man Sicherheit gewährt hat, in Wechselverpflichtungen, Hypotheken und Grundschulden, in Verbindlichkeiten aus schwebenden Engagements, sei es an der Börse oder anderweit, z. B. aus Consortialbetheiligungen oder Entrepriseverträgen. Activa wie Passiva lassen allerdings noch manche nähere Unterscheidung zu, welche für die Beurtheilung der Vermögenslage wichtig ist. Bei bedeckten Forderungen kommt es darauf an, ob die vorhandenen Sicherheiten die ganze Höhe der Forderung umfassen, bei den unbedeckten, ob sie sicher oder zweifelhaft, oder nur nach und nach einbringlich erscheinen. Bei den Wechseln liegt ein kaufmännisch wichtiger Unterschied schon darin, ob sie auf die ubliche dreimonatliche oder auf eine längere Frist gezogen sind, ob Prolongationen hinsichtlich ihrer verabredet worden sind, und welche. Der Werth der Hypothekenforderungen hängt, abgesehen von dem Werthe des Grundstücks, auch von ihrer Kündbarkeit ab etc. etc. Im Ganzen handelt es sich aber keineswegs um eine grofse Reihe von Mittheilungen; es kann schon die präcise Beantwortung einer verhältnifsmäfsig geringen Anzahl von Fragen ausreichen, um an der Hand der Bilanz ein klares Bild von der Vermögenslage eines Kaufmanns zu gewinnen. Aber darauf kommt es an, dafs man die klare und vollständige Beantwortung dieser Fragen fordern darf.

Demgemäfs wäre anzurathen, dafs folgende Themata, — sei es in der hier zur gröfseren Klarheit gewählten Frageform, oder in einer anderen Zusammenfassung — als unantastbare Grundlage für die Rechenschaftslegung bei allen Actiengesellschaften hingestellt würden:

1. Auf welchen Betrag beliefen sich am Bilancirungstage die vorhandenen Wechsel, und auf welchen die Buchforderungen?

2. Welcher Betrag an Wechseln war auf ein längeres als dreimonatliches Ziel ausgestellt, welcher auf ein längeres als

sechsmonatliches; wegen welchen Betrages waren Prolongationen vereinbart?

3. Für welchen Betrag an Wechseln waren Bürgschaften vorhanden, für welchen Pfänder? Für welchen Betrag der Wechsel bestanden die Sicherheiten in Cautionen auf Immobilien, Hypotheken oder Grundschuldbriefen; für welchen Betrag in Actien, für welchen in zinstragenden Papieren? Welcher Betrag an Wechseln war durch Pfänder an Waaren, Fabrikaten oder andern Objecten bedeckt? Welcher Betrag an Wechseln ist für unsicher oder uneinbringlich zu halten?

4. Für welchen Theil der nicht wechselmäfsig verbrieften Buchforderungen waren Sicherheiten vorhanden; inwieweit bestanden sie in Bürgschaften; inwieweit in Cautionen auf Immobilien, oder Hypotheken, oder Grundschuldbriefen; inwieweit in Actien, inwieweit in zinstragenden Papieren, inwieweit in Waaren oder Fabrikaten oder anderen Objecten? Welcher Betrag dieser Forderungen wird für unsicher oder uneinbringlich gehalten?

5. Auf welchen Betrag beliefen sich am Bilancirungstage die directen Schulden; inwieweit bestanden sie in Accepten, inwieweit in anderen Wechselverpflichtungen; inwieweit in nicht wechselmafsig geschuldeten Beträgen? Für welchen Betrag der Passiva sind Sicherheiten gewährt worden durch Verpfändung von Immobilien, von Hypotheken oder Grundschuldbriefen, von Waaren oder Vorräthen, von andern eigenen Forderungen?

6. Welcher Betrag der Schulden resultirte aus aufgenommenen Darlehen, welcher aus Waarenkäufen auf Credit, welcher aus Depositen oder zur Verzinsung angenommenen Geldern?

7. Für wie grofse Verbindlichkeiten Dritter war Seitens der Gesellschaft durch Pfand oder Bürgschaft oder wechselmäfsige Verpflichtung Sicherheit bestellt?

8. Wegen welcher Objecte war die Gesellschaft in Prozesse verwickelt als Klägerin, als Verklagte, als Intervenientin, als Litisdenunziantin oder als Litisdenunziatin?

9. Besitzt die Gesellschaft Grundstücke oder Gerechtigkeiten und sind dieselben

a) gleich bei der Gründung inferirt?

b) oder inwieweit später erworben, und fur welchen Preis?

c) Sind Grundstücke während des letzten Geschäftsjahres im Wege der nothwendigen Subhastation erworben, und zu welchem Gesammtpreise?

Welche Beträge sind ad a und ad b abgeschrieben worden seitdem die Grundstücke im Besitz der Gesellschaft sind, ohne Hinzurechnung der Abschreibungen bei Schlufs des letzten Geschäftsjahrs?

10. Mit welchem Capital war die Gesellschaft durch eingegangene Consortial- oder Entrepriseverträge (ausgenommen Börsenengagements) obligirt?

11. Auf welchen Betrag haben sich die für eigene Rechnung per ultimo jedes Monats des abgelaufenen Geschäftsjahres eingegangenen Börsenengagements belaufen? Welche Verluste hat die Gesellschaft an den für eigene Rechnung eingegangenen Börsenengagements im abgelaufenen Geschäftsjahr erlitten, welche Verluste an den für fremde Rechnung eingegangenen Engagements durch Zahlungsunfähigkeit der Contrahenten an der Börse?

12. Auf welchen Betrag beliefen sich am Bilancirungstage die Forderungen der Gesellschaft gegen in Concurs befindliche oder geständlich insolvente Schuldner?

13. Welcher Betrag wurde der Gesellschaft am Bilancirungstage von Vorstandsmitgliedern, welcher Betrag von eigenen Beamten geschuldet?

14. Auf welchen Betrag belaufen sich die Gesammthandlungsunkosten, auf welchen insbesondere die gezahlten Steuern?

15. Welche Selbstkostenpreise umfafsten die vorhandenen Rohmaterialien, die halbfertigen oder fertigen Fabrikate, die Waaren oder Vorräthe zum Verkauf oder Handel, insoweit letztere noch nicht verkauft, oder zwar verkauft aber noch nicht übergeben waren, nach Abrechnung der vorgenommenen Abschreibungen?

16. Welche Selbstkostenpreise sind aufgewendet auf Hypotheken oder Grundschuldbriefe, zinstragende oder Loos-

papiere, welche sich im Besitz der Gesellschaft befanden, nach Abrechnung der vorgenommenen Abschreibungen?

17. Welcher Selbstkostenpreis war aufgewendet auf Actien, die sich im Besitz der Gesellschaft befanden, nach Abrechnung der vorgenommenen Abschreibungen?

18. Wie und eventuell in welchen Vermögensstücken ist der Reservefond angelegt, wie und eventuell in welchen Vermögensstücken der Erneuerungsfond?

19. Welcher Betrag ist im Verlaufe des Geschäftsjahres oder bei Schlufs desselben aus dem Erneuerungsfond zur Verwendung entnommen worden?

20. Welche Abschreibungen sind bei Schlufs des Geschäftsjahres vorgenommen worden:

a) auf Grundstücke oder Gerechtigkeiten?
b) auf Hypothekenforderungen?
c) auf Grundschuldbriefe?
d) auf Wechsel?
e) auf nicht verbriefte Forderungen?
f) auf Rohmaterialien, halbfertige und fertige Fabrikate und Waarenvorräthe?
g) auf zinstragende und Loospapiere?
h) auf Actien?
i) auf Entreprise-, Consortial- oder sonstige schwebende Engagementsverträge, ausschliefslich der Börsenengagements?
k) auf Inventar? —

Die Themata dieser zwanzig Fragen, welche, sofern der Inhalt nicht etwas Anderes besagt, sämmtlich vom Standpunkte des Bilancirungstages zu beantworten sind, umfassen diejenigen Mittheilungen, deren der Actionär bedarf, wenn er sich über den Werth des Gesellschaftsvermögens unterrichten will. Es ist nicht erforderlich, sie im Einzelnen zu erläutern, ihre Bedeutung ergiebt sich überall von selbst. Eine einzelne Actiengesellschaft wird niemals in die Lage kommen, sie sämmtlich zu beantworten. Banken besitzen keine Waarenlager und Vorräthe, Industriegesellschaften keine Actien, viele Gesellschaften keine Erneuerungsfonds etc. Indefs kommt es nur darauf an, dafs die gesetzlichen Themata der Rechenschaftslegung Alles umfassen, dessen Mittheilung bei irgend einer Actiengesellschaft von Erheblichkeit sein kann. Keineswegs sollen die durch diese Fragen vorgeschriebenen Mittheilungen das höchste Maafs der überhaupt zulässigen Eröffnungen enthalten. Durch Statut mögen noch weitergehende Angaben erfordert werden; die gesetzlich vorgeschriebenen sollten nur das Minimum bilden, welches selbst durch Statutenbestimmung giltiger Weise nicht eingeschränkt werden dürfte. Auch mufs andererseits der Verwaltung das Recht zustehen, aus freien Stücken noch weitere Mittheilungen zu machen; und es erscheint als ein besonderer Vorzug der vorgeschlagenen zwanzig Themata, dafs sie in vielen Beziehungen weitere Eröffnungen geradezu provociren. Vornehmlich da, wo eine gröfsere Specialisirung die Sachlage in günstigerem Lichte erscheinen lassen kann, werden die Verwaltungen gern Gelegenheit zu weiteren Darlegungen nehmen. Und unter allen Umständen wird eine correcte Beantwortung dieser zwanzig Fragen in Verbindung mit der Bilanz für eine Beurtheilung der Geschäftslage das ausreichende Material liefern. Eine obligatorische Ergänzung desselben hätte nur in dem bereits vorgeschlagenen Separatbericht des Verwaltungsraths zu bestehen. Auch in Betreff seiner wären bestimmte Vorschriften am Platze. Er müfste zunächst eine amtliche Erklärung darüber abgeben, ob er auf Grund seiner Prüfung der Sachlage die Angaben des Vorstandes für richtig und wahrheitsgemäfs halte; ferner müfste er mittheilen, wie viele Sitzungen er während des Geschäftsjahres abgehalten, und welche Revisionen an welchen Tagen des Jahres er veranstaltet habe. Letztere Vorschrift wäre geeignet, einen leisen Druck auf den Verwaltungsrath zu üben, und ihn vor leichtfertiger Behandlung seines Amts zu warnen.

Die soeben entwickelten Vorschläge werden voraussichtlich Widerspruch finden. Es giebt unter den Vertretern der deutschen Actiengesellschaften gar manche, denen präcise Vorschriften gerade betreffs der Rechenschaftslegung über alle Maafsen lästig erscheinen, und welche der Ansicht das Wort reden, dafs Actiengesellschaften gar nicht bestehen könnten, dafs wenigstens Vorstandsmitglieder für Actiengesellschaften sich nicht leicht finden würden, wenn Bestimmungen der vorgeschlagenen Art erfüllt werden müfsten. Von solcher Seite wird auch geltend gemacht, dafs es die Geschäftsführung ganz unnützer Weise erschwere, wenn eine so umfassende Thätigkeit zum Zwecke der Rechenschaftslegung entwickelt werden müsse, dafs überdies geschäftliche Verhältnisse immer mit besonderer Discretion zu behandeln seien, dafs es die Anknüpfung von geschäftlichen Beziehungen hindere oder erschwere, wenn der einzelne Creditsucher Gefahr laufe, seine Verhältnisse preisgegeben zu sehen, dafs im Ganzen und Grofsen die Publicität bei der Rechenschaftslegung vom theoretischen Standpunkte zu rechtfertigen, praktisch beurtheilt aber nicht im wohl verstandenen Gesellschaftsinteresse liege.

Auf alle diese Einwendungen sei hiermit im Voraus erwidert, dafs keine einzige derselben als zutreffend anerkannt wird, dafs sie sämmtlich unbegründet, zum grofsen Theil auch auf die in nicht kaufmännischen Kreisen vorausgesetzte Unkenntnifs berechnet sind. Dies lehrt schon ein Blick auf die fremden Rechte. Das englische Tableau erfordert eine nur um Weniges geringere Specialisirung, als die hier aufgestellten zwanzig Fragen. Nach französischem Recht hat jeder einzelne Actionär den Anspruch auf eine Abschrift der Inventur, wozu auch die Aufsenstände gehören; nach belgischem Recht mufs diese Abschrift wenigstens den Commissären vorgelegt werden, diesen aufserdem eine Aufstellung aller schwebenden Verbindlichkeiten. Die Sorge um eine Preisgebung der Interessen der Klientel besteht also im Auslande ebenso wenig, wie diejenige um eine zu grofse Belastung der Verwaltungsorgane mit den für die Rechenschaft erforderlichen Vorarbeiten. Und es wäre auch geradezu unmöglich, aus den Antworten auf die vorgeschlagenen zwanzig Fragen einen Einblick in einzelne Creditverhältnisse zu gewinnen; denn überall sind nur Ziffern verlangt, die Nennung von Namen ist nirgends vorgeschrieben. Eine zweckmäfsige Ansammlung des für die Rechenschaftslegung erforderlichen Materials bei Aufstellung der Bilanz würde überdies zeigen, dafs der proponirten Aufgabe mit einem nur unbedeutenden Mehraufwand von Arbeit zu genügen ist; und es dürfte sich bei den Verwaltungen der Actiengesellschaften bald eine Fertigkeit in der Ansammlung des Materials herausbilden, durch welche die Mehrbelastung auf ein Minimum reducirt würde.

Endlich darf auch darauf hingewiesen werden, dafs die Mangelhaftigkeit und Willkür bei der Rechenschaftslegung schon seit lange von sachkundiger Seite urgirt, und dafs eine Reform des geltenden Rechts zur Sicherung einer vollständigen Rechenschaftslegung wiederholt als ernstes Bedürfnifs bezeichnet worden ist*). —

In der Bilanz und den Erklärungen auf das Fragentableau wäre also eine ausreichende Unterlage für die Rechenschaftslegung zu finden. Es fragt sich nun aber weiter, durch welche Mittel die Erfüllung dieser Amtspflicht sicher zu stellen sei. Bei der Wichtigkeit der Sache ist zweifellos eine Strafvorschrift erforderlich. Vorstandsmitglieder von Actiengesellschaften, welche Erklärungen auf das Fragentableau wissentlich falsch abgeben, müssen mit Gefängnifs bestraft werden; und ähnliche Strafe mufs diejenigen Mitglieder des Verwaltungsraths treffen, welche wissentlich der Wahrheit zuwider solche Erklärungen des Vorstandes als richtig bezeichnen.

Indefs wäre die Strafandrohung allein noch nicht ausreichend; es ist unumgänglich, eine Prüfung der erhaltenen Mittheilungen, sei es auch nur durch einzelne Proben, eintreten zu lassen.

Die Frage, wie dies zu geschehen habe, fuhrt auf die

*) Vergl. den Aufsatz von Keyssner «Actien, Zinsen, Dividende, Bauzinsen, Bilanz» in Busch's Archiv, Bd. 32 S. 99 ff., ferner Wagner «System der Zettelbankpolitik» S. 87 ff. Der Keyssner'sche Aufsatz handelt hauptsächlich von den Eisenbahngesellschaften. Die Bemerkungen Wagner's sind dem Gegenstande jener Schrift entsprechend nur gegen die Bilanzen der Zettelbanken gerichtet; indefs ist das dort Gesagte allgemein auf Actiengesellschaften anwendbar, und das von Wagner a. a. O. S. 108 ff. vorgeschlagene Schema fur eine wirklich specialisirte Bilanz liefse sich bei Streichung der speciell auf Zettelbanken berechneten Positionen auf alle Banken zur Anwendung bringen.

im Eingang erwähnte formelle Seite der ganzen Verhandlung. Die Prüfung mufs durch hierzu eingesetzte Bevollmächtigte erfolgen. Diese können nicht aus den Mitgliedern des Verwaltungsraths gewählt werden, dessen Thätigkeit ja von der Prüfung mit umfafst wird; es können also nur Actionäre oder andere mit Rücksicht auf ihre Sachkenntnifs ausgewählte Personen sein, deren Einsetzung aber — hierauf kommt es an — immer Seitens der Generalversammlung geschehen mufs.

Der sachliche Inhalt ihrer Aufgabe ist leicht zu bestimmen, er ergiebt sich fast von selbst. Die bevollmächtigten Commissarien müssen sich

1. unter eventueller Assistenz kaufmännischer Sachverständiger von der ordnungsmäfsigen Führung der Bücher und der Uebereinstimmung der letzteren mit der Bilanz überzeugen.

2. Es ist ihnen vom Vorstande mit der Bilanz zugleich eine Inventur vorzulegen, aus der insbesondere hervorgeht, bei welchen einzelnen Activis Abschreibungen resp. in welchem Maafse solche gemacht sind, und welche Aufsenstände als unsicher oder uneinbringlich erachtet werden. Diese Schriftstucke haben die Commissarien aufzubewahren, und sobald ihr Amt endet, ihren Nachfolgern zu überliefern.

3. Die Commissarien haben sich durch eine gröfsere Zahl einzelner Proben davon zu überzeugen, ob die Fragen des Fragentableaus richtig beantwortet sind.

4. Auffallige oder besonders ungünstige Umstände haben sie einer näheren Prüfung zu unterziehen.

5. Alles, was von ihnen ermittelt ist, haben sie, jedoch unter Geheimhaltung der Inventur, der Generalversammlung vorzutragen, und sich auch darüber zu äufsern, ob in irgendwelchen Punkten gegen Ertheilung der Decharge Bedenken obwalten.

Neben dieser regelmäfsigen Aufgabe könnte es zuweilen erforderlich sein, ihnen noch besondere Dinge aufzutragen, z. B. Ermittelungen über wichtige Vorgänge oder geschäftliche Verhältnisse, welche gerade das Interesse der Actionäre vornehmlich beschäftigen.

Die wesentlichste formelle Frage ist nun die, wann die Einsetzung solcher Commissarien, deren bei kleinen Gesellschaften einer oder zwei, bei gröfseren vielleicht drei bis fünf erforderlich wären, geschehen solle.

Es lassen sich zwei Wege denken. Der eine ist der, dafs die Commissarien in jeder ordentlichen Generalversammlung für die nächste Rechenschaftslegung gewählt werden, vielleicht mit der dem französischen Recht nachzubildenden Bestimmung, dafs, wenn sie aus irgend einem Grunde ihr Amt nicht wahrnehmen können, der Handelsrichter auf Anrufen von Interessenten Ersatzmänner bestimmen dürfe*). Würde dieser Weg gewählt, so wäre weiter festzusetzen, von welchem Zeitpunkt an die Commissarien in Wirksamkeit zu treten haben, — ob ihnen das ganze Jahr hindurch Einblick in die Bücher der Gesellschaft gestattet sei, oder, wofür naheliegende Gründe sprechen, nur innerhalb einer gewissen Frist, vielleicht vom ersten Tage des neuen Geschäftsjahres an; wann spätestens ihnen die Bilanz, die Inventur und die Beantwortung des Fragentableaus vorzulegen sei — vielleicht spätestens mit Ablauf von zwei Monaten nach Beendigung des Geschäftsjahres; endlich, von welchem Tage vor demjenigen der Generalversammlung an dem einzelnen Actionär der Anspruch auf abschriftliche Mittheilung der Beantwortung des Fragentableaus und der Bilanz zustehe.

Gegen diese Einrichtung wäre keineswegs etwa der Einwand zu begründen, dafs sie dem französischen System nachgebildet sei, und deshalb die gleichen, bereits erwähnten Nachtheile in Aussicht stellt. Die Commissarien des deutschen Rechts befänden sich in einer durchaus anderen Lage; sie hätten nicht die Aufgabe, den Vermögensstand zu enthüllen, sie könnten also nicht in die Versuchung kommen, aus allem zur Mittheilung Geeigneten nur das ihnen oder der Verwaltung Genehme auszuwählen. Vielmehr liegt die eigentliche Rechenschaft schon in der Beantwortung des Fragentableaus. Die Erklärungen würden, was den regelmäfsigen Inhalt der Aufgabe betrifft, fast überall Ja oder Nein lauten; denn die Commissarien wären keine Bericht-

*) Loi sur les sociétés, art. 32.

erstatter, sondern Revisoren. Kann ein ehrenwerther Mann sich auch ein Mal bewegen lassen, einen der Verwaltung peinlichen Umstand zu verschweigen, so ist von da bis zu einer wissentlich unwahren amtlichen Bestätigung von Thatsachen doch noch ein grofser Schritt. Die ganze Thätigkeit dieser Commissarien wäre überhaupt eine viel geringere, als die der französischen *commissaires;* sie bezweckte neben der Prüfung einzelner Punkte nur eine Erläuterung der durch das Fragentableau erforderten und bereits vorliegenden Mittheilungen.

Was übrigens diese letzteren betrifft, so sei gleich hier der Vorschlag eingeschaltet, dafs jedem einzelnen Actionär, welcher an der Generalversammlung Theil nimmt, der Anspruch auf vollständige Beantwortung der projectirten zwanzig Fragen zustehen möchte. Erscheint eine Antwort nicht ausreichend, so mufs jeder Einzelne befugt sein, binnen einer präclusivischen Frist den Handelsrichter anzurufen, sofern er sich dieses Recht durch eine in der Generalversammlung abgegebene Erklärung wahrt, dasselbe dann auch rechtzeitig geltend macht und gehörig verfolgt. In der Sache begründet ist, dafs ein und derselbe Streitpunkt vor dem Handelsrichter nur ein Mal zur Verhandlung kommen kann; daher mufs sich jeder an der Generalversammlung Theil nehmende und einem Protest beigetretene Actionär bei einem bereits anhängigen Streit als Intervenient betheiligen dürfen, die ergehende Entscheidung aber *jus inter omnes* machen, und der Handelsrichter die Ergänzung der Antworten durch executivische Mittel erzwingen. Würde in der Generalversammlung ein Monitum nicht erhoben oder nicht rechtzeitig verfolgt, so hätten etwaige Omissionen des Vorstandes als geheilt zu gelten. Actionäre aber, welche an der Generalversammlung nicht Theil nehmen, sollten zur Ausübung solcher Rechte gar nicht befugt sein.

Jedem für seinen Actienbesitz sich interessirenden Actionär wäre so die Möglichkeit zur Erlangung einer vollständigen Rechenschaft gewährt, und doch eine Vervielfältigung von Streitigkeiten vermieden. Uebrigens sind, wie nochmals bemerkt sei, die Fragen im Tableau so gestellt, dafs ein

Streit über die Art ihrer Erledigung füglich gar nicht entstehen kann; sie sind fast überall mit Ziffern zu beantworten. Ein Streit über die Richtigkeit der Ziffern wäre selbstverständlich nicht durch den Handelsrichter zu entscheiden; hierfür dient als Zwangsmittel das Strafgesetz, als Berichtigungsmittel das Institut der Commissarien, und als Heilmittel, soweit dadurch vorsätzlich ein Schaden verursacht wird, die Regreſspflicht.

Es läſst sich nun auch noch ein anderer Modus der Einsetzung von Commissarien denken, welcher gegenüber dem soeben entwickelten gewisse Vorzüge hätte. Eine im Voraus erfolgende Wahl würde zwar die in Frankreich wahrgenommenen Nachtheile nicht mit sich bringen, weil der Wirkungskreis dieser Vertrauensmänner viel kleiner wäre als dort; aber jene eigenthümliche Anziehungskraft, welche die Verwaltungsvorstände auszuüben vermögen, würde sich immerhin auch hier geltend machen. Das wäre in glücklichen Zeiten ohne Belang, könnte aber von Einfluſs sein, sobald miſsliche Umstände eintreten, Unglücksfalle, grobe Fahrlässigkeiten sich ereignen — also gerade dann, wenn die Commissarien eine gröſsere Thätigkeit zu entfalten hätten. Um dem vorzubeugen, giebt es nur ein einziges wirksames Mittel: man muſs die Commissarien unmittelbar vor Beginn ihrer Thätigkeit wählen. Dies kann aber nur geschehen, wenn die ordentliche Generalversammlung in zwei Theile zerlegt wird, welche durch die inzwischen stattfindende Revision zeitlich von einander getrennt sind.

Es muſs, wenn man dies bewerkstelligen will, zunächst eine Vorversammlung der Actionäre einberufen werden, welche die Bilanz nebst der Beantwortung des Fragentableaus entgegennimmt, ihre Commissarien wählt und dann, ohne sachliche Beschlüsse gefaſst zu haben, auseinandergeht. Eine zweite mit einer Frist von mindestens 14 Tagen, höchstens 6 Wochen, zu berufende Hauptversammlung hätte sodann unter Entgegennahme des Berichts der Commissarien in die materielle Prüfung der Rechenschaft einzutreten und über diese schlüssig zu werden. Das wäre an sich gewiſs ein zweckmäſsiger Ausweg. Aber freilich würde dadurch das ohnehin umständliche

Geschäft der alljährlichen Rechenschaftslegung noch um Vieles schwerfälliger gemacht; es würden vom Beginn der Vorarbeiten für die Rechenschaft bis zum Schlufs der zweiten Generalversammlung vier bis fünf Monate vergehen; und das ist für den Vorstand mit Rücksicht auf dessen sonstige Pflichten eine starke Zumuthung. Um diesem Uebelstande aus dem Wege zu gehen, empfiehlt sich der endgiltige Vorschlag, beide Modalitäten zu combiniren. In der Regel kann eine Generalversammlung ausreichend sein, und die Wahl der Revisoren kann alljährlich im Voraus stattfinden. Haben sich aber Umstände ereignet, welche die besondere Aufmerksamkeit der Generalversammlung auf sich ziehen, oder findet abgesehen hiervon die Generalversammlung den ihr erstatteten Bericht in irgend einem Punkte nicht ausreichend,. so darf sie die Beschlufsnahme über die Decharge aussetzen, eventuell aufserordentliche Commissarien zur Erfüllung eines bestimmten Auftrags wählen, und die Anberaumung einer neuen Generalversammlung zur Entgegennahme des Berichts und zur Beschlufsnahme verfügen. Die Commissarien, deren Anzahl das Statut festzusetzen hätte, müfsten nach zwingender Vorschrift alljährlich neu zu wählen sein; es dürfte ihnen die Vollmacht nicht fehlen, noch vor der ordentlichen eine aufserordentliche Generalversammlung zu berufen, wenn sie aus ihrer Prüfung der Geschäftslage hierzu einen Anlafs entnehmen. Dagegen wäre nicht anzurathen, ihnen durch Statut weitere Befugnisse, etwa zu einer continuirlichen Thätigkeit während des ganzen Geschäftsjahres geben zu lassen; dies würde sie in noch intimere Berührung mit den Verwaltungsorganen bringen, und ihre Unparteilichkeit nicht fördern.

---

§ 8.

Besondere Aufgaben der ordentlichen Generalversammlung.

b) Decharge.

Wenn schon jedes auf vereinzelte Leistungen beschränkte Vollmachtsverhältnifs den Anspruch auf Entlastung durch den Machtgeber begründet, so gewährt das Amt des Vorstandes einer Actiengesellschaft, welches diesen zur täglichen Vornahme zahlreicher Rechtshandlungen für seine Machtgeberin nöthigt, in noch viel höherem Maafse hierauf einen Anspruch. Das geltende Recht, welches für die Rechenschaftslegung gegenüber der Generalversammlung nur mangelhaft gesorgt hat, enthält über die Dechargirung gar keine Dispositionen. Je besser aber in Zukunft durch rechtliche Satzungen der Anspruch auf Rechenschaftslegung geschützt wird, desto mehr Berechtigung hat auch der Anspruch auf pünktliche Leistung der Decharge; denn sie ist die mit dem Anspruch auf Rechenschaftslegung correspondirende Pflicht. Die Verpflichtung zur Dechargirung einwandsfreier Amtshandlungen folgt nicht nur aus dem gemeinen Recht, sondern steht auch in engem Zusammenhange mit der ganzen Position des Vorstandes, welcher das begründete Verlangen hat, mindestens von Jahr zu Jahr die Verantwortung für die vorgenommenen, oft schwierigen und der verschiedenartigsten Beurtheilung ausgesetzten Rechtshandlungen abgethan zu sehen. Es ist eine besonnene und aufmerksame Amtsführung von dem Vorstande gar nicht zu erwarten, wenn ihm die Entlastung betreffs der früheren Leistungen frivoler Weise oder aus Bosheit vorenthalten wird. Ist den Actionären eine vollständige Rechenschaft erstattet, so müssen sie sich über die Decharge erklären, und zwar sofort und vollständig; sie dürfen ihre Erklärung nicht nach Willkür hinausschieben oder hinziehen. Eine Ausnahme hiervon wäre nur in dem einzigen Falle zu billigen, dafs unter Einsetzung aufserordentlicher Commissarien eine zweite Generalversammlung zur Erledigung der Rechenschaft berufen würde.

Es sollte aber auch den Actionären die Befugnifs nicht zustehen, die Decharge generell zu verweigern; denn niemals, oder doch nur in den allerseltensten Fällen, sind alle Rechtshandlungen, welche der Vorstand während des Geschäftsjahres vorgenommen hat, rechtswidrig; und die Beweislast der Rechtswidrigkeit mufs hier nach vollständig gelegter Rechenschaft dem Machtgeber zufallen, zumal dieser in der Lage ist, sich mit Hilfe der Commissarien jede ergänzende Aufklärung über die Verhältnisse zu verschaffen. Um also

Generalversammlung und Vorstand (resp. Verwaltungsrath) zu einander hinsichtlich der Decharge in das richtige Verhältnifs zu setzen, sollte die Bestimmung getroffen werden, dafs die Generalversammlung nicht eine generelle Entlastung, sondern nur, wenn Anlafs dazu vorliegt, eine specielle Nichtentlastung auszusprechen habe, und dafs Mangels der letzteren die generelle Entlastung sich von selbst verstehe. Dadurch würde der ordentlichen Generalversammlung freilich, aber mit vollem Recht, die Aufgabe zugemuthet, diejenigen Rechtshandlungen ausdrücklich zu bezeichnen, wegen deren sie die Regrefspflicht des Vorstands in Anspruch nehmen will; und die Commissarien würden ihr dabei mit ihrer Sachkenntnifs den nöthigen Beistand zu leisten haben.*)

Eine partielle Verweigerung der Decharge könnte nun ihre Ursache entweder in Handlungen finden, welche ausreichend aufgeklärt den Actionären als Rechtsverletzungen erscheinen, oder auch darin, dafs in irgend einem Punkte die Beantwortung der Fragen von Seiten der Generalversammlung nicht als ausreichend befunden würde (letzteres unbeschadet des dem Einzelnen zustehenden Rechts, eine vermeintliche Omission auf eigene Faust zu verfolgen). In beiden Fällen müfste aber die Generalversammlung verpflichtet sein, Bevollmächtigte zur Verfolgung des Regrefsanspruchs, resp. des Anspruchs auf Ergänzung der Rechenschaft und zur Berichterstattung in einer künftigen Generalversammlung zu ernennen. Wird dagegen ein Beschlufs über partielle Vorenthaltung der Decharge nicht gefafst, so mufs, wie gesagt, der Vorstand mit Ablauf der ordentlichen Generalversammlung als dechargirt gelten. Dieser Satz bedarf indefs der Einschränkung, dafs sich die Dechargirung nur soweit erstrecken kann, als die Rechenschaft richtig und vollständig gewesen ist. Rechtshandlungen, über welche unrichtige Angaben gemacht sind, dürften nie als dechargirt gelten, ebenso wenig diejenigen, hinsichtlich deren eine Lücke in der Beantwortung des Fragentableaus rechtskräftig constatirt wird — solange die nachgeholte Ergänzung nicht in

*) Vgl. über die analogen Bestimmungen des belg. Rechts Art. 64 al. III bei Sachs a. a. O. S. 156.

einer neuen Generalversammlung erörtert worden ist. Gilt aber die Omission des Vorstandes als geheilt, oder wird sie vom Handelsrichter nicht anerkannt, so mufs auch die Decharge von selbst in Kraft treten.

Hierbei wäre noch besonders auszusprechen, dafs der Vorstand, welcher nicht verdiente Dividenden vertheilt hat, der Gesellschaft gegenüber persönlich und solidarisch zur Erstattung verpflichtet sei, wie die gleiche Vorschrift bereits zu Gunsten der Gläubiger oben (Abschn. VII § 3) in Vorschlag gebracht worden ist. Die nämliche Verpflichtung müfste auch dem Verwaltungsrathe zufallen, sofern die nicht verdienten Dividenden mit seiner Kenntnifs und ohne sein sachgemäfses Einschreiten zur Vertheilung gelangt sind. Diese specielle Regrefsverbindlichkeit, welche sonst bei der Verantwortlichkeit des Vorstandes resp. Verwaltungsraths zu erwähnen gewesen wäre, wird aus dem Grunde hier angeknüpft, weil sie eine gesetzliche Einschränkung des Rechts zur Dechargirung involviren mufs. Denn die entsprechende Pflicht der Verwaltungsorgane mufs von diesen selbst gegen den Willen der Generalversammlung erfüllt werden. Könnte eine rechtswidrige Vertheilung von Dividenden durch die Decharge sanctionirt werden, so liefse sich, wenn eine Actiengesellschaft thatsächlich keine Gläubiger hat, auf diesem Wege eine unanfechtbare Reduction des Grundvermögens ohne alle Umstände ganz im Geheimen und mit Umgehung der hierüber geltenden ausdrücklichen Vorschriften vollziehen. Will man dies verhindern, so mufs die Vertheilung nicht verdienter Dividenden als gar nicht dechargirbar erklärt und mit einer speciellen Regrefspflicht bedroht werden.

§ 9.

Veröffentlichung der Bilanz; Publicitätszwang; Semestralbilanzen.

Das Handelsgesetzbuch bestimmte schon in seiner ursprünglichen Fassung, dafs den Actionären spätestens in den ersten sechs Monaten jedes Geschäftsjahres eine Bilanz des verflossenen Geschaftsjahres vorzulegen sei; die Novelle hat diese Bestimmung dahin ergänzt, dafs die Bilanz innerhalb der gleichen Frist in der Form und in den öffentlichen Blättern, welche für die Bekanntmachungen der Gesellschaft in dem Gesellschaftsvertrage bestimmt sind, veröffentlicht werden solle*). Offenbar wollte man hierdurch den Actionären, welche die Generalversammlung nicht besuchen, zumal den auswärts wohnenden, Gelegenheit zum Einblick in die Geschäftslage geben. Anscheinend hat auch die Absicht vorgelegen, die gleiche Möglichkeit den Gläubigern zu gewähren; nebenher hat mit der obligatorischen Veröffentlichung einem zur Zeit besonders lebhaften Wunsche der öffentlichen Meinung entsprochen werden sollen**). Es besteht aber zwischen dem was angestrebt, und dem was festgesetzt worden ist, ein bemerkenswerther Unterschied. Gewifs hat für den sonst nicht unterrichteten Actionär und für den Gläubiger nur diejenige Bilanz einen Werth, welche geprüft und von der Generalversammlung anerkannt ist, nicht schon die, welche zwar vom Vorstand aufgestellt ist, ihrer Prüfung und Anerkennung aber noch entgegensieht. Das Gesetz verordnet indefs ohne weiteren Zusatz die Publication einer vom Vorstande festgestellten Bilanz; es kann sich also ereignen, dafs diese, nachdem sie bereits publicirt ist, noch Modificationen erfahrt, welche das Resultat abändern, während diese Aenderung den auswärtigen Actionären und den Gläubigern gar nicht bekannt wird. Die Praxis pflegt hier verbessernd einzugreifen. Man publicirt die Bilanzen meistens erst, nachdem sie die Generalversammlung passirt haben. Indefs würde gelegentlich einer Reform die naheliegende Richtigstellung der gesetzlichen Vorschrift nicht unterbleiben können, wenn die Pflicht der Publication überhaupt aufrecht erhalten wird. Ob dies geschehen solle, ist eine andere Frage. Das deutsche

*) Art. 239 H.-G.-B.

**) Vergl. Keyssner «Actiengesellschaften», S. 255, und Renaud a. a. O. S. 562; die Motive zur Novelle beschränken sich auf die Bemerkung, es werde nützlich sein, die Veröffentlichung der Bilanz durch die Gesellschaftsblätter vorzuschreiben, wie dies bisher schon vielfach geschehen sei. (Stenogr. Ber. S. 657.)

Recht stellt an die Actiengesellschaften betreffs der Publicität im Allgemeinen so weitgehende Anforderungen, wie sie anderen Rechten, z. B. dem englischen und französischen, nicht bekannt sind*); und es ist mindestens zweifelhaft, ob dieser Publicitätszwang, zumal in dem geltenden Umfange, berechtigt sei. Sicher ist, dafs er die Actiengesellschaften mit erheblichen Kosten belastet, welche für die kleinen, in enger geschäftlicher Thätigkeit sich bewegenden Localgesellschaften sehr lästig sind. Auch werden dadurch die Actiengesellschaften sämmtlich in eine gewisse illegitime Abhängigkeit von der Presse gebracht. Sie sind ohnehin der öffentlichen Kritik unterworfen, welche sich ihrer aus dem Grunde bemächtigt, weil der Kreis ihrer Interessenten unbekannt und im Lande zerstreut ist. Geschäftsleute sind aber ihrer ganzen Erziehung nach gegen die öffentliche Discussion ihrer Angelegenheiten ausnehmend empfindlich. Um also mit der gefürchteten Presse nicht in Conflict zu gerathen, «um Weiterungen zu vermeiden», wie Keyssner sagt**), bringen die Actiengesellschaften ihre Bilanzen und sonstigen Bekanntmachungen meist in weit mehr Blättern zum Abdruck, als für den Zweck der Veröffentlichung erforderlich wären. Sie bemühen sich, durch Zuwendung von Vortheilen eine wohlwollende Beurtheilung zu erlangen, oder wenigstens eine übelwollende abzuwenden. Andererseits ist nicht zu leugnen, dafs grofse Actiengesellschaften, zumal Banken und Eisenbahngesellschaften, deren Actien in Folge der gröfseren Ausdehnung ihres eigenen Geschäftsverkehrs in weiteren Kreisen bekannt werden, auch eine gröfsere Pflicht zur Publicität haben, sofern man nämlich das Princip anerkennen will, dafs den die Generalversammlung nicht besuchenden Actionären ein Einblick in die Geschäftslage in bequemer Weise ohne ihr Zuthun gewährt werden müsse.

In England und Frankreich gilt dieses Princip nicht.

Das englische Recht verordnet nur, dafs Banken, Versicherungsgesellschaften, Sparkassen und einige andere Arten

---

*) Vergl. Keyssner a. a. O. S. 256, Anm. 24.

**) Keyssner a. a. O.

von Actiengesellschaften zwei Mal des Jahres, am ersten Montag im Februar und am ersten Montag im August eine nach gesetzlichem Schema (nicht dem Schema für die *balance-sheet*) aufgestellte Bilanz vorlegen müssen*). Die Veröffentlichung hat aber nicht durch Zeitungen zu erfolgen, sondern wird in einem Jedermann zugänglichen Raume des Gesellschaftslocals zur allgemeinen Einsicht aufgelegt; es können auch dritte Personen gegen Entgelt Abschriften davon erhalten. Letztere Einrichtung beschränkt sich übrigens nicht auf die Bilanz; es müssen in diesem Local, dessen bereits Erwähnung geschah, (vgl. IV § 1) auch andere die Gesellschaft angehende Verzeichnisse mindestens während zweier Stunden an jedem Geschäftstage zur Einsicht für Jedermann ausliegen; und höchstens auf 30 Tage des Jahres darf diese continuirliche Offenlegung nach vorhergegangener Anzeige in den Zeitungen zu besonderen Zwecken sistirt werden**). Allerdings darf man, um den Werth dieser englischen Vorschrift und ihre Anwendbarkeit auf deutsche Verhältnisse zu beurtheilen, nicht übersehen, dafs die Gesellschaftsacte von 1862, der diese Einrichtung entstammt, Inhaberactien noch nicht kannte, und dafs also von der Sorge um die Informirung unbekannter Actionäre dort zur Zeit nicht die Rede war. Aber auch das französische Recht kennt eine Publication der Bilanz in öffentlichen Blättern nicht, sondern läfst es lediglich bei der schon erwähnten Bestimmung bewenden***), dafs vom Beginn der letzten 14 Tage vor der Generalversammlung jeder Actionär am Sitz der Gesellschaft Einsicht in das angefertigte Inventar und in die Liste der Actionäre nehmen und eine Copie der Bilanz, des Inventars und des Berichts der Commissäre fordern kann†). Es ist an dieser französischen Vorschrift sogar eine Beschränkung der früher bestandenen Publicität bemerkbar, da nach dem älteren Gesetz (vom 23. Mai

*) Art. 44 der Gesellschaftsacte von 1862, und Anlage D zu Schedula I.

**) Art. 32 und 33 der Gesellschaftsacte von 1862. (Vgl. Keyssner in Goldschmidt's Zeitschrift, Band VII., S. 559.)

***) Vgl. § 7 dieses Abschnitts.

†) Loi sur les sociétés art. 35.

1863) die Bilanz auch auf dem Handelsgerichtssecretariat hinterlegt werden mufste, und dadurch jedem Dritten zugänglich war*). Dagegen hat das neue belgische Gesetz die amtliche Bekanntmachung der Bilanz binnen einer vierzehntägigen Frist nach ihrer Feststellung durch die Generalversammlung auf Kosten der Gesellschaft ausdrücklich vorgeschrieben**).

Insoweit die Publication der Bilanz in öffentlichen Blättern den Interessen der Gläubiger dienen soll, mufs man in Abrede stellen, dafs die Position derselben hierauf ein Anrecht begründe.

Der Gläubiger hat nicht das Recht, gegen die Actiengesellschaft weitergehende Ansprüche auf Darlegung ihrer Vermögensverhältnisse zu erheben, als gegen einen privaten Schuldner. Wenn die Actiengesellschaft nur durch ihr Vermögen besteht, so berechtigt ihn dies wohl zu der Forderung, dafs sie dasselbe nicht aus eigener Willkür vermindere; hierfur sollen ihm auch Vorstand und Verwaltungsrath persönlich und solidarisch einstehen. Davon aber abgesehen, ist zwischen der Actiengesellschaft und dem Privatmann in der Eigenschaft als Schuldner kein Unterschied. Einem wie dem Andern wird nur mit Rücksicht auf sein Vermögen oder seinen Erwerb Credit gegeben; kein verständiger Geschäftsmann zieht bei der Creditgewährung Deckungsmittel in Betracht, über welche der Creditsucher zur Zeit nicht verfugen kann.

Und was die an der Generalversammlung nicht Theil nehmenden Actionäre anbelangt, so wäre es keine unberechtigte Zumuthung, dafs sie sich wegen Mittheilung der Bilanz ihrerseits an die Gesellschaft wenden sollten. Der einzige Vorzug des geltenden Publicitätszwanges liegt darin, dafs er für die Verwaltungsorgane weniger zeitraubend ist, indem er ihnen die Prüfung der Legitimation der sich meldenden

---

*) Keyssner «Actiengesellschaften» S. 257.

**) Art. 65 a. a. O. des belgischen Gesetzes: le bilan et le compte des profits et pertes doivent, dans la quinzaine après leur approbation, être publiés aux frais de la société et par les soins des administrateurs conformément au mode determiné par l'art. 10. Vgl. Sachs a. a. O., S. 164 ff.

Actionäre erspart. Wird aus diesem Grunde die Veröffentlichung der Bilanz durch sogenannte «Gesellschaftsblätter» aufrecht erhalten, so sollte man wenigstens den kleineren Actiengesellschaften die Wahl lassen, ob sie diesen Weg oder denjenigen der privaten Mittheilung an die einzelnen sich meldenden Actionäre vorziehen. Die Grenzlinie zwischen kleinen und grofsen Actiengesellschaften würde etwa der gegenwärtige Nominalbetrag von einer halben Million Thalern bilden können, also nach dem im Abschn. VIII § 2 bei Wegfall der Nominalbeträge projectirten Umrechnungsmodus die Stückzahl von dreitausend Actien. Eine Gesellschaft, welche nicht mehr als dreitausend Actien emittirt hat, sollte befugt sein, durch Statut anstatt der Veröffentlichung der Bilanz durch die Presse die private Mittheilung derselben an die sich meldenden Actionäre vorzuschreiben, oder auch der Generalversammlung die Bestimmung des Publicationsmodus von Jahr zu Jahr vorbehalten dürfen.

In jedem Falle aber wäre es erspriefslich, die vorerwähnte Einrichtung des englischen Rechts nachzubilden. Die Actiengesellschaften sollten ausnahmelos verpflichtet sein, während gewisser, durch Statut festzusetzender Stunden des Tages, und zwar mindestens zwei Stunden täglich, ein Local für Jedermann offen zu halten, in welchem man sich über Alles, was die Organisation der Gesellschaft betrifft, aus zur Einsicht offen liegenden Listen, Verzeichnissen etc. informiren könnte. Für die Befolgung dieser Vorschrift hätte der Vorstand bei Vermeidung von Geldstrafen zu sorgen. Die Actionäre sind gegenwärtig, wenn sie sich über die Organisation der Gesellschaft unterrichten wollen, allerhand Verdriefslichkeiten ausgesetzt. Gewifs kann eine Actiengesellschaft nicht überall Agenten unterhalten, welche Auskunft über sie ertheilen; aber an ihrem Domicil sollte doch alles Wissenswerthe ohne Umstände zu erfragen sein. Heutigen Tages macht es dem Actionär, welcher Anträge für die Generalversammlung vorbereiten will, oft schon Schwierigkeiten, zu ermitteln, wer der Vorsitzende des Aufsichtsraths sei, an welchen er sie nach Vorschrift des Statuts zu adressiren hat, wo derselbe wohne etc. In jenem Local müfsten Namens- und Wohnungsverzeichnisse des Vorstandes, der Procuristen, der Bevollmächtigten (unter wörtlicher Mittheilung ihrer Vollmacht), ebenso des Verwaltungsraths mit Angabe des Vorsitzenden und seines Stellvertreters, ferner eine Uebersicht über das Grundvermögen der Gesellschaft, der Betrag der darauf geleisteten und der etwa noch rückständigen Einzahlungen, aufserdem auch Exemplare des Gesellschaftsstatuts zur Einsicht ausliegen, und gegen Erlegung der Copialien sollten Jedem, der es fordert, Abschriften davon ertheilt werden. Durch dieses einfache, ohne Kostenaufwand herzustellende Mittel würde einem Uebelstande abgeholfen, welcher häufig genug Anlafs zu erbitterten Beschwerden gegeben hat. —

Endlich darf die Frage nicht übergangen werden, ob von Seiten des Gesetzes wegen der sogenannten Semestralbilanzen etwas zu verordnen sei. Wenn kürzere als einjährige wirthschaftliche Zeiteinheiten aus mannigfachen Ursachen nicht statuirt werden können, so ist doch die Dauer eines Jahres für den Actionär, welcher über den Werth seines Vermögens genau unterrichtet bleiben will, ein gar langer Zeitraum, und das Bedürfnifs, in kürzerer Frist amtliche Mittheilungen darüber zu erhalten gewifs nicht unberechtigt. Einige Gesetze anderer Staaten tragen demselben auch bereits Rechnung — das englische hinsichtlich der wichtigsten, die grofse Mehrheit bildenden Actiengesellschaften in der bereits erwähnten Weise — das französische, insofern der Vorstand jeder anonymen Gesellschaft dort verpflichtet ist, halbjährlich eine summarische Uebersicht der Activa und Passiva zu fertigen und dieselbe zur Verfügung der Commissarien zu halten*). Eine Mehrbelastung der Gesellschaftsvorstände läge in dieser Verpflichtung auch für deutsche Verhältnisse nicht; denn es ist schon jetzt allgemein üblich, solche Uebersichten nach Verlauf der ersten Hälfte des Geschäftsjahres herzustellen. Geschieht dies, und verfolgt ein grofser Theil der Verwaltungen, wie thatsächlich der Fall ist, die Praxis, diese Bilanzen zur Kenntnifs der Actionäre zu bringen, so ist es besser, hieraus eine allgemein geltende

---

*) Loi sur les sociétés, art. 34.

Pflicht zu machen. Man könnte bestimmen, dafs spätestens einen Monat oder fünfundvierzig Tage nach Ablauf der ersten Hälfte des Geschäftsjahres der Vorstand jeder Actiengesellschaft schuldig sei, eine summarische Uebersicht der Activa und Passiva, wie sich diese als Resultat der ersten sechs Monate ergeben, den Actionären zugänglich zu machen, und zwar durch Aushang in dem projectirten öffentlichen Local, aufserdem auch durch private Mittheilung an die einzelnen sich meldenden Actionäre oder durch Publication in den Gesellschaftsblättern, je nachdem das eine oder das andere dem Vorstand zweckmäfsiger erschiene. Selbstverständlich müfste die Erfüllung dieser Pflicht eventuell durch Anrufung des Handelsrichters, welcher nach Prüfung der Sachlage Executionsmaafsregeln zu verhängen hätte, für den Verwaltungsrath sowohl als auch für den einzelnen Actionär erzwingbar gemacht werden.

---

§ 10.

Theilnahme sämmtlicher Actionäre an der Generalversammlung.

Es ist zum Schlufs noch erforderlich, die Rechtsfolgen festzustellen, welche die Betheiligung sämmtlicher Actionäre an einer Generalversammlung logischer Weise hervorrufen mufs. Fälle dieser Art kommen zuweilen vor, meistens bei solchen Actiengesellschaften, die von vorn herein nur auf einen ganz engen Kreis von Theilnehmern berechnet worden sind, zuweilen auch da, wo diese Absicht nicht vorgelegen hat, und gegen den Willen der Actionäre, welche die Actien der von ihnen hergestellten Gesellschaft wider Erwarten nicht zu veräufsern vermocht hatten. Diese Generalversammlungen haben Anspruch auf eine gröfsere Freiheit der Bewegung; sie können solchen Vorschriften nicht unterstellt sein, welche nur aus der Rücksicht auf die nicht Theil nehmenden Actionäre entspringen. Wenn eine Generalversammlung alle Actionäre vereinigt, so kann es zur Giltigkeit ihrer Beschlüsse keines Nachweises über die Legalität ihrer Berufung oder über die Publication der Tagesordnung bedürfen; denn Beides wird nur im Interesse Derjenigen erfordert, welche nicht erschienen sind. Eine Generalversammlung solcher Art mufs alle Beschlüsse, selbst den Auflösungsbeschlufs, ohne Weiteres votiren dürfen. Und findet ferner das Princip Billigung, dafs die Gläubiger kein Anrecht auf die Mittheilung der Bilanz haben, so sollte eine ordentliche Generalversammlung, in welcher alle Actionäre vertreten sind, mit Einstimmigkeit auch die Publication ihrer Bilanz untersagen dürfen; denn ihre Theilnehmer repräsentiren die Gesammtheit derjenigen, welche auf jene Publication einen gesetzlichen Anspruch haben. Es ist nicht überflüssig, diese Ausnahmen von der Regel im Gesetz zum Ausdruck zu bringen; geschieht dies nicht, so sind Zweifel über die Rechtsbeständigkeit der ohne Beobachtung jener Vorschriften abgehaltenen Generalversammlungen nicht zu überwinden; und daraus folgen für die betreffenden Gesellschaften unnütze Erschwerungen ihrer geschäftlichen Thätigkeit.

X.

Sonderrechte.

Der Einblick in die Rechtsentwickelung führt allenthalben zu der wenig erfreulichen Erkenntnifs, dafs die Abklärung der einzelnen Rechtsinstitute nicht durch Gluck, sondern durch Unglück am meisten gefördert wird. Fortschritte in der Erkenntnifs des Wesens der rechtlichen Institutionen bauen sich zumeist auf schmerzlichen Erlebnissen der Einzelnen auf. Auch die jüngste Periode des deutschen Geschäftslebens hat in Folge ihrer unglücklichen Einwirkungen auf die Schicksale der Einzelnen eine Fülle von Erfahrungen auf dem von ihr hauptsächlich ausgebeuteten Rechtsgebiete, dem Actienrecht, gezeitigt; und ganz insbesondere gilt dies von dem in dem gegenwärtigen Abschnitt zu erörternden Institute der Sonderrechte. Der leidenschaftliche Kampf, welcher, durch das allgemeine Mifsgeschick hervorgerufen, aller Orten entbrannte und von dem nur sehr wenige Actiengesellschaften ganz verschont geblieben sind, hat sich in vielen Fällen zum Streite darüber zugespitzt, inwieweit der einzelne Actionär genöthigt oder nicht genöthigt sei, den eigenen Willen demjenigen der compacten Majoritäten, welche die oligarchische Veranlagung der Actiengesellschaften erzeugte, zu unterwerfen. Durch manche mühevolle und zum Theil ganz hoffnungslose Bestrebungen der Interessenten, welche mit Hilfe eigener Ideen unheilbar Ruinirtes zu bessern trachteten, ist die genannte Rechtsmaterie, in welcher jene Streitfragen sich bewegten, in solchem Maafse flüssig geworden, dafs es absolut nothwendig erscheint, dieses Institut der Sonderrechte bei einer gesetzgeberischen Reform in sorgfältige Erwägung zu ziehen.*)

Die Erledigung dieser Aufgabe mufs aber ihre Basis in einer Untersuchung des Wesens der Sonderrechte finden.

Die Theorie kennt gegenüber allen Genossenschaften gewisse Rechte, Sonderrechte *(jura singulorum)***), welche das Mitglied einer Genossenschaft als solches unabhängig von dem Willen der letzteren geltend machen oder ausüben kann. Das Characteristische dieser Rechte besteht darin, dafs sie einen Gegensatz zu den Befugnissen der für die Ordnung der Genossenschaftsverhältnisse eingesetzten Organe bilden; bei den Actiengesellschaften stehen sie also in einem Gegensatz zu den Rechten der Generalversammlung. Das Handelsgesetzbuch äufsert sich über dieselben nicht mit directen Worten; ihre Ergründung ist in höherem Maafse, als es für einen geordneten Rechtszustand dienlich sein kann, der Rechtsprechung anheimgegeben. Und die Aufgabe der letzteren ist um so schwieriger, als die Sonderrechte nicht aus bestimmten Gesetzesstellen, vielmehr aus der allgemeinen rechtlichen Natur der Actiengesellschaft abzuleiten sind. Deshalb ist es auch nicht von Einflufs auf sie, wenn etwa das Actienrecht irgend welche Modificationen im Einzelnen erfährt; sie erleiden Umwandlungen nur insoweit, als die Grundprincipien des Actiengesellschaftsrechts durch die allgemeine Fortbildung des Instituts alterirt werden.

Die allgemeinste Directive für die Erforschung der Sonderrechte ist aus der Stellung herzuleiten, welche man in der Genossenschaft dem Gesammtwillen, oder, was praktisch das allein Wichtige ist, seinem legalen Vertreter, dem Majoritätswillen gegenüber dem Einzelwillen glaubt einräumen zu müssen. Es giebt Schriftsteller älteren und neueren Datums, welche dem Majoritätswillen im Interesse der Corporationen oder Genossenschaften eine so grofse Bedeutung beimessen, dafs sie ihn als das eigentliche Subject der Corporations- oder

*) Dies erkennt auch die preufs. Denkschrift an. (S. 28 ad III.)

**) quae pluribus ut singulis competunt.

Genossenschaftsrechte betrachten.*) Wäre das richtig, so könnten jene Rechte immer nur als besonders begründete Ausnahmen von der Regel Geltung erlangen. Der erwähnten Ansicht mangelt indefs ein zureichender innerer Grund, sie beruht auf einer übertriebenen Vorstellung von dem Werthe der für die Etablirung des Majoritätswillens im Bereiche der Genossenschaft mafsgebenden Ursachen. Das Wesen einer Genossenschaft wurzelt keineswegs in dem Princip, für die Ausübung eines projectirten Zwecks an Stelle des Willens aller Einzelnen einen Majoritätswillen walten zu lassen. Der Majoritätswille ist vielmehr ein Nothbehelf, man könnte ihn beinahe ein nothwendiges Uebel nennen. Seine Etablirung ist das Opfer, welches alle Einzelnen zu bringen haben, um die Erfüllung des gemeinschaftlich verfolgten Zwecks zu ermöglichen. Das Wesen einer Corporation als solche würde gar nicht alterirt, wenn das Statut zu Beschlüssen über wichtigere Fragen oder selbst zu allen Beschlüssen Einstimmigkeit erforderte; nur in ihrer Handlungsfähigkeit wäre eine mit solchen Verfassungsbestimmungen behaftete Corporation aufserordentlich beschränkt. Der Majoritätswille gilt also, wie dies schon wiederholt ausgesprochen worden ist, lediglich aus Rücksichten der Zweckmäfsigkeit.**)

In dieser Erkenntnifs liegt eine wichtige allgemeine Directive für die Erforschung der Sonderrechte; aber sie ist für sich allein zur Ergründung derselben bei Weitem nicht ausreichend. Hierzu bedarf es vielmehr der Vertiefung in das Wesen jeder einzelnen Genossenschaft. Jede derselben, insbesondere jede Erwerbsgenossenschaft, hat ihre eigenen Sonder-

*) Vergl. über diese Auffassung die Ausführungen von Savigny, System, Bd. II S. 329 ff. Von neueren Schriftstellern vertreten dieselbe hauptsächlich v. Hahn a. a. O. S. 615 ff., Anschütz und Volderndorff a. a. O. S. 490 ff., Puchelt a. a. O. Bd. I S. 439.

**) Savigny (a. a. O.) erkennt gleichfalls nur an, dafs überall, wo der Wille einer Versammlung zu entscheiden hat, Einstimmigkeit zu erreichen höchst schwierig, und von Zufällen in einer die lebendige Wirksamkeit der Versammlung ungemein hemmenden Weise abhängig ist, dafs es deshalb räthlich und zweckmäfsig sei, die Macht des gemeinsamen Willens auch schon einer Mehrheit beizulegen.

rechte, welche immer mit ihrer speciellen Aufgabe in einem intimen Zusammenhange stehen.

Diese Erwerbsgenossenschaften haben sich neuerdings in wahrhaft rapider Weise entwickelt; es kann in ihrer Entwickelung beinahe die wirthschaftliche Signatur unserer Zeit gefunden werden. Societät und Corporation machen nicht mehr die ausschliefslichen Unterschiede aus; es sind Zwischengebilde bemerkbar, welche von der reinen Societät ausgegangen, allmälig dem Schwergewicht ihres Zwecks nachgebend, eine besondere Gestalt angenommen und sich der Corporation genähert haben, ohne doch vorerst in der Jurisprudenz als solche zu gelten. Und diese Eigenthümlichkeiten ihres Wesens kommen bei Untersuchung der Sonderrechte vorzugsweise in Betracht.*)

Auch die Actiengesellschaft gehört zu diesen Gebilden; sie hat nur den Vortheil, etwas älter zu sein als die anderen, und vermöge der aufserordentlichen Vorzüge ihrer rechtlichen Structur, durch welche ihre praktische Verwendbarkeit wesentlich gefördert wurde, bereits als wirkliche Corporation Anerkennung und juristische Ausbildung gefunden zu haben. Als die Actiengesellschaft zuerst in Deutschland gröfsere Bedeutung erlangte, wurde sie zweifellos noch für eine Gesellschaft gehalten, wie sich dies z. B. für Preufsen an gewissen grundsätzlichen Unterschieden zwischen dem Gesetze von 1843 und den Vorschriften des Handelsgesetzbuchs erkennen läfst.**) Es ist auch gewifs weder ein blofser Zufall noch ein fehlerhafter Sprachgebrauch, dafs diese Genossenschaft, für welche man jetzt den ihre corporative Natur besser kennzeichnenden Ausdruck «Actienverein» einbürgern will, ursprünglich als «Gesellschaft» bezeich-

---

*) Treffend bemerkt in dieser Beziehung Foerster (Theorie und Praxis des heutigen gem. pr. Privatrechts, Bd. IV S. 370), dafs diese Theorie überhaupt noch sehr jung sei, und dafs der moderne Verkehr mit seinem freigestalteten Vereinswesen, mit der täglich wachsenden Mannigfaltigkeit von Gemeinschaftszwecken immer neue Bildungen hervortreibe, die sich zur Zeit noch in einer unklaren Gährung befinden und ihre rechtliche Festigkeit wohl erst erlangen werden, wenn die Strömung einigermafsen zum Stillstand gebracht ist.

**) Vergl. hierzu Renaud in Goldschmidts Zeitschr. Bd. XIII S. 145 ff.

net wurde.*) Die Actiengesellschaft galt in der That ursprünglich als eine Gesellschaft; aber die Entwickelung, auf welche die Eigenthümlichkeit ihres Wesens sie hindrängte, hat nach und nach zu der Erkenntnifs geführt, dafs sie eine Corporation sei. In weniger vorgeschrittenen Gährungsprozessen ähnlicher Art bewegen sich andere Genossenschaften von jüngerem Lebensalter.

Es ist nicht zu verwundern, dafs dieser raschen, fast zu raschen Entwickelung die Theorie gerade auf dem Gebiete der Sonderrechte nicht zu folgen vermocht hat. Die Sonderrechte sind nicht das Erste, um was es sich bei der Entwickelung neuer Genossenschaften handelt; sie kommen immer erst in Betracht, wenn ein Streit über die Interessen entsteht, sodafs sie sich, wie schon gesagt, in glücklichen Epochen am kärglichsten entwickeln. Eine neu vorzunehmende wissenschaftliche Untersuchung, welche sich über das ganze Gebiet der Sonderrechte erstreckte, würde jedenfalls die staatsrechtlichen Genossenschaften von den privatrechtlichen grundsätzlich trennen müssen. Die letzteren, insbesondere die Erwerbsgenossenschaften, und unter ihnen in erster Linie die Actiengesellschaft, haben so viele und hervorstechende Eigenthümlichkeiten, dafs es ganz werthlos wäre, ihre Sonderrechte noch ferner in Gemeinschaft mit jenen abzuhandeln. Die bisher auf diesem Gebiete angestellten Untersuchungen sind meistens noch nicht von dieser Annahme geleitet gewesen. Es werden dort häufig Corporationen des öffentlichen und privaten Rechts, Gemeinden, nämlich Stadt- und Kirchengemeinden, Zünfte und Gewerkschaften, neben Genossenschaften im modernsten Sinne, insbesondere auch neben den Actiengesellschaften abgehandelt. Schon hieraus ist zu folgern, dafs aus den von der Wissenschaft gemachten Untersuchungen die angestrebte Erforschung der Sonderrechte der Actiengesellschaften nicht ohne Weiteres wird abgeleitet werden können. Dennoch ist es unbedingt erforderlich, das von der Wissenschaft dargebotene Material kennen zu lernen.

*) Renaud nennt in seinem Recht der Actiengesellschaften diese consequent «Actienverein»; auch v. Hahn erklärt (a. a. O. S. 613 Anm. 1) diese Bezeichnung für die correctere.

Es ist zunächst ein Aufsatz von Langenn und Kori über Sonderrechte zu erwähnen,*) in welchem Folgendes dargelegt wird: Der Zweck einer Corporation sei nie oder nur sehr selten erreichbar, wenn Einstimmigkeit verlangt werde; aus Rücksichten der Zweckmäfsigkeit sei daher der Majoritätswille etablirt, welcher indefs gewisse selbstverständliche Grenzen finde. Der Majoritätswille reiche nicht aus zu Eingriffen in die Rechte einzelner Mitglieder aufserhalb der Gemeinheitsangelegenheiten, und es seien aufserdem drei Fälle zu unterscheiden, bis an welche er gleichfalls nicht heranreiche, nämlich erstens, wenn die Verfassung der Gemeinheit so abgeändert werden solle, dafs allen Mitgliedern neue Verpflichtungen auferlegt werden, oder zweitens so, dafs alle Mitglieder gewisse aus der Gemeinheit für sie hervorgehende Vortheile verlieren sollen; (in diesen beiden Fällen sei vielmehr die Zustimmung jedes einzelnen Mitgliedes erforderlich.) Drittens sei der Majoritätswille auch ausgeschlossen, wenn gewissen Mitgliedern bestimmte Vortheile, die ihnen vor allen anderen durch die Verfassung zugesprochen sind, entzogen werden sollen. In diesem Falle bedürfe es neben der ausdrücklichen Zustimmung jedes betroffenen Mitgliedes noch der Majorität aller übrigen. Ueberdies reiche auch der Majoritätswille nicht aus, wenn ein Beschlufs über die Aufhebung der Gemeinheit zu fassen ist.

Diese Unterscheidungen sind an sich logisch und scharfsinnig, aber offenbar ganz unzureichend für eine Ergründung der Sonderrechte bei den Actiengesellschaften. —

Der Gegenwart viel näher liegend und daher auch schon in einer gewissen Fühlung mit den Interessen der modernen Erwerbsgenossenschaften ist, was Stobbe in seinem deutschen Privatrecht über die Sonderrechte lehrt.**) Nach seiner Ansicht mufs man, falls die Statuten nicht ein Anderes bestimmen, bei

*) Langenn und Kori, Erörterungen, Bd. II S. 177 (aus dem Jahre 1830).

**) Handbuch des deutschen Privatrechts von Otto Stobbe, Bd. I S. 351 ff. (Leipzig 1870).

den Corporationen Einstimmigkeit*) aller Mitglieder erfordern, sobald Rechte, welche dem Einzelnen als Mitglied der Corporation oder sonst zustehen (*jura singulorum* im Gegensatz der *jura universitatis*), abgeändert oder aufgehoben werden sollen. Hierbei ist aber nach Stobbe's Meinung zwischen öffentlichen und privatrechtlichen Corporationen ein Unterschied zu machen, indem bei den letzteren alle Vermögensrechte, welche die einzelnen Mitglieder auf Grund der Statuten besitzen, als durch ihre Mitgliedschaft erworbene *jura singulorum* zu betrachten seien. Stobbe bemerkt dann weiter, dafs die Verschiedenheit der Corporationen und die Mannigfaltigkeit der Verhältnisse sowie die Rechte der Mitglieder es schwierig und bedenklich machen, allgemein gültige Grundsätze auszusprechen; er stellt indefs doch für die privatrechtlichen Corporationen folgende Grundsätze auf:

Erstens dürfe die Majorität nicht die Verpflichtungen der einzelnen Mitglieder vermehren oder erschweren, insbesondere nicht die Beiträge oder die Haftpflicht für die Schulden des Vereins erhöhen.

Zweitens können die einzelnen Mitgliedern auf Grund eines besondern Titels, und die einer bestimmten Classe von Mitgliedern zukommenden Vortheile aus dem Genossenschaftsverbande ihnen nicht durch Majoritätsbeschlufs genommen, sondern nur mit ihrer Zustimmung vermindert, oder materiell verändert werden.

An diesen Lehrsätzen ist gegenüber den Ausführungen von Langenn und Kori ein erheblicher Fortschritt zu constatiren. In der Erkenntnifs, dafs die *jura singulorum* der privatrechtlichen Corporationen sich mit den Vermögensrechten der Einzelnen decken, liegt zwar noch keine erschöpfende Klärung, wohl aber ein richtiger Wegweiser für die Ermittelung jener wichtigen Sonderrechte des Actienrechts, welche unter dem Namen «Individualrechte» bekannt sind. Und die in dem letztern Grundsatz aufgeführten Rechte sind,

*) Es ist aus dem Zusammenhange zu entnehmen, dafs Stobbe hierbei nicht blos die Einstimmigkeit der in einer Mitgliederversammlung Erschienenen, sondern die Zustimmung jedes einzelnen Mitgliedes der Corporation im Auge hat.

wie sich weiterhin ergeben wird, in einer anderen Classe der bei den Actiengesellschaften hervortretenden Sonderrechte wiederzuerkennen. (Sie fallen mit der dritten Classe von Langenn und Kori zusammen.) Aufserdem leitet die schärfere Unterscheidung zwischen staatsrechtlichen und privatrechtlichen Corporationen ganz von selbst auf den schon erwähnten Umstand hin, dafs die Sonderrechte sich aus dem Zweck und der Natur der einzelnen Genossenschaften ergeben, und deshalb je nach der Verschiedenheit der letzteren bei den einzelnen Gattungen verschiedenartigen Inhalts sein müssen. —

Noch jünger als das Stobbe'sche Werk ist ein Aufsatz von Laband: «Ueber den Begriff der Sonderrechte», welcher der Hauptsache nach staatsrechtlichen Inhalts, doch dem Gebiete des Privatrechts einen eigenen Abschnitt widmet*). Laband legt dar, dafs in der älteren Jurisprudenz unter Sonderrechten die hergebrachten Rechte der Mitglieder ohne allen Zusammenhang mit den Zwecken der Corporation verstanden worden seien, während die neuere Literatur darunter diejenigen Rechte verstehe, welche den Mitgliedern einer Corporation als solchen zustehen. Im Allgemeinen constituire die Verfassung einer Corporation zwar für ihre Mitglieder Rechte und Pflichten; diese seien aber um der Corporation willen gegeben. Die Vorschriften der Corporation erleiden also Ausnahmen, wenn auf Grund der Mitgliedschaft ein Recht von dem Einzelnen mit der Wirkung erworben sei, dafs es dadurch aus dem der Corporation unterworfenen Herrschaftsgebiete ganz ausscheide. So sei z. B. das Recht des Actionärs auf Dividende ein Mitgliedschaftsrecht, welches durch Abschreibungen etc., wie sie die Generalversammlung beschliefst, alterirt werden könne. Dagegen sei das Recht auf eine Quote der festgestellten Dividende ein Sonderrecht; es sei nicht mehr in der Mitgliedschaft enthalten, sondern aus derselben herausgewachsen und zu unabhängiger Existenz gelangt.

---

*) Abgedruckt in Hirth's Annalen, Jahrgang 1874; Abschn. III behandelt die privatrechtliche Seite.

Neben dieser von ihm speciell hervorgehobenen Art bezeichnet Laband als Sonderrechte ferner diejenigen, welche einzelnen Mitgliedern oder einzelnen Classen von Mitgliedern auf Grund des Statuts oder auf Grund von Rechtsgeschäften zustehen. Solche Rechte können, wie er darlegt, entweder in positiven Befugnissen oder in der Befreiung von Lasten bestehen; sie kommen zum Ausdruck durch Nichtanwendung der Verfassung auf die betreffenden Mitglieder und seien daher Majoritätsbeschlüssen nicht unterworfen*). Eine dritte Classe von Sonderrechten ergebe sich endlich aus dem Princip, dafs es der Majorität nicht zustehe, einzelnen Mitgliedern Befugnisse zu entziehen oder besondere Leistungen zuzumuthen**).

Die Laband'sche Classificirung der Sonderrechte behandelt die privatrechtlichen Gattungen ganz für sich, und läfst bereits eine systematische Gegenüberstellung der drei von ihrem Urheber unterschiedenen Classen zu. Ohne es selbst auszusprechen, stellt Laband in seiner Reihenfolge einander gegenüber:

a) diejenigen Rechte, welche durch die Constituirung der Mitgliedschaft in dieser als Sonderrechte begründet werden;

b) diejenigen, welche neben der Mitgliedschaft als Sonderrechte begründet werden; und

c) diejenigen, welche zur Wahrung der Mitgliedschaftsrechte als Sonderrechte begründet werden.

Seine zweite und dritte Classe ist übrigens congruent den beiden von Stobbe für privatrechtliche Corporationen gegebenen Unterscheidungen***).

---

*) Hierbei ist auf den § 68 Tit. 6 Th. II preufs. A. L.-R. und auf § 54 des sächsischen Gesetzbuchs verwiesen.

**) Es ist hierbei auf § 69 Tit. 6 Th. II preufs. A. L.-R. hingewiesen.

***) Bedenken erregt die Ansicht Laband's, dafs der Anspruch auf Dividende ein aus dem Mitgliedschaftsrechte herauswachsendes Sonderrecht sei. Das Recht auf Dividendenzahlung ist vielmehr ein selbstständiges, gleich mit dem Gesellschaftsvertrage entstehendes; es hat nur die Eigenthümlichkeit, dafs es nicht öfter als ein einziges Mal im Jahre fällig wird. Diese Eigenthümlichkeit beruht aber nicht in einer besonderen Beschaffenheit des Rechtes selbst, sondern in der allgemeinen Vorschrift, dafs die wirthschaftlichen Zeiteinheiten auf Jahreslänge zu bemessen sind. Gäbe es eine Actiengesellschaft,

Seit dem Erscheinen des Laband'schen Aufsatzes sind, soweit ersichtlich, allgemeine wissenschaftliche Untersuchungen der Sonderrechte nicht publicirt worden. Dagegen hat, was speciell die Actiengesellschaften anbelangt, Thöl*) eine Classificirung der Sonderrechte (von ihm auch «Einzelrechte», «Alleinrechte» genannt) unternommen. Nach seiner Auffassung findet die Unterwerfung jedes Actionärs unter den Willen der übrigen, der Verzicht auf den eigenen Willen, eine Grenze im Statut, oder im Gesetz, oder in dem offensichtigen wenngleich nicht ausgesprochenen Willen. Daher beruht nach Thöl das Sonderrecht auf Statut, Gesetz oder offensichtigem Willen; was den letztern betrifft, so gehören ihm jener Auffassung gemäfs diejenigen Rechte an, «welche für verschiedene einzelne Actionäre qualitativ verschieden sind, also nicht gleichmäfsig in gemeinsamen Interessen bestehen».

Diese Classificirung zeigt eine nahe Verwandtschaft mit den Laband'schen Unterscheidungen. In den aus dem Statut hervorgehenden Sonderrechten kann man einen Theil der ersten Laband'schen Classe, nämlich derjenigen Rechte erkennen, welche durch Constituirung der Mitgliedschaft in dieser als Sonderrechte begründet werden. Die durch offensichtigen Willen entstehenden bilden einen Theil jener zweiten Classe, d. h. der neben der Mitgliedschaft geltenden; und die aus dem Gesetz selbst hervorgehenden entsprechen in der

---

welche täglich ihren Abschlufs und ihre Gewinntheilung vornähme, so würde das Recht auf Dividende jeden Tag zur Geltung gelangen. Wo ein jährlicher Abschlufs stattfindet, ist es nur ein Mal im Jahre fällig, und überdies an die Bedingung, dafs Gewinn vorhanden sei, geknüpft. — Thöl erklärt (a. a. O. Bd. I, S. 489) dieses Recht als ein solches, welches seinem Inhaber zwar als Gesellschafter zustand, ihm aber nicht mehr als ein solches zusteht, da es ihm vielmehr als Inhaber des Dividendenscheins zustehe. Das ist noch weniger zutreffend. Der Dividendenschein ist überhaupt kein Essentiale des Actionärrechts; es giebt Actiengesellschaften, welche gar keine Dividendenscheine ausstellen. In der Hand des Besitzers der Actien ist der Dividendenschein nur ein Legitimationspapier zur bequemen Abhebung der Dividende; eine weitere Bedeutung erlangt er erst im Falle seiner Veräufserung. Dann erhebt sein Besitzer die Dividende als Rechtsnachfolger des Actionärs. Immer ist es also der Actionär, dessen Recht durch die Dividendenerhebung zur Ausübung gelangt.

*) Thöl a. a. O. 5. Auflage, Bd. I § 161.

Mehrzahl jener dritten Classe: es sind diejenigen Sonderrechte, welche zum Schutz der Mitgliedschaft dem einzelnen Actionär constituirt werden. —

So werthvolles juristisches Material zweifellos in den vorstehend erwähnten wissenschaftlichen Untersuchungen enthalten ist, so gering erscheint doch, wie schon bemerkt, die Aussicht, allein mit seiner Hilfe und unter Anleitung der daraus gewonnenen Resultate das Wesen der Sonderrechte vollständig aufzuklären. Die Ursache hiervon dürfte darin liegen, dafs jene Unterscheidungen es sämmtlich unterlassen, die juristischen Eigenthümlichkeiten der einzelnen instinctiv als Sonderrechte erkannten Befugnisse aufzusuchen und festzustellen. Wählt man diesen Weg, so gelangt man sehr bald zu der Erkenntnifs, dafs der Begriff «Sonderrechte» nicht eine einzige Gattung von Rechten in sich schliefst, dafs er vielmehr eine ganze Reihe zwar verwandter, aber in ihren Eigenthümlichkeiten wesentlich verschiedener Arten begreift, welche gegenwärtig wegen der unzureichenden Klärung des Rechtsgebiets allesammt unter einem gemeinschaftlichen Namen passiren.

Es sei im Folgenden der Versuch gemacht, auf diesem Wege dem erstrebten Ziele näher zu kommen.

Als eine ganz für sich bestehende Classe erscheinen zunächst diejenigen Rechte, welche bei Abschlufs der die Actiengesellschaft herstellenden Verträge einzelnen Personen zu Lasten der Gesellschaft constituirt worden sind. Sie haben mit der Mitgliedschaft gar nichts gemein, brauchen wenigstens nichts mit ihr gemein zu haben. Selbst wenn die Erwerber dieser Rechte mit zu den ersten Zeichnern gehören, zählen doch die Rechte selbst nicht zu den eigentlichen Sonderrechten; denn sie stehen nicht den Mitgliedern als solchen zu. Hauptsächlich gehören hierher die Gründerrechte. Ihre Erfüllung schuldet die Gesellschaft so, wie sie die Erfüllung der im Geschäftsbetriebe übernommenen Verpflichtungen schuldet. Man kann diese Rechte, weil sie zu der Mitgliedschaft in keiner Beziehung stehen, «Separatrechte» nennen.

Eine zweite, der ersten nahe verwandte Classe unterscheidet sich von jener nur in dem wichtigen Punkte, dafs die ihr angehörigen Rechte mit der Mitgliedschaft verbunden sind, also von Actionären als solchen besessen und durch Veräufserung der betreffenden Actien mit veräufsert werden. Die Praxis kennt eine wichtige Species derselben in den Stammprioritäten. Insoweit Rechte aus Stammprioritäten anders geartet sind, als diejenigen aus den gemeinen Actien, repräsentiren sie ebenfalls separate Rechte, nur mit dem Unterschied, dafs der separate Theil des Rechts der Mitgliedschaft anhaftet. Es würde für sie die Bezeichnung «prioritätische Rechte» angemessen sein.

Im Umfange des prioritätischen Inhalts, soweit sich also z. B. das Recht aus der Prioritätsactie über dasjenige aus der gemeinen Actie erhebt, oder im Zusammenhange mit seiner besseren Qualität von jenem abweicht, stehen die Besitzer von Prioritätsactien den gemeinen Actionären wie Contrahenten eines Separatvertrags gegenüber. Daraus folgt, dafs ein Eingriff in die prioritätischen Rechte nicht durch einfachen Majoritätsbeschlufs der Generalversammlung geschehen kann. Eine Aenderung derselben ist wie die Aenderung eines Vertrags nur mit beiderseitiger Zustimmung möglich. Dieselbe bedarf also zu ihrer Giltigkeit der Einwilligung der Stammprioritäts-Actionäre und eines entsprechenden Majoritätsbeschlusses der gemeinen Actionäre; daraus ergiebt sich, dafs die Generalversammlung in solchen Fällen bei der Abstimmung zu einer *itio in partes* schreiten mufs. Fraglich könnte nur sein, ob die Stammprioritäts-Actionäre ihren Willen ebenfalls durch Majoritätsbeschlufs festzustellen haben, oder ob Einstimmigkeit Aller, d. h. Zustimmung jedes Einzelnen nöthig ist. Zieht man in Betracht, dafs das prioritätische Recht nicht jedem Einzelnen, sondern der Gesammtheit als solcher verliehen ist, dafs übrigens jene Rücksichten der Zweckmäfsigkeit, welche in der Actiengesellschaft überhaupt auf einstimmige Willenserklärungen verzichten lassen, auch gegenüber einer ganzen Classe von Actionären Platz greifen, so möchte man sich *de lege ferenda* wohl für den Majoritätsbeschlufs entscheiden, während freilich die gleiche Entscheidung bei Auslegung des geltenden Rechts höchstens den Werth einer Ansicht haben kann*).

Eine dritte Classe bilden diejenigen Sonderrechte, deren Eigenthümlichkeit darin besteht, dafs sie nur einzeln, von jedem Actionär für sich, geltend gemacht werden können. Sie sind wenig zahlreich. Zu ihnen gehört hauptsächlich die Befugnifs des Actionärs, in Prozessen der Generalversammlung gegen die Vorstands- und Aufsichtsrathsmitglieder accessorisch zu interveniren**), eine Befugnifs, deren wesentliche Ausdehnung bereits vorgeschlagen wurde***). Wegen der eigenthümlichen Art ihrer Ausübung könnte man diese Rechte «Einzelrechte» nennen; trotz ihrer geringen Anzahl kennzeichnen sie sich als eine besondere Gattung.

In den bisher ermittelten drei Classen finden zahlreiche Sonderrechte noch kein Unterkommen; gerade diejenigen sind noch nicht classificirt, welche, nach einzelnen Beispielen zu urtheilen, die gröfste Bedeutung haben. Die Befugnifs des einzelnen Actionärs, gegen die Ausführung von nach Inhalt der Tagesordnung nicht zulässigen Generalversammlungsbeschlüssen einzuschreiten, das Recht zur Anfechtung von Beschlussen der Generalversammlung, welche nicht mit der statutenmäfsig erforderlichen Zweidrittel-Majorität sondern nur mit einfacher Majorität gefafst sind, das Recht zur Anfechtung einer Transaction zwischen Vorstand und Zeichnern, durch welche vereinbart wird, dafs die Erfüllung einer Zeichnungsverbindlichkeit nicht mittelst der versprochenen Baarzahlung,

*) Die nämliche Auffassung ist betreffs der *itio in partes* schon bei Langenn und Kori anzutreffen, die prioritätischen Rechte decken sich mit der dritten Classe der dort unterschiedenen; dagegen wird von Langenn und Kori zu allen Aenderungen die Zustimmung jedes einzelnen Berechtigten erfordert. (Diese Classe kehrt auch bei Stobbe und Laband wieder.)

Zu einem ähnlichen Resultat betreffs der *itio in partes* gelangt das R.-O.-H.-G.; vergl. Entsch. Bd. XX S. 93 ff. und das bisher nicht abgedruckte Erkenntnifs Stafsfurter Chemische Fabrik wider Dulheur vom 24. Sept. 1878. Dagegen ist die Frage, ob jeder einzelne Prioritäts-Actionär oder nur die Majorität zustimmen müsse, in dem letztern Erkenntnifs, weil sie auf den Streit *in casu* ohne Einflufs war, unentschieden gelassen, und in dem erstern gar nicht berührt.

**) Art. 226, 194, 195 H.-G.-B.

***) Vgl. IX § 7.

sondern durch Annahme von Sachen an Zahlungsstatt geschehen solle, der Anspruch des einzelnen Actionärs auf Zahlung der festgestellten Dividende etc., alle diese Rechte und viele andere sind vermittelst jener drei Classen in ihren Eigenthümlichkeiten noch nicht erkannt und festgestellt.

Schon aus den eben angeführten Beispielen ist aber auch zu ersehen, dafs es sich nicht blos um eine einzige weitere Classe handeln kann; denn die erwähnten Rechte sind selbst wieder in wesentlichen Stücken von einander verschieden.

Der Vertrag, durch welchen das Rechtsverhältnifs zwischen Actionär und Gesellschaft entsteht, begründet für den erstern zwei verschiedene Gattungen von Rechten: Der Actionär erwirbt gegen die Actiengesellschaft, welche ein selbstständiges Rechtssubject ist, gewisse Ansprüche, sowie sie auch gegen ihn bestimmte Ansprüche, z. B. denjenigen auf Erfüllung der Zeichnungsverpflichtung, erwirbt; ferner steht aber dem Actionär — das ist das Eigenthümliche seines Verhältnisses zur Actiengesellschaft — auch die Befugnifs zur Mitleitung derselben durch Theilnahme an der Generalversammlung zu. Dieses Theilnahmerecht begründet weiter das Recht zu fordern, dafs die Generalversammlung sich bei Ausübung ihrer Vollmachten in den ihr von Statut und Gesetz vorgeschriebenen Grenzen halte. So lange letzteres geschieht, mufs sich der einzelne Actionär dem Willen der Majorität, auch wenn er dem seinigen nicht conform ist, unterwerfen; überschreitet aber die Generalversammlung ihre Befugnisse, so darf er dagegen auftreten — das ist eine Consequenz seiner Mitgliedschaft. Die hieraus für den einzelnen Actionär folgenden Rechte sind Sonderrechte, und zwar solche, die diesen Namen recht eigentlich verdienen, so dafs man sie «Sonderrechte im engeren Sinne» nennen kann. Indem sie der Actionär geltend macht, handelt er wie die Generalversammlung im Dienste der Gesellschaft; was er mit ihnen erstrebt, kann er immer nur für die Gesellschaft erstreben; wenn er sie ausübt, tritt er nicht als Contrahent gegenüber der Contrahentin auf, sondern als Mitglied eines Organs der Gesellschaft, zum Vortheil der letzteren. Dafs diese Rechte sich als eine besondere Classe kennzeichnen, ist auch bereits durch die Rechtsprechung festgestellt. Das Reichsoberhandelsgericht erwähnt die Existenz von Actionärrechten, «durch welche der Actionär um der Gesellschaft und seiner Mitgliedschaft willen verlangt, dafs der Gesellschaftswille sich entsprechend dem Gesetze und den statutarischen Bestimmungen bethätige»*); und es bemerkt ausdrücklich, dafs diese Rechte des einzelnen Actionärs, gemeinhin gegenüber geschehenen gesetz- oder statutenwidrigen Beschlüssen Anfechtungsrechte genannt, im Princip als bestehend anerkannt werden dürfen.

Aus dem soeben Gesagten folgt zugleich, dafs Actionärrechte, wie z. B. der erwähnte Anspruch auf Zahlung einer festgestellten Dividende, der letztgenannten Classe von Sonderrechten nicht zuzuzählen sind. Dieselben entsprechen vielmehr jenen anderen Befugnissen, hinsichtlich deren der Actionär der Gesellschaft als berechtigtes, die Gesellschaft ihm als verpflichtetes Rechtssubject gegenübersteht. Dies ist die letzte und wichtigste Classe der Sonderrechte, welche in Theorie und Praxis mit dem Namen «Individualrechte» bezeichnet wird**). Ihnen hat vornehmlich der heftige Kampf gegolten, von welchem im Eingange die Rede war; sie sind auch vor allen anderen Sonderrechten Gegenstand der Rechtsprechung gewesen. Daher ist zunächst dasjenige hervorzuheben, was

*) Entsch. Bd. XXIII S. 273 ff. Das R.-O.-H.-G. bemerkt aber zugleich im Gegensatz zu dem oben Gesagten, dafs diese Rechte nicht Sonderrechte im eigentlichen Sinne seien. Als solche werden dort nur diejenigen anerkannt, durch deren Constituirung die Gesellschaft sich aus dem Gesellschaftsverhältnifs zu Leistungen an den einzelnen Actionär als dessen Schuldnerin verpflichtet hat, oder solche, die sich als gesellschaftliche Vorrechte kennzeichnen. (Vergl. a. a. O. S. 274.) Wenn aber als Sonderrechte ganz allgemein alle dem einzelnen Actionär zustehenden Befugnisse im Gegensatze zu den nur in der Generalversammlung auszuübenden bezeichnet werden, so kann jene Bemerkung des R.-O.-H.-G. nicht als zutreffend gelten.

**) Die Bezeichnung ist treffend, da der Actionär nicht als Mitglied der Generalversammlung, sondern als privates Individuum Träger dieser Rechte ist; der Ausdruck wird neuerdings auch mit Vorliebe von dem R.-O.-H.-G. angewendet. (Vergl. das amtliche Register zu den Entsch. Bd. XVI bis XX S. 84 und die Ueberschrift über dem Erkenntnifs Bd. XXIII S. 273.)

der höchste Gerichtshof über diese Classe von Rechten bereits festgestellt hat*).

Es kommen vornehmlich zwei Erkenntnisse in Betracht. Das ältere**) (vom 26. Oct. 1874) bemerkt in Anknüpfung an Art. 224 des Handelsgesetzbuchs, «dafs unter den dort hervorgehobenen Rechten nur diejenigen verstanden werden, deren Ausübung in dem gemeinschaftlichen Interesse Aller liege und dessen Beförderung zum Zweck habe, dafs aber den Gegensatz zu dieser Categorie die gesetzlichen und statutarischen Befugnisse des einzelnen Actionärs bilden, welche aus dem durch das Statut begründeten vertraglichen Verhältnisse originiren und in Bezug auf welche daher dem einzelnen Actionär die Gesellschaft selbst als contractlich verpflichtetes Subject gegenüberstehe». — Diese Ansicht wird nochmals und noch deutlicher in einem jüngeren Erkenntnifs***) (vom 6. April 1877) ausgesprochen, worin es wörtlich heifst:

> «Der Art. 224 spricht von den gesellschaftlichen Rechten, welche der Actionär innerhalb der Gesellschaft ausübt, aber nicht von den Ansprüchen, welche ihm gegen die Gesellschaft zukommen; er statuirt

---

*) Aufser den bereits citirten Erkenntnissen werden die Sonderrechte auch in folgenden Entscheidungen des R.-O.-H.-G's. berührt: Das Erkenntnifs vom 10. Oct. 1872 (Entsch. Bd. VIII S. 189 ff.) handelt von den *jura singulorum*. Ein Erkenntnifs vom 22. April 1873 (Entsch. Bd. IX S. 273 ff.) redet von dem Rechte des einzelnen Actionärs, die Feststellung der Dividende zu erzwingen. In dem Erkenntnifs vom 13. Sept. 1873 (Entsch. Bd. XI S. 121 ff.) wird ausgesprochen, dafs es trotz des Art. 224 des H.-G.-B's. Rechte gebe, welche den Actionären als einzelnen Gesellschaftern unabhängig von dem Gutbefinden des Verwaltungsraths oder den Beschlüssen der Generalversammlung zustehen. Das Erkenntnifs vom 27. April 1875 (Entsch. Bd. XVII S. 113 ff.) constatirt von Neuem, dafs der gedachte Art. 224 die Sonderrechte nicht umfasse. In dem Erkenntnifs vom 12. Febr. 1875 (Entsch. Bd. XVII S. 141 ff.) ist ausgesprochen, dafs Gründerbezugsrechte durch Majoritätsbeschlufs nicht beseitigt werden können; und das Erkenntnifs vom 4. Jan. 1876 (Entsch. Bd. XIX S. 143 ff.) erklärt, dafs die Generalversammlung dem einzelnen Actionär den Anspruch auf Zahlung einer festgestellten Dividende nicht zu entziehen vermoge.

**) Entsch. Bd. XIV S. 355 ff.

***) Entsch. Bd. XXII S. 19 ff.

nicht, dafs ihm die Majorität der Gesellschaft letztere entziehen, das Maafs seiner vertragsmäfsig bestimmten Leistungen und Forderungen einseitig verändern und zugleich durch derartigen Mehrheitsbeschlufs ihm die Anrufung des Richters verstellen könne.»

Durch diese Lehrsätze, namentlich durch den Wortlaut des letztern Erkenntnisses, wird das Wesen der Individualrechte bereits klar und treffend gekennzeichnet. Der Art. 224 des Handelsgesetzbuchs schreibt vor, dafs die den Actionären in den Angelegenheiten der Gesellschaft zustehenden Rechte von der Gesammtheit derselben in der Generalversammlung ausgeübt werden. Er umfafst also nur den einen Theil der Rechte, welche dem einzelnen Actionär zustehen; er redet nicht von denjenigen, welche sich nicht auf die Angelegenheiten der Gesellschaft beziehen, hinsichtlich deren die Gesellschaft vielmehr eine dem Actionär verpflichtete Contrahentin ist. Insoweit aus der Actie das Recht zur Theilnahme an der Generalversammlung hervorgeht, handeln die Actionäre in Ausübung dieses Rechts also, wie Gierke treffend sagt, «nicht als Träger selbstständiger Individualwillen, sondern als Mitträger des Gemeinwillens*)». Davon redet der Art. 224. Aufserdem aber repräsentirt die Actie auch Rechte gegenüber der Gesellschaft; und bei Geltendmachung dieser handelt der Besitzer der Actie als Träger seines Individualwillens. So weit erstreckt sich auch der Umfang der Individualrechte.

Es läfst nun der Inhalt aller Rechtsgeschäfte nach alter Lehre eine Unterscheidung zu, welche eine werthvolle Anwendung auf die Individualrechte gestattet. Man erkennt an jedem Rechtsgeschäft gewisse Eigenschaften, welche seinem Wesen dergestalt eigenthümlich sind, dafs dasselbe ohne sie in seiner rechtlichen Besonderheit nicht bestehen würde (Essentialien), ferner solche, die nicht nothwendig zu seinem Wesen gehören, sondern nur nach dem Willen der Parteien hergestellt werden (Accidentalien), und endlich solche, von denen bei dem Mangel besonderer Dispositionen die An-

*) Gierke, Deutsches Genossenschaftsrecht, Bd. II S. 883.

nahme gilt, dafs sie von beiden Theilen so gewollt seien*), (Naturalien). So lassen sich auch die aus dem Vertrage zwischen Actionär und Gesellschaft hervorgehenden Individualrechte in essentielle, accidentale und naturale unterscheiden. Die essentiellen können nie fehlen, weil ohne sie der Vertrag nicht rechtsbeständig wäre; sie gelten entweder auf Grund zwingender Rechtsvorschriften oder auf Grund unerläfslicher Vereinbarungen; sie können daher auch nicht aufgehoben werden, weil dadurch zugleich der Vertrag aus welchem sie hervorgehen, in seinen nothwendigen Eigenthümlichkeiten alterirt würde. Die accidentalen gelten dagegen nur, wenn sie ausdrücklich im Statut vereinbart sind; und ob sie durch Statutenänderung beseitigt werden dürfen, hängt davon ab, inwieweit man Statutenänderungen überhaupt zulassen kann. Die naturalen Individualrechte endlich bestehen, wenn nichts Anderes im Statut vorgeschrieben ist; von ihrer Abänderung durch neue Statutenbestimmungen gilt das Gleiche, wie von den accidentalen.

Individualrechte essentiellen Inhalts giebt es in nicht geringer Zahl. Das Recht des Actionärs, über die Verbindlichkeit aus seiner Zeichnung hinaus für die Schulden der Gesellschaft nicht in Anspruch genommen zu werden, ist ein essentielles Individualrecht; eine gegentheilige Bestimmung des Vertrags würde das Wesen der Actiengesellschaft alteriren. Die gleiche Natur hat der Anspruch jedes einzelnen Actionärs, von der Gesellschaft zu fordern, dafs sie die mittelst der Zeichnungen versprochenen Einzahlungen nicht willkürlich durch Entsagung oder Verzicht aufgebe, oder durch Annahme von Sachen an Zahlungsstatt alterire**); denn es würde die Natur der Actiengesellschaft afficiren und gegen die Vorschriften über die Festssetzung des Grundvermögens verstofsen, wenn man zuliefse, dafs eine mit baarem Gelde gegründete Gesellschaft andere Einlagen als baares Geld em-

*) «Die Naturalien bedeuten dasjenige, «was die betreffenden Parteien selbst ausgesprochen haben würden, wenn sie gerade den betreffenden Fall in den Bereich ihrer Festsetzungen gezogen hätten.» (Windscheid, Pandecten, 3. Aufl., Bd. I S. 210. Vergl. l. 11 § 1, D. 19. 1.)

**) Vergl. hierzu die Anm. S. 131.

pfinge, oder durch Verzicht auf dieselben ihr Vermögen willkürlich verminderte*). Bei Gesellschaften, deren Actien auf Namen lauten, ist der Anspruch des einzelnen Actionärs, in das Actienbuch eingetragen zu werden, gleichfalls als ein essentielles Individualrecht anzusehen; denn es kann demselben durch Statut nicht das Recht entzogen werden, der Gesellschaft gegenuber als Actionär zu gelten; dieses Recht ist aber nicht anders als mittelst jener Eintragung zu erwerben**).

Individualrechte aus Accidentalien kommen seltener vor. Als Beispiel eines solchen Rechts kann die aus den Statuten mancher Eisenbahngesellschaften hervorgehende Befugnifs des einzelnen Actionärs zur kostenfreien Benutzung der Eisenbahnlinie behufs Theilnahme an der Generalversammlung gelten***).

Die meisten Individualrechte gehen aber aus den Naturalien hervor, und ihre Feststellung ist mit besonderen Schwierigkeiten verknüpft, da es nicht überall zweifellos ist, was als Naturale des bestehenden Vertrags zu gelten habe. Man kann, wenn man die Entwickelung der Actiengesellschaft von ihrer Gründung bis zur Beendigung ihrer Liquidation betrachtet, folgende naturale Individualrechte unterscheiden:

1. Der Actionär darf fordern, dafs die Gesellschaft ihren Zweck ununterbrochen verfolge. Die Verfugung darüber, wie dies zu geschehen habe, steht den Gesellschaftsorganen zu; es kann diesen auch durch Statut die Befugnifs ertheilt werden, die Ausübung des Zwecks vorübergehend einzuschränken, oder zu suspendiren; die letztere kann auch von selbst aufhören, wenn z. B. eine Industriegesellschaft keine Beschaftigung findet. Insoweit aber solche Umstände nicht vorliegen, kann der Actionär fordern, dafs die Ausübung des Zwecks, fur welchen

*) Allerdings ist die Möglichkeit nicht ausgeschlossen, dafs die Gesellschaft in Folge eintretender Insufficienz erster Zeichner solche Vermogensverminderungen dennoch erfahrt (vergl. den Aufsatz von Goldschmidt in seiner Zeitschrift, Bd. 21 S. 1 ff.); hier ist nur von einem freiwilligen Aufgeben derselben die Rede.

**) Art. 223, 182 und 183 H.-G.-B.

***) Mehrere ältere Eisenbahngesellschaften haben dieses Recht den Actionären ausdrücklich eingeraumt, z. B. die Berlin-Hamburger Eisenbahngesellschaft in § 33 ihres Statuts.

er die Mittel hergegeben hat, nicht willkurlich unterbrochen werde.

2. Der Actionar kann beanspruchen, dafs ihm die festgestellte Dividende, falls nicht das Statut über den Zahlungstermin besondere Bestimmungen trifft, sofort nach der Feststellung gezahlt werde*).

3. Der Actionär ist, wenn und insoweit Statutenbestimmungen nicht etwas Anderes verordnen, zu dulden nicht verpflichtet, dafs durch Statutenanderungen

a) die Selbstständigkeit der Gesellschaft aufgehoben, oder

b) die Aenderung des Gesellschaftszwecks,

c) die Vermehrung oder Verminderung der festgesetzten Zahl von Antheilsrechten,

d) eine Abänderung der Bestimmungen über die Zeitdauer der Actiengesellschaft beschlossen werde.

Die Actiengesellschaft basirt auf dem Statut; dasselbe ist ihr Specialgesetz, welches die Normen für ihre Existenz vorschreibt. Die Generalversammlung ist nur ein Organ der Gesellschaft, sie kann also nicht den Boden, auf dem sie steht, antasten; dadurch würde sie uber die sich von selbst ergebende Grenze ihrer Machtbefugnifs hinausgreifen. Es erscheint deshalb vom rein theoretischen Standpunkte vollkommen richtig und consequent, jede Aenderung als unzulassig zu erachten, welche nicht in dem Statut selbst zugelassen ist. Nur insoweit letzteres der Fall ist, mufs die Generalversammlung als eine zu Statutenänderungen ermächtigte Vertreterin der Gesammtheit der ersten Zeichner gelten. Mindestens für das bestehende Recht ist diese Frage, zumal bei Berucksichtigung der im Eingange erörterten Bedeutung des Majoritätswillens, nicht anders zu beantworten**). *De lege ferenda* mufs man freilich anerkennen, dafs ein starres Festhalten dieses theoretisch richtigen Grund-

*) Der Anspruch, dafs die Ermittelung und Feststellung der Dividende rechtzeitig erfolge, resp. nicht über die äufserste Zeitgrenze hinaus verschoben werde, ist nicht ein Individualrecht, vielmehr ein Sonderrecht im engeren Sinne, zu dessen Unterstützung durch rechtzeitige Berufung der ordentlichen Generalversammlung in Abschn. IX § 1 besondere Mittel vorgeschlagen sind.

**) Vergl. hieruber das Weitere und die entgegengesetzten Ansichten Abschn. XIII § 1.

gedankens die Actiengesellschaft unter Umständen in ihrer Entwickelung hindern und die Ausübung des Gesellschaftszwecks beeinträchtigen kann. Aus Rücksichten reiner Zweckmäfsigkeit liefse sich daher eine Modificirung jenes Princips insoweit billigen, dafs man dem vornehmsten Willensorgan der Gesellschaft, der Generalversammlung, das Recht zur Aenderung der die Gesellschaftsordnung enthaltenden Vorschriften des Statuts einräumen könnte. Aber niemals dürfte diese Befugnifs, wenn man nicht mit dem ganzen Wesen der Actiengesellschaft in Widerspruch gerathen will, dahin ausgedehnt werden, dafs sie die Grundpfeiler zu erschüttern vermöchte, auf denen die Gesellschaft ruht. Zu diesen gehört neben der statutarischen Vorschrift über ihren Zweck in erster Linie der Wille der Gründer, dafs sie eine selbstständige, nur von den eigenen Gesellschaftsorganen geleitete Corporation sein soll. Die Actiengesellschaft ist als eine für sich allein bestehende Person gewollt; sie ist dazu geschaffen, für sich allein einen bestimmten Zweck zu verfolgen. Alterirt man ihre Selbstständigkeit durch Vereinigung mit einer anderen Gesellschaft, oder ändert man ihren Zweck, während diese Aenderung im Statut gar nicht oder nicht mit solcher Klarheit vorgesehen ist, dafs sich aus den betreffenden Bestimmungen entnehmen läfst, welchen Umgestaltungen die Gesellschaft ausgesetzt sein soll — so negirt man an den Willenserklärungen der ersten Zeichner diejenigen Voraussetzungen, welche nach allgemeinen Rechtsgrundsätzen für ihre Giltigkeit unentbehrlich waren.

Ein Gleiches wäre von einer ohne ausdrückliche Erlaubnifs des Statuts vorgenommenen Vermehrung oder Verminderung der Antheilsrechte zu sagen. Zweifellos kann sich im Verlaufe der geschäftlichen Thätigkeit das Bedürfnifs zur Vermehrung des verfügbaren Vermögens herausstellen; und durch den Mangel einer Hilfe nach dieser Richtung kann der Gesellschaftszweck erheblich geschädigt werden. Es ist aber auch durch jenes Princip nicht jedwede Vermehrung der verfügbaren Mittel ausgeschlossen, z. B. nicht eine solche durch Aufnahme von Prioritätsanleihen. Diejenige Vermehrung jedoch, welche durch Zulassung neuer Antheilsrechte bedingt ist, kann nur erlaubt sein, wenn und soweit sie im

Gesellschaftsvertrage vorgesehen ist. Denn es erscheint widersinnig, dem Rechtsnachfolger des ersten Zeichners, welcher vereinbart hatte, dafs er sich in einer Gemeinschaft von zehntausend Antheilsrechten an einem Unternehmen betheilige, gegen seinen Willen die Verpflichtung aufzwingen zu wollen, dafs er seine Anrechte künftig mit noch weiteren zehntausend zu theilen habe. Mag daher jedes Statut mit der gehörigen Vorsicht hergestellt werden; insoweit dies nicht geschieht, treffen hier wie überall den Unvorsichtigen die Folgen seiner Handlungen.

Dasselbe gilt endlich in Betreff der Zeitdauer. Es kann als Begründung dieser Behauptung zur Vermeidung von Wiederholungen auf die Ausführungen über die Zeitdauer Bezug genommen werden*). Die über die letztere geltende Statutenbestimmung ist als eine logische Ergänzung der Bestimmung über den Gesellschaftszweck erkannt worden. Und wer sich nur auf zehn Jahre gebunden hat, kann nicht wider seinen Willen gezwungen werden, sich auf noch fernere zehn Jahre zu binden, ebenso wenig wie der, welcher eine Gemeinschaft von zehn Jahren vereinbart hat, wider seinen Willen genöthigt werden kann, diese schon nach Verlauf von fünf Jahren aufzugeben. Eine weise Gesetzgebung mag mit Rücksicht auf die möglichen Irrthümer der Gründer über den Werth ihres Unternehmens, und um unnützen Actiengesellschaften die Auflösung zu erleichtern, die Statutenbestimmungen über die Zeitdauer durch zwingende Vorschriften einigermafsen dehnbar machen; dies ist auch in dem Abschnitt über die Zeitdauer angeregt worden. So lange aber solche Vorschriften nicht gelten, kann man ihren Mangel nicht durch widersinnige und gewaltthätige Zumuthungen an den einzelnen Actionär ersetzen wollen**). Es ist für den die Actiengesellschaft begründenden

*) Abschn. V.

**) Eine und dieselbe Rechtsverletzung kann unter Umständen zur Geltendmachung eines Individualrechts und eines Sonderrechts im engeren Sinne Veranlassung geben, so dafs gewissermafsen eine ideale Concurrenz stattfindet. Beschliefst z. B. die Generalversammlung rechtswidriger Weise die Verlängerung der Dauer über die im Statut stricte vorgeschriebene Zeitgrenze hinaus, so läge darin, wie oben gesagt, die Verletzung eines Individualrechts, welche jeder

Vertrag nicht ein Privilegium dahin anzuerkennen, daſs die Majorität der Interessenten befugt sei, alle zu spät erkannten Mängel desselben auf Kosten der Willensfreiheit der Andern nach Belieben zu corrigiren.

4. Jeder einzelne Actionär hat bei Auflösung der Gesellschaft *pro rata* seines Actienbesitzes einen Anspruch auf das sich nach Abrechnung der Passiva ergebende Surplus der Activmasse; er kann fordern, daſs dieses thatsächlich ermittelt werde, ist also nicht dem Majoritätswillen der Generalversammlung unterworfen, wenn letztere durch einen gleichzeitig mit dem Auflösungsbeschluſs vereinbarten Verkauf der Activ- und Passivmasse den Werth jenes Surplus mit verbindlicher Wirkung für alle Actionäre feststellen will*). Dies hindert aber nicht, daſs der Liquidator in Ausübung seines Mandats, d. h. in Vollziehung des Abwickelungsgeschäftes, solche Transactionen vornehmen darf, sofern sie nach seinem gewissenhaften Ermessen den Actionären vortheilhaft sind. Der Liquidator handelt im Interesse der ganzen Gesellschaft, und hat dieser über sein Verhalten Rechenschaft abzulegen, während die Generalversammlung für ihre Beschlüsse keine Rechenschaft schuldet (VII § 1).

5. Der Actionär kann fordern, daſs die Masse, sobald sie liquide gemacht und den speciellen Gesetzesvorschriften

Actionär im Prozeſswege geltend machen kann. Er darf aber diesen ungiltigen Generalversammlungsbeschluſs auch in Ausübung seiner Mitgliedschaftsrechte anfechten.

*) Ebenso unverbindlich wäre ein Generalversammlungsbeschluſs dahin, daſs die Liquidation gänzlich unterbleiben und etwa jedem einzelnen Actionär sein Antheil an den Activis *in natura* zur eigenen Einziehung überwiesen werden solle. Praktisch ausführbar wäre dies nur bei dem Mangel aller Passiva, und rechtsgiltig nur, wenn jeder einzelne Actionär zustimmt. (Vgl. Renaud a. a. O. S. 883.) Die Anfechtbarkeit dieses Beschlusses wäre aber nicht aus einem Individualrecht, sondern aus einem Sonderrecht im engeren Sinne zu folgern. Es ist ein Essentiale des Actiengesellschaftsvertrags, daſs nach beschlossener Auflösung eine Liquidation stattfinden muſs; jeder Actionär darf also aus seiner Mitgliedschaft die Befugniſs zum Einschreiten gegen einen widersprechenden Generalversammlungsbeschluſs herleiten. Das oben erwähnte Recht wäre dagegen als Individualrecht und als Sonderrecht im engeren Sinne auszuüben, in letzterer Form durch Anfechtung des rechtsungiltigen Generalversammlungsbeschlusses.

über das Sperrjahr sowie über die Rechte der Gläubiger genügt ist, ausgeschüttet werde. Die Gründe hierfur sind so selbstverständlich wie jene, welche für das Individualrecht auf Dividendenzahlung gelten.

6. Der Actionär kann auch fordern, dafs jeder liquide gemachte, nicht mehr für Passiva verhaftete Theil des Grundvermögens ohne Verzug zur Ausschüttung gelange, und ist in dieser Beziehung nicht der Willkür der Gesellschaftsorgane, insbesondere der Liquidatoren unterstellt. Denn sobald die Liquidation beschlossen ist, und sofern das Statut keine besonderen entgegenstehenden Bestimmungen enthält, können die Hindernisse gegen die Ausschüttung liquider Beträge nur in speciellen Gesetzesvorschriften und in den Rechten der Gläubiger begründet sein. Insoweit dies nicht der Fall ist, besteht für jeden Actionar *pro rata* seines Actienbesitzes eine unbedingte und fällige Forderung*). —

Als Resultat dieser Untersuchung ergiebt sich, dafs die Rechte, welche unter der Bezeichnung «Sonderrechte» bekannt sind**), in fünf einzelne Classen zerfallen, nämlich in

a) Separatrechte,
b) prioritätische Rechte,
c) Einzelrechte,
d) Sonderrechte im engeren Sinne,
e) Individualrechte***).

---

*) Bereits anerkannt in Entsch. R. O. H. G. Bd. III S. 346 ff.

**) Man konnte fragen, zu welcher Gattung der Sonderrechte der in Abschn. IX § 6 projectirte Anspruch des einzelnen Actionärs wegen vollständiger Beantwortung des Fragentableaus gehören würde. Er väre ein Sonderrecht im engeren Sinne. Denn der principale Anspruch auf erschöpfende Rechenschaftslegung steht der Generalversammlung zu; jenes Recht wird für den einzelnen Actionär erst existent, wenn die Generalversammlung es seiner Meinung nach nicht erschöpfend geltend macht. Es ware mithin ein im Dienste der Gesellschaft ausgeübtes Mitgliedschaftsrecht, nur mit der Eigenthümlichkeit, dafs es, weil auf zwingender Gesetzesvorschrift beruhend, durch Statut nicht eingeschränkt werden könnte.

***) Die Anwendung von Ausdrücken, welche bisher in der wissenschaftlichen Sprache nicht bekannt sind, geschieht selbstverständlich ohne die Absicht, treffenderen Benennungen vorgreifen zu wollen, und nur zu dem Zwecke, um in der vorliegenden Erörterung über kurze Bezeichnungen für die einzelnen Unterarten verfügen zu können.

Es handelt sich nunmehr darum, welche Bestimmungen über diese Rechte in einem künftigen Actiengesetz Aufnahme finden müssen. Von einer Reform im eigentlichen Sinne ist hier nicht die Rede; denn die Satzungen des geltenden Rechts enthalten noch gar keine entsprechenden Bestimmungen.

Es wird unerläfslich sein, in irgend einer Form, gleichviel, ob durch förmliche Definitionen oder in anderer Weise, dieser fünf Gattungen von Rechten im Gesetz zu gedenken, und ihnen ihre Stellung im System, insbesondere im Gegensatze zu den nur von der Generalversammlung auszuübenden Befugnissen anzuweisen. Dies wird, was die Sonderrechte im engeren Sinne und die Individualrechte betrifft, am zweckmäfsigsten in Verbindung mit derjenigen Bestimmung geschehen, welche den gegenwärtigen Art. 224 zu ersetzen haben wird.

Die Kennzeichnung der prioritätischen Rechte würde sich, wenn an den gegenwärtigen Text angeknüpft werden soll, nicht unpassend im Art. 209 ad 5 bei der Bestimmung über die Eigenschaften der Actien anbringen lassen, woselbst jetzt nur die Unterscheidung zwischen Inhaber- und Namensactien erwähnt ist, oder vielleicht auch im Anschlufs an den Satz, dafs jeder Actionär einen verhältnifsmäfsigen Antheil an dem Vermögen der Gesellschaft habe (Art. 216), sofern letzterer nicht bei der schärferen Herauskehrung des Corporationsbegriffs einer für mifsverständliche Auslegungen weniger qualificirten Bestimmung weichen sollte.

Die Separatrechte würden am besten durch Aufnahme einer neuen Nummer in den Art. 209 zu kennzeichnen sein, etwa des Inhalts, dafs im Statut angegeben sein müsse, ob Seitens der Gesellschaft besondere Verpflichtungen gegenüber gewissen Actionären oder dritten Personen übernommen worden seien.

Die Einzelrechte bedürfen keiner näheren Kennzeichnung; sie folgen direct aus gesetzlicher Vorschrift. —

Es ist ferner erforderlich, dafs über die Art und Weise, wie diese einzelnen Rechte abgeändert werden dürfen, bestimmte Vorschriften gegeben werden. Als solche sollten gelten:

dafs ein Separatrecht nur durch Vertrag zwischen dem Berechtigten und der Gesellschaft geändert werden könne;

dafs zur Aenderung prioritätischer Rechte, sofern das Statut nichts Anderes bestimme, eine getrennte Abstimmung der Prioritätsactionäre und der gemeinen Actionäre erforderlich sei, und dafs die Aenderung nur dann als genehmigt gelten solle, wenn die Majorität jeder der beiden Gruppen zugestimmt habe.

Die Sonderrechte im engeren Sinne dürfen geändert werden, insoweit sie nicht aus zwingenden Gesetzesvorschriften hervorgehen.

Was die Individualrechte betrifft, so können, wie schon gesagt, die essentiellen niemals abgeändert werden. Die Aenderung accidentaler Individualrechte ist dagegen insoweit zulässig, als Statutenänderungen überhaupt beschlossen werden können; das Gleiche ist von den naturalen Individualrechten zu sagen.

Die Einzelrechte folgen den Vorschriften des Gesetzes. —

Endlich wird angeordnet werden müssen, in welcher Weise diese Rechte geltend zu machen seien. Separatrechte sind reine Vertragsrechte und eventuell im gemeinen Prozefs zu verfolgen. Ein Gleiches gilt offenbar von den Inividualrechten. Die Verletzung prioritätischer Rechte kann sowohl durch einen rechtswidrigen Generalversammlungsbeschlufs als auch durch selbstständige Handlungen des Vorstandes erfolgen (z. B. durch Verweigerung der Nachzahlung von Dividenden; vgl. Abschn. II § 5). Im letztern Falle sind diese Rechte wohl nur im gemeinen Prozefs geltend zu machen. Was aber rechtswidrige Generalversammlungsbeschlüsse angeht, so ist bereits das Erfordernifs erkannt worden, die Anfechtung derselben nicht auf den gemeinen Prozefs zu verweisen, sondern die Befugnifs zur Anrufung des Handelsrichters gemäfs dem Vorschlage in Abschn. VI § 3 zu statuiren, wobei immer die zuerst einlangende Klage den Streit *inter omnes* zum Austrag bringen, jedem später auftretenden Interessenten aber das Recht der accessorischen Intervention vorbehalten bleiben sollte. Die Rolle der Verklagten müfste zwar der Gesellschaft zufallen; es sollte aber jeder gemeine Actionär der Gesellschaft als accessorischer Intervenient beistehen dürfen; denn der gemeine Actionär ist der eigentliche Interessent, und wäre als solcher zur Begründung seines Widerspruchs gegen die Forderungen der prioritätischen Actionäre vor dem Handelsrichter zuzulassen. Selbstverständlich mufs ein gleiches Verfahren gelten, sobald es sich um die Verfolgung von Sonderrechten im engeren Sinne handelt; denn es ist dann immer die Giltigkeit von Generalversammlungsbeschlüssen in Frage. Ueber die Art und Weise, wie Einzelrechte auszuüben sind, kann ein Zweifel nicht bestehen.

XI.
Ausserordentliche Zwangs- und Schutzmittel.

§ 1.

Zwangsmittel.

Dem deutschen Actienrecht fehlen, wie schon wiederholt hervorgehoben worden ist, fast überall die Mittel zur Executirung seiner Vorschriften. Sein Inhalt weicht in dieser Beziehung unvortheilhaft ab von den Bestimmungen fremder Rechte, vornehmlich von dem englischen Recht. Während dieses eine schätzenswerthe Fülle von executivischen Hilfsmitteln darbietet, und fast keine Vorschrift ohne klare Bestimmung über die Rechtsfolgen ihrer Verletzung läfst, sind solche im deutschen Recht selbst da nicht anzutreffen, wo ihr Mangel die Erfüllung der betreffenden Vorschrift wegen der praktischen Unbrauchbarkeit des gemeinen Prozefses beinahe in das Belieben des Verpflichteten stellt. Dies gilt hauptsächlich von den Pflichten, welche das Gesetz dem Vorstand und dem Aufsichtsrath direct auferlegt oder durch Statut vorschreiben läfst. Der Vorstand mufs das Gesellschaftsvermögen in seinen Besitz nehmen, er mufs die Verwaltung führen und die Geschäfte besorgen, hierbei manchen Anweisungen des Aufsichts- resp. Verwaltungsraths und der Generalversammlung nachkommen, Anmeldungen beim Handelsrichter vornehmen, eine Bilanz aufstellen und einen Jahresbericht erstatten, Dividende auszahlen u. s. w. Wird er aus seinem Amte entlassen, so mufs er den Besitz des Gesellschaftsvermögens aufgeben und diesen seinem Nachfolger übertragen, dem letztern auch die Bücher, die Schlüssel zu den Aufbewahrungsstätten etc. ausliefern. Ein

Gleiches mufs er thun, wenn die Auflösung beschlossen, und er nicht mit der Liquidation betraut wird. Den Besitz des Gesellschaftsvermögens und der Bücher mufs er in vielen Fällen mit anderen Vorstandsmitgliedern theilen, und hierbei wieder die Anordnungen der ihm vorgesetzten Organe befolgen. Das Gleiche gilt, wenn auch in beschränkterem Maafse, von dem Aufsichts- resp. Verwaltungsrath. Er befindet sich, oder soll sich wenigstens im Besitz der auf seine Thätigkeit bezüglichen Acten und Schriftstücke befinden, unter Umständen auch im Besitz von Schlüsseln etc., welche er bei Erlöschen des Mandats an seinen Nachfolger auszuliefern hat.

Zum Theil sind diese Pflichten schon in den bisherigen Darstellungen erörtert und für einzelne Falle sind Zwangsmittel in Vorschlag gebracht worden; fur einige andere, z. B. für den Anspruch auf Dividendenzahlung hat es sich mehr empfohlen, die Interessenten auf den Weg des ordentlichen Prozesses zu verweisen.

In noch anderen Fällen scheint es bei genauer Erwägung vortheilhafter, Zwangsmafsregeln gänzlich zu versagen. Dies gilt hauptsächlich von der Pflicht des Vorstandes zur Aufstellung einer Bilanz und zur Beantwortung des Fragentableaus. Es liegt nicht im Interesse der Actiengesellschaft, widerwillige Vorstandsmitglieder zu diesen Leistungen auf executivischem Wege anzuhalten; dieselben sind von so hoher Wichtigkeit fur die Interessen der Gesellschaft, sie erfordern so viel Sorgfalt bei der Herstellung, dafs man sie zwangsweise nicht beschaffen darf. Eine Versammlung der Actionäre würde ohnehin, wenn sie wohl berathen ist, zu erzwungenen Urtheilen über die Geschäftslage Vertrauen nicht fassen mögen. Hier kann man allen Zwangsmitteln mit Bewufstsein entsagen, und die Generalversammlung allein auf den radicaleren Ausweg der Amtsentsetzung verweisen.

Aber zu den angefuhrten Verpflichtungen, die sich, theils direct theils indirect, aus Gesetz oder Statut ergeben, gehört eine Classe, welche schnell erzwingbar sein mufs, wenn nicht unter Umständen der Geschäftsbetrieb auf's Aeufserste gefährdet sein soll. Es sind dies die Pflichten des Vorstandes und Aufsichts- resp. Verwaltungsraths zur Ausantwortung des Gesellschaftsvermögens bei Erlöschen ihres Mandats oder in ähnlichen Fallen. Auch nach dieser Richtung läfst das geltende Recht die Actiengesellschaft im Stich. Wenn ein Vorstandsmitglied ausscheiden soll, so kann der Aufsichtsrath oder die Generalversammlung vielleicht erzwingen, dafs ohne Mitwirkung desselben seine Löschung im Handelsregister stattfinde*); aber mit der Uebertragung des Besitzes am Gesellschaftsvermögen auf den Nachfolger hat der Registerrichter nichts zu thun. Ein widerspenstiger Vorsteher kann also die Casse, die Aufbewahrungsstätten des Vermögens verschliefsen, er kann das ganze Geschäftslocal schliefsen, und die Gesellschaft wegen Ausantwortung der Schlüssel, wegen Uebertragung allen Besitzes an den ihm bestimmten Nachfolger auf den gemeinen Prozefs verweisen. Es böte sich hierbei nicht ein Mal der kürzere Ausweg der possessorischen Klage; denn der Anspruch der Gesellschaft wäre lediglich petitorischen Inhalts. In ahnlicher Weise kann hinsichtlich der seiner Aufbewahrung überlassenen Acten, Schriftstücke etc. der Aufsichts- oder Verwaltungsrath, kann insbesondere dessen Vorsitzender verfahren; und die Praxis der letzten Jahre hat gezeigt, welcher Wirkungen diese Lücke des Gesetzes unter Umständen fähig ist.

Es handelt sich hier um die Geltendmachung eines rein privatrechtlichen Anspruchs auf einem kurzeren Wege als dem des gemeinen Civilprozesses, mithin um den Erlafs einer Ausnahmevorschrift. Aber das Bedurfnifs für eine solche folgt aus dem Wesen der Actiengesellschaft; sie characterisirt sich gleich den in einem fruheren Abschnitte geforderten Specialvorschriften**) als ein nothwendiges Zubehör zu den materiellen Satzungen über das Actienrecht. Eine Beeinträchtigung entgegenstehender privatrechtlicher Interessen wäre überdies nicht zu befürchten. Ist der Vorstand in legaler Weise abgesetzt, so läfst sich ein Einwand gegen seine Verpflichtung zur Aufgebung des Besitzes am Gesellschaftsvermögen, an den Büchern und dem Geschäfts-

*) Vgl. VI § 2.

**) Vgl. VI § 3.

local etc. gar nicht denken. Selbst die etwaige Absicht, wegen bestehender Ansprüche gegen die Gesellschaft ein Retentionsrecht an ihrem Vermögen auszuüben, wäre mindestens *de lege ferenda* nicht als Einwand zuzulassen. Der Streit könnte sich also immer nur um die Frage drehen, ob die Absetzung in legaler Weise erfolgt sei; und um dies zu ermitteln, würde ein vor dem Handelsrichter nach vorangegangener Prüfung der Sachlage stattfindendes Verfahren vollkommen ausreichen. Ein Gleiches gilt gegenüber dem Aufsichts- oder Verwaltungsrath.

Die Interessen der Actiengesellschaft erfordern die Zulassung dieses Verfahrens an Stelle des ordentlichen Civilprozesses in folgenden Fällen:

1. Gegen den Vorstand oder einzelne Mitglieder desselben, sobald nach Erlöschen oder Widerruf des Mandats die Aufgebung des Besitzes oder Mitbesitzes am Gesellschaftsvermögen oder an einzelnen Vermögensstücken, an den Büchern, den Schlüsseln oder am Gesellschaftslocal verweigert wird. Kläger wäre dasjenige Gesellschaftsorgan, welches statutenmäfsig die Einsetzung des Vorstands vorzunehmen hat; ist dies die Generalversammlung, so mufs sie Bevollmächtigte zu ihrer Vertretung ernennen (VII § 2).

2. Gegen den Vorstand, sofern er dem Aufsichts- oder Verwaltungsrath die Mittel zur Erfüllung seiner Amtspflichten, z. B. das Local zur Abhaltung einer Generalversammlung, die Ausantwortung der nach des Ersteren Ermessen der Generalversammlung vorzulegenden Schriftstücke verweigert, oder die zur Bestreitung der Kosten einer Generalversammlung erforderlichen Gelder vorenthält.*)

3. Gegen den ausscheidenden Aufsichts- oder Verwaltungsrath oder einzelne Mitglieder desselben, sofern sie die Auslieferung von Schriftstücken, Schlüsseln etc., welche ihnen in amtlicher Eigenschaft übergeben waren, verweigern. Als Kläger wäre der zur Zeit empfangsberechtigte Aufsichts- oder Ver-

*) Insoweit der Streit das Recht zur Einsichtnahme in die Bücher und Schriften der Gesellschaft betrifft, ist das Erforderliche bereits früher in Vorschlag gebracht worden (VIII § 2).

waltungsrath, es wären aber auch einzelne Mitglieder desselben zuzulassen; denn es ist der Fall denkbar, dafs innerhalb des ganz oder theilweise neugewählten Collegiums über diese Frage Meinungsverschiedenheiten bestehen, und dafs sich nicht alle Mitglieder der Klage anschliefsen wollen.

4. Gegen einzelne Mitglieder des Verwaltungs- oder Aufsichtsraths, insbesondere gegen diejenigen, deren Amt als Vorsitzende erloschen ist, wenn sie die ad 3 erwähnten, in amtlicher Eigenschaft empfangenen Gegenstände auszuliefern sich weigern. Als Kläger wären auch hier die Mitglieder des Aufsichts- resp. Verwaltungsraths zusammen oder einzeln zuzulassen.

Das Verfahren selbst wäre das in Abschnitt VI § 3 näher bezeichnete. Der Handelsrichter hätte nach Prüfung der Sachlage und nach mündlicher Verhandlung zu entscheiden, und auf ferneren Antrag der obsiegenden Kläger Executionsmafsregeln zuzulassen.

---

§ 2.

Schutzmittel für die Gesellschaft.

Aus Ursachen, welche den im vorigen Paragraphen erörterten nahe verwandt sind, folgt die Nothwendigkeit zur eventuellen Zulassung noch weiterer den Schutz der Gesellschaft bezweckenden Mafsregeln.

Die Actionäre erhalten nur ein einziges Mal im Jahre durch die Rechenschaftslegung Einsicht in die Verhältnisse der Gesellschaft. Werden fortan die Semestralbilanzen obligatorisch, so empfangen sie künftig noch eine summarische Uebersicht über die gewonnenen Resultate nach Ablauf der ersten Hälfte des Jahres. Von diesen zwei Publicationen abgesehen ist aber der Actionär auch in Zukunft auf diejenigen Mittheilungen angewiesen, welche etwa durch die Presse bekannt werden, oder die man Seitens der Verwaltung auf besonderes Ersuchen zu geben geneigt ist. Es ist dies, wenn selbst die bisherige Willkür bei der Rechenschaftslegung durch ein geordnetes System ersetzt wird, immer nur eine mangelhafte Befriedigung des auf Seiten der Actionäre bestehenden Bedürfnisses. Sie sind streng genommen über die Verhältnisse der Gesellschaft, welcher sie ihr Vermögen anvertraut haben, niemals unterrichtet; denn auch die ordentliche Rechenschaftslegung behandelt einen bereits in der Vergangenheit liegenden Zustand. Bei eintretendem Mifsgeschick ist aber dieses eigenthümliche Verhältnifs der gefährlichsten Consequenzen fähig. Erleidet eine Actiengesellschaft grofse Verluste, so transspirirt die Kunde davon sehr bald durch die Presse in die weitesten Kreise. Aber den Zeitungsnachrichten fehlt, wenn sie auch zutreffend sind, eine amtliche Beglaubigung. Die Verwaltung selbst hüllt sich über beschämende Vorgänge so lange als möglich in Schweigen, oder sie versucht mit Hilfe ihrer Freunde zur Beschwichtigung der Interessenten das Mifsgeschick durch ausgestreute Gerüchte kleiner darzustellen. Die Opposition aber, welche jede mächtige Handelsniederlassung in der Geschäftswelt findet, verfolgt den entgegengesetzten Zweck. Und die durch widersprechende Nachrichten geängstigten Actionäre suchen den am nächsten liegenden Ausweg, indem sie zum Verkauf der Actien drängen. Der sofort eintretende Coursrückgang wird schnell in der Ferne bekannt, treibt die noch weniger unterrichteten auswärtigen Actionäre gleichfalls zum Verkauf, und giebt so durch sich selbst die Veranlassung zu weiterer Entwerthung der Actien am Markte. Und die Verwaltung darf diese schwere Schädigung sauer ersparten Capitals ruhig mit ansehen, ohne zur Darlegung des wahren Thatbestandes, zur Ermöglichung eines sachgemäfsen Urtheils über den Umfang des Verlustes am Gesellschaftsvermögen verpflichtet zu sein. Das ist eine Lücke, deren Ausfüllung offenbar mit zu den Aufgaben einer gesetzgeberischen Reform gehört.

Es sind zwei Fälle in Betracht zu ziehen. Der eine liegt vor, wenn es sich nur um ein aus Unklugheit, oder Unvorsichtigkeit, oder ohne Verschulden entstandenes Mifsgeschick handelt, also lediglich um einen gegenüber dem Grundvermögen erheblichen Vermögensverlust. Als solcher ist nicht blos jede Einbufse am Grundcapital anzusehen; schon der

Verlust einer Summe, welcher die mittlere Jahresdividende absorbirt, ist in dem hier fraglichen Sinne erheblich. Ereignet sich ein solches Unglück, so müfste der Vorstand verpflichtet sein, den Actionären davon umständliche Kenntnifs zu geben; andernfalls sollte diesen das Recht zustehen, durch Anrufung des Handelsrichters die nöthigen Mittheilungen zu erzwingen. Es kann diese Befugniss freilich nicht jedem einzelnen Actionär eingeräumt werden; aber der zehnte Theil der Actienmasse dürfte auch hier als eine zu selbstständigem Handeln ermächtigende Quote gelten können. Actionäre, welche über diese Quote verfügen, können allerdings auch, gemäfs den weiter oben gemachten Vorschlägen, die Berufung einer Generalversammlung erzwingen; und dieser Ausweg mag in einzelnen Fällen ausreichen. Wenn aber der Vorstand den erforderlichen Einblick nicht gewähren will, so führt eine Generalversammlung nicht zum Ziele. Die Actionäre müssen vielmehr befugt sein, den Handelsrichter um Erlafs eines entsprechenden Mandats an den Vorstand anzugehen, und dieser mufs, wenn er sich durch Prüfung der Sachlage überzeugt hat, dafs die Befürchtungen der Actionäre hinreichend begründet sind, dem Vorstande befehlen, dafs derselbe über die betreffende Angelegenheit den Actionären erschöpfende Aufklärungen gebe. Dazu bedürfte es nicht nothwendig einer Generalversammlung; der Vorstand müfste eine mit seiner Unterschrift versehene Sachdarstellung mindestens während der Dauer eines Monats in dem öffentlichen Local der Gesellschaft jedem Interessenten zugänglich machen, und auch auf Erfordern Abschrift davon ertheilen. Unwahre oder auf Entstellung der Wahrheit berechnete Mittheilungen wären mit Strafe zu bedrohen. Befolgte der Vorstand den richterlichen Befehl binnen einer ihm gestellten Frist nicht, so wäre er durch Zwangsmafsregeln zur Erfüllung anzuhalten.

Ganz gewifs würde dieses Hilfsmittel nur sehr selten zur Anwendung kommen; denn seine Zulässigkeit allein würde schon die Wirkung üben, dafs die Gesellschaftsvorstände von selbst mit allen erforderlichen Mittheilungen rechtzeitig hervorträten. Dadurch würden die Actionäre in Zukunft vor der Gefahr bewahrt, aus Unkenntnifs der Thatsachen den Umfang erlittener Verluste zu überschätzen und sich selbst noch weitere Vermögensschädigungen zuzufügen.

Es kann sich aber auch — dies ist der andere Fall — um mehr als blofse Verluste, nämlich um ein treuloses oder betrügerisches Verfahren der Verwaltungsorgane, resp. einzelner Mitglieder derselben handeln. Das geltende Recht läfst selbst bei solchen Vorfällen die Actionäre ohne irgend welche Hilfe. Ist der Vorstand allein schuldig, so kann allerdings der Aufsichtsrath, sofern diesem das Recht zur Einsetzung des Vorstandes statutenmäfsig zusteht, erfolgreich einschreiten; sind aber Treulosigkeiten von beiden Gesellschaftsorganen verübt worden, so ist die Hilflosigkeit der Actionäre so vollkommen, dafs eventuell nicht ein Mal eine Generalversammlung zur Ordnung der Gesellschaftsangelegenheiten zu Stande gebracht werden kann.

Die Gesetze anderer Staaten haben bessere Vorsicht geübt.

Wenn Umstände vorliegen, die eine aufserordentliche Untersuchung der Geschäftslage zu rechtfertigen scheinen, so gewährt das englische Recht Actionären, die eine bestimmte Quote des Actiencapitals repräsentiren, sofern nicht etwa Böswilligkeit bei ihnen vorwaltet, die Befugnifs, von dem Handelsamt (*board of trade*) die Einsetzung eines oder mehrerer Revisionscommissarien (*inspectors*) zu erbitten*). Diese werden zu einer vollständigen Prüfung der Geschäftslage ermächtigt, und haben das Resultat ihrer Thätigkeit in einem dem Handelsamt zu erstattenden Bericht niederzulegen. Von letzterem wird eine Abschrift in dem öffentlichen Local aufgelegt, und aufserdem eine Anzahl von Exemplaren den Antragstellern behändigt; von diesen werden auch die Kosten des Verfahrens eingezogen, falls das Handelsamt nicht, wozu es berechtigt ist, der Gesellschaft die Erstattung auferlegt**).

Das französische Recht enthält zwar keine ausdrücklichen Vorschriften ähnlichen Inhalts; aber die französische Praxis hat ein Hilfsmittel dieser Art als unentbehrlich erkannt, und

---

*) Gesellschaftsacte von 1862, art. 56 ff.

**) Art. 59 a. a. O.

sein Vorhandensein aus den Vorschriften des Code über die Einsetzung eines richterlichen Sequesters entnommen*).

*) Im Art. 1961 des code civil ist nämlich wortlich verordnet: «La justice peut ordonner le séquestre ... d'un immeuble ou d'une chose mobilière, dont la propriété ou la possession est litigieuse entre deux ou plusieurs personnes».

Diese Bestimmung wird in der französischen Rechtsprechung extensiv interpretirt; man leitet aus ihr die Befugnifs her, in Fallen der oben bezeichneten Art einen Sequester einzusetzen. Beispielsweise waren im Jahre 1876 der Actiengesellschaft des Crédit mobilier zu Paris aus gewissen Transactionen bedeutende Verluste erwachsen, welche man in den Kreisen der Actionare auf ein treuloses Gebahren der Verwaltung zurückführen zu durfen glaubte. Die Actionäre waren durch die in Folge jener Vorgänge entstandenen eminenten Coursrückgänge auf's Aeufserste beunruhigt, es wurden aus ihrer Mitte dreiste Anschuldigungen gegen die Verwaltung laut, und einzelne wendeten sich, wozu nach französischem Recht jeder Actionär befugt ist, im Prozefswege gegen die Verwaltung. Auf ihren Antrag verfügte das Handelstribunal der Seine am 4. December 1876 die Einsetzung eines Sequesters, mit dem Auftrage eine allgemeine Prüfung aller Schriftstücke und Urkunden, welche sich auf die Verwaltung der letzten zwei Jahre bezogen, vorzunehmen, und einer von ihm einzuberufenden aufserordentlichen Generalversammlung darüber Bericht zu erstatten. Zugleich wurde — anscheinend auf Grund des Art. 135 ad 4 code de procédure — die provisorische Vollstreckbarkeit dieses Beschlusses verordnet. (Vergl. Gazette des tribunaux No. 15,441 vom 8. December 1876.) Der Beschlufs wurde demnächst auch vom Appellhofe bestatigt, und zwar, wie es in den Gründen heifst, «attendu que rien dans nos lois ne s'oppose à ce que le tribunal agit ainsi». — Ueber die gleiche Frage hatte sich ubrigens schon die cour de Paris in einem arrêt vom 6. Januar 1866 dahin ausgesprochen, «que l'art. 1961 du code civil, qui autorise la justice à ordonner le séquestre des objets litigieux, dispose d'une manière générale, et s'applique dès lors aux objets dépendants d'une société toutes les fois que l'interêt des partis exige cette mesure». — Noch genauer wird diese Auffassung der französischen Rechtsprechung in einem arrêt des Gerichtshofes von Bourges vom 8. März 1877 dargelegt, worin es heifst: «Considérant qu'en principe général les tribunaux ont le droit d'ordonner une mesure préparatoire, une mesure conservatrice, lorsque l'intérêt des partis l'exige; qu'à l'égard du séquestre l'Ordonnance de 1667 leur laissait une latitude illimitée que les auteurs les plus recommendables ont établi, que sa disposition est encore suivie dans le droit nouveau; que, comme on le disait à la Cour de Cassation, le pouvoir accordé au juge, d'ordonner le séquestre provisoire des objets litigieux est indéfini et confié à la discrétion et à la sagesse des tribunaux; qu'en vain excipant de l'art. 1961 du Code civil on prétend que le séquestre doit être réservé pour les circonstances, dans lesquelles la propriété ou la possession seraient litigieuses entre deux ou plusieurs personnes; considérant que cet article n'est pas restrictif, qu'il cite une espèce, dans laquelle on peut or-

Auch das revidirte belgische Recht läfst entsprechende Maafsregeln, und zwar nach dem Muster der englischen Einrichtung zu.*)

Die angeführten Gründe und die Anerkennung des gleichen Bedürfnisses in anderen Staaten legen nahe, dafs auch dem deutschen Actiengesetz solche Vorschriften zu eigen gegeben werden sollten.**) Wenn gewichtige Verdachtsmomente darauf hinweisen, dafs Seitens der Verwaltung Treulosigkeiten gegen die Gesellschaft verubt, oder dafs die Bilanz in wesentlichen Ziffern vorsätzlich gefälscht worden ist, so müfste den Actionären die Befugnifs zustehen, bei dem Handelsrichter die schleunige Abordnung von Commissarien zur Prüfung des betreffenden Vorfalls oder zur Revision der Geschäftslage, der Bücher, Urkunden etc. im Allgemeinen zu beantragen; und der Handelsrichter hätte nach Prüfung der Sachlage diesem Antrage stattzugeben, event. auch durch executivische Maafsnahmen die Ausfuhrung zu ermöglichen. Das sollte der Grundgedanke des zu statuirenden Verfahrens sein, fur welches die Benennung «gerichtliche Revision» geeignet wäre. Die französische Bezeichnung der Commissarien als Sequester empfiehlt sich nicht; man wurde in Deutschland damit die Vorstellung einer gleichzeitigen Beschlagnahme des Gesellschaftsvermögens verbinden, und dadurch die Rechtsunkundigen irre leiten. Zur Legitimation der Antragsteller müfste auch hier mindestens der Besitz des zehnten Theils der Actienmasse nachgewiesen werden. Von einem Verzicht auf diese Beschränkung ist unzweifelhaft abzusehen, da die Bedingungen dieses Antrags nicht geringere sein dürfen, als jene

donner le séquestre, mais qu'il ne contient pas la défense de l'ordonner dans quelques autres».

In dem gedachten Falle wurde demnächst einer von dem Sequester auf den 10. April 1877 berufenen Generalversammlung ein umfassender Bericht erstattet, welcher die laut gewordenen Beschuldigungen widerlegte, und den Actionären die wahren Ursachen der entstandenen Verluste enthüllte. Mit der Erstattung dieses Berichts war der dem Sequester ertheilte Auftrag beendigt; die Thatsache seiner Einsetzung hatte aber die Actionäre beruhigt, und dem weiteren Rückgange des Courses der Actien Einhalt gethan.

*) Art. 124; vergl. Sachs, a. a. O. S. 199 und 160.

**) Wiener hat sich in seinem Gutachten bereits für Einführung dieser Vorschriften ausgesprochen. Vergl. a. a. O. S. 25.

im Vorstehenden für den Erlafs eines richterlichen Befehls erforderten. Es könnte sonst in Fällen, wo Treulosigkeiten der Verwaltung gar nicht vermuthet wären, wo es sich vielmehr nur um Aufdeckung von Verlusten handelte, dennoch von gewissenlosen Personen die gerichtliche Revision, weil bequemer erreichbar, in Antrag gebracht werden.

Ganz präcise Vorschriften über die Vorbedingungen dieses Einschreitens lassen sich nicht geben; der Richter mufs in jedem einzelnen Falle erwägen, ob die nachgewiesenen Verdachtsmomente stark genug seien, um die Einleitung dieses die betreffende Gesellschaft immerhin erheblich compromittirenden Verfahrens zu rechtfertigen. Es müssen jedenfalls schwer wiegende Umstände für Untreue, Betrug, Unterschlagung oder Bilanzfälschung sprechen, und es mufs sich dabei im Ganzen um wirklich wichtige Dinge handeln. Zu Commissarien würden sich tüchtige Geschäftsleute eignen, welche nicht nothwendig Actionäre zu sein brauchten. Den Antragstellern wäre ein Vorschlagsrecht einzuräumen, ohne dafs der Richter geradezu an die vorgeschlagenen Persönlichkeiten gebunden werden sollte. Der bezügliche Beschlufs müfste vom Handelsrichter unter Namhaftmachung der Commissarien öffentlich bekannt gemacht werden. Die letzteren hätten je nach Lage der Sache, entweder in Betreff eines oder mehrerer bestimmter Vorgänge, oder in Betreff der ganzen Geschäftsführung während einer bestimmten im Decret genau zu bezeichnenden Periode, die Bücher und Schriftstücke der Gesellschaft einer Durchsicht und Prüfung zu unterziehen. Es würde sich aber empfehlen, die äufserste Grenze des einer Revision unterstellbaren Zeitraumes nach rückwärts durch Gesetz vorzuzeichnen, weil durch die Befugnifs zum Rückgriff in eine beliebig entfernte Vergangenheit der boshaften Verfolgungssucht Vorschub geleistet und Rechtsunsicherheit hervorgerufen werden könnte. Die zwei letzten Jahre, vom Tage der Anbringung des Antrags gerechnet, würden den Umfang dieses Zeitraums angemessen begrenzen. Den Commissarien müfste die gesetzliche Befugnifs zustehen, eine Generalversammlung zu berufen, sofern ihre Ermittelungen ihnen erkennbar machen, dafs gewisse Maafsregeln bis zur Erstattung des Berichts nicht aufgeschoben werden können. Der Bericht selbst wäre dem Gericht einzureichen, und von diesem den Antragstellern mitzutheilen. Da letztere stark genug sein müssen, um auch eine Generalversammlung berufen zu lassen, so bedarf es einer besonderen Anordnung in dieser Richtung nicht. Haben sich die Anschuldigungen nur gegen den Vorstand gerichtet, oder ist nur gegen den letztern etwas ermittelt, so sollte eine Abschrift des Berichts gleichzeitig dem Verwaltungsrathe zugehen.

Niemals aber dürfte dieses Verfahren eingeleitet werden, ehe nicht der Handelsrichter durch eine Prüfung der Sachlage sich einigermaſsen von den näheren Umständen und zugleich davon überzeugt hätte, daſs Bosheit auf Seiten der Antragsteller nicht im Spiele ist.

Besondere Erwägung verdient die Frage, ob diese gerichtliche Revision auch zulässig sein solle, wenn nicht alle Vorstandsmitglieder, sondern nur ein Theil derselben Handlungen der bezeichneten Art begangen hat. Man muſs sich für die Bejahung dieser Frage entscheiden; denn die auſserhalb stehenden Actionäre vermögen die Schuld oder Nichtschuld der einzelnen Vorstandsmitglieder nicht zu beurtheilen. Finden die Commissare im Laufe der Untersuchung, daſs alle Vorstandsmitglieder in die verubten Treulosigkeiten verwickelt sind, so sollten sie verpflichtet sein, dem Verwaltungsrath, falls diesem die Macht zur Absetzung des Vorstandes durch Statut eingeräumt ist, hiervon Anzeige zu machen. Ist aber nur die Generalversammlung hierzu ermächtigt, so müſste dem Handelsrichter schleuniger Bericht erstattet werden, und dieser befugt sein, den Besitz des Gesellschaftsvermögens provisorisch in die Hände der Commissarien zu legen. Denn wenn den letzteren keine Mittel zu Gebote stehen, um treulosen Vorstandsmitgliedern den Besitz des Gesellschaftsvermögens entziehen zu lassen, so bleibt die gerichtliche Revision unter Umständen eine halbe Maaſsregel. Von diesem Falle abgesehen, dürfte weder der Geschäftsbetrieb durch das eingeleitete Verfahren gestört, noch irgend ein Eingriff in die Rechte der Verwaltungsorgane durch dasselbe herbeigeführt werden.

§ 3.
Schutzmittel für die Verwaltungsorgane.

Wenn neben den schon in früheren Abschnitten zu Gunsten der Actionäre in Vorschlag gebrachten Schutzmitteln noch die in den beiden letzten Paragraphen angeregten Geltung erlangen, so würde damit dem Interesse der Actionäre in vollkommenster Weise genügt sein. Das Gesetz würde fortan eine Mannigfaltigkeit und Fülle von Hilfsmitteln darbieten, wie sie dem bisher erkennbar gewordenen Bedürfnifs nur irgend entspräche, und das deutsche Recht würde hierin die geltenden Rechte anderer Nationen in dem Maafse übertreffen, in welchem die in Deutschland auf dem Gebiete des Actienwesens gemachten Erfahrungen nach heutiger Lage der Dinge denjenigen des Auslandes voranstehen.

Ein vorsichtiger Gesetzgeber mufs sogar die Frage in Betracht ziehen, ob der projectirte Zustand nicht vielleicht Gefahren für die andere Seite in sich berge, ob etwa die neu zu schaffenden Einrichtungen die Stellung der Verwaltungsorgane gefährden können. Ohnehin befindet sich der Geschäftsmann, welcher eine Actiengesellschaft leitet, in einer schwierigeren Position als der private Kaufmann, da er neben der Sorge um den Geschäftsbetrieb auch noch die Verantwortlichkeit fur seine Handlungen Dritten gegenüber trägt, und diese Verantwortung in demselben Maafse gröfser wird, in welchem sich die allgemeinen Verhältnisse für die Ausbeutung des Gesellschaftsvermögens ungünstiger gestalten. Zu allen Zeiten hat es aber in der Geschäftswelt, zumal an grofsen Geschäftsplätzen, Persönlichkeiten gegeben, welche diese ungedeckte Flanke in der Position der Vorstande grofser Actiengesellschaften zu ihren Vortheilen auszunutzen bestrebt waren. Ihr Hilfsmittel ist die Erpressung. Es ist eine aufserhalb der Geschäftswelt bei weitem nicht genugsam bekannte Thatsache, dafs die Erpressung, oft in einer für den Arm des Gesetzes nicht erreichbaren Form, und dennoch immer mit voller Wirkung auf Die, gegen welche sie gerichtet ist, zumal in schwierigen Zeitverhältnissen, als ein förmliches Gewerbe betrieben wird. Würden daher die bezeichneten Mittel fur Gerechte und

Ungerechte in ganz gleicher Weise Geltung haben, so wären — nicht in der Gegenwart, wo aus den Trümmern der überwundenen Epoche eine neue gesunde Entwickelung emporzukeimen beginnt — wohl aber bei der Wiederkehr ungünstiger Verhältnisse jenem unsaubern Handwerk allzu bequeme Handhaben geboten.

Diese Rücksichten verpflichten den vorsichtigen Gesetzgeber, gleichzeitig mit dem Schutz der Gesellschaftsinteressen auch den der Gesellschaftsorgane in Betracht zu ziehen. Ein Hilfsmittel bietet sich in Maafsregeln, welche einst dem gemeinen Prozefs bekannt waren, nämlich in der Befugnifs des Richters, sein Einschreiten von der vorherigen Bestellung einer angemessenen Caution abhängig zu machen, und die leichtfertige Anrufung der richterlichen Gewalt durch Strafen zu ahnden*). In allen Fallen, wo das Einschreiten des Handelsrichters von Actionären nachgesucht wird, sollte derselbe befugt sein, nach seinem Ermessen Caution zu fordern, und hierzu besonders verpflichtet sein, wenn durch die Umstände bei ihm der Verdacht rege gemacht ist, dafs die gestellten Anträge frivole Motive haben, oder auf leichtfertig erhobenen Anschuldigungen beruhen. Der Richter hat, selbst wenn er in keinem persönlichen Verkehr mit der Geschäftswelt steht, erfahrungsmäfsig ein feines Gefühl für die Qualität der bei ihm angebrachten Beschwerden gerade in der angedeuteten Richtung; die Prozefsrichter kennen in der Regel diejenigen Clienten ihres Sprengels, welche mit der Anrufung der richterlichen Gewalt Mifsbrauch treiben, sehr genau. Eine ähnliche Kenntnifs würde sich der Handelsrichter erwerben, und bald diejenigen Persönlichkeiten herausgefunden haben, welche aus der unbegründeten Anschuldigung von Gesellschaftsvorständen ein Gewerbe machen wollen. Er müfste befugt sein, solche Leute eventuell durch ganze oder theilweise Einziehung der Caution zu strafen. Hierüber wäre ein Erkenntnifs mit Gründen zu publiciren und vielleicht, um den Rechts

*) Vgl. Wetzell, System des ordentlichen Civilprozesses, 3. Aufl., § 30; «Von der Sicherung gegen den Mifsbrauch der prozessualischen Angriffs- und Vertheidigungsmittel».

weg nicht zu beschränken, ein vollstandiger Instanzenzug, also zunächst eine Berufung an das Oberlandesgericht zuzulassen.

Mit dieser Ergänzung ware für beide Seiten das Gleichgewicht hergestellt, und würden die vorgeschlagenen Hilfsmittel selbst in den erregtesten Epochen ihre heilsame Wirkung nicht verfehlen.

XII.
Ermittelung und Verwendung des Reingewinns.

§ 1.

Ermittelung des Reingewinns.

Die wirthschaftliche Aufgabe der Actiengesellschaft besteht in der Erzielung von Erträgnissen durch Ausbeutung der dem Gesellschaftszweck dargebotenen Mittel; die Höhe und Stetigkeit der Erträgnisse bildet den Prüfstein für den wirthschaftlichen Werth des Unternehmens.

Um aber den erzielten Gewinn festzustellen, bedarf es einer langen und complicirten Rechnung, welche nicht überall auf unbestreitbaren Thatsachen, sondern zum Theil auf Schätzungen und mannigfachen anderen Erwägungen basirt. Dabei steht die Pflicht der Interessenten, nur den wahren Gewinn als solchen zu constatiren, mit dem Wunsche, dafs der letztere einen möglichst hohen Betrag ergeben möge, in einem gewissen Widerspruch. Der Actionär schliefst aus den Erträgnissen auf den Werth des Unternehmens; sie sind ihm auch mafsgebend für sein Urtheil über die Tüchtigkeit der Verwaltung; diese ist wiederum persönlich (durch den vertragsmäfsigen Anspruch auf Tantième) an der Höhe des Gewinns interessirt. Daraus begreift es sich, dafs die Rechnung, durch welche der Gewinn ermittelt wird, unter Umständen ein Feld für heftige Kämpfe darbietet, zumal die im Einzelnen für ihre Herstellung erforderlichen Beurtheilungen, je nachdem man nüchtern oder sanguinisch, mit Liebe zur Wahrheit oder ohne dieselbe zu Werke geht, höchst verschiedenartiger Resultate fähig sind.

Die Ausführung dieser Rechnung geschieht durch Aufstellung der Bilanz. Es wurde schon gesagt, dafs die Bilanz bei der Actiengesellschaft zwei verschiedenen Zwecken dienstbar gemacht werde, der Rechenschaftslegung und der Gewinnermittelung. Während sie aber, wie dargethan worden, ein für den ersteren Zweck durchaus unzureichendes Mittel ist (IX § 7), erscheint sie als das unentbehrliche, richtiger gesagt, als das sich von selbst ergebende Mittel zur Feststellung des Gewinns. Ein Gewinn liegt vor, insoweit nach Abzug des Grundvermögens und der Passiva von den Activis sich an letzteren ein Ueberschufs ergiebt; und der rechnungsmäfsige Ansatz zur Ermittelung dieses Ueberschusses ist die Bilanz. Der Hauptgrundsatz uber ihre Herstellung lautet dahin, dafs jedes einzelne Vermögensstück nach seinem wahren Werthe eingestellt werden mufs*). Das deutsche Recht kannte in der ursprünglichen Fassung des Handelsgesetzbuchs nur diese eine Vorschrift, welche ihre selbstverständliche Ergänzung in der weiteren Anordnung findet, dafs zweifelhafte Forderungen nach ihrem wahrscheinlichen Werthe anzusetzen, uneinbringliche abzuschreiben seien**). Andere, speciellere Vorschriften waren nicht vorhanden; erst die Novelle hat in dem jetzigen Art. 239a solche für die Actiengesellschaften aufgestellt. Sie betreffen die Behandlung gewisser in Betracht kommender Vermögenswerthe, und sollen weiterhin besprochen werden, nachdem eine wichtige principielle Frage erledigt sein wird.

Gegenüber den Erfahrungen der letzten Jahre und gegenuber gewissen Resultaten der gegenwärtigen Darstellung erscheint es nämlich nicht ausreichend, die Erörterung der Bilanz auf eine Betrachtung der für ihre Aufstellung im Einzelnen erforderlichen Vorschriften zu beschränken. Es mufs auch untersucht werden, ob das ganze Princip der Bilancirung, wie es gegenwärtig für Actiengesellschaften gilt, aufrecht zu erhalten sei, resp. neben theils geltenden, theils hier neu vorgeschlagenen Bestimmungen aufrecht erhalten werden könne. Nach deutschem Recht mufs in der Bilanz sowohl die Gesammtheit der Activa, als auch die Gesammtheit der Passiva und die Gesammtheit des

*) Art. 31 H.-G.-B.

**) Art. 31 letzte alinea.

Grundvermögens zum Ausdruck kommen. Es entsteht die Frage, ob es in Zukunft erforderlich oder auch nur möglich sein werde, alle diese Positionen in der Bilanz erscheinen zu lassen.

Ein äufserer Anlafs zu dieser Frage liegt in der vorgeschlagenen Beseitigung der Nominalbeträge. Bisher wird die emittirte Actienmasse zu ihrem Nominalbetrage (event. unter Abrechnung nicht eingezahlter Quoten) als Passivum in die Bilanz eingestellt. Dies ist vom Gesetz ausdrücklich vorgeschrieben*), und entspricht auch der geltenden Grundauffassung von dem Werth der Actie. Sie repräsentirt formell den Geldbetrag, den sie nennt. Actien mit dem Nominalbetrage von hundert Thalern stellen wirklich hundert Thaler dar; denn jede Actiengesellschaft gilt als mit baarem Gelde gegründet, jede Zeichnung lautet auf baares Geld. Selbst die Inferirung vollzieht sich erst, wenn die zur baaren Geldzahlung verpflichtenden Zeichnungen bereits vorliegen. Sind zehntausend Stück Actien zum Nominalbetrage von je hundert Thalern emittirt, so repräsentirt die einzelne Actie nicht blos den zehntausendsten Theil des Anrechts an das Grundvermögen, sondern sie besagt auch zugleich, dafs letzteres in seinem ursprünglichen Zustande, also in dem Momente der Gründung, eine Million Thaler ausgemacht habe. Fällt nun die Benennung der Actie mit einem bestimmten Geldbetrage fort, so ist die Einstellung der Actienmasse in die Bilanz zu ihrem statutarischen Geldwerthe nicht ferner ausfuhrbar. Es bliebe also nur die Möglichkeit, statt dessen den ursprünglichen Werth der Actie als Passivum einzustellen. Diesem Ausweg stellen sich aber diejenigen Hindernisse entgegen, welche zugleich den innern Anlafs zur Erörterung der ganzen Frage ausmachen. Es müfste zu diesem Zwecke das Grundvermögen bei Errichtung der Gesellschaft einer Schätzuug unterzogen, und der ermittelte Taxwerth als ursprünglicher Vermögenswerth alljahrlich in die Bilanz eingestellt werden. Das könnte aber der ganzen Gestaltung des Actienrechts schwere Nachtheile bereiten, vornehmlich die gefährliche Folge haben, dafs man fortan den Taxwerth, repartirt auf die Stückzahl der Actien, als Nominalwerth der letzteren

---

* Art. 239a ad 3.

erachten, und so die glucklich beseitigten Nominalbeträge in einer neuen Form wieder einfuhrte. Vor allem zeigt aber die bisherige Praxis, dafs eine Bilancirung, welche die in einen Geldwerth übersetzten ursprünglichen Einlagen zuzüglich der sonstigen Passiva dem jeweiligen Werthe des Gesellschaftsvermögens zuzüglich der sonstigen Activa gegenüberstellt, wegen der Qualität der hierbei meistens in Betracht kommenden Factoren gar nicht ausfuhrbar ist, und in Wahrheit niemals ausgefuhrt wird. Nur bei reinen Geldgesellschaften werden solche Bilanzen wirklich hergestellt; bei ihnen ist auch über den Werth der ursprünglichen Einlagen gar nicht zu streiten; und die Activa sind meistens so beschaffen, dafs sie eine Schätzung in Gelde wirklich zulassen. Schon bei den Eisenbahngesellschaften ist diese Möglichkeit ausgeschlossen. Der Hauptactivposten derselben besteht in der Eisenbahnanlage. Diese setzt sich aus einer grofsen Zahl einzelner Bauwerke und Anlagen, aus den mannigfachsten Geräthschaften, Wagen, Locomotiven etc. zusammen. Der Werth dieser einzelnen Objecte wird beeinflufst durch den Werth der zum Betrieb der Bahnlinie ertheilten Concession, da diese sie einem einheitlichen Zwecke dienstbar macht. Die Concession bildet also unter Umständen selbst ein wichtiges Vermögensobject, dann nämlich, wenn die Eisenbahnlinie rentabel ist. War sie dagegen unglücklich gewählt, so ist die Concession werthlos; ja sie kann selbst eine Werthverminderung der Bahnanlage bedeuten, insofern an letzterer die Pflicht zum Betriebe haftet, und der Staat auf Grund der von ihm ertheilten Concession der beabsichtigten Auflösung eines nicht rentirenden Eisenbahnunternehmens sein Veto entgegensetzen darf.

Und der Werth dieser überaus zahlreichen Vermögensstücke ist im Einzelnen einem fortwährenden Wechsel unterworfen. Der Preis von Grund und Boden schwankt beständig, ebenso der Preis des in grofsen Massen vorhandenen Materials an Holz und Eisen. Wollte man sich, um den Hauptactivposten der Bahnanlage zu seinem jeweiligen wahren Werthe in die Bilanz einzustellen, alljahrlich der unermesslichen Arbeit einer Einschätzung unterziehen, so würden die sich ergebenden Ziffern Jahr aus Jahr ein wechseln, und die entstehenden

Differenzen könnten eventuell von solcher Bedeutung sein, dafs neben ihnen der durch den Betrieb gewonnene Vortheil gar nicht mehr in Betracht käme.

Aehnlich, und fast noch mehr in die Augen fallend, ist das Verhältnifs bei der Gruppe der Industriegesellschaften. Bei ihnen ist der Hauptactivposten seiner Natur nach meistens nicht in einzelne Theile zerlegbar; sein Werth aber steht nicht nur unter dem Einflusse der allgemeinen Geschäftsverhältnisse, sondern auch noch derjenigen eines besonderen Industriezweiges; er ist überdies den Schwankungen des Preises von Grund und Boden in ganz eminenter Weise unterworfen, und aus allen diesen Gründen bei gewissenhafter Einschätzung solcher Veränderungen fähig, dafs nach schweren Handelscrisen zur Einbringung des Verlustes mehr als die Reingewinne eines Jahrzehnts erforderlich werden können.

Je deutlicher die hinter diesen Thatsachen sich öffnende Perspective erkennen läfst, welche Einwirkungen die Vorschriften des Gesetzes auf mühsam eingebrachte Erträgnisse der Actiengesellschaften zu üben vermögen, destoweniger kann es Wunder nehmen, wenn constatirt werden mufs, dafs sich jenen Vorschriften in der Praxis die Gewalt der Interessen mit ihrer ganzen Wucht entgegen stellt

Weder bei der Classe der Eisenbahnen, noch bei derjenigen der Industriegesellschaften werden die geltenden Vorschriften des Gesetzes über die Einstellung ihrer Activa thatsächlich jemals erfüllt. Jede Actiengesellschaft ist den Schwankungen unterworfen, welche das wechselnde Kriegsglück der Geschäfte mit sich bringt. In dem einen Jahre ergiebt sich als Saldo ein grofser Gewinn, in dem andern ein mäfsiger, im dritten ein erheblicher Verlust. Diesem Risico mufs sich Jeder aussetzen, welcher Actien besitzen will, und selbst bei dem besten Willen und der vorzüglichsten Begabung auch Jeder, der an der Leitung einer Actiengesellschaft Theil nimmt. Gegen die Zumuthung aber, dafs neben den schwankenden geschäftlichen Erfolgen auch noch die Schwankungen des Werthes der E i n l a g e n von bestandigem Einflufs auf die Bilanz werden sollen — gegen diese Zumuthung haben sich von je die Vorstände und die Actionäre hartnäckig gesträubt.

Es gilt dem Interessenten als eine unberechtigte, ja als eine widersinnige Zumuthung, dafs eine der Actiengesellschaft zum Grundvermögen überlieferte Anlage von Jahr zu Jahr eine neue Werthbemessung erfahren solle. Wie tiefe Wurzeln diese Auffassung geschlagen hat, sieht man daraus, dafs die offene Verletzung der gesetzlichen Vorschriften nirgends in gröfserem Maafsstabe geübt wird, als bei den Eisenbahngesellschaften, deren Leiter der eigentlichen Geschäftswelt meistens gar nicht angehören. Die Eisenbahngesellschaften machen ihre Bilanz folgendermafsen: Unter die Passiva wird vorschriftsmafsig das Nominalgrundcapital eingestellt; auf die Activseite aber stellen sie nicht den von Jahr zu Jahr neu ermittelteten Werth der Eisenbahnanlage, sondern lassen als solchen ein für alle Mal die Gesammtbaukosten gelten, während sie als Aequivalent für die Abnutzung einen nach bestimmten Grundsätzen dotirten Erneuerungsfonds unter die Passiva aufnehmen. Es würde also genau das Gleiche erreicht, wenn sie weder das Nominalgrundcapital, noch die Gesammtbaukosten, sondern nur eine zwischen beiden Ziffern etwa bestehende Differenz, je nachdem sie ein Plus oder Minus ergäbe, auf die eine oder die andere Seite stellten, und aufserdem unter die Passiva alljährlich die dem Erneuerungsfonds zuzuführende Summe einstellten.

Dieses Verfahren ist um so bemerkenswerther, als die Eisenbahnen ihre Bilanz nicht nach eigenem Ermessen errichten dürfen, sondern der Aufsicht der Regierung unterworfen sind, und als nur eine vom Staate genehmigte Bilanz durch Auszahlung der ermittelten Dividende zum Vollzuge gebracht werden kann. Es ist die wichtige Thatsache zu constatiren, dafs die Regierung die in der beschriebenen Weise hergestellten Bilanzen stets genehmigt hat und noch fortgesetzt genehmigt. Nebenher sind allerdings auch hier und da entgegengesetzte Ansichten der Regierung zum Ausdruck gelangt. Das preufsische Handelsministerium publicirte z. B. durch eine Circularverfügung vom 29. März 1856 gewisse Grundsätze, welche bei Ertheilung von Concessionen für neu zu gründende Actiengesellschaften fortan gelten sollten.*) In derselben wurde (No. 44)

---

*) Der Anlafs hierzu war durch die nach dem Ende des Krimkrieges ent-

bestimmt, «dafs bei Feststellung der Bilanz nicht der Ueberschufs der Jahreseinnahmen uber die Jahresausgaben, sondern nur der Ueberschufs der Activa über die Passiva den Reingewinn bilden durfe». Fände dieser Grundsatz wirklich allgemeine Anwendung, so könnte der bei Eisenbahngesellschaften übliche Bilancirungsmodus nicht zulässig sein; denn sobald zwei stabile Posten als Nominalcapital und Werth des Gesellschaftsvermögens einander gegenübergestellt werden, berechnet man eben den Reingewinn nicht aus der Differenz zwischen den Gesammtactivis und den Gesammtpassivis, sondern aus dem Ueberschufs der Jahreseinnahmen über die Jahresausgaben. Jene Verfügung hat indefs eine praktische Anwendung bei den damals vorhandenen oder bei den später errichteten Eisenbahngesellschaften, soweit ersichtlich, nicht erfahren. Daher ist es denn auch nicht zu verwundern, dafs die Industriegesellschaften in gleicher Weise zu Werke gehen; sie nehmen sich die privilegirten unter stetiger Aufsicht der Regierung handelnden Eisenbahngesellschaften zum Muster, und stellen sich gewissermafsen unter den Schutz der von jenen geübten Praxis.*)

Zweifellos wird ein auf der Höhe aller Erfahrungen sich bewegendes neues Actiengesetz der Frage Rede stehen müssen, ob der bisherige Zustand mit seinem Gegensatz zu dem geltenden Recht weiter aufrecht erhalten werden solle oder nicht, und wenn nicht, ob das geltende Recht oder die Praxis zu weichen habe. Dafs jener Gegensatz in eine neue Gesetzgebung unausgeglichen hinüber zu nehmen sei, wird schwerlich von irgend einer Seite befürwortet werden. Mufs also die Gesetzgebung eine Auswahl treffen, so ist die entstehende Zweifelsfrage dahin zu formuliren:

> ob die Actiengesellschaft verpflichtet erscheine, einen als Werth des ursprünglichen Grundvermögens gesetzten Geldwerth zu conserviren.

Die Antwort darauf mufs verneinend lauten. Schon

standene Gründerperiode gegeben. (Vergl. die Circularverf. in Weinhagen: «Recht der Actiengesellschaften», Anhang S. 80 ff.).

*) Vergl. hierzu den bereits citirten Aufsatz von Keyssner «Actien, Zinsen u. s. w.» in Busch's Archiv, Bd. XXXII S. 99 ff.

wegen ihrer durch eine dreifsigjährige Praxis erwiesenen sachlichen Unerfüllbarkeit sollte eine Aufgabe dieses Inhalts nicht gestellt werden. Eisenbahngesellschaften können eine zur Ermittelung des jeweiligen Werthes erforderliche Abschätzung ihrer Bahnanlage mit Aussicht auf Erfolg nicht unternehmen, weil es für dieselbe an allen Unterlagen mangelt. Die Werthsermittelung würde sich bei Aufwendung selbst der gröfsten Arbeitskraft nur immer formell bewirken lassen; materiell wäre sie beim rechten Namen genannt ein Unfug im grofsen Maafsstabe. Soll eine Abschätzung von Nutzen sein, so mufs ihr Resultat den eventuell erreichbaren Kaufpreis bezeichnen; Eisenbahnen sind aber zunächst, wenn der Staat nicht zustimmt, gar nicht verkäuflich. Und davon abgesehen ist die Zahl der Käufer immer sehr gering, so dafs auf die Erzielung eines dem Werthe gleichkommenden Kaufpreises nie ohne Weiteres zu rechnen ist. Auch der Verkaufswerth industrieller Anlagen ist unbestimmbar, zumal wenn der Preis von Grund und Boden dabei eine hervorragende Rolle spielt. Der letztere hängt von dem wechselnden Werthe der Landesproducte und der industriellen Erzeugnisse ab, und noch von mannigfachen anderen, stets wechselnden Einflüssen. Ein unglücklicher Krieg, eine verheerende Epidemie kann den Werth von Grund und Boden auf lange Jahre herabdrucken; wiederholte Mifsernten, Handelskrisen etc. üben erfahrungsmäfsig eine ähnliche Wirkung.

Allerdings würde der bewufste Wille der ersten Zeichner gegen alle diese Schwierigkeiten entscheidend in's Gewicht fallen. Ist im Statut vorgeschrieben, dafs nur derjenige Gewinn vertheilt werden soll, welcher sich als Ueberschufs des jeweiligen Werthes der Activa über die Passiva ergiebt, und dafs bei Herabminderung der ersteren vor Aufsparung der Differenz eine Dividende nicht zur Auszahlung gelangen dürfe, so müfste eben wohl oder übel alljährlich eine Abschätzung aller Activa stattfinden, und diese, wenn sie auch nirgends auf wirkliche Verkaufswerthe zurückzuführen wäre, doch wenigstens eine formelle Grundlage für die Bilancirung ausmachen.

Welcher Grundsatz soll aber gelten, wenn die Actionäre

eine solche Vorschrift im Statut nicht getroffen haben? Im Interesse des Gläubigers ist die Conservirung eines bestimmten Capitals nicht geboten; dieser mag vielmehr seinen Entschlufs über Creditgewahrung von der Sicherheit abhängig machen, welche die Verfassung der Actiengesellschaft ihm zu bieten scheint. Die Entscheidung über das Princip hängt offenbar von der Beantwortung der ferneren Frage ab, welcher Vermögensstand den Ausgangspunkt fur die Gewinnberechnung bei der Actiengesellschaft vernunftigerweise bilden könne, wenn man in Betracht zieht, dafs dieselbe nach der Absicht ihrer Gründer eine Erwerbsgenossenschaft ausmachen soll. Bei der Classe der Banken ist dieses Niveau das baar eingelegte Capital; bei den Eisenbahnen ist es nicht das zur Erbauung der Eisenbahnanlage hergegebene baare Geld, sondern, wie schon früher ausgefuhrt wurde, die Eisenbahnanlage selbst; und bei den Industriegesellschaften besteht es neben etwaigem baaren Betriebscapital in der von Anfang an dargebotenen industriellen Anlage. Nur die Erhaltung dieses Vermögensstandes hat also inneren Grund, nur sie kann wirklich und vernünftigerweise von den Actionären gewollt sein. Substituirt man diesem durch Statut vorgeschriebenen Vermögensstande eine durch Schätzung desselben ein fur alle Mal festgesetzte Geldsumme, so beschwert man die Actiengesellschaft willkürlich mit einer gänzlich aufser dem Bereich ihres Zwecks liegenden Last*). Nicht die Erhaltung eines bestimmten Grundcapitals,

*) Gemäfs Art. 209b kann der Gründer den Werth der inferirten Sache ganz nach seinem Belieben festsetzen. Wird also eine Fabrik, welche nur 300 000 Mark werth ist, zum Nominalbetrage von 1000 000 Mark inferirt, so müfste bei strenger Festhaltung der gesetzlichen Normen am Tage nach der Eintragung eine Unterbilanz von 700 000 Mark constatirt werden, und die Actionäre hätten einen Anspruch auf Dividende nicht eher, als bis die fehlenden 700 000 Mark durch den Geschäftsbetrieb verdient waren. Es ist wohl kaum anzunehmen, dafs Jemand Actien einer neuen Gesellschaft zeichne, um solche Consequenzen über sich ergehen zu lassen. (Vergl. hierzu das drastische Beispiel Keyssner's in dessen «Actiengesellschaften» S. 135.) Würde nun fortan bei Beseitigung der Nominalbeträge diesen ein Taxwerth substituirt, so könnten Differenzen solcher Art zwischen dem wirklichen und dem gesetzten Werth allerdings gleich von Anfang nicht mehr moglich sein; aber bei Eintritt ungünstiger Zeitverhältnisse würden sie nicht ausbleiben, und ein constantes Auf- und Niederschwanken des Werthes wäre nach wie vor unvermeidlich.

sondern nur die Erhaltung des ursprünglichen statutarischen Grundvermögens der Actiengesellschaft ist geboten*). Dieser Grundsatz ubt keinen Einfluſs auf die bisherige Praxis, wenn die Einlage in baarem Gelde bestanden hat; eine solche muſs nach wie vor zum vollen Betrage unter den Passivis in Anrechnung kommen. Besteht aber das Grundvermögen in Anlagen, welche gleich von Anfang inferirt oder nach Vorschrift des Statuts mit baaren Einlagen hergestellt worden sind, so ist der Conservirungspflicht vollkommen genügt, wenn diese Vermögensobjecte in dem ursprünglichen Zustande erhalten, resp. wenn ihre Abnutzung durch angemessene Abschreibungen oder durch Ansammlung der fur ihre Erneuerung erforderlichen Capitalien ausgeglichen wird. Mit dieser stetig zunehmenden Ergänzung machen sie einen stabilen Activposten aus, und stehen im Gleichgewicht mit demjenigen stabilen Passivposten, welcher durch die fur sie hingegebene Actienmasse gebildet wird. Daraus folgt aber, daſs beide Posten in der Bilanz durchaus entbehrlich sind. Von Einfluſs auf die letztere kann nur dasjenige baare Grundvermögen sein, welchem nicht durch Statut die dauernde Umwandlung in irgend ein anderes Activum auferlegt ist. Insofern dagegen das Statut jene Umwandlung baarer Einlagen verordnet, ist allein der nicht verwendete Ueberrest derselben unter die Passiva einzustellen. (Ueber die Herstellung der Anlagen ist besondere Rechnung zu führen, und der Generalversammlung zur Anerkennung vorzulegen.) Unter letztere gehören aber ferner alle Abschreibungen auf das statutarische Grundvermögen, und eventuell die Rücklagen zum Erneuerungsfonds. Diese Abschreibungen und Rücklagen allein sind es, welche einen sicheren Maaſsstab für die Solidität im Haushalte der Gesellschaft ausmachen; je mehr sie anwachsen, je gröſser also derjenige Theil der baaren Erträgnisse wird, welchen die Gesellschaft einbehält, und um welchen sich mithin für ihre Rechnung der Selbstkostenpreis der nicht in Gelde bestehenden statutarischen Vermögensobjecte vermindert, desto solider ist

*) Vergl. hierzu den Aufsatz «Grundcapital, Grundvermögen und Bilanz der Actiengesellschaften, insbesondere der Eisenbahngesellschaften» von Strombeck in Busch's Archiv, Bd. XXXVII S. 1 ff.

die Gesellschaft fundirt, desto ruhiger kann der Actionär etwaigen ungünstigen Werthconjuncturen entgegen sehen. Will sich daher eine Actiengesellschaft, deren statutarisches Vermögen ganz oder zum gröfsten Theil in Anlagen besteht, gegen die künftige Entwerthung desselben rechtzeitig sichern, so mag sie von ihren Erträgnissen reichlich bemessene Abschreibungen schon durch Statut festsetzen. Dies allein ist auch der Weg, um bei einer künftigen Auflösung keine Einbufse zu erfahren. Danach mag dann der Gläubiger und wird er gern die Creditwürdigkeit der Gesellschaft bemessen.

Es ergeben sich demnach für die Herstellung der Bilanz bei den einzelnen Gattungen der Actiengesellschaften folgende Grundsätze:

A. Bei der Classe der Banken ist nach wie vor das baar eingelegte Grundvermögen als Passivum einzustellen.

B. Bei der Classe der Eisenbahnen gehört unter die Passiva nur ein etwa zum Bau nicht verwendeter Rest des eingelegten Capitals, und von den Activis ist die Bahnanlage nebst allen ursprünglichen Pertinenzien auszuschliefsen. Dagegen gehören unter die Passiva die Rücklagen zum Erneuerungsfonds, und unter die Activa alle Anschaffungen, welche der ursprünglichen Ausstattung der Bahn später hinzugefügt worden sind.

Werden in Zukunft Bahnen nach der in Abschnitt IV § 6 vorgeschlagenen Methode hergestellt, so findet der gleiche Grundsatz Anwendung, d. h. es gehört nur das der Bahn baar überwiesene Betriebscapital unter die Passiva, während die Bahnanlage nebst allen durch die Zeichner gelieferten Pertinenzien von ihr ausgeschlossen ist. Andererseits sind die Rücklagen zum Erneuerungsfonds den Passivis, die späteren Anschaffungen den Activis zuzurechnen.

C. Bei der Classe der Industriegesellschaften gehört unter die Passiva nur das baar eingelegte Betriebscapital. Von der Activseite ausgeschlossen ist die nach Vorschrift des Statuts inferirte Anlage mit allem ursprünglichen Zubehör; dagegen gehören unter die Passiva die Abschreibungen und Rucklagen zum Erneuerungsfonds, und unter die Activa alle Sachen, welche nicht ursprünglich inferirt worden sind.

D. Wenn eine ausschliefslich mit baaren Einlagen gegründete Actiengesellschaft industrielle oder sonstige Anlagen erst nach ihrer Gründung erwirbt, ohne dafs die Erwerbung derselben durch eine Vorschrift des Statuts speciell angeordnet ist, so müssen diese Objecte alljährlich zu ihrem jeweiligen wirklichen Werthe ohne Berucksichtigung des ehemaligen Kaufpreises in die Bilanz eingestellt werden. Dies folgt aus dem Grundsatze von der Erhaltung des ursprünglichen statutarischen Vermögens, welches hier in baarem Gelde bestanden hat. Daher wird die Gründung einer Industriegesellschaft, deren Statut die Verwendungsart der baaren Einlagen nicht vorschreibt, diese vielmehr dem Ermessen der Gesellschaftsorgane überläfst, immer ein mifsliches Unternehmen bleiben. Es ist das ein Beweis mehr fur die früher aufgestellte Behauptung, dafs der Modus der Inferirung fur die Gründung von Gesellschaften mit gewerblichen Anlagen gar nicht zu entbehren ist (vgl. IV § 4).

E. Ist eine *in natura* inferirte oder eine mit baarem Einlagecapital hergestellte Anlage nach Vorschrift des Statuts mit Hypotheken oder mit einer anderen fundirten Schuld (Prioritätsanleihe bei Eisenbahnen) gleich von Anfang an belastet*), so gehört diese Schuld nur insoweit in die Bilanz, als sie durch den Werth der Anlage nicht gedeckt wird; dagegen sind die Unkosten der Geldbeschaffung, die Zinsen und die etwa zur Amortisation geschehenden Aufwendungen selbstverständlich in die Bilanz einzustellen, und zwar die Unkosten auf Generalunkostenconto, die Zinsen auf der Passivseite des Zinsencontos, die zur Amortisation geschehenen Aufwendungen als Activum. Auch wenn die Ruckzahlung anders als durch Amortisation erfolgt, mufs der Werth der Schuldminderung unter die Activa aufgenommen werden.

Es kann auf den ersten Anblick befremden, dafs positive Schulden der Gesellschaft nicht in der Bilanz figuriren sollen. Man mufs aber nicht vergessen, dafs die Bilanz nach Inhalt dieser Vorschläge nicht mehr zur Rechenschaftslegung ver-

*) Grundschulden, welche auf Anlagen dieser Art gleich von Anfang haften, würden niemals in die Bilanz gehören, da neben dem Pfandrecht an dem Grundstück eine persönliche Haftpflicht der Gesellschaft nicht besteht.

wendet wird. Diesen Dienst sollen in Zukunft die Antworten auf das Fragentableau leisten. Zu Passivposten der Bilanz gestalten sich daher die Hypotheken und die ihnen gleichstehenden Prioritats-Obligationen*) der Eisenbahnen (abgesehen von Verzinsung und Amortisation) erst dann, wenn sie gröfser sind als der Werth der ihnen verpfandeten, nicht unter die Activa eingestellten Anlagen; sonst verstehen sich die letzteren bei Bemessung ihres Werthes für die Gesellschaft «abzüglich der darauf haftenden Schulden». Uebrigens ist das nichts Neues; es tritt nur bei Beseitigung der Nominalbeträge schärfer hervor. Gegenwärtig stellt man unter die Passiva das Nominalcapital ein, und als Werth der Anlage unter die Activa diejenige Summe, welche der Inferirungspreis (oder das Baucapital) unter Hinzurechnung des Nominalbetrages der Hypotheken (oder Prioritätsschulden) ergiebt; diese letzteren aber werden den Passivis zugezählt. Es steht also das auf die Anlage angerechnete Nominalgrundcapital zuzüglich der Hypotheken als Passivum dem Werthe der Anlage als Activum gegenüber. Die Hypotheken üben mithin erst dann eine Einwirkung auf den sonstigen Inhalt der Bilanz, wenn der Werth der Anlage so reducirt ist, dafs sie denselben überschreiten.

Diese Pflicht zur Einstellung eines ungedeckten Theilbetrages der Hypotheken bedingt freilich eine Modification des fur die künftige Bilancirung vorgeschlagenen Hauptgrundsatzes, insofern nun dennoch bei vorliegenden hypothekarischen oder prioritätischen Belastungen eine Schätzung der inferirten Anlagen erfolgen mufs. Das ist nicht zu umgehen. Einer alljährlichen Prufung der Frage, ob die der Gesellschaft gehörigen zum Pfande bestellten Realitäten mindestens den Werth der darauf lastenden Schulden decken, kann sich die Gesellschaft nicht entziehen. Hier findet die praktische Anwendbarkeit des

*) Die Frage, ob die Besitzer von Prioritäts-Obligationen ein wirkliches Vorrecht vor sonstigen Gläubigern der Eisenbahngesellschaft in Anspruch nehmen durfen, wird hier als im bejahenden Sinne beantwortet vorausgesetzt, da ihre demgemäfse Losung durch die Gesetzgebung voraussichtlich eher erfolgen wird, als die Herstellung eines neuen Actiengesetzes.

leitenden Gedankens eine Grenze. Indefs fällt diese unumgängliche Modification wenig in's Gewicht; denn es handelt sich nicht um eine exacte Ermittelung des jeweiligen wahren Werths der betreffenden Anlage, sondern nur um die Feststellung ihres ungefähren Maximalwerths. Und das ist eine Aufgabe, deren Lösung sich wohl selbst bei sehr grofsen und schwer verkäuflichen Vermögensobjecten ermöglichen läfst.

F. Die soeben betrachteten Bilanzen würden sich nun aber von der bisher gewohnten Form dadurch zu ihrem Nachtheil unterscheiden, dafs sie keine Uebersicht über das Gesammtvermögen der Gesellschaft darböten. Ist das Fehlende auch leicht aus dem Fragentableau und dem Statut zu ergänzen, so erscheint es doch, zumal im Interesse der an der Generalversammlung nicht Theil nehmenden Actionäre nützlich, die Bilanz so herzustellen, dafs neben den wirklich in Anrechnung kommenden Activis und Passivis auch alle übrigen Werthe sammt der Stückzahl der Actien daraus entnommen werden können. Es würde sich daher empfehlen, die Bilanzen so einzurichten, dafs in der Ueberschrift die Stückzahl der emittirten Actien angegeben wird, dafs ferner die zu den Activis gehörenden, aber nicht in Anrechnung kommenden Werthe unter der Colonne der Activa vor der Linie, und ebenso die nicht zur Anrechnung zugelassenen Passiva (die ad E genannten Hypotheken und Prioritätsschulden) unter der Colonne der Passiva vor der Linie zum Ausdruck kommen. Im Folgenden werden diese Objecte der Kürze wegen als «Werthe vor der Linie», resp. als «Verbindlichkeiten vor der Linie» bezeichnet.

G. Der mit der Einstellung von Activ- und Passivposten vor der Linie angestrebte Zweck würde offenbar unerreicht bleiben, wenn die Anwendung dieses Systems auf das ursprüngliche Grundvermögen beschränkt sein sollte, und jede Vermehrung desselben nach dem alten Modus eingestellt werden müfste. Unternähme z. B. eine Eisenbahngesellschaft den Weiterbau ihrer Linie, so müfste sie den Werth der zweiten Anlage alljährlich in baarem Gelde schatzen, und demgemäfs einstellen. Es ginge in diesem Falle fur sie der Vortheil des neuen Systems im Wesentlichen verloren, zumal dann, wenn die Erweiterungsbauten einen gröfseren Werth ausmachten, als die ursprüngliche Anlage.

Es ist aber auch sachlich begründet, solche Erweiterungsbauten in der Bilanz gleich den ursprünglichen Anlagen zu behandeln. Hat eine Eisenbahngesellschaft eine Linie gebaut, und erbaut sie später unter Vermehrung ihrer Antheilsrechte, oder unter Emission einer auf die Gesammtanlage fundirten Prioritätsanleihe eine Fortsetzung derselben, so mufs der leitende Grundsatz von der Erhaltung des statutarischen Grundvermögens auf die erweiterte Gesammtanlage genau dieselbe Anwendung finden, welche er auf die ursprüngliche Anlage gefunden hatte. Demnach sind folgende Fälle zu unterscheiden:

a) Eine Eisenbahngesellschaft oder eine Industriegesellschaft vergröfsert die Zahl ihrer ursprünglichen Antheilsrechte, um mit den neuen Einlagen gemäfs einer ergänzenden Statutenbestimmung eine ausdrücklich vorgeschriebene Vergröfserung ihrer Anlagen herzustellen. Es bedeutet dann die neue Anlage mit der alten zusammen für die Erhaltung des statutarischen Grundvermögens genau dasselbe, was bisher die ursprüngliche Anlage bedeutet hatte. Daher ist nur ein zur Herstellung etwa nicht verwendeter Restbetrag der baaren Einlagen unter die Passiva einzustellen, und der Erweiterungsbau gleich dem ursprünglichen Bau von den Activis auszuschliefsen.

b) Eine Eisenbahngesellschaft oder eine Industriegesellschaft contrahirt auf Grund einer ergänzenden Statutenvorschrift zur Herstellung einer bestimmten neuen Anlage eine auf ihre künftige Gesammtanlage fundirte Schuld (Hypothekenschuld oder Prioritätsanleihe*). Dieser Fall ist so zu behandeln, wie wenn eine nach Vorschrift des ursprünglichen Statuts hergestellte Anlage gleich von Anfang mit einer Schuld belastet worden ist. (Ueber die Aufwendung der Bau-

*) Sollte der bereits vorliegende Entwurf eines Gesetzes «betreffend das Pfandrecht an Eisenbahnen und die Zwangsvollstreckung in dieselben» Gesetzeskraft erlangen, so würde dadurch an den oben entwickelten Grundsätzen nichts geändert; die Prioritäts-Obligationen erhielten nur fortan den Charakter wirklicher Hypotheken.

kosten ist selbstverständlich hier, wie in allen Fällen, besondere Rechnung zu legen.) Es würde also die neue Anlage nicht unter die Activa und die fundirte Schuld nicht unter die Passiva aufzunehmen sein, sondern unter die letzteren nur Unkosten und Zinsen, und unter die Activa künftig der Werth der etwa amortisirten Schuldbeträge eingestellt werden müssen.

c) Eine Eisenbahngesellschaft oder eine Industriegesellschaft vermehrt auf Grund einer erganzenden Statutenvorschrift die Zahl ihrer Antheilsrechte, oder contrahirt eine Schuld, um Anschaffungen zu machen, welche nicht durch Statutenvorschrift zum Gesellschaftsvermögen erklärt werden (Anschaffung neuen Fahrmaterials bei Eisenbahnen, Ankauf von Rohstoffen oder anderen Materialien bei Industriegesellschaften). Hier geschieht die Verwendung also nach dem Ermessen der Vorstände, die auch das Recht zur Wiederveräufserung der gemachten Anschaffungen haben. Es bedeutet dies nur eine Vermehrung des baaren Betriebscapitals. Daher sind solche Einlagen, resp. der Betrag einer zu solchen Zwecken contrahirten Schuld den Passivis, der Werth der dafür gemachten Anschaffungen aber ist den Activis zuzurechnen.

d) Eine Eisenbahngesellschaft oder eine Industriegesellschaft vermehrt die Anzahl ihrer Antheilsrechte zur Erwerbung neuer Anlagen in der Weise, dafs gemäfs einer ergänzenden Vorschrift des Statuts die Hingabe der neu creirten Antheilsrechte *in natura* gegen die Hergabe gewisser Anlagen *in natura* erfolgen soll. Dieser Fall ist gleich demjenigen ad a zu behandeln*).

e) Nicht anwendbar ist das in den vorstehenden vier Fällen zur Anwendung gebrachte Princip, wenn die Gesellschaft von

*) Es versteht sich, dafs durch die ad a bis d entwickelten Grundsätze an den über Gründungen mit Apports künftig etwa geltenden Specialvorschriften nichts geändert wird. Geschehen also die Erweiterungen des statutarischen Grundvermögens im ersten Geschäftsjahre, so müssen die Gründer der Gesellschaft, wenn sie die Actien während dieses Jahres veraufsern wollen, die ihnen wegen des Verkaufes auferlegten Beschränkungen respectiren. (Vergl. IV § 4.) Dies wird hauptsächlich Industriegesellschaften treffen, da Eisenbahngesellschaften in der Praxis nicht durch Inferirung zu Stande kommen; indefs wäre diese Möglichkeit an sich nicht ausgeschlossen.

Anfang an nur mit baaren Einlagen gegründet, und im Statut eine bestimmte Verwendung derselben zur Herstellung oder Erwerbung von Anlagen oder anderen Vermögensstucken nicht vorgeschrieben war. Bei Eisenbahngesellschaften kann dieser Fall nie eintreten, da eine Eisenbahngesellschaft, welche nicht die Herstellung einer bestimmten Linie projectirt hat, die staatliche Concession nicht erhalten wurde. Wohl aber kann das soeben Gesagte die Industriegesellschaften treffen, und zwar hauptsächlich in dem vorstehend unter D erwähnten Falle.

Ist eine Industriegesellschaft mit baarem Gelde gegründet, und den Vorständen die Einrichtung der erforderlichen Anlagen überlassen, so liegt gar kein Grund vor, zu gestatten, dafs diese Gesellschaft später ihr Vermögen durch Werthe vor der Linie vermehre; denn sie würde der Verpflichtung, die ursprünglich hergestellten Anlagen, so lange sie dieselben besitzt, alljährlich zu ihrem jeweiligen Werthe einzuschätzen, doch niemals überhoben.

Uebrigens ist nicht zu verkennen, dafs Werthe vor der Linie sich auch im Dienste verfänglicher Machinationen verwenden lassen, zumal, wenn ihre Erwerbung nicht gleich von Anfang, sondern erst später ausgefuhrt wird. Um also zu verhindern, dafs Actiengesellschaften, welche dieser Werthe gar nicht bedürfen, z. B. Banken, sich das Recht zur eventuellen späteren Erwerbung derselben im ursprünglichen Statut durch irgend eine unbedeutende Inferirung sichern, empfiehlt sich eine Bestimmung, wonach nur die Verwendung einer beträchtlichen Quote des ursprünglichen Grundvermögens (z. B. des dritten Theils) auf die Anschaffung von Werthen vor der Linie zu spateren Erwerbungen gleicher Art berechtigen soll.

H. Der leitende Grundsatz mufs endlich auch bei Veranderungen, insbesondere bei Verminderungen der Werthe vor der Linie zur Anwendung kommen. Die Werthe vor der Linie gehören ausnahmelos dem statutarisch vorgeschriebenen Gesellschaftsvermögen an. Werden sie also veräufsert (auf Grund einer Statutenänderung, oder ohne eine solche, mithin durch rechtswidrige Dispositionen der Verwaltung, oder in Folge zwangsweiser Enteignung), und fliefst der Erlös dem sonstigen Gesellschaftsvermögen zu, so mufs ein dem letzteren gleichkommender Gegenposten unter die Passiva der Bilanz eingestellt werden; sonst würde der Erlös als Dividende zur Vertheilung kommen, und also eine Reduction des Grundvermögens eintreten. Dieser Passivposten kann aber, von dem Fall der Liquidation abgesehen, nur dadurch getilgt werden, dafs er in Folge einer Reduction des Grundvermögens auf die zur Vermögensminderung verwendeten Beträge, oder auf eine durch ergänzende Statutenvorschrift angeordnete Erhöhung des Betriebscapitals compensirt wird. In letzterem Falle verschwindet er jedoch nur formell; denn er tritt fortan dem Passivposten der baaren Einlagen hinzu.

Beschliefst dagegen eine Gesellschaft mit Werthen vor der Linie die Reduction ihres Grundvermögens, so mufs dem hierauf verwendeten Baarbetrag ein gleich hoher Posten auf der Activseite gegenüber gestellt werden. Es ist dies gewissermafsen ein Vorschufs an die Werthe vor der Linie. Wollte man diesen Posten nicht einstellen, so würde die Bilanz, so lange die Werthe vor der Linie unangetastet bleiben, ein entsprechendes Deficit aufweisen. Dieser Gegenposten kann also nur ausgeglichen werden durch Compensation mit einem Passivposten der eben bezeichneten Art. Der eine dieser beiden hier erwähnten Fälle wird übrigens ohne den andern selten vorkommen; gewöhnlich werden sie sich ergänzen, d. h., es wird eine Reduction nur stattfinden, wenn gleichzeitig eine Veräufserung von Werthen vor der Linie zur Deckung des aufzuwendenden Betrages beschlossen ist.

Nach allem Gesagten wäre der rechtliche Inhalt künftiger allgemeiner Vorschriften über die Bilancirung etwa wie folgt zu skizziren:

1. Die Bilanz einer Actiengesellschaft gilt nur dann als ordnungsmäfsig, wenn sie nach den besonderen Vorschriften des Actienrechts hergestellt ist.

2. Als Gewinn ist der durch Herstellung einer ordnungsmäfsigen Bilanz ermittelte Ueberschufs der mit baaren Beträgen eingestellten Activa über die mit baaren Beträgen eingestellten Passiva anzusehen. Nur dieser Gewinn darf zur Vertheilung gebracht werden.

3. Folgende, zum Eigenthum einer Actiengesellschaft gehörige Vermögensobjecte sind nicht mit baaren Werthen in die Bilanz einzustellen, solange das Gesellschaftsstatut oder ein Nachtrag zu demselben sie ausdrücklich dem Gesellschaftsvermögen zuweist:

a) inferirte Vermögenswerthe;

b) Anlagen oder andere Vermögensstucke, welche nach ausdrücklicher Vorschrift des Statuts oder eines Nachtrags zu demselben mit zu diesem Zwecke gemachten baaren Einlagen hergestellt oder erworben worden sind;

c) Anlagen oder andere Vermögensstücke, welche nach ausdrücklicher Vorschrift des Statuts oder eines Nachtrags zu demselben vermittelst einer zu diesem Zwecke aufgenommenen hypothekarischen oder Prioritätsanleihe hergestellt oder erworben worden sind.

4. Die nach der Vorschrift ad 3 nicht mit baaren Beträgen einzustellenden Vermögensobjecte sind in der Bilanz vor der Linie unter den Activis aufzuführen. (Werthe vor der Linie.)

5. Ist nicht mindestens der dritte Theil der ursprünglich geschaffenen Actien, oder die Gesammtsumme der auf die letzteren gewährten baaren Einlagen nach Vorschrift des Statuts zur Erwerbung oder Herstellung von Werthen vor der Linie verwendet worden, so können solche auch nicht durch Statutenänderung festgesetzt werden.

6. Als baare Passiva sind die Verbindlichkeiten der Gesellschaft und die baaren Einlagen aufzuführen. Zu den Verbindlichkeiten zählen auch die Abschreibungen, der Bestand des Reservefonds und des Erneuerungsfonds.

7. Insoweit aber die ursprünglichen, oder die durch Vermehrung der Antheilsrechte später hinzugekommenen baaren Einlagen nach Vorschrift des Statuts oder eines Nachtrags zur Herstellung von bestimmten Anlagen oder zur Erwerbung bestimmter anderer Vermögenswerthe für die Gesellschaft verwendet worden sind, werden sie nicht unter den baaren Passivis aufgeführt.

8. Sind von der Gesellschaft hypothekarische oder Prioritätsanleihen aufgenommen, und die empfangenen Capitalien

nach ausdrücklicher Vorschrift des Statuts oder eines Nachtrags zur Herstellung oder Erwerbung von Werthen vor der Linie verwendet worden, für welche die letzteren ganz oder zum Theil als Pfand oder prioritätisch haften, so werden diese Capitalien nicht den baaren Passivis zugezählt, sondern nur vor der Linie unter die Passiva eingestellt (Verbindlichkeiten vor der Linie). Insoweit jedoch die verpfändeten Werthe die Schuld nicht decken, ist dieselbe den Passivis baar zuzuzählen.

9. Wenn Werthe vor der Linie veräufsert werden, und der Erlös baar oder durch Anrechnung der Gesellschaft zufliefst, so mufs ein demselben gleichkommender Baarbetrag den Passivis zugezählt werden. Dieser Passivposten kann nur auf Grund einer neuen Statutenvorschrift beseitigt werden. Es wird aber hierdurch an den Vorschriften über die Reduction des Grundvermögens nichts geändert. —

Auf den ersten Anblick erscheinen diese Sätze einigermafsen complicirt; näher betrachtet, erweisen sie sich aber sämmtlich als natürliche Folgerungen aus dem in der Erörterung über die Bilanz erkannten Hauptgrundsatze. So lange das Grundvermögen der Gesellschaft als ein baares Grundcapital in die Bilanz eingestellt wird, sind sie freilich entbehrlich; aber so lange ist auch die Bilanz nur ein Blendwerk. Will man die Nominalbeträge und mit ihnen das fingirte Gesellschaftscapital beseitigen, so mufs man sich mit den Grundsätzen befreunden, durch welche allein es möglich wird, die Bilanz der Actiengesellschaft von jenen trügerischen Zahlengruppen frei zu halten.

Zur Veranschaulichung der sich aus diesem System ergebenden Bilanzformen sind die wichtigeren Fälle in einem Anhange dargestellt.

---

§ 2.

Fortsetzung. — Die Schätzung der Waaren und Vorräthe.

Neben den soeben ermittelten allgemeinen Grundsätzen kommen nunmehr die besonderen für die Herstellung der Bilanz erforderlichen Bestimmungen in Betracht. Es erscheint zweckmäfsig, ihre Erörterung an den Inhalt des Art. 239a anzuknüpfen. Von den vier Specialvorschriften dieses Artikels sind nur noch zwei einer materiellen Kritik zu unterziehen. Denn die Vorschrift über Aufnahme des Grundcapitals, des Reserve- und Erneuerungsfonds unter die Passiva (No. 3) ist durch den Inhalt des vorigen Paragraphen erledigt; und die Pflicht, das Resultat der Bilanz am Schlusse ausdrücklich anzugeben (No. 4), ist keine Bestimmung materiellen Inhalts, sondern nur im Interesse gröfserer Deutlichkeit zu Gunsten der mit kaufmännischen Rechnungen nicht vertrauten Actionäre gegeben.

Von den beiden übrigen Bestimmungen lautet die eine (ad 1) wörtlich: «Courshabende Papiere dürfen höchstens zu dem Courswerthe, welchen dieselben zur Zeit der Bilanzaufstellung haben, angesetzt werden».

Dieser Satz hat auf Seiten der wissenschaftlichen Kritik wenig Freunde gefunden*); es mag auch vielleicht nicht ganz unrichtig sein, wenn von ihm gesagt worden ist, dafs er von Mifstrauen und Aengstlichkeit zeuge, und «nach Art der Gelegenheitsgesetzgebung mit zufälligen Einzelheiten im Vorgefühl des zu erstrebenden Zieles, ohne jedoch die Erreichung desselben zu sichern, sich befasse»**). Wenn indefs der Gesetzgeber wirklich Mifstrauen und Aengstlichkeit verrathen haben sollte, so hat doch die Folge gelehrt, dafs seine Befürchtungen nicht ganz unberechtigt waren. Und es ist nach den vorliegenden Erfahrungen auch gar nicht zu leugnen, dafs die in Rede stehende Vorschrift den praktischen Verhältnissen gewisse Dienste geleistet hat; höchst wahrscheinlich wenigstens würden, wenn sie nicht gegolten hätte, die Illusionen und Täuschungen in den Bilanzen der Actiengesellschaften noch üppiger emporgewuchert sein, als dies ohnehin geschehen ist.

Dennoch ist der Aufrechterhaltung dieser Bestimmung nicht das Wort zu reden. Es mufs gegen sie gesagt werden dafs der Zweck, den sie anstrebt, besser ist, als das Mittel welches sie wählt, und dafs auch dieser Zweck nicht so werth-

*) Siehe Keyssner «Actiengesellschaften», S. 254 ff., und Endemann, Commentar zu dem Ges. vom 11. Juni 1870, S. 44.

**) Keyssner a. a. O. S. 255.

voll ist, wie es den Anschein hat. Ihr Inhalt soll dem Bestreben einer gewissenlosen Einschätzung courshabender Papiere entgegenwirken. Wo der Werth durch Schätzung festgestellt werden mufs, hat stets die Illusion gröfseren Spielraum; und gar häufig ist die Selbsttäuschung von der Absicht, nur die Anderen zu täuschen, schwer unterscheidbar. Der allgemeine Grundsatz, dafs jede Sache nach ihrem wahren Werthe eingeschätzt werden soll, ist zwar der beste und treffendste, aber er hat einen nur geringen praktischen Werth; denn er ermangelt aller greifbaren Handhaben. Eine solche Handhabe will die fragliche Vorschrift gewähren durch das ausdrückliche Verbot, bei der Schätzung über einen gewissen am Markte zur Anerkennung gelangten Taxwerth hinauszugehen, und indem sie als solchen den jüngsten, d. h. den Taxwerth vom letzten Tage des Geschäftsjahrs wählt. Gegen die Qualität dieses Hilfsmittels fällt der Umstand in's Gewicht, dafs auf einen vereinzelten Cours verhältnifsmäfsig leicht künstliche Einflusse geubt werden können. Eine vorübergehende Courssteigerung ist oft ohne erhebliche Unkosten zu erreichen. Manöver solcher Art geschehen täglich, und sind vornehmlich dann leicht auszuführen, wenn die betreffende Actie nicht über einen grofsen Kreis von Interessenten gebietet*). Die Möglichkeit einer künstlichen Einwirkung auf den Cours beeinträchtigt aber den Werth der fraglichen Maafsregel um so mehr, als diese nicht blos von dem Besitzer der betreffenden Actien, sondern auch gegen denselben ausgebeutet werden kann. Und die Erfahrung lehrt, dafs solche Ausbeutungen zu gewissen Zeiten den Charakter

*) Es gehört zu den besonderen Schwächen des Gesetzes, dafs gegenüber einer so eminent praktischen Vorschrift alle Börsenpapiere mit gleichem Maafse gemessen werden. Die künstliche Steigerung des Courses eines grofsen internationalen Spielpapiers erfordert, wenn sie selbst nur an einem einzigen Tage wirken soll, höchst bedeutende Umsätze; die gleiche Wirkung lafst sich an dem Course einer mäfsigen Industriegesellschaft, in deren Actien nicht täglich Umsätze stattfinden, durch einen minimalen Betrag, oft durch den Kauf oder Verkauf von fünf oder zehn Stück erreichen. Und dennoch gelten die Resultate in beiden Fällen ganz gleich; ein Cours, welcher durch den Einkauf von zehn Stück gemacht wird, gilt vor dem Gesetz ebenso als Cours, wie derjenige, dessen Fixirung einen Umsatz von Millionen erfordert.

einer förmlichen Speculation annehmen können*). Dieser Gefahr liefse sich freilich vorbeugen, wenn man statt des Courses vom letzten Geschäftstage den Durchschnittscours einer gröfseren Reihe von Geschaftstagen, etwa des letzten Vierteljahrs oder des ganzen abgelaufenen Geschäftsjahrs als Grenze vorzeichnete. Das Resultat dieses Schätzungsmodus würde aber nicht selten einer völligen Ignorirung wichtiger Ereignisse gleichkommen, und somit den Unterschied zwischen dem Bilanzwerthe und dem wirklichen Werthe nicht verkleinern, sondern noch vergröfsern. Wären z. B. gegen den Schlufs des Jahres schwere, das Papier entwerthende Unglücksfalle eingetreten, so würden die reducirten Course der letzten Tage bei der Durchschnittsrechnung nicht genügend in's Gewicht fallen, und die letztere ein durchaus falsches Bild von dem Werthe des Papiers hervorrufen.

In dem Bereiche der gegen Illusionen und Täuschungen denkbaren Schutzmittel ist aber ein befriedigender Ausgangspunkt für die Entscheidung der vorliegenden Frage überhaupt nicht zu suchen. Die präciseste Werthsermittelung erstrebt immer nur die Feststellung eines thatsächlich erreichbar gewesenen Verkaufspreises. Es fragt sich daher, ob bei der Gewinnermittelung die Einstellung von thatsächlich nicht verkauften Activis zu einem Preise, welcher ehedem als Kaufpreis hätte erreicht werden können, vernünftig und zweckmäfsig sei. Entweder erwirbt die Actiengesellschaft courshabende Papiere, um gewisse vom Geschäftsbetriebe aus-

*) Die Banken haben in den Geschäftsjahren nach der Gründerperiode unter solchen Manövern schwer gelitten. Besafs eine Bank grofse Massen unveräufserlicher Actien einer anderen Gesellschaft, so wufste Jeder, dafs es ihr am Ende des Jahres darum zu thun war, das sonstige Resultat ihrer eigenen Bilanz nicht durch übertriebene Coursrückgange jenes Papiers beeinträchtigt zu sehen. Dieser Sachlage bemächtigte sich die Speculation, indem sie am letzten Tage des Geschäftsjahrs möglichst grofse Quantitäten des betreffenden Papiers zu einem relativ niedrigen Course an den Markt brachte, und jene Bank als Besitzerin der Hauptmasse nöthigte, entweder die angebotene Waare zu einem noch höheren als dem geforderten Course zu kaufen, oder den niedrigeren Cours des Angebots als Tagescours des letzten Tages gelten zu lassen, und demgemafs an ihrem ganzen Actienbesitz einen neuen wesentlichen Verlust zu verzeichnen.

gesonderte Capitalien darin anzulegen — das ist der seltenere Fall; oder die Erwerbung geschieht zum Zwecke der Wiederveräufserung der betreffenden Papiere —, das ist der häufigere Fall. Sie sind dann eine Waare, durch deren Ein- und Verkauf Gewinn angestrebt wird. Eine willkürliche Confundirung der beiden soeben erwähnten Zwecke bei Herstellung der Bilanz ist nicht denkbar; der erstere Fall tritt auch bei der Actiengesellschaft, da sie eine Erwerbsgesellschaft ist, nur ausnahmsweise ein. Sie kann nicht gleich dem Rentier ihre Capitalien zinsbar anlegen, das läfst sich höchstens mit dem Reservefonds oder dem Erneuerungsfonds thun, dessen Betrag alljährlich in der Bilanz dargelegt wird. Sonst kann der Besitz courshabender Papiere, wenige und unerhebliche Ausnahmefälle abgerechnet*), immer nur dem Zwecke der gewinnbringenden Veräufserung**) dienen. Daher sollte die Einschätzung derselben in der Bilanz dem Grundsatze folgen, dafs sie nicht höher als mit ihrem wahren Werthe, und niemals höher als zum Selbstkostenpreise eingestellt werden dürfen.

Es empfiehlt sich, hier gleich den anderen Mangel der geltenden Vorschrift einzuschalten, welcher darin besteht, dafs sie die gebotene Vorsichtsmaafsregel auf eine ganz bestimmte Art von Vermögensobjecten beschränkt. Anscheinend hat die Meinung vorgewaltet, dafs courshabende Papiere bei der Bilancirung der Willkür den gefährlichsten Spielraum bieten; die Praxis lehrt aber, dafs es sich damit ganz anders verhält. Die Willkur bei der Einschätzung von Inhaberpapieren, welche nicht im Handel sind und deshalb auch keinen Cours haben, von Waaren, Fabrikaten und Rohmaterialien, die Willkür bei der Einschätzung der Grund-

*) Z. B. wenn eine Industriegesellschaft Staatspapiere einkauft, um sie als Caution bei einem Geschäft zu verwenden.

**) «Veräufserung» im weitesten Sinne. Sie liegt auch vor, wenn z. B. eine Bank die Actien einer Actiengesellschaft gekauft hat, um letztere mit Gewinn zu liquidiren. In diesem Falle wurde selbstverständlich, sobald der Erlös aus der Liquidation den Einkaufspreis zu übersteigen anfinge, der Gewinn in die Bilanz einzustellen sein. Dies stände nicht in Widerspruch mit dem obigen Grundsatze; denn in der fortschreitenden Realisirung der Liquidationsmasse läge bereits eine allmälige Veräufserung der angekauften Actien.

stücke, zumal bei Gesellschaften, welche mit Grundstücken Handel treiben, hat sich als viel gefährlicher erwiesen. Was insbesondere die Inhaberpapiere betrifft, so haben es Actiengesellschaften, z. B. Banken, oft absichtlich vermieden, ihren Besitz an Actien, welche sie während der Gründerperiode nicht zu veräufsern vermocht hatten, später an den Markt zu bringen, um der aus dem Wechsel des Tagescourses für die eigene Bilanz drohenden Gefahr zu entgehen, und für die Einstellung jener Werthe möglichst freie Hand zu behalten. Eine Einschränkung auf die Species der courshabenden Papiere hat also keine innere Berechtigung. Nicht diese allein, sondern alle Vermögensobjecte, welche zur Wiederveräufserung im Geschäftsbetriebe der Gesellschaft bestimmt sind, oder zur Herstellung von Erzeugnissen, welche dann im Geschäftsbetriebe der Gesellschaft veräufsert werden sollen, sind höchstens zum Selbstkostenpreise in die Bilanz einzustellen. Auch auf vertragsmäfsig übernommene Leistungen wäre dieses Princip auszudehnen und demnach durch folgende Sätze zum Ausdruck zu bringen:

1. Die Vermögensstücke einer Actiengesellschaft sind in die Bilanz zu demjenigen Werthe einzustellen, der ihnen zur Zeit der Aufnahme wirklich beizulegen ist.

2. Sachen, welche eine Actiengesellschaft zur Wiederveräufserung oder zu dem Zwecke erworben hat, die mit ihrer Hilfe herzustellenden Erzeugnisse künftig zu veräufsern, dürfen, so lange ihre Veräufserung nicht vereinbart ist, nicht zu einem den Selbstkostenpreis übersteigenden Werthe in die Bilanz eingestellt werden; letzteres gilt auch von übernommenen Arbeiten und Werken, solange sie nicht vollständig nach Abrede hergestellt sind.

Es wird mit Recht gegen diesen Vorschlag im Hinblick auf Art. 239a ad 1 bemerkt werden, dafs er die Wirkungen der jetzt bestehenden Vorschrift nicht herbeizuführen vermöge. Die Bestimmung des geltenden Rechts über die Einstellung courshabender Papiere richtet sich gegen die Ignorirung eingetretener Werthsverminderungen, während die neu vorgeschlagene nur gegen die vorzeitige Abhebung von Gewinn schützen kann. Zunächst ist aber zu constatiren, dafs gegen diese letztere Gefahr die geltende Vorschrift keinerlei Schutz gewährt. Gelingt es nur für einen einzigen Tag, den Cours weit über den Selbstkostenpreis hinaus auf die erwünschte Höhe zu treiben, so ist das Hindernifs des Coursniveaus aus dem Wege geräumt; andererseits ist die Einschätzung über den Selbstkostenpreis hinaus dadurch nicht verboten. Die neu vorgeschlagene Grenzlinie ist zwar nicht so eng, wie die geltende, aber auch nicht so leicht zu überspringen. Ueberdies trifft der Art. 239a ad 1 nur eine einzige Species der Activa, während der neue Vorschlag sich auf alle ohne Ausnahme erstreckt. Erscheint es nicht nothwendig, für Waarenlager, Rohmaterialien, Grundstücke und Inhaberpapiere ohne Courswerth jene besondere Grenze zu ziehen, so kann sie auch für courshabende Inhaberpapiere entbehrt werden, dies um so eher, als ein täglich notirter Cours, selbst wenn die geltende Vorschrift nicht vorhanden ist, einen wesentlichen Einflufs auf die Einschätzung niemals verfehlen kann. Und endlich fällt wohl in's Gewicht, dafs in der persönlichen und solidarischen Haftpflicht des Vorstandes und des Verwaltungsraths bei Vertheilung nicht verdienter Dividenden ein ohnehin strenger Regulator gegeben ist, der nicht einmal einen Einwand aus der Billigkeit zuläfst. Der Actionär kann heute eine ihm gewährte Dividende einstreichen, und morgen gegen den Vorstand auf Erstattung des gleichen Betrags zur Gesellschaftscasse klagen, ohne dafs ihm, sofern er sich nicht selbst in bösem Glauben befunden hat, die empfangene Dividende wieder abgefordert werden darf. Ist auch der Nachweis einer vorsätzlichen Täuschung bei Einschätzung von Vermögensobjecten nicht immer leicht zu führen, so würde er jedenfalls, wenn der Schätzungswerth den dauernden Marktpreis erheblich überstiege, durch Darlegung dieses Umstandes wesentlich unterstützt werden.

Die vorgeschlagene Bestimmung soll auch keineswegs einen Ersatz für jene geltende Vorschrift bilden; sie soll vielmehr eine aus wirthschaftlichen Erwägungen gewonnene, bisher nicht beachtete Erkenntnifs zum Ausdruck bringen. Die Actiengesellschaft consumirt ihren Gewinn vollständiger, als der private Kaufmann; umsomehr mufs sie sich davor hüten, einen nur erhofften Gewinn als schon realisirt anzusehen, ihn also dem Grundvermögen vorschufsweise zu entnehmen. Gewifs kann eine Waare in der Zeit zwischen dem Einkauf und der Bilancirung im Preise gestiegen sein; aber es erscheint unwirthschaftlich, noch ehe sie wirklich veräufsert ist, die Werthssteigerung als Gewinn zu betrachten und aufzuzehren. Will man den Actionären Gewinn zuführen, so realisire man ihn durch Veräufserung der Sache; bestehen Gründe gegen die Realisirung, so darf man auch die Möglichkeit eines Preisrückgangs nicht ausschliefsen. Und wenn immerhin der sachkundige Vorstand mit aller Sicherheit zu erkennen glaubt, dafs eine Werthsminderung vorerst nicht eintreten werde, wenn er die Veräufserung nur um noch höheren Gewinns willen verzögert, so ist selbst dies nicht geeignet, das Princip zu alteriren; dann mögen eben die Actionäre um den Preis des höheren Ertrags diesen ein Jahr später in Empfang nehmen. Unanzweifelbar ist immer nur der realisirte Gewinn; nur diesen sollte die Actiengesellschaft consumiren dürfen.

Die im Vorstehenden empfohlene Vorschrift würde zweifellos einen gewissen Einflufs auf die Geschäftsführung üben. Man würde um den Preis, den Gewinn zeitiger abschöpfen zu können, selbst im Angesicht weiterer Preissteigerung zu rascheren Realisirungen neigen. Mag dies immerhin geschehen; es wird dem Geschäftsbetriebe nicht zum Schaden gereichen. Dagegen würde die neue Vorschrift vor jenen gefährlichen Selbsttäuschungen, vor jenen nicht weniger gefährlichen Schönfärbereien bewahren, welche der Ruin so vieler Actiengesellschaften geworden sind. Auch die maafslosen Werthsminderungen der Activa wären nicht ferner zu befürchten; denn ihnen sind in der Regel maafslose W e r t h s s t e i g e r u n g e n vorangegangen, welche nicht mehr in Betracht kommen, sobald der Selbstkostenpreis eine Grenzsperre nach oben bildet. Endlich würde die vorgeschlagene Bestimmung — und das fällt am schwersten in's Gewicht — jene Actiengesellschaften, welche nicht alljährlich Gewinne zu realisiren vermögen, gar nicht aufkommen lassen, wenigstens nicht in der Ausdehnung auf die Kreise derjenigen Capitalisten, die von ihren Papieren stetige Erträgnisse erwarten. Terraingesellschaften würden vor die Unmöglichkeit gestellt sein, durch beliebige Einschätzung ihrer nicht veräufserten Grundstücke Dividenden zu zahlen; Baugesellschaften würden nicht mehr den vermeintlichen Gewinn an einem erst zum vierten Theil ausgeführten Bau berechnen und vertheilen können. Dieser wichtige Zweck ist es, dem die vorgeschlagene Maafsregel dienen soll.

---

§ 3.

Fortsetzung. — Organisations- und Verwaltungskosten.

Es erübrigt noch die Betrachtung der Bestimmung ad 2 des Art. 239a, welche wörtlich lautet:

«Die Kosten der Organisation und Verwaltung dürfen nicht unter die Activa aufgeführt werden, müssen vielmehr ihrem vollen Betrage nach in der Jahresrechnung als Ausgabe erscheinen.»

Zur Erörterung dieser Vorschrift veranlafst nicht das Bedürfnifs ihrer Reform; denn es kann nur empfohlen werden, sie aufrecht zu erhalten. Wohl aber scheint es gegenüber der Beurtheilung, welche sie erfahren hat*), rathsam, der für ihre Aufrechterhaltung sprechenden Gründe sich deutlich bewufst zu werden. In den Motiven zur Novelle ist gesagt, «dafs die Organisationskosten der Actiengesellschaften häufig als Activa betrachtet und aufgeführt werden, und dafs man nur eine allmälige Minderung und Beseitigung derselben vorsehe, während sie doch kein wirkliches Activum darstellen, ihre Bedeutung für den in Gang gebrachten Betrieb vielmehr bei dem Mangel jedes anderen Maafsstabes nur von den Resultaten abhänge**)». Das Zutreffende dieser Bemerkung ist wohl nach keiner Richtung zu bestreiten. Daher kann es sich nur darum handeln, ob es überflüssig war, die darin enthaltene Rechtsansicht im Gesetz zum Ausdruck zu bringen. Es

---

*) Keyssner, «Actiengesellschaften», S. 243.

**) Vergl. stenogr. Ber. S. 657.

war in der That nicht überflüssig, vielmehr gegenüber der allgemeinen Tendenz, die Bilanzen auf Kosten der Wahrheit günstig zu gestalten, dringend erforderlich. Die Actiengesellschaft geräth wie der private Kaufmann zuweilen in die Lage, grofse Aufwendungen zu machen, welche für eine Reihe künftiger Geschäftsjahre Vortheile erbringen sollen, während sie für die Gegenwart, d. h. für das laufende oder nächste Geschäftsjahr den Gewinn verringern. Der private Kaufmann erträgt gern eine vorübergehende Schmälerung des Gewinns, wenn er dafür die Aussicht auf künftige gröfsere Vortheile eintauschen kann. Nicht so die Actiengesellschaft. Bei ihr concentrirt sich das Interesse immer auf die Gegenwart und die nächste Zukunft. Die leichte Umsatzfähigkeit der Actie, die Entfremdung des Actionärs vom Gesellschaftsinteresse, die begrenzte Amtsdauer des Verwaltungsraths, die begrenzte Engagementsdauer des Vorstandes — das alles sind Hebel für eine Förderung der gegenwärtigen Interessen, und für eine Vernachlässigung der zukünftigen. Es hat sich in der Sprache der Geschäftswelt sogar die fehlerhafte Unterscheidung zwischen «gegenwärtigen» und «zukünftigen» Actionären als eine Folge dieser Tendenz Geltung verschafft. Deshalb erscheinen einmalige grofse Unkosten den zur Herstellung der Bilanz berufenen Interessenten stets ganz besonders lästig. Es regt sich, wenn solche Aufwendungen zu verrechnen sind, immer die Neigung, ihrer durch Repartirung auf eine Mehrzahl von künftigen Geschäftsjahren in bequemer Weise Herr zu werden. Man macht geltend, dafs die aus ihnen erwarteten Vortheile den späteren Geschäftsjahren zu Gute kommen, deshalb auch von diesen mitgetragen werden müssen. In neuerer Zeit verweist man zur Unterstützung dieser Ansicht mit Vorliebe auf die in dem Statut der Reichsbank ausdrücklich gegebene Erlaubnifs, die Kosten für die Herstellung der Banknoten auf eine Reihe von Jahren zu vertheilen*). Auch in den Ver-

*) Reichs-G.-Bl. pro 1875 S. 203—214. Diese vereinzelte Ausnahme von der Regel kann gegen dieselbe nichts beweisen, zumal bei der exceptionellen Stellung der Reichsbank, welcher ein reichlicher Jahresertrag unbedingt gesichert ist. Die Vorschrift hat auch offenbar nur den Zweck, eine

handlungen der parlamentarischen Untersuchungscommission ist, von sachverständiger Seite sogar, einem ähnlichen Princip ausdrücklich das Wort geredet worden*). Es ist also nur zu billigen, wenn das Gesetz in richtiger Schätzung der Zähigkeit, mit welcher man unliebsame Verkleinernngen des Gewinns zu umgehen trachtet, die Rechtswidrigkeit eines solchen Verfahrens deutlich ausspricht. Organisationskosten sind Aufwendungen für die Einrichtung des Geschäftsbetriebs, Verwaltungskosten entstehen durch Ausubung desselben; beide laufen aber vielfach in einander. Organisationskosten entstehen auch nicht ausschliefslich bei Errichtung der Gesellschaft, sondern eben so häufig während des Geschäftsbetriebs, wenn

---

Ersparnifs in den Herstellungskosten zu ermoglichen; man druckt mehr Noten, als in einem und demselben Geschaftsjahre zur Verwendung kommen, weil die Kosten um so geringer sind, je mehr Exemplare mit einem Male gedruckt werden.

*) Stenogr. Bericht S. 338. Ein Sachverstandiger behauptete, dafs, wenn eine Eisenbahngesellschaft Prioritäts-Obligationen ausgebe, der erlittene Coursverlust zunächst als Activum zu buchen sei, da er nicht dem laufenden Geschäftsjahr, sondern einer grofsen Reihe späterer gleichmäfsig zu Gute komme. Das ist formell gewifs unrichtig. Eine Geldsumme, die man auf Unkosten ausgegeben hat, kann man ohne Fälschung der Bilanz unmöglich als Activum buchen. Aber die Auffassung des Geschäfts ist im Ganzen unrichtig, und ihre Richtigstellung zeigt, dafs eine sofortige Belastung der Gesellschaft mit der Gesammtsumme des sogenannten Coursverlustes gar nicht geboten ist. Erhält beispielsweise eine Eisenbahngesellschaft das Privilegium, 10 Millionen Mark Prioritäts - Obligationen in Abschnitten von 1000 Mark mit 4 Procent verzinslich und mit jährlich 1 Procent zum Paricourse amortisirbar auszugeben, und gelingt es ihr, dieselben an ein Bankconsortium zum Course von 94 Procent zu begeben, so liegt hierin nicht, wie häufig gesagt wird, ein Verkaufsgeschäft; denn die Prioritäts - Obligationen sind, so lange sie sich noch im Besitze der Gesellschaft befinden, nichts anderes, als die im Voraus fertig gestellten Schuldverschreibungen über ein erst zu contrahirendes Darlehn. Das Geschäft zwischen der Eisenbahngesellschaft und dem Bankconsortium ist also ein reiner Darlehnscontract des Inhalts, dafs die Eisenbahngesellschaft sich 9 400 000 Mark leiht, dieselben zum Zinsfufse von 4 Mark für 94, also von $4^{24}/_{94}$ Procent zu verzinsen, und statt der baar empfangenen Summe eine höhere, nämlich statt je 94 Mark je 100 Mark ratenweise (durch Amortisation) zurückzuzahlen verspricht, während das Darlehn andererseits bei pünktlicher Verzinsung und Amortisation über die vereinbarten Amortisationsraten hinaus nicht kündbar ist, und die Schuldscheine kraft des staatlichen Privilegiums auf den Inhaber ausgestellt sind. So oft also die Eisenbahngesell-

es sich z. B. um ein neues, dem Gesellschaftszwecke dienendes Unternehmen handelt. Insofern damit die Erwerbung von bestimmten Sachen verbunden ist, haben diese einen gemeinen Werth, welcher selbstverständlich als Activum in die Bilanz gehört. Die Verfechter jenes als rechtswidrig erklärten Princips wollen aber auch in Objecten, welche einen gemeinen Werth nicht haben, schätzungsfähige Activa erblicken. Hat z. B. eine Actiengesellschaft ein ihr convenirendes Verkaufslocal gemiethet, und zuvor den bisherigen Miether durch eine Entschädigung zur Aufgabe seines Miethsvertrags bestimmen müssen, so wird im Interesse der Bilanz von jener Seite die Ansicht vertreten, dafs die Erwerbung des langjährigen Miethsrechts ein Activum bilde, dessen Werth sich nur alljährlich durch Consumirung der Miethsdauer vermindere. Ist ein befähigter Geschäftsmann zum Eintritt in den Vorstand gegen Empfang einer Abfindung für irgendwelche von ihm aufgegebenen Interessen bewogen worden, so wird, um die gezahlte Summe nicht dem laufenden Geschäftsjahr allein zur Last zu schreiben, geltend gemacht, dafs der Besitz dieser tüchtigen Arbeitskraft ein selbstständiges Vermögensobject sei, dessen Werth nur mit dem allmäligen Ablauf der Vertragsdauer abnehme. Wollte man das gelten lassen, so könnte man zuletzt in dem Besitz jedes guten, dauernd engagirten Beamten, in dem Besitz der Kundschaft oder der eigenen Firma Activa finden, und diese mit Geldwerthen in die Bilanz einstellen. Das kann nicht zulässig sein. Es mufs festgehalten werden, dafs nur reale Werthe in der Bilanz Platz finden; ideelle sind nicht trennbar von dem Unternehmen, verschwinden vielmehr zugleich mit diesem, und sind für sich allein nicht veräufserlich. Nur solche Objecte aber, welche der Umwandelung in Geld fähig sind, kann man dem Vermögen der Actiengesellschaft zurechnen, und nur das

---

schaft ihre Jahresbilanz errichtet, mufs sie denjenigen Betrag ausrechnen, welchen diese Schuld, auf den Tag der Bilancirung reducirt, ausmacht; dies entspricht dann allerdings einer ziemlich gleichmäfsigen Repartirung der Unkosten auf die Reihe der Geschäftsjahre bis zur gänzlichen Tilgung der Anleihe.

wirkliche Vermögen ist bei der Gewinnermittelung zu veranschlagen*).

§ 4.

Fortsetzung. — Abschreibung und Erneuerung.

Alle körperlichen Sachen**) sind einer fortdauernden Abnutzung unterworfen, welche eine stetige Minderung ihres Werthes ausmacht. Die Constatirung dieser Werthsverminderung in der Bilanz nennt der Kaufmann «Abschreibung»***). Die Abnutzung erfolgt unabhängig von den Resultaten des Geschäftsbetriebs; daher ist auch — im Gegensatz zu einer in der Geschäftswelt häufig vertretenen Ansicht — die entsprechende Abschreibung ohne Rücksicht auf die Erträgnisse und deren Höhe alljährlich vorzunehmen. Sie hängt gar nicht von dem Willen des Eigenthümers ab, sofern dieser eine wahrheitsgetreue Bilanz errichten will; sie bedeutet nur die Constatirung eines bereits eingetretenen Zustandes. Durch Vornahme von Abschreibungen werden bestimmte Activposten reducirt; zur Ausgleichung des Verlustes müssen also andere Activposten dienen, ohne dafs es aber nöthig wäre, diese in baares Geld umzusetzen. Ueberall, wo es nicht erforderlich ist, die entstandene Abnutzung durch neue Aufwendungen wieder zu ersetzen, reicht das blofse Vorhandensein deckender Activa aus. Besitzt eine Actiengesellschaft z. B. ein Grundstück, in welchem sie ihr Geschäftslocal eingerichtet hat, so kann dieses trotz einer alljährlich stattfindenden Werthsminderung fortgesetzt seinen Zweck erfüllen. Daher genügt es, wenn die Minderung nur durch Abschreibung constatirt wird.

*) Die Gründungskosten sind im Gesetz nicht erwähnt; sie gehören gar nicht in die Bilanz, weil sie überhaupt der Gesellschaft nicht zur Last fallen. Alle Aufwendungen, welche geschehen mufsten, um die Gesellschaft zu Stande bringen, sind von den Gründern zu tragen, welche ihr Aequivalent in der Existenz der Gesellschaft zu suchen haben.

**) Es ist hier nur von Abschreibungen auf körperliche Sachen die Rede. Die Werthsreductionen anderer Sachen sind bereits im § 2 abgehandelt.

***) H.-G.-B. Art. 31.

Es giebt aber Sachen, welche im Interesse des Geschäftsbetriebs in einem bestimmten Zustande der Tauglichkeit erhalten werden müssen, sodafs, wenn sie sich eine Zeit lang abgenutzt haben, ihre Erneuerung nöthig wird, damit sie dem Gesellschaftszweck ferner zu dienen vermögen; dazu gehören vor Allem die Maschinen und Utensilien der Industriegesellschaften. Hinsichtlich dieser genügt also eine blofse Abschreibung nicht, sondern es bedarf der wirklichen Aussonderung des abzuschreibenden Baarbetrags, damit derselbe für die Erneuerung verfügbar sei. Abschreibungen erfordern nur ein entsprechendes Anwachsen anderer Vermögenswerthe, das Erneuerungsbedürfnifs beansprucht dagegen die Aufwendung anderweitigen Gesellschaftsvermögens zur Tilgung der Abnutzung. Das Gesellschaftsinteresse wäre, sobald es sich um eine Erneuerungspflicht handelt, durch die blofse Abschreibung nicht ausreichend gewahrt; die baaren Mittel müssen nicht nur in den Activis stecken, sondern im gegebenen Momente auch baar zur Verfügung sein.

Im geltenden Recht ist über diese qualificirte Abschreibung, als welche man die Erneuerung bezeichnen kann, nichts bestimmt. Wo Erneuerungsgelder baar zurückgelegt werden, geschieht dies auf Grund besonderer Vorschrift des Statuts, übrigens in sehr seltenen Fällen. Nur die Eisenbahngesellschaften werden Seitens der Aufsichtsbehörde zur Ansammlung von Erneuerungsgeldern nach gewissen auf Erfahrung beruhenden Grundsätzen angehalten.

Es wäre sehr vortheilhaft, wenn durch gesetzliche Vorschrift ein Gleiches bei allen Actiengesellschaften erzwungen werden könnte. Die Gesetzgebung mufs aber, sofern sie sich nicht in Conflict mit wichtigeren Interessen setzen will, auf eine entsprechende generelle Vorschrift verzichten. Die Erzwingbarkeit dieser Rücklagen bei den Eisenbahngesellschaften beruht wesentlich auf der Eigenthumlichkeit ihres Gesellschaftszwecks. Die Eisenbahngesellschaft ist, Unfälle abgerechnet, keinen Verlusten im Geschäftsbetriebe ausgesetzt. Ihre Verlegenheiten können immer nur daraus entstehen, dafs sie wegen der Werthlosigkeit ihrer Linie oder wegen schlechter Zeitverhältnisse weniger Erträgnisse erzielt, als zur Deckung ihrer Betriebskosten, event. zur Verzinsung ihrer Anleihen erforderlich sind. Wo solche Falle eintreten, können die Eisenbahngesellschaften den Vorschriften ihrer Aufsichtsbehörde uber Rücklagen zum Erneuerungsfonds selbstverständlich keine Folge leisten. Sobald aber die Unkosten von den Einnahmen gedeckt oder überstiegen werden, ist die Beschaffung der fur die Rucklagen erforderlichen baaren Gelder niemals mit Schwierigkeiten verknüpft. Nicht immer gilt das Gleiche von anderen Gesellschaften, deren Geschäftsbetrieb mit gröfserem Risico verbunden ist. Diese können trotz der mühevollsten Thätigkeit am Ende des Geschäftsjahrs Verlust statt Gewinns zu verzeichnen haben, sie können dadurch, zumal wenn ihre Geldmittel knapp sind, in schwere Verlegenheiten gerathen. Deshalb wäre fur sie unter Umstanden der Zwang zu baaren Erneuerungsrucklagen gleichbedeutend mit dem Ruin. Ist dies aber überhaupt nur denkbar, so ist damit auch die Möglichkeit ausgeschlossen, die Rucklage von baaren Geldern für künftig erforderliche Erneuerungen unter allen Umständen erzwingbar zu machen; denn das Interesse die Gesellschaft zu erhalten, eine Gefahrdung ihres Credits, eine Schädigung ihres Ansehens nach Aufsen zu verhüten, steht doch sicherlich höher, als die rechtzeitige Erneuerung abgenutzter Vermögensstücke. Es bleibt daher nur der Erlafs einer unvollkommenen Rechtsvorschrift übrig, etwa dahin, «dafs die Abnutzung von Sachen, deren Erhaltung in einem bestimmten Zustande fur die Verfolgung des Gesellschaftszwecks erforderlich ist, nicht durch blofse Abschreibungen, sondern durch alljährliche baare Rücklagen zu einem besonderen Fonds (Erneuerungsfonds) ausgeglichen werden musse». Die Befolgung dieser Vorschrift würde zu den Pflichten der Verwaltung gehören, so lange nicht höhere Interessen die anderweite Verwendung der baaren Mittel erforderlich machten.

---

§ 5.

Vertheilung des Reingewinns an die Actionäre.

Es entspricht der wirthschaftlichen Aufgabe der Actiengesellschaft, dafs ein ermittelter und festgestellter Gewinn unter die Actionäre vertheilt wird, und dafs eine Verzögerung der Vertheilung nur insoweit eintreten darf, als das Gesellschaftsstatut dieselbe ausdrücklich zuläfst. Der Anspruch des einzelnen Actionärs auf seinen Antheil am Gewinn ist bereits als ein Individualrecht erkannt worden; er ist der gewichtigste Ausdruck des zwischen Actionär und Gesellschaft bestehenden Vertragsverhältnisses. Der Actionär ist in Höhe dieses Anspruchs Gläubiger der Gesellschaft. Da er aber auch Mitglied der Generalversammlung ist, so erscheint er gewissermaafsen als Contrahent, und jedenfalls als Interessent auf beiden Seiten. Verschieben sich also die thatsächlichen Verhältnisse dergestalt, dafs die Gesellschaft ein an sich berechtigtes Interesse gewinnt, die Zahlung der Dividende zu suspendiren oder gar nicht zu leisten, so geräth der Actionär *qua* Gläubiger*) in Conflict mit seinem Interesse *qua* Actienbesitzer. Der Eintritt von Verhältnissen solcher Art ist aber nicht blos theoretisch construirbar, sondern kommt häufig genug in der Praxis vor. Daher liegt in der Möglichkeit jenes Gegensatzes eine anomale Eigenschaft der als Corporation gedachten Actiengesellschaft. Wer den Corporationsbegriff verfänglich finden will, kann sich auf kein treffenderes Argument berufen, zumal unter Hinweis auf das analoge Verhältnifs bei der offenen Handelsgesellschaft. Auch diese besteht um des Erwerbes willen; auch ihre Inhaber dürfen daher alljährlich die Zinsen und den Gewinn herausziehen. Aber der einzelne Socius erlangt gegen die Societät, so lange sie besteht, niemals ein absolut klagbares Recht auf Herausgabe des Gewinns; und es gilt bei dieser Gesellschaft auch trotz der Pflicht zur alljährlichen Bilancirung nicht jene strenge Zerlegung der Zeit in wirthschaftliche Einheiten, welche der Actiengesellschaft eigenthümlich ist. Hat eine offene Handelsgesellschaft im neuen Geschaftsjahr Verluste erlitten, welche ihre Baarmittel absorbiren, so mufs der einzelne Gesellschafter, welcher den Gewinn des Vorjahrs abheben will, den Einwand gelten lassen,

*) Vergl. Entsch. R.-O.-H.-G. Bd. XVIII S. 164, woselbst wörtlich ausgesprochen ist: «Bezüglich des Rechts auf die statutenmäfsige Dividende stehen sich die Actionäre und die Gesellschaft als Gläubiger und Schuldnerin gegenüber».

dafs die Entnahme seines Antheils der Gesellschaft zum Nachtheil gereichen würde*). Anders der Actionär; er kann rücksichtslos auf Zahlung der Dividende bestehen, kann sogar die Eröffnung des Concurses wegen verweigerter Zahlung beantragen. Freilich werden die Folgen dieses anomalen Verhältnisses in der Praxis durch die Identität der Interessen von Gläubiger und Actienbesitzer niedergehalten. Der Actionär mufs eventuell zum Schutze seines Capitals Nachsicht wegen der Dividendenzahlung üben. Um so bedenklicher wirkt aber auf diese Schwäche der Actiengesellschaft die Existenz eines Instituts, welches geeignet ist, die Aufhebung jener Identität herbeizuführen oder zu fördern; es ist dies die Verkörperung des Dividendenanspruchs durch Ausstellung von auf den Inhaber lautenden Dividendenscheinen. Diese sind allerdings nicht durch Gesetz vorgeschrieben, bilden auch nicht ein unentbehrliches Requisit; aber sie sind allgemein gebräuchlich, und üben in der bezeichneten Richtung unzweifelhaft einen materiellen Einflufs auf das Actienrecht. Wenn sie nicht beständen, so wäre das Dividendenrecht von dem Actionärrecht untrennbar, oder die Trennung wäre wenigstens so umständlich, dafs sie in der Praxis nur selten zur Ausführung käme. Dadurch würden jene widerstreitenden Interessen im Gleichgewicht gehalten. Der Dividendenschein ermöglicht aber die körperliche Separirung des Dividendenrechts vom Actionärrecht sofort nach Ablauf des betreffenden Geschäftsjahrs**). Dieselbe kann so geschehen, dafs der Dividendenschein von der Actie getrennt wird, d. h. dafs der Actionar sein Dividendenrecht verkauft, aber die Actie behält, oder so, dafs die Actie vom Dividendenschein getrennt wird, d. h. dafs der

*) Art. 108 H.-G.-B.; vergl. Protocolle S. S. 206, 991, 1019 ff. und v. Hahn a. a. O. S. 332.

**) Darauf basirt die an vielen Orten, auch an der Berliner Börse, geltende Usance, Actien nur mit «laufenden» Dividendenscheinen zu veräufsern. Wer an der Berliner Fondsbörse Actien kauft oder verkauft, hat bei dem Mangel einer anderweiten Verabredung nur die auf das laufende und die späteren Geschäftsjahre bezüglichen Dividendenscheine zu empfangen oder zu liefern, gleichviel, ob die Dividende für das vorangegangene Jahr bereits zur Auszahlung gekommen ist, oder nicht.

Besitzer durch Verkauf der Actie aufhört, Actionär zu sein, aber Eigenthümer des Dividendenscheins bleibt. Geschieht letzteres, so hat der bisherige Actionär fortan nur ein Interesse als Gläubiger, die Zukunft der Gesellschaft ist ihm gleichgültig; im ersteren Falle dagegen hat er nur ein Interesse am laufenden und an den künftigen Geschäftsjahren, während ihn die Vergangenheit nicht berührt. Ist also eine Actiengesellschaft, welche aus dem vergangenen Jahre einen Gewinn zu constatiren hatte, inzwischen, d. h. in der Zeit vom Beginn des neuen Geschäftsjahrs bis zum Tage der ordentlichen Generalversammlung in Verlegenheiten gerathen, sodafs sie die zur Dividendenzahlung nöthigen Gelder gar nicht oder nur mit den schwersten Opfern flüssig machen kann, so wird sie durch diejenigen Besitzer von Dividendenscheinen, welche nicht gleichzeitig Actionäre sind, eventuell dem Ruin preisgegeben. Je drohender in mifslichen Verhältnissen diese Gefahr auftreten kann, um so mehr fallt in's Gewicht, dafs sie durch die Bestimmungen des Actienrechts kaum jemals wirklich hervorgerufen werden dürfte, dafs sie vielmehr eine unbeabsichtigte Folge der Zulassung jener auf den Inhaber lautenden Dividendenscheine ist. Liegt es auch gewifs im Interesse des Actienrechts, die Ausstellung von Dividendenscheinen auf den Inhaber nicht zu untersagen, so erscheint es doch dringend erforderlich, die dadurch ermöglichte Verschärfung des Gegensatzes zwischen Dividendenanspruch und Capitalsinteresse in ihren Folgen zu neutralisiren. Dies kann um so unbedenklicher geschehen, als Speculationsgeschäfte in Dividendenscheinen einen Anspruch auf besonderen Schutz nicht erheben können. Es sollte die Bestimmung gelten, dafs die ordentliche Generalversammlung auf einstimmigen Antrag des Vorstandes befugt sei, die Auszahlung einer ermittelten und festgestellten Dividende aufzuschieben, und dafs ihr dieses Recht durch Statut nicht entzogen werden könne. Dadurch wäre der Generalversammlung die Möglichkeit gewährt, das Dividendeninteresse und das Capitalsinteresse als identisch zu behandeln, und den Mangel dieser Identität, wo er etwa besteht, zu ignoriren. Eine Vorschrift solchen Inhalts würde die Interessen in das richtige Verhältnifs zu einander setzen. Die frivole Handhabung derselben Seitens der Generalversammlung wäre nicht zu befürchten; denn regelmäfsig wird ein grofser Theil der Actionäre zugleich Inhaber des letzten Dividendenscheins sein, und mithin ein Interesse an der möglichst raschen Auszahlung der Dividende haben. Auch der Vorstand, dessen einstimmiger Antrag die Vorbedingung für den Generalversammlungsbeschlufs bilden soll, ist fast immer durch Tantièmeansprüche, und überdies durch die Rücksicht auf das Ansehen des von ihm geleiteten Instituts an der prompten Vertheilung der Dividende interessirt; wo es also irgend angänglich ist, wird er ohnehin bestrebt sein, der Pflicht rechtzeitiger Dividendenzahlung zu genügen. Einigen sich nichtsdestoweniger beide Gesellschaftsorgane auf eine Suspendirung der Auszahlung, so werden gewichtige Gründe für eine solche nicht fehlen.

Man kann auch nicht einwenden, dafs das Individualrecht des Actionärs auf Gewährung der Dividende durch jene für die Generalversammlung erforderte Befugnifs verkümmert werde. Dieses Individualrecht begründet eine Forderung erst dann, wenn die Richtigkeit und Fälligkeit der Dividende seitens der zuständigen Organe anerkannt worden ist. Darf nun eine etwaige Verschiedenheit der Interessen zwischen Dividendenanspruch und Capital von der Generalversammlung ignorirt werden, so würde die letztere in Zukunft, ohne damit erworbene Rechte zu verletzen, ihre Erwägungen auch auf die Frage ausdehnen dürfen, ob die Gesellschaft etwa zur Zeit aufser Stande sei, die für die Dividende erforderlichen baaren Geldmittel herzugeben. Dies entspräche den wohl erwogenen Interessen der Actionäre, welche nicht wünschen können, dafs die sonst existenzfähige Gesellschaft sich nur um der rechtzeitigen Auszahlung des erzielten Gewinns willen ruinire. Das fragliche Individualrecht wurde also existent, sobald die Generalversammlung die Dividende festgestellt, und eine Hinausschiebung des sonst geltenden Zahlungstermins nicht beschlossen hätte.

§. 6.

Fortsetzung; Reservefonds.

Mit der Pflicht der Dividendenzahlung hängt die Frage zusammen, ob die Actiengesellschaft ihren Reingewinn unverkürzt vertheilen dürfe, oder ob eine gesetzliche Einschränkung geboten sei.

Das geltende Recht trifft hierüber keine Bestimmungen*); dagegen ist in den Statuten fast aller Actiengesellschaften ein Reservefonds — meistens als Sparcasse zur Deckung aufsergewöhnlicher Verluste — creirt, welcher durch alljährliche Zuführung einiger Procente vom Reingewinn bis auf eine bestimmte Höhe gebracht werden mufs. In der Regel wird der Betrag von fünf Procent des Reingewinns hierzu verwandt, und damit so lange fortgefahren, bis der Reservefonds den zehnten Theil des Grundcapitals ausmacht. Die Thatsache, dafs in den Statuten der Actiengesellschaften fast ausnahmelos die Ansammlung eines Reservefonds vorgeschrieben ist, könnte gegen das Bedürfnifs einer hierüber zu erlassenden gesetzlichen Vorschrift sprechen. Wenn eine solche nichtsdestoweniger angerathen oder vielmehr dringend empfohlen wird, so geschieht dies um des Princips willen. Ihre Aufgabe als Erwerbsgesellschaft zwingt die Actiengesellschaft zu einer nahezu vollständigen Aufzehrung ihres Gewinns; eben so zwingend sollte der Grundsatz sein, dafs eine bestimmte Quote der Vertheilung nicht unterliege. Schon in der Einleitung wurde der wirthschaftlichen Gründe gedacht, welche für eine solche Anordnung sprechen. Wer als Geschäftsmann alles während des Jahres Erworbene aufzehrt, der verzehrt mehr, als er erworben hat. Das beruht, so paradox es klingt, auf ernster kaufmännischer Erfahrung. Das Betriebscapital der Actiengesellschaft ist, wie das eines jeden Kaufmanns, in beständiger Wandelung begriffen; es besteht bald in baarem Gelde, bald in Forderungen, bald in Waaren oder anderen Werthen; es ist in guten Zeiten leichter, in schlechten Zeiten schwerer realisirbar; es mufs bei der

---

*) Es ist nur vorgeschrieben, dafs, wenn ein Reservefonds vorhanden, er in der Bilanz den Passivis zuzurechnen sei. Art. 239a ad 3.

Gewinnermittelung wie Geld behandelt werden, während es nicht ausschliefslich als Geld vorhanden ist. Und das gewerbsmäfsige Abschliefsen von Verträgen läfst oft hie und da kleinere oder gröfsere Verpflichtungen, zuweilen ganz ungeahnte Verbindlichkeiten zurück, welche die Summe des scheinbar vorhandenen Vermögens, selbst bei der solidesten Geschäftsgebahrung, um einen gewissen Betrag verringern. Schon aus dieser Ursache gebietet die Vorsicht, einiges Mifstrauen gegen sich selbst zu haben, und nicht Alles, was man fur erworben hält, als erworben zu behandeln. Die Actiengesellschaft aber hat diese Pflicht in um so höherm Grade, als sie eben die Erträgnisse ihres Schaffens niemals aufspart, sondern consumirt. Und hiermit hängt noch ein Anderes zusammen. Jeder Kaufmann mufs auf Verluste gefafst sein; sie sind im geschäftlichen Verkehr unvermeidlich, und wachsen mit der Gröfse der Unternehmungen. Verlusten kann der Kaufmann nicht entgehen, er mufs daher immer bestrebt sein, sich gegen ihre Folgen zu decken; das einzige sichere Deckungsmittel aber ist der Besitz. Wer Jahr aus Jahr ein Erträgnisse ansammelt, kann auch einen Verlust leichter verwinden; wer dies nicht thut, den trifft jeder Verlust wie eine Calamität. Demgemäfs ist die Position der Actiengesellschaft gegenüber Verlusten eine besonders schwierige. Sie soll ihr Grundvermögen erhalten und Erträgnisse liefern. Wird das erstere durch Verluste geschädigt, so bleiben die Erträgnisse bis zur Wiederergänzung aus, und die Erfullung der wirthschaftlichen Aufgabe gegenüber den Actionaren wird unterbrochen. Dafs zur Vermeidung dieser Gefahr nur rechtzeitig angesammelte Ersparnisse helfen, ist durch die Ereignisse nach der Gründerperiode überzeugend dargethan worden. Von Verlusten war in jener Zeit keine einzige Actiengesellschaft verschont geblieben; viele der neu entstandenen gingen an ihnen zu Grunde, weil sie aller Deckungsmittel baar waren, lange Jahre ertraglos bleiben mufsten, und deshalb aufgelöst wurden. Die älteren Gesellschaften aber, welche bereits Jahrzehnte lang reichliche Reserven angesammelt hatten, fanden in diesen das Mittel zur Erhaltung ihrer Existenz. Deshalb sollte die unantastbare Vorschrift gelten, dafs jede Actiengesellschaft mindestens den zwanzigsten Theil ihrer vertheilungsfähigen

Erträgnisse aufzusparen habe, ohne Rücksicht darauf, wie hoch der in der Sparcasse angesammelte Betrag bereits angewachsen sei, dafs die Statuten zwar gröfsere, aber nicht geringere Ersparnisse vorschreiben dürfen, und dafs etwaige gröfsere Rücklagen des einen Jahres auf den Minimalsatz der folgenden nicht in Anrechnung gebracht werden können.

Eine Vorschrift solchen Inhalts mufs sich aber, wenn sie praktischen Werth haben soll, zugleich über die Verwendbarkeit der Ersparnisse äufsern; sonst könnte eine leichtsinnige Verwaltung den angestrebten Zweck vollständig zu Nichte machen. Das aufgesparte Capital ist natürlich nicht von jeder Verwendung auszuschliefsen; aber es sollte nicht zur Vertheilung von Gewinnen in ertraglosen oder mageren Geschäftsjahren verwendet werden dürfen. Das Capital des Reservefonds (dieser bereits völlig eingebürgerte Ausdruck möchte wohl beibehalten werden) müfste vielmehr, soweit seine Aufsammlung auf dem Gesetz beruht, also in Höhe von fünf Pfennigen von jeder verdienten Mark, nur auf Antrag des Vorstandes nach Beschlufs der Generalversammlung zur Deckung von Verlusten am Grundvermögen verwendbar sein; dagegen könnten die etwa aufkommenden Zinsen des Fonds dem sonstigen Jahresgewinn der Gesellschaft zugeführt werden, sodafs diese, je gröfser der Fonds wäre, einen desto gröfseren neben der Erwerbsthätigkeit ihr zufliefsenden Gewinn zu erhoffen hätte.

Zinsen kann der Reservefonds freilich nur erbringen, wenn er als abgesondertes Vermögen verwaltet wird. Es fragt sich, ob dies nothwendig sei, oder ob er auch als Betriebscapital solle verwendet werden dürfen. Dies würde der Gesellschaft jedenfalls in Höhe des verwendbaren Betrags anderweitige Creditnahmen entbehrlich machen. Die Möglichkeit, eine abgesonderte Verwaltung absolut vorzuschreiben, besteht überdies gar nicht. Geriethe die Gesellschaft, nachdem sie einen grofsen Reservefonds angesammelt hätte, in finanzielle Verlegenheiten, so könnte ihr nicht zugemuthet werden, sich um den Preis der Erhaltung eines liquiden Reservefonds eventuell zu ruiniren. Mufs sie also gerade in schlechten Zeiten befugt sein, den Reservefonds als Betriebscapital zu verwenden, so kann man das Gleiche um so eher allgemein zulassen.

Es ergeben sich hieraus folgende Vorschlage:

1. Jede Actiengesellschaft mufs den zwanzigsten Theil der vertheilbaren Erträgnisse aufsparen, und als besonderen Fonds aufsammeln, welcher ein Passivum der Bilanz bildet. Verordnet das Statut gröfsere Ersparnisse, so hat es dabei sein Bewenden. Es dürfen aber die auf Grund des Statuts angesammelten gröfseren Ersparnisse nicht in einem folgenden Geschäftsjahre auf die gesetzlich vorgeschriebenen Rücklagen in Anrechnung gebracht werden.

2. Das Capital des obligatorischen Reservefonds darf nur auf Antrag des Vorstandes von der Generalversammlung zur Ergänzung von Verlusten am Grundvermögen verwendet werden. Ein Generalversammlungsbeschlufs, welcher eine anderweitige Verwendung des Reservefonds bestimmt oder genehmigt, ist nicht rechtsverbindlich. Die von dem Reservefonds etwa aufkommenden Zinsen dürfen dem sonstigen Gewinn der Gesellschaft zugeführt werden.

---

§ 7.

Abschlagsdividenden und Bauzinsen.

Es bedarf noch der Beurtheilung zweier mit der Vertheilung des Reingewinns in Zusammenhang stehenden Institute, nämlich der sogenannten «Abschlagsdividende», und der für die Dauer der Vorbereitung eines Unternehmens statutenmäfsig zulässigen Zinsen, welche in der Geschäftssprache «Bauzinsen» genannt werden.

Die Abschlagsdividenden entstammen der alteren Epoche des Actienwesens, wo nur wenige Actiengesellschaften bestanden, und wegen der geringen Concurrenz in der Regel gleich von Anfang gute Erträgnisse versprachen. Um die Verkäuflichkeit der Actien zu erleichtern, und das Zutrauen zu ihnen im Kreise der Capitalisten zu vermehren, bemühte man sich in jener Zeit, den Unterschied zwischen der Qualität von Actien und von zinstragenden Papieren möglichst zu verwischen. Zinstragende Papiere bieten einen knappen, aber sicheren Ertrag; Actien verbinden mit der Aussicht auf reichere Erträgnisse das Risico der zeitweisen Ertraglosigkeit. Gegenüber diesem Risico war es vertrauenerweckend, wenn

Actiengesellschaften einen Theil der in Aussicht gestellten Erträgnisse als so sicher erachteten, dafs sie die Zahlung derselben zu gewissen Terminen im Voraus fest versprachen. Der Erwerber der Actien hatte demnach die Aussicht, zwei Mal des Jahres Ertragnisse zu erhalten, zunächst die soeben erwähnte zinsenähnliche Summe, und aufserdem die noch ferner erzielte Dividende, welche mithin als ein reines Surplus gegenüber den Revenuen aus zinstragenden Papieren erschien. Jene erste Rate, welche den Minimalbetrag der *in toto* erhofften Dividende ausmachen sollte, wurde in der Regel nach Ablauf der ersten Hälfte des Jahres «abschläglich» gezahlt, und hat daher in der Sprache der Geschäftswelt den Namen «Abschlagsdividende» erhalten*). Die Zulässigkeit der Abschlagsdividende ist bei der Berathung des Handelsgesetzbuchs eingehend erörtert worden. Der preufsische Entwurf gedachte ihrer nicht**). Schon in der ersten Lesung wurde aber geltend gemacht, dafs es Actiengesellschaften gebe, welche in der Lage seien, Zinsen von bestimmter Höhe zu bezahlen, da dieselben nur einen Theil derjenigen Dividende bildeten, die sich erfahrungsmäfsig herausgestellt habe. Demgemäfs wurde die Einschaltung der Bestimmung verlangt, dafs Zinsen von bestimmter Höhe insoweit sollten bedungen und bezahlt werden können, als dieselben einen Theil der präsumtiven Dividende ausmachten. Hiergegen wurde aber das Bedenken laut, dafs Unwissende durch die fur die Zinszahlung ausgestellten Coupons, falls die Zinsen einmal nicht verdient wären, leicht getäuscht werden könnten. Man einigte sich zuletzt auf einen Zusatz des Inhalts, «dafs im Laufe des Geschäftsjahres aus dem vorhandenen Gewinn eine Abschlagszahlung auf die Dividende stattfinden könne»***); diesen Zusatz enthält der betreffende Artikel des Entwurfs in der nach der ersten Lesung redigirten Fassung†). Er wurde indefs in der zweiten Lesung auf's

*) Manche Statuten älterer Gesellschaften bezeichnen die von ihnen versprochenen Abschlagsdividenden schlechtweg als Zinsen; z. B. das Statut der Bank für Handel und Industrie zu Darmstadt § 41.

**) Preufs. Entw. Art. 179.

***) Protocolle S. 312—314.

†) Entw. aus der ersten Lesung Art. 196.

Neue angegriffen, indem man geltend machte, dafs der in der ersten Hälfte des Jahres erzielte Gewinn in der zweiten wieder verloren werden könne. Aus diesem und noch einem anderen Grunde wurde die Streichung des Zusatzes beschlossen, auch gegenüber einem kurz darauf wiederholten Abänderungsversuche aufrecht erhalten*). Nichtsdestoweniger hat die Abschlagsdividende in den Statuten mehrerer noch vor der Publication des Handelsgesetzbuchs gegründeten Actiengesellschaften fortbestanden, und ist, zumal bei denjenigen, welche fortdauernd prosperirten, auch praktisch in Anwendung geblieben — zweifellos zu Unrecht, und gegen den klaren Willen des Gesetzes. Denn nicht blos aus den Protocollen, sondern auch aus den Worten des Textes folgt das Verbot der Abschlagsdividende, da nur die Vertheilung des nach der jährlichen Bilanz sich ergebenden Ueberschusses der Activa über die Passiva gestattet ist**). Das Handelsgesetzbuch verbietet mit diesen Worten jede Dividendenzahlung, welche auf blofser Schätzung, nicht auf wirklicher Bilancirung beruht, und jede Zahlung inmitten des Geschäftsjahrs; denn auch eine solche kann nicht auf Grund der jährlichen Bilanz erfolgt sein. Es gilt eben im Actienrecht das Geschäftsjahr als wirthschaftliche Einheit; was während dieses Jahres hin und her gewonnen oder verloren worden ist, wird nicht in Betracht gezogen; nur auf das Gesammtresultat des ganzen Jahres kommt es an. Daher verletzt die Einrichtung der Abschlagsdividende***) den Grundsatz von der Erhaltung des Gesellschaftsvermögens. Die Möglichkeit, dafs das im ersten Halbjahr Gewonnene im zweiten Halbjahr wieder verloren werde, dafs also das gesammte Gewinnresultat kleiner sei, als die schon nach Ablauf des ersten Halbjahrs vertheilte

*) Protocolle S. 1043 und 1053.

**) Art. 217.

***) Keyssner will (Commentar S. 204 ad 8) die rechtliche Unzulassigkeit der Abschlagsdividende auch daraus folgern, dafs der Actionär sie nicht in gutem Glauben empfange, weil der gute Glaube nur aus einer vorliegenden Bilanz geschöpft werden könne. Das wäre wohl kein zuverlässiges Argument; der gute Glaube ist vollkommen subjectiv, er kann seine Basis auch noch in vielen anderen Dingen finden, z. B. darin, dafs die Gesellschaftsvorstände amtlich den Gewinn als vorhanden erklären.

Rate, ist nicht auszuschliefsen; mithin birgt die Vertheilung einer Abschlagsdividende immer die Möglichkeit einer unbeabsichtigten und unerlaubten Capitalsminderung, welche zu dulden weder die Actionäre noch die Gläubiger verpflichtet sind. Jeder Gläubiger einer Actiengellschaft, welche eine Abschlagsdividende vertheilen wollte, wäre nach geltendem Recht befugt, dieses Vorhaben durch Arrestanträge zu hindern; und zweifellos träfe den Vorstand der Regrefs, wenn der Jahresgewinn der vertheilten Abschlagsdividende nicht gleich käme. Das an sich für ein neues Gesetz empfehlenswerthe ausdrückliche Verbot von Abschlagsdividenden wäre also nicht eine neue Vorschrift, sondern nur eine Wiederholung desjenigen, was bereits mit aller Klarheit aus dem geltenden Recht zu entnehmen ist.

Anders verhält es sich mit den Bauzinsen. Sie sind vom theoretischen Standpunkte betrachtet eine weit schwerere Anomalie als die Abschlagsdividenden, aber sie sind vom Gesetz ausdrucklich gestattet*); die Theorie findet sie inconsequent**), die Praxis glaubt sie nicht entbehren zu können. Inconsequenz ist für sie noch eine milde Bezeichnung; man könnte sie beinahe eine monströse Erscheinung nennen. Sie sind ein treffendes Kennzeichen für jene übermafsige Entfremdung des Actionärs von den Interessen der Gesellschaft, deren schon in der Einleitung gedacht wurde. Der Actionär vereinbart die Verzinsung, wahrend ihm bekannt ist, dafs Zinsen gar nicht erworben werden können, dafs sie ihm vielmehr vom Capital bezahlt werden müssen; er weifs, dafs er in seiner Einlage nicht blos das für den Gesellschaftszweck erforderliche Capital, sondern auch noch diejenige Summe hingiebt, die ihm in der Folge unter dem Namen «Zinsen» in einzelnen Raten zurückgegeben wird. Daher ist auch der Ausdruck «Zinsen» ganz unangemessen. Bauzinsen sind nicht Zinsen im eigentlichen Sinne, sondern das Aequivalent für die Nichtverzinsung. Freilich kann das

---

*) Art. 217 alin. 2.

**) Vergl. Anschütz und Volderndorff a. a. O. S. 502 und Puchelt a. a. O Bd. I S. 445.

zur Errichtung einer Anlage bestimmte Capital, da es nicht sofort *in toto* verbraucht wird, in der Zwischenzeit zinsbar angelegt werden; indefs ist die Unterbringung nur immer für die noch nicht zur Verwendung bestimmte, also für eine von Monat zu Monat geringer werdende Quote möglich, während das Actiencapital in seinem ganzen Umfange bis zum Schlufs verzinst werden mufs; überdies sind die Bauzinsen in der Regel höher als derjenige Zinsgenufs, den man bei einer ganz vorübergehenden und doch sicheren Unterbringung erreichen kann. Eine Erklarung dieser unnaturlichen Stipulation ist für den Standpunkt des Actionars nur möglich, wenn man voraussetzt, dafs derselbe mit den Interessen der Gesellschaft gar nicht befafst sein, sondern gegen Zahlung der Einlage ein sofort Erträgnisse bringendes Papier erwerben will; denn sonst wäre es für ihn wohl unter allen Umständen einfacher, die auf Bauzinsen gerechnete Summe überhaupt nicht hinzugeben. Hiergegen ist auch nicht einzuwenden, dafs der Actionär seine Actien möglicher Weise wahrend der Bauzeit veräufsern, und sie durch Ueberlieferung eines Zinserträgnisses seinem Käufer angenehmer machen wolle; denn dieser Vortheil liefse sich Mangels einer Verzinsung durch den geringeren Kaufpreis ausgleichen. Neuerdings ist bemerkt worden, dafs die Bauzinsen nicht unter allen Umständen eine Minderung des Capitals darstellen, weil das vollendete Ganze einen die Herstellungskosten übersteigenden Werth haben könne*). Auch dies kann schwerlich zur Rechtfertigung der Bauzinsen dienen; denn unzweifelhaft würde das hergestellte Ganze bei Hinzurechnung der auf die Bauzinsen verwendeten Summe einen noch höheren Werth haben. Ueberdies richtet sich der Preis der Actie, wenn die Errichtung von Anlagen statutenmäfsig vorgeschrieben ist, gleich von Anfang nach dem den letzteren zugeschriebenen Werthe.

Ob Bauzinsen bei einer zweckmäfsigen Reform des Actienwesens ihre bisherige Bedeutung behalten werden, ist mindestens zweifelhaft; zu bezweifeln ist aber auch, ob die Gesetzgebung sich werde entschliefsen können, sie schon jetzt gänzlich zu

*) Keyssner, Commentar S. 207 ad 19.

untersagen, während die Praxis sie bisher immer als unentbehrlich erklärt hat*). Müssen sie bestehen bleiben, so ist wenigstens zu wünschen, dafs die betreffende gesetzliche Vorschrift den Umfang ihrer Zulässigkeit möglichst klar festsetze. Die über den bezüglichen Inhalt des geltenden Rechts entstandenen Zweifel haben in den Jahren nach der Gründerperiode verwickelte Prozesse und schwere Enttäuschungen zur Folge gehabt**). Zur Vermeidung ihrer Wiederkehr wäre es zweckmäfsig zu bestimmen, dafs im Statut die Geldsumme bezeichnet sein musse, welche auf Bauzinsen verwendet werden soll; dadurch würde wenigstens die äufserste Grenze der Zahlungsverpflichtung in nicht anzuzweifelnder Weise vorgezeichnet.

§ 8.

Feststellung der Bilanz.

Die Erledigung der bei der Errichtung der Bilanz in Betracht kommenden materiellen Fragen ermöglicht nunmehr die Erörterung der formellen Seite des Bilancirungsgeschäfts. Es handelt sich darum, welche Gesellschaftsorgane und wie dieselben bei der Feststellung der Bilanz mitzuwirken haben.

Vor Allem ist darauf hinzuweisen, dafs das Geschäft der Rechenschaftsabnahme, welches die ordentliche Generalversammlung ausübt, mit demjenigen der Bilancirung nicht identisch ist. Durch die Rechenschaftslegung gewinnen die Actionäre Einblick in die Vermögenslage, und sollen sich ein Urtheil über die Thätigkeit der Verwaltungsorgane bilden. Die Bilancirung befafst sich nicht mit der Ermittelung der Resultate, sondern mit der Verwendung derselben bei Feststellung des Gewinns oder Verlustes. Das sind zwei ganz verschiedene Dinge; es kann unter Umständen aus der Rechenschaftslegung ein Regrefsanspruch gegen den Vorstand hervorgehen und die errichtete Bilanz doch in allen Punkten anzuerkennen sein; andererseits kann trotz befriedigender

*) Vergl. die Darstellung von Keyssner in Busch's Archiv Bd. XXXII S. 99 ff., über den in früheren Jahrzehnten mit Bauzinsen getriebenen Mifsbrauch.

**) Vergl. Entsch. R.-O.-H.-G. Bd. XIII S. 126; dagegen Plen.-Beschl. v. 31. März 1877, Entsch. Bd. XXII S. 12 ff. und S. 19 ff.

Rechenschaftslegung die Bilanz erhebliche Bedenken hervorrufen. Die Aufstellung der Bilanz geschieht selbstverständlich durch den Vorstand, welcher sie der Generalversammlung vorzulegen hat. Eine Mitwirkung der letzteren an der definitiven Feststellung der einzelnen Posten, resp. an der Behandlung des sich ergebenden Resultats ist zunächst für gewisse Fälle ausdrücklich vorgeschlagen, z. B. wenn der Termin für die Dividendenzahlung hinausgeschoben werden oder der Reservefonds in Anspruch genommen werden soll. Hiervon abgesehen sollte aber der Generalversammlung das durch Statut nicht zu beseitigende Recht zuerkannt werden, die Legalität der Bilancirung einer regelmafsigen Prufung zu unterwerfen. Die zur Generalversammlung vereinigten Actionare müssen die aus der Rechenschaftslegung gewonnene Kenntnifs der Thatsachen zur Beurtheilung der einzelnen Bilanzposten verwerthen dürfen; vornehmlich mussen sie berechtigt sein, sich über die Sufficienz der Abschreibungen zu erklären. Es wäre widersinnig, der Generalversammlung, welche die unmittelbaren Interessenten in sich vereinigt, zuzumuthen, dafs ein anderes Gesellschaftsorgan ihr eine Bilanz aufnöthigen dürfe. Daraus ergiebt sich zunächst der allgemeine Grundsatz, dafs keine Bilanz vollstreckbar sein darf, ehe sie nicht Seitens der ordentlichen Generalversammlung anerkannt ist. Die Vollstreckbarkeit äufsert sich sowohl in der Zahlbarkeit der Dividenden und Tantièmen, als auch darin, dafs sie den Vorstand zur definitiven Vornahme von Abschreibungen, somit zur definitiven Feststellung des Gewinn- oder Verlustsaldos ermachtigt.

Es fragt sich nun aber, wie das Verhältnifs zwischen Vorstand und Generalversammlung fur den Fall zu gestalten sei, dafs diese beiden Organe in ihren Meinungen über die Bilanz nicht übereinstimmen, und also eine Anerkennung der Vorlage Seitens der Generalversammlung nicht gewährt wird.

Schon in einem früheren Abschnitte wurde hervorgehoben, dafs die Generalversammlung keineswegs ein allzeit unparteiischer Richter ist; und gerade, wenn es sich um die Gewinnermittelung handelt, ist sie meistens gröfseren Leichtsinns fähig, als der Vorstand. Da der einzelne Actionär der Gesellschaft ziemlich fremd gegenübersteht, läſst er sich willig von dem augenblicklichen Interesse beherrschen. Daher wäre es durchaus nicht unbedenklich, der Generalversammlung die Befugniſs zu einer beliebigen Aenderung der Bilanz zuzusprechen. Indeſs findet die kritischere Hälfte dieser Frage, ob nämlich die Generalversammlung die Activa nach ihrem Ermessen solle erhöhen, resp. die Passiva solle vermindern durfen, ihre Entscheidung in einem bereits festgestellten Rechtssatz. Der Vorstand (und auch der Verwaltungs- resp. Aufsichtsrath) ist der Gesellschaft und den Gläubigern haftbar, sobald er nicht verdiente Dividenden zur Auszahlung bringt. Von dieser Haftpflicht kann ihn selbst die Generalversammlung nicht befreien; daher kann ihn auch die Generalversammlung nicht zwingen, höhere Dividenden, als er für verdient erachtet, auszuzahlen. Und wenn man voraussetzen muſs, daſs er die von ihm vorgelegte Bilanz in allen Punkten als die allein richtige betrachte, so liegt in jeder Erhöhung der Activa und in jeder Verminderung der Passiva Seitens der Generalversammlung für den Vorstand die Zumuthung zur Vertheilung nicht verdienter Dividenden. In dieser Haftpflicht findet das Recht der Generalversammlung zur Einwirkung auf die Bilanz offenbar seine Grenze. Aber freilich ist auch die Möglichkeit, daſs der Vorstand aus irgendwelchen eigennützigen Ursachen die Bilanz absichtlich ungünstiger herstelle, nicht ausgeschlossen*); auch hiergegen muſs es ein Correctiv geben. Als solches wäre die

*) Solche Interessen auf Seiten der Vorstandsmitglieder lassen sich denken, wenn ihnen z. B., wie häufig der Fall ist, ein Tantièmeanspruch nur von dem einen gewissen Procentsatz übersteigenden Betrage der Dividende zusteht. Viele Statuten verordnen, daſs eine Tantième an Vorstand und Aufsichtsrath erst bei einem Ueberschuſs der Dividende über vier Procent und nur von diesem Ueberschuſs gewährt werden durfe. Läſst sich nun übersehen, daſs für das abgelaufene Geschäftsjahr etwa nur drei Procent verdient sind, daſs auch der Ertrag des nächsten Jahres voraussichtlich nicht höher sein werde, daſs mithin, wenn in beiden Jahren Dividende gezahlt wird, alle Tantièmeansprüche ausfallen müssen, so könnten gewissenlose Vorstandsmitglieder den Versuch machen, den Gewinn beider Jahre mittelst absichtlicher Entstellung der Bilanz des ersten Jahres erst im zweiten erscheinen zu lassen, um so von dem Ueberschuſs über vier Procent ihren Antheil zu erhalten.

Zulassung eines Verfahrens vor dem Handelsrichter nicht angebracht; denn die Erörterung über den Werth einzelner Vermögensstücke kann thatsächlich so verwickelt sein, dafs die Möglichkeit einer raschen Erledigung doch unter allen Umständen ausgeschlossen ware.

Um diese verschiedenartigen Interessen in das richtige Verhältnifs zu einander zu setzen, scheint es am zweckmäfsigsten, der Generalversammlung zwar die Feststellung der Bilanz zu übertragen, jedoch mit einer Einschränkung, welche der Haftpflicht des Vorstandes, resp. des Aufsichts- oder Verwaltungsraths entspricht. Erkennt die Generalversammlung die vom Vorstand vorgelegte Bilanz als durchweg richtig an, so kann der Vertheilung der Dividende nichts im Wege stehn. Trifft sie Aenderungen, welche den Gewinn reduciren, so darf der Vorstand nur den verminderten Betrag vertheilen. Bewirken ihre Aenderungen dagegen eine Erhöhung des Gewinns, so mufs dem Vorstande der Einwand unbenommen bleiben, dafs er die Auszahlung der erhöhten Dividende als nicht verdient ablehne. Dieser Einwand würde gegen eine auf die Bilanz begründete Klage wegen Zahlung der festgestellten Dividende vor dem Prozefsrichter zu vertreten sein.

Demnach wären folgende Sätze zu formuliren:

1. Die Vorlage einer Bilanz Seitens des Vorstandes gilt als Anerkenntnifs der Richtigkeit jedes in dieselbe aufgenommenen Activ- und Passivpostens.

2. Vollstreckbar ist die Bilanz nur, wenn sie von der Generalversammlung anerkannt oder festgestellt worden ist.

3. Die Feststellung der Bilanz Seitens der Generalversammlung ändert nichts an der Pflicht des Vorstandes, die Vertheilung nicht verdienter Dividenden zu verweigern.

XIII.

Veränderungen des Gesellschaftsstatuts.

§ 1.

Allgemeine Grundsätze.

Die Betrachtung der Veränderungen, welche am Statut der Gesellschaft während des Bestehens derselben vorgenommen werden können, zerfällt in die Ermittelung der allgemeinen Grundsätze, und in die specielle Erörterung der für einzelne wichtige und eigenthumliche Abänderungsbeschlüsse geltenden Modalitäten.

Aufserhalb der Betrachtung stehen diejenigen Statutenänderungen, welche durch den einstimmigen Willen aller Actionäre festgesetzt werden; denn der einmüthige Wille der gesammten Actionärschaft ist zu allen Dispositionen befugt, welche nicht etwa, wie z. B. die vorzeitige Verminderung des Gesellschaftsvermögens, oder die vorzeitige Ausschüttung der Liquidationsmasse, oder die Vertheilung nicht verdienter Dividenden, gegen die Rechte der Gläubiger verstofsen. Im Folgenden handelt es sich nur um diejenigen Beschlüsse, welche von dem Gesellschaftsorgane der Generalversammlung gefafst werden, und also, obwohl nicht von der Gesammtheit der Actionäre ausgehend, für diese dennoch verbindlich sein sollen.

Die einheitliche Erörterung der allgemeinen Grundsätze ist dadurch gestört worden, dafs es unumgänglich erschien, ihre Resultate bereits bei der Untersuchung der naturalen Individualrechte vorweg zu erwähnen; es handelt sich daher im Folgenden nur noch um eine genauere Begrundung derselben, und um den Versuch ihrer Vertheidigung gegenüber den in der Theorie zum Ausdruck gekommenen abweichenden Anschauungen.

In jenem früheren Abschnitte wurde als Inhalt des geltenden Rechts der Grundsatz bezeichnet, daſs Statutenänderungen nur insoweit sie im Statut selbst zugelassen, vorgenommen werden dürfen. *De lege ferenda* wurde aber anerkannt, daſs das Gesellschaftsinteresse durch starres Festhalten des ursprünglichen Statuts wesentlich geschädigt werden könne. Daher läſst sich, wie dort schon bemerkt worden, aus Zweckmäſsigkeitsgründen für ein künftiges Gesetz der Vorschlag billigen, daſs der Generalversammlung Statutenänderungen, welche die Gesellschaftsordnung betreffen, wohl gestattet sein mögen, daſs aber doch die Grundpfeiler, auf denen das Gebäude der Gesellschaft ruht, insofern die Generalversammlung nicht durch ausdruckliche Statutenbestimmung hierzu autorisirt ist, niemals angetastet werden durfen. Als diese Grundpfeiler wurden bezeichnet:

a) die Selbstständigkeit der Gesellschaft;

b) der Gesellschaftszweck;

c) die Zahl der Antheilsrechte;

d) die festgesetzte Dauer.

Ein Anhänger, oder vielmehr der erste Verfechter der gleichen Anschauung ist, soweit es sich um geltendes Recht handelt, Renaud; er vertritt die Meinung, daſs Abänderungen des Statuts durch Majoritätsbeschlusse der Generalversammlung nur insoweit zulässig seien, als dieses sie ausdrücklich gestatte*). Ihm stehen (abgesehen von dem preuſsischen Obertribunal)

*) Renaud hat diese Ansicht bereits in der Goldschmidt'schen Zeitschrift, Bd. XIII S. 141 ff., gegen das Erkenntniſs des preuſs. Obertribunals in Sachen der Magdeburger Privatbank vom 22. September 1868 (Entsch. des Obertribunals, Bd. LXI S. 195 ff., und Striethorst Archiv, Bd. LXXII S. 229 ff.) vertheidigt, und tritt in seinem «Recht der Actiengesellschaften» (2. Aufl. S. 496 und S. 510 ff.) auf's Neue für dieselbe ein. Entgegengesetzter Meinung ist zunächst das preuſsische Obertribunal (vgl. das vorgedachte Erkenntniſs) und mehr oder weniger mit ihm übereinstimmend sind Anschütz und Völderndorff, a. a. O. S. 490 ff., v. Hahn, a. a. O. S. 615 ff., Puchelt, a. a. O. Bd. I S. 439.

vor Allen v. Hahn, und Anschütz und Völderndorff gegenüber, denen sich Puchelt im Wesentlichen anschliefst. Die für und wider geltend gemachten Gründe sind von zweierlei Inhalt: die einen umfassen die Argumente, welche aus der Natur des Actiengesellschaftsvertrages überhaupt, und aus der Stellung der Generalversammlung zur Gesellschaft hergeleitet werden; die andern fufsen auf der Interpretation der einschlägigen Gesetzesstellen. Um zunächst auf die letzteren einzugehen, so wird (von Anschütz und Völderndorff) darauf hingewiesen, dafs das Gesetz gewisse Aenderungen des Statuts, und zwar nicht unwichtige, z. B. die Auflösung der Gesellschaft vor Ablauf der festgesetzten Zeitdauer, ausdrücklich zulasse, sodafs nicht abzusehen sei, warum nicht auch alle anderen als zugelassen gelten sollten. Ferner wird hervorgehoben, dafs der über die Form der Statutenänderung disponirende Art. 214 eine ganz andere Fassung hatte erhalten müssen, wenn eine Aenderung des Statuts nur, insoweit dieses selbst sie gestatte, erlaubt sein sollte. Beide Argumente werden als «Anhaltspunkte» dafür erachtet, dafs das Gesetz der Generalversammlung die Befugnifs zur Abänderung des Statuts durch Mehrheitsbeschlüsse, selbst ohne eine ausdrückliche Bestimmung des letzteren habe geben wollen. Auch v. Hahn leitet Gründe für seine Ansicht aus den einschlägigen Gesetzesstellen her, und bezeichnet dieselben als «die deutlichsten Spuren» fur den Willen des Gesetzgebers. Er vertritt die Ansicht, dafs die Befugnifs der Generalversammlung zur Abänderung der statutarisch bestimmten Dauer und zur theilweisen Zurückzahlung des Grundcapitals an die Actionäre im Gesetz anerkannt ist*), und schliefst daraus, dafs auch alle anderen Statutenänderungen zulässig seien, weil sonst jene erlaubten nicht ohne die gröfste Willkürlichkeit des Gesetzgebers zugelassen worden wären. Puchelt endlich hält fur durchgreifend, dafs Art. 214 von der Aenderung des Gesellschaftsvertrages spreche, und die Form derselben regele, während Art. 215 für einzelne Fälle einen Majoritätsbeschlufs verbiete. Er folgert daraus, dafs der Gesetzgeber die Möglichkeit von Abänderungen des Statuts ohne statutarische Erlaubnifs unterstellt haben müsse.

*) Vgl. S. 207 dieser Schrift und die Note 1.

Was nun die Zulässigkeit einer Aenderung der festgesetzten Zeitdauer angeht, so ist eine Widerlegung der hierüber geltenden Ansicht bereits in einem früheren Abschnitte versucht worden (vgl. Absch. V). Die sonst im Vorstehenden erwähnten Argumente sind allerdings vertheidigungsfähig, wenn auch nicht alle in gleichem Maafse. Machen Anschütz und Völderndorff z. B. geltend, dafs der Art. 214 anders hätte gefafst sein müssen, wenn der Gesetzgeber sich die Aenderung des Statuts nur auf Grund einer im Statut selbst gegebenen Erlaubnifs hätte denken wollen, so könnte dem wohl entgegengesetzt werden, dafs dieser Artikel, auch um der entgegengesetzten Ansicht zu dienen, nicht eben correct gefafst sei. Derselbe soll angeblich zweierlei anordnen, erstens die Zulässigkeit der Statutenänderung durch Beschlufs der Generalversammlung, und zweitens die Form der Beurkundung eines bezüglichen Beschlusses. Wäre dies die Absicht, so ist die erstere Aufgabe zweifellos die wichtigere, und es hätte sich dem Gesetzgeber verlohnen müssen, ein so hochwichtiges Recht klar auszusprechen. Statt dessen setzt die gewählte Fassung mindestens voraus, dafs von der Frage über die allgemeine Zulässigkeit der Statutenänderung anderswo im Gesetz gehandelt werde, was thatsächlich nicht der Fall ist. Auch die Einreihung des Art. 214 ist jener Auslegung entgegen. Der Abschnitt von der Actiengesellschaft beginnt bei Art. 207; die Art. 207—209c handeln von der Entstehung, 210—212 disponiren über die Eintragung in das Handelsregister, welche der Gesellschaft das Recht einer handlungsfähigen Person verleihen soll, Art. 213 definirt die Wirkung der Eintragung, und es reden dann (was auch Puchelt entgegenzuhalten ist) die Art. 214 und 215 in logischer Folge von nachträglichen Vermerken im Handelsregister, welche durch etwaige Abänderungen des Statuts erforderlich gemacht werden. Nur die letzte Alinea des Art. 215 behandelt einen anderen Gegenstand; sie ist aber erst durch die Novelle hinzugefügt, beweist also nichts für den Gedankengang des ursprünglichen Textes. Sollte daher im Art. 214 wirklich eine Bestimmung über den Umfang der Competenz der Generalversammlung enthalten sein, so wäre dieselbe an eine der logischen Anordnung des Gesetzes nicht entsprechende Stelle gerathen; sie würde viel eher in den von den Befugnissen der Generalversammlung handelnden Art. 224 gehören.

Es erscheint nicht geboten, auf jedes einzelne der erwähnten dem Text des Gesetzes entnommenen Argumente einzugehen. Denn in keinem Falle können dieselben — das geben die erwähnten Commentatoren selbst zu erkennen — für sich allein überzeugen. Und gewifs vermögen sie an Gewicht mit denjenigen nicht zu concurriren, welche sich für und wider aus dem Rechtscharacter der Actiengesellschaft und den allgemeinen Grundsätzen herleiten lassen.

Es wird in dieser Beziehung von Anschütz und Völderndorff Folgendes hervorgehoben: Die Actiengesellschaft sei keine Societät, sondern eine Corporation mit einer Verfassung, welche die einzelnen Einrichtungen in Gemeinschaft mit dem Gesetz regele. Dies gelte insbesondere von der Generalversammlung, deren Befugnisse aus dem Rechtscharakter der Actiengesellschaft selbst zu construiren seien; es widerspreche auch keineswegs dem Wesen eines Vereins mit corporativer Verfassung, wenn die Generalversammlung befugt sei, die Vereinsstatuten durch Mehrheitsbeschlüsse abzuändern; dafs dies positiv der Fall sei, ergebe der Art. 214. — Diese Beweisführung ist nicht besonders überzeugend. Gewifs ist die Actiengesellschaft nicht nach den Vorschriften über die römische Societät zu beurtheilen, aber sie basirt, wenn sie auch eine Corporation ist, doch auf einem Vertrage. Dieser Vertrag kann sich, welche Eigenthümlichkeiten er sonst haben mag, den allgemeinen Grundsätzen nicht entziehen, die für alle Verträge gleichmäfsig gelten; er kann also nur abgeändert werden durch Diejenigen, die ihn geschlossen haben, insofern sie nicht das Recht zur Abänderung gleich beim Abschlufs dritten Personen, z. B. dem Gesellschaftsorgan der Generalversammlung übertragen haben. Von dieser Seite ist die Sache gewifs nicht anzufassen; das ist gerade der feste Boden, auf dem Renaud mit seiner Deduction steht. Man kann auch nicht einmal sagen, dafs die Gesellschaft, weil sie mit den Rechten einer Corporation ausgestattet und mithin eine Person ist, ein Selbstbestimmungsrecht in eben dem

Maafse wie eine physische Person besitze. Das Individuum darf heute den Beruf als Kaufmann, morgen den als Fabrikant wählen, die Actiengesellschaft nicht. Eine solche Aeufserung freien Willens steht ihr nicht zu, denn sie ist, wenn auch Person, doch immer nur eine Zweckexistenz; sie ist nur geschaffen zu einer ihr im Voraus vorgeschriebenen Thätigkeit, nur geschaffen auf eine bestimmte Dauer, um bestimmten Interessen zu dienen, sie darf nur so existiren, wie der im Statut deponirte Wille der Gründer es ihr vorzeichnet.

Von weit gröfserem Gewicht sind die Argumente, welche v. Hahn für seine Ansicht geltend macht. Er nimmt die soeben erwähnte Interpretation des Art. 214 nicht von vornherein als feststehend an, sondern begründet dieselbe durch allgemeine an die wirthschaftliche Bedeutung der Actiengesellschaft angeknüpfte Erwägungen. Ihre wirthschaftliche Bedeutung liegt, wie er zutreffend bemerkt, darin, dafs die Actiengesellschaft nicht aus wenigen Mitgliedern besteht, und dafs diese Mitglieder vermöge der Stellung der Actien auf den Inhaber keine bestimmten Personen sind. Die daraus sich als Regel ergebende Unmöglichkeit, alle Mitglieder an der Thätigkeit der Gesellschaft mitwirken zu lassen, hat nach seiner Ansicht zu der historischen Gestaltung der Actiengesellschaft geführt, deren wesentliches Moment darin zu finden sein soll, dafs der Einzelwille der Gesellschafter zwar mitwirkt, dafs aber der Wille der Gesellschaft nicht die Summe aller Einzelwillen ausmacht, sondern dafs die letzteren nur an dem einen für die Gesellschaft eigens geschaffenen Willensorgan, der Generalversammlung, eine Thätigkeit ausüben.

Es braucht hier nicht nochmals erörtert zu werden, ob die Nichtbetheiligung der Actionäre an der geschäftlichen Thätigkeit wirklich nur eine durch die Vielheit der Mitglieder hervorgerufene Folge sei, oder ob sie nicht eine wesentliche Eigenthümlichkeit der Actiengesellschaft ausmache*); jedenfalls ist die Generalversammlung in der von Hahn bezeichneten Weise als ein Willensorgan geschaffen worden. Hahn folgert weiter, und auch darin kann man ihm vielleicht noch bei-

*) Vgl. Abschn. VII § 1.

stimmen, dafs das Willensorgan der Gesellschaft zwar durch den Gesellschaftsvertrag geschaffen, durch diesen auch die Sphäre seiner Thätigkeit bestimmt sei, dafs aber der Gesellschaftsvertrag deshalb diese Sphäre nicht nothwendigerweise genau präcisiren müsse; denn derselbe Zwang, welcher zur Schaffung des Willensorgans überhaupt geführt, müsse auch dazu geführt haben, die Sphäre seiner Thätigkeit so weit auszudehnen, dafs vermittelst derselben die Geschäftsinteressen genügend gewahrt werden können. Die Unmöglichkeit, ihre Interessen selbst zu wahren, bedinge für die Interessenten die Nothwendigkeit, dem eingesetzten Willensorgan eine «gröfsere Machtsphäre» zuzumessen. — Mit diesem letzteren Gliede seiner Gedankenkette betritt Hahn ein sehr bedenkliches Gebiet. Er vindicirt der Gesellschaft damit das Recht zu einer Art von Selbstzüchtung, welche die Majorität der Generalversammlung zu üben befugt sein soll. Solche Befugnisse lassen sich wohl *de lege ferenda* in Betracht ziehen; aber bei der Auslegung des geltenden Rechts kann man so weit unmöglich gehen dürfen. Was Hahn fordert, ist eine höchst anomale Unterstützung der Actiengesellschaft durch das Gesetz zum Zwecke der Läuterung ihres Statuts. Er begehrt einen besonderen Schutz für die bestehende Gesellschaft, weil sie besteht. Ist sie ungeschickt veranlagt, leidet ihre Verfassung an wesentlichen Fehlern, so soll sie nicht gleich anderen mangelhaften Erzeugnissen des menschlichen Willens ihrem Schicksal verfallen, sondern in den Stand gesetzt werden, sich zweckmäfsig umzugestalten. So heilsam vielleicht in mancher Beziehung dieses Vorrecht sein möchte, so kann es doch unmöglich ohne eine ausdrückliche Gesetzesvorschrift als bestehend anerkannt werden. Hahn kritisirt die Actiengesellschaft nicht wie sie ist, sondern wie sie nach seiner Vorstellung sein sollte. Die Generalversammlung mag alle Rechte haben, welche zur Verfolgung des Gesellschaftszwecks auf der Basis des geltenden Statuts erforderlich sind; in diesem Sinne kann der erwähnten Begründung beigepflichtet werden. Was darüber hinaus gefordert wird, läfst sich auf dem Wege der blofsen Interpretation nicht erreichen.

Uebrigens führt dieser Ideengang in seiner weiteren

Fortsetzung nicht einmal zu einem praktischen Resultat. Hahn erkennt nämlich an, dafs die genauere Präcisirung des vernünftigen Willens der Gründer, aus welchem jene ausgedehnte Machtsphäre der Generalversammlung folgen soll, in jedem einzelnen Falle eine rein thatsächliche Frage sei. «Eine genauere Regel — bemerkt er wörtlich — wird nicht aufgestellt werden können, als dafs nur die wesentlichen Bestimmungen des Gesellschaftsvertrages von der Generalversammlung weder aufgehoben noch abgeändert werden können.» Man kann aber schwerlich annehmen, dafs der Gesetzgeber ein Maafs von Unsicherheit, wie es sich hieraus für die Praxis ergeben müfste, zur Geltung habe bringen wollen. Es wäre danach bei vielen Statutenänderungen erst zu prüfen, ob dieselben in Anbetracht aller Umstände dem wohlerwogenen Interesse der Gesellschaft entsprechen. Fragen dieser Art sind meist verwickelter Natur, und die bezüglichen Beschlüsse würden sich in der Regel vom wirthschaftlichen Standpunkte mit ebenso vielen Gründen vertheidigen als angreifen lassen. Die Entscheidung über die Giltigkeit einer Statutenänderung wäre also in vielen Fallen erst von einem verwickelten, Jahre dauernden Prozesse zu erwarten.

Weder Anschütz und Volderndorff, noch v. Hahn erbringen sonach für die von ihnen vertretene Ansicht unwiderlegliche Argumente. Die Ersteren begrunden ihre Meinung aus dem Art. 214, und lassen sich daran genügen, dafs die rechtliche Natur der Corporation einer Aenderung des Statuts durch die Generalversammlung nicht zuwider sei. Es erregt ihnen kein wesentliches Bedenken, dafs das Gesetz die eminente Anomalie einer allgemeinen Befugnifs zur Statutenänderung nirgends ausdrücklich statuirt. Diesem Einwand geht Hahn aus dem Wege. Er liefert eine tief aus dem Wesen des Actienrechts entwickelte Begründung, die ihn aber wider seinen Willen über die Grenzen einer blofsen Interpretation weit hinausführt.

Das bisher zur Widerlegung der gegnerischen Ansichten Gesagte wäre zugleich geeignet, die im Vorstehenden und in einem früheren Abschnitte vertretene Ansicht über den Inhalt des geltenden Rechts zu begrunden, wenn die gegnerische

Interpretation nicht in dem preufsischen Entwurfe zum Handelsgesetzbuch, resp. in den Motiven desselben noch eine ganz besondere und bisher nicht erörterte Unterstützung fände.

Die Motive zum preufsischen Entwurf erkennen nämlich der Generalversammlung die Befugnifs zur Vornahme von Statutenänderungen mit zwei Ausnahmen rückhaltlos zu. Es wird dort ausgeführt*), «dafs streng genommen zu jeder Abänderung des Gesellschaftsvertrages Einstimmigkeit aller Actionäre gefordert werden müsse, dafs aber dieser Grundsatz wegen der meistentheils grofsen Zahl der Actionäre praktisch nicht durchführbar sei, das Bedürfnifs deshalb dahin leite, Majoritätsbeschlüsse als die Regel anzunehmen.» Von dieser Regel werden Ausnahmen nur «insoweit der alte Gesellschaftsvertrag durch die proponirte Aenderung in einen völlig neuen umgewandelt werden soll» zugelassen. Die hiernach ausgenommenen Fälle beschränken sich auf die Aenderung des Gesellschaftszwecks und die Fusionirung der Gesellschaft mit einer andern; es sind dies die beiden Fälle, welche den gegenwärtigen Art. 215 alin. I und II ausmachen, während die Regel, wie aus einem Allegat der Motive zu entnehmen ist, in dem jetzigen Art. 209 ad 11 gegeben sein soll. Die betreffende Vorschrift lautet dahin, dafs der Gesellschaftsvertrag die Gegenstände bestimmen müsse, «über welche nicht schon durch einfache Stimmenmehrheit der auf Zusammenberufung erschienenen Actionäre, sondern nur durch eine gröfsere Stimmenmehrheit oder nach anderen Erfordernissen Beschlufs gefafst werden kann.» Bildet auch nicht jeder Satz des preufsischen Entwurfs, resp. seiner Motive eine directe Quelle für die Auslegung des Handelsgesetzbuchs, so fällt hier doch in's Gewicht, dafs die beiden erwähnten Vorschriften mit unerheblichen redactionellen Aenderungen in den Text übergegangen sind. Aus den Protocollen**) ist allerdings nicht zu entnehmen, ob sich die Redactoren mit den vorgeschlagenen Bestimmungen auch deren Begründung angeeignet haben; hierfür kann indefs mit Rücksicht auf den Inhalt derselben eine starke Vermuthung

*) Motive zu Art. 180 S 90.

**) Protocolle S. 314 und 1040.

nicht ausgeschlossen werden. Sonach würde die historische Interpretation halbwegs zu Gunsten der gegnerischen Ansicht ausfallen. Es wäre dann freilich nicht abzusehen, warum die Vertreter jener Ansicht eine so wichtige Thatsache nicht in erster Linie hervorheben. Dies läfst sich aber erklären, wenn anerkannt werden mufs, dafs die logische und die grammatische Interpretation jenem Resultat durchaus zuwider sind. Soll der jetzige Art. 209 ad 11 die Regel bilden, so ist zu constatiren, dafs er den in den Motiven zum preufsischen Entwurf erwähnten Inhalt gar nicht aufweist. Es ist dort nur ganz allgemein von «Generalversammlungsbeschlüssen» die Rede; die Generalversammlung beschliefst aber vielerlei, was mit einer Statutenänderung nichts zu thun hat. Dafs sie auch diejenigen Beschlüsse, welche Statutenänderungen bezwecken, in der Regel durch Majoritätswillen zu fassen befugt sei — für die Annahme dieser Anomalie ergiebt sich aus dem Inhalte jener Vorschrift kein Wort. Die logische Interpretation kann also nur mittelst einer *petitio principii* zu einem den Motiven entsprechenden Resultat gelangen.

Das ist indefs noch nicht die Hauptsache. Es ist gegen jene oben citirte Stelle der Motive zu sagen, dafs darin das Wesen der Actiengesellschaft nicht mit der erforderlichen Schärfe erfafst wird, oder dafs die Actiengesellschaft wenigstens unter den Händen der Redactoren des Handelsgesetzbuchs ein Institut wesentlich anderer Art geworden ist, als die Motive, nach jener Bemerkung zu urtheilen, angestrebt haben. Das Criterium für die Zulässigkeit von Statutenänderungen durch Majoritätsbeschlüsse soll darin zu finden sein, ob der proponirte Beschlufs den alten Vertrag dergestalt umwandle, dafs aus ihm ein völlig neuer entstehe. Wenn dieser Grundgedanke auch theoretisch nicht unzutreffend ist, so erweist doch seine Anwendung, dafs die Erkenntnifs der praktischen Verhältnisse zur Zeit noch eine höchst mangelhafte war. Die Aenderung des Gesellschaftszwecks gilt den Motiven des preufs. Entwurfs als eine mafsgebende Umwandelung der Gesellschaft — die Aenderung der festgesetzten Zeitdauer aber nicht, während doch die Zeitdauer ein wesentliches Stück der

Anordnung über den Zweck sein kann, während es von ihr abhängen kann, ob der Zweck vernünftig oder unvernünftig, ob er ausführbar oder unausführbar sei. Diese Bedeutung hat übrigens die Zeitdauer nicht blos gegenüber dem Actiengesellschaftsvertrage. Die zwanzigjahrige Pachtung eines grofsen Landgutes kann ein rationelles Geschäft sein; dieselbe Pachtung auf eines Jahres Dauer geschlossen, würde von Sachverständigen für eine Narrheit erklärt werden. Ebenso ist die Fusionirung ausgeschlossen, die Vermehrung der Antheilsrechte dagegen erlaubt; dafs durch eine solche Vermehrung neue Einflüsse auf die Gesellschaft mafsgebend gemacht, neue Personen der Verwaltung zugefuhrt, neue Grundsatze etablirt, eine wesentliche Verkleinerung bis dahin gesicherter Revenüen herbeigeführt, der ganze Geschäftsbetrieb umgestaltet, das bis dahin gute Geschäft durch einen zweckwidrigen Grofsbetrieb ruinirt, die alte rentable Fabrik an eine neue unrentable gekettet, der Kreis der Interessenten verdoppelt und gänzlich verändert, kurzum aus der Gesellschaft ein ganz neues Unternehmen gemacht werden kann — ist nicht in Betracht gezogen.

Und nicht weniger einflufsreich können viele andere Statutenänderungen werden. Die Aenderung ihrer Firma kann eine Gesellschaft unter Umständen mit dem Verlust ihres halben Kundenkreises bezahlen. Die Verlegung ihres Domicils kann eine Wirkung haben, welche der Aenderung des Gesellschaftszwecks nicht nachsteht. Würde eine in Berlin errichtete Bank nach Leipzig oder München verlegt, so wäre dies gleichbedeutend mit der Aufgebung des alten und der Errichtung eines neuen Unternehmens. Wird die Verlegung der Fabrikanlage einer Industriegesellschaft beschlossen, und der Gesellschaft durch eine daraus folgende nachtheiligere Position gegenüber den öffentlichen Verkehrsmitteln die Möglichkeit erfolgreicher Concurrenz entzogen, so bedeutet das vielleicht den Untergang des Unternehmens. Die Veränderung der örtlichen Lage eines Hüttenwerks kann die Kosten der Zufuhr dergestalt steigern, dafs die Ertragsfähigkeit mit einem Schlage aufhört. Es liefsen sich Beispiele in beliebiger Anzahl noch ferner anführen, um darzuthun, dafs die Wirkung und Bedeutung der meisten Statutenänderungen von dem concreten

Falle abhängt, dafs sich von nur sehr wenigen allgemein vorherbestimmen läfst, ob sie eine kleine oder grofse Einwirkung zu üben im Stande seien. Eine und dieselbe Statutenänderung kann an der einen Gesellschaft spurlos vorübergehen, die andere zum Ruin fuhren. Gegenüber diesen von der Geschäftswelt gemachten Erfahrungen vermag jene doctrinäre Unterscheidung, welche die Motive des preufsischen Entwurfs an die Spitze stellen, nicht recht Stand zu halten. Je genauer das Studium dieser Frage sich an die Praxis anlehnt, desto sicherer führt es zu dem Resultate, dafs die der Generalversammlung hinsichtlich der Statutenanderung zugeschriebene Machtvollkommenheit, wie sie nach allem Gesagten im geltenden Recht nicht begründet erscheint, auch von einem künftigen Actiengesetz nicht zu wünschen ist.

In formeller Beziehung verlangt das geltende Recht zur Giltigkeit eines bezüglichen Beschlusses die notarielle oder gerichtliche Beurkundung desselben; hiergegen ist gewifs nichts einzuwenden (vgl. IX § 4).

Die Streitfrage, ob für die im Art. 215 alin. I und II erwähnten Aenderungen nach geltendem Recht Einstimmigkeit aller oder nur der in der Generalversammlung erscheinenden Actionäre erforderlich sei, würde künftig gegenstandslos werden, wenn für eine Aenderung des Gesellschaftszwecks, oder fur Fusionirung der Gesellschaft mit einer anderen Mangels ausreichender Statutenbestimmungen die Einstimmigkeit aller Actionäre als erforderlich erklärt würde*).

*) Für das geltende Recht mufs man sich wohl der Ansicht Keyssner's anschliefsen, welcher treffend bemerkt (Commentar S. 192 Anm. 1), «dafs die Angelegenheiten der Gesellschaft im Gegenstande des Unternehmens ihre Begrenzung finden und ein Mehrheitsbeschlufs darüber hinaus machtlos ist». Die Zahl der in der Generalversammlung erscheinenden Actionäre hängt vom Zufall ab; die Majorität der Theilnehmer in der einen kann gröfser sein als die Gesammtheit derselben in der andern. Daher wäre es eine völlig principlose Bestimmung, dafs die Fassung jener schwer wiegenden Beschlüsse dem einstimmigen Willen der gerade anwesenden Actionäre anvertraut sein solle. Die gröfsere Schwierigkeit der Durchführung solcher Beschlüsse kann hieran nichts ändern. Auch zu einer Neugründung ist Einstimmigkeit erforderlich, und die Fusionirung oder die Abänderung des Zwecks bedeutet nichts Geringeres als eine Neugründung. — Anderer Ansicht ist auch hierüber v. Hahn (a. a. O. S. 621).

Das Verfahren selbst ist keiner Besserung bedürftig. Die Aenderung wird beschlossen, wird dem Handelsrichter präsentirt, welcher sie in das Handelsregister einzutragen und öffentlich bekannt zu machen hat. Von dem Momente der vollzogenen Eintragung beginnt ihre Geltung. Dies entspricht dem unbedingt aufrecht zu erhaltenden Princip, dafs Actiengesellschaften ihre Existenzfähigkeit aus der handelsrichterlichen Eintragung entnehmen. Ein besonderes Verfahren erfordern nur diejenigen Aenderungen, welche eine Erhöhung oder Verminderung des Grundvermögens zum Gegenstande haben; sie werden deshalb im Folgenden näher betrachtet.

§ 2.

Die Verminderung des Grundvermögens.

Die thatsächliche Verminderung des Grundvermögens bezweckt die Rückgabe, resp. Auslieferung eines Theils der vorhandenen Vermögensobjecte an die Actionäre zu deren freiem Eigenthum*). Die auszuliefernden Vermögensstücke können in baarem Gelde, oder in anderen zum Gesellschaftsvermögen gehörigen Sachen, oder auch in Restforderungen aus den Zeichnungen bestehen; in letzterem Falle geschieht die Rückgabe durch Verzicht auf den Ueberrest des durch die Zeichnung für die Gesellschaft constituirten Anspruchs.

Die Vermögensminderung durch baare Rückzahlung ist in zweifacher Form möglich, nämlich so, dafs auf jede Actie ein gleich hoher Betrag zuruckgewährt wird, oder so, dafs ein Theil der Actien gegen Zahlung gewisser Beträge an die Besitzer derselben gänzlich ausscheidet; dieser Austritt kann wiederum aus freiem Entschlufs der einzelnen Actionäre, oder gemäfs einer Vorschrift des Statuts zwangsweise erfolgen.

Nicht alle diese an sich möglichen Minderungsarten sind nach geltendem Recht zulässig, und die zugelassenen sind mehrfachen Einschränkungen unterworfen. Unzulässig ist die

*) Es ist hier und im Folgenden nur von der freiwilligen Verminderung des Grundvermögens die Rede; vergl. über unfreiwillige Minderungen den Aufsatz von Goldschmidt in dessen Zeitschrift Bd. XXI S. 1 ff.

Rückgabe von Sachen, welche nicht in baarem Gelde bestehen. Zu dieser Beschränkung nöthigen die Nominalbeträge. Gilt die Fiction, dafs jede Actie einen bestimmten Geldwerth ausmacht, so kann eine Minderung nur durch Minderung des Geldwerths, also nur durch Rückgabe baaren Geldes erfolgen. Es wird weiterhin zu prüfen sein, ob nicht die Aufhebung der Nominalbeträge künftig einen Reductionsmodus durch Rückgabe nicht fungibler Sachen ermögliche. Die Vermögensminderung durch Rückgewähr baaren Geldes oder, was dem gleichsteht, durch Verzicht auf noch ausstehende Einzahlungsquoten ist eingeschränkt durch die Vorschrift des Art. 207a, welche verbietet, «dafs der Nominalbetrag der Actien, sofern sie auf Namen lauten, unter den Betrag von fünfzig Thalern, sofern sie auf Inhaber lauten, unter den Betrag von hundert Thalern herabgemindert werde» *). Eine durch zwangsweise Einziehung von Antheilsrechten erfolgende Minderung (Amortisation) ist nur dann zulässig, wenn sie vor Emittirung der betreffenden Antheilsrechte bereits vereinbart war**). Ob eine freiwillige Einziehung von Antheilsrechten (Reduction durch Rückkauf) im geltenden Rechte zugelassen sei, wird weiterhin erörtert werden.

Neben der effectiven Verminderung des Grundvermögens kennt aber das geltende Recht noch eine fictive, welche darin besteht, dafs die Gesellschaft ihrem Grundvermögen einen geringeren als den ursprünglichen Nominalwerth beizumessen beschliefst; in diesem Fall wird das vorhandene Vermögen nicht durch Hinwegnahme einzelner Objecte thatsächlich vermindert, sondern nur fortan einem geringeren Geldbetrage gleich geachtet. (Herabsetzung des Grundcapitals.) Ein praktisches Bedürfnifs für diesen Reductionsmodus entsteht zumeist aus den Nominalbeträgen. Uebersteigt das Nominalcapital den wahren Werth der Vermögensstücke, so bietet sich in diesem Reductionsmodus ein Mittel, um das Gleichgewicht in der Bilanz herzustellen, ohne eine thatsächliche Verkleinerung des wirklich vorhandenen Vermögens zu be-

---

*) Vgl. Keyssner, Commentar S. 239, Anm. 5.

**) Art. 215 alin. III.

wirken. Die Antheilsrechte behalten den Werth, welchen sie vorher hatten, nur die durch den Nominalbetrag ausgedrückte Taxe wird herabgesetzt. Indefs kann dieser Modus auch noch anderen Zwecken dienen, wie im Folgenden dargelegt werden soll.

Erstrebt eine Actiengesellschaft die Reduction ihres Grundvermögens, so ist sie nach geltendem Recht bei Ausführung dieses Vorhabens zur Erfüllung gewisser dem Schutz der Gläubiger dienenden Maafsregeln verpflichtet. Diesen haftet das Gesellschaftsvermögen; es darf ihnen nicht durch die Willkür der Actionäre als Befriedigungsmittel entzogen werden. Die Creditwürdigkeit der Actiengesellschaft hängt überhaupt von dem Umfange ihres Grundvermögens ab. Ein Gläubiger, dem das volle Vermögen zur Creditgewährung als ausreichende Deckung erschienen war, kann das verminderte unzureichend finden. Es mufs ihm also frei stehen, vor dem Vollzuge der beabsichtigten Maafsregel seine Geschäftsverbindung mit der Gesellschaft zu lösen. Aus dieser Ursache behandelt das Gesetz mit Recht die Vermögensreduction nach den Grundsätzen über die Liquidation*). Eine von der Generalversammlung beschlossene Vermögensreduction darf deshalb nicht sogleich zum Vollzuge gebracht werden. Nach Eintragung des Beschlusses in das Handelsregister ist der Vorstand zunächst verpflichtet, die Gläubiger der Gesellschaft drei Mal in den Gesellschaftsblättern zur Anmeldung ihrer Ansprüche aufzufordern; erst wenn nach der letzten Aufforderung ein volles Jahr verstrichen ist, darf die Gesellschaft zur Ausführung der Maafsregel schreiten, sofern sie inzwischen mit den aus den Handlungsbüchern und den Meldungen hervorgehenden Gläubigern vollständig abgerechnet, oder die Interessen derselben nach den über die Liquidation geltenden Vorschriften sicher gestellt hat.

Im Princip sind diese Grundsätze gewifs zu billigen und aufrecht zu erhalten: nur insoweit werden sie der Modification bedürfen, als die Verschiedenheit der Zwecke von Vermögensreduction und Auflösung eine solche bedingen. Die letztere

*) Art. 245 und 202 alin. II und III H.-G.-B.

erstrebt ein definitives Aufhören der Gesellschaft, die erstere eine Fortsetzung ihrer geschäftlichen Thätigkeit mit dem verminderten Vermögen. Dieser Unterschied ist in den geltenden Vorschriften nicht gewürdigt, sie sind nur dem Auflösungsfall genau angepafst; der in Action verbleibenden Gesellschaft bereiten sie in gewissen Beziehungen nicht unerhebliche Schwierigkeiten.

Was zunächst die erwähnte einjährige Frist betrifft, so empfiehlt es sich nicht, sie durchweg aufrecht zu erhalten, weil es nicht angezeigt erscheint, alle Gesellschaften hierbei mit gleichem Maafse zu messen. Für solche von kleinem Umfange und rein localer Thätigkeit ist die Dauer eines Jahres viel zu lang; der Gläubiger, welcher von dem Liquidationsbeschlufs sofort Kenntnifs erhält, hat zur blofsen Anmeldung seiner Forderung keinen Anspruch auf eine so geräumige Frist. Anders verhält es sich freilich mit sehr grofsen Actiengesellschaften, zumal denen, welche überseeische Gläubiger haben; für diese mag die einjährige Frist vielleicht noch zu kurz bemessen sein. Ein gutes Vorbild für eine sachgemäfse Berichtigung der fraglichen Vorschrift bietet der Art. 78 der Wechselordnung, insofern derselbe für die Erhebung von Regrefsansprüchen des Wechselinhabers gegen den Aussteller und dessen Vormänner eine nach der Entfernung des Zahlungsortes von Deutschland zwischen drei und achtzehn Monaten variirende Frist statuirt. Es wäre zweckmäfsig, die Feststellung der Sperrzeit innerhalb entsprechender Zeitgrenzen künftig dem Handelsrichter zu überlassen, welcher eventuell, um sich von dem Umfange des Geschäftsverkehrs zu überzeugen, eine summarische Prüfung der Bücher voranzuschicken, und seinen Beschlufs gleichzeitig mit der Eintragung der Reduction bekannt zu machen hätte.

Ist die Sperrzeit abgelaufen, so soll nach geltendem Recht die Gesellschaft zwar zur Ausführung der Reduction befugt sein, aber die Vertheilung nicht vornehmen, so lange die Gläubiger nicht befriedigt sind. Bestehen noch ungetilgte Ansprüche, so mufs eine liquidirende Actiengesellschaft, deren Interessen die Vorschrift sich anschliefst, den Betrag derselben gerichtlich niederlegen. Das Gleiche soll mit dem Betrage der noch schwebenden Verbindlichkeiten und der streitigen Forderungen geschehen, sofern nicht die Vertheilung des Gesellschaftsvermögens bis zu deren Erledigung ausgesetzt bleibt, oder den Gläubigern eine angemessene Sicherheit bestellt wird. Diese Bestimmung entspricht auch den Verhältnissen der reducirenden Gesellschaft, falls die Gläubiger sich melden. Ihnen mufs, ehe die Reduction vollzogen wird, ihr fälliges Guthaben ausgezahlt werden, und zwar das ganze, nicht etwa blos eine der Vermögensminderung entsprechende Quote. Daher kann eine Gesellschaft durch den Reductionsbeschlufs zu Zahlungen genöthigt werden, welche den Betrag der Reductionsquote weit übersteigen; solche Eventualitäten mufs die Verwaltung rechtzeitig in Betracht ziehen.

Unzulänglich ist aber die Vorschrift des Gesetzes für die fortbestehende Gesellschaft, wenn die Gläubiger sich nicht melden. Die liquidirende Gesellschaft mag die geschuldete Summe gern bei Gericht niederlegen, da sie ihrer zum Geschäftsbetriebe nicht ferner bedarf. Ein Gleiches sollte aber der reducirenden Gesellschaft nicht ohne Weiteres zugemuthet werden; denn die Möglichkeit ist nicht ausgeschlossen, dafs den Gläubigern das reducirte Vermögen zur Aufrechterhaltung der Geschäftsverbindung ausreicht. Daher ist es unbillig, die Folgen ihres Stillschweigens der Gesellschaft zur Last zu legen, welche sich vielleicht zwecklos grofser Capitalien entäufsern mufs. Es sollte vielmehr, was sich auch aus allgemeinen Grundsätzen rechtfertigen läfst, bei der reducirenden Gesellschaft gegen die in Stillschweigen verharrenden Gläubiger die Annahme gelten, dafs sie aus der beabsichtigten Vermögensminderung Ansprüche gegen die Gesellschaft nicht herleiten wollen. Im umgekehrten Falle, d. h. wenn die Gesellschaft ohne Berücksichtigung angemeldeter Ansprüche zum Vollzuge der Reduction schreiten wollte, wären den gefährdeten Gläubigern in der Befugnifs zur Extrahirung von Arrestbefehlen und einstweiligen Verfügungen ausreichende Schutzmittel geboten*).

*) Civilprozefsordnung f. d. D. R. §§ 796—822.

Nach welcher Frist ein Reductionsbeschlufs zur Ausführung gebracht werden könne, ist eine reine Thatfrage. Sind die Activa der Gesellschaft leicht realisirbar, und bieten die Passiva keine Schwierigkeiten, so kann die Versilberung der Reductionsquote und die Tilgung der Gläubigeransprüche noch vor Ablauf der Sperrzeit beendet sein. Es ist aber auch der Fall denkbar, dafs den Activis der Gesellschaft weit verzweigte, auf Jahre hinaus bindende Engagements entgegenstehn, deren vielleicht erhoffte gütliche Lösung unerreichbar gewesen ist, und welche die Ausführung des Reductionsbeschlusses um Jahre verzögern. Inzwischen kann die in weiterer geschäftlicher Thätigkeit verbliebene Gesellschaft Verluste erlitten oder einen erheblichen Theil ihres Betriebscapitals dergestalt haben festlegen müssen, dafs die Durchführung der Reduction ihren Interessen nicht mehr entspricht oder sie erheblich zu schädigen geeignet wäre. Solche dem geschäftlichen Verkehr eigenthümlichen Wechselfälle haben einen durchaus begründeten Anspruch auf Berücksichtigung. Hat der reich gewordene Kaufmann geglaubt, seinem Geschäft dauernd eine gewisse Summe entziehen zu können, welche er für einen andern Zweck zu verwenden wünschte, so kann ihn ein plötzlicher schwerer Verlust, oder die Nöthigung zur dauernden Festlegung grofser Capitalien bei vernünftiger Beurtheilung seiner Position von diesem Vorhaben zurückbringen. Das Gleiche sollte der Actiengesellschaft möglich gemacht werden. Wenn die Erkenntnifs, dafs ein Theil ihres Grundvermögens für den Gesellschaftszweck entbehrlich sei, zum Beschlufs der Vermögensreduction geführt hatte, so sollte derselbe, sofern die Verhältnisse sich vor seiner Ausführung entsprechend ändern, im wohl erwogenen Gesellschaftsinteresse rückgängig gemacht werden können. Es ist keineswegs in der Natur eines Reductionsbeschlusses begründet, dafs er unwiderruflich sein müsse, wenn er auch freilich bei dem Mangel einer ausdrücklichen gegentheiligen Vorschrift nach geltendem Recht als unwiderruflich anzusehen ist*).

---

*) Keyfsner entwickelt in dem Aufsatze «Theilweise Zurückzahlung des Grundcapitals» (Goldschmidt'sche Zeitschrift Bd. XX S. 467 ff.) die für das gel-

In einem künftigen Actiengesetz sollte der Grundsatz Aufnahme finden, dafs der Beschlufs über Reduction des Grundvermögens, so lange er nicht ausgeführt ist, widerruflich sei. Demgemäfs müfste auch die Eintragung in das Handelsregister in zwei Abschnitte zerfallen. Zunächst wäre nur zu vermerken, dafs die Reduction beschlossen sei; und erst wenn sie wirklich durchgeführt, wäre die vollendete Thatsache zu registriren*).

Kaum der Erwähnung bedarf es endlich, dafs in ein einheitliches neues Gesetz der zwischen dem gegenwärtigen Art. 207a und dem Art. 248 scheinbar bestehende Widerspruch nicht hinüberzunehmen wäre. Die eine dieser Vorschriften untersagt die Herabsetzung der Nominalbeträge, während die andere sie durch die zugelassene Herabsetzung des Grundcapitals ausdrücklich statuirt. Der eben nur scheinbare Widerspruch löst sich dahin auf, dafs die Herabsetzung wohl

---

tende Recht gewifs zutreffende Ansicht, dafs die zur Rückgewähr an die Actionäre bestimmte Quote des Grundvermogens von dem Zeitpunkte der Eintragung des Reductionsbeschlusses an nicht mehr einen Theil des Grundvermögens ausmache, und dafs die Actionäre auf diesen Theil, unbeschadet der Gläubigeransprüche, ein Forderungsrecht haben, welches sie z. B. im Falle eines Concurses als Gläubiger geltend machen können.

*) In dem soeben citirten Aufsatze (S. 471) hat Keyfsner die Ansicht aufgestellt, dafs eine Vermögensreduction durch theilweise Rückzahlung an die Actionäre nur zulässig sei, wenn das Grundcapital in dem verminderten Umfange vorhanden bleibe, weil der Handelsrichter bei Eintragung der Reduction in die Lage komme, den Bestand des verminderten Grundvermogens zu constatiren. Diese Anforderung würde erheblichen praktischen Schwierigkeiten begegnen; denn selbst bei einer reinen Geldgesellschaft ist das Capital immer nur zum geringsten Theil baar vorhanden. Ein für den Standpunkt des Handelsrichters ausreichender Nachweis würde also im besten Falle durch Schätzung der Activa und Passiva, d. h. durch eine von gerichtlichen Sachverständigen vorzunehmende Inventarisirung und Bilancirung zu führen sein. Aber die Prämisse dieser Folgerung ist wohl nicht zutreffend. Selbst wenn die Nominalbeträge erhalten blieben, wäre ein Anlafs, das verminderte Grundcapital gelegentlich jener Eintragung in seiner Nominalhöhe auf's Neue zu constatiren, nicht vorhanden. Der Handelsrichter hat nur zu vermerken, dafs das bisher geltende Grundvermögen durch Rückzahlung an die Actionäre um den angegebenen Betrag vermindert worden sei, woraus dann jeder Interessent das Erforderliche entnehmen mag. Selbstverständlich fällt dieses Bedenken gänzlich, sobald die Nominalbeträge beseitigt werden.

in den Formen der Vermögensreduction, aber nicht ohne Beobachtung derselben gestattet sein soll.

Die Grenze, welche der Reduction durch die Minimalsätze der Nominalbeträge (Art. 207a alin. I u. II) gezogen ist, würde bei dem Wegfall der letzteren nicht ferner erkennbar bleiben; wenn indeſs damit nur der Zweck erstrebt war, die Emission kleiner, wie Papiergeld verwendbarer Actien zu verhindern, so würde dieser Zweck durch die Beseitigung der Nominalbeträge ohnehin erreicht werden.

---

§ 3.

Fortsetzung.

Die Reduction durch Rückkauf und die Amortisation.

Gerade die beiden einfachsten Formen der Capitalsminderung, nämlich die Rückzahlung baaren Geldes und der Verzicht auf ausstehende Einzahlungsquoten, haben in der Praxis die geringste Anwendung gefunden. Es sind vielleicht einzelne Fälle zu verzeichnen, wo solide geleitete Actiengesellschaften in der Erkenntniſs, daſs ein ehemals fur erforderlich gehaltenes Grundvermögen zu groſs sei, den Actionären einen Theil davon baar, oder durch Verzicht auf Einzahlungsquoten zurückgegeben haben; aber diese Falle gehören jedenfalls zu den äuſsersten Seltenheiten. Wer die Geschäftswelt kennt, findet das begreiflich. Ueber je gröſsere Capitalien eine Actiengesellschaft verfugt, um so gesicherter erachtet sie ihre Position, zumal in kritischen Zeiten, wo mit der Macht des Capitals mancher Schaden wieder geheilt, manches zweifelhafte Activum werthvoll gemacht werden kann, das sonst aufgegeben werden müſste. Deshalb betrachtet in der Regel, und nicht mit Unrecht, die Verwaltung einer Actiengesellschaft die Rückgabe baaren Geldes als eine Verschlechterung ihrer Situation, zu der sie sich nur versteht, wenn sie entsprechende Vortheile eintauschen kann; und gerade jene beiden Reductionsarten vermögen Vortheile nicht zu bieten. Dagegen eignet einem andern Reductionsmodus diese Fähigkeit, um derentwillen er auch seit dem Ende der Gründerperiode sehr in

Aufnahme gekommen ist — nämlich jener freiwilligen Minderung des Quantums der Antheilsrechte, welche die Praxis als «Reduction durch Rückkauf eigener Actien» bezeichnet. Das grenzenlose Mifstrauen, welches der Gründerperiode folgte, und die daraus entspringende allgemeine Abneigung gegen den Besitz von Actien druckte den Marktpreis derselben vielfach unter das Niveau ihres wahren Werthes hinunter, und führte dadurch zur praktischen Ausbeutung jener Reductionsform. Wenn solche Actien nämlich von der eigenen Gesellschaft gekauft wurden, so konnte diese am Ende des Jahres aus dem Kaufgeschäft einen Gewinn verzeichnen. Darauf war die Operation berechnet. Die Actiengesellschaften, welche das zum Einkauf erforderliche Capital entbehren konnten, suchten zu Gunsten der verbleibenden Actionäre Vortheile aus dem allgemeinen Mifstrauen zu ziehen. Man reducirte das Grundvermögen durch Rückkauf von Actien, und brachte den durch einen zu niedrigen Kaufpreis erzielten Gewinn zur Vertheilung unter die treu gebliebenen Actionäre.

Es schien sich indefs diesem Reductionsmodus, als er zuerst projectirt wurde, in den gesetzlichen Vorschriften ein unüberwindliches Hindernifs entgegen zu stellen. Er ist nicht nur nicht ausdrücklich zugelassen, sondern das Gesetz verbietet sogar im Art. 215 alin. III den Rückkauf von eigenen Actien Seitens einer Gesellschaft. Man glaubte zur Zeit folgern zu müssen, dafs ein Generalversammlungsbeschlufs solchen Inhalts für die nicht theilnehmenden oder dissentirenden Actionäre nicht verbindlich sei, und der Anfechtung derselben unterliege. Indefs entschieden sich die Registerrichter in der Mehrzahl sehr bald zu Gunsten der Zulässigkeit, welche später für die Praxis durch einen Spruch des höchsten Gerichtshofes bestatigt wurde.

Auch in der Theorie ist die Frage, ob die Befugnifs zur Reduction durch Ruckkauf geltendes Recht sei, vielfach erörtert worden, neuerdings durch Goldschmidt*), welcher sich gegen die Zulässigkeit erklart, und dessen Gutachten unmittelbar vor der erwähnten Entscheidung des Reichsoberhandels-

*) Vgl. Goldschmidt'sche Zeitschrift Bd. XXI S. 1—12.

gerichts publicirt wurde. Die Ansicht Goldschmidt's*) beruht auf der Annahme, dafs die Reduction durch Ankauf und Vernichtung eigener Actien eine bestimmte Art der Amortisation und mithin den über diese geltenden Bestimmungen des Art. 215 alin. III unterstellt sei. Das Reichsoberhandelsgericht gelangt zu der entgegengesetzten Ansicht**) durch Erörterung der beiden Fragen:

> ob der Gesetzgeber bei der durch die Novelle geschehenen Ergänzung des Art. 215 nur an den Erwerb von eigenen Actien als Selbstzweck, oder auch an den Erwerb behufs Vernichtung der Actien gedacht habe,
>
> und ob diese Reduction durch Rückkauf den gleichen Beschränkungen unterworfen sei, welche in der gedachten gesetzlichen Bestimmung für die Amortisation gegeben sind.

Die erstere Frage wird dahin beantwortet, dafs die in Rede stehende Vorschrift nur soweit gelte, als der Erwerb der Actien Selbstzweck, nicht aber insoweit derselbe nur ein Mittel zur Amortisation sei. Kann man sich dieser Meinung trotz der Ausführungen Goldschmidt's anschliefsen, so ist doch ein Gleiches gegenüber der auf die zweite Frage ertheilten Antwort nicht thunlich. Es wird in Beantwortung derselben unter Hinweis auf den Wortlaut der Motive die Ansicht vertreten, dafs die Beschränkungen der Amortisation eigener Actien nur im Interesse der Gläubiger, nicht, wie vielfach angenommen worden, im Interesse der Actionäre verordnet seien; man habe die Gläubiger gegen eine allmälige Verflüchtigung des Grundvermögens ohne Beobachtung der in Art. 248 vorgeschriebenen Sicherheitsmaafsregeln schützen wollen. Daraus soll folgen, dafs zwischen Reduction durch Rückkauf und Amortisation ein wichtiger Unterschied bestehe, indem die erstere «als partielle Auflösung der Gesell-

---

*) Die Frage war schon vorher von Keyssner in dessen «Actiengesellschaften» S. 217 ff. ausführlich behandelt worden. Vergl. über die sonstige Literatur Keyssner ebenda S. 217 Note 1, ferner desselben Commentar S. 200 No. 4 und Goldschmidt a. a. O. S. 2.

**) Entsch. Bd. XVIII S. 423. ff.

schaft mit gänzlicher Abstofsung der Schulden, also immer als eine Neubildung in Betreff des verbleibenden Restcapitals gedacht sei, letztere als eine blofse Ausscheidung von Gesellschaftsantheilen, ohne jede Alteration des Gesellschaftsbestandes und jede Einwirkung auf den Passivstand». Diese Auslegung hat das Bedenken gegen sich, dafs sie nur eine Amortisation treffen kann, welche ohne Beobachtung des Art. 248 geschieht; es beeinträchtigt aber das Wesen der Amortisation gar nicht, wenn die Vorschrift jenes Artikels beobachtet wird. Denkt man sich, dafs eine Actiengesellschaft, welche von Anfang an die Amortisation nicht vorgeschrieben hätte, nach Jahren des Bestehens eine Statutenänderung folgenden Inhalts verfügte:

> «Es wird künftig nach Ablauf von je fünf Jahren der zehnte Theil der Actien ausgeloost, die ausgeloosten Nummern werden in den öffentlichen Blättern bekannt gemacht und je ein Jahr später gegen Zahlung von dreihundert Mark pro Stück eingezogen;»
>
> «die Ausfuhrung dieser Maafsregel erfolgt unter Beobachtung der Vorschriften des Art. 248 des Handelsgesetzbuchs,» —

so wäre die hiermit angeordnete Operation zweifellos eine Amortisation des Grundvermögens, gegen welche die eben erwähnte Ausführung des Reichsoberhandelsgerichts nicht bestehen könnte. Um der letzteren Ansicht zu entsprechen, müfste der Art. 215 alin. III vielmehr besagen, dafs die Actiengesellschaft eigene Actien nicht erwerben, auch eigene Actien nicht amortisiren dürfe, sofern dies nicht etc. etc. festgesetzt sei, dafs aber durch Wahrung der Vorschriften des Art. 248 der Rechtsbegriff der Amortisation alterirt würde.

Ob sich das von Goldschmidt scharfsinnig begründete, durch die vorstehenden Argumente nicht gehobene Bedenken, welches in dem Verhältnifs der Amortisation zur Reduction durch Rückkauf wurzelt, mittelst einer anderen Auslegung der Bestimmungen über die Amortisation beseitigen lasse, soll weiter unten erwähnt werden.

Jedenfalls liefse sich aber eine Entscheidung der hier vorliegenden Zweifelsfrage auf die Beseitigung dieses Bedenkens noch nicht begrunden. Darf man immerhin annehmen, dafs der Gesetzgeber die Reduction durch Ruckkauf nicht mit Vorsatz ausgeschlossen habe, so kann man doch die Zulässigkeit derselben nur in dem Falle anerkennen, wenn dieser Reductionsmodus sich dem Rahmen der sonst über Vermögensminderungen geltenden Vorschriften vollständig einfugt. Es ist aber zu behaupten, dafs dies nicht der Fall sei. Ein Beweis für diese Behauptung ist ohne Schwierigkeit zu erbringen, sobald man sich nur vergegenwärtigt, was durch eine Reduction der bezeichneten Art bezweckt wird. Der Zweck richtet sich nicht blos auf Verminderung des Grundvermögens, auch nicht blos auf Verminderung der Zahl der Antheilsrechte um einen bestimmten Betrag; es soll vielmehr jedes dieser beiden Ziele, und zwar sollen beide zusammen erreicht werden. Man will die Verminderung der Antheilsrechte um eine gewisse Zahl durch Aufwendung einer gewissen Summe herbeiführen; die Möglichkeit der Ausfuhrung dieses doppelten Zweckes hängt also vom Kaufpreise der Actien ab. Ein Beschlufs auf Reduction durch Rückkauf ist daher immer an die stillschweigende Bedingung geknupft, dafs ein gewisses Quantum Actien zu einem gewissen Preise käuflich sein werde. Andererseits darf die Ausführung der Maafsregel, also der Ankauf, erst nach Ablauf des Sperrjahres geschehen; denn nur bei Innehaltung dieser Einschränkung ist dem Art. 248 genügt. Die Vermögensminderung vollzieht sich nicht erst durch Vernichtung der bereits eingekauften Actien, sondern schon durch Hingabe des als Kaufpreis zu zahlenden baaren Geldes. Den Gläubigern kann nicht zugemuthet werden, dafs sie sich eventuell an die schon angekauften eigenen Actien halten sollen, welche, wenn bei der Insufficienz der sonstigen Activa ein Rückgriff auf sie nöthig wäre, aus eben diesem Grunde werthlos sein würden. Der Reductionsbeschlufs involvirt daher einen erst nach Jahr und Tag auszufuhrenden — wenn ausfuhrbaren — Kaufauftrag an den Vorstand.

Es läfst sich hiergegen nicht einwenden, dafs Reductionen durch Rückkauf wiederholt in der Praxis anstandslos durchgeführt worden seien; denn gegen diesen Einwand ist die Erwiderung am Platze, dafs keine einzige Reduction dieser

Art unter vollständiger Wahrung der gesetzlichen Vorschriften zur Ausführung gekommen ist. Manche Gesellschaften unternahmen die Reduction, weil das betreffende Quantum Actien bereits in ihrem Besitz war. In diesem Falle wurde also der bedenkliche Theil der Operation, die Erwerbung der Actien, nicht erst nach Ablauf des Sperrjahres vollzogen; die Vorstande wären zweifellos den Gläubigern haftbar gewesen, wenn die Gesellschaft in Folge dieser eigenmächtigen Capitalsminderung zahlungsunfähig geworden wäre. Andere Verwaltungen — und dies war wohl die Mehrzahl — extrahirten den Reductionsbeschlufs, und führten dann die Maafsregel sofort durch, um den für die Zwecke der Gesellschaft günstigen Cours zum Vortheil derselben wahrzunehmen. Trotz der guten Absicht wären auch sie regrefspflichtig gewesen, wenn die Gesellschaft während der Sperrzeit ihre Zahlungen hätte einstellen müssen. In vereinzelten Fällen endlich suchten die Verwaltungen der gesetzlichen Vorschrift dadurch zu entsprechen, dafs sie den Einkauf erst nach Ablauf des Sperrjahres perfect machten, und sich für die Zwischenzeit nur eine verbindliche Verkaufsofferte zu einem gewissen Course sicherten. Auf diesen Ausweg könnte aber die Durchführbarkeit der Maafsregel nicht basirt werden; derselbe war immer nur eröffnet durch die Mitwirkung und zum Vortheil der herrschenden Coterie, welche die Actien besafs, sie der Gesellschaft gern überliefs, und auch darüber wachte, dafs das mit dem Vorstande im Geheimen bereits fest vereinbarte Kaufgeschäft nach Ablauf der Sperrzeit zur Ausführung gelangte. In Wahrheit lag also auch hier gleich von Anfang ein fest vereinbarter Kaufvertrag vor. Ohne einen solchen, resp. ohne ein höchst bedeutendes Aequivalent hätte sich wohl kaum Jemand bereit finden lassen, Jahr und Tag ein grofses Quantum von Actien zur Verfügung der ihrerseits nicht gebundenen Gesellschaft zu halten. Und doch wäre dies das einzige Mittel, um eine Reduction durch Rückkauf zu ermöglichen. Denn diese unterscheidet sich von allen übrigen Reductionsarten dadurch, dafs sie nicht blos Seitens der Gläubiger, sondern auch durch eine inzwischen eingetretene Coursveränderung in Frage gestellt werden kann. Die Unwiderruflichkeit der Reduction wurde für jeden Reductionsmodus wegen der bis zu ihrer Durchfuhrung möglichen Verschlechterung der Gesellschaftsverhältnisse als bedenklich bezeichnet; die hier in Rede stehende Minderungsart kann aber auch durch eine sich in der Zwischenzeit vollziehende Besserung der Verhältnisse und eine damit zusammenhängende Courssteigerung in Frage gestellt werden. Ist nach Ablauf der Sperrzeit und Befriedigung der Gläubiger die vorgeschriebene Zahl von Actien nicht mehr für den ausgesetzten Preis zu haben, so ist die Reduction nicht ausführbar. Der Generalversammlungsbeschlufs ist unwiderruflich, seine legale Ausführbarkeit aber ganz unsicher, überdies von dem Willen der Generalversammlung total unabhängig. Einen so widerspruchsvollen Zustand hat der Gesetzgeber zweifellos nicht statuiren wollen. Deshalb erscheint die Annahme berechtigt, dafs der Gesetzgeber die Reduction durch Rückkauf zwar nicht mit Vorsatz ausgeschlossen, dafs er sie aber auch nicht zugelassen habe, und dafs sie, so lange die Unwiderruflichkeit gilt, als gesetzlicher Reductionsmodus nicht anzuerkennen ist. Bei näherer Betrachtung zeigt sich auch, dafs die fur die Vermögensminderung sonst ermittelten Grundsätze dieser Minderungsart im Rahmen des geltenden Rechts gar nicht anzupassen sind; es gilt dies z. B. in Betreff jener von Keyfsner gewonnenen Erkenntnifs, dafs die zur Capitalsminderung bestimmte Summe von der Eintragung des Beschlusses an nicht mehr zum Gesellschaftsvermögen gehöre, und dafs jeder Actionär auf seine Quote eine Forderung erworben habe, welche nach Ablauf des Sperrjahres und nach Befriedigung der Gläubiger fallig werde. Ein solches Verhältnifs ist bei der Reduction durch Rückkauf gar nicht zu construiren; es existirt während des Sperrjahres noch Niemand, der ein Forderungsrecht auf die zur Capitalsminderung bestimmte Summe hätte; es steht noch nicht einmal fest, ob sich der Betreffende in Zukunft finden werde. Das zum Rückkauf bestimmte Capital mufs also, da es nicht *bonum vacans* sein kann, nach wie vor zum Gesellschaftsvermögen gehören, während es demselben schon unwiderruflich entzogen sein soll. Als geltendes Recht ist sonach die Reduction durch Rückkauf nicht zu vertreten. Dagegen ware sie zum Vortheil des Actienrechts einem neuen Gesetze einzufügen, sobald nur der Grundsatz adoptirt ist, dafs der Beschlufs auf Minderung des Grundvermögens bis zum Momente der Perfection widerruflich sei.

Es entstände in diesem Falle die Frage, ob aus principiellen Gründen gewisse Modalitäten der Durchführung im Gesetze vorzuschreiben seien. Die in Rede stehende Minderungsart bedeutet das freiwillige Ausscheiden von Actien, resp. Actionären, gegen ein mit der Gesellschaft vereinbartes Aequivalent. Dieser Auffassung entspräche es, dafs der Rückkauf öffentlich mit dem Mindestfordernden, also durch eine Submission, vereinbart würde. Gestattet man den privaten Rückkauf, so überträgt man dem Vorstande die willkürliche Entscheidung darüber, mit welchen der sich zum Ausscheiden erbietenden Actionäre der Vertrag abgeschlossen werden soll. Darin liegt eine Unbilligkeit gegen die anderen. Auch der Submissionszwang allein wäre noch nicht ausreichend; es müfste consequenter Weise, wenn zu dem gleichen Course mehr Actien angeboten als gefordert werden, die Entscheidung unter denselben durch das Loos erfolgen. Wenn aber eine solche Einlassung auf Specialitäten der Gesetzgebung nicht frommt, so wäre wenigstens zu verordnen, dafs ein Statut, welches die Reduction durch Rückkauf zulafst, auch die Modalitäten desselben, ob er privatim oder öffentlich vorzunehmen sei, zu bestimmen habe. —

Was nun die vom Gesetz und der Theorie in enge Verbindung mit der soeben besprochenen Minderungsart gebrachte Amortisation der Actien betrifft, so wurde schon erwähnt, dafs nach Auffassung des Reichsoberhandelsgerichts die einschränkende Bestimmung des Art. 215 alin. III auf den Schutz der Gläubigerrechte zurückzufuhren sein soll; und es wurde entgegnet, dafs diese Ansicht gegenüber einer unter Wahrung des Art. 248 vollzogenen Amortisation nicht haltbar wäre. Allerdings ist nicht in Abrede zu stellen, dafs die Motive zur Novelle bei jener Anordnung nur eine Rücksichtnahme auf die Gläubigerinteressen erkennen lassen*). Will man den hieraus etwa zu entnehmenden Zweifel lösen, und

*) S. 658 des stenogr. Berichts.

dem Inhalt der fraglichen Vorschrift nahe kommen, so mufs man zunächst feststellen, was unter Amortisation zu verstehen sei. Sie ist nicht identisch mit der Verringerung des Werthes von Antheilsrechten uberhaupt, denn dann wäre jede Rückzahlung auf Actien, jeder Verzicht, jede denkbare Vermögensminderung eine Amortisation; sie ist aber auch nicht gleichbedeutend mit einer freiwilligen Vereinbarung über Einziehung von Actien. Man mufs sie vielmehr definiren als die nach einem bestimmten Plane, gegen ein durch Statut festgesetztes Aequivalent, in vorausbestimmter Folge stattfindende zwangsweise Einziehung von Antheilsrechten*). Das Charakteristische ihrer Wirkung besteht also darin, dafs sie, wenn einmal statuirt, unabhängig von dem Willen der Ausscheidenden wie der Zurückbleibenden vor sich geht. Diese Eigenthümlichkeit ihrer rechtlichen Natur nöthigt zu der Frage, ob nicht die Vorschrift des Art. 215 trotz der Motive hauptsächlich im Interesse der Actionäre gegeben sei. Fur die Bejahung derselben streitet ein so überzeugender Grund, dafs man zu der Annahme gelangt, es sei in den Motiven nicht die Gesammtheit der für die Herstellung der Vorschrift von Einflufs gewesenen Beweggründe niedergelegt. Denn nach allgemeinen Grundsätzen sind alle Actien gleichberechtigt, sofern nicht ein Anderes im Statut ausdrucklich angeordnet wird. Die Anordnung der Amortisation hebt diese Gleichberechtigung auf, sie schafft Ungleichheit unter den Actionären. Es scheidet von den ursprünglichen Antheilsrechten der eine Theil aus, der andere bleibt zuruck; daran kann weder der Wille des einzelnen Actionärs, noch derjenige der Generalversammlung etwas ändern. Zu wessen Gunsten das Ausscheiden oder das Verbleiben sei, ist im Voraus nicht zu sagen; prosperirt die Gesellschaft, so sind die Zurückbleibenden im Vortheil, erleidet sie Verluste, so ist der Vortheil auf Seiten der Andern. Selbstverständlich kann eine Bestimmung, welche über das Schicksal aller Antheilsrechte in dieser Weise verfügt, nicht durch die Majorität derselben getroffen werden; daher gilt sie nur, wenn sie von Anfang an, d. h. unter Zustimmung jedes

*) Vgl. die Definition von Goldschmidt a. a. O. S. 7.

Zeichners der betreffenden Actien vereinbart war. Das gesetzliche Verbot gegen die nachträgliche Anordnung der Amortisation von Antheilsrechten hängt also eng mit dem zwingenden Charakter derselben zusammen, so eng, dafs es eben schlechterdings unmöglich scheint, den letzteren nicht als ein Motiv dieser Bestimmung zu betrachten. Die Zulassung zwangsweiser Amortisation nach Creirung der betreffenden Actien wäre, wenn ohne Genehmigung jedes einzelnen Actionärs beschlossen, eine Verletzung des Grundsatzes der Gleichberechtigung. Bei einer freiwilligen, d. h. durch Rückkauf von Actien geschehenden Amortisirung, ist diese Verletzung ausgeschlossen; denn es hat Jeder die Wahl, ob er ausscheiden oder zurückbleiben will; ein zwingendes Moment könnte nur dann hervortreten, wenn wegen der grofsen Zahl der sich zum Austritt Meldenden die Austrittsberechtigten durch's Loos bestimmt werden müfsten. Dann hätte es aber Jeder in der Hand, sich durch Herabminderung des geforderten Aequivalents ein Vorrecht vor den übrigen zu verschaffen. Für die Zurückbleibenden hat die Operation nur die Bedeutung einer Capitalsminderung; denn dafs sich das verbleibende Vermögen und der etwaige Gewinn fortan auf eine geringere Zahl von Antheilen repartirt, ist ein reiner Vortheil, bedeutet also keinen Zwang. Sonach entbehrt der Rechtscharakter der freiwilligen Amortisation derjenigen Eigenthümlichkeiten, welche fur die Zwangsamortisation die Einschränkung des Art. 215 alin. III erforderlich gemacht haben. Dies ist auch dasjenige Argument, von welchem bereits oben gesagt wurde, es unterstütze treffender als die erwähnten Gründe des Reichsoberhandelsgerichts die Annahme, dafs das Verbot gegen die nachträgliche Anordnung der Amortisation die Reduction durch Rückkauf nicht mit umfasse.

Das Institut der zwangsweisen Amortisation regt aber betreffs der Entnahme ' des auf dieselbe zu verwendenden Capitals *de lege ferenda* noch eine wichtige Frage an. Die für Einziehung der Actien erforderlichen Beträge können dem Gewinn, sie können aber auch dem Grundvermögen entnommen werden. Eine Amortisation aus dem Gewinn ist in keiner Beziehung bedenklich. Sie läfst das Grundvermögen unberührt, und gereicht den zurückbleibenden Actionären wegen Verminderung der Antheilsrechte und entsprechender Erhöhung des Werthes derselben immer zum Vortheil. Aber das geltende Recht, dessen Motive die Amortisation als eine «im Voraus angekündigte allmälige Auflösung der Gesellschaft» bezeichnen, gestattet dieselbe auch aus dem Grundvermögen. In dieser Form ist sie zunächst von besonderer Wichtigkeit für die Gläubiger, denen hierbei kein Schutzmittel gewährt ist. Wer einer Actiengesellschaft Credit gewähren will, mufs sich selbst darüber informiren, ob er etwa einem von Jahr zu Jahr zusammenschmelzenden Grundvermögen gegenüberstehe. Diese Verweisung auf die Kenntnifsnahme der Statuten ist nicht ganz unbedenklich, und steht in gewissem Widerspruch mit den allgemeinen Vorschriften über die Reduction und Liquidation; sie würde indefs künftig weniger in's Gewicht fallen, wenn gemäfs den vorgeschlagenen Neuerungen Jeder wenigstens die Möglichkeit hätte, bei der Gesellschaft ohne Schwierigkeiten den jeweiligen Betrag des Grundvermögens zu ermitteln. Viel bedenklicher ist diese Amortisirungsform für die Actionäre, zumal in den Fällen, wo der Gesellschaftsvertrag das für die Einziehung der Actien zu gewährende Aequivalent im Voraus auf einen bestimmten Betrag feststellt. Im Innern einer solchen Gesellschaft mufs sich im Verlauf der Jahre eine Art von Glücksspiel vollziehen, welches mit der wirthschaftlichen Aufgabe und dem Zweck derselben aufser allem Zusammenhange steht. Beträgt beispielsweise die Einlage pro Actie 500 Mark und die Amortisationssumme ebenso viel, so stehen, wenn in einem Jahre nichts verdient oder verloren worden ist, die Ausscheidenden den Zurückbleibenden gleich; sind 10 Procent verloren worden, so erwächst den Ausscheidenden ein Vortheil von 10 Procent gegenüber den Zurückbleibenden. Wiederholt sich dieser Verlust im nächsten Jahre, so steigert sich der Vortheil der Ausscheidenden gegenüber den Zurückbleibenden um abermals 10 Procent; und wenn es das Mifsgeschick der Gesellschaft will, so kann zuletzt das Loos darüber zu entscheiden haben, wer unter den noch zurückgebliebenen Actionären die volle Einlage zu erhalten, und wer leer auszugehen habe. Es ist nicht abzusehen, wie ein Zustand dieser Art sich mit dem Beruf der Actiengesellschaft vereinigen lasse, und unter welchen Voraussetzungen er ihr zum Vortheil gereichen könne. Noch andere, nicht weniger zweckwidrige Folgen sind denkbar: durch die Pflicht zur Herauszahlung der Amortisationsquote kann die Gesellschaft, wenn sie sich in Calamitäten befindet, zur Zahlungsunfähigkeit gebracht werden; die ausscheidenden Actionäre können durch rücksichtslose Verfolgung ihrer Ansprüche die Rechte der zurückbleibenden vernichten. Eine derartige Verbindung des Glücksspiels mit gewerblichen Zwecken erscheint, wie gesagt, nicht rathsam, doppelt bedenklich aber, wenn die Vortheile aus dem Spiel sogar die Vernichtung des gewerblichen Unternehmens nach sich ziehen können. Vorschriften über die Amortisation von Antheilsrechten wären in einem neuen Gesetz vielleicht ganz zu entbehren. Die freiwillige Amortisation fällt mit der Reduction durch Rückkauf zusammen. Die Unzulässigkeit einer nach Creirung der Antheilsrechte einzurichtenden Amortisation derselben versteht sich ganz von selbst; die Majorität kann niemals beschliefsen, dafs die bestehende Gleichberechtigung der Actien aufhören soll. Von Werth wäre viel eher eine Vorschrift dahin, dafs förmliche Amortisationen der Antheilsrechte aus dem Grundvermögen verboten seien. Dieses Verbot entspräche dem Gedanken, dafs die wirthschaftliche Aufgabe der Actiengesellschaft von jeder unlauteren Verbindung mit dem Glücksspiel frei zu halten sei, und wäre aus diesem Gesichtspunkte mindestens der Erwägung werth. —

Es bleibt endlich zu prüfen, ob das Verbot der Erwerbung eigener Actien, welches der erste Satz des Art. 215 alin. III ausspricht, unverändert aufrecht zu erhalten sei. Die weite Fassung der Vorschrift, dafs die Gesellschaft «eigene Actien nicht erwerben dürfe», ist offenbar nicht ohne Absicht gewählt. Aus den Motiven kann man entnehmen, dafs dem Gesetzgeber Erwerbungen eigener Actien als etwas mit dem Berufe der Gesellschaft durchaus Unvereinbares erschienen sind. Dies ist indefs nicht unbedingt zuzugestehen; das Verbot geht weiter als das Bedürfnifs. Der Gesetzgeber hat anscheinend erwogen, dafs eine Actiengesellschaft in dem Umfange, in welchem sie mit ihrem eigenen Gelde ihre eigenen Actien erwirbt, ihr Grundvermögen verkleinere, dafs also ein künftiger Versuch der Wiederveräufserung eine erneuerte Emission bedeute, die glücklich, aber auch unglücklich ablaufen könne*). Das wäre indefs nur zutreffend, wenn inzwischen ein den Verkauf der Actien beeinträchtigendes Ereignifs einträte; sonst ist das Risico nicht gröfser, als bei dem Ankauf von Actien anderer Gesellschaften. Freilich sollen die Actionäre vor Nachtheilen geschützt werden; aber eine Gefährdung des Besitzstandes kann auch durch viele andere Transactionen geschehen, während der Vorstand doch gerade den Werth der eigenen Actien genauer zu beurtheilen vermag. Dagegen verhindert das allgemeine Verbot eine Reihe ganz legitimer Geschäfte, deren absolute Ausschliefsung den Gesellschaften keineswegs zum Vortheil gereicht. Ist doch sogar die Annahme einer Schenkung eigener Actien durch den Wortlaut der Vorschrift untersagt, während Niemand bezweifelt, dafs eine solche der Gesellschaft unter allen Umständen zum Vortheil gereichen würde. Wegen der Seltenheit des Falles mag auf denselben kein Gewicht zu legen sein. Sicherlich ist aber die ferner aus dem Wortlaut zu folgernde Unmöglichkeit des commissionsweisen Ankaufs eigener Actien ein erheblicher Nachtheil fur die Bankgesellschaften, zumal Theorie und Rechtsprechung darin ubereinstimmen, dafs die gegen das fragliche Verbot unternommenen Erwerbungen nichtig und also gänzlich unwirksam sind**). Der Nachweis des vorliegenden Commissionsauftrages würde die Nichtigkeit kaum auszuschliefsen vermögen, abgesehen davon, dafs es im Geschäftsverkehr, zumal an der Börse, unmöglich ist, sich aus den Büchern oder Briefen des Käufers darüber zu orientiren, ob dieser ein Geschäft fur eigene oder fremde Rechnung abschliefse. Und aus der Nichtigkeit folgt dann, dafs auch der Verkäufer nicht gebunden ist. Es mufs die Erwerbsthätigkeit der Banken und den Verkehr mit denselben

---

*) Vgl. die Motive S. 658 des stenogr. Ber.

**) Entscheidungen, Bd. XVII S. 381 ff.; vgl. auch Goldschmidt a. a. O. S. 10, Note 1.

wesentlich beeinträchtigen, dafs sie in Betreff eines an ihrem Markte umgehenden Papiers gewissermafsen als handlungsunfahig erklärt sind. Mit der Erwerbung hängt die Annahme zum Pfande eng zusammen. Kein Vorstand einer Actiengesellschaft dürfte eigene Actien als Pfand annehmen, da er die Gesellschaft nicht in die Lage bringen soll, ihre eventuelle Befriedigung durch eine Rechtsverletzung, d. h. durch Erstehung des Pfandes zu erreichen. Wer aber ein in Inhaberpapieren bestehendes Pfand nicht eventuell selbst zu erstehen bereit ist, verfahrt unvorsichtig, wenn er es als Sicherheit acceptirt. Selbst die in vielen Statuten geltende Bestimmung, dafs die Vorstandsmitglieder ihre Amtscaution in Actien der eigenen Gesellschaft zu erlegen haben, erscheint mit Rucksicht auf die fragliche Vorschrift in dem Grade bedenklich, dafs scrupulöse Registerrichter in die Versuchung kommen könnten, die Eintragung zu verweigern. Offenbar ist auch das Reportgeschäft in eigenen Actien nicht angänglich, da es als Kauf unter Verabredung des Wiederverkaufs vollzogen zu werden pflegt. Und doch sind in Wahrheit alle diese Geschäfte für die Gesellschaft ganz unverfanglich. Eine wirkliche Gefahr entspringt aus ganz anderen Ursachen; sie kann vorzugsweise dadurch entstehen, dafs der Vorstand, für welchen der Cours die Bedeutung einer unausgesetzt geübten Kritik hat, leicht in Versuchung geräth, auf denselben durch Handel in eigenen Actien einen Einflufs zu üben. Diese Neigung, den Cours zu beeinflussen, wird allerdings durch die bessere Kenntnifs der Geschäftslage wesentlich unterstützt. Die letztere gewährt ferner eine werthvolle Basis für den Handel in eigenen Actien zum Zwecke der Agiotage, und auch diese ist durchaus zweckwidrig. Der Vorstand tritt dadurch in eine Art von Wettkampf mit den eigenen Actionären, wobei ihm die bessere Kenntnifs der Geschäftslage, der voraussichtlichen Dividende etc. einen wesentlichen Vorsprung gewährt. Dies sind wirklich schädliche und gefährliche Folgen; aus ihnen ist aber zu entnehmen, dafs die Gefahr nicht in jeder Erwerbung, sondern speciell in dem Handel mit eigenen Actien besteht. Auf diesen Umfang wäre auch das Verbot des geltenden Rechts zweckmäfsiger

Weise einzuschränken. Es sollte eine Specialvorschrift nicht gegen die Gesellschaft, sondern gegen den Vorstand gerichtet werden, etwa des Inhalts, dafs mit Geldstrafe von 500 bis 5000 Mark Derjenige bestraft wird, welcher als Vorstandsmitglied oder Procurist einer Actiengesellschaft es unternimmt, für Rechnung derselben zur Beeinflussung des Coursstandes, oder um der Gesellschaft Gewinn zu verschaffen, mit eigenen Actien derselben Handel zu treiben. Das würde Schutz gegen die wirkliche Gefahr bieten, ohne die grofse Zahl der unschädlichen Fälle zu berühren. Allerdings wäre aus naheliegenden Ursachen erforderlich, den Vorstandsmitgliedern und Procuristen von Actiengesellschaften auch den Handel mit Actien der Gesellschaft für eigene Rechnung unter den gleichen Rechtsfolgen zu untersagen.

---

§ 4.

Fortsetzung. — Die Herabsetzung des Grundvermögens.

Im § 2 wurde schon ausgesprochen, dafs die Herabsetzung des Grundvermögens eine fictive Reduction sei, welche nicht die thatsächliche Minderung der vorhandenen Activa, sondern nur eine Minderung des Nominalbetrags in seiner Eigenschaft als Taxwerth bezwecke. Indefs ist nachzutragen, dafs diese Unterscheidung nicht allgemein gilt. Es besteht auch die Auffassung, dafs die Vermögensminderung durch Verzicht auf nicht eingezahlte Quoten mit zu der Species der Herabsetzung gehöre*). Der Wortlaut des Gesetzes ist nicht ganz klar, er stellt die Zurückzahlung der Herabsetzung gegenüber; und da der Verzicht auf nicht eingezahlte Quoten keine förmliche Zahlung ist, so kann man hieraus allerdings folgern, dafs jede Reduction, welche nicht durch Zahlung geschieht, vom Gesetz als Herabsetzung betrachtet werde. Dieser Auslegung widerspricht aber der Wortsinn des Ausdrucks «Herabsetzung». «Herabsetzen» ist nicht gleichbedeutend mit «verkleinern»,

*) Vergl. Keyssner, Commentar S. 239 No. 7.

sondern es bedeutet «als verkleinert gelten lassen». Aufserdem kann der Ausdruck auch so viel besagen, als «Minderung» im weitesten Sinne, sodafs jede Reduction eine Unterart derselben ausmachen würde. Diese Bedeutung ist ihm hier vom Gesetz offenbar nicht beigelegt. Die gegentheilige Auffassung geht anscheinend davon aus, dafs der Verzichtleistung auf Einzahlungsquoten und jener erwähnten fictiven Capitalsminderung die Verkleinerung des Nominalbetrags gemeinsam sei; aus diesem Grunde will man beide zusammen der Rückzahlung gegenüberstellen. In diesem Sinne würde aber auch die wirkliche Rückzahlung eine Herabsetzung bedeuten; denn auch sie hat eine Minderung des Nominalbetrags zur nothwendigen Folge*). Ein logischer Gegensatz ist also nur zwischen der effectiven und der fictiven Minderung zu erkennen; und darum scheint es geboten, die letztere allein als «Herabsetzung» anzusehen, den Begriff der Rückzahlung aber im weiteren Sinne als eine thatsächliche Capitalsminderung, gleichviel ob durch Hingabe baaren Geldes oder durch Verzicht auf Forderungen erfolgend, aufzufassen.

Es wurde bereits bemerkt, dafs die praktiche Anwendung der erst durch die Novelle zugelassenen fictiven Reduction bisher meistens eine Folge der Nominalbeträge gewesen sei. Das willkürlich festgesetzte Grundcapital überstieg bei der Mehrzahl der Industriegesellschaften den wahren Werth der Vermögensobjecte. Diese Divergenz steigerte sich mit der zunehmenden Heftigkeit der allgemeinen Geschäftskrisis in so bedenklicher Weise, dafs mit Rücksicht auf die Strafbestimmung

*) Durch die fictive Capitalsminderung kann bewirkt werden, dafs eine Actie mit dem Nominalbetrage von 500 Mark fortan einen solchen von 400 Mark erhält. Wird statt dessen auf die betreffende Actie eine Rückzahlung von 100 Mark geleistet, so mufs der Nominalbetrag ebenfalls auf diese Summe reducirt werden. Geschähe dies nicht, so würden der ausdrücklichen Vorschrift des Gesetzes zuwider vollgezahlte Actien mit 80 Procent Einzahlung circuliren. (Art. 222 ad 1.) Waren die betreffenden Actien noch gar nicht vollgezahlt, sondern nur Interimsscheine mit 80 procentiger Einzahlung ausgegeben, welche unter Verzicht auf die Restquote in Vollactien umgewandelt werden sollen, so müssen diese erst recht den Nominalbetrag von 400 Mark erhalten. Jede der genannten Reductionsarten übt also auf den Nominalbetrag die gleiche Wirkung.

des Art. 249 ad 3 eifrigst nach einem Mittel gesucht wurde, das Nominalcapital mit dem Werthe der Actienmasse in bessere Uebereinstimmung zu bringen. Die Herabsetzung des Grundvermögens ermöglichte dies in bequemster Weise. Lauteten die Actien auf mehr als 100 Thaler, so wählte man den Weg der Herabsetzung des Nominalbetrags jeder einzelnen Actie bis auf 100 Thaler, indem man dieselbe mit einem entsprechenden Vermerk versah (Abstempelung). War dieser Modus nicht ausführbar, so bewirkte man den Umtausch in neue Actien dergestalt, daſs man unter Beibehaltung des Nominalbetrages der einzelnen Actie etwa für zwei je eine, oder für je drei je zwei neue Actien ausgab (Zusammenlegung). An dem effectiven Werthe wurde selbstverständlich nichts geändert, und der scheinbare Verlust des nominellen Geldbetrages um so weniger empfunden, als der zurückgewichene Cours der alten Actien den äuſserlichen Werthsausgleich in der Regel schon längst vollzogen hatte. Diese Anwendung der fictiven Vermögensminderung wird aufhören, sobald die Nominalbeträge wegfallen.

Indeſs wird eine andere Art ihrer Verwendbarkeit bestehen bleiben. Es kann, wenn eine Actiengesellschaft an ihrem ursprünglichen Vermögen im Verlaufe der Geschäftsthätigkeit wesentliche Einbuſsen erlitten hat, und die Wiederergänzung derselben mehrjährige Ertraglosigkeit zur Folge haben würde, um letztere zu vermeiden und die Gesellschaft dennoch bestehen zu lassen, eine Herabsetzung des Grundvermögens als Auskunftsmittel gewählt werden. Der Zweck dieser Operation bestände nicht darin, den Taxwerth der Einlage als vermindert gelten zu lassen, sondern darin, daſs letztere als Passivum fortan einen geringeren Effectivbetrag ausmachen solle. Man würde, mit anderen Worten gesagt, dahin übereinkommen, fortan ein geringeres Grundvermögen zu besitzen, und dieses als den Vermögensstand für die Gewinnberechnung gelten lassen. Gegenüber den Gläubigern hätte auch diese Uebereinkunft die Bedeutung einer Vermögensreduction; denn die aus dem Grundsatz von der Erhaltung des Gesellschaftsvermögens entspringende Pflicht, vor der Wiederergänzung erlittener Verluste keinen Gewinn zu vertheilen, berührt die Gläubigerrechte. Und gerade das wäre die praktische Wirkung jener Maaſsnahme; der entstandene Verlust würde aus den Erträgnissen nicht wiederergänzt, sondern die letzteren würden zur Vertheilung unter die Actionäre gebracht. Es mufs also dem Gläubiger frei stehen, sich vor Durchführung der Maafsregel zurückzuziehen.

Würde die Herabsetzung des Grundvermögens nicht nach den allgemeinen Grundsätzen über Vermögensminderungen behandelt, so böte sie auch das Mittel, um eine effective Capitalsminderung unter Umgehung der darüber geltenden Bestimmungen durchzuführen. Denn die Generalversammlung könnte die Herabsetzung beschliefsen, wenn selbst ein Verlust gar nicht vorläge. Eine Gesellschaft von 5 Millionen Mark Grundvermögen könnte verordnen, dafs der den Passivis zuzurechnende Betrag der baaren Einlagen fortan nur $4^1/_2$ Millionen Mark betragen solle; dem entsprechend würde sich der Ueberschufs der Activa in der nächsten Bilanz um eine halbe Million erhöhen, und die betreffende Quote des Grundcapitals als Gewinn zur Vertheilung gelangen. Die Bestimmungen des Art. 248 über die Herabsetzung des Grundvermögens werden mithin auch nach Wegfall der Nominalbeträge aufrecht zu erhalten sein.

---

§ 5.

Vermögensminderung durch Herausgabe nicht vertretbarer Sachen.

Die bisher erwähnten Arten der Vermögensminderung sind sämmtlich in der Praxis mehr oder weniger gebräuchlich, und gelten auch, die Reduction durch Rückkauf nicht ausgeschlossen, als rechtlich statthaft. Neben ihnen läfst sich aber noch ein Reductionsmodus denken, der, wenn er rechtlich zulässig wäre, vielleicht die ausgedehnteste Verbreitung erlangen würde, und dessen Zulässigkeit nur durch die Nominalbeträge unmöglich gemacht ist. Man könnte nämlich das Vermögen einer Actiengesellschaft auch dadurch vermindern, dafs man gegen Hingabe gewisser Activa eine Anzahl von Actien zum Zwecke der Vernichtung derselben eintauschte. Es wäre dies eine Abart der Reduction durch Rückkauf, von der sie sich nur darin unterschiede, dafs das Medium des baaren Kaufpreises ausgeschlossen bliebe. Die Nominalbeträge verbieten eine Vermögensreduction, die sich nicht in baarem Gelde ausdrückt, dies ist aber gerade das Charakteristische eines directen Tauschgeschäfts durch Hingabe von Sachen gegen Actien. Die Praxis hat in der Periode der grofsen Kämpfe den Mangel dieses durchaus unverfänglichen Hilfsmittels oft empfunden. Seine Ausführung müfste selbstverständlich unter Wahrung der allgemeinen Grundsätze über die Vermögensminderung stattfinden; das auszusondernde Object hätte also den Gläubigern bis zu deren Befriedigung zu haften, und die Ueberlieferung an den Erwerber dürfte erst nach Befriedigung der Gläubigerrechte stattfinden. Daher müfste sich der Uebernehmer bereit finden lassen, die Erwerbung auf die Gefahr hin zu vereinbaren, dafs das betreffende Object von den Gläubigern der Gesellschaft zu ihrer Befriedigung herangezogen würde. Ob eine solche Gefahr bestehe, hängt von dem sonstigen Vermögensstande der Gesellschaft ab, und liefse sich nach diesem ermessen. Selbsverständlich dürfte aber weder der Uebernehmer, noch dürften die etwaigen Socien desselben bei dem Geschäft, insofern einer oder der andere unter ihnen bereits Actionär der Gesellschaft wäre, an der Abstimmung Theil nehmen. Geschähe dies, oder wurden die Actien derselben durch Vorschiebung Dritter bei der Abstimmung mit verwendet, so müfste ein die Transaction genehmigender Beschlufs ohne rechtliche Wirkung bleiben. Im Uebrigen sind, wenn für die Vermögensminderung erst der Grundsatz der Widerruflichkeit gilt, die im Einzelnen zu ihrer Durchfuhrung erforderlichen Transactionen weniger als bisher Sorge der Gesetzgebung; ihren Interessen ist genügt, sobald nur das auszusondernde Object den Gläubigern während der Sperrzeit als Deckungsmittel erhalten bleibt.

§. 6.

Erhöhung des Grundvermögens.

Die Reduction des Grundvermögens kann, wie sich im Vorstehenden ergeben hat, auf zweierlei Art geschehen: durch Reduction der Antheilsrechte und durch gleichmäfsige Rückgewähr von Einlagen. Wäre eine Erhöhung in derselben Weise zulässig, so müfste sie durch Vermehrung der Antheilsrechte und durch Erhöhung der Einlagen geschehen können; der letztere Modus stände aber im Widerspruch mit dem Fundamentalsatze, dafs die Verpflichtung des einzelnen Actionärs auf die versprochene Einlage beschränkt ist. Daher kann die Erhöhung des Grundvermögens nur durch Vermehrung der Antheilsrechte erfolgen, und ist als Statutenänderung, soweit diese sonst zulässig, durch die Generalversammlung zu beschliefsen.

Im Zusammenhange mit dem die Actiengesellschaften seither beherrschenden Coterienwesen hat sich aber die Neigung herausgebildet, Beschlufsnahmen über Erhöhung des Grundvermögens durch Statut dem Aufsichtsrath zu übertragen. Nicht selten findet man in den Statuten eine Vorschrift dahin, dafs der Aufsichtsrath ermächtigt sei, über Erhöhungen des Grundvermögens bis zu einem gewissen Betrage nach seinem Ermessen zu verfügen. Zuweilen ist diese Befugnifs auch in die Form gekleidet, dafs das ursprüngliche Grundvermögen auf einen höheren Betrag als den der zunächst emittirten Actienmasse normirt, und dem Aufsichtsrath überlassen wird, den Rest nach seinem Ermessen zu begeben. Die letztere Form ist nur eine Verschleierung des Zwecks. Denn das Grundvermögen ist nicht eine beliebig normirte Summe, sondern der thatsächlich durch Zeichnungen gedeckte Betrag. Die in Rede stehende Befugnifs hing immer eng mit dem Umstande zusammen, dafs der erste Aufsichtsrath aus den Gründern zusammengesetzt war, welche sich die Möglichkeit sichern wollten, ihre Gründerrechte geeigneten Falls ohne Genehmigung der Generalversammlung zu realisiren*). Besteht nun auch die Hoffnung, dafs durch die ver-

*) Vergl. IV § 7.

schiedenen in Vorschlag gebrachten Mittel dem Coterienwesen ein fester Damm entgegengesetzt werden wird, so scheint es doch nicht überflüssig, in einem neuen Gesetz die Bevollmächtigung eines andern Gesellschaftsorgans als der Generalversammlung zur Aenderung von Statuten, insbesondere zu Beschlüssen über Erhöhung oder Verminderung des Grundvermögens, ausdrücklich zu untersagen.

Wie die Reduction des Grundvermögens als eine partielle Liquidation behandelt wird, so hat man mit Recht die Erhöhung als eine partielle Neugründung aufgefafst*). Aus dem kleineren Gesellschaftsvermögen wird ein gröfseres, aus der kleineren Zahl der Antheilsrechte eine gröfsere Anzahl, und die neu hinzugetretenen Actionäre dürfen fortan neben den alten, und eventuell unter Majorisirung derselben ihr Votum in die Wagschale werfen.

Ueber die Art und Weise, wie die partielle Neugründung durchzufuhren sei, enthält das geltende Recht keine Vorschriften. Dafs die Erhöhung des Grundvermögens von dem Gesetzgeber ausgeschlossen worden, ist gewifs nicht anzunehmen; es könnte dies gegenüber der zur Zeit der Gesetzespublication bereits bestandenen Praxis nur aus einem ausdrücklichen Verbote folgen. Der Mangel jeder Aeufserung des Gesetzes über die Durchführung dieser Operation ist daher nicht gerechtfertigt; er wäre es nur dann, wenn das bezugliche Verfahren aus den sonst vorhandenen Vorschriften ohne Weiteres entnommen werden könnte. So verhält es sich aber keineswegs. Die Erhöhung des Grundvermögens macht die analoge Anwendung der Vorschriften über die Gründung erforderlich. Dieselbe erstreckt sich aber nicht auf alle über die letztere geltenden Bestimmungen; und es ist schlechterdings unmöglich, mit Sicherheit festzustellen, welche von denselben zur Anwendung kommen müssen, und welche nicht anwendbar sind**). Daher ist diese Frage wiederholt Gegenstand eingehender Erörterungen gewesen; ihre Zweifelhaftigkeit wurzelt in der Auffassung des

*) Vergl. Nissen «Erhöhung des Grundcapitals einer Actiengesellschaft» in der Goldschmidt'schen Zeitschrift Bd. XIX S. 353 ff.

**) Vergl. hiergegen Nissen a. a. O. und Sachs Bd. XIX d. Goldschmidt'schen Zeitschr. S. 311 ff.

Zwecks, welchen die einzelnen für die Gründung erforderlichen Rechtshandlungen und Formalitäten haben können. Und da man hier im Zweifel eher zuviel als zu wenig thun mufs, so möchte für den Standpunkt des geltenden Rechts schon aus diesem Grunde die von Nissen*) aufgestellte Theorie vor den übrigen den Vorzug verdienen**).

Eine Lösung der Frage im Interesse einer gesetzgeberischen Reform kann aber nur unter Anlehnung an die über die totale Neugründung vorgeschlagenen Grundsätze versucht werden. Es handelt sich darum, wann und unter welchen Voraussetzungen der Handelsrichter berufen sei, die Vergröfserung des Grundvermögens durch Vermehrung der Antheilsrechte einzutragen. Denn erst von der Eintragung an kann die Gesellschaft ermächtigt sein, die neuen Actienbriefe auszustellen. Vorzeitig ausgestellte Actien müfsten demselben Schicksal verfallen, wie die vor erfolgter Eintragung einer neuen Gesellschaft ausgegebenen, sie wären nichtig, und ihre Ausgeber den Besitzern fur allen durch die Ausgabe verursachten Schaden solidarisch verhaftet. Bei der Neugründung trifft diese Haftpflicht diejenigen Personen, welche die Emittirung der Actien veranstaltet haben; bei der Erhöhung des Grundvermögens träfe sie die alte Gesellschaft.

Als nothwendige Voraussetzungen fur die Eintragung

*) Nissen a. a. O. S. 353—396.

**) Die abweichenden Ansichten von Endemann, Puchelt und Keyssner sind von Nissen eingehend erortert. Was Keyssner betrifft, so hat sich derselbe (Actiengesellschaften S. 201 ff.) dahin geäufsert, dafs die Erhohung lediglich als Statutenänderung aufzufassen und vom Registerrichter einzutragen sei, welchem die laut Art. 210 bei der Gründung vorgeschriebene Prüfung nicht obliege. Keyssner erkennt an, dafs durch seine Interpretation die Gesetzesumgehungen, denen der Art. 210a vorbeugen will, allerdings unterstutzt werden; er bemerkt aber, dafs ohnehin der Registerrichter sich der ihm rücksichtlich des Grundcapitals aufgebürdeten Last nur formell entledigen konne, dafs es daher kein Verlust sei, wenn die auch sonst unerfullbare Aufgabe im vorliegenden Falle eine eingeschränkte bleibe; es werde dies vielmehr dahin fuhren, die Aufmerksamkeit der Betheiligten wach zu halten. Gewifs beruht diese Bemerkung auf ernsten praktischen Erfahrungen; schwerlich ist sie aber als Interpretation des Gesetzes hinzunehmen. Denn die Absicht, mangelhafte Vorschriften zu geben, kann dem Gesetzgeber nicht beigemessen werden.

einer neuen Actiengesellschaft wurden *de lege ferenda* — um zunächst von der reinen Geldgesellschaft zu sprechen — erkannt:

das Vorhandensein von Zeichnungen, welche das statutarisch festgesetzte Grundvermögen decken;

die in der constituirenden Versammlung erfolgte Vereinbarung der Zeichner, die Gesellschaft auf Grund des festgestellten Statuts mit dem gezeichneten Grundvermögen in's Leben rufen zu wollen;

die Erfüllung der Zeichnungsverbindlichkeit in Höhe des fünften Theils;

die Hinterlegung der eingezahlten Gelder an einer sicheren Stelle;

die Producirung der darüber ertheilten Quittung zugleich mit dem bei dem Handelsrichter angebrachten Antrage auf Eintragung.

Dafs für die partielle Neugründung die Zeichnung des Additionalvermögens gleichfalls erforderlich sei, bedarf keines Beweises. Die Actiengesellschaft soll nur entstehen, wenn das ihr zugewiesene Vermögen vorhanden ist; es darf also auch eine Vermehrung der Antheilsrechte nur erfolgen, wenn diejenigen Capitalisten bereits angeworben sind, welche sich neuerdings an dem Schicksal der Gesellschaft mit Einlagen betheiligen wollen.

Auch die Einzahlung des fünften Theils der durch die Zeichnung versprochenen Einlagen ist eine unabweisbare Vorbedingung; denn es kommen dafur genau dieselben Motive in Betracht, welche bei der Neugründung ermittelt worden sind. Zweifelhaft könnte nur sein, ob die Einzahlung an dritter Stelle nothwendig wäre; denn bei der Erhöhung des Grundvermögens besteht die Gesellschaft schon, kann also selbst Empfängerin der Einzahlungen werden. Dennoch möchte man sich aus wichtigen Gründen für die Aufrechterhaltung dieses Princips entscheiden. Die alte Gesellschaft wird nämlich immer ein hohes Interesse daran haben, dafs die Operation zur Durchführung gelange; sie könnte daher leicht versucht sein, zeichnungslustigen Personen den Zutritt in zweckwidriger Weise, durch Gutschrift, also durch vorläufige Creditirung des einzuzahlenden Betrags zu erleichtern. Es kann freilich dem Beruf der alten Gesellschaft entsprechen, Credite zu gewähren, z. B. wenn sie eine Bank ist; deshalb könnte man einwenden, dafs die Gutschrift des einzuzahlenden Betrags, sofern der Zeichner creditwürdig ist, ein nicht wohl auszuschliefsendes Geschäft der bestehenden Gesellschaft ausmache. Mag aber die Gesellschaft sonst Credite gewähren, soweit es ihrem Interesse entspricht; in dem Falle, wo es sich gerade um eine thatsächliche Vermehrung ihres Grundvermögens handelt, dürfte die Creditirung besser unterbleiben. Allerdings würde die Gesellschaft diese Maafsregel durch baare Darleihung des zur Einzahlung erforderlichen Betrages an den Zeichner umgehen können; das macht aber in der Praxis einen grofsen Unterschied, erfordert insbesondere einen positiven Geldaufwand, wie er nicht allen Gesellschaften, und selbst den Banken nicht jederzeit convenirt. Die Einzahlung wäre sonach auch bei neuen Emissionen an dritter Stelle zu hinterlegen; und der Handelsrichter hätte zugleich mit der Eintragung die Ausantwortung des hinterlegten Betrages an den Vorstand der Gesellschaft zu verfügen.

Was dagegen die constituirende Versammlung betrifft, so erscheint dieselbe bei neuen Emissionen durchaus entbehrlich. Sie soll bei der totalen Neugründung den einzelnen Zeichner in die Möglichkeit versetzen, eine lebendige Anschauung von allen bei dem Project in Betracht kommenden Einzelheiten zu gewinnen, damit er sich über seinen Beitritt definitiv schlüssig machen, und bejahenden Falls auch an der Wahl der Verwaltungsorgane Theil nehmen könne. Aufserdem soll sie ihm die Gelegenheit gewähren, sich von der Vollzeichnung und allseitigen Anzahlung persönlich zu überzeugen. Die Aufgaben, welche bei neuen Emissionen einer Zeichnerversammlung zufallen können, sind viel unbedeutenderen Inhalts. Es handelt sich hier nicht um Errichtung eines Gesellschaftsvertrags, denn dieser liegt bereits vor; es findet keine Wahl von Verwaltungsorganen statt, denn solche sind bereits vorhanden. Deshalb sind auch die Persönlichkeiten der neuen Zeichner für den einzelnen Interessenten hier viel unwesentlicher, als bei einer totalen Neugründung, wo durch Einsetzung des ganzen

Verwaltungsapparates dem Unternehmen in den Augen der Geschäftswelt von vornherein ein bestimmter Charakter aufgeprägt wird. Freilich kommen sie bei der nächsten Gelegenheit, d. h. in der nächsten Generalversammlung, in Betracht. Aber das fällt weniger ins Gewicht, und ein Wechsel im Besitz der Actien ist ja überhaupt nicht ausgeschlossen. Um dagegen blos die Ueberzeugung von der Vollzeichnung und Anzahlung zu gewinnen, bedarf es, wie schon in dem Abschnitte über die Gründung ausgeführt wurde, nicht einer besonderen Versammlung; dies um so weniger, wenn die Zeichnungsscheine im Original dem Handelsrichter überreicht werden, und demselben durch Producirung der Seitens der Hinterlegungsstelle ausgefertigten Quittung der Beweis der richtig geleisteten Anzahlung geführt sein mufs. Die Controlle ist dadurch dem Registerrichter übertragen, also in den besten Händen. Nur das Eine könnte der Registerrichter nicht übersehen: ob die Einzahlungen auf alle Actien gleichmäfsig erfolgt seien, oder ob etwa der eine Zeichner mehr als den fünften Theil, ein anderer weniger, oder gar nichts hinterlegt habe. Zur Ausfüllung dieser Lücke wäre eine Mittelsperson unumgänglich, wenn, wie vorgeschlagen, der Vorstand der alten Gesellschaft selbst nicht sogleich Empfanger der Einzahlungen sein soll. Da indefs der Einzelne nur in sehr seltenen Fällen mehr einzahlt, als er mufs, so kann diese Ungleichheit nicht häufig vorkommen, und es wäre nicht zweckmäfsig, allein um ihretwillen den Apparat complicirter zu machen. Es würde das Gleiche erreicht, wenn die zwingende Vorschrift gälte, dafs der Vorstand die hinterlegte Summe als gleichmäfsige Einzahlung auf die Gesammtheit der gezeichneten Actien anzunehmen habe. Das würde Jeden, der sein Geld nicht verlieren will, hindern, mehr als den pflichtmäfsigen Betrag zu hinterlegen; und daraus wiederum ergäbe sich der Zwang, dafs Jeder die vorgeschriebenen Einzahlungen leisten müfste.

Was nun den Rechtscharakter der Zeichnungen bei neuen Emissionen betrifft, so weicht er von demjenigen bei totalen Neugründungen offenbar einigermafsen ab. Dort soll den Zeichnungsscheinen eine rechtliche Wirkung erst beigelegt werden, wenn der Zeichner den Gründungsact unterschrieben, und sich also dem einstimmigen Antrage auf Registrirung der Gesellschaft angeschlossen hat. Die Gesammtheit der ersten Zeichner verwendet danach ihre eigenen Zeichnungsscheine, nebst dem Statut und den eingezahlten Beträgen als Material zur Herstellung einer Actiengesellschaft. Diese Aufgabe kann bei der partiellen Neugründung nur der alten Gesellschaft, resp. deren Vorstande zufallen; denn Niemand als sie selbst hat das Recht, uber ihre Neugestaltung zu verfugen; die neuen Zeichnungen können ihr nur als Material zu diesem Zwecke dargeboten sein. Die alte Gesellschaft verwendet also ihren auf Statutenänderung gerichteten Generalversammlungsbeschlufs sammt den neuen Zeichnungsscheinen und den geleisteten Anzahlungen als Material zu ihrer Erweiterung durch partielle Neugründung. Jeder Zeichnung mufs daher ein Abkommen zwischen dem Zeichner und der Gesellschaft zu Grunde liegen, dahin lautend, dafs die letztere befugt sei, den Zeichnungsschein zu dem erwähnten Zwecke zu verwenden, sofern Zeichnungen aufgebracht werden, welche die Gesammtsumme der projectirten Vermögenserhöhung decken. Das Rechtsverhältnifs entspricht mithin ungefähr demjenigen, welches für das geltende Recht bei Neugründungen mit successiven Betheiligungserklärungen ermittelt wurde. Ist in dem Abkommen zwischen dem Zeichner und der alten Gesellschaft über die Verwendbarkeit des Zeichnungsscheins etwas Besonderes vereinbart, so mufs dies die Gesellschaft respectiren; aber es bleibt ein Internum zwischen ihr und dem einzelnen Zeichner. Handelt sie also vertragswidrig, so hat sie ihm Schadensersatz zu leisten. Die Gesellschaft kann auch ihrerseits den Vertrag an Bedingungen oder Modificationen knüpfen, z. B. wenn sie in ihrem Generalversammlungsbeschlufs eine Zeitgrenze für die Aufbringung der Zeichnungen vorschreibt. In jedem Falle bildet der Generalversammlungsbeschlufs so, wie er lautet, die Offerte der Gesellschaft.

Das Verfahren bei Erhöhung des Grundvermögens würde sich demnach wie folgt gestalten: Die Generalversammlung der alten Gesellschaft beschliefst die zur Erhöhung des Grundvermögens erforderliche Statutenänderung, und beauftragt den

Vorstand mit deren Ausführung. Ertheilt sie demselben hierbei besondere Anweisungen, z. B. dafs die Erhöhung nur gelten solle, wenn die Zeichnungen binnen einer gewissen Frist aufgebracht sind, so bildet diese Instruction einen integrirenden Theil des Beschlusses. Der Vorstand veranstaltet sodann in der ihm gut scheinenden Weise die Subscription, oder die sonstige Aufbringung von Zeichnungen. Jeder Zeichnungsschein mufs neben den selbstverständlichen Erfordernissen den Wortlaut und das Datum des Generalversammlungsbeschlusses, auf Grund dessen die Zeichnung erfolgt, enthalten; aufserdem sollte er selbst datirt und hinsichtlich der Unterschrift beglaubigt sein. Zeichnungsscheine, welche der ausdrücklich vorgeschriebenen Eigenschaften ermangeln, dürften von dem Registerrichter nicht zugelassen werden. Nach geschehener Vollzeichnung und Hinterlegung der Anzahlung hätte der Vorstand der alten Gesellschaft die Zeichnungsscheine, sammt dem die Statutenänderung beurkundenden Generalversammlungsprotocoll, und der Quittung uber die geleisteten Anzahlungen dem Registerrichter zu überreichen, und die Registrirung des erhöhten Grundvermögens zu beantragen.

Eine besonders zu erörternde Frage betrifft die Höhe der Einlagen. Unter der Herrschaft der Nominalbeträge verstehen sie sich von selbst; sie entsprechen dem Geldwerthe der Actien. Man hat es zwar als nicht unzulässig erkennen wollen, Zeichnungen zu einem höheren als dem Nominalbetrage zu erfordern; dagegen sind diejenigen mit geringerem Betrage (die sogenannten «Zeichnungen unter pari») streng ausgeschlossen. Fallen die Nominalbeträge, so fallt auch diese auf reinem Blendwerk beruhende Schranke. Sowohl Zeichnungen unter, als solche über pari können die vollste Berechtigung haben. Man denke sich den Fall, dafs eine mit 10 000 Antheilsrechten gegen die Einlage von 500 Mark pro Stück gegründete Actiengesellschaft nach mehrjährigem Bestehen im Interesse ihres vortheilhaft entwickelten Geschäfts, dem schon ein ansehnlicher Reservefonds zur Seite steht, die Emission von 10 000 neuen Antheilsrechten beschliefsen wollte. Diese Gesellschaft müfste befugt sein, von den neuen Actionären in einer höheren Einlage ein Aequivalent fur die Vortheile zu fordern, welche sie ihnen durch Aufnahme in die Gesellschaft gewähren soll. Sie könnte also z. B. verordnen, dafs die Einlage der neuen Actionäre 550 Mark betragen müsse, wogegen diese an dem Vermögen und dem Gewinn der Gesellschaft ebenso wie die alten participiren dürften. Die mehrgezahlten 50 Mark kämen den alten Actionären mit zu Gute, während den neuen die höheren Erträgnisse einer angesehenen und bereits solide fundirten Gesellschaft zufliefsen würden. In der nächsten Bilanz würde dann das Gesammtgrundvermögen 10 500 000 Mark ausmachen, welchem 20 000 Stück untereinander gleichberechtigte Antheile gegenüber ständen.

Aber auch der umgekehrte Fall ist denkbar. Die soeben als Beispiel gesetzte Gesellschaft könnte durch unglückliche Geschäfte einen grofsen Theil ihres Capitals dauernd in unrentabler Weise haben festlegen müssen, und zum weiteren Betriebe neuer Mittel bedürfen. Um neue Actionäre zu gewinnen, wäre es aber vielleicht unumgänglich, die Einlagen geringer als die alten zu bemessen. Es könnte also beschlossen werden, 10 000 neue Actien mit einer Einlage von je 400 Mark zu creiren. Die neuen Actionäre wären trotz dessen den alten gleichberechtigt, und fänden für die schmalen Erträgnisse der nächsten Jahre eine Entschädigung in dem geringeren Betrage der Einlagen. Hier würde die nächste Bilanz ein Grundvermögen von 9 000 000 Mark aufweisen, welchem wiederum 20 000 Stück gleichberechtigte Antheile gegenüberzustellen wären.

Es fragt sich endlich, ob und inwieweit eine Erhöhung des Grundvermögens durch Inferirung statthaft sein könne. Insofern diese Art der Erhöhung Werthe vor der Linie erzeugt, wäre sie jedenfalls den hierüber vorgeschlagenen Einschränkungen unterworfen*). Geschähe sie im ersten Jahre nach Gründung der Gesellschaft, so träfe aufserdem bei Veräufserung der Actien die Gründer diejenige Verpflichtung, welche ihnen nach den darüber gemachten Vorschlägen generell im ersten Jahre auferlegt werden soll**).

---

*) Vgl. XII § 1.

**) Vgl. IV § 4.

Hiervon abgesehen wäre gegen eine Erhöhung des Grundvermögens durch Inferirung nichts einzuwenden; die Gefahren, welche die qualificirte Neugründung hervorrufen kann, bestehen hier nicht. Der Verkaufspreis der neuen Actien könnte nicht beliebig normirt werden, denn er würde sich nach demjenigen der alten richten; und neue Emissionen sind im Ganzen nicht so gefährlich wie Neugründungen, weil sie nicht wie jene aus einer sich rasch entwickelnden Gründungsepoche massenweise hervorgehen. Ueberdies sind die alten Actionäre die besten Wächter des Gesellschaftsinteresses; es ist nicht anzunehmen, dafs sich Actionäre einer schon bestehenden Gesellschaft zur Schädigung derselben mittelst Aufnahme neu inferirter Objecte leicht bestimmen lassen werden. Mithin wäre nichts dagegen einzuwenden, wenn der Zeichnungsschein eines oder einer Anzahl neuer Actionäre, entsprechend dem betreffenden Generalversammlungsbeschlusse, statt der Einzahlung baaren Geldes die Uebereignung gewisser Realitäten an die bestehende Gesellschaft gegen Hergabe der festgesetzten Anzahl von Actien verspräche. Nur durften selbstverständlich die Inferenten resp. ihre Socien, insofern sie bereits Actionäre der Gesellschaft wären, in der Generalversammlung nicht mitstimmen. In diesem Falle, oder wenn sie durch Vorschiebung Dritter ihren Actienbesitz zur Geltung brächten, mufste ein die Inferirung genehmigender Beschlufs ohne rechtliche Wirkung bleiben.

XIV.
Auflösung und Liquidation.

§ 1.
Allgemeines; Auflösungsgründe.

Die grofse Mehrzahl der in der Gründerperiode geschaffenen Actiengesellschaften hatte ihre Entstehung nicht dem intelligenten Streben nach Durchführung eines wohl erwogenen Gesellschaftszwecks, sondern lediglich der Agiotage verdankt. Sobald daher die Speculation ihren Rückzug begonnen hatte, und an die jungen Institute die Anforderung, ihre Leistungsfähigkeit darzuthun, wegen der schlimmen Wendung der Zeitverhältnisse sogleich in strengster Form herantrat, mufste die allenthalben sich verrathende Unzulänglichkeit von Mitteln und Kräften verbunden mit den Wirkungen der oft leichtsinnigen Geschäftsfuhrung des ersten Jahres gar bald die Beseitigung einer ganzen Reihe dieser unnützen Schöpfungen zur Folge haben. Verschiedene, als natürliche Consequenzen der Gründerzeit sich entwickelnde Umstände trugen das Ihrige hierzu bei. Die Abneigung gegen den Besitz von Actien mehrte sich mit jedem Tage, und suspendirte die Veräufserlichkeit von Millionen in den Händen von Geschäftsleuten, welche des baaren Geldes zur Abwickelung anderer Unternehmungen dringender als sonst bedurften. Die Liquidation war in allen diesen Fällen der einzige Ausweg. Sie wurde andererseits, wie schon früher gesagt worden (vgl. Abschn. V), auch als Geschäft betrieben. Schaaren von Geschäftsleuten, welche erkannt hatten, dafs an Auflösungen beinahe eben so mühelos und sicher, wie ehedem an Gründungen grofse Capitalien zu verdienen seien, bemächtigten sich der zahlreichen Gesellschaften, welche unter dem Druck der Zeitverhältnisse halb müſsig ihr Dasein fristeten. So wurde die Auflösung von Actiengesellschaften seit dem Beginn der Krisis eine häufig zur praktischen Durchführung gebrachte Operation; und in Folge der leidenschaftlichen Kämpfe, wie sie in schwierigen Zeitverhältnissen um den Besitz geführt werden, sind die darüber geltenden gesetzlichen Bestimmungen ausnahmelos auf eine harte Probe gestellt worden.

Das Handelsgesetzbuch erledigt die Liquidation in wenigen Artikeln, bei deren Herstellung man sicherlich, ohne daſs damit ein Vorwurf zu machen wäre, die gewaltige Praxis, der sie einst dienen sollten, nicht vorausgesetzt hat. Ein um so ergiebigeres Material bieten nun die seit der Gründerperiode gemachten Erfahrungen für den rechtlichen Ausbau gerade dieses Abschnittes. Es erweist sich zwar nicht als nöthig, den Rahmen des ganzen Abwickelungsverfahrens zu ändern; dagegen dürfte die Betrachtung im Einzelnen darthun, daſs die geltenden Anordnungen in vielen Stücken unvollständig sind, in mancher wichtigen Beziehung auch der wünschenswerthen Klarheit entbehren, und fast durchweg eine gröſsere Ausführlichkeit erfordern.

Als Auflösungsgründe bezeichnet das Gesetz (Art. 242) nur drei: den Ablauf der im Gesellschaftsvertrage festgesetzten Zeit, einen die Auflösung anordnenden Beschluſs der Generalversammlung und, beiden gewissermaaſsen gegenübergestellt, die zwangsweise Auflösung, welche durch Eröffnung des Concurses eintritt.

Es giebt aber neben den etwa durch Landesgesetze oder Statut vorgeschriebenen (in der letzten Alinea des Art. 242 angedeuteten) noch mehr Auflösungsgründe, als jene drei ausdrücklich bezeichneten. Zunächst folgt ein solcher aus dem Art. 215; es ist derjenige, welcher in der statutarisch vorgeschriebenen Amortisation besteht. Die Amortisation wird, was als Inhalt der Motive zur Novelle schon berichtet wurde, sofern die Quoten aus dem Capital und nicht blos aus dem Gewinn entnommen werden, wie eine im Voraus angekündigte allmälige Liquidation angesehen*); die Auflösung ist schon

*) Stenogr. Ber. S. 658.

bei der Unterzeichnung des Statuts beschlossen. Ist die letzte Actie befriedigt, so mufs auch, falls diese gesetzgeberische Idee einmal realisirt werden sollte, der letzte Pfennig des Gesellschaftsvermögens herausgezahlt sein*).

Diese vier Auflösungsgründe kann man in nothwendige und in freiwillige unterscheiden. Zu den ersteren zählt allein die Concurseröffnung, welche die Actionsfähigkeit der Gesellschaft aufhebt, und deshalb einen natürlichen Auflösungsgrund bildet. Die drei anderen hängen lediglich von dem Willen der Actionäre ab, der sich entweder gleich von Anbeginn der Gesellschaft, oder erst während des Bestehens derselben kund giebt. Ein fernerer freiwilliger Auflösungsgrund ist der im Gesetz ausdrücklich erwähnte Beschlufs zur Fusionirung der Gesellschaft mit einer anderen. Auch hier ist das Aufhören der bestehenden Gesellschaft bezweckt, aber nicht in der Absicht, die Einlagen zurückzuerhalten, sondern um die bis dahin besessenen Actien gegen solche einer anderen, die Bestandtheile der aufgelösten in sich aufnehmenden Gesellschaft umzutauschen.

Alle diese Auflösungsgrunde ergeben sich von selbst aus dem geltenden Gesetz. Die Frage ist aber, ob nicht noch andere anerkannt werden müssen, welche, wenn auch im geltenden Recht nicht statuirt, doch aus allgemeinen Grundsätzen zu folgern sind. Sofern man daran festhält, dafs die Actiengesellschaft eine Zweckexistenz ist, die als Corporation nur so lange Anspruch auf den Schutz des Staates hat, als sie den vorgeschriebenen Zweck erreichen läfst, während sie, sobald dies nicht mehr der Fall, ein unnützes Rechtssubject ist, so erscheint es logisch, die Unerfüllbarkeit des Zwecks als Auflösungsgrund anzuerkennen. Diese in der Theorie bereits nachdrücklich vertretene Ansicht entspricht auch, was bei der Gleichheit der sonstigen Voraussetzungen in's Gewicht fallt, den analogen Grundsätzen über die offene Handelsgesellschaft. Dem offenen Handelsgesellschafter steht das Recht zu, vor Ablauf der Vertragsdauer, oder bei unbestimmter Dauer ohne

---

*) Sonst würde eine übrig bleibende Vermögensmasse *bonum vacans*, vgl. v. Hahn a. a. O. S. 664 § 6.

Kündigung die Auflösung der Gesellschaft zu fordern, wenn durch äufsere Umstände die Erreichung des Gesellschaftszwecks unmöglich geworden ist*). Das ist ein schon aus dem Naturrecht zu begründender Satz. Wenn man sich vereinigt hat, um ein gewisses Ziel zu erreichen, welches dann aus irgend welchen Ursachen absolut unerreichbar wird, so ist die Vereinigung gegenstandslos und mufs aufgehoben werden. Eine solche Vereinigung ist auch die Actiengesellschaft, wenn sie gleich eine corporative Verfassung hat. Besitzt eine Gesellschaft beispielsweise ein fur die Zufuhr günstig gelegenes Hüttenwerk, und wird ihr dasselbe expropriirt, so ist der Zweck, um defswillen sie gegründet war, nicht mehr zu erfullen. Das Gleiche ist der Fall, wenn z. B. eine Eisenbahngesellschaft ihre Linie sammt allem Zubehör veräufsert, so dafs an die Stelle derselben der Besitz eines Capitals tritt. Die Vereinigung, welche zum Betriebe eines Hüttenwerks oder einer Eisenbahn geschlossen war, kann nicht wider den Willen des Einzelnen fortbestehen müssen, sobald sie nur noch den gemeinschaftlichen Besitz eines baaren Capitals bedeutet. Und eine anderweite Verwendung des letztern zu einem neuen Gesellschaftszweck könnte nur unter Zustimmung aller Actionäre geschehen. Freilich würde der Fall nicht immer so klar liegen, dafs nicht ein Streit über die Thatfrage möglich wäre. Deshalb, und weil sich auch der Moment, in welchem die Unerreichbarkeit des Zwecks eingetreten, nicht immer präcis bestimmen läfst, kann die Unerfullbarkeit nicht wie der Ablauf der festgesetzten Zeitdauer als ein die Auflösung von selbst herbeiführender Umstand behandelt werden. Es wäre vielmehr durch ausdrückliche Gesetzesvorschrift das Recht des einzelnen Actionärs anzuerkennen, dafs er die Auflösung fordern, und event. im Wege des Prozesses gegen die Gesellschaft erstreiten dürfe**). Die Rolle des Klägers fiele dem betreffenden Actionär,

*) Art. 125 H.-G.-B.

**) Fur die Zulassung dieses Rechts plaidiren insbesondere Anschütz und Volderndorff (a. a. O. S. 535 ad 3) und v. Hahn (a. a. O. S. 667 § 12). Wenn Puchelt (a. a. O. Bd. I S. 492) geltend macht, dafs diesem Verlangen der durch Art. 214 sanctionirte Fortsetzungsbeschlufs entgegenstehe, so ist dies allerdings mit Rücksicht auf die auch von Anschütz und Volderndorff und Hahn vertretene

die des Verklagten der Gesellschaft zu. Da aber die Entscheidung *jus inter omnes* zu Wege bringen soll, so müfste jedem Actionär das Recht zur accessorischen Intervention auf einer der beiden Seiten eingeraumt werden*).

Was von der Unerfullbarkeit des Zwecks gilt, mufs auch von der geschehenen Erfullung gelten. Der Zweck einer Actiengellschaft braucht nicht nothwendiger Weise dauernd zu sein. Es kann eine Baugesellschaft geschaffen werden, um einen bestimmten Bau auszufuhren, eine Terraingesellschaft, um ein bestimmtes Terrain nutzbringend zu parcelliren. Ist die vorgesetzte Aufgabe erfüllt, so sollte kein Actionär gezwungen werden können, seine Einlage noch ferner bei der Gesellschaft zu belassen. Daher wäre das Recht zur Klage auf Liquidation auch für diesen Fall zu statuiren.

Der Erwähnung werth ist ferner die von der Theorie (durch Renaud) in Erörterung gezogene, und auch durch den Inhalt der fremden Rechte angeregte Frage**), ob die Vereinigung sämmtlicher Actien der Gesellschaft in einer Hand einen Auflösungsgrund ausmache. Das englische Recht verlangt für die Gründung der Actiengesellschaft, wie schon früher gesagt, das Vorhandensein von sieben Personen, und schreibt die gerichtliche Liquidation vor, sobald die Mitgliederzahl unter sieben herabsinkt***); das französische Recht †) giebt dem einzelnen Actionär die Befugnifs, auf Auflösung zu klagen, wenn die Zahl der Actionäre während der Dauer eines Jahres weniger als sieben betragen hat; das belgische Recht statuirt die gleiche Befugnifs schon nach Ablauf von sechs Monaten ††).

Ansicht, wonach die Generalversammlung das (nur durch Art. 215 beschränkte) Recht der Statutenänderung haben solle, ein treffender Einwand. In der vorliegenden Schrift ist aber die gegentheilige Ansicht vertreten, gegen welche der Einwand Puchelts nicht Platz greift (vgl. XIII § 1).

*) Das Klagrecht des einzelnen Actionärs wäre ein neues Individualrecht, nämlich der Anspruch auf Rücktritt vom Vertrage wegen Unmoglichkeit der Erfüllung.

**) Renaud a. a. O. S. 822 ff.

***) Englische Gesellschaftsacte von 1862 Art. 48 und 73.

†) Loi sur les sociétés art. 38.

††) Sachs a. a. O. Art. 73 S. 172.

Der deutschen Rechtsanschauung ist dieser Formalismus fremd. Er ist überhaupt nur zu verstehen, wenn die Namensactie den normalen Zustand bildet. Lauten die Actien auf den Inhaber, so wird die Zahl der Actionäre gar nicht bekannt, und ist für die Gesellschaft auch ganz interesselos. Was das geltende deutsche Recht betrifft, so kann jener von Renaud angeregte Fall nur ganz ausnahmsweise eintreten, da schon der Aufsichtsrath aus mindestens drei Actionären bestehen mufs. Die Praxis verlangt uberdies fast regelmäfsig, dafs die Mitglieder des Aufsichtsraths eine gewisse Zahl von Actien bei der Gesellschaft hinterlegen; dies ist aber freilich keine Forderung des Gesetzes. Die Vereinigung der Actien in einer Hand setzt also mindestens voraus, dafs jene Hinterlegung nicht gefordert sei, und dafs die Mitglieder des Aufsichtsraths während ihrer Amtsdauer ihre Actien veräufsern. Letzteres ist allerdings statthaft, und die Frage, ob damit auch das Mandat erloschen sei, würde an der Statthaftigkeit nichts ändern. Es liegt indefs nicht die geringste Veranlassung vor, aus solcher Vereinigung irgendwelche rechtliche Consequenzen zu ziehen. Die Trägerin des Antheilsrechts ist die Actie; in welcher Hand sie sich befindet, ist gleichgültig. Die Concentrirung des Gesellschaftsinteresses in einer Person ändert an und für sich an der Gesellschaft noch gar nichts; die Gesellschaft hat sogar das Recht, die Personen der Besitzer zu ignoriren. Die Actie bleibt fur sie nach deutscher Anschauung immer dasselbe Antheilsrecht, gleichviel wer ihr Besitzer ist, und wie oft sie denselben wechselt; es wäre eine durch nichts gebotene Verleugnung dieser Auffassung, wenn die Vereinigung aller Antheilsrechte in der Hand eines Einzigen, zumal ohne Prufung der Frage, ob sie nur eine vorübergehende oder eine dauernde sei, von Einflufs auf den Bestand des Unternehmens werden sollte. Führt die Vereinigung zu Schwierigkeiten in der Verwaltung, wie dies bei der Wahl von Aufsichtsrathsmitgliedern möglich wäre, so mufs sich das Correctiv aus der Sache ergeben. Nur die Handlungsfähigkeit des Rechtssubjects mufs im Interesse der Gläubiger geschützt werden. Dazu reichen indefs die bereits vorgeschlagenen Hilfsmittel aus. Der Registerrichter kann die Absetzung des Vorstandes nicht zulassen, wenn ihm nicht ein neuer präsentirt wird*). Scheiden aber die Verwaltungsorgane freiwillig oder durch den Tod aus, und verweigert der einzige Actionär die Neuwahl, so müfste der Handelsrichter die Gesellschaft als im Stich gelassen betrachten, und demgemäfs behandeln. Auch andere juristische Gründe würden sich der Anerkennung einer die Verfassung der Gesellschaft alterirenden Einwirkung des einzigen Actionärs entgegenstellen. Derselbe würde z. B. nicht befugt sein, das Wächteramt der Verwaltungsorgane, welches im Interesse der Gläubiger statuirt ist, vor Liquidation der Gesellschaft und Tilgung der Passiva zu beseitigen. So lange müfste vielmehr der gesetzliche Verwaltungsapparat unbedingt bestehen bleiben.

Die bereits geltenden Auflösungsgründe sind also sämmtlich aufrecht zu erhalten. Auch gegen die Auflösung durch Fusionirung ist nichts zu erinnern. Das Recht des einzelnen Actionärs, die Auflösung der Gesellschaft wegen Unerfüllbarkeit, resp. nach Erfüllung des Gesellschaftszwecks zu fordern, und eventuell prozessualisch zu erzwingen, sollte in einem künftigen Gesetz anerkannt werden. Eine Auflösung durch Amortisation wird herbeigeführt, wenn die Aequivalente aus dem Vermögen der Gesellschaft entnommen werden; und es wurde vorgeschlagen, diese Art der Amortisation, welche ein stetiges Zusammenschmelzen des Gesellschaftsvermögens bis zu seinem vollständigen Verschwinden bewirkt, ganz auszuschliefsen. Die Amortisation aus dem Gewinn führt in der Praxis nur in seltenen Fällen zur Auflösung; in der Regel bezweckt sie nur eine Reduction der Antheilsrechte, so dafs das Vermögen der Gesellschaft sich auf eine nach und nach verringerte Anzahl vertheilt. Dies ist ein reines Internum der Actionäre; ein Interesse nach aufsen gewinnt dieses Verfahren nur, wenn alle Actionäre ausscheiden und das Vermögen Anderen überlassen. Dies geschieht aber in der Praxis allein bei gemeinnützigen Unternehmungen; bei Erwerbsgesellschaften beschränkt sich die Anwendung dieser Amortisation darauf, dafs zuweilen die Verminderung der Antheilsrechte aus dem Gewinn bis auf ein gewisses Maafs durch Statut vorgeschrieben wird,

*) Vgl. S. 227 dieser Schrift.

um durch eine solide Verwendung bestimmter Quoten des Reingewinns die Lust zur Betheiligung zu wecken. Und der seltene Fall der Amortisation sämmtlicher Actien aus dem Gewinn zu gemeinnützigen Zwecken wird wohl niemals eintreten, ohne dafs bereits im Statut über die Verwendungsart des frei gewordenen Vermögens Verfügung getroffen ist; dann ist aber das fernere Schicksal desselben für das Actienrecht ohne Interesse.

---

§ 2.
Die rechtliche Wirkung des Auflösungsbeschlusses.

Ist die Auflösung beschlossen, so handelt es sich zunächst darum, welche Einwirkung diese Maafsnahme auf den Rechtscharakter der Gesellschaft übt. Denn die Modalitäten des Abwickelungsgeschäfts hängen nothwendiger Weise eng damit zusammen.

Renaud hat diese Frage ausfuhrlich behandelt. Er vertritt die Meinung, dafs mit der Auflösung der Gesellschaft der Corporationscharakter derselben wegfalle*). Denn er sagt wörtlich: «Wie die Actiengesellschaft nur mit einem bestimmten Vermögen entstehen kann, welches .... der juristischen Persönlichkeit des Vereins angehört, so mufs mit der Auflösung dieses letzteren, *mit welcher das berechtigte Subject wegfällt*, jenes Vermögen .... ein anderes Rechtssubject erhalten.» Und die Frage nach diesem anderen Rechtssubject beantwortet Renaud dahin, dafs die Actionäre in ihrer Gemeinschaft der Corporation succediren. Ihre Gemeinschaft, welche auch wieder durch Eintritt einzelner Rechtsnachfolger in sich eine Veränderung erleiden kann, tritt nach Renaud an die Stelle der Corporation, so jedoch, dafs das Vermögen der aufgelösten Gesellschaft bis zur völligen Erledigung aller Verbindlichkeiten ein untheilbares Sondervermögen bildet, welches thatsächlich wie rechtlich von den übrigen Gütern der bisherigen Actionäre getrennt ist**).

Diese Ansicht hat in der Wissenschaft nicht geringe Be-

---

*) Vgl. Renaud, a. a. O. S. 839 ff.

**) Vgl. Renaud, a. a. O. S. 844.

denken erregt, und ist vielfach angefochten worden. Puchelt z. B. hat gegen sie eingewendet, dafs die Vorschrift, welche den Aufsichtsrath auch während der Liquidation der Gesellschaft aufrecht erhalte*), auf eine andere Auffassung des Gesetzgebers schliefsen lasse**). Diesen Einwand glaubt Renaud beseitigen zu können, indem er bemerkt, es sei durch die fragliche Bestimmung dem Aufsichtsrathe, wie in anderen Bestimmungen auch dem Vorstande, eine in die Liquidation hineinreichende Verantwortlichkeit und beziehungsweise Thätigkeit auferlegt, aus welcher die Fortdauer der juristischen Persönlichkeit ebenso wenig folge, wie aus den Obliegenheiten, die ein früherer Beamter in Beziehung auf sein früheres Amt habe, der Fortbestand des Amtes selbst zu entnehmen sei***). Eine derartige Widerlegung ist aber eher geeignet das erhobene Bedenken zu befestigen, als es zu beseitigen. Mit Recht hat Wiener eingewendet, dafs, wenn diese Auffassung richtig wäre, die bezügliche Vorschrift des geltenden Rechtes illusorisch werden müfste, falls die Mitglieder des Aufsichtsraths während des Liquidationsstadiums sterben sollten†).

Es läfst sich indefs noch mehr einwenden. Zunächst, in weiterer Ausführung der Wiener'schen Bemerkung, dafs die Bestimmung des geltenden Rechts,. wonach Mitglieder des Aufsichtsraths persönlich und solidarisch für eine vorzeitige Ausschuttung des Gesellschaftsvermögens haftbar sind, nicht ein früher bekleidetes, sondern ein noch zur Zeit innegehabtes Amt voraussetze. Dem Aufsichtsrath ist das Wächteramt über die Thätigkeit der Liquidatoren übertragen; vernachlässigt er dasselbe dergestalt, dafs er eine vorzeitige Ausschüttung zuläfst, durch welche die Gläubiger der Gesellschaft in irreparabler Weise geschädigt werden, so soll er persönlich verantwortlich sein. Es ware ein seltsames Amt, welches noch nach seinem Aufhören solche Verpflichtungen zurückliefse. Man mufs vielmehr annehmen, dafs der Aufsichts-

*) Vgl. Art. 225b No. 3.

**) Vgl. Puchelt, Bd. I S. 494.

***) Vgl. Renaud, a. a. O. S. 842, Note 6.

†) In seiner Kritik der zweiten Auflage des Renaud'schen Werkes bei Goldschmidt, Bd. XXI S. 606.

rath wirklich fortbesteht; und diese Folgerung erregt schon fur sich allein ernsthafte Zweifel an der von Renaud vertretenen Ansicht. Nicht minder verstöfst die letztere gegen die allgemein geltende Rechtsauffassung. Aus diesem Gesichtspunkte ist die Theorie Renaud's von Witte mit überzeugenden Gründen angefochten worden*). Treffend bemerkt dieser, dafs, wenn die Actionäre unmittelbare Träger der Vermögensverhältnisse wären, und doch andererseits zum Zwecke der Versilberung Geschäfte abgeschlossen, ja noch in alter Weise Beschlüsse in Generalversammlungen gefafst werden, gegen die Theorie von der Succession der einzelnen Actionäre dieselben Einwände geltend zu machen seien, welche gegen die Construction eines Actienunternehmens unter dem Gesichtspunkte einer Societät mit Recht erhoben worden sind. Das ist ein überzeugendes Argument. Wie man zum Corporationsbegriff nicht aus Liebhaberei, sondern deshalb gelangt ist, weil das Wesen der Actiengesellschaft, die Art ihres Handelns, sich die Anerkennung einer selbstständigen Persönlichkeit erzwungen hat, so kann man ihr auch nicht für die Dauer ihrer Liquidation die Existenz als besonderes, für sich bestehendes Rechtssubject beliebig absprechen, wenn man doch zugestehen mufs, dafs ihre Thätigkeit während dieser Epoche noch den gleichen Anspruch erhebt. Witte tritt aber auch den einzelnen Folgerungssätzen, zu denen Renaud behufs Aufrechterhaltung seiner Theorie genöthigt ist, mit Erfolg entgegen. Wenn nämlich die Actionäre wirklich Rechtsnachfolger der Corporation werden sollen, so entsteht die Frage, wie diese Succession beschaffen, vor Allem, ob sie universell oder singulär sei. Kurz vor der Veröffentlichung der Renaudschen Theorie war von anderer Seite die Ansicht aufgestellt worden, es finde Seitens der Actionäre in das von der erloschenen Vereinsperson «hinterlassene» Vermögen eine *successio per universitatem*, gleichsam *mortis causa*, statt**). Diese Auffassung verwirft Renaud, indem er, allerdings

*) Goldschmidt'sche Zeitschrift, Bd. VIII S. 26.

**) Kuntze, in seinem Aufsatz «Princip und System der Handelspapiere» in der Goldschmidt'schen Zeitschrift, Bd. VI S. 29.

wohl mit Recht, einwendet, dafs man die Grundsätze des Erbrechts nicht beliebig auf eine juristische Person anwenden könne*). Er nimmt seinerseits eine Singularsuccession an. Witte wirft nun die Frage auf**), worauf denn eine solche Singularsuccession sich gründe, woher bei Eintritt derselben die Fortdauer der Vereinsschulden komme, da doch das obligirte Rechtssubject Mangels stattfindender Vererbung wegfalle, woraus endlich die Einsetzung der Liquidatoren gerechtfertigt werde. Renaud giebt auf alle diese Fragen Antwort. Er erklärt, dafs die Rechtsgemeinschaft der Actionäre gewisse Eigenthümlichkeiten biete; die Gütermasse des aufgelösten Vereins hafte noch für die Gläubiger, und dürfe deshalb erst nach Tilgung der Schuld unter Erfüllung der schwebenden Verbindlichkeiten vertheilt werden. Die Liquidatoren aber seien eingesetzt, weil die Rechtsgemeinschaft eines Organs bedürfe, das den Gläubigern verantwortlich ist, denen nicht zuzumuthen sei, jeden Actionär auf seinen Antheil zu verklagen***).

Diese Begründung zeigt, wie gekünstelt zum Mindesten die Renaud'sche Theorie ist. Die Corporation soll aufhören, an ihre Stelle sollen die Personen der Actionäre treten; es fände also bei Aufrechterhaltung der statutenmäfsigen Handlungsfirma nicht nur ein Wechsel der Inhaber, sondern auch ein solcher im Rechtscharakter der Firmenträgerin statt. Das Vermögenssubstrat bliebe allerdings das gleiche. Soll aber der durch den Liquidationsbeschlufs geschaffene Rechtszustand nicht völlig undefinirbar sein, so mufs doch neben der vermeintlichen Succession der Actionäre die Verfassung der Gesellschaft bestehen bleiben. Geschähe dies nicht, so könnte, wie schon bemerkt worden, der Aufsichtsrath nicht durch Wahlen ergänzt werden. Es fiele also diejenige Aufsicht fort, welche auch während des Liquidationszustandes den Gläubigern Schutz gegen eine vorzeitige oder rechtswidrige Verkümmerung des Gesellschaftsvermögens gewähren soll. Schiede ein Liquidator aus, so könnte die Ersatzwahl nur von der Gemeinschaft der

*) Renaud, a. a. O. S. 843.

**) a. a. O. S. 18.

***) Renaud, a. a. O. S. 844.

Actionäre vorgenommen werden, aber nicht mehr durch Majoritätsbeschlufs; denn die Majoritat kann nicht ohne Weiteres bei jeder Gemeinschaft*) als Trägerin des Gesammtwillens gelten. Was sollte aber geschehen, wenn Einstimmigkeit nicht zu erreichen wäre. Zuletzt fehlte auch jedes Mittel, um die Versammlung der ihren Personen nach unbekannten Actionäre zu veranstalten, wenn dies nicht auf Grund der Bestimmungen des Statuts möglich ist. Man sieht, die Aufrechterhaltung der Verfassung ist unerläfslich; und es streitet gegen die Haltbarkeit der Renaud'schen Theorie, dafs ihr Urheber selbst genöthigt ist, die fortgesetzte Geltung des Statuts zu leugnen.

Je bedenklicher schon nach dem Gesagten die Annahme erscheint, dafs mit dem Auflösungsbeschlufs die Actiengesellschaft ihre Qualität als juristische Person einbüfse, um so wichtiger ist es, in Anknüpfung an den erwähnten Einwand Wittes materiell zu prüfen, inwieweit die Aufgabe der Gesellschaft während des Liquidationszustandes den corporativen Charakter entbehrlich mache. Denn aus dem innern Wesen der Sache mufs im Zweifel die Entscheidung hergeleitet werden. Rein äufserliche Gründe, wie etwa die Anwendung des Ausdrucks «Auflösung» im Gesetz können nicht den Ausschlag geben; sie sind vielmehr durch innere Gründe zu widerlegen, und eventuell zu berichtigen.**)

Die Auflösung einer Gesellschaft wird zu dem Zwecke beschlossen, um das Vermögen unter die Actionäre nach Verhältnifs ihrer Actien zu vertheilen. Die Ausführung dieses Beschlusses ist aber nie ohne Weiteres möglich; denn niemals liegen die Verhältnisse so, dafs keine abzuwickelnden Passiva vorhanden sind, und dafs die Activa sich in einem durchweg vertheilungsfähigen Zustande befinden. Käme dieser Ausnahmefall wirklich ein Mal vor, so wäre er seines singulären Charakters wegen für die Gesetzgebung ohne Gewicht. Die Regel ist, dafs zwischen dem Auflösungsbeschlufs und der thatsächlichen

---

*) Vgl. Puchelt, a. a. O. Bd. I S. 495.

**) Renaud selbst hat ein Gleiches bezüglich des Ausdruckes «Actiengesellschaft» gethan; vgl. die Note S. 371 dieser Schrift.

Vertheilung des Vermögens ein kürzerer oder längerer Zeitraum liegen mufs, dessen die Gesellschaft zur Abwickelung bedarf. Die hierfür erforderliche geschäftliche Thätigkeit unterscheidet sich aber, insoweit dies fur die Handlungsfahigkeit der Gesellschaft in Betracht kommt, nicht wesentlich von derjenigen, welche wahrend des Bestehens der Gesellschaft geübt wird. Die vorhandenen Verbindlichkeiten müssen gelöst, und die Schulden bezahlt werden. Dazu gehört die Versilberung der Activa, welche nur durch zahlreiche kaufmännische Geschäfte der verschiedensten Art zu ermöglichen ist. Auch die Lösung der Verbindlichkeiten, zumal diejenige von weit verzweigten Engagements, wie sie von grofsen Geschäftsleuten vereinbart werden, erheischt oft eine Fulle von Transactionen, Vergleichen, Compromissen aller Art, nicht weniger complicirt und von nicht weniger kaufmännischem Charakter, als die während des Bestehens der Gesellschaft vereinbarten Geschäfte. Nicht selten ist es auch erforderlich, neue Geschäfte zur Abwickelung der alten abzuschliefsen, zuweilen in solchem Umfange, dafs die in Liquidation getretene Actiengesellschaft vorerst noch längere Zeit in der vollsten geschäftlichen Thätigkeit verbleiben mufs. Hatte eine Gesellschaft einen Eisenbahnbau unternommen und beschliefst sie, während derselbe noch in der Ausführung begriffen ist, ihre Auflosung, so kann sie dadurch die vertragsmäfsigen Rechte des Bauherrn nicht verletzen; sie mufs den Bau der Verabredung gemafs zu Ende fuhren. Das wäre indefs kein neues Geschäft, sondern nur die Erledigung eines alten. Ein solches ist es auch, wenn eine zu mehrjähriger Creditgewährung vertragsmäfsig verpflichtete Bank in Liquidation tritt; sie mufs trotz dessen die Wechsel ihres Contrahenten immer auf's Neue discontiren. Besitzt aber eine in Liquidation tretende Eisenbahnwagenbauanstalt Vorräthe von Holz, welche für ein bestimmtes Wagenmodell zugeschnitten sind, so ist es sehr erspriefslich für die Verwerthung derselben, wenn die Gesellschaft noch im Stadium der Liquidation einen Entreprisevertrag abschliefsen kann, der die Verwendung der Hölzer ermöglicht. Und eine in Liquidation tretende Spritfabrik kann den berechtigten Wunsch haben, zur Vermeidung des Stillstands ihrer

Apparate noch ferner Aufträge zur Lieferung von Sprit zu erhalten. Und dies sind noch gar nicht die häufigsten Fälle. Jede liquidirende Bankgesellschaft kommt in die Lage, zur Realisirung unsicherer Conten andere Werthobjecte in Zahlung zu nehmen, sich auf Bürgschaften Dritter einzulassen, neue Wechsel vergleichsweise anzunehmen. Sie mufs, wenn sie sich nicht Nachtheilen aussetzen will, auch im Stande sein, für Schuldner, die eine Auslösung ihrer Pfänder nicht zu bewirken vermögen, diese selbst zu veräufsern, und dabei so zu verfahren, wie sie es ehedem thun konnte.

Zahlreiche Beispiele liefsen sich noch heranziehen, um den Beweis zu führen, dafs die Thätigkeit der in Liquidation getretenen Actiengesellschaft in ganz ähnlichem Maafse die einer Corporation eigene Handlungsfähigkeit erfordert, wie jene während des Bestehens der Gesellschaft. Der Auflösungsbeschlufs ist zunächst nichts weiter, als eine Veränderung des Gesellschaftszwecks. War der letztere vorher darauf gerichtet, Handelsgeschäfte oder Bankgeschäfte, oder ein Bergwerk oder eine Fabrik zu betreiben, so verwandelt er sich durch den Auflösungsbeschlufs in die Aufgabe, die Schulden und Verbindlichkeiten der Gesellschaft zu lösen, und ihre Activa flüssig zu machen. So lange die Erfüllung dieser neuen Aufgabe dauert, mufs die rechtliche Natur der Gesellschaft bleiben, wie sie vorher war. Nur schwindet in dem Maafse, in dem man sich der Erfüllung nähert, die Handlungs*befugnifs* der Corporation. Das steht nicht in Widerspruch mit dem Rechtsbegriff derselben. Sie ist eine Zweckexistenz; nur zur Verfolgung ihres Zwecks ist ihr ein selbstständiges Dasein verliehen. An Stelle der gelösten Verbindlichkeiten sollen nach beschlossener Liquidation keine neuen eingegangen, an Stelle der bezahlten Schulden keine neuen contrahirt werden; das flüssig gemachte Geld soll nicht nochmals zu geschäftlichen Unternehmungen verwendet, sondern absolut sicher und in liquidester Weise angelegt werden, wenn möglich allerdings auch nutzbringend. Die Gesellschaft behält zwar noch die *Befähigung*, alle Rechtshandlungen vorzunehmen, aber es ist ihr verboten, von dieser Befähigung mehr als nöthig Gebrauch zu machen. Sie bleibt bis zu ihrem Ende eine Person, aber die Befugnifs, in dieser Eigenschaft aufzutreten, schwindet allmälig, und hört gänzlich auf mit dem Momente, wo die letzte Verbindlichkeit gelöst und das letzte Activum in baares Geld umgesetzt ist. Damit erlischt denn auch das Amt der Verwaltungsorgane, welche zur Vertretung der Gesellschaft als Corporation eingesetzt waren. Man könnte deshalb vielleicht die Frage aufwerfen, wie der Uebergang von der vollendeten Liquidation zur Vertheilung des Gesellschaftsvermögens unter die Actionäre rechtlich zu construiren sei. Aber diese Frage ist untergeordnet, weil sie eben nur die Theilung betrifft. Es ist anzunehmen, dafs die Organe der Gesellschaft, welche der Erfüllung des Gesellschaftszwecks zu dienen und die Abwickelung zu bewirken haben, zuletzt noch den besondern Auftrag haben, die Theilung zu vollziehen. Diese Annahme, welche dem Inhalt des geltenden Rechts*) entspricht, ist auch von diesem abgesehen deshalb begründet, weil noch bei der Theilung Streit entstehen kann, und die Gesellschaft im Stande sein mufs, in diesem Streite als Prozefspartei auftreten. So lange also Vermögen vorhanden ist, besteht auch die Gesellschaft; mit dem Momente, wo nach Lösung der letzten Verbindlichkeit der letzte Rest des Vermögens den Weg rückwärts in die Hände der Actionäre gegangen ist, aus denen es ehedem in den Besitz der Gesellschaft gelangt war, erstirbt die Corporation.

Dies ist, wenn man das wahre Wesen der Sache im Auge behält, die Entwickelung der Actiengesellschaft vom Momente des Auflösungsbeschlusses bis zum Momente ihres Verschwindens. Daraus folgt aber, dafs der Beschlufs, die Gesellschaft aufzulösen, noch nicht eine «Auflösung» im sprachlichen Sinne dieses Wortes zur Folge hat. Es läfst sich auch nicht einwenden, dafs in dieser Deduction eine *petitio principii* liege, und dafs vielmehr die dem Auflösungsbeschlufs folgenden Vorgange dem sprachlichen Sinne des Begriffes «Auflösung» anzupassen seien; denn das Abwickelungsverfahren läfst sich nicht beliebig umgestalten. Auch ist der Wille der Generalversammlung, welche die Auflösung be-

*) Art. 245 alin. I und IV und Art. 142.

schliefst, gar nicht auf eine Beseitigung des bisherigen Rechtscharakters gerichtet; es besteht auf keiner Seite ein Interesse an einer Veränderung desselben; der allseitige Wille geht nur dahin, dafs die Gesellschaft die Versilberung ihres Vermögens und die Tilgung ihrer Verbindlichkeiten so rasch und so gut als irgend möglich bewirken möge.

Diese Auffassung würde freilich trotz ihrer Anlehnung an die Praxis nicht gelten können, wenn sich erwiese, dafs sie zu juristisch unhaltbaren Consequenzen fuhre. Aber es ist nirgends ein stichhaltiger Grund zu sehen, der gegen die Fortdauer der Corporationsqualität geltend zu machen wäre. Renaud hat allerdings die Ansicht aufgestellt, dafs die vorstehend vertretene Auffassung zu einem fehlerhaften Schlusse fuhre, weil unter ihrer Geltung die Rechte der Actionäre an den Activis der Gesellschaft nur als Forderungen vorkommen könnten*). Ob diese Folgerung, wenn sie zutreffend wäre, die dargelegte Ansicht *ad absurdum* fuhren würde, mag dahingestellt bleiben; jedenfalls scheint sie nicht zutreffend. Das Vermögen der Gesellschaft bleibt auch während ihrer Liquidation bis zum Momente der Ausschüttung in dem gleichen Rechtsverhältnifs, wie vorher, nämlich Eigenthum der auf ihre Abwickelung hinarbeitenden Gesellschaft. Die Natur der Actionärrechte ändert sich nicht; dies geschieht erst, wenn die Abwickelung vollendet ist. In dem Augenblicke, wo die Theilung wirklich ausgefuhrt werden soll, verwandelt sich das Actionärrecht in einen obligatorischen Anspruch. Jedem Actionär erwächst *pro rata* seines Actienbesitzes eine Forderung gegen die Gesellschaft. Das kann aber kein Beweis gegen die Richtigkeit der vertretenen Auffassung sein; dieser obligatorische Charakter ist derselbe, welcher auch vor Entstehung des Actionarrechts vorhanden war, dem es vielmehr seine Entstehung verdankt. Auch bei der Gründung ist ein obligatorisches Verhältnifs vorhanden, indem der Zeichner sich zur Gewährung einer Einlage verpflichtet. Er erfüllt diese Verpflichtung, erwirbt aber zunächst nicht ein Rückforderungsrecht, sondern anstatt seiner fur die Dauer der

*) Renaud a. a. O., S. 842.

Gesellschaft ein Actionärrecht, welches keinen obligatorischen Charakter hat. Ist dann die Auflösung beschlossen und die Abwickelung vollzogen, so schwindet das Actionärrecht, und das obligatorisch geartete Rückforderungsrecht wird existent*).

§ 3.

Die formelle Ueberleitung in den Zustand der Liquidation.

Das geltende Recht bestimmt, dafs aufser dem Falle des Concurses die Auflösung der Actiengesellschaft durch den Vorstand beim Handelsrichter zur Eintragung angemeldet werden müsse. Der Eintritt des Liquidationszustandes kann in den sonach anmeldungspflichtigen Fällen auf zweierlei Art, nämlich entweder durch ausdrücklichen protocollarisch beurkundeten Beschlufs der Actionäre, oder ganz von selbst durch den Ablauf einer bestimmten Zeit erfolgen. Anders vollzieht sich die Liquidation bei einer durch Aufwendung des Grundvermögens stattfindenden Amortisation; ihr Beginn fällt schon mit dem Beginn des Geschäftsbetriebes zusammen, und mit Zahlung des letzten Pfennigs an den letzten Actionär mufs sie beendet sein. Noch anders würde es sich verhalten, wenn künftig die Unerfüllbarkeit und die geschehene Erfüllung des Gesellschaftszwecks als Auflösungsgründe zugelassen werden sollten. Erkennt in diesem Falle die Gesellschaft den Anspruch des einzelnen Actionärs freiwillig an, so mufs sie den Uebertritt in die Liquidation durch einen ordnungsmäfsigen Beschlufs herbeiführen. Für die Eventualität aber, dafs dieser Uebertritt erst auf Grund eines obsiegenden Erkenntnisses erzwungen werden müfste, würden geeignete Zwangsmaafsregeln vorzuschreiben sein. Es bieten sich dafür zwei Wege. Die Gesellschaft kann nach den

*) Gegen die von Renaud vertretene Ansicht haben sich aufser den bereits genannten Schriftstellern auch erklärt v. Hahn (a. a. O., S. 669), Anschütz und Völderndorff (a. a. O., S. 538), Keyfsner (in Busch's Archiv, Band XXXI., S. 311 ff.), das R.-O.-H.-G. in dem Erkenntnifs vom 18. Januar 1876 (Entsch. Bd. XIX., S. 160 ff.). Anhänger der Ansicht Renaud's ist dagegen Stobbe (Deutsches Privatrecht, Band I., S. 394).

Vorschriften des Prozeſsrechts durch Geldstrafen zum Uebertritt in die Liquidation angehalten werden. Dieses Mittel erregt insofern Bedenken, als es die Unschuldigen mit den Schuldigen, oder, wenn der Vorstand und der Verwaltungsrath allein renitent sind, lauter Unschuldige treffen würde. Daher wäre es vielleicht zweckmäſsiger, zuzulassen, daſs der Registerrichter im Wege der Zwangsvollstreckung um Eintragung der Liquidation requirirt werden dürfte; derselbe hätte der Gesellschaft zum Uebertritt in den Liquidationszustand eine angemessene Frist zu gewähren, nach fruchtlosem Verlauf derselben aber die Liquidation einzutragen, und Liquidatoren nach eigenem Ermessen zu bestellen.

Der die häufigsten Auflösungsgründe umfassende Unterschied besteht also darin, daſs der Vorstand, sobald ein ausdrücklicher Beschluſs vorliegt, den bestimmten Auftrag zur Anmeldung hat, während er, wo die Auflösung von selbst eintritt, ohne Auftrag die Anmeldung vornehmen muſs. Werden dem Handelsrichter im letzteren Falle keine Beschlüsse der Gesellschaft unterbreitet, und ergiebt sich auch nichts Näheres aus dem Statut, so muſs er die Mitglieder des Vorstands als Liquidatoren eintragen. Daſs ein solcher Fall jemals praktisch werden kann, ist nicht anzunehmen; es müſste wenigstens eine in jeder Beziehung verwahrloste Actiengesellschaft sein, welche nach langjähriger Existenz, wenn sie eine Verlängerung ihrer Dauer nicht vornehmen kann oder will, nicht einmal rechtzeitig eine Generalversammlung abhielte, um für die bevorstehende Liquidation das Nothwendige festzusetzen. Andererseits ist an den geltenden Bestimmungen nichts zu ändern; der gegenwärtige Rechtszustand ist ganz correct, und würde nur durch die in einem früheren Abschnitt gemachten Vorschläge dahin modificirt werden, daſs die auf Grund eines Generalversammlungsbeschlusses geschehende Anmeldung künftig durch den Vorsitzenden der Generalversammlung zu erfolgen hätte. (VI § 2.)

Von Wichtigkeit ist die sich hieran knüpfende Frage, wie die Verwaltungsorgane der Gesellschaft sich in der Zeit zwischen dem Auflösungsbeschluſs, resp. dem Ablauf der Zeitdauer und der Eintragung der Liquidation in's Handelsregister zu verhalten haben. Denn das Princip, demzufolge der Rechtszustand einer Actiengesellschaft stets aus dem Handelsregister hervorzugehen hat, mufs auch für die Liquidation aufrecht erhalten bleiben; dieselbe darf also erst nach ihrer Registrirung in Vollzug treten*).

Die amtliche Thätigkeit des Vorstands während der Zwischenzeit kann von Einflufs auf das ganze Abwickelungsgeschäft werden, denn die Anfertigung des Protocolls, die Eintragung und deren Publication nehmen zusammen in der Regel ein paar Wochen in Anspruch, bei vorliegenden Zweifelsfragen auch noch erheblich mehr. In der Zwischenzeit können aber an den Vorstand geschäftliche Offerten herantreten, deren Behandlung auf den Verlauf und das Resultat der Abwickelung bestimmend einwirken mufs. Daher ist es nöthig, hier eine Directive zu geben. Der Vorstand darf den von der Generalversammlung gefafsten Beschlufs nicht einfach ignoriren; er darf auch keine Abwickelungsgeschäfte vornehmen, insoweit die Initiative dazu von ihm auszugehen hat. Dagegen kann er sie nicht ablehnen, wenn sie ihm durch Kündigung von Guthaben etc. aufgenöthigt werden. Vornehmlich soll er aber neue Geschäfte nicht abschliefsen, durch welche die Abwickelung erschwert würde. Auch dies ist freilich in jedem einzelnen Falle seiner Beurtheilung unterstellt; denn es können in der Zwischen-

*) Bezüglich des geltenden Rechts ist Renaud (a. a. O., S. 833) anderer Ansicht. Er behauptet unter Bezugnahme auf Art. 242 und 243 des H.-G.-B's., dafs die Actiengesellschaft mit dem Eintritt eines der Auflosungsgründe aufhöre, ohne dafs hierzu eine offentliche Bekanntmachung erforderlich wäre. Für diese Ansicht spricht allerdings der Umstand, dafs der Art. 243 nur bei Ordnungsstrafe die Anmeldung der Auflösung zur Eintragung in das Handelsregister vorschreibt, während in den anderen analogen Fällen die Rechtsgiltigkeit von der Eintragung abhängig gemacht ist (Art. 211, 214 alin. III). Gegen die Annahme fällt aber ins Gewicht, dafs kein Grund für eine Abweichung von dem oben erwahnten Princip erkennbar ist. Aufserdem würde, falls die Mitglieder des Vorstandes nicht sämmtlich und ausschliefslich zu Liquidatoren ernannt wären, ein sehr zweifelhafter Zustand eintreten. Denn die Liquidatoren können erst nach ihrer Eintragung handlungsfahig sein. Inzwischen müfste also, wenn die Gesellschaft überhaupt eine Vertretung haben soll, diese dem Vorstande obliegen, welcher wiederum zur Vornahme von Abwickelungsgeschäften nicht autorisirt wäre. Das ist offenbar nicht gewollt, und die sonach gegen den sofortigen Eintritt des Liquidationszustandes in's Gewicht fallenden Gründe dürften die überwiegenden sein.

zeit Umstände eintreten, welche ihm ein rasches Einschreiten, selbst den Abschlufs von Vergleichen, Compromissen, die Annahme von Sachen an Zahlungsstatt etc. im Interesse der Gesellschaft dringend gebieten. Es wird sich also nur eine negativ gefafste Vorschrift geben lassen dahin, dafs der Vorstand nicht befugt sei, in der Zwischenzeit solche Rechtshandlungen vorzunehmen, welche geeignet wären, die Liquidation zu erschweren oder zu benachtheiligen.

Die sofortige Uebertragung des Besitzes am Gesellschaftsvermögen auf die Liquidatoren nach Eintragung derselben in das Handelsregister ist eine Pflicht des Vorstands, insoweit dessen Mitgliedern das Amt als Liquidatoren nicht zugefallen ist. Für die eventuelle Erzwingbarkeit derselben sind die nöthigen Vorschlage bereits gemacht (XI § 1).

---

§ 4.

Die Gesellschaftsorgane während der Liquidation und ihre Befugnisse.

Der Einflufs, welchen der Rechtscharakter der in Liquidation getretenen Actiengesellschaft auf das Abwickelungsverfahren ausübt, äufsert sich in erster Linie an der Stellung, welche den Gesellschaftsorganen zufallt. Das Handelsgesetzbuch schreibt vor, dafs die Liquidation durch den Vorstand, oder auch nach dem Willen des Statuts, resp. der Generalversammlung durch andere Personen erfolgen durfe, und bezeichnet dieselben als «Liquidatoren». Welche Aufträge ihnen im Einzelnen zufallen, ist ziemlich klar aus dem Gesetz zu entnehmen. Sie haben Alles, was die Abwickelung, und später die Vertheilung der liquide gemachten Masse angeht, zu besorgen. Dagegen lassen die geltenden Vorschriften im Unklaren über das Verhältnifs der Liquidatoren zu dem bisherigen Vorstande, und über die dem letzteren nach Eintragung der Liquidation zufallende Stellung. Auf den ersten Anblick mag die Vorschrift, dafs die Liquidatoren durch den Vorstand beim Handelsrichter zur Eintragung anzumelden sind*), zu der An-

*) Art. 244 alin. II.

nahme verleiten, dafs der Vorstand, um dieses Amt auch bei einem etwaigen Wechsel versehen zu können, während der ganzen Dauer der Liquidation zur Verfugung sein musse, und also in Function bleibe. Es wäre indefs ein absonderlicher Gedanke, diejenigen Persönlichkeiten, welche während der Geschäftsthätigkeit der Gesellschaft die gesammte materielle Leitung in der Hand hatten, nach Beendigung derselben noch Jahre lang mit einer so geringen und untergeordneten Thätigkeit zu befassen. Dagegen wäre es an sich nicht eine verkehrte Meinung, dafs ein Zusammenwirken des Vorstands mit den Liquidatoren vom Gesetzgeber in's Auge gefafst sei, vornehmlich mit Bezug auf die Falle, wo die Gesellschaft zur Abwickelung alter Geschäfte neue abschliefsen mufs, oder wo sie technischer Krafte bedarf, um Verträge zu erfüllen, welche noch vor dem Liquidationsbeschlufs vereinbart worden waren. Aber der Vorstand verliert mit der Eintragung der Liquidatoren die hauptsächlichste zu solcher Thätigkeit erforderliche Befugnifs, nämlich das Recht, für die Gesellschaft zu zeichnen. Die Annahme, dafs er etwa neben den Liquidatoren zur rechtsverbindlichen Vertretung der Gesellschaft im Stadium der Liquidation befugt sei, ist selbstverständlich ausgeschlossen; dies würde eine doppelte und in sich nicht verbundene Vorsteherschaft voraussetzen. Ebenso haltlos wäre der Schlufs, dafs die Mitglieder des Vorstands von Anbeginn der Liquidation den Liquidatoren unterstellt seien. Es behält daher nach geltendem Recht nur die eine Annahme Grund, dafs von dem Momente an, wo die Liquidatoren an der Spitze der Gesellschaft stehen, der Vorstand gänzlich aufser Function tritt, und dafs die Bestimmung, welche die Anmeldung der Liquidatoren durch den Vorstand vorschreibt, nur auf die zuerst Eintretenden Bezug hat.

Erwägt man nun, dafs während der Liquidation die Organisation der Actiengesellschaft bestehen bleibt, dafs die letztere also fortgesetzt zu ihrer Vertretung eines Vorstandes bedarf, so bedingt die Verdrängung des bisherigen, dafs die Liquidatoren berufen sein müssen, die Gesellschaft fortan im ganzen Umfange ihrer Handlungsfähigkeit zu vertreten. Wie also die Actiengesellschaft während ihres Bestehens einen Vorstand hat, so sollte die in Liquidation getretene Gesellschaft einen Liquidationsvorstand haben. Er wäre als solcher zugleich mit dem Auflösungsbeschlufs zu registriren, und der Registerrichter müfste wie schon bisher berufen sein, Mangels anderweiter Beschlüsse den Gesellschaftsvorstand als Liquidationsvorstand einzutragen. Ob die Mitglieder des ersteren sich zur Ausführung der Liquidation qualificiren, oder ob sie durch andere zu ersetzen, resp. zu ergänzen seien, dies zu beurtheilen ist Aufgabe der Generalversammlung. Feststehen mufs nur, dafs das mit dem Eintritt der Liquidation an die Spitze der Gesellschaft gestellte Organ den bisherigen Vorstand mit allen seinen Befugnissen absorbirt und, soweit zulassig, ersetzt.

Gemäfs dem im § 2 ermittelten Resultat bleiben auch die übrigen Gesellschaftsorgane während der Dauer der Liquidation bestehen. Dafs dies im geltenden Recht von dem Aufsichtsrath vorausgesetzt sei, ergiebt sich, wie bereits erwähnt, mit Klarheit aus der Vorschrift des Art. 225b. Sollte an die Stelle des Aufsichtsraths ein Verwaltungsrath treten, so würde von diesem das Gleiche zu gelten haben. Es liegt kein Anlafs vor, bei dem Liquidationsvorstande mehr Einsicht und Zuverlässigkeit vorauszusetzen, ihm eine absolutere Gewalt einzuräumen, als nach Gesetz oder Statut dem Gesellschaftsvorstande gewährt war. Selbstverständlich mufs auch die Generalversammlung unverändert functioniren. Sie mufs die Ersatzwahlen vornehmen, da die Verwaltungsrathsstellen nicht während der Liquidation verewigt werden können. Sie behält auch das Anrecht auf alljährliche Rechenschaftslegung; die Actionäre haben Einsicht in den Gang der Abwickelung zu fordern, und dürfen den Erfolg der dieselbe bewirkenden Thätigkeit ihrer Beurtheilung unterziehen. Sie haben zu prüfen, mit welchem Grade von Vorsicht und Klugheit die Liquidation im Einzelnen ausgefuhrt werde, und welcher Werth den Actien gemäfs dem allmälig hervortretenden Resultate zuzumessen sei, — kurzum, Aufsichts- resp. Verwaltungsrath und Generalversammlung müssen durchweg in ihren Positionen verbleiben*).

---

*) Vergl. Keyfsner Commentar S. 232 ad 6 und S. 176 ad 1.

Eine wichtige Frage ist die, ob sich in dem Umfange der Befugnisse der einzelnen Gesellschaftsorgane durch den Eintritt der Liquidation etwas ändere. Selbstverständlich tritt eine allgemeine Aenderung insofern ein, als der Gesellschaftszweck sich in der im vorigen Paragraphen beschriebenen Weise umgestaltet. Im Uebrigen sind die Befugnisse der Generalversammlung soeben skizzirt worden; auch diejenigen des Aufsichts- resp. Verwaltungsraths erfahren nur insofern eine Modification, als das specielle Wächteramt, welches demselben schon nach geltendem Recht durch Art. 225b ad 3 eigens für den Zustand der Liquidation übertragen ist, eine solche bedingt. Dieses Amt ist weiterhin unter einem andern Gesichtspunkte nochmals zu erwähnen.

Am meisten wird von der Aenderung des Zwecks die Gesellschaft als Person berührt. Dem Gesellschaftsvorstand ist vom Gesetz eine unbeschränkte und unbeschränkbare Vollmacht zur Vertretung nach aufsen gegeben. Wird diese Vollmacht für die Liquidation nach irgend einer Richtung eingeschränkt, so trifft die Einschrankung auch die Handlungsfähigkeit der Gesellschaft. Sie ist fortan, da ein anderes Organ zu ihrer Vertretung nicht besteht, nicht mehr im vollen Sinne des Wortes eine juristische Person, nicht mehr in der Lage, auf dem Gebiete der Vermögensrechte wie vorher handelnd aufzutreten. So verhält es sich denn auch nach geltendem Recht. Die Liquidatoren sind gegenwartig nur befugt, für die Gesellschaft das zu thun, was den Liquidatoren der offenen Handelsgesellschaft gestattet ist*). Sie haben also die laufenden Geschafte zu beendigen, die Verpflichtungen der Gesellschaft zu erfüllen, ihre Forderungen einzuziehen und das Vermögen zu versilbern. Sie vertreten die Gesellschaft gerichtlich und aufsergerichtlich, können fur sie Vergleiche und Compromisse eingehen, durfen aber unbewegliche Sachen, Mangels einer ausdrucklichen Erlaubnifs, nicht anders als durch öffentliche Versteigerung veräufsern. Nur zur Beendigung schwebender Geschäfte können sie neue eingehen. Diese Vollmachten decken bei Weitem nicht die Summe aller vermögensrechtlichen Handlungs-

*) Art. 244, alin. II und Art. 137.

fähigkeit. Die letztere ist den Liquidatoren nicht einmal behufs Verfügung über die Activa in vollem Umfange gegeben, denn sie haben nicht das Recht, bestehenden Ansprüchen zu entsagen, auch Acte reiner Liberalität sind ihnen verwehrt. Am Wesentlichsten beschränkt sind sie aber in Bezug auf neue Geschäfte, und die Quellen lassen keinen Zweifel, dafs diese Beschränkung genau so, wie sie gilt, auch gewollt war. Der preufsische Entwurf hatte*) über neue Geschäfte gar nichts vorgeschrieben, und in den Motiven ist bemerkt, dafs die Liquidatoren nicht ermächtigt sein sollen, ganz neue, mit der Liquidation nicht zusammenhängende Geschäfte abzuschliefsen. «Dies folgt — heifst es dort — von selbst aus ihrer rechtlichen Stellung. Welche Geschäfte in jedem einzelnen Fall als zur Liquidation gehörig zu erachten sind, richtet sich nach den Umständen. Eine allgemeine Festsetzung hierüber ist der Natur der Sache nach nicht möglich. Der Dritte, welcher wissen mufs, dafs die Gesellschaft aufgelöst ist und sich in der Liquidation befindet, mufs beim Abschlufs von Geschäften mit den Liquidatoren mit der gehörigen Vorsicht zu Werke gehn.» Nach der ersten Lesung wurde aber dem bezüglichen Artikel des Entwurfs von der Redactionscommission ein Passus eingefügt, welcher diesen allzu doctrinären Grundsatz milderte, freilich auch die einschränkende Absicht noch klarer ausdrückte. Er lautete: «Die Liquidatoren sind auch berechtigt, neue Geschäfte einzugehen, wenn sie ohne solche die schwebenden Geschäfte nicht erledigen können**). In dieser Fassung passirte der Entwurf die zweite Lesung. Erst bei der dritten wurde die Frage angeregt, ob die Bestimmung in der projectirten Form nicht noch zu streng sei, und ob dieselbe, resp. die an ihre Stelle zu setzende nur nach innen, oder auch nach aufsen Geltung haben, ob sie nur als eine Instruction für die Liquidatoren, oder als eine ausdrückliche Einschränkung ihrer Vollmacht gegenüber jedem Dritten betrachtet werden solle. Der Beschlufs lautete dahin, dafs die Bestimmung nicht blos als Instruction gelten,

*) Preufs. Entw., Art. 131.

**) Entwurf aus erster Lesung, Art. 130.

sondern auch auf das Verhältnifs zu Dritten bezogen werden solle; dagegen wurde die Vorschrift endgiltig in die den Text des Art. 137 bildende etwas gemilderte Fassung gebracht*). Inhalts derselben dürfen also die Liquidatoren neue Geschäfte nur abschliefsen, um schwebende zu beendigen. Die Verbindlichkeit des neuen Geschafts ist mithin davon abhängig, ob dasselbe zur Beendigung eines schwebenden Geschäfts diene. Ist dies nicht der Fall, so hat der Liquidator seine Vollmacht überschritten, und es besteht keine die Gesellschaft verbindende Rechtshandlung. Auch kann sich ein Dritter nicht mit Unkenntnifs der Sachlage oder seiner *bona fides* entschuldigen; es bleibt ihm nur der persönliche Anspruch gegen den Liquidator, der ihn etwa durch unwahre Mittheilungen zum Glauben an die Rechtsverbindlichkeit des Geschäfts verleitet hat**).

Sonach hat die Actiengesellschaft im geltenden Recht während der Liquidation keine vollständige Handlungsfähigkeit. Es wäre nun zunächst die Frage, ob die letztere etwa durch Erweiterung der den Liquidatoren zu ertheilenden Vollmacht ergänzt werden könnte. Bei der offenen Handelsgesellschaft ist dies nach Ansicht Hahn's zulassig***); für die Actiengesellschaft mufs es als unzulässig gelten. Dies folgt zunächst aus den Motiven des preufsischen Entwurfs, welche bei den Nürnberger Berathungen, soweit ersichtlich, keine principielle An-

---

*) Protocolle S. 3530 ff.

**) Vergl. das Gutachten von Dr. Heidenfeld bei Gruchot Bd. XXI, S. 306 ff. Die dort begründete Ansicht ist, soweit sie den daselbst vorgetragenen Fall betrifft, gewifs zutreffend; dagegen scheint es zweifelhaft, ob, wie ausgeführt ist, die blofse Möglichkeit eines Zusammenhanges zwischen dem neuen und einem alten abzuwickelnden Geschäft schon ein Verpflichtungsgrund sei. Ein «neues Geschäft zur Beendigung eines schwebenden» bedeutet so viel, als ein neues Geschäft, welches der Beendigung schwebender Geschäfte dient; hätten Liquidatoren formell giltig contrahirt, und weigerten die Erfüllung wegen der nachträglich gewonnenen Ueberzeugung, dafs das neue Geschaft zur Abwickelung eines schwebenden nicht diene, so würde aus der blofsen Möglichkeit eines Zusammenhanges zwischen dem alten und dem neuen ihre Verurtheilung zur Erfüllung kaum begründet werden können. Die weiter entwickelte Ansicht, dafs neue Geschäfte auch zur bestmöglichen Verwerthung, also auch zur Versilberung vorhandener Activa zulässig seien, scheint gegenüber dem Inhalt der Protocolle gleichfalls nicht unbedenklich.

***) Vergl. v. Hahn, a. a. O., S. 464.

fechtung erfahren haben. An den Bestimmungen des Art. 137 lassen sich zwei Gruppen unterscheiden; die eine setzt nur positive Befugnisse der Liquidatoren fest, die andere markirt zugleich die Grenzen, welche ihrer Thätigkeit vorgezeichnet sind. Aeuſserlich unterschieden sind diese Anordnungen durch Anwendung der Zeitworte «haben» und «können». Es heiſst: «Die Liquidatoren haben die laufenden Geschäfte etc. etc. zu beendigen, die Forderungen etc. etc. einzuziehen», andererseits ist gesagt, «sie können Vergleiche schlieſsen, sie können zur Beendigung schwebender Geschäfte neue eingehen», aber sie können nicht die Veräuſserung unbeweglicher Sachen anders als durch öffentliche Versteigerung bewirken. Diese sprachliche Unterscheidung schlieſst sich den Motiven des preuſsischen Entwurfs genau an*). Dort wird ausdrücklich hervorgehoben, daſs der Umfang der Geschäfte des Liquidators sich aus dem Zwecke der Liquidation ergebe. Es wird betont, daſs die Bestimmung, wonach die Liquidatoren selbstständig Vergleiche und Compromisse eingehen können, über die in gewissen ausländischen Rechten gegebenen Befugnisse hinausgehe, und es wird erklärt, daſs und warum neue Geschäfte nicht abgeschlossen, und Immobilien nur öffentlich veräuſsert werden sollen. Die Bestimmungen der zweiten Gruppe lassen also erkennen, daſs die den Liquidatoren nicht gewährten Befugnisse ihnen zum Schutz der Actionäre vorenthalten werden; daher ist nicht anzunehmen, daſs das Gesetz den Inhalt des Art. 137 der vertragsmäſsigen Abänderung habe unterstellen wollen. Es mag eine gröſsere Specialisirung der Vollmacht nicht verboten sein; eine Ueberschreitung ihrer Grenzen erscheint rechtswidrig, und wäre daher ohne rechtliche Wirkung. Nun gelten zwar alle diese Bestimmungen auch fur die offene Handelsgesellschaft, für die sie sogar ausdrücklich gegeben sind. Aber die Stellung der Liquidatoren der beiden Gesellschaftsformen ist gerade in der hier in Betracht kommenden Beziehung eine wesentlich verschiedene. Es verordnet nämlich der Art. 140 fur die Liquidatoren der offenen Handelsgesellschaft, daſs sie, auch wenn sie vom Richter bestellt sind, den von den Gesellschaftern einstimmig

*) Motive zu Art. 131 des preuſs. Entw.

getroffenen Anordnungen Folge zu geben haben. Das ist gewifs ganz unbedenklich; wenn alle Gesellschafter einig sind, so hat das Gesetz kein gegentheiliges Interesse. Hierauf gründet auch v. Hahn offenbar seine oben erwähnte Ansicht; denn er bemerkt ausdrücklich, dafs die Erweiterung der Vollmacht nur durch den Gesellschaftsvertrag, oder durch einstimmigen Beschlufs aller Gemeinschafter ausgesprochen werden könne. Anders verhält sich dies bei der Actiengesellschaft. Hier wird die Liquidation durch ein Gesellschaftsorgan, die Generalversammlung, also nicht unter Theilnahme aller Interessenten beschlossen. Eine Erweiterung der Vollmacht wäre deshalb höchstens dann zuzulassen, wenn sie durch das Statut schon im Voraus vereinbart ist, sofern es überhaupt räthlich scheint, Specialbestimmungen über die Liquidation Jahrzehnte früher zu treffen, als sie zur praktischen Anwendung gelangen. Diesen Fall und den der Zustimmung aller Actionäre ausgenommen, fehlt hier die Voraussetzung des Art. 140, welche der Folgerung Hahns zu Grunde liegt.

So verhält es sich nach geltendem Recht mit der Handlungsfähigkeit der Gesellschaft während der Liquidation. Es ist nicht zu wünschen, dafs sich dieser Rechtszustand auf ein neues Gesetz unverändert übertrage; er ist allzu doctrinären Characters, schädigt in der Praxis die Interessen Dritter, und ist geeignet, auch diejenigen der Gesellschaft empfindlich zu beeinträchtigen. Es ist eine unberechtigte Zumuthung, dafs der Geschäftsmann, welcher mit einem Andern contrahiren will, sich vorher über dessen Handlungsfähigkeit durch Prüfung seiner Geschäftslage informiren soll. Das widerspricht dem Wesen des geschäftlichen Verkehrs; der Kaufmann thut es sehr ungern und nur, wenn ihm ein Aequivalent in Aussicht gestellt wird. Dieses Aequivalent macht eine entsprechende Belastung der liquidirenden Actiengesellschaft aus. Wohnt der andere Contrahent nicht am Domicil der Gesellschaft, so ist die Prüfung überdies kostspielig und zeitraubend. Und es giebt zahlreiche Geschäfte, bei denen sie geradezu unmöglich ist; dazu gehören alle an der Börse abzuschliefsenden. Deshalb befinden sich Actiengesellschaften, welche die Versilberung ihrer Activa vorzugsweise an der Börse bewirken müssen, wie z. B. die Banken, streng genommen in der Unmöglichkeit, ihre Liquidation selbstständig zu vollziehen. Ein an der Börse thätiger Geschäftsmann, welcher fünfzig oder mehr Geschäfte während zweier Stunden abschliefst, ist nicht in der Lage, zu untersuchen, ob der Verkauf der ihm angebotenen Effecten auf Seiten der ihn offerirenden Actiengesellschaft ein Abwickelungsgeschäft sei. Die in Liquidation stehende Actiengesellschaft ist also an der Börse nahezu eine handlungsunfähige Person; und nur dem zufälligen Umstande, dafs ein dieses Verhältnifs grell herauskehrender Fall noch nicht bekannt geworden, ist es zu danken, wenn bei den grofsen an den deutschen Börsen operirenden Geschäftshäusern noch nicht das Princip gilt, dafs man sich mit einer Actiengesellschaft in Liquidation auf keinerlei Abmachungen einlassen dürfe. Ereignete es sich nur ein einziges Mal, dafs dem Banquier, welcher Wechsel auf London kauft und verkauft, die eingekauften nicht geliefert würden, weil die Liquidatoren der zur Lieferung verpflichteten Actiengesellschaft sich inzwischen überführt hätten, dafs sie in London kein Guthaben mehr besitzen, und Trassirungen ohne ein solches als neues Geschäft nicht vornehmen können, so würde sich der geltende Rechtszustand der Geschaftswelt sofort im richtigen Lichte zeigen. Es bliebe fur eine solche Gesellschaft dann nur der Ausweg, ihre Interessen einem andern an der Börse operirenden Geschaftsmann anzuvertrauen, und diesem alle erforderlichen Geschäfte zum Abschlufs im eigenen Namen gegen angemessene Vergütung zu übertragen.

Im Interesse der Verkehrssicherheit ist es also dringend erforderlich, die Einschränkungen der Befugnisse der Liquidatoren künftig nur als Instructionen fur den Liquidationsvorstand hinzustellen, und der Gesellschaft nach Aufsen die unverminderte Handlungsfahigkeit zu belassen.

Mit dieser veränderten Wirkung können die jetzt geltenden Einschränkungen fast durchweg erhalten werden. Die Frage, ob eine Modificirung der gesetzlichen Vollmachten durch Generalversammlungsbeschlufs künftig zugelassen werden solle, verliert neben der instructionellen Bedeutung der ertheilten Aufträge den gröfsten Theil ihres Werthes. Die Liquidatoren müssen eben in jedem Falle das Beste für die Gesellschaft thun, und haben uber ihr Verhalten Rechenschaft zu legen. Die Befugnifs zur Einschränkung der Vollmachten, oder zur Ertheilung bestimmter Aufträge bezüglich des Abwickelungsgeschäfts würde sich aber schon deshalb nicht empfehlen, weil sie das Mittel zu höchst verfänglichen Manipulationen bieten, und zum Conflict mit anerkannten Sonderrechten führen kann.*) Eine einzige Ausnahme hiervon wird im folgenden Paragraphen erwähnt werden. Nur die Bestimmungen über die Veräufserung von Immobilien bedurften einer Modification. Grundstücke haben nicht fur alle Actiengesellschaften die gleiche Bedeutung; bei Banken sind sie meistens unwesentlich, und kommen gegenüber dem Besitz an beweglichen Werthen, dessen Behandlung dem freien Ermessen der Liquidatoren unterstellt ist, gar nicht in Betracht. Bei den Industriegesellschaften sind sie dagegen von gröfster Wichtigkeit. Mit Rücksicht auf letztere möchte auch die geltende Vorschrift erhalten bleiben, damit die Generalversammlung, wenn sie den öffentlichen Verkauf nicht will, die anderweitigen Verkaufsmodalitäten genau vorzuschreiben genöthigt sei. Bei Banken wird die Ausschliefsung des öffentlichen Verkaufs wohl die Regel bilden. Es mufs aber die den offenen Handelsgesellschaften angepafste Vorschrift, dafs die Zustimmung sämmtlicher Gesellschafter zur Ausschliefsung des öffentlichen Verkaufs erforderlich sei, bei Actiengesellschaften durch die Bestimmung ersetzt werden, dafs die Majorität der Generalversammlung für den bezüglichen Beschlufs ausreiche; sonst kann der Eigensinn eines Einzelnen das Interesse der Gesammtheit erheblich schädigen.

§ 5.

Die Versilberung der Masse.

Die Aufgabe der Liquidatoren besteht, von der Theilungspflicht abgesehen, in der Tilgung der Schulden, Lösung der Verbindlichkeiten und Versilberung der Activa. Der Ausdruck

*) Vergl. S. 389 No. 4.

«Versilberung» ist nicht zufällig gewählt; er bedeutet die Umsetzung der Masse in baares Geld, bekundet also den Willen des Gesetzgebers, dafs der Actionär nichts Anderes als baares Geld zurückzuempfangen, resp. anzunehmen habe, wie er ehedem baares Geld eingelegt hatte. Denn selbst der Inferent verpflichtet sich ja zur Zahlung baaren Geldes. Die Inferirung ist nach geltendem Recht ein Geschäft, welches mit den Zeichnern nach Vollziehung der Zeichnung gemacht wird.

Die Praxis hat aber wiederholt die Frage zur Erörterung gestellt, ob nicht die Pflicht der Versilberung für gewisse Fälle zu modificiren, resp. auszuschliefsen sei. Die Anregung wurde dadurch gegeben, dafs einige Actiengesellschaften — in der Mehrzahl der Fälle Banken — bei ihrem Uebertritt in den Zustand der Liquidation grofse Massen von zur Zeit nicht veräufserlichen Inhaberpapieren besafsen. Es entsprach dem wohlerwogenen Interesse der Actionäre, den Versilberungszwang, welchen die Liquidation auf alle Werthe der Gesellschaft ausübt, diesen gegenüber aufser Kraft zu setzen, um die Interessenten gegen den Verlust zu schützen, welchen sie bei einem um jeden Preis zu bewirkenden Verkauf sicher erleiden mufsten. Dies führte in mehreren Fallen zu dem Beschlufs, jene Inhaberpapiere nicht zu veräufsern, sondern sie *in natura* an die Actionäre der liquidirenden Gesellschaft zu vertheilen. Es fragt sich, ob ein solches Verfahren zulässig sei, oder für die Folge als zulässig gelten solle. In diesem Falle müfste dasselbe als Ausnahme von der allgemeinen Versilberungspflicht im Gesetz anerkannt werden. Die letztere übt, wie in einem früheren Abschnitte bereits ausgesprochen wurde, die Wirkung, dafs jeder Actionär den Anspruch auf Durchführung der Liquidation als Sonderrecht geltend machen kann. Wie der Beschlufs auf Naturalvertheilung der ganzen Masse, so würde auch die unterbleibende Versilberung eines Theils derselben gegen dieses Sonderrecht, und somit gegen den Inhalt des geltenden Rechts verstofsen. Inwieweit dieser Verstofs wesentlich sei, hängt immer davon ab, ob die Stückzahl der zur Naturalvertheilung kommenden Sachen so grofs ist, dafs auf jede Actie der in Liquidation stehenden Gesellschaft ein ganzes Stück, resp. eine Mehrzahl von ganzen Stücken entfallt, oder nicht. Im ersteren Falle hat die Versilberungspflicht, sofern es sich um fungible Sachen handelt, materiell keine grofse Bedeutung. Wenn aber auf die einzelne Actie der liquidirenden Gesellschaft nur ein Bruchtheil eines der zu vertheilenden Stucke gewährt werden kann, z. B. auf je zwei Actien ein, oder auf je fünf Actien drei Stück, so können nur diejenigen Actionäre, deren Actienbesitz gerade in die Proportion hineinpafst, ganze Stücke erhalten. Alle anderen müssen Quoten annehmen, welche dann in der Praxis künstlich hergestellt werden; und sie müssen diese Quoten verkaufen, oder eine ausreichende Anzahl hinzuerwerben, wenn sie ganze Stücke erhalten wollen. Darin liegt ein Zwang, welcher sich rechtlich nicht begründen läfst. Kein Actionär kann genöthigt sein, zur Realisirung seines Percipiendums Geld aufzuwenden. Es sind in diesem Falle auch nicht alle Actionäre gleichgestellt; diejenigen, welche nur ganze Stücke erhalten, können ihre Zeit ruhig abwarten; die anderen müssen nothwendig ein neues Geschäft machen. Nach geltendem Recht ist eine Naturalvertheilung mit Bruchtheilen rechtlich gewifs nicht haltbar, wahrend eine Repartition, welche die Bruchtheile ausschliefst, wenigstens nicht gegen die Billigkeit verstöfst.

Für eine kunftige Gesetzgebung hat man hier nur die Wahl zwischen strengem Recht und Opportunität. Denn die Naturalvertheilung hat sich auch in solchen Fällen, wo wegen der entstehenden Bruchtheile auf den einzelnen Actionär ein leiser Zwang der vorbeschriebenen Art geübt werden mufste, oft als vortheilhaft erwiesen. Daher würde es sich empfehlen, zu bestimmen, dafs die Generalversammlung eine Naturalvertheilung fungibler Vermögenswerthe verfügen, dafs aber der einzelne Actionär nicht gezwungen werden könne, in ein Verhältnifs als Miteigenthümer einzutreten. Aus der Combinirung dieser beiden Grundsätze würde sich für die Praxis ergeben, welche Naturaltheilungen zulässig seien, und welche etwa nur bei Uebereinstimmung aller Actionäre beschlossen werden können. Ist es möglich, die entstehenden Bruchtheile dadurch selbstständig zu machen, dafs sie in die Form von veräufserlichen (vielleicht durch Indossament übertragbaren) Bezugsscheinen gebracht werden, so mag dieser Repartition nichts im Wege stehn; andernfalls mufs sie im Interesse der Gleichheit ausgeschlossen sein.

Die soeben erörterte Frage streift die bei der Liquidation von Actiengesellschaften auch sonst häufig wahrnehmbare Thatsache, dafs nicht jedes Vermögensobject ein jederzeit realisirbares Activum darstellt. Daher kommt es, dafs manche Objecte, welche sich in der langjährigen geschäftlichen Thätigkeit einer grofsen Actiengesellschaft ansammeln, und welche dann nach beschlossener Auflösung baldigst zu Gelde gemacht werden sollen, das Resultat der Liquidation im Vergleich zu einer während des Bestehens der Gesellschaft errichteten Bilanz zuweilen nicht unwesentlich schmälern.

Noch in anderer, verwandter Beziehung ist der Versilberungszwang mit mifslichen Consequenzen verknüpft. In jeder grofsen, aus langjährigem Geschäftsverkehr stammenden Vermögensmasse finden sich Activa, von denen nicht genau bestimmt werden kann, ob sie wirklich rechtlich existent seien — Restforderungen aus verwickelten Rechtsgeschäften, Schadensersatzansprüche etc., die bei fortgesetztem Betriebe vielleicht gelegentlich neuer Geschäfte durch Compensation irgendwie in Anrechnung kommen, während sie ohne diese Hilfe zweifelhaft bleiben, oder in Vergessenheit gerathen. Die Zweifel betreffen nicht die Bonität der Schuldner; denn wo nur diese in Frage ist, hilft sich die liquidirende Gesellschaft schlimmsten Falls mit der öffentlichen Versteigerung. Es handelt sich vielmehr um die rechtliche Verfolgbarkeit, welche, je nachdem man sie mit gutem oder bösem Willen prüft, oft verschiedenartiger Beurtheilung fähig ist. Halten die Gesellschaftsorgane ihrerseits einen Anspruch dieser Art für verfolgungsfähig, so sind sie selbst bei einer gegentheiligen Auffassung der Generalversammlung zur Geltendmachung desselben befugt. Sehr zweifelhaft ist aber, was geschehen mufs, wenn die Organe der Liquidation die Verfolgung als aussichtslos erklären, während ein Theil der Actionäre anderer Meinung ist. Ob dieser Theil die Majorität der Generalversammlung ausmacht, ist gleichgiltig; denn die Majorität als solche kann einen directen Einflufs auf das Liquidationsgeschäft nicht üben. Dagegen lassen sich zu Gunsten des einzelnen Actionärs

Gründe geltend machen, welche scheinbar auf ein neues Individualrecht hinausführen. Man kann sagen, der Actionär habe einen verhältnifsmäfsigen Anspruch auf den nach Abzug der Passiva von den Activis verbleibenden Ueberrest; er sei nicht verpflichtet, sich dieses Vermögensrecht schmälern oder verkümmern zu lassen, könne also begehren, dafs eine Forderung, die er als zum Vermögen der Gesellschaft gehörig erachtet, ausgeklagt werde. Würde hiergegen eingewendet, dafs auch der dissentirende Actionär seinen freien Willen habe, und also die Kosten eines von ihm für aussichtslos gehaltenen Prozesses nicht der Willkür des Andern zu opfern brauche, so bliebe mindestens der Ausweg, dafs jener erste Actionär die Ueberweisung eines ratirlichen Antheils an dem betreffenden Activum *in natura* zur eigenen Einziehung beanspruchen könnte*).

Indefs erweisen sich diese Gründe bei näherer Betrachtung nicht als haltbar, zunächst deshalb, weil der einzelne Actionär mit gleichem Rechte während des Bestehens der Gesellschaft hinsichtlich jedes einzelnen Activums seine persönliche Meinung in gleicher Weise müfste zur Geltung bringen dürfen. Dieses Maafs von Selbstständigkeit wäre aber unvereinbar mit dem Princip der Actiengesellschaft; deshalb gilt eben der Majoritätswille. Wenn also dieser anstatt des Einzelwillens bei der Sorge um das Vermögen der Gesellschaft entscheiden, und sich durch Einsetzung eines für alle Actionäre handelnden Vorstandes bethätigen mufs, so erstreckt sich die Befugnifs des letztern consequenter Weise auch auf die Sorge um die bestmögliche Realisirung der Activa im Falle der Liquidation. Ueberdies würden sich jenem Auswege praktische Schwierigkeiten, und Rücksichten der Billigkeit mit gleicher Stärke entgegenstellen. Unbillig wäre es, den vermeintlichen Anspruch gegen einen Schuldner der Gesellschaft in Tausende

*) Die Frage ist auch bereits der Beurtheilung d. R.-O.-H.-G. unterbreitet gewesen (vgl. Erkenntnifs vom 17. April 1877 Entsch. Bd. XXII S. 239 ff.). Eine principielle Entscheidung war dort nicht geboten; doch ist in den Gründen auf die oben erwähnten Bedenken hingewiesen, und die naturale Abzweigung der betreffenden Quote an den einzelnen Actionär als ein denkbarer Ausweg erwähnt.

von Theilen zu zerlegen, und diesem durch gesetzliche Vorschrift hunderte von Prozessen statt eines einzigen aufzunöthigen. Ferner giebt es Ansprüche, die nach civilem Recht gar nicht theilbar sind, und auch durch eine Specialvorschrift der hier projectirten Art nicht theilbar gemacht werden könnten. Gleich ihnen wären alle diejenigen Ansprüche ausgeschlossen, bei denen es sich um eine Gegenleistung handelte, die der einzelne Actionär nicht zu prästiren vermöchte, oder deren Erfüllung die Liquidatoren vielleicht durch ihre sonstige Thätigkeit bereits unmöglich gemacht hätten. Und endlich böte dieser Ausweg ein ergiebiges Feld für die Gelüste der Bosheit und Streitsucht. Stände grundsätzlich fest, dafs jeder Actionär, welcher auf Seiten der Gesellschaft irgend eine Forderung behauptet, berechtigt sei, sich dieselbe *in natura* im Umfange seines Antheilsrechts abtreten zu lassen, so könnte hierin eine vortreffliche Handhabe zu allerhand frivolen Zwecken gefunden werden. Es besteht für die Zulassung einer so bedenklichen Vorschrift in der That keine Veranlassung, zumal meistens das eigene Interesse die Liquidationsorgane darauf hindrangt, alle Activa zu versilbern, und keines ohne Grund bei Seite zu lassen.

Eine einzige Ausnahme ist in Betracht zu ziehen. Die Organe der Liquidation können an der Nichtverfolgung von Ansprüchen aus besonderer Rücksicht für die Personen der Schuldner, etwa weil sie mit ihnen verwandt oder sonst eng verbunden sind, interessirt sein, deshalb begründete Forderungen gewissenloser Weise als zweifelhaft oder hinfällig bezeichnen, und ihre Verfolgung unterlassen. Sie könnten dies um so leichter thun, sobald jene Verpflichteten durch ihren Actienbesitz auf den Majoritätswillen der die Rechenschaft abnehmenden Generalversammlung einen mafsgebenden Einflufs zu üben vermöchten. Hiergegen bedarf es allerdings eines Hilfsmittels. Ein brauchbares Muster für ein solches bietet sich in einem Grundsatze des Vormundschaftsrechts. Der Vormund vertritt die Interessen seines Mündels; die Vertretung erstreckt sich aber nicht auf diejenigen Fälle, wo sein eigenes Interesse collidirt. Ist er z. B.

Miterbe des Mündels, so kann er letzteres nicht bei der Erbregulirung vertreten. Das gleiche Princip könnte man leicht dem in Frage stehenden Bedurfnifs anpassen. Actionäre, welche mindestens den zehnten Theil der emittirten Actienmasse besitzen, sollten befugt sein, beim Handelsrichter die Ernennung von Specialbevollmachtigten nachzusuchen, sobald sie darthun könnten, dafs die Liquidatoren wegen collidirender persönlicher Interessen die Einziehung gewisser Activa der Gesellschaft vernachlässigen oder ganz unterlassen. Diesem Antrage hätte der Handelsrichter nach Prüfung der Sachlage stattzugeben, und die Gesammtheit der Actionare ware dann der Entscheidung dieser, fur den speciellen Fall das Amt der Liquidatoren ausübenden Bevollmächtigten unterworfen. Fänden dieselben den Anspruch zur Verfolgung geeignet, so hätten sie das Erforderliche zu veranlassen; andernfalls müfste die Sache mit ihrem ablehnenden Votum als endgiltig abgethan gelten.

---

§ 6.

Die Vorbedingungen der Ausschüttung.

Der Fundamentalsatz, dafs die Actiengesellschaft, weil lediglich durch ihr Vermögen bestehend, dieses nicht aus eigener Willkür schmälern dürfe, hat zu folgenden Vorschriften uber die Liquidation Veranlassung gegeben:

Die Gesellschaft, welche ihre Auflösung beschlossen hat, mufs die Gläubiger drei Mal in den Gesellschaftsblättern zur Anmeldung ihrer Ansprüche auffordern. Eine besondere, directe Aufforderung mufs sie ferner an diejenigen Gläubiger richten, welche ihr bekannt, welche insbesondere aus den Geschäftsbüchern ersichtlich sind. Erst wenn, vom Tage der dritten Aufforderung durch die Gesellschaftsblatter gerechnet, ein volles Jahr verflossen ist, darf sie die Ausschüttung ihres liquiden Vermögens vornehmen, sofern sie bis dahin die sämmtlichen Gläubiger befriedigt oder sichergestellt hat. Keineswegs erlöschen aber mit dem Ablauf dieses Sperrjahres die noch nicht geltend gemachten Gläubigerrechte. Ihre

Inhaber laufen nur, insoweit sie der Gesellschaft nicht bekannt sind, die Gefahr, daſs, wenn die Masse inzwischen total ausgeschüttet wird, oder der noch zurückbehaltene Rest zur Deckung ihrer Forderungen nicht ausreicht, sie den Verlust selbst zu tragen haben. Bekannte Gläubiger trifft also bei Ignorirung der Aufforderung zur Anmeldung ihrer Ansprüche überhaupt kein Nachtheil. Die Forderungen der letzteren und der durch Anmeldung bekannt gewordenen sind hinsichtlich der ihnen nach dem Gesetz zukommenden Behandlung in folgende vier Categorien zu unterscheiden:

a) anerkannte und erfullbare Ansprüche von Gläubigern, die sich gemeldet haben: diese müssen getilgt sein, ehe zu einer Ausschüttung geschritten werden darf;

b) anerkannte Forderungen, welche aber zur Zeit noch nicht erfullbar sind, weil sie aus noch schwebenden Verbindlichkeiten herrühren; und

c) bestrittene Forderungen, welche erfüllbar sind, oder welche, weil aus angeblich noch schwebenden Verbindlichkeiten herrührend, zur Zeit noch nicht erfüllt werden können:

für diese muſs den Gläubigern eine angemessene Sicherheit bestellt werden, oder die Gesellschaft muſs den Betrag gerichtlich niederlegen, ehe sie zu einer Ausschüttung schreiten darf. Die gerichtliche Niederlegung läſst sich freilich nicht in allen Fällen bewirken, sondern nur, wo der Gläubiger den Maximalbetrag des prätendirten Anspruchs zu bezeichnen vermag. Bei umfangreichen Engagements, insbesondere bei Consortialgeschäften ist dies häufig ganz unmöglich; es muſs dann das ganze Vermögen der Gesellschaft haftbar bleiben;

d) anerkannte Forderungen, deren Gläubiger sich nicht gemeldet haben: diese müssen ebenfalls, ehe zu einer Ausschüttung geschritten wird, gerichtlich niedergelegt werden.

Es scheint erforderlich, den Werth dieser Bestimmungen im Einzelnen naher zu untersuchen.

Was zunächst das Sperrjahr betrifft, so genügt es, auf die Ausfuhrungen (XIII § 2) bei Erörterung der Reduction des Grundvermögens Bezug zu nehmen. Es ist zwar erforderlich, den Gläubigern eine Frist zur Anmeldung ihrer Ansprüche zu geben, welche auch nicht so knapp bemessen sein darf, daſs der Gläubiger etwa mit Wendung der Post seine Anmeldung vollziehen müfste. Letzteres empfiehlt sich um so weniger, als es in manchen Fällen, z. B. nach langjähriger umfangreicher Geschäftsverbindung und bei noch schwebenden complicirten Engagements recht mifslich sein kann, alle positiven und eventuellen Interessen definitiv angeben zu müssen. Grofse Consortialverbindungen, eventuelle Ansprüche aus Grundstücksgeschäften oder aus Bürgschaften, verwickelte Börsenengagements bergen oft Ansprüche, welche der Gläubiger nicht sofort erkennt, sondern erst im Laufe von Monaten erkennen lernt. In solchen Fallen mag die Frist eines Jahres nicht zu lang sein. In manchen anderen aber ist sie viel zu lang; und jedenfalls ist die gleichmäfsige Behandlung aller Actiengesellschaften, der sehr grofsen und der ganz kleinen, durchaus nicht am Platze. Denn es kommt doch in Betracht, dafs diese Frist allein die unbekannten Gläubiger interessirt, welche bei geordneter Buchführung nur immer in kleiner Zahl vorhanden sein können, dafs also, wenn die Masse im Ganzen sehr liquide ist, grofse Capitalien Jahr und Tag nur aus Rücksicht auf diese Ausnahmefälle den Actionaren vorenthalten werden müssen. Daher empfiehlt sich auch hier die Feststellung der Sperrzeit durch den Richter, eventuell auf Grund summarischer Prüfung der Bücher, innerhalb gesetzlich fixirter Zeitgrenzen, vielleicht von mindestens drei, und langstens fünfzehn oder achtzehn Monaten.

Die noch weiter erwähnten Vorsichtsmaafsregeln können für die Gesellschaft unter Umstanden über Gebühr drückend werden. Die Vertheilung der Masse darf erst beginnen, wenn die Schulden getilgt sind; jedem einzelnen Gläubiger, resp. für jede einzelne Schuld haftet die ganze Masse. Der Glaubiger kann Einspruch gegen die vorzeitige Vertheilung erheben, selbst wenn die Liquidatoren bereit sind, auf eigene Gefahr eine vorzeitige Theilung zu unternehmen; und er ist auch nicht verpflichtet, sich durch Prüfung der Vermögenslage davon zu überzeugen, dafs noch abseits der zur Vertheilung zu bringenden Summe ausreichende Deckungsmittel für seinen Anspruch vorhanden sind. Der vom Gesetz gebotene Ausweg der gerichtlichen Niederlegung ist bei Weitem nicht zureichend; denn nur liquide gemachte Beträge kann man gerichtlich hinterlegen. Besitzt z. B. eine Gesellschaft Grundstücke, welche nach rigorosester Schätzung den zehnfachen Werth einer noch schwebenden Verbindlichkeit repräsentiren, so sind dieselben doch zur gerichtlichen Niederlegung nicht verwendbar; der Gläubiger kann also die Ausschüttung der daneben vorhandenen liquiden Vermögensmasse inhibiren, während in Wahrheit reichliche anderweite Befriedigungsmittel fur ihn zuruckbleiben. Hieran lafst sich indefs ohne Verletzung von Fundamentalsätzen des Actienrechts nichts ändern.

Eine ungebührliche Belästigung der Actionäre ist aber noch in anderer Weise möglich, und wiederholt vorgekommen. Das Gesetz verordnet die gleichmäfsige Berucksichtigung der anerkannten wie der bestrittenen Ansprüche. Zu den letzteren gehören nicht nur diejenigen, welche trotz ihrer Zweifelhaftigkeit irgend eine vernünftige Basis haben, sondern auch solche, die rein aus der Luft gegriffen, der Bosheit oder einem andern unlauteren Motive entstammen; und da das Sperrjahr keine Verjährung herbeifuhrt, sondern, soweit Masse vorhanden ist, jede ganz verspätet angemeldete Forderung Berücksichtigung finden mufs, so ist folgerichtig Jeder in der Lage, durch Erhebung eines rein fingirten Anspruchs die Ausschüttung der Masse immer auf's Neue zu inhibiren.

Diesem Mifsbrauch sollte durch geeignete Mittel der Weg verlegt werden. Es würde sich sehr empfehlen, eine Vorschrift dahin zu geben, dafs die Gesellschaft zur Berücksichtigung unbekannter, erst nach Ablauf des Sperrjahres erhobener, nicht verbriefter Forderungen nur gegen Erlegung einer angemessenen Caution bei dem dieserhalb von ihr anzurufenden Handelsrichter verpflichtet sei, und dafs der letztere, analog einem bereits früher gemachten Vorschlage (XI., § 3), die frivole Geltendmachung rein erdichteter Forderungen durch ganze oder theilweise Einziehung der Caution zu strafen befugt wäre.

Die Ausschüttung der Vermögensmasse findet nun in der Praxis sehr selten mit einem Male statt; in der Regel gelangt das liquidirte Vermögen nur ratenweise zur Zahlung an die

Actionäre. Im Gesetz ist aber nirgends von dieser ratenweisen Vertheilung die Rede; es gilt nur die Vorschrift, dafs das Vermögen nach Tilgung der Schulden unter die Actionäre vertheilt werde*). Die Zulässigkeit der ratenweisen Zahlungen ist indefs mittelbar aus jener bereits erwähnten Vorschrift zu entnehmen, welche die Vertheilung des Gesellschaftsvermögens vor Erledigung schwebender Verbindlichkeiten und streitiger Forderungen gestattet, sofern der Betrag derselben gerichtlich niedergelegt, oder den Gläubigern eine angemessene Sicherheit bestellt wird**). Denn geschieht dies, und werden nicht alle gerichtlich hinterlegten Beträge von den geltend gemachten Ansprüchen absorbirt, so müssen diese noch nachträglich zur Vertheilung an die Actionäre gelangen. Dadurch ist die ratenweise Vertheilung von selbst gegeben. Gilt sie aber in solchem Falle, so darf sie auch sonst allgemein für zulässig erachtet werden***). Sie steht auch nicht in Widerspruch mit dem corporativen Rechtscharakter der Actiengesellschaft während der Liquidation. Die Folgen, welche im § 2 der Auschüttung beigemessen worden sind, haften an der Ausschüttung des letzten Restes. Erst durch das gänzliche Schwinden des Vermögenssubstrates verliert die Actiengesellschaft ihren Charakter als juristische Person. Die Hingabe der vorhergehenden Raten hat nur die gleiche Wirkung, welche die Reduction des Grundvermögens während des Bestehens der Gesellschaft ausübt. Dennoch wäre es nicht ganz überflüssig, wenn die Zulässigkeit gelegentlich einer neuen Gesetzgebung ausdrücklich statuirt würde.

Auch in Betreff des eigentlichen Vertheilungsactes entbehrt das geltende Recht aller speciellen Vorschriften. Es ist nichts weiter bestimmt, als dafs die versilberte Masse nach Tilgung der Schulden unter die Actionäre nach Verhältnifs

*) Art. 245, alin. I.

**) Art. 202, alin. II u. III.

***) Der Anspruch auf Auszahlung falliger Raten ist diesseits als naturales Individualrecht erklart (vergl. Abschn. X.); er ist auch, wenngleich nicht als Individualrecht bezeichnet, anerkannt vom R.-O.-H.-G. Entsch. Bd. III, S. 336 ff. Vergl. Thol a. a. O., Bd. I, S. 531.

ihrer Actien vertheilt werden soll*). Die Beschränkung auf diesen allgemeinen Satz könnte nur dann berechtigt sein, wenn Streitigkeiten über den Modus der Vertheilung absolut ausgeschlossen wären. Dies ist aber, wie die Praxis gelehrt hat, keineswegs der Fall. Es sind selbst bei lauter gleichberechtigten Actien Streitigkeiten denkbar, z. B. wenn Actionäre mit Einzahlungen im Rückstande sind, und die später in Liquidation getretene Gesellschaft nicht fur gut befunden hatte, ihre Inhaber zu präcludiren. Weit wichtiger sind die Fälle, wenn die Actienmasse aus Stammactien und Stammprioritätsactien, oder aus Actien verschiedener Emissionen mit verschiedenartigen statutarischen Rechten besteht, oder wenn etwa die Actien späterer Emissionen nicht voll eingezahlt sind**). Auch der Umstand, dafs ein Actionär zugleich Schuldner der Gesellschaft ist, kann, zumal bei nicht vollgezahlten Actien, von Einflufs auf den Theilungsplan werden, und Anlafs zu Streitigkeiten geben.

Die Liquidationsorgane gerathen hier bei dem Mangel jeder Unterstützung Seitens des geltenden Rechts häufig in eine schwierige Lage. Nicht etwa wegen der eventuellen Prozesse, denn diese sind der relativ günstige Fall; wohl aber in Betreff der Frage, ob und unter welchen Umständen auf Grund des von ihnen aufgestellten Theilungsplanes die Vertheilung der Masse vollzogen werden dürfe. Ist der Theilungsmodus zweifelhaft, so mufs sich der Theilungsplan zu einer der verschiedenen Ansichten bekennen. Es fehlt aber den Liquidatoren jedes Mittel, um die Actionäre binnen einer bestimmten Frist oder überhaupt zur Erklärung über den Theilungsplan zu nöthigen, und so entweder die allseitige Anerkennung zu constatiren, oder den Umfang der Streitfragen abzugrenzen. Dafs ein etwa durch die Gesellschaftsblatter publicirter, oder am Domicil der Gesellschaft zur Einsicht aufgelegter Theilungsplan, sofern er binnen einer von den Liquidatoren festgesetzten Frist keinen Widerspruch erfahren hat, allseitig anerkannt sei, würde aus dem geltenden Recht nicht mit Sicherheit begründet werden können.

---

*) Art. 245, alin. 1.

**) Vergl. Abschn. II, § 3.

Die Liquidationsgesellschaft bedarf in dieser Beziehung eines ähnlichen Hilfsmittels, wie es dem Concurscommissar durch ausdrückliche Gesetzesvorschrift an die Hand gegeben ist. Nur erscheint es bedenklich, die Organe einer privaten Gesellschaft zu Maafsnahmen zu ermächtigen, welche eventuell den Verlust von civilrechtlichen Ansprüchen zur Folge haben können. Deshalb möchte hier eine Mitwirkung des Richters angezeigt sein. Das einzuführende Verfahren wäre sehr einfach: der Liquidationsvorstand wäre befugt, sich unter dem Nachweise, dafs die Sperrzeit abgelaufen sei, an den Handelsrichter mit dem Antrage zu wenden, in Betreff eines von ihm überreichten Vertheilungsplanes das öffentliche Aufgebot zu veranlassen. Der Handelsrichter hätte nach Prüfung der Sachlage die Actionäre zur Einsicht des an der Gerichtsstelle auszulegenden Theilungsplanes und zur Anmeldung ihrer Einwendungen gegen denselben binnen einer präclusivischen Frist von vielleicht 14 Tagen oder 4 Wochen aufzufordern, eventuelle Einwendungen anzunehmen, und sie nach Ablauf der Frist der Gesellschaft sammt der Bescheinigung zugehen zu lassen, dafs andere nicht erhoben worden seien. Die rechtliche Wirkung dieses Verfahrens müfste dahin fixirt werden, dafs spätere Einwendungen nur bezüglich der noch nicht zur Vertheilung gebrachten Quote zuzulassen seien. Eine Beurtheilung der rechtzeitig erhobenen Einwände wäre nicht Sache des Handelsrichters, sondern der Liquidationsorgane, welche zu prüfen hätten, in welchem Umfange die Vertheilbarkeit der Masse für die Dauer des Streites ausgeschlossen werde. Sie könnten dann entweder die opponirenden Actionäre auf Anerkennung des Theilungsplanes verklagen, oder die Anstellung der Klage Seitens dieser vermittelst eines Diffamationsprozesses erzwingen.

Die Einführung eines solchen Verfahrens scheint unerläfslich. Aus der Praxis der vergangenen Jahre sind Fälle zu constatiren, wo Liquidatoren die Vertheilung der Masse im vollen Bewufstsein des eigenen Risicos vorgenommen haben, weil sich schlechterdings kein Mittel finden liefs, um die Anerkennung des an sich nicht unbestreitbaren Theilungsprincips zu erlangen. Allerdings kann es auch Liquidationen geben, wo dieses Aufgebot entbehrlich ist, vornehmlich bei kleinen Gesellschaften, deren Actionäre ohnehin einen stetigen Verkehr mit dem Vorstande unterhalten. Um daher die vorgeschlagene Maafsregel nicht zu einer unnützen Belastung derjenigen Gesellschaften zu machen, die ihrer nicht bedürfen, wäre es gerathen, sie nicht obligatorisch, sondern nur facultativ hinzustellen. Dann haben die Liquidatoren in jedem Falle die Wahl. Sind sie ihrer Sache gewifs, oder vermögen sie auf anderem Wege die Zustimmung aller Interessenten zu ihrem Vertheilungsplane zu erreichen, so brauchen sie ein Aufgebotsverfahren nicht zu beantragen. Sind sie der Anerkennung nicht sicher, was insbesondere bei grofsen Actiengesellschaften der Fall sein dürfte, so werden sie gut thun, sich durch Veranstaltung dieses Verfahrens den Rücken zu decken. Das Aufgebot würde übrigens, wenn auch die Vertheilung in mehreren Raten erfolgte, auf die erste Rate beschrankt werden können, falls der Plan so entworfen ist, dafs das gesammte Theilungsprincip daraus hervorgeht.

---

§ 7.

Die Vorbedingungen der Löschung.

Die Actiengesellschaft wird als juristische Person durch die Eintragung existent; sie mufs also diese Qualitat durch die Löschung verlieren. Die Rechtssicherheit erfordert, dafs Actiengesellschaften, welche thatsächlich nicht mehr existiren, aus dem Register gestrichen werden; sie erfordert aber auch, dafs keine Streichung anders als in Uebereinstimmung mit den Thatsachen erfolge. Daher ist es eine wichtige Frage, unter welchen Voraussetzungen der Handelsrichter die Löschung vornehmen darf, die er andererseits bei dem Vorhandensein dieser Voraussetzungen nicht unterlassen soll. Ist die Gesellschaft gelöscht, so kann sie keine Rechtshandlungen mehr vornehmen; sie kann weder klagen noch verklagt werden, sie kann also auch beispielsweise nicht mehr diejenige Rolle übernehmen, welche ihr das geltende Recht*) bei Regreſsklagen der Gläubiger gegen die Liquidatoren zuweist**). Daraus folgt zugleich, daſs die Liquidatoren der Löschungsfrage nicht immer unparteiisch gegenüberstehen, daſs sie zuweilen an einer beschleunigten Löschung interessirt sein können.

Der sicherste Weg, eine vorzeitige Löschung zu vermeiden, bestände in der Forderung des Nachweises, daſs die Passiva sammtlich getilgt, und die Activa unter die Actionäre vertheilt seien. Es versteht sich aber von selbst, daſs dieser Weg nicht vorgeschrieben werden kann; er würde eine ungebührliche Erschwerung des Amtes der Liquidatoren, und eine unerträgliche Belastung des Handelsrichters ausmachen, der sich zuletzt doch noch auf das Gutachten kaufmännischer Sachverständiger verlassen müſste. Andererseits ist der bisher Mangels aller näheren Vorschriften gebräuchliche Modus, daſs der Handelsrichter sich bei der Löschung mit der Anzeige von der vollendeten Liquidation begnügt, durchaus unzureichend. Die Vorbedingungen der Löschung sollten gesetzlich festgestellt sein, und zwar wie folgt: die Liquidatoren müſsten diejenigen Gesellschaftsblätter im Original beibringen, aus denen hervorgeht, daſs die dreimalige öffentliche Aufforderung an die Gesellschaftsgläubiger erlassen sei. Sie müſsten zugleich eine eidesstattliche Versicherung dahin abgeben, daſs alle aus den Büchern der Gesellschaft hervorgehenden, oder ihnen sonst bekannten oder geltend gemachten Verbindlichkeiten, soweit die betreffenden Ansprüche nicht aufgegeben oder rechtskräftig aberkannt worden, getilgt, und daſs die verbliebenen Activa unter die Actionäre vertheilt seien. Hiernächst sollte der Handelsrichter in den Gesellschaftsblättern zu drei verschiedenen Malen, mit Intervallen von mindestens acht Tagen eine Bekanntmachung dahin erlassen, daſs die Löschung der

*) Art. 245 alin. IV. Die Regreſspflicht des Vorstandes betrifft hier den Fall, wenn der letztere, anstatt die ernannten Liquidatoren beim Handelsrichter anzumelden, oder ehe solche ernannt wären, selbst ohne Weiteres zur Vertheilung des Gesellschaftsvermogens geschritten wäre; vergl. v. Hahn a. a. O. S. 672.

**) Vergl. Abschn. VII § 3; die Liquidatoren mussen die rechtswidrig vertheilten Beträge zur Casse der Gesellschaft erstatten; diese repartirt sie sodann unter die Gläubiger.

Gesellschaft beantragt sei, und dafs alle Diejenigen, welche Einwendungen dagegen erheben wollen, sich binnen einer bestimmten Frist zu melden hatten. Die Frist selbst wäre ähnlich derjenigen, welche fur die Meldungen der Gläubiger bei Beginn der Liquidation festgesetzt wird, zu bemessen. Meldet sich dann Niemand, so geschieht die Löschung. Werden aber Einwendungen erhoben, so hat der Handelsrichter über ihren Inhalt zu entscheiden, und nach eingetretener Rechtskraft der von ihm gefällten Sentenz, gegen welche zunachst der allgemein geltende Instanzenzug zulässig wäre, und wobei die Parteirollen den widersprechenden Interessenten und den Liquidatoren zufallen müfsten, gemäfs dem Inhalt derselben zu verfahren.

Die Vorbedingungen der Löschung regen aber noch andere Bedenken an.

Zunächst fragt es sich, ob mit der Zahlung der letzten Rate das Actionärrecht als gänzlich erloschen gelten soll. Die gegenwärtige Praxis bejaht diese Frage. Daher ist es auch aus rein praktischen Gründen gebräuchlich — wenngleich nirgends vorgeschrieben — den Actienbrief gegen Empfang der letzten Rate an die Gesellschaft auszuantworten. Es ereignet sich aber zuweilen, dafs nach vollständiger Ausschüttung der Masse noch Activa zum Vorschein kommen, deren Vertheilung den Liquidatoren dann Umstände und Verlegenheiten bereitet.

Wichtiger ist die Rücksicht auf die Passiva. Ignoriren die Liquidatoren aus Fahrlassigkeit irgend ein Passivum, so sind sie nach geltender und ohne Zweifel aufrecht zu erhaltender Vorschrift persönlich und solidarisch zur Erstattung der zur Unzeit ausgezahlten Beträge verpflichtet. Die Vorschrift ist ein Schutzmittel zu Gunsten der Gläubiger. Sie schliefst aber nicht aus, dafs auch die Actionäre selbst zur Rückzahlung der zur Ungebühr empfangenen Beträge angehalten werden dürfen; dies ist insbesondere für die Gläubiger von Wichtigkeit, wenn Liquidationsvorstand und Aufsichtsrath zur Erstattung unvermögend sind. Es läfst sich kein innerer Grund dafür geltend machen, dafs die Actionäre die erhaltenen Beträge insoweit sie zu Unrecht gezahlt waren, nicht sollen zurückgeben müssen. Zwar gilt aus Rücksichten der Zweckmäfsigkeit die Vorschrift, dafs der Actionär in gutem Glauben erhobene Zinsen und Dividenden unter keinen Umständen zurückzugeben verpflichtet sei*) (Art. 218); es besteht aber kein Anlafs, diese ohnehin bedenkliche Anomalie auch noch auf die viel gröfseren Hebungen aus der Liquidationsmasse auszudehnen.

Aus diesen und verwandten Ursachen folgt das Bedürfnifs, eine Geltendmachung von Rechten für und wider auch nach der gänzlichen Ausschüttung der Masse noch zu ermöglichen. Die blofse Belassung des Actienbriefes in der Hand des Actionärs wäre hierfür kein ausreichendes Mittel; sie würde nur diesen, nicht auch die Liquidationsorgane sichern. Dagegen würde eine Sicherung beider Theile stattfinden durch Aufstellung des Rechtssatzes: «dafs die Actie bei Empfangnahme der letzten Rate nicht mehr als Inhaberpapier gelte.» Privatrechtliche Interessen würden durch diesen Grundsatz nicht verletzt; denn in dem Augenblick, wo die letzte Rate in Empfang genommen wird, hat der Zweck des Inhaberpapiers aufgehört. Dagegen würde dieser Satz bewirken, dafs der Actionär nicht als unbenannter Träger eines Actionärrechts, sondern als bestimmte Person die letzte Zahlung in Empfang nehmen müfste. Dies würde die Möglichkeit bieten, nachträglich noch aufkommende Beträge an den in das Actienbuch einzutragenden Empfänger zu zahlen, irrthümliche Zahlungen, resp. Beiträge zur Deckung noch nachgewiesener Passiva zurückzufordern, auch bis zur Löschung noch erforderlich werdende Generalversammlungen zu veranstalten etc. etc.

Allerdings wäre die Regrefspflicht des Empfängers auf den Betrag der letzten Rate beschränkt; dies würde aber für die Mehrzahl der Fälle um so eher ausreichen, als die Liquidatoren es in der Hand hätten, die letzte Rate zu ihrer eigenen Sicherheit nicht allzu geringfügig zu gestalten.

---

*) Renaud, a. a. O. S. 675 und Protocolle S. 335 ff. und S. 1044.

§ 8.

Pflege der Gesellschaftsinteressen und Sorge für die Handlungsbücher nach Löschung der Gesellschaft.

Selbst nach-vollzogener Löschung können noch Gesellschaftsangelegenheiten bestehen, auf Seiten der Actionäre und dritter Personen. Für die Actionäre kommt in Betracht, dafs sich, wie schon bemerkt, trotz sorgfaltiger Buchführung noch Activa zeigen können, deren Vertheilung möglich sein mufs. Der Interessenkreis einer grofsen, inmitten des geschäftlichen Gewühls lange Jahre thätig gewesenen Gesellschaft ist eben nicht immer durch das Liquidationsverfahren dergestalt auszutilgen, dafs sich nicht noch später in irgend einem verborgenen Winkel ein Vermögensobject vorfindet, z. B. ein Percipiendum aus einem längst vergessenen Consortialgeschäft, ein für verloren gehaltener Zinsenrest oder etwas dergleichen. Die Vertheilung solcher Werthe würde durch Etablirung des im vorigen Paragraphen vorgeschlagenen Rechtssatzes sehr erleichtert sein, sofern nur ein Vertreter der Gesellschaftsinteressen eingesetzt ist.

Praktisch wichtiger ist aber diejenige Vertretung der ehemaligen Gesellschaft, welche auf ihre Handlungsbücher und sonstigen Schriftstücke Bezug hat. Diese Urkunden können noch, wenn die Gesellschaft längst nicht mehr besteht, zum Nachweise der Rechte Dritter von der gröfsten Erheblichkeit werden. In Anerkennung davon gilt bereits die Vorschrift, dafs die Handlungsbücher der aufgelösten Gesellschaft zehn Jahre lang an einem vom Handelsgericht zu bestimmenden sicheren Orte zur Aufbewahrung niederzulegen sind (Art. 246), wie ein Gleiches auch den privaten Kaufleuten vorgeschrieben ist.*) Die zehnjährige Frist ist dem *Code de commerce* entnommen**) und, wie die Motive zum preufsischen Entwurf einräumen, insofern zu kurz bemessen, als sie mit den für die Klagverjährung geltenden Fristen nicht über-

*) Art. 33 H.-G.-B. Vergl. die Motive des preufsischen Entwurfs zu Art. 33 und 204.

**) Code de commerce art. 11.

einstimmt. Entsprechend den letzteren hätte sie auf dreifsig Jahre normirt werden müssen; die Abkürzung ist aus Rücksicht auf die mit der langen Dauer zusammenhängenden Beschwerlichkeiten zugelassen. Dieser Mangel wäre leicht zu ertragen; denn zehn Jahre sind, zumal unter heutigen Verkehrsverhältnissen, immerhin eine lange Zeit. Die Bestimmung ist aber in anderer Beziehung unzulänglich; sie redet nur von dem Aufbewahrungsorte, nicht von dem Verwahrer selbst, sie verordnet nicht, in welchem Umfange der Eigenthümer der Aufbewahrungsstätte, oder ein Anderer das Verfügungsrecht über die hinterlegten Bücher und Schriften haben, und wer zur Einsichtnahme derselben befugt sein soll. Es gilt in dieser Beziehung die Ansicht, dafs alle Interessenten, also alle ehemaligen Actionäre, resp. ihre Rechtsnachfolger, zur Einsichtnahme befugt seien.*) Man folgert dies aus der deutlicheren Fassung der analogen Vorschrift über offene Handelsgesellschaften,**) woselbst ausdrücklich bestimmt ist, dafs die Gesellschafter und deren Rechtsnachfolger das Recht auf Einsicht und Benutzung der Bücher und Papiere behalten.***)

Diese analoge Anwendung ermangelt aber des inneren Grundes; denn die ehemaligen Socien der offenen Handelsgesellschaft haben in anderem Verhältnifs zu dieser gestanden, als die ehemaligen Actionäre zur Actiengesellschaft. Die ersteren haften mit ihrem vollen Vermögen für etwaige sich später ergebende Passiva; und zur Zeit des Bestehens sind sie wenigstens in der Regel die ausschliefslichen Leiter. Antheilsrecht und Gesellschaftsleitung sind bei ihnen nicht in dem Maafse getrennt, wie bei den Actionären. Es versteht sich also von selbst, dafs sie und Niemand anders als sie das Recht zur Einsichtnahme in die Bücher auch noch nach Auflösung der Societät haben darf. Den Actionären dagegen hat das gleiche Recht während des Bestehens der Gesellschaft nie zugestanden. Wollte man es ihnen später uneingeschränkt gewähren, so wäre damit eine bedenkliche Preisgebung privater Verhältnisse verbunden. Der vorsichtige Geschäftsmann müfste

*) Renaud a. a. O. S. 839 und Hahn a. a. O. S. 673.

**) Vergl. die Vorigen und Keyssner, Commentar, S. 236.

***) Art. 145 alin. II.

sich besinnen, ob er seine Vermögensinteressen einer Bank anvertrauen solle, deren Bücher nach ihrer Auflösung, wenn nicht für jeden Dritten, so doch für einen sehr grofsen Kreis Dritter offenliegen. Die Einsichtnahme in die Bucher und Schriften der Gesellschaft dürfte nur Demjenigen zustehen, welcher ein legales Interesse nachweist, und nur in dem Umfange desselben. Die Gesellschaftsscripturen und Bücher bedürfen also eines Verwahrers, und die sonst noch möglichen Interessen eines Pflegers. Ein solcher sollte vor Löschung der Gesellschaft bestellt, und sein Name bei der gelöschten Firma im Handelsregister vermerkt werden. Er wäre analog der Bestimmung des Art. 246 auf zehn Jahre einzusetzen, und zwar nach Wahl der Generalversammlung mit oder ohne die Befugnifs, sich selbst einen Nachfolger zu substituiren. Erhält er die letztere nicht, oder kann er sie nicht ausüben, so mufs der Handelsrichter zur Bestellung des Pflegers für den Rest der Zeit berufen sein. Die Vereinbarung eines Aequivalents für die Mühwaltung fiele der Generalversammlung zu. Der Pfleger hätte etwa noch aufkommende Activa zur Vertheilung zu bringen, sofern die Vertheilungskosten das Object nicht aufzehren; in letzterem Falle sollte er ermächtigt sein, den Betrag der Ortsarmenkasse zu überweisen. Ferner hätte er vorkommenden Falls die Bücher und Schriften der Gesellschaft den Interessenten oder auf Erfordern dem Gericht zu präsentiren, und nach Ablauf der zehnjährigen Frist für die Vernichtung derselben Sorge zu tragen.

---

§ 9.

Rechenschaftslegung und Verantwortlichkeit der Liquidationsorgane.

Da der Eintritt des Liquidationszustandes den Rechtscharakter der Actiengesellschaft nicht alterirt, so ubt er auch keinen Einflufs auf die formelle Seite der ferneren Geschäftsgebahrung. Die Continuität derselben wird nicht unterbrochen, es bedarf weder eines Abschlusses der Bücher noch einer

Inventur; der Eintritt der Liquidatoren an Stelle der Vorstandsmitglieder hat zunächst keine andere Bedeutung, als ein Wechsel im Vorstande während des Bestehens der Gesellschaft. Eine Wirkung der Zweckveränderung wird erst nach und nach an den einzelnen Activis der Gesellschaft erkennbar, insofern diese liquide gemacht, und die flüssigen Beträge nicht aufs Neue zu geschäftlichen Zwecken verwendet werden.

Daher mufs auch die Rechenschaftslegung wahrend der Liquidation ganz die gleiche sein, wie während des Geschäftsbetriebes. Die Liquidatoren sind zu keiner anderen Rechenschaft über das Liquidationsgeschäft verpflichtet, wie der Vorstand während des Bestehens der Gesellschaft; sie sind insbesondere nicht etwa schuldig, über das Schicksal jedes einzelnen bei Uebernahme ihres Amtes vorgefundenen Activums besondere Rechnung zu legen. Das wäre, zumal bei grofsen Vermögensmassen, ein geradezu unerfüllbares Verlangen. Ihre Aufgabe kann nur darin bestehen, das Fragentableau zu beantworten und die jahrliche Bilanz aufzustellen, welche den etwaigen Gewinn, d. h. den Ueberschufs der Activa über die Passiva, nicht mehr als solchen, sondern als Ueberschufs zu bezeichnen hat. Aus einer vergleichenden Zusammenstellung der jährlichen Bilanzen und der jährlichen Antworten auf das Fragenschema während des Zeitraumes der Liquidation vermag dann der Actionär die Resultate der Abwickelung selbst zu entnehmen. Allerdings können die Actionäre ein besonderes Interesse an dem Schicksal bestimmter, für das Resultat der Abwickelung vorzüglich mafsgebender Activa haben, sodafs ihnen in dieser Beziehung die Beantwortung des Fragentableaus eine erschöpfende Aufklärung vielleicht nicht gewährt. In vielen Fällen würde hierbei schon das Gewinn- und Verlust-Conto, welches nach kaufmännischen Begriffen zu einer ordnungsmäfsigen Bilanz gehört — daher auch fernerhin mit der letzteren zu verbinden sein wird, — genügende Belehrung geben. Trotz dessen möchte es sich empfehlen, durch ausdrückliche Gesetzesvorschrift der Generalversammlung, welche die Liquidation beschliefst, die Befugnifs zur Festsetzung von Fragen zu gewähren, welche der Liquidationsvorstand alljährlich, abgesehen von den gesetzlichen und statutarischen, während der Dauer der Liquidation zu beantworten hätte.

Die Rechenschaftslegung mufs sich über das Abwickelungsgeschäft bis zu dessen äufserster Grenze erstrecken; und so lange Activa noch nicht versilbert, oder Passiva noch nicht getilgt sind, ist diese Grenze nicht erreicht. Daher hat die letzte Rechenschaftslegung den Zeitraum von Beginn des Geschäftsjahres bis zum Tage der vollzogenen Abwickelung zu umfassen. Es bedarf aber keiner dieses Recht besonders schützenden Vorschrift; denn die öffentliche Bekanntmachung des Löschungsantrags giebt jedem einzelnen Actionär Gelegenheit, die letzte Rechenschaft indirect zu erzwingen.

Was die Verantwortlichkeit der Liquidationsorgane betrifft, so durfte sich für den Aufsichts- resp. Verwaltungsrath durch Eintritt des Liquidationszustandes an den geltenden, resp. vorgeschlagenen Bestimmungen nichts zu ändern haben. Er bleibt in der gleichen Position wie vorher, nur dafs seine corrigirende, berathende, kritisirende Thätigkeit den durch den Auflösungsbeschlufs veränderten Zweck zur Richtschnur zu nehmen hat.

Die Verantwortlichkeit des Liquidationsvorstandes kommt, wie die des Vorstandes, gegenüber den Gläubigern und gegenüber der Gesellschaft in Betracht. Was die ersteren betrifft, so ist sie auf bestimmte, bereits ausführlich erörterte Fälle zu beschränken. Die Gläubiger, welche nur mit der Gesellschaft selbst verhandeln, und sich auch nur an diese zu halten haben, sind in gewissen schon früher dargelegten Beziehungen (vgl. VII § 3) Schutzbefohlene der Liquidatoren, resp. des Aufsichtsraths; im Umfange der entsprechenden Pflichten sind letztere daher den Gläubigern verantwortlich. Dabei wird es auch in Zukunft verbleiben müssen; nur wäre zu wünschen, dafs das Princip in einem künftigen Gesetz klar zum Ausdruck käme.

Die Regelung der Verantwortlichkeit gegenüber der Gesellschaft erschöpft sich in der Frage, ob der für die Responsabilität des Gesellschaftsvorstandes empfohlene Grundsatz — Haftpflicht für *omnis culpa* in Verwaltungsangelegenheiten, Verantwortlichkeit gemäfs der *diligentia quam in suis* bei der eigentlichen Geschäftsführung — unverändert aufrecht zu erhalten sei. Diese Frage kann nicht bejaht werden. Wenngleich der Liquidationsvorstand, wie in § 2 dieses Abschnitts gezeigt worden, nicht selten in die Lage kommt, neue Geschäfte abzuschliefsen, und, zumal während der ersten Zeit der Liquidation eine der wirklichen Geschäftsführung ähnliche Aufgabe hat, so ist die letztere doch in einem Punkte wesentlich von jener verschieden; sie ist nicht die Thätigkeit eines nach Verdienst ringenden Geschäftsmanns, sie erfordert nicht den eigentlichen Geschäftsgeist des Kaufmanns, sie ist lediglich administrativer Natur. Was der Liquidator zu thun hat, mufs jeder verständige Mann durch Fleifs, Umsicht und Sorgfalt, eventuell unter Heranziehung von Sachverständigen, leisten können. Er übernimmt nicht eine einheitliche Aufgabe, sondern eine gröfsere oder kleinere Anzahl einzelner Arbeiten. Selbst die neuen Geschäfte treten nur aus administrativen Gründen an ihn heran. Sie können und sollen nicht in weitaussehenden, mit Risico verbundenen, einer verwickelten geschäftlichen Situation, dem Geldbedürfnifs und anderen Rücksichten angepafsten Unternehmungen bestehen, ihr Zweck und das Criterium ihrer Zulässigkeit ist immer nur der sichere, auf der Hand liegende Vortheil zu Gunsten der Versilberung der Masse, oder der Lösung von Verbindlichkeiten. Daher wäre es unbillig gegen Diejenigen, deren Interessen in die Hände der Liquidatoren gelegt sind, wenn man die Verantwortlichkeit der letzteren nach der *diligentia quam in suis* bemessen wollte. Die Mitglieder des Liquidationsvorstandes müssen als bezahlte Beamte durchweg für *omnis culpa* haftbar sein.

Eine abweichende Ansicht über diese Haftpflicht vertritt Renaud*), welcher die Liquidatoren den einzelnen Actionären und deren Rechtsnachfolgern für verantwortlich erklärt. Diese Auffassung bedarf indefs keiner Widerlegung, sie ist die Consequenz von Renaud's Ansicht über den Rechtscharakter der Actiengesellschaft nach beschlossener Auflösung. Der letzteren entspricht sie vollkommen; sie steht und fällt aber mit dieser Prämisse.

*) Renaud, a. a. O. S. 866 ff.

Nicht zu übergehen ist endlich die Frage, ob die Beseitigung von Liquidatoren während der Dauer ihrer amtlichen Thätigkeit auf Antrag einzelner Actionäre zulässig sein, und dem Handelsrichter eine entsprechende Befugnifs beigelegt werden solle.

Anlafs zu einem Zweifel über den bezüglichen Inhalt des geltenden Rechts hat der Art. 134 H.-G.-B. gegeben, der dem Handelsrichter eine Befugnifs dieser Art gegenüber den Liquidatoren der offenen Handelsgesellschaft verleiht, und welcher mit einem Schein von Berechtigung zu denjenigen Bestimmungen gezählt werden kann, die nach Art. 244 alin. II auch bei Actiengesellschaften gelten. Die Unrichtigkeit dieser Annahme ist bereits vom Reichsoberhandelsgericht mit überzeugenden Gründen dargethan worden*).

Es fragt sich indefs, ob nicht eine Anordnung solchen Inhaltes für Actiengesellschaften ganz zweckmäfsig wäre, vornehmlich als Schutzmittel gegen eine mifsbräuchliche Anwendung der ausgedehnteren Befugnisse, welche dem Liquidationsvorstande nach den in § 4 gemachten Vorschlägen fortan eingeräumt werden sollen. Jetzt ist die Vollmacht der Liquidatoren so beschränkt, dafs sie andere als Abwickelungsgeschäfte nicht zu vereinbaren vermögen. Sind sie also gewissenlos, so können sie höchstens die Liquidation hinziehen. Dagegen ist es ihnen verwehrt, die allgemeine Vermögenslage von dem Ziele der totalen Versilberung durch neue Geschäfte noch weiter zu entfernen. Die letztere Möglichkeit würde aber fortan bestehen, und es könnte der böse Wille der Liquidatoren sogar durch die Majorität oder durch eine einflufsreiche Gruppe von Actionären im Dienste privater Interessen unterstützt werden. Die Liquidatoren könnten die Abwickelung unter nichtigen Vorwänden hinziehen, neue Geschäfte abschliefsen und durch Scheingründe rechtfertigen, und so den Zweck des Auflösungsbeschlusses Jahre lang, oder wenigstens länger als nöthig, unerfüllt lassen. Stände ihnen hierbei die Majorität der Generalversammlung zur Seite, so wäre der einzelne Actionär machtlos. Gegen

---

*) Entsch. Bd. XVII, S. 44.

eine derartige Vergewaltigung mufs unzweifelhaft ein Hilfsmittel gewährt werden, wenn nicht anzunehmen ist, dafs ein solches schon in Vorschlag gebracht sei. Es würde nämlich jene in § 5 empfohlene Bestimmung, dafs der Handelsrichter auf Anrufen des zehnten Theils der Actionäre, sofern ihm die Vernachlässigung von Activis nachgewiesen wird, Specialbevollmächtigte einsetzen darf, mittelst einer allgemeineren Fassung auch auf den vorliegenden Fall zur Anwendung zu bringen sein. Denn auch in der Verschleppung der Realisirung liegt eine Vernachlässigung. Der Handelsrichter könnte dann die von ihm ertheilte Specialvollmacht auf einen sehr grofsen Theil der Activa ausdehnen, und so die säumigen Liquidatoren aus ihrem Amte, welches sie formell behalten, materiell hinausdrängen. Die Zulässigkeit solcher Maafsnahmen würde die Actionäre vor der Gefahr einer Verschleppung vollkommen sichern.

Kaum der Erwähnung bedarf es schliefslich, dafs die im Abschnitt XI vorgeschlagenen Schutzmittel auch für und gegen die Liquidationsorgane anwendbar sein müssen.

XV.
Zweigniederlassungen.

Die Förderung eines geschäftlichen Unternehmens kann abseits der von der eigentlichen Centralstelle entwickelten Thätigkeit durch mancherlei secundäre Einrichtungen geschehen. Müfsiges Geld kann bei einem andern, des Geldes bedürftigen Unternehmen angelegt werden; ein dauerndes Bündnifs zweier sich in ihrer Thätigkeit ergänzenden Unternehmungen kann der Förderung der beiderseitigen Interessen dienen. Nicht selten werden auch beide Mittel, Geldanlage und enge Verbrüderung, zusammen zur Anwendung gebracht. Es kann ferner dem Interesse entsprechen, den vorgesetzten Zweck durch gleichartige, an verschiedenen Orten selbstständig arbeitende, einander unterstützende Centralstellen zu verfolgen. Sind dagegen die verschiedenen Unternehmungen eines Geschäftsmannes nicht gleichartig, so kann er dieselben als Unterabtheilungen des Gesammtgeschäfts, er kann sie auch formell gesondert als selbstständige Niederlassungen, er kann sie endlich in der Weise etabliren, dafs die eine als blofse Abzweigung der anderen hingestellt ist.

Es haben sich im Handelsrecht gewisse, diesen verschiedenartigen Zwecken dienende Institute herausgebildet, welche zum Theil auch in das Recht der Actiengesellschaften hinübergreifen. Die Nutzbarmachung müfsigen Geldes bei fremden Unternehmungen erfolgt am häufigsten durch die Commandite. Der Commanditist ist nicht nothwendig selbst ein Geschäftsmann; geschieht aber die Commanditirung Seitens eines solchen, so ist sie meistens mit dem Bestreben verbunden, das eigene Unternehmen durch ein Zusammenwirken mit der Commanditgesellschaft zu fördern. Und am häufigsten ist das gleichzeitig geschlossene Bündnifs der Anlafs zur Herstellung des commanditistischen Verhältnisses.

Einem anderen der vorbezeichneten Zwecke dient die Agentur. Ihr Werth besteht darin, dafs sie die Interessen eines Geschäftshauses am fremden Orte wirksamer als die blofse Correspondenz unterstützen kann. Der Agent ist Bevollmächtigter des Hauses, welches er repräsentirt; seine Befugnisse richten sich nach dem Umfange seiner Vollmacht. Die Agentur ist deshalb ein rein thatsächlicher Begriff, der Agent kann zum Abschlufs von Geschäften ermächtigt sein, allgemein oder innerhalb gewisser Grenzen; er kann auch darauf beschränkt sein, Geschäfte einzuleiten, deren Bestätigung dem Machtgeber vorbehalten ist.

Will aber der Kaufmann am fremden Orte nicht durch Dritte vertreten sein, sondern als Handelshaus daselbst erscheinen, sich zum dauernden Geschäftsbetriebe unter der eigenen Firma und unter dem Schutze des Ansehens, welches die Hauptniederlassung geniefst, etabliren, so dient diesem Zwecke die formelle Zweigniederlassung. Auch sie ist ein thatsächlicher Begriff, denn der Umfang der Befugnisse ihrer Vertreter hängt ebenfalls von der Vollmacht ab; sie hat aber im Gegensatze zur Agentur die Fahigkeit, sich nach dem Willen des Principals zu einem der Hauptniederlassung ebenbürtigen Unternehmen zu gestalten. Auch weist sie die eine rechtliche Eigenthümlichkeit auf, dafs sie einen dauernden Geschäftsbetrieb voraussetzt.

Die Publicität, welche vom Handelsgesetzbuch hinsichtlich der bestehenden kaufmännischen Niederlassungen gefordert wird, verlangt, dafs wirkliche Zweigniederlassungen in das Handelsregister des Orts, an dem sie sich befinden, eingetragen werden. Ist also thatsächlich eine Niederlassung vorhanden, so mufs der Richter den Principal derselben, eventuell durch Zwangsmittel, zur Anmeldung nöthigen. Geschieht dagegen die letztere freiwillig, so hat der Richter nicht zu prüfen, ob die Niederlassung an sich geeignet sei, die beabsichtigte geschäftliche Thätigkeit zu entwickeln. Der Wille des Inhabers der Hauptniederlassung, eine Zweigniederlassung etabliren zu wollen, ist ein ausreichender Grund für die Eintragung. Es ist auch nicht Gegenstand der richterlichen Prüfung, ob die Niederlassung denselben Geschäftszweig betreibe, wie das Principalhaus. Man kann daher die Gleichartigkeit der Geschäfte nicht als eine rechtliche Eigenthümlichkeit der Zweigniederlassung hinstellen*). Der Kaufmann, welcher in Berlin ein Getreidegeschäft, in Stettin ein Spiritusgeschäft betreibt, kann das eine zu dem andern in das Verhältnifs der Zweigniederlassung zur Hauptniederlassung setzen, wie er andererseits auch befugt ist, jedes derselben unter besonderer Firma als selbstständiges Handelsunternehmen zu etabliren. Hieraus folgt, dafs gegenüber privaten Kaufleuten, also gegenüber Einzelfirmen, offenen Handelsgesellschaften und Commanditgesellschaften, ein specieller Zwang zur Anmeldung einer Handelsniederlassung als Zweigniederlassung nicht geübt werden kann. Der Handelsrichter kann immer nur fordern, dafs das betreffende Geschäft als Handelsniederlassung angemeldet werde; die Wahl der Form steht dem Inhaber anheim.

Ein directer Zwang ist dagegen bei solchen Handelsgesellschaften möglich, welche rechtlich behindert sind, ihre local getrennten Geschäftsunternehmungen in verschiedene selbstständige Geschäftshäuser zu zerlegen. Dies sind aufser den Commanditgesellschaften auf Actien die Actiengesellschaften. Die Actiengesellschaft kann nur ein einziges Unternehmen bilden, sie kann nicht Trägerin verschiedener, etwa nur durch Personeneinheit zusammenhängender, sonst selbstständiger Geschäfte sein; sie kann nur e i n e Firma haben, nur e i n e n Sitz wählen, nur den in i h r e m Statut vorgezeichneten Zweck verfolgen. Daher kann sie sich wohl commanditistisch bei andern Handelsunternehmungen betheiligen, auch nach ihrem Ermessen Agenturen errichten; aber die Errichtung mehrerer selbstständiger Geschäfte ist ihr versagt. Um an einem andern Orte als dem ihres eigent-

*) Vgl. dagegen Lesse in Busch's Archiv Bd. I, S. 259.

lichen Sitzes ihren Gesellschaftszweck selbst verfolgen zu können, bleibt ihr nur die Form der Zweigniederlassung, welche für Actiengesellschaften im Art. 212 ausdrücklich zugelassen ist.

Wie aber die Eintragung der Actiengesellschaft in das Handelsregister für dieselbe im Allgemeinen eine weitergehende Bedeutung hat, als für den privaten Kaufmann, so gilt das Gleiche auch bezüglich der Eintragung ihrer Zweigniederlassung. Die offene Handelsgesellschaft besteht, sobald sie thatsächlich etablirt ist; die Eintragung schafft nicht ihre Existenz, sondern wird nur vom Gesetz als Ordnungsmaafsregel gefordert. Daher kann eine offene Handelsgesellschaft oder eine Einzelfirma gleichzeitig mit ihrem Entstehen auch eine Zweigniederlassung errichten*). Bei der Actiengesellschaft ist dies nicht möglich. Erst durch die Eintragung in das Handelsregister des von ihr erwählten Sitzes wird sie handlungsfähig, und erst als handlungsfähige Gesellschaft kann sie eine Zweigniederlassung etabliren. Da aber die Actiengesellschaft ihre Lebensfähigkeit ausnahmelos aus der Eintragung herleitet, so besteht ihre Zweigniederlassung auch thatsächlich nicht, ehe die Eintragung der ersteren nicht vollzogen ist.

Nichtsdestoweniger ist es nicht erforderlich, bei Eintragung der Zweigniederlassung die Prüfung der Rechtsbeständigkeit auf's Neue vorzunehmen; die letztere gilt auf Grund der Prüfung des Registerrichters am Sitze der Hauptniederlassung definitiv als geschehen; der Richter der Zweigniederlassung hat sie als Thatsache hinzunehmen. Seine eigene Thätigkeit erstreckt sich nur auf die Registrirung derjenigen Rechtsverhältnisse, deren Kunde für Verhandlungen mit der Zweigniederlassung von Erheblichkeit ist.

Diese sachgemäfse Auffassung des Rechtsverhältnisses

*) Allerdings soll auch die Zweigniederlassung der Einzelfirma, resp. der offenen Handelsgesellschaft oder Commanditgesellschaft erst nach Eintragung der Hauptniederlassung registrirt werden (Art. 21 H.-G.-B.); dies hindert aber nicht, dafs die Zweigniederlassung schon vorher errichtet wird und in Thätigkeit tritt.

liegt der Vorschrift des Art. 212 alin. II zu Grunde*). Im Register der Zweigniederlassung wird deshalb nur vermerkt, was aus dem viel umfangreicheren Text der Haupteintragung in den amtlichen Blättern des Handelsrichters publicirt werden mufs, nämlich: Datum des Gesellschaftsvertrages, Firma und Sitz der Gesellschaft, Gegenstand und Dauer des Unternehmens, Höhe des Grundcapitals und der einzelnen Actien oder Actientheile, unter der Angabe, ob sie auf Namen oder Inhaber gestellt sind, Form der öffentlichen Bekanntmachungen, Name der Gesellschaftsblätter, und Mittheilung der Form, in welcher nach etwaiger Vorschrift des Statuts der Vorstand seine Willenserklärungen kund giebt.

So correct diese gesetzliche Anordnung ist, so hat sie doch nicht überall eine zweckentsprechende Interpretation erfahren. Bei sächsischen Gerichten waren Zweifel darüber entstanden, ob die Mitglieder des Vorstandes in das Register der Zweigniederlassung mit einzutragen seien; und durch ein Rescript des sächsischen Justizministeriums ist diese Frage unter Hinweis auf Art. 212 und die Motive verneinend entschieden worden**). Diese Auslegung ist nicht zutreffend. Wollte das Gesetz durch das Handelsregister Sicherheit und Klarheit herstellen, so ist diese Absicht nur erreichbar, wenn aus dem Register die zur Vertretung der Firma berechtigten Personen entnommen werden können. Eine Eintragung, welche hierüber keine Auskunft giebt, ist für den in's Auge gefafsten Zweck werthlos. Wäre die in dem Sächsischen Ministerialrescript niedergelegte Ansicht richtig, so würde sich die Registrirung der Zweigniederlassung einer Actiengesellschaft in dem fraglichen Punkte von allen übrigen das Handelsregister erfüllenden Eintragungen unterscheiden. Das kann nicht der Wille des Gesetzgebers gewesen sein. Die Namen der Vorstandsmitglieder werden allerdings in dem Auszuge nicht publicirt, weil sie dem Wechsel unterworfen sind; aber Jeder, den es angeht, kann dieselben jeder Zeit aus dem Re-

*) Protocolle S. 4657 ff.

**) Rescript des königlich sächsischen Justizministeriums vom 29. Nov. 1862, abgedruckt in der Goldschmidt'schen Zeitschrift, Bd. VI S. 601 und 602.

gister entnehmen. Und die geltende Vorschrift wäre, wenn im Sinne jenes Rescripts zu verstehen, um so befremdender, als sogar die Form, in welcher der Vorstand seine Willenserklärungen kund giebt, eingetragen werden mufs. Was hätte es fur einen Sinn, die Form zu vermerken, wenn die zeichnungsberechtigten Personen selbst nicht ersehen werden können, wenn man sich dieserhalb vielmehr an ein auswärtiges Gericht wenden müfste*). Das Rescript macht zu Gunsten der darin vertretenen Ansicht geltend, dafs bei Zweigniederlassungen ein Bedürfnifs für Eintragung des Vorstandes nicht vorliege, weil das Publicum doch nur mit dem Vorstand der Zweigniederlassung verkehre, bei welchem sich der, welcher die Mitglieder des Gesellschaftsvorstandes kennen lernen wolle, über die Personen derselben erkundigen möge. Das ist kein überzeugender Grund. Denn wenn der Vorstand der Zweigniederlassung, wie das Rescript selbst sagt, als Handlungsbevollmächtigter anzusehen ist, so mufs Jeder, der mit ihm verhandeln will, das Bedürfnifs haben, sich von der Legalität der Vollmacht zu überzeugen; hierfür ist aber nichts wichtiger, als die Kenntnifs der zur Vertretung der Gesellschaft legitimirten Personen. Ueberdies wird eine Zweigniederlassung nicht immer blos durch Handlungsbevollmächtigte vertreten, sondern eben so häufig durch wirkliche Vorstandsmitglieder. Bei manchen Gesellschaften besteht der Vorstand aus einer Mehrzahl von Mitgliedern, von denen ein Theil die Hauptniederlassung, ein anderer die Zweigniederlassungen leitet; und der Geschäftskreis der letzteren ist zuweilen viel umfangreicher als derjenige der eigentlichen Centralstelle**). In der preufsischen Praxis ist denn auch dem Art. 212 eine den vorstehenden Aus-

*) Renaud schliefst sich der Meinung des sächsischen Ministerialrescripts an, aber nur unter Berufung auf dieses, ohne weitere Begründung. Vgl. a. a. O. S. 644 und Anm. 9.

**) Die Mehrzahl der in den kleinen Staaten Thüringens ehemals concessionirten Banken errichtete während des letzten Jahrzehnts Zweigniederlassungen in Berlin, welche materiell das Hauptgeschäft dieser Institute ausmachten, während die Hauptniederlassungen nur kleine, locale Geschäfte betrieben, auch für sich allein zur Ausbeutung des Grundvermögens jener Gesellschaften gar nicht qualificirt waren.

führungen entsprechende Interpretation zu Theil geworden; die allgemeine Verfügung und Instruction des preufsischen Justizministers, durch welche die Führung des Handelsregisters geregelt ist*), verordnet auch bei Zweigniederlassungen die Eintragung der Vorstandsmitglieder**). Die Praxis würde übrigens den Mangel dieser Bestimmung als eine unerträgliche Lücke empfinden. In Bezirken, wo viele Actiengesellschaften angesessen sind, ist schon allein der Grundbuchrichter unausgesetzt in der Lage, sich über den Vorstand von Actiengesellschaften, deren Zweigniederlassungen Rechtshandlungen vornehmen wollen, zu informiren. Müfste er in jedem dieser Fälle ein auswärtiges Gericht um Auskunft requiriren, so würde die Promptheit der Rechtspflege ohne ersichtlichen Grund Schaden leiden.

Um allen Zweifeln zu begegnen, wäre also zunächst eine Ergänzung des Art. 212 im Sinne der preufsischen Ministerial-Instruction erforderlich. Im Interesse der durch Bevollmächtigte geleiteten Zweigniederlassungen ist aber noch eine andere Bestimmung wünschenswerth, dahin nämlich, dafs die Eintragung der Bevollmächtigten in das Handelsregister wenn nicht geboten, so doch wenigstens zulässig sei. Das Register soll alles Nothwendige in sich aufnehmen. Die staatliche Ordnung gebietet freilich, dafs der Staat selbst den Umfang der Eintragungen bestimme; aber die Zulassung der Eintragung von Bevollmächtigten fällt zweifellos in den Bereich des Nothwendigen. Sie würde für die Verhandlungen mit Zweigniederlassungen dieselbe sichere Basis herstellen, die seit der Existenz des

---

*) Vgl. Absch. VI §§ 1 und 2.

**) § 79 der Instruction bestimmt unter 4 Nummern, wie bei der Eintragung von Zweigniederlassungen der Actiengesellschaften verfahren werden soll. Ad 1 ist gemäfs Art. 21 d. H.-G.-B's. die Eintragung untersagt, ehe nicht das Attest des Handelsrichters am Sitz der Gesellschaft über die Eintragung der letzteren vorliegt. No. 2 reproducirt den Text des Art. 210, No. 3 denjenigen des Art. 214, wonach Generalversammlungsbeschlüsse über Fortsetzung der Gesellschaft oder Abänderungen des Gesellschaftsvertrages auch im Handelsregister der Zweigniederlassung vermerkt werden müssen. No. 4 ordnet an, dafs die übrigen Eintragungen nach Maafsgabe der §§ 76 und 77 erfolgen; im § 76 aber ist unter No. 1 die Eintragung der jeweiligen Mitglieder des Vorstandes vorgeschrieben.

Handelsregisters generell bei dem Verkehr mit Handelsniederlassungen besteht. Man kann nicht einwenden, dafs dieser Bevollmächtigte sich wie jeder andere durch seine Vollmacht auszuweisen habe. Er ist hier — dies ist das unterscheidende Moment — der dauernd eingesetzte Repräsentant des dauernd abwesenden Machtgebers. Daher gelten für die Publicität seiner Vollmacht ebenso gewichtige Gründe, wie für das Handelsregister überhaupt mafsgebend sind. Selbstverständlich müfste der Inhalt der Vollmacht im Register genau vermerkt werden.

Zur Errichtung von Zweigniederlassungen ist die Actiengesellschaft berechtigt, wenn auch das Statut nichts darüber besagt. Es liegt in dieser Handlung keine Statutenänderung*); eine solche läge nur vor, wenn im Statut eine bestimmte Zweigniederlassung vorgeschrieben wäre, und diese aufgegeben werden sollte, oder wenn das Statut die Errichtung von Zweigniederlassungen ausdrücklich untersagte. Von diesen beiden Fällen abgesehen, ist die Errichtung einer Zweigniederlassung, ebenso wie die Bestellung von Agenten, die Aussendung von Reisenden etc. eine geschäftliche Disposition, die nach Befinden in's Werk gesetzt und auch wieder rückgangig gemacht wird. Wenn sie dennoch, Mangels anderweiter Bestimmungen des Statuts, nicht vom Vorstande selbst, sondern nur von der Generalversammlung beschlossen werden kann**), so liegt der Grund hierfur darin, dafs der Vorstand nicht aus eigener Willkür einen Theil der ihm übertragenen amtlichen Functionen auf andere Schultern wälzen darf. Der Vorstand ist, wie schon früher dargelegt wurde, nicht der Principal selbst, sondern nur dessen Vertreter; er kann nicht einen Auftrag annehmen, und sich dann für die Ausführung ohne Genehmigung seines Auftraggebers einen Andern substituiren. Allerdings kann der Leiter einer Zweigniederlassung an gewisse Instructionen gebunden sein. Es liefse sich sogar denken, dafs er die Pflicht hätte,

*) Die entgegengesetzte Ansicht hat das kgl. Kammergericht zu Berlin in einem die Aachen-Münchener Feuerversicherungs-Gesellschaft betreffenden Erkenntnifs ausgesprochen; siehe dasselbe in der Goldschmidt'schen Zeitschrift, Bd. VIII S. 552.

**) Anderer Meinung ist Keyssner, Commentar S. 195 ad 1.

zu dem Abschlufs jedes einzelnen Geschäfts die Genehmigung einzuholen. Das würde rechtlich an der Natur der Zweigniederlassung nichts ändern. Indefs möchte ein solcher Fall nicht häufig vorkommen, und es wäre auch nicht unbedenklich, den Vorstand generell zu autorisiren, dafs er sich, während er das handelnde Haupt der Gesellschaft sein soll, auf den Standpunkt eines Instruenten anderer für ihn handelnder Personen zurückziehen dürfe.

Ueber die Befugnifs zur Einziehung von Zweigniederlassungen giebt das geltende Recht keinerlei Vorschrift. Dafs sie während des Bestehens der Gesellschaft von demjenigen Organ, welches zu ihrer Errichtung befugt war, auch wieder aufgehoben werden dürfen, scheint unbedenklich. Dagegen sind in der Praxis Zweifel darüber entstanden, wie im Falle der Liquidation mit ihnen zu verfahren sei, ob sie in derselben Weise wie die Hauptniederlassung in Liquidation zu treten haben, oder ob man befugt sei, was zur Vereinfachung des Verfahrens allerdings zu wünschen wäre, die Zweigniederlassung einzuziehen, und ihre Gläubiger direct an die Centralstelle zu verweisen.

Zunächst ist es wohl zweifellos, dafs die Liquidation der Gesellschaft auch im Handelsregister der Zweigniederlassung vermerkt werden mufs; was (gemäfs Art. 214) für den Beschlufs über Fortsetzung der Gesellschaft oder über Veränderungen des Statuts vorgeschrieben ist, mufs auch für die Auflösung gelten. Es wäre wenigstens nicht zu begreifen, warum eine Disposition von so mafsgebender Bedeutung nicht in gleicher Weise wie eine Statutenänderung aus dem Handelsregister der Zweigniederlassung ersichtlich gemacht werden sollte. Gewifs müssen die Liquidatoren auch verpflichtet sein, die Gläubiger der Zweigniederlassung ausdrücklich in der vorgeschriebenen Weise zur Anmeldung ihrer Ansprüche aufzufordern. Dagegen liegt zu einer formellen Liquidation der Zweigniederlassung unter Conservirung der Activa fur die Gläubiger bis zu deren vollständiger Befriedigung weder im geltenden Recht noch für künftig eine Veranlassung vor. Denn den Gläubigern haftet das Vermögen der ganzen Gesellschaft; eine Schädigung derselben wäre nur insofern zu denken, als der Einzelne daran interessirt sein kann, dafs die Gesellschaft am Orte der Zweigniederlassung noch fernere Zahlungen zu leisten und Verhandlungen zu führen vermöge. Ist sie z. B. einem daselbst domicilirenden Fabrikanten vertragsmäfsig auf eine bestimmte Zeit zur Creditgewährung verpflichtet, so ist es für diesen von Bedeutung, die erforderlichen Beträge direct und sofort, nicht aber erst vermittelst einer zeitraubenden Correspondenz mit der vielleicht entfernt liegenden Hauptniederlassung entnehmen zu können. Das giebt indefs keine Veranlassung zu gesetzlichen Anordnungen. Unterläfst die Gesellschaft die zur Befriedigung vertragsmäfsiger Rechte erforderlichen Maafsnahmen, so ist dies eben ein Vertragsbruch, der im Wege Rechtens verfolgt werden kann.

Die Zweigniederlassung mufs also jederzeit, auch nach beschlossener Auflösung der Gesellschaft, aufgehoben werden können; läfst man sie aber bestehen, so mufs die etwa beschlossene Liquidation im Handelsregister ihres Domicils vermerkt werden; und auch die dreimalige Aufforderung ihrer Gläubiger darf nicht unterbleiben.

XVI.

Uebergangsbestimmungen.

Es bedarf zum Schlufs einiger Bemerkungen darüber, wie die Ueberleitung in den im Vorstehenden projectirten Rechtszustand zu bewirken wäre.

So viel ist sicher, dafs Neugründungen von Actiengesellschaften für die nächsten Jahre nur ganz ausnahmsweise zu gewärtigen sind. Ein neues Actiengesetz wird also seine Wirkung für's Erste nur an den bestehenden Gesellschaften äufsern — insoweit es auf diese als anwendbar erklärt wird. Gewifs darf eine Verletzung erworbener Privatrechte dabei nicht stattfinden. Doch ist bereits von der preufsischen Denkschrift zutreffend bemerkt worden, «dafs die Gewährung der Mittel zur Geltendmachung bestehender Rechte die vertragsmäfsige Grundlage des Rechtsverhältnisses einer bestehenden Gesellschaft nicht berühre» *). Soweit mit Hilfe dieser Anschauung neue . gesetzliche Vorschriften den bereits bestehenden Gesellschaften zugänglich gemacht werden können, wird es unbedenklich geschehen dürfen. Nicht den gleichen Beifall verdient der ferner von der Denkschrift hervorgehobene Gesichtspunkt, «dafs auch der gesetzliche Ausschlufs des Mifsbrauchs gesetzlicher Rechte als blofse Declaration des Gesetzes zugelassen werden könnte». Es kann mit Grund bezweifelt werden, ob sich ein wirklicher «Mifsbrauch» gesetzlicher

*) Preufs. Denkschr. S. 31.

Rechte auf dem Gebiete des Privatrechts überhaupt denken lasse. Wenigstens trifft das Verschulden für die sogenannte mifsbräuchliche Anwendbarkeit, sofern sie ohne Gesetzesüberschreitung möglich ist, regelmäfsig den Inhalt der mifsbrauchten Vorschrift. Werden die ihr anhaftenden Mängel also beseitigt, so ist der diese Läuterung vollziehende gesetzgeberische Act nicht als Declaration, sondern als Reform anzusehen.

Man wird aber, um den Actiengesellschaften die Vortheile einer neuen Gesetzgebung zugänglich zu machen, künstlicher Begründungen gar nicht bedürfen. Denn ein neues Actiengesetz wird gerade auf Seiten der Actiengesellschaften wie eine Erlösung begrüfst werden; es wird sie von dem allgemeinen Mifstrauen befreien, welches seit den Erfahrungen der Gründerperiode auf ihnen lastet. Keine Actiengesellschaft kann es versäumen, sich die Vorzüge einer neuen Gesetzgebung soweit als irgend thunlich zu eigen zu machen, jede wird sich so schnell als möglich auf den Standpunkt stellen wollen, welchen der durch die Gründerperiode zu soliden Anschauungen zuruckgeführte Capitalist fordert, wenn er einen Theil seines Capitals in Actien anlegen soll.

Ohne Bedenken werden daher von den vorgeschlagenen Reformen zunächst diejenigen auf die bestehenden Gesellschaften Anwendung finden können, welche nur eine Interpretation allgemein geltender Rechtssätze ausmachen. Hierher gehören die Bestimmungen über die Sonderrechte, über das Verhältnifs der Gesellschaftsorgane untereinander, und über die Zulässigkeit von Statutenänderungen. Gerade über den letzteren, höchst wichtigen Punkt enthalten nur wenige Statuten ausreichende Vorschriften. Es wäre von entschiedenem Werth, den Actiengesellschaften in dieser Beziehung zu Hilfe zu kommen, indem man ihnen eine Frist gewährte, innerhalb deren sie ihr Statut, soweit es wünschenswerth, ergänzen könnten. Dies wäre bei der über Statutenänderungen geltenden Auffassung gewifs keine Vergewaltigung. Man könnte den Gesellschaften gestatten, binnen Jahresfrist die Grenzen der zulässigen Veränderungen, soweit sie die vier Hauptpunkte betreffen, zu fixiren, und diese Veränderungen, sofern sie mit der vorgeschriebenen Majorität beschlossen sind, für rechtsgiltig erklären.

Unbedenklich wäre ferner die Zulassung allgemeiner Giltigkeit für diejenigen neuen Satzungen, welche im öffentlichen Interesse, resp. zum Schutz der einzelnen Actionäre in Kraft treten sollen. Diese sind sehr zahlreich. Es gehört zu ihnen vor Allen die Aufhebung der Nominalbeträge. Im Zusammenhange damit stehen dann die Vorschriften über die Bilancirung, und über gewisse Maafsregeln bei Verminderung, resp. Erhöhung des Grundvermögens.

Im Interesse der Gesellschaften wäre ferner der obligatorische Reservefonds, wären die Hilfsmittel zum Schutz der Actionäre gegen die Verwaltung, und zum Schutz der letzteren gegen die Ausschreitungen der Actionäre ohne Weiteres einzuführen. Das Gleiche könnte von den meisten Satzungen über die Generalversammlung, nämlich von Recht und Pflicht zur Berufung, vom Theilnahme- und Stimmrecht, der Behandlung der Strohmänner und der Verificirung der Beschlüsse gelten.

Noch wichtiger und ebenso unbedenklich ist die sofortige allgemeine Einfuhrung der Vorschriften über die Rechenschaftsabnahme, über die Voraussetzungen fur die Decharge, und über den Publicitätszwang. Sogleich anwendbar wären auch die neuen Vorschriften über die Behandlung vertretbarer Versehen des Vorstandes und des Verwaltungsraths, sofern die Regrefspflicht erst nach Einführung des Gesetzes eintritt. Was den Aufsichtsrath anbelangt, so bestände keine Veranlassung, die Gesellschaften zu seiner Abschaffung zu nöthigen; sie würden sich wahrscheinlich beeilen, ihn selbst durch einen Verwaltungsrath zu ersetzen. Die Vorschriften über die Liquidation könnten bei Gesellschaften, die ihre Auflösung erst nach Einführung des Gesetzes beschliefsen, ohne Weiteres gelten; ja, insoweit Liquidationen zu jenem Zeitpunkte noch nicht beendet sind, könnten die noch anwendbaren Vorschriften, z. B. über die Vorbedingungen der Löschung, über die Behandlung der Geschäftsbucher, die Einsetzung eines Interessenpflegers etc., als anwendbar erklärt werden.

Schwierigkeiten wurde die wichtige Frage der Zeitdauer

machen. Es würde sich hier das in Betreff der Statutenänderungen vorgeschlagene Verfahren empfehlen. Man könnte den Gesellschaften eine Frist gewähren, innerhalb welcher sie durch Majoritatsbeschlufs der Generalversammlung die Dauer festsetzen dürfte, die dann unter dem Schutz der neuen Satzungen gelten müfste. Nur wäre eine Vergewaltigung nach dieser Richtung am allerwenigsten zulässig. Macht die Gesellschaft also von der ihr gebotenen Gelegenheit keinen Gebrauch, so müfste es bei dem Inhalt ihres Statuts sein Bewenden haben.

Anhang.

Entwürfe zu den im Abschnitt XII § 1 entwickelten Bilanzformen.

I.

Die Allgemeine Creditbank, welche 10 000 Actien gegen Einlagen von je 500 ℳ emittirt hat, besitzt ein zum Betriebe ihres Bankgeschäftes für 375 000 ℳ angekauftes Grundstück, auf welches sie in den drei Jahren ihres Bestehens zusammen 12 000 ℳ abgeschrieben hat, während andererseits für 7300 ℳ Ergänzungsbauten daran vorgenommen worden sind.

Ihre nächste Bilanz lautet:*)

Bilanz

der Actiengesellschaft Allgemeine Creditbank für das Geschäftsjahr 1877, abgeschlossen per 31. December 1877.

(Zahl der Actien: 10 000 Stück.)

Activa.	ℳ	Passiva.	ℳ
Grundstücks-Conto . . .	370 300	Gesammtsumme der Einlagen	5 000 000
Cassa-Conto	000 000	Accept-Conto	000 000
Effecten-Conto	0000 000	Reservefonds-Conto . .	000 000
Cambio-Conto	000 000	Conto-Corrent-Conto . .	0000 000
Lombard-Conto	000 000	Gewinn- und Verlust-Conto (Gewinn-Saldo) . . .	000 000
Inventar-Conto	000 000		
Conto-Corrent-Conto . .	0000 000		
etc. etc.			

*) Es sind in diesem wie in den folgenden Entwürfen nur für die Posten, welche den Gegenstand der Erlauterung ausmachen, baare Beträge ausgeworfen; die übrigen Ziffern sind durch Nullen markirt, die Werthe und Verbindlichkeiten vor der Linie als solche äufserlich gekennzeichnet.

II.

Erster Fall.

Die Südbahn-Actiengesellschaft ist mit einem Grundvermögen von 30 000 000 *M*, gebildet aus den Einlagen fur 60 000 Stück Actien à 500 *M*, ins Leben gerufen worden. Sie hat das gesammte Capital bis auf den Betrag von 175 000 *M* zum Bau verwendet. Während ihrer dreijährigen Betriebsdauer hat sie alljährlich 140 000 *M* in den Erneuerungsfonds gelegt.

Am Ende des dritten Jahres lautet ihre Bilanz:

Bilanz

der Südbahn-Actiengesellschaft pro Betriebsjahr 1876/77, abgeschlossen per 31. März 1877.

(Zahl der Actien: 60 000 Stück.)

Activa. **Passiva.**

	M		*M*
Eigenthum der Gesellschaft ist die von A nach B führende Eisenbahnlinie nebst allen dazu gehorigen Bauwerken, Gebäuden, Locomotiven, Wagen, Fabriken und Werkstätten, wie solche in der bereits genehmigten Schlufsabrechnung aufgeführt sind.			
Materialienbestände . . .	000 000	Restbetrag aus dem Baufonds	175 000
Diverse Debitores	000 000	Erneuerungsfonds	420 000
Cassenbestand	00 000	Diverse Creditores . . .	000 000
etc. etc.		Reservefonds	000 000
		Beamten-Pensions- u. Unterstützungsfonds	000 000
		etc. etc.	

An dieser Bilanz würde sich nichts ändern, wenn die Eisenbahnlinie unter gleichen Verhältnissen nach dem in Abschn. IV § 6 vorgeschlagenen System erbaut worden wäre; nur könnten die unter den Passivis figurirenden 175 000 *M* nicht aus dem Baufonds übrig geblieben sein, da die Bahn nebst Zubehör von den Zeichnern *in natura* hätte überliefert sein müssen. Dagegen würde ein baares Betriebscapital vorhanden sein müssen.

Zweiter Fall.

Die gedachte Gesellschaft hat auf Grund einer Statutenänderung eine Prioritätsanleihe von 10000000 ℳ aufgenommen, um eine Fortsetzung ihrer Linie über B hinaus nach C zu erbauen. Von diesem neuen Baufonds sind 284000 ℳ nicht verwendet worden.

Die nach Fertigstellung der neuen Linie errichtete Bilanz würde lauten:

Bilanz

der Südbahn-Actiengesellschaft pro Geschäftsjahr 1878/79, abgeschlossen per 31. März 1879.

Activa. (Zahl der Actien: 60000 Stück.) **Passiva.**

	ℳ		ℳ
Eigenthum der Gesellschaft ist die Eisenbahnlinie A—B nebst allen . . . etc. etc.		Auf dem Gesellschaftsvermögen lastet eine Prioritätsanleihe von 10000000 ℳ, welche zu 4½% in halbjährlichen Raten verzinslich, und bei pünktlicher Zinszahlung und Amortisation nicht kündbar, sondern nur mit Aufwendung von jährlich 1% ihres Nominalbetrages sammt den auf die amortisirten Stücke entfallenden Zinsen nach näherer Anleitung des Allerhöchsten Privilegiums vom 16. October 1877 amortisirbar ist.	
Ferner ist Eigenthum der Gesellschaft die Eisenbahnlinie B—C nebst allen dazu gehörigen Bauwerken, Gebäuden, Locomotiven, Wagen, Fabriken und Werkstätten, wie solche in der bereits genehmigten Schlufsabrechnung aufgeführt sind.			
Materialienbestände . . .	000 000	Nicht verwendete Beträge aus den Baufonds . . .	459 000
Diverse Debitores . . .	0 000 000	Anleihe-, Verzinsungs- und Amortisations-Conto . .	000 000
etc. etc.		Erneuerungsfonds	000 000
		Reservefonds	000 000
		etc. etc.	

Dritter Fall.

Die im vorigen Fall gedachte Verlängerung der Eisenbahnlinie ist nicht durch Aufnahme einer Prioritätsanleihe, sondern auf Grund einer Statutenänderung durch Vermehrung der Antheilsrechte um 25000 Stück gegen Einlage von 400 ℳ pro Stück bewirkt worden. Die erste Bilanz nach Fertigstellung der neuen Linie würde sich wie folgt gestalten:

Bilanz

der Südbahn-Actiengesellschaft.

Activa. (Zahl der Actien: 85 000 Stück.) **Passiva.**

	ℳ		ℳ
Eigenthum der Gesellschaft ist die Eisenbahnlinie von A nach B nebst allen etc. etc.			
Ferner ist Eigenthum der Gesellschaft die Eisenbahnlinie B bis C nebst allen etc. etc.			
Materialienbestände . . .	000 000	Nicht verwendete Beträge aus den Baufonds . . .	459 000
Diverse Debitores . . .	0 000 000	Erneuerungsfonds	000 000
etc. etc.		Reservefonds	000 000
		etc. etc.	

Vierter Fall.

Die Südbahngesellschaft hat auf Grund einer Statutenänderung ihre Linie B—C der angrenzenden Südwestbahngesellschaft zum Eigenthum überlassen. Als Kaufpreis hat die letztere auf je zwei Actien der Südbahngesellschaft den Actionären derselben direct je eine Prioritätsobligation Lit. B der Südwestbahngesellschaft gewährt. Dies würde für die folgenden Bilanzen der Südbahngesellschaft nur die Wirkung haben, dafs die Strecke B—C nach Ablauf der Sperrzeit und Tilgung der Schulden nicht mehr unter den Activis vor der Linie figurirte; also:

Bilanz

der Südbahn-Actiengesellschaft.

(Zahl der Actien: 85 000 Stück.)

Activa. **Passiva.**

	ℳ		ℳ
Eigenthum der Gesellsellschaft ist die Eisenbahnlinie von A nach B			
Materialienbestände . . .	000 000	Nicht verwendete Beträge aus den Baufonds . . .	459 000
etc. etc.		etc. etc.	

Fünfter Fall.

Dieselbe Gesellschaft hat durch Statutenänderung theils zur Verbesserung ihrer Anlagen und zur Legung eines zweiten Geleises, theils zur Vermehrung ihres Wagenparks eine $4^1/_2$ procentige Anleihe von 20 000 000 ℳ Nominal aufgenommen, welche zum Course von 95 %, also für 19 000 000 ℳ begeben worden ist. Davon sind verwendet $2^1/_2$ Millionen Mark auf den Wagenpark, $16^1/_2$ Millionen Mark auf Vergröſserung von Bahnhöfen und auf Herstellung des zweiten Geleises.

Die nächste Bilanz muſs lauten:

Bilanz

der Südbahn-Actiengesellschaft.

(Zahl der Actien: 85 000 Stück.)

Activa.	ℳ	**Passiva.**	ℳ
Eigenthum der Gesellschaft ist die Eisenbahnlinie von A bis B nebst allen etc. etc.		Das Vermögen der Gesellschaft ist belastet mit einer Prioritätsanleihe von 20 000 000 ℳ Nominal zu $4^1/_2$ % verzinslich mit jährlich 1 % amortisirbar etc. etc., welche bei der Begebung zum Course von 95 % 19 000 000 ℳ erbracht hat. Hiervon sind $16^1/_2$ Millionen ℳ auf Verbesserung der inferirten Anlagen verwendet und $2^1/_2$ Mill. ℳ dem Betriebscapital behufs Completirung des Wagenparks etc. zugewendet.	
Materialienbestände . . .	0 000 000	Restbeträge aus den ursprünglichen Baufonds .	459 000
Diverse Debitores . . .	0 000 000	Neue Dotirung des Betriebsfonds	2 500 000
Kassenbestand	0 000 000	Anleihe-Verzinsungs- und Amortisations-Conto . .	1 100 000
etc. etc.		Erneuerungsfonds	000 000
		Diverse Creditores . . .	000 000
		Beamten-, Pensions- und Unterstützungsfonds . .	000 000
		etc. etc.	

III.

Erster Fall.

a) Die Actiengesellschaft Louisenhütte besitzt das bei X belegene «Louisenhütte» benannte Hüttenwerk nebst verschiedenen Anlagen, und ein baares Betriebscapital von 1 000 000 ℳ. Dieses Vermögen ist durch Inferirung des Hüttenwerks gegen 4000 Actien und durch baare Einlagen von je 500 ℳ auf gleichzeitig ausgegebene 2000 Actien, in Summa für 6000 Stück Actien, beschafft worden.

Die Bilanz nach Ablauf des ersten Geschäftsjahres lautet:

Bilanz

der Actiengesellschaft Louisenhütte.

(Zahl der Actien: 6000 Stück.)

Activa. **Passiva.**

	ℳ		ℳ
Eigenthum der Gesellschaft ist die bei X belegene Louisenhütte nebst allem etc.			
Fabrications-Conto . . .	000 000	Baares Betriebscapital . .	1 000 000
Materialien-Conto . . .	000 000	Abschreibungen auf Grundstücke und Gebaude .	00 000
Feuerungs-Conto	0 000	Erneuerungsfonds der Werkzeuge, Maschinen und Utensilien	00 000
Assecuranz-Conto . . .	0 000		
Cautions-Conto	000 000		
Cassa-Conto	00 000		
Conto-Corrent-Conto . .	000 000	Diverse Creditores . . .	000 000
etc. etc.		etc. etc.	

b) Wäre diese Gesellschaft so, wie vorgetragen, gegründet, aber mit der Modification, dafs den Inferenten auf das Immobile eine Hypothek von 900 000 ℳ hätte constituirt werden müssen, so würde dies an der Bilanz nichts ändern, da der minimale Werth des Hüttenwerks gröfser ist, als der Betrag der Hypothek. Es würde nur unter den Passivis vor der Linie bemerkt werden, dafs das Besitzthum mit 900 000 ℳ Hypothek zu Gunsten der Inferenten belastet ist.

Zweiter Fall.

Die Gesellschaft vergröfsert nach mehrjährigem Bestehen vermittelst Statutenänderung ihr Grundvermögen durch Erwerbung der benachbarten Kohlengrube «Hoffnung». Dieselbe geschieht mittelst Inferirung der Kohlengrube gegen Hergabe von 3000 Stück neuen, den alten gleichberechtigten Actien an die Besitzer.

Die nächste Bilanz lautet daher:

Bilanz
der Actiengesellschaft Louisenhütte.

Activa. (Zahl der Actien: 9000 Stück.) **Passiva.**

Eigenthum der Gesellschaft ist die bei X belegene Louisenhütte nebst allem etc.	M		M
Ferner ist Eigenthum der Gesellschaft die gleichfalls bei X belegene Kohlengrube «Hoffnung» nebst allem etc.			
Fabrications-Conto . . .	00 000	Baares Betriebscapital . .	1 000 000
Feuerungs-Conto	0 000	Abschreibungen auf Grundstücke und Gebäude . .	00 000
Assecuranz-Conto	0 000		
Cautions-Conto	000 000	Erneuerungsfonds der Werkzeuge, Maschinen und Utensilien	00 000
Cassa-Conto	00 000		
Conto-Corrent-Conto . .	0 000 000	Diverse Creditores . . .	000 000
		etc. etc.	

Dritter Fall.

Die Gesellschaft verkauft die erworbene Kohlengrube »Hoffnung» für 1 000 000 M, ohne zunächst darüber schlüssig zu sein, ob der Erlös dem baaren Betriebscapital zugeführt, oder den Actionären zurückgezahlt werden soll. Inzwischen endigt das Geschäftsjahr; die Bilanz lautet:

Bilanz
der Actiengesellschaft Louisenhütte.

Activa. (Zahl der Actien: 9000 Stuck.) **Passiva.**

Eigenthum der Gesellschaft ist die bei X belegene Louisenhütte nebst allem etc.	M		M
Fabrications-Conto . . .	000 000	Baares Betriebscapital . .	1 000 000
Materialien-Conto	00 000	Erlos aus dem Verkauf der Kohlengrube «Hoffnung»	1 000 000
Feuerungs-Conto	0 000		
Assecuranz-Conto	0 000	Abschreibungen auf Grundstücke und Gebäude . .	00 000
Cassa-Conto	250 000		
Guthaben bei Banquiers .	843 000	Erneuerungsfonds . . .	00 000
		Diverse Creditores . . .	000 000
		etc. etc.	

Vierter Fall.

Im neuen Jahre hat die Generalversammlung beschlossen, den Erlös aus der Kohlengrube «Hoffnung» dem Betriebscapital zuzuwenden, und das Statut demgemäfs zu ergänzen. Es würde sich dadurch an der Bilanz nichts ändern, als dafs der Passivposten «Erlös aus dem Verkauf der Kohlengrube «Hoffnung» 1 000 000 ℳ» wegfiele und der Passivposten «baares Betriebscapital» fortan mit 2 000 000 ℳ einzustellen wäre.

Fünfter Fall.

Es wird angenommen, die Gesellschaft hat die Kohlengrube «Hoffnung» noch nicht verkauft, beschliefst aber in der Absicht, diesen Verkauf demnächst zu bewerkstelligen, eine Rückzahlung von 75 ℳ auf jede der 9000 Actien. Die Reduction wird durchgeführt, ehe der Verkauf der Kohlengrube bewerkstelligt werden konnte. Die demgemäfs errichtete Bilanz lautet:

Bilanz
der
Actiengesellschaft Louisenhütte.
(Zahl der Actien: 9000 Stück.)

Activa. **Passiva.**

	ℳ		ℳ
Eigenthum der Gesellschaft ist die bei X belegene Louisenhütte nebst allen etc.			
Ferner gehört zum Eigenthum der Gesellschaft die ebendaselbst belegene Kohlengrube «Hoffnung» nebst allen etc. etc.			
Conto der Rückzahlungen auf Actien	675 000	Baares Betriebscapital . .	1 000 000
Cassa-Conto	37 500	Diverse Creditores (Schuld an Banquiers)	285 000
Fabrications-Conto . . .	000 000	Erneuerungsfonds . . .	000 000
Materialien-Conto	000 000	etc. etc.	
Feuerungs-Conto	0 000		
etc. etc.			

Sechster Fall.

Demnächst verkauft die Gesellschaft die Kohlengrube «Hoffnung» für 1 000 000 ℳ, und verordnet durch Statutenänderung, dafs der Erlös in Höhe von 675 000 ℳ auf die Capitalsreduction anzurechnen, und im Restbetrage von 325 000 ℳ dem Betriebscapital dauernd zuzufuhren sei.

Die nächste Bilanz lautet daher:

Bilanz
der
Actiengesellschaft Louisenhütte.
(Zahl der Actien: 9000 Stück.)

Activa.	ℳ	Passiva.	ℳ
Eigenthum der Gesellschaft ist die bei X belegene Louisenhutte nebst allen etc.			
Cassa-Conto	100 000	Baares Betriebscapital . .	1 325 000
Guthaben bei Banquiers .	280 000	Abschreibungen auf Grundstucke und Gebaude . .	00 000
Fabrications-Conto . . .	000 000		
Materialien-Conto	000 000	Erneuerungsfonds	000 000
Assecuranz-Conto	0 000	etc. etc.	
Feuerungs-Conto	0 000		
etc. etc.			

Siebenter Fall.

Es wird angenommen, dafs die Gesellschaft gemäfs dem Fall 1b durch Inferirung der Louisenhütte unter hypothekarischer Belastung derselben mit 900 000 ℳ und mit 1 000 000 ℳ Betriebscapital gegen Ausgabe von 6000 Stück Actien gegründet ist. Die Gesellschaft ist in Verlegenheiten gerathen. Grofse Verluste haben es ihr unmöglich gemacht, rechtzeitig ihre Maschinen und Utensilien zu erneuern. Das Hüttenwerk hat seine Concurrenzfähigkeit verloren. Wiederholt vorgenommene Schätzungen erweisen, dafs es höchstens noch einen Werth von 600 000 ℳ hat.

Eine bei dieser Sachlage errichtete Bilanz müfste wie folgt lauten:

Bilanz
der
Actiengesellschaft Louisenhütte.
(Zahl der Actien: 6000 Stück.)

Activa.	ℳ	Passiva.	ℳ
Eigenthum der Gesellschaft ist die bei X belegene Louisenhütte nebst allen etc. etc.		Auf dem statutarischen Immobiliarvermögen der Gesellschaft lastet eine Hypothek von 900 000 ℳ, welche etc. etc.	
Fabrications-Conto . . .	000 000	Baares Betriebscapital . .	1 000 000
Materialien-Conto	00 000	Ungedeckter Theil der auf dem Huttenwerk lastenden Hypothek	300 000
Assecuranz-Conto	0 000	Abschreibungen auf Grundstücke und Gebäude . .	00 000
Cautions-Conto	0 000	Erneuerungsfonds	000 000
Cassa-Conto	0 000	Diverse Creditores . . .	000 000
Feuerungs-Conto	0 000	etc. etc.	
etc. etc.			

Druck von Kerskes & Hohmann in Berlin

Kolibri 360 GmbH
Ferdinand-Jühlke-Straße 7
99095 Erfurt, Deutschland
produktsicherheit@kolibri360.de